Eduard Meyer
Die innere Geschichte Roms von 66 bis 44 v. Chr.

Caesars Monarchie und das Prinzipat des Pompejus

Verlag
der
Wissenschaften

Eduard Meyer

Die innere Geschichte Roms von 66 bis 44 v. Chr.

Caesars Monarchie und das Prinzipat des Pompejus

ISBN/EAN: 9783957006165

Auflage: 1

Erscheinungsjahr: 2015

Erscheinungsort: Norderstedt, Deutschland

© Verlag der Wissenschaften in Vero Verlag GmbH & Co. KG. Alle Rechte beim Verlag und bei den jeweiligen Lizenzgebern.

Webseite: http://www.vdw-verlag.de

Cover: Nicolas Poussin "La Mort de Germanicus"

CAESARS MONARCHIE
und das Principat des Pompejus

Innere Geschichte Roms
von 66 bis 44 v. Chr.

Von

EDUARD MEYER

Dritte Auflage

STUTTGART UND BERLIN 1922
J. G. COTTA'SCHE BUCHHANDLUNG NACHFOLGER

GEORG WISSOWA

IN TREUER FREUNDSCHAFT GEWIDMET

Vorwort zur ersten Auflage

Im Sommer 1914 hatte ich mich von anderweitigen Verpflichtungen und Aufgaben so weit freigemacht, daß ich hoffen durfte, jetzt ungehindert an die Fortsetzung meiner Geschichte des Altertums, zunächst an die Neubearbeitung des zweiten Bandes, gehn zu können. Da kam der Krieg, der zunächst jede wissenschaftliche Arbeit unmöglich machte; und auch als allmählich die Besinnung wiederkehrte und man daran denken konnte, die regelmäßige Arbeit wieder aufzunehmen, zeigte sich alsbald, daß der Versuch, die Geschichte des alten Orients in der geplanten Weise weiterzuführen, nicht ausführbar war. Weder die andauernde Konzentration der Arbeitskraft auf dies eine Gebiet ließ sich erreichen, die hierfür erforderlich gewesen wäre, noch vermochten mich inmitten des tobenden Kampfs um das Dasein unsres Volks die dort gestellten Probleme jetzt noch zu fesseln; ich mußte mich, soweit ich nicht durch die von den Ereignissen gestellten literarischen und politischen Aufgaben in Anspruch genommen war, auch in meiner wissenschaftlichen Tätigkeit mit Dingen beschäftigen, die den Menschen innerlich zu packen vermögen und mit den Fragen, die uns alle aufs tiefste bewegen, in näherem Zusammenhang stehn. So habe ich eine Reihe von Arbeiten in Angriff genommen, von denen ich eine in dem vorliegenden Buch veröffentliche.

Ursprünglich war es nur meine Absicht, die Monarchie Caesars darzustellen, als Gegenbild zu dem Principat des Augustus, dessen Wesen ich früher in meinen Kleinen Schriften zu zeichnen versucht hatte, und dabei die bisher so vielfach verkannte politische Bedeutung sowohl der Schriften und der Tätigkeit Ciceros wie der Broschüren Sallusts darzulegen; die vorhergehende Zeit, die Stellung und Tendenzen des Pompejus, hoffte ich in einer einleitenden Skizze kurz erledigen zu können. Indessen alsbald wurde mir klar, daß das unzureichend war, wenn eine überzeugende Wirkung erreicht werden sollte; und überdies reizte es mich, von der großen weltgeschichtlichen Epoche, die ich in Übungen und Vorlesungen so oft durchgearbeitet hatte, und in der der Historiker des Altertums einmal wirklich aus dem vollen schöpfen kann, eine eingehende Darstellung zu geben, die neben lebendiger Gestaltung der einzelnen Vorgänge zugleich eine volle Objektivität erstrebt.

Denn an einer solchen Darstellung dieser Zeit fehlt es noch durchaus; vielmehr sind die Geschichtswerke, welche sie behandeln, durchweg von bestimmten Tendenzen beherrscht[1]) und fechten die Kämpfe, welche ihre Gegenwart bewegten, leidenschaftlich auf dem römischen Schauplatz aus — wie ja der griechischen Geschichte des fünften und vierten Jahrhunderts das gleiche Schicksal widerfahren ist. DRUMANNS Werk ist geradezu ein Musterbeispiel einer derartigen parteiischen Behandlung, die trotz des energischen Fleißes daher oft genug zu ganz falschen Ergebnissen kommt. Überdies ist sein Werk wohl das bizarrste Produkt deutscher Gelehrsamkeit: die Auflösung einer aufs tiefste erregten Epoche politischen Ringens, wo alles ineinander greift, in eine Unzahl von Biographien, die an der Hand der Familienstammbäume geordnet sind. Wer würde auf den Gedanken kommen, etwa die französische oder englische Revolution in dieser Weise darzustellen! Dabei stehn wichtige und unwichtige Persönlichkeiten in bunter Folge nebeneinander, viele wichtige Persönlichkeiten, wie z. B. Curio Vater und Sohn, Fufius Calenus, die Aurelii Cottae, Sulpicii Rufi, Servilii Isaurici, Valerii Messallae, fehlen ganz, und in den wenigen Fällen, wo eine Familie durch mehrere Generationen in der Politik hervortritt — in der Regel greift jede nur durch einen einzigen Mann in den Gang der Dinge ein —, wie bei den Junii Bruti, Aemilii Lepidi und vielleicht bei den Antoniern und Claudiern, ist trotz dieses rein

---

[1]) Eine Ausnahme bilden die Römischen Altertümer L. LANGES, welche diese Epoche ganz eingehend behandeln und die Einzelheiten streng sachlich zu ermitteln suchen. Aber dies Werk ist so nüchtern gehalten und entbehrt so vollständig aller historischen Perspektive, daß es die einem Geschichtswerk gestellte Aufgabe nicht zu erfüllen vermag.

äußerlichen Schemas gar nicht einmal die Frage aufgeworfen, ob sich eine traditionelle Familienpolitik erkennen läßt.

Auf DRUMANNS Werk fußt MOMMSEN, und seine Darstellung bietet im vollsten Maße, was jenem fehlt, eine Zusammenfassung unter großen Gesichtspunkten, eine glänzende, lebenswahre Darstellung, eine Fülle fesselnder und den Leser gefangennehmender Schilderungen und Aussprüche. Unter seinem Einfluß stehn alle folgenden; mochten sie ihm zustimmen oder ihn bekämpfen, entziehn konnten sie sich ihm nicht. Aber wenn seine Römische Geschichte ein unvergänglicher Besitz unserer Nationalliteratur ist und das geschichtliche Verständnis gewaltig gefördert hat, so ist sie doch zugleich Parteischrift durch und durch, das Werk des alten Achtundvierzigers, der überall mit der ganzen Wucht und Leidenschaft seiner imponierenden Persönlichkeit für seine politischen Überzeugungen kämpft, und in der römischen Aristokratie und dem Senat das verhaßte Junkertum der Reaktionszeit treffen will[1]). Die Wirkung dieses Werkes wird immer bleiben; aber es bedarf der Korrektur, es ist dringend erforderlich, eine unparteiische Darstellung daneben zu stellen. Ich habe das an mir selbst erfahren: ich habe so im Banne seiner Darstellung gestanden, daß ich noch lange glaubte, in allem Wesentlichen auf dem Boden seiner Auffassung zu stehn, als ich bereits erkannt hatte, daß zahlreiche Einzelheiten unhaltbar waren, bis mir schließlich klar wurde, daß ich in Wirklichkeit kaum noch etwas mit ihm gemeinsam hatte. Eben darum habe ich es für geboten gehalten, während ich sonst Polemik vermieden und nur ein paarmal auf starke Mißgriffe DRUMANNS hingewiesen habe, an MOMMSENS Darstellung mehrfach eingehende Kritik zu üben: bei der dominierenden Bedeutung seines Werks wird das jede neue Bearbeitung eines Abschnitts der römischen Geschichte tun müssen, die die Erkenntnis wirklich fördern will.

Dadurch, daß ich das bei Cicero vorliegende Material möglichst vollständig aufgenommen und auszunutzen versucht habe, kommt

---

[1]) Siehe S. 324 ff. Diese Grundtendenz beherrscht auch MOMMSENS Römisches Staatsrecht und hat verschuldet, daß der dritte Band, die Darstellung von Volk und Senat, den beiden ersten nicht gleichsteht.

allerdings eine gewisse Einseitigkeit in die Darstellung: Ciceros persönliche Auffassung und seine Schicksale treten stärker in den Vordergrund, als wenn uns gleichartiges Material auch von anderer Seite vorläge. Indessen hat Cicero, so oft das auch von den Neueren verkannt worden ist, auch im politischen Leben dieser Zeit eine so hervorragende Stellung eingenommen — auch in den Geschichtswerken des Altertums kommt in dieser Zeit, abgesehn von Pompejus und Caesar, kein Name so oft vor wie der seine, nur Cato kommt ihm vielleicht gleich —, und das in seinem Nachlaß auf uns gekommene Material ist so vielseitig, daß diese Einseitigkeit demgegenüber nicht ins Gewicht fällt. Wohl aber sind die hier vorliegenden Äußerungen als Stimmungsbilder unschätzbar; sie ermöglichen uns, die Vorgänge und Strömungen bis ins einzelnste mitzuerleben. Um dem Leser die fortlaufende Kontrolle zu ermöglichen, habe ich die in Betracht kommenden Stellen in weitem Umfang im Wortlaut angeführt.

Auch sonst habe ich in die Quellenbelege viel mehr wörtliche Zitate aufgenommen, als sonst Brauch ist. Lediglich die betreffenden Stellen anzugeben, hat wenig Sinn, wo das Material schon so oft durchgearbeitet und jedem Forscher bequem zugänglich ist; denn daß der Leser sie nachschlägt, ist ja ausgeschlossen. Wohl aber war es wünschenswert, daß er die wichtigsten Belege im Wortlaut kennen lernt und sich so schon bei der Lektüre ein selbständiges Urteil bilden kann. Im übrigen war meine Absicht, hier, wo wir die Vorgänge bis ins einzelnste an der Hand des auf uns gekommenen primären Materials feststellen und dadurch die historische Überlieferung genau kontrollieren können, möglichst anschaulich hervortreten zu lassen, wie vortrefflich und zugleich wie einheitlich diese Überlieferung ist; das ist für ihre Beurteilung in den früheren Abschnitten von den Gracchen an, wo solche unmittelbaren Zeugnisse so gut wie ganz fehlen, von größtem Wert und begründet das Vertrauen, daß sie auch hier zuverlässig ist.

Berlin, im Juni 1918.

Vorwort zur zweiten Auflage

Weit rascher als ich erwarten konnte, ist eine neue Auflage nötig geworden. Das Buch ist erschienen in den trübsten Tagen deutscher Geschichte, als im Herbst 1918 unsere Widerstandskraft jäh zusammenbrach und als dann eine von wahnwitziger Verblendung beherrschte Umwälzung nicht nur alle Grundlagen unseres Staatsbaus niederriß, sondern zugleich auch unser stolzes Heer und unsere unbesiegte Flotte vernichtete, unser gesamtes Wirtschaftsleben zertrümmerte, und uns wehrlos und ehrlos unseren Todfeinden zu Füßen warf.

Und doch ist schon nach drei Monaten die erste Auflage vergriffen gewesen. Ich glaube daraus folgern zu dürfen, daß das Buch wirklich eine Lücke in der historischen Literatur ausfüllt, und zugleich wohl, daß auch andere das Bedürfnis empfinden, wenigstens auf Momente aus dem Elend der Gegenwart in ferne Zeiten zu flüchten und durch Beschäftigung mit einer in ihrer Entwicklung und in den wirkenden Kräften abgeschlossen vor uns liegenden Epoche die geschichtliche Erkenntnis zu läutern und zu vertiefen.

Der Neudruck hat mir die willkommene Gelegenheit geboten, einzelne Unebenheiten auszugleichen und übersehene Notizen nachzutragen. Tiefer greifende Änderungen waren nirgends erforderlich[1]). Für die Berichtigung einiger Irrtümer auf juristi-

---

[1]) Ich verzeichne hier alle Stellen, an denen irgendwie in Betracht kommende, über rein stilistische Verbesserungen hinausgehende Zusätze und Änderungen vorgenommen sind: S. 29, 4. 34, 1 (Rede Caesars bei Sallust). 64, 3 und 415, 6 (Caesars Ackerkolonien). 67, 3 (lex Thoria). 84 (Considius). 86 (die Domitier). 132, 1 (Citat aus Calvus). 156, 1 (Mancia gegen Libo). 164, 1 (der Quaestor Salustius). 250, 3 (Novum Comum). 329 f. (über FERRERO). 331. 1 (Catos Quaestur). 351, 4. 353. 5. 354, 1. 2. 444, 2. 475, 3 (Citat aus Nik. Dam.). 505 (über Mamurra). 512, 1 (Varro

schem Gebiet (S. 236, 5. 366, 4. 523, 1) bin ich meinem Kollegen
E. SECKEL zu großem Dank verpflichtet.

Ich kann diese neue Auflage nicht schließen, ohne der so ganz
anderen Stimmungen und Erwartungen zu gedenken, unter denen
das Buch geschrieben und gedruckt ist. Einen großen Teil der
Korrekturen habe ich vor mehr als Jahresfrist in den herrlichen
Frühjahrstagen 1918 in den baltischen Landen gelesen, als es
mir vergönnt war, dort inmitten einer hoffnungsfrohen, von
schwerstem Druck barbarischer Fremdherrschaft und rohester
Revolution glücklich erlösten, von vollem Vertrauen in eine
große und gesicherte Zukunft getragenen Bevölkerung eine Reihe
wissenschaftlicher Vorträge zu halten. Jetzt ist das alles nieder-
getreten und vernichtet, zahlreiche der edelsten Männer und
Frauen sind einem gräßlichen Schicksal anheimgefallen, ein
blühendes Kulturland ist der rohesten Barbarei ausgeliefert; und
dahinter steht die furchtbare Tatsache, daß dies Schicksal nicht
nur durch das Verbrechen unserer Feinde herbeigeführt ist,
sondern ein großer Teil der Schuld auf uns selbst lastet, daß unser
Volk der großen weltgeschichtlichen Aufgabe, die ihm gestellt
war, nicht gewachsen gewesen ist, und daß das gleiche Schicksal
jetzt drohend auch über der eigenen Heimat schwebt. Wo ist
noch ein Hoffnungsanker, an den wir uns klammern können,
um an der Zukunft unserer Nation nicht zu verzweifeln?

über göttliche Abstammung). An eine richtigere Stelle gestellt sind
129, 2 das Citat aus Fenestella, 162, 5 der Brief an Brutus, 240, 1 die
Angabe Isidors, 337 die Angaben über Caesars Epilepsie, 393, 8 der
Brief des Nepos, 496 der an eine falsche Stelle geratene Abschnitt über
die Juden, 589 das Verhalten Caesars gegen Cassius und Brutus. — Ich
bemerke noch, daß die Verweisungen auf spätere Abschnitte im Text
nicht immer ganz genau sind, da sich die Verschiebung der Seitenzahlen
im Neudruck im voraus nur annähernd berechnen ließ.

Pfingstsonntag, den 8. Juni 1919.

Eduard Meyer.

Inhalt

	Seite
Das Principat des Pompejus	1
Emporkommen und Persönlichkeit des Pompejus	3
Umtriebe des Crassus und Caesar. Die Verschwörungen Catilinas	11
Pompejus' Rückkehr und Bedrängnis	37
Pompejus' Koalition mit Caesar und Crassus	55
Caesars Consulat	62
Ciceros Verbannung	95
Clodius und Pompejus	102
Pompejus, Cicero und der Senat	113
Die Konferenz von Luca und ihre Folgen	140
Das zweite Consulat des Pompejus und Crassus	149
Das Principat des Pompejus und Ciceros Bücher vom Staat	174
Pompejus und die Anarchie	191
Fortgang der Anarchie. Pompejus' drittes Consulat	207
Vorbereitung des Bruchs mit Caesar	241
Marcus Marcellus und die Republikaner gegen Caesar	245
Der Bruch zwischen Pompejus und Caesar	259
Die letzten Verhandlungen	278
Eröffnung und Verlauf des Bürgerkriegs	292
Caesars Monarchie	319
Caesar bei den neueren Historikern	321
Persönlichkeit und Ziele Caesars	330
Caesars Machtmittel und Anhänger	345
Die nächsten Aufgaben. Sallusts erste Schrift an Caesar	348
Caesars Maßregeln im Jahre 49	364
Wirren in Rom während Caesars Abwesenheit	368
Caesars Rückkehr im Sommer 47	377
Beendigung des Bürgerkriegs. Caesars Triumphe	384
Sallusts zweite Schrift an Caesar	388
Caesar und die Parteien. Ciceros Dankrede für Marcellus' Begnadigung	399
Caesars Gesetzgebung im Jahre 46	410

	Seite
Rom während des spanischen Kriegs. Caesar und Cicero. Die Schriften über Cato	427
Caesars Rückkehr aus Spanien. Ehrungen und Attentatspläne. Cicero und Brutus	414
Caesars Ziele. Die absolute Monarchie	465
Die Welteroberung	472
Caesars Armee	476
Das Reich. Kolonien, Latiner und Bürger	483
Die Hauptstadt. Kulturaufgaben	496
Die Finanzen	500
Caesars Gehilfen	504
Die Begründung des Gottkönigtums Caesars	508
Die Opposition und die Verschwörung	530
Caesars Ermordung	539
Beilage I. Der Perduellionsprozeß des Rabirius im Jahre 63	549
Beilage II. Sallusts politische Broschüren an Caesar	563
Beilage III. Ciceros Briefwechsel	588
Beilage IV. Die Quellen	606
Register	623

Das Principat des Pompejus

Emporkommen und Persönlichkeit des Pompejus

Dem Besiegten gerecht zu werden, ist eine der schwierigsten Aufgaben, die dem Historiker gestellt sind. Das hat in einem Maße wie wenig andere Pompejus erfahren; kaum je ist sein Bild als Staatsmann und Feldherr richtig gezeichnet worden. MOMMSEN hat eine glänzende Charakteristik von ihm entworfen, die niemand ohne hohen ästhetischen Genuß lesen wird: aber zutreffend ist sie keineswegs. Allerdings war Pompejus Magnus nichts weniger als eine große Persönlichkeit; kleinlich und ohne jede Wärme des Gemüts, hat er niemals wirkliche Sympathie zu erwecken verstanden — denn die Zuneigung, die Cicero nicht selten für ihn zu empfinden vorgibt, ist kein echtes Gefühl, vielmehr sucht er, aus einer verfehlten politischen Berechnung, sie sich selbst einzureden; wie kühl er wirklich über ihn dachte, hat er in intimen Äußerungen oft genug und zuletzt noch bei seinem Tode ausgesprochen. Die rücksichtslose Art, mit der Pompejus immer wieder die Partei wechselte und seine Anhänger und Werkzeuge kühl fallen ließ, die Heuchelei, mit der er seine Absichten zu verhüllen suchte und verlangte, daß ihm, dem scheinbar Widerstrebenden, die Stellung aufgedrängt werde, die er im Herzen begehrte, und dazu die Gewissensskrupel, die ihn dabei plagten, nicht weil er sich über Gesetz und Moral hinwegsetzte — tiefere ethische Empfindungen lagen ihm ganz fern —, sondern weil er die formale Korrektheit, die ihm imponierte, nicht beobachten konnte, das alles sind abstoßende Züge und zeigen ganz wie sein äußerst charakteristisches Porträt die kleine, verschmitzte Persönlichkeit, die die Rolle eines Großen spielen möchte, der sie in keiner Weise gewachsen ist. Aber MOMMSEN hat ihm auch die Feldherrngaben bestritten, während er zweifellos zwar kein genialer, aber ein durchaus umsichtig operierender Feldherr gewesen ist, den bis zu dem verhängnisvollen Zug nach Pharsalos kein berechtigter Tadel treffen kann; und ganz verfehlt ist bei ihm wie bei vielen anderen die Darstellung der politischen Ziele, die er erstrebte. Das trifft aber nicht nur die Beurteilung des Pompejus selbst — darauf käme verhältnismäßig wenig an —, sondern die Gesamtauffassung der letzten Epoche der römischen Republik und der Kämpfe, in der sie zugrunde gegangen ist; und es hat zur Folge gehabt, daß MOMMSEN von dem großen Gegner des Pompejus und von seinen politischen Absichten und Schöpfungen ebensowenig ein zutreffendes Bild entworfen hat. Darauf beruht es in letzter Linie, daß MOMMSEN seine Geschichte nicht hat fortsetzen können: von seiner Darstellung der Zeit des Pompejus und Caesar, von seiner Auffassung, daß mit Caesars Sieg die Geschichte der Republik zu Ende und durch ihn die Monarchie dauernd begründet sei, führt eben keine Brücke zu dem Principat des Augustus und der Geschichte der Kaiserzeit.

In Wirklichkeit treten Pompejus' politische Anschauungen und Absichten aus seiner gesamten Laufbahn ganz klar und unzweideutig hervor. Der Gedanke, die Republik zu stürzen und sich zum Monarchen zu machen, lag ihm völlig fern, und die Versuchung, die im Jahre 70 wie im Jahre 62 an ihn herantrat, sich an der Spitze einer ihm völlig ergebenen Armee offen gegen die Regierung aufzulehnen wie Caesar und sich durch einen Staatsstreich der Alleinherrschaft zu bemächtigen, hat er beide Male abgewiesen und sein Heer entlassen, wenn auch im Jahre 70 erst nach langem Zögern und nachdem er seine Absichten durchgesetzt hatte. Der Krieg zwischen Caesar und Pompejus war nicht etwa, wie er so oft, so auch von MOMMSEN, dargestellt ist, der Kampf zweier Prätendenten um das Königtum. Vielmehr sind es drei Gestaltungen des Staats, die hier miteinander ringen: die alte Republik in der Form der Senatsherrschaft — die sogenannte Demokratie, d. h. die Herrschaft der Kapitalisten, und rivalisierend neben ihr die des hauptstädtischen Pöbels, war durch Sulla und bei ihrem nochmaligen Erhebungsversuch unter Lepidus und Marcus Brutus vernichtet, und lebte wohl noch als Ideal in einzelnen Köpfen, spielte aber politisch überhaupt keine Rolle mehr —, die absolute Monarchie Caesars, und zwischen ihnen diejenige Gestaltung, die Pompejus erstrebte, die militärische und politische Leitung des Staats durch den amtlosen Vertrauensmann des Senats und der Aristokratie, den alle seine Rivalen an Einfluß weitaus überragenden ersten Bürger, den Princeps. Die Stellung, die Pompejus für sich begehrte und die er zuletzt, seit dem Jahre 52, wenigstens annähernd erreicht hat, ist in der Tat in den wesentlichsten Momenten bereits die, welche das augusteische Principat dem Regenten zuweist; die Gestaltung, welche Augustus dauernd begründet hat, steht der von Pompejus erstrebten viel näher, als der des Mannes, dessen Namen er trug. Eben darin beruht die eminente weltgeschichtliche Bedeutung des Pompejus, die die Caesars fast noch übertrifft. Sie tritt dadurch nur noch deutlicher hervor, daß er an sich keineswegs eine hervorragende, seiner Stellung innerlich gewachsene Persönlichkeit gewesen ist; gerade darin zeigt sich, wie die Entwicklung mit innerer Notwendigkeit auf diese Gestaltung hindrängt, in der sich die alten Traditionen der Republik und der Senatsherrschaft mit dem Bedürfnis nach einer einheitlichen Leitung des Weltregiments durch den Reichsfeldherrn zu verbinden und ins Gleichgewicht zu setzen versuchen. Caesar hat diese Lösung mit der Ueberlegenheit des Genius geringschätzig beiseite geschoben; aber eben darum hat seine Schöpfung keine Dauer gehabt, sondern die Geschichte ist in furchtbaren Kämpfen darüber hinweggeschritten.

Dieser Entwicklung nachzugehn und sie in ihrer Einzelgestaltung richtig zu erfassen, hat nicht nur ein historisches Interesse ohnegleichen, sondern ist lehrreich auch für Gegenwart und Zukunft. Wenn nicht alles täuscht, wird im Laufe des nächsten Jahrhunderts die große Republik Nordamerikas, deren Wesen und Entwicklung mit der Roms überhaupt viel mehr Ähnlichkeit hat, als der oberflächliche Betrachter ahnt, einer ähnlichen Krise entgegengehn: je mehr sie in die Weltpolitik hineingezogen wird und damit die äußere Politik und die militärische Macht in den Vordergrund tritt, je mehr gleichzeitig ihr innerer Aufbau sozial und wirtschaftlich sich umgestaltet, um so unabweisbarer wird auch hier die Auseinandersetzung werden zwischen den demokratischen Prinzipien der Verfassung und den legitimen Organen des Staats auf der einen Seite, und ihnen gegenüber den Persönlichkeiten von überragender Stellung, seien sie wirklich von innerem selbständigem Wert oder mag der Zufall sie auf ihren Platz gestellt haben, in deren Hände unvermeidlich die großen Entscheidungen gelegt sind.

Pompejus' Stellung beruht darauf, daß als er im Jahre 83 als einfacher Privatmann im Picenum drei Legionen aufbrachte und sie nach Niederwerfung der feindlichen Truppen wohlgeordnet und siegreich dem Sulla zuführte, dieser ihn als Imperator begrüßte. Dadurch erkannte er den 23jährigen amtlosen Mann als sich gleichstehend an und hob ihn hoch über all die andern Heerführer, die sich jetzt unter Sullas Fahnen sammelten und die, obwohl sie zum Teil bereits hohe Staatsämter bekleidet hatten, doch nur seine Legaten waren. Pompejus hat, wenn er auch Sullas Vorrang anerkannte, doch an der selbständigen Kommandogewalt festgehalten, sich nach dem Siege über die Demokraten in Afrika vom Heer zum Imperator ausrufen lassen und den Triumph, auf den er dadurch Anspruch erhielt, von Sulla ertrotzt. So rücksichtslos Sulla sonst gegen seine Werkzeuge vorging, wenn sie sich über die von ihm wiederhergestellte Staatsordnung, mit der es ihm heiliger Ernst war, hinwegsetzen wollten — den Ofella hat er, als er sich, obwohl er wie Pompejus nur Ritter war und noch kein Amt bekleidet hatte, um das Consulat bewarb, auf dem Markt niederhauen lassen und dem Volk erklärt, wenn Rom sich noch ein drittes Mal empöre, werde er die Stadt in Brand stecken und so das Uebel mit Stumpf und Stiel ausrotten —, gegen Pompejus blieb ihm nichts übrig, als sich „vor der aufgehenden Sonne" zu fügen: er selbst hatte, ohne es zu ahnen, den Mann großgezogen, der die von ihm gegebene Verfassung über den Haufen werfen sollte.

Es lag auf der Hand, daß ein Mann, der diese Stellung einnahm, damit über die gesetzlichen Schranken hinausgewachsen war. Innerhalb der Staatsordnung war für ihn kein Raum:

unmöglich konnte er, der Imperator und Triumphator, jetzt die Ämterlaufbahn als Quaestor beginnen und damit zugleich den Eintritt in den Senat erlangen. Er war zu einer selbständigen Macht geworden, die unabhängig neben dem Staat stand, und hat das schon Sulla selbst fühlen lassen, auch durch die Förderung der Bewerbung des Lepidus um das Consulat. Nach Sullas Tode konnte er sich politisch als dessen Erben betrachten: mit ihm zusammen hatte er die demokratischen Usurpatoren besiegt und die Senatsherrschaft wieder aufgerichtet, er war der Begründer und Schirmer der bestehenden Staatsordnung, an den sich die Regierung in allen Notlagen wenden, dem sie, wenn es im Innern oder gegen äußere Feinde einen ernsthafteren Kampf gab, das Kommando übertragen, dessen Primat sie bereitwillig anerkennen sollte. Das und nichts anderes ist das Ziel, das Pompejus zeitlebens erstrebt hat: die Stellung Sullas, den er dauernd als sein Vorbild betrachtete, sollte durch ihn verewigt werden, die regierende Behörde, der Senat, sollte sich ihm als dem ständigen Reichsfeldherrn willig unterordnen, dann mochte daneben der republikanische Ämterturnus und die Rivalität der führenden Männer ruhig fortbestehn, wenn nur keiner von diesen sich vermaß, es ihm gleichtun zu wollen.

Der Anlaß, Pompejus zu verwenden, bot sich sofort. Als es zu Anfang des Jahres 77 nötig wurde, gegen die Insurrektion des Lepidus und Brutus ein zweites Heer aufzustellen, das das Poland unterwerfen sollte, blieb dem Senat keine Wahl: Pompejus war der einzige, dem er dies Kommando übertragen konnte. Dann erzwang Pompejus, statt, wie Catulus ihm geboten hatte, sein Heer zu entlassen, vom Senat die Entsendung nach Spanien gegen Sertorius mit proconsularischem Imperium, und führte in mühseligen Kämpfen und in unverhüllter Rivalität mit dem legitimen Proconsul Metellus Pius schließlich, nach der Ermordung des Sertorius, durch die Besiegung des Perperna im Jahre 71 den Krieg zum glücklichen Ende. Daß er jetzt, siegreich zum abermaligen Triumph heimkehrend, für sich das Consulat und damit die Aufnahme unter die gesetzlich anerkannten Oberhäupter der Republik forderte, war unvermeidlich; eben so natürlich aber, daß der Senat ihm die dafür erforderlichen Dispense aus freien Stücken niemals gewähren würde. So blieb ihm, wollte er nicht selbst seine Zukunft preisgeben und sich zu den Toten werfen, nichts übrig als den widerstrebenden Senat durch die Mittel, über die er verfügte, zur Nachgiebigkeit zu zwingen und ihm zu zeigen, daß er gegen den allmächtigen Feldherrn wehrlos sei. Pompejus führte sein Heer unter dem Vorwande des Triumphs vor Rom, verband sich mit seinem von ähnlichen, wenn auch bescheideneren Wünschen geleiteten Rivalen Crassus, dem er eben noch auf dem Heimweg den Sieg über die letzte der aufständischen Sklavenbanden entrissen hatte, und akzeptierte das Programm der Demokratie, sowohl um die Massen für sich zu gewinnen, wie um in der wiederhergestellten gesetzgeberischen Initiative der Tribunen ein weiteres bequem verwendbares Mittel zur dauernden Einschüchterung des Senats zu gewinnen.

Die Vertreter des demokratischen Programms und die Reste der ehemals von Drusus gebildeten Mittelpartei schlossen sich natürlich an, unter diesen vor allem Lucius Cotta, der im Jahre 70 zur Practur gelangte[1]). Unter den jüngeren Talenten der Partei beginnt C. Caesar hervorzutreten, der eben damals zum Militärtribun gewählt war und eifrig für die Wiederherstellung der tribunicischen Gewalt sowie für die Restituierung der Anhänger des Lepidus und Sertorius eintrat[2]). Aber er stand noch im Anfang seiner Laufbahn und man muß sich hüten, seinen Einfluß in dieser Zeit unter dem Eindruck seiner späteren Entwicklung zu überschätzen: für das große Publikum war er nur der Gehilfe des Crassus, der seine Bedeutung frühzeitig erkannt hatte und ihm seine unerschöpflichen Geldmittel reichlich zur Verfügung stellte. Überhaupt aber war die demokratische Partei politisch viel zu schwach und zersplittert, um eine selbständige Rolle spielen zu können; sie gab lediglich das Programm her für die ganz andersartigen Bestrebungen der Machthaber, und ihre

---

[1]) Unsere Überlieferung ist so dürftig, daß wir andere Beteiligte bei der Umwälzung kaum nennen können. Gewiß hat z. B. auch Licinius Macer, der Historiker, Tribun 73, dabei mitgewirkt.

[2]) Sueton Caes. 5.

Vertreter mußten zufrieden sein, wenn für sie materiell etwas dabei abfiel. Durch die Koalition wurde die Wahl des Pompejus und Crassus erzwungen und die sullanische Verfassung durch ihren Mitbegründer gestürzt, die ausschließliche Gerichtsbarkeit des Senats durch eine Besetzung der Richterstellen aus allen drei Ständen in vernünftiger Weise ersetzt, zugleich aber durch Wiederherstellung der tribunicischen Gewalt dem anarchischen Treiben in der Hauptstadt Tür und Tor geöffnet. Eine zielbewußte, den großen Aufgaben zugewandte Politik, für die der Senat sich schon in den Tagen seiner Allmacht nicht gewachsen gezeigt hatte, war fortan durch den ununterbrochenen Hader des Alltags vollends unmöglich gemacht. Für die ehrgeizigen Männer, die unter der Flagge der Demokratie segelten, begannen aufs neue goldene Tage; den Senat zu schikanieren und die Aristokraten zu ärgern, wie Caesar als Quaestor 68 bei der Leichenrede auf seine Tante, die Witwe des Marius, dessen *imago* er im Leichenzug vorführte, war ein sicheres Mittel, um vorwärts zu kommen. Zugleich aber zeigte sich, wie schon unter der gracchischen Verfassung, daß die Demokraten noch weit weniger imstande waren, den Staat wirklich zu leiten und auch nur den dringendsten Aufgaben des Tages gerecht zu werden, als die Nobilität. Die Kapitalisten, die Ritterpartei, der C. Gracchus das Regiment hatte übergeben wollen, war von allen wirklich politischen Aspirationen durch das Blutbad Sullas gründlich kuriert und verfolgte lediglich, noch weit ausschließlicher als damals, ihre materiellen Interessen, die jetzt allerdings vom Senat weit stärker berücksichtigt werden mußten als vor dem Jahre 70 — daher wurde dem Lucullus im Jahre 69 die Provinz Asia, im Jahre 68 die Provinz Cilicia abgenommen, da er gegen die Mißwirtschaft der Steuerpächter energisch aufgetreten war —; daß aber eine wirkliche Demokratie unter Leitung des vom Vertrauen der Massen getragenen Demagogen, wie sie in dem Stadtstaat Athen eine Zeitlang bestanden hatte, in dem römischen Staat, der jetzt die Bevölkerung ganz Italiens vom Po bis zur sicilischen Meerenge umfaßte, eine Utopie war, und der Versuch, sie gestützt auf den Stadtpöbel durchzuführen, notwendig zum Untergang führen mußte, hatte sowohl die Katastrophe des Tiberius und des Gaius Gracchus, wie in noch schlagenderer Weise die des Saturninus gezeigt. Wenn die republikanische Verfassung bestehn bleiben sollte, gab es keinen andern Ausweg, als daß der Senat die Regierung führte, so wenig auch diese vielköpfige, überdies durch rein persönliche Tendenzen, durch Intrigen und Koterietreiben vollständig zersetzte Körperschaft dazu wirklich imstande war — und jetzt war sie durch die demagogische Agitation noch weiter gelähmt. Zugleich wurde der Senat durch die neu bestellten Censoren (Gellius Poblicola und Lentulus Clodianus) gründlich purifiziert, nicht weniger als 64 Senatoren wurden ausgestoßen; das hat dann, da viele von diesen versuchten, dem materiellen Ruin durch Wiedereintritt in die Ämterlaufbahn zu entgehn, zu einer gewaltigen Steigerung der Wahlumtriebe und Bestechungen geführt. Unabweislich erhob sich immer stärker die Notwendigkeit, daß energische Männer, gestützt auf eine ihnen ergebene Armee, ihm die Leitung vor allem der auswärtigen Angelegenheiten aus der Hand nahmen und aus eigener Machtvollkommenheit handelten — das hat auch der Senatsfeldherr Lucullus getan, als er den Krieg gegen Tigranes ohne offizielle Vollmacht begann, obwohl sein Heer durchaus renitent war und ihm nur widerwillig folgte —, wenn nicht die römische Weltherrschaft und die Machtstellung Italiens trotz aller Kräfte, die das Land in sich umschloß, schmählich zusammenbrechen und die Mittelmeerwelt, der *Orbis terrarum* in ein Chaos versinken sollte.

Dem gegenüber stand die Machtstellung des Pompejus weiter gefestigt. In einer bisher in aller römischen Geschichte unerhörten Weise war er in die Reihe der Consulare eingetreten; seinen Rivalen Crassus hatte er noch weiter gedemütigt, indem er ihm gnädig die Bewerbung um das Consulat erlaubte, ihm die Beteiligung an der Einbringung des Consulargesetzes über die Wiederherstellung der tribunicischen Gewalt gestattete, und ihn schließlich, nachdem das ganze Jahr in fortwährendem Hader verlaufen war, zwang, vor allem Volk den ersten Schritt zu einer Versöhnung zu tun, die er dann großmütig gewährte. Erst darauf entließen die beiden Consuln ihre Heere, unter deren Druck die Verfassungsänderungen durchgeführt waren. Pompejus konnte sich formell ins Privatleben zurückziehen und den Dingen ihren Lauf lassen; aber er war der allmächtige Mann, um dessen Gunst jeder Streber buhlte[1]), und er konnte sicher sein, daß er und er allein in Betracht kam, wenn wieder die Lage eine größere militärische Kraftentfaltung erforderte.

Die Gelegenheit fand sich bald genug. Im Jahre 67 wurde ihm das Kommando gegen die Seeräuber, im Jahre 66 das gegen Mithridates und Tigranes übertragen. Der Widerspruch, den die angesehensten Männer der Nobilität erhoben, verhallte wirkungslos und enthüllte nur ihre Ohnmacht; ihnen blieb nichts übrig, als sich auch diesmal den tatsächlichen Machtverhältnissen zu fügen. Dadurch waren alle Küsten des Mittelmeers und ganz Vorderasien bis an die Grenze, die er selbst zu setzen für gut fand, seiner Herrschaft unterstellt. Er hat seine Aufgabe umsichtig und vollständig gelöst: die geordneten Zustände der Kaiserzeit beginnen für den römischen Orient mit Ausnahme Aegyptens tatsächlich mit Pompejus. So hat sich das persönliche Regiment bei seinem ersten offiziellen Auftreten — als ein Vorläufer kann Sullas Schalten in Asien und Griechenland gelten — vortrefflich bewährt und dem zerfahrenen Treiben der alten republikanischen Geschäftsführung weitaus überlegen erwiesen.

Umtriebe des Crassus und Caesar.
Die Verschwörungen Catilinas

Während Pompejus sich in Asien bedächtig Zeit ließ, versuchte sein Rivale Crassus, unterstützt von seinem gewandten, mächtig aufstrebenden Adjutanten Caesar, sich in Rom eine Stellung zu

---

[1]) Drastisch gibt dem Q. Cicero in der Schrift *de petitione consulatus* im Jahre 64 Ausdruck: *efficiendum etiam illud est, ut sciant omnes Cn. Pompei summum esse erga te voluntatem et vehementer ad illius rationes te id adsequi quod petis pertinere* (§ 51, vgl. 5). In Wirklichkeit bestand bekanntlich ein derartiges Verhältnis zwischen Cicero und Pompejus keineswegs.

schaffen, durch die er ihm das Gegengewicht halten könnte. Eine
materielle Grundlage suchten sie in den Transpadanern zu gewinnen, bei denen Caesar schon Ende 68, als er vorzeitig aus
seiner Quaestur im jenseitigen Spanien zurückkehrte, für die Erlangung des vollen Bürgerrechts an Stelle der ihnen im Jahre 89
durch das Consulargesetz des Pompejus Strabo gewährten Latinität so eifrig agitierte, daß der Consul Q. Marcius Rex deshalb die Legionen, mit denen er nach Cilicien abgehen sollte,
eine Zeitlang in Italien zurückhielt[1]). Jetzt versuchte Crassus
als Censor im Jahre 65, sie in die Bürgerlisten einzuschreiben,
konnte das aber gegen den Widerspruch seines Kollegen Catulus,
des Vorkämpfers der Nobilität, nicht durchführen[2]). Ebenso
hinderte dieser seinen Versuch, Aegypten auf Grund des Testaments
des Königs Alexander einzuziehn[3]). Die Absicht war, daß Caesar,
damals Aedil, mit der Ausführung beauftragt werden sollte, und die
Tribunen stellten denn auch einen dahingehenden Antrag; aber die
Optimaten brachten ihn zu Fall[4]). Hinter Crassus und Caesar stand
eben keine wirkliche Macht, die Menge empfand instinktiv, daß ihre
Pläne gegen Pompejus gerichtet waren, und blieb daher lau, und
so konnten sie die Optimaten und den Senat wohl ärgern und
die Hauptstadt in fortwährender Unruhe halten, aber politisch

---

[1]) Sueton Caes. 8 *decedens ante tempus* (als Quaestor in Hispania
ulterior) *colonias Latinas de petenda civitate agitantes adiit, et ad
audendum aliquid concitasset, nisi consules conscriptas in Ciliciam
legiones paulisper ob id ipsum retinuissent*. Im Jahre 63 verklagte er
den C. Piso, cos. 67, Proconsul der Narbonensis 66 u. 65, und eifrigen
Optimaten und Gegner des Pompejus *in iudicio pecuniarum repetundarum propter cuiusdam Transpadani supplicium iniustum* Sallust
Cat. 49; Cicero, der ihn als Consul verteidigte, erreichte seine Freisprechung (Cic. Flacc. 98).

[2]) Dio 37, 9. In diese Verhandlungen gehört die Äußerung des
C. Curio (cos. 76) Cic. de off. III 88, *cum causam Transpadanorum
nequam esse dicebat, semper autem addebat „vincat utilitas"*.

[3]) Plut. Crass. 13. Cic. de leg. agr. II 44 (unten S. 14 Anm. 1). Vgl.
die Fragmente von Ciceros Rede *de rege Alexandrino*.

[4] Sueton Caes. 11. vgl. Cic. leg. ag. II 44; Sueton redet hier bekanntlich mit Unrecht von der Absicht, Ptolemaeos Auletes wieder einzusetzen, die ins Jahr 57 gehört.

nichts erreichen; im Gegenteil, eben durch ihre Machinationen wurde die Stellung der Nobilität wieder gekräftigt[1]) und zugleich eine Annäherung zwischen ihr und Pompejus aufs neue angebahnt. Die Censur des Crassus verlief in den ununterbrochenen Reibereien mit Catulus völlig ergebnislos, und schließlich blieb beiden nichts übrig als abzudanken[2]). Im nächsten Jahre wurden alle Nichtbürger durch den Tribun C. Papius aus Rom verwiesen[3]) und damit die Elemente, auf die er sich hätte stützen können, weiter geschwächt. Zugleich hinderten die Tribunen die an Stelle des Crassus und Catulus neugewählten Censoren, die Senatsliste aufzustellen, so daß auch sie ihr Amt niederlegten[4]). Dio motiviert das damit, daß die Tribunen fürchteten, von ihnen aus dem Senat ausgestoßen zu werden; aber es lag überhaupt im Interesse der Nobilität, es nicht mehr zu einem Abschluß der Censuren kommen zu lassen, da sie bei ihrer vollständigen moralischen Zersetzung nicht mehr die sittliche Kraft hatte, auch nur die verkommensten Mitglieder auszustoßen. So ist die gegen den Sullanischen Senat gerichtete Censur des Jahres 70 die letzte republikanische geblieben, die ihre Aufgabe erfüllt hat; der Versuch, der unter Pompejus' Regiment im Jahre 50 wieder gemacht wurde, ist durch den Ausbruch des Bürgerkriegs vereitelt worden.

In derselben Weise scheiterte der zu Ende des Jahres 64 unternommene Versuch, durch ein umfassendes Ackergesetz, das die am 10. Dezember antretenden Tribunen unter Führung des Servilius Rullus einbrachten, die gesamten Staatsdomänen, einschließlich

---

[1]) Vgl. Sallust Cat. 39 *sed postquam Cn. Pompeius ad bellum maritumum atque Mithridaticum missus est, plebis opes imminutae, paucorum potentia crevit:* Pompejus war ja damals offiziell das Oberhaupt und der Beschützer der Plebs. MOMMSEN R.G. III 7, 174, 1 hat den Satz ganz seltsam mißverstanden, wenn er daraus herausliest: „daß die gabinisch-manilischen Gesetze der Demokratie einen tödlichen Schlag versetzten,· sagt Sallust Cat. 39".

[2]) Plut. Crass. 13. Dio 37, 9.

[3]) Dio 37, 9. Cic. de off. III 47. pro Arch. 10. pro Balb. 52.

[4]) Dio 37, 9. Der eine Censor war nach Plut. Cic. 17 vgl. de domo 84 L. Cotta, der Praetor des Jahres 70, Consul 65; der andere ist nicht bekannt: s. DE BOOR, Fasti censorii 91 f.

der von Pompejus neu gewonnenen Gebiete, in die Hände einer
nominell von der Minorität der Tribus erwählten — nur 17 sollten
zur Vornahme der Wahl ausgelost werden —, tatsächlich von
Rullus zu ernennenden Kommission von zehn Männern zu bringen,
in der offenbar Crassus und Caesar die leitende Stellung erhalten
haben würden; auch den Plan der Einziehung Aegyptens gedachte
man auf diesem Wege zu verwirklichen[1]), überdies Capua als
Kolonie wiederherzustellen und mit 5000 Bürgern zu besiedeln
und so die in die Hauptstadt zusammengeströmte beschäftigungs-
lose Menge wieder dem Erwerbsleben zuzuführen[2]), eine Absicht,
die dann Caesar wenige Jahre später als Consul verwirklicht hat.
Aber für den Augenblick war dieser Antrag nur ein Schlag ins
Wasser. Allgemein empfand man, daß er gegen Pompejus gerichtet sei — ausdrücklich war, um ihn auszuschließen, bestimmt,
daß nur in Rom Anwesende in die Zehnmännerkommission gewählt werden dürften —, und daß er, wenn er angenommen
würde, unvermeidlich zum Bürgerkriege und einer Tyrannis der
machinatores, der Hintermänner der Tribunen, führen müsse,
und daher in Wirklichkeit nichts weniger als populär sei. So
konnte ihn Cicero gleich zu Anfang seines Consulats ohne große
Mühe zu Fall bringen.

Diesen ununterbrochenen Mißerfolgen gegenüber hatte es
wenig zu bedeuten, wenn Crassus und Caesar nebst ihren Ge-

---

[1]) Auf die früheren Absichten des Crassus und Caesar auf Aegypten
nimmt Cicero de lege agr. II 44 direkt Bezug, ohne ihre Namen zu
nennen, wie er die der Hintermänner überhaupt durchweg verschweigt
(vgl. II 65 u. a.): wenn das Gesetz angenommen wird, werden die Zehn-
männer entweder Aegypten einziehn und darüber nach Gutdünken
schalten, oder es dem König Ptolemaeos verkaufen: *qui sunt isti X viri,
quos perspiciamus regnum Alexandreae Ptolomaeo gratis adiudi-
caturos? quod si Alexandrea petebatur, cur non eosdem cursus hoc
tempore, quos C. Cotta, L. Torquato consulibus* (im Jahre 65) *cu-
currerunt? cur non aperte ut antea? cur non item ut tum decreto
et palam regionem illam petierunt? an qui etesiis, qui per cursum
rectum regnum tenere non potuerunt, nunc caecis tenebris et cali-
gine se Alexandream perventuros arbitrati sunt?*

[2]) Cic. de leg. agr. II 70: Rullus sagt im Senat *„insanam plebem
nimium in republica posse, exhauriendam esse"*.

nossen in Personalfragen eine Anzahl von Erfolgen errangen, wenn z. B. Caesar durch den Glanz seiner aedicilischen Spiele 65 die Menge fesselte, wenn er Marius' Trophäen wiederherstellte, und im nächsten Jahre als Vorsitzender des Mordgerichts eine Anzahl Schergen des Sulla verurteilen ließ — der ärgste von ihnen, Catilina, mit dem Caesar in geheimer Verbindung stand, wurde dagegen freigesprochen —, und wenn er im Frühjahr 63 bei der Bewerbung um die Stelle des Pontifex maximus, nachdem der Tribun Labienus durch ein Gesetz die Wahl den Comitien zurückgegeben hatte[1]), dem Catulus, dem Vormann der Nobilität, und dem Servilius Isauricus den Rang ablief. Der Versuch dagegen, den Rabirius als Mörder des Saturninus durch die Centurien verurteilen zu lassen, den Labienus im Einverständnis mit Caesar unternahm — einer der beiden *duoviri perduellionis* war Caesar selbst, der andere sein entfernter Verwandter Lucius aus der älteren Linie der Julii Caesares, Consul im Jahre 64 —, und dadurch die auf Grund eines *senatus consultum ultimum* erfolgten Bluttaten und Hinrichtungen ohne gerichtliches Verfahren für gesetzwidrig und strafbar zu erklären, wurde durch einen Handstreich des Praetors Q. Metellus Celer vereitelt, indem er die Fahne einzog, die während der Tagung der Centurien auf dem Janiculum wehen mußte, und dadurch die Auflösung der Versammlung erzwang[2]). Nicht einmal die Zulassung der Söhne der von Sulla Proskribierten zur Ämterlaufbahn konnten Caesar und die Tribunen erreichen; auch dieser Antrag wurde von Cicero zu Fall gebracht[3]).

---

[1]) Dio 37, 37. Dio setzt Caesars Wahl fälschlich nach der Verurteilung der Catilinarier an; daß sie in Wirklichkeit in die erste Hälfte des Jahres, noch vor Caesars Wahl zum Praetor, fällt, steht durch Sallust Cat. 49. Vellejus II 43, 3. Sueton 13 f. Plut. Caes. 7 fest.
[2]) S. darüber Beilage 1.
[3]) Dio 37, 25. Cicero in Pis. 4. Plin. 7, 117; vgl. Plut. Cic. 12. Vellejus II 43, 4. Vgl. auch Cic. de leg. agr. II 10: *neque vero illa popularia sunt existimanda, iudiciorum perturbationes, rerum iudicatarum infirmationes, restitutio damnatorum, qui civitatum adflictarum perditis iam rebus extremi exitiorum solent esse exitus; neque si qui agros populo Romano pollicentur, si aliud quiddam obscure*

Wie wenig aussichtsvoll all diese Versuche waren, sich unter wenigstens formaler Beobachtung der Vorschriften der Verfassung eine außerordentliche Machtstellung zu verschaffen, mußten Crassus und Caesar selbst empfinden; so versuchten sie gleichzeitig, auf gewaltsamem Wege, durch Verschwörungen und Revolution, zum Ziele zu gelangen. Als Werkzeug boten sich ihnen die zahlreichen ruinierten Existenzen innerhalb der Nobilität, die unter dem Druck der Schulden, wenn ihnen der Weg zur Bereicherung durch die Ämterlaufbahn versperrt wurde oder nicht mehr zugänglich war, weil keiner ihnen weiter borgen wollte, vor keinem Verbrechen zurückscheuten. Ein Anlaß zum Losschlagen bot sich ihnen gleich im Jahre 66, kurz nachdem der Krieg gegen Mithridates an Pompejus übertragen war, noch ehe Crassus die Censur angetreten hatte. Eben damals war Catilina, der ruchloseste und zugleich der fähigste unter den Schergen Sullas, nachdem er als Propraetor die Provinz Africa ausgeplündert hatte, durch eine von dem jungen P. Clodius erhobene Repetundenklage an der Bewerbung um das Consulat für 65 verhindert worden: der Senat hatte sich scharf über seine Verwaltung geäußert, und der wahlleitende Consul L. Volcacius Tullus erklärte auf Grund einer öffentlichen Verhandlung, er könne als Bewerber nicht zugelassen werden[1]). Aber auch die erwählten Consuln P. Antronius Paetus und P. Sulla, Neffe des Dictators, zwei gänzlich verkommene Gesellen, wurden durch ihre Mitbewerber L. Cotta und L. Torquatus der Wahlbestechung überführt und diese an ihrer Stelle gewählt. So entstand der Plan, die neuen Consuln und mit ihnen eine Anzahl der angesehensten Senatoren zu ermorden und Antronius und Sulla zu Consuln auszurufen.

---

moliuntur, aliud spe ac specie simulationis ostentant, populares existimandi sunt. Dem entspricht die Wendung, die Cicero nach Quintilian XI 1, 85 in der Rede *de proscriptorum liberis* gebraucht: *quid enim crudelius, quam homines honestis parentibus ac maioribus natos a republica summoveri? itaque durum id esse summus ille tractandorum animorum artifex confitetur: sed ita legibus Sullae cohaerere statum civitatis affirmat, ut his solutis stare ipsa non possit.*

[1]) Ascon. p. 85. 90. Sallust Cat. 18.

Die Ausführung übernahmen Catilina und der junge gleichfalis tief verschuldete Cn. Piso; eine Anzahl gleichartiger Genossen schloß sich an; die eigentlichen Leiter der Verschwörung aber waren Crassus und Caesar. Offenbar hofften sie, in den politisch ganz bedeutungslosen Consuln ihrer Mache die für ihre Pläne geeigneten Deckfiguren zu finden; der Censor Crassus sollte dann Dictator, Caesar, der für 65 zum Aedil gewählt war, magister equitum werden. Dann konnte Crassus das Regiment in Rom übernehmen, Caesar nach Ägypten gehn; Piso sollte mit außerordentlichem Kommando in die beiden Spanien geschickt werden und hier nach dem Muster des Sertorius die Insurrektion neu beleben; P. Sittius, ein unternehmender Kaufmann aus Nuceria, der mit P. Sulla eng liiert war, sollte mit einer Schar Abenteurer nach Mauretanien gehn, zu dessen König er alte Geschäftsbeziehungen hatte, um von hier aus Piso mit Truppen und Geld zu unterstützen[1]). Auf diese Weise hoffte man nicht nur Italien

---

[1]) In dem Prozeß des P. Sulla Anfang 62 sagt der Ankläger L. Torquatus (Cic. pro Sulla 56): *at enim Sittius est ab hoc* (Sulla) *in ulteriorem Hispaniam missus, ut eam provinciam perturbaret*. Cicero antwortet: *primum Sittius, iudices, L. Julio C. Figulo consulibus* (im Jahre 64) *profectus est aliquanto ante furorem Catilinae et suspicionem huius coniurationis;* er ging wie schon früher um seiner Geschäfte willen dorthin *magna ratione cum Mauretaniae rege contracta;* jetzt verkaufte Sulla Sittius' italische Besitzungen und beglich dadurch dessen Schulden. Das ist nach Cicero, der hier in cynischster Weise alle seine Advokatenkunststücke spielen läßt, ein Beweis, daß er an der Verschwörung nicht beteiligt war [vgl. Ciceros Brief an Sittius ad fam. V 17, etwa aus dem Jahre 55]. Den wirklichen Sachverhalt läßt Sallust Cat. 21 den Catilina im Jahre 64 aussprechen: *esse in Hispania citeriore Pisonem, in Mauretania cum exercitu P. Sittium Nucerinum, consili sui participes*. Bekanntlich hat Sittius sich in Mauretanien eine ansehnliche Macht begründet und im Bürgerkriege zusammen mit König Bocchus Caesar eifrig unterstützt. Die Angaben Appians civ. IV 54, 231 Σίττιος ἐν Ῥώμῃ δίκην ἰδίαν οὐχ ὑποστάς (dabei handelt es sich offenbar um seine dann durch den Verkauf seiner Güter bezahlten Schulden) ἔφυγε καὶ στρατὸν ἀγείρας ἔκ τε αὐτῆς Ἰταλίας καὶ Ἰβηρίας ἐς Λιβύην διέπλευσε καὶ τοῖς Λιβύων βασιλεῦσι πολεμοῦσιν ἀλλήλοις ἀνὰ μέρος συνεμάχει, und Dios 43, 3 Πούπλιός τις Σίττιος ἐξέπεσε μὲν ἐκ τῆς Ἰταλίας, παραλαβὼν δὲ συμφυγάδας τινὰς καὶ περαιωθεὶς ἐς Μαυρουσίαν χεῖρα ἤθροισε

in die Hand zu bekommen, sondern auch in Ost und West genügende Machtmittel zu gewinnen, um Pompejus entgegentreten zu können. Aber im entscheidenden Moment versagte der Entschluß zur Tat. Am letzten Tage des Jahres 66 sammelte Catilina seine Scharen auf dem Forum, um am nächsten Morgen das Blutbad zu beginnen; aber zur Ausführung kam es nicht, da der Senat gewarnt war und Schutzmaßregeln ergriffen hatte[1]). Nicht anders ging es am 5. Februar, den man alsdann für das Gemetzel in der Curie in Aussicht genommen hatte, sei es daß, wie Tanusius Geminus erzählte, Crassus aus Furcht oder Reue nicht erschien und daher auch Caesar das verabredete Zeichen nicht gab, sei es daß, wie Sallust erzählt, der bekanntlich von der Beteiligung des Crassus und Caesar schweigt, Catilina das Zeichen zu früh gab, ehe seine Anhänger zusammen waren[2]). Diese Dinge waren notorisch, der Consul Torquatus hat darüber mit einem Beirat der angesehensten Senatoren, unter ihnen Hortensius (cos. 69), eine Untersuchung geführt[3]), und in der Folgezeit wird davon

---

sind sachlich zutreffend, übergehn aber seine Beziehungen zu der Verschwörung.

[1]) Cic. Cat. I 15 *potestne tibi haec lux, Catilina, aut huius caeli spiritus esse iucundus, cum scias esse horum neminem, qui nesciat te pridie Kalendas Ianuarias Lepido et Tullo consulibus* (29. Dez. 66) *stetisse in comitio cum telo, manum consulum et principum civitatis interficiendorum causa paravisse, sceleri ac furori tuo non mentem aliquam aut timorem tuum sed fortunam populi Romani obstitisse?* Vgl. pro Sulla 68. Dio 36, 44, 4 οὐ μέντοι καὶ ἠδυνήθησάν τι δρᾶσαι· διὰ τὸ τήν τε ἐπιβουλὴν προμηνυθῆναι καὶ φρουρὰν τῷ τε Κόττα καὶ τῷ Τορκουάτῳ παρὰ τῆς βουλῆς δοθῆναι. Nach Sallust Cat. 18 verschwören sich Catilina, Piso und Autronius *circiter nonas Decembris*, die neuen Consuln *in Capitolio Kalendis Ianuariis* zu ermorden; *ea re cognita* wird die Ausführung *in nonas Februarias* verschoben.

[2]) Sueton Caes. 9. Sallust Cat. 18, 6 ff. [ebenso Ascon. p. 94]. Sallusts Erzählung ist inhaltlich höchst unwahrscheinlich und sieht ganz so aus, als sei sie eine Korrektur der Angabe des Tanusius, indem das Zeichen, das Caesar im Einverständnis mit Crassus geben sollte, auf Catilina übertragen wird und daher von diesem im falschen Moment gegeben werden muß.

[3]) Cic. pro Sulla 11 f.

ganz offen geredet¹), nur daß die Beteiligung des Crassus und Caesar, die ja offiziell nicht kompromittiert waren, höchstens verstohlen angedeutet wird, da man Scheu hatte, es mit ihnen zu verderben. Nur um so bezeichnender ist es für die damalige Lage Roms, daß jede Bestrafung der Verbrecher unterblieb. Als der Senat einen dahingehenden Beschluß fassen wollte, intercedierte ein Tribun²), und damit verlief die Sache im Sande; ja als Piso seine Umtriebe weiter fortsetzte, genehmigte der Senat, um ihn loszuwerden, den von Crassus befürworteten Antrag, ihn als Quaestor mit propraetorischem Kommando nach Spanien zu schicken — nach Sallust hätte dabei zugleich bei manchen Optimaten die Ansicht mitgewirkt, ein Gegengewicht gegen Pompejus zu schaffen, doch ist damit wohl die Absicht des Crassus tendenziös seinen Gegnern zugeschrieben³). Zu weiterer Wirksamkeit kam

---

¹) So Cicero in toga candida (Ende 64) bei Ascon. p. 93: *praetereo nefarium illum conatum tuum et paene acerbum et luctuosum reipublicae diem, cum Cn. Pisone socio, ne quem alium nominem* [Hindeutung auf Crassus und Caesar!], *caedem optimatum facere voluisti;* ferner Cat. I 15. pro Murena 81 *omnia quae per hoc triennium agitata sunt, iam ab eo tempore, quo a L. Catilina et Cn. Pisone initum consilium senatus interficiendi scitis esse... in hoc tempus erumpunt.* Vgl. auch Cicero in der Corneliana (im Jahre 65) bei Ascon. p. 66.

²) Dio 36, 44, 5.

³) Sallust Cat. 19: *postea Piso in citeriorem Hispaniam quaestor pro praetore* (so auch in seiner Grabinschrift Dessau 875) *missus est adnitente Crasso, quod eum infestum inimicum Cn. Pompeio cognoverat. neque tamen senatus provinciam invitus dederat, quippe foedum hominem a re publica procul esse volebat; simul quia boni complures praesidium in eo putabant et iam tum potentia Pompei formidulosa erat.* Dio 36, 44, erzählt einfach ἐπεὶ δ' οὖν καὶ ὡς ὁ Πίσων ἐθρασύνετο, ἐφοβήθη τε ἡ γερουσία μή τι συνταράξῃ, καὶ εὐθὺς αὐτὸν ἐς Ἰβηρίαν, πρόφασιν ὡς καὶ ἐπὶ ⟨ταρ⟩αχήν [so richtig Naber] τινα, ἔπεμψε; ebenso Ascon. p. 94: *Piso ... in Hispaniam missus a senatu per honorem legationis, ut ab urbe ablegaretur.* Curio (cos. 76) in seinen Reden und der anticaesarianische Historiker M. Actorius Naso (vgl. Sueton Caes. 52) behaupteten, gleichzeitig mit Piso habe in Rom Caesar losschlagen sollen, gestützt auf die Ambraner (?) und Transpadaner: Sueton Caes. 9.

indessen Piso nicht; er wurde im Jahre 64 von spanischen Reitern erschlagen, wie von manchen behauptet wird, im Interesse und auf Anstiften des Pompejus[1]). Den Sittius suchte man, wie es scheint, durch einen Prozeß wegen seiner Schulden unschädlich zu machen; daher ging er, ohne die Entscheidung abzuwarten, im Jahre 64 über Spanien nach Mauretanien und gründete sich hier als Freibeuter eine selbständige Macht[2]).

Wenn Crassus und Caesar das Losschlagen vereitelten und die Verschwörung daher im Sande verlief, so hinderten sie daran gewiß nicht Gewissensbedenken — die lagen ihnen sehr fern —, sondern das Bewußtsein, wie unsicher der Erfolg, wie gering die Aussicht sei, sich gegen Pompejus auf die Dauer behaupten zu können, dem sie alsdann die Masse des friedliebenden Volkes in die Arme trieben; die Aussichten waren zu gering, um ihre Existenz aufs Spiel zu setzen. Auch war Crassus zwar ein gerissener Intrigant, aber nicht der Mann, einen derartigen kühnen Entschluß zu fassen. So spielte er mit dem Feuer ähnlich wie der Regent Pausanias in Sparta in den Jahren nach dem Siege von Plataeae. Überdies war seine Lage noch keineswegs verzweifelt und er durfte, wie sich gezeigt hat, immer noch hoffen, einen bequemeren Ausweg zu finden; er konnte zwar die Massen nicht mit sich zur Revolution fortreißen — dazu stand Pompejus' Anschn viel zu hoch —, wohl aber hatte er gerade auch in den regierenden Kreisen einen starken Anhang, der durch all die materiellen Mittel, über die er verfügte, an ihn gefesselt war oder wenigstens nicht wider den Stachel zu löcken wagte[3]).

---

[1]) Sallust, dem Ascon. p. 94 folgt, gibt daneben die Version, er sei wegen seiner *imperia iniusta superba crudelia* von den Spaniern erschlagen worden; Dion und Sueton erwähnen nur seinen Tod.

[2]) Oben S. 17 Anm. 1.

[3]) Die Überlieferung über Catilina hat zuletzt Ed. SCHWARTZ. Die Berichte über die catilinarische Verschwörung, Hermes 32. 1897. 554 ff. weiter aufgehellt. [Zu SCHWARTZ' Aufsatz bemerke ich, daß das wunderliche „Gesetz" — es wäre wirklich zu wünschen, daß dieser ganz schiefe und irreführende Ausdruck aus allen solchen stilistischen Untersuchungen verschwände! —, das Sallust sich auferlegt haben soll, „keine Person nur einmal zu erwähnen; jede die er nennt, muß mindestens zweimal

Die Verbindung mit Catilina haben beide aufrecht erhalten
und weiter gepflegt. Im Spätsommer des Jahres 65 kam endlich,
nach langer Verschleppung, der Repetundenprozeß des Catilina

---

vorkommen", sich darauf reduziert, daß er sehr begreiflicherweise in
das Verzeichnis der Verschworenen c. 17 nur solche Namen aufgenommen hat, die bei den weiteren Vorgängen eine Rolle gespielt haben
und daher in seiner Erzählung wieder vorkommen.] SCHWARTZ hat
namentlich die argen Verfälschungen klar gelegt, welche Sallust wie
durchweg, so ganz besonders in seinem durch und durch tendenziösen
Bericht über die Verschwörung von 66/5 c. 18 f. vorgenommen hat. Sie
tritt schon darin sehr charakteristisch hervor, daß er diesen Bericht
lediglich episodisch in die Geschichte der Verschwörung von 64/3 eingelegt hat. Von Caesars Beteiligung ist mit keinem Wort die Rede;
die des Crassus wird höchstens darin angedeutet, daß er aus Feindschaft gegen Pompejus für die Entsendung des Piso nach Spanien eintritt. Auch in dem kurzen Bericht Dios 36, 44 ist von Crassus und
Caesar nicht die Rede, und ebenso wird Livius erzählt haben (per. 101
*coniuratio eorum, qui in petitione consulatus ambitus damnati
erant, facta de interficiendis consulibus oppressa est);* daß die Consuln, welche die Verschworenen einsetzen wollten, nur Autronius und
Sulla gewesen sein können (so richtig Sueton Caes. 9), deren Verurteilung als illegitim dargestellt werden konnte, nicht Autronius und Catilina, wie Sallust und Cicero pro Sulla 68 behaupten, ist klar — Catilina hatte ja überhaupt nicht als Bewerber auftreten können. Allerdings behauptet Cicero, auch L. Torquatus, der Sohn des Consuls von 65
und Ankläger Sullas, habe zugegeben, daß es sich um Catilinas Consulat gehandelt habe: *de quo (P. Sulla) etiam si quis dubitasset
antea, num id quod tu arguis cogitasset, interfecto patre tuo consule descendere cum lictoribus, sustulisti hanc suspicionem, cum
dixisti, hunc ut Catilinam consulem efficeret contra patrem tuum
operas et manum comparasse.* Aber Ciceros Rede pro Sulla (Anfang 62)
ist so durch und durch verlogen — Sulla hatte Cicero Geld für den Kauf
des Hauses des P. Crassus auf dem Palatin vorgeschossen (vgl. Sallust in
Cic. 2) und dadurch ihn als Verteidiger bei der Anklage wegen Beteiligung an der Verschwörung von 63 gewonnen: Gellius XII 12 —, daß man
von seinen Behauptungen immer das Gegenteil als richtig annehmen
kann. Torquatus wird, sachlich völlig zutreffend, behauptet haben, daß
Sulla am 1. Januar 65 für sein eigenes Consulat, im Jahre 63 für das
Catilinas sich verschworen habe, und das wirft Cicero in einer advokatisch geschickten Wendung durcheinander. So richtig auch JOHN,
Entstehungsgeschichte der Cat. Verschwörung, FLECKEISENS Jahrb. VIII

zur Verhandlung; aber der Ankläger P. Clodius vertrat seine Sache lau und lehnte dem Angeklagten feindliche Richter ab; der Consul Torquatus, gegen den das Attentat vom 1. Januar 65 gerichtet gewesen war, tat, als ob er von Catilinas Mitschuld nichts wisse, und trat als Anwalt für ihn auf[1]); und der Gerichtshof sprach ihn frei[2]). So ist klar, daß Crassus seinen ganzen Ein-

---

Suppl., 1876. S. 708 ff. — Die Beteiligung des Crassus und Caesar an der Verschwörung von 66/5 erwähnten C. Curio (cos. 76) in seinen Reden und Bibulus in seinen Edicten gegen Caesar in dessen Consulat 59, ferner Tanusius Geminus in seiner Geschichte, die Verbindung mit Cn. Piso auch M. Actorius Naso (oben S. 19, 3); Sueton Caes. 9 *de hac significare videtur et Cicero in quadam ad Axium epistula referens, Caesarem in consulatu confirmasse regnum, de quo aedilis cogitarat.* Ferner Ascon. p. 33 *Cicero in expositione consiliorum suorum … eius quoque coniurationis, quae Cotta et Torquato coss. facta est a Catilina et Pisone, arguit M. Crassum auctorem fuisse.* In Plutarchs Leben des Caesar und des Crassus wird nur ihr Verhältnis zur Verschwörung von 63, aber nicht zu der von 66/5 besprochen [auch im Leben Ciceros wird diese nicht erwähnt, ebensowenig bei Appian]; man sieht, wie es, ganz entsprechend der Darstellung Sallusts, gelungen ist, diese Dinge, den schwärzesten Punkt in der Laufbahn der beiden Männer, in der geschichtlichen Darstellung völlig zu vertuschen (ebenso, wie schon erwähnt, bei Livius und Dio), obwohl sie bei den Zeitgenossen völlig notorisch waren.

[1]) Cic. pro Sulla 81 *Torquatus consul … cui (Catilinae) cum adfuit post delatam ad eum primam illam coniurationem, indicavit, se audisse aliquid, non credidisse.*

[2]) Ascon. zu Cicero *in toga candida* p. 85: *ante annum quam haec dicerentur Catilina, cum redisset ex Africa, Torquato et Cotta coss.* (65) *accusatus est repetundarum a P. Clodio adulescente;* p. 87: *ita quidem iudicio est absolutus Catilina, ut Clodius infamis fuerit praevaricatus esse* (ebenso Cic. de harusp. resp. 42. in Pison. 23): *nam et reiectio iudicum ad arbitrium rei videbatur esse facta.* Dazu stimmt Cicero ad Att. 1 2, geschrieben nach der Wahl der Consuln für 64 und der Geburt des Sohnes, also Spätsommer 65: *hoc tempore Catilinam, competitorem nostrum, defendere cogitamus; iudices habemus quos voluimus, summa accusatoris voluntate. spero si absolutus erit, coniunctiorem illum nobis fore in ratione petitionis* — er hofft also alsdann mit ihm zusammen Consul zu werden! —: *sin aliter acciderit, humaniter feremus.* Über seine Schuld war ihm natürlich kein Zweifel: kurz vorher hat er I 1 an Atticus geschrieben: *Catilina si iudicatum*

fluß und sein Geld für ihn verwendet hat. Immerhin war dadurch erreicht worden, daß er auch für das Jahr 64 nicht als Bewerber um das Konsulat hatte auftreten können. Um so mehr richteten sich seine Hoffnungen auf das nächste Jahr, und Crassus und Caesar taten alles, um seine und seines Gesellen C. Antonius Wahl für 63 durchzusetzen[1]); Crassus' Geld floß in Strömen, und der Tribun Q. Mucius Orestinus, der gegen ein vom Senat geplantes neues scharfes Gesetz gegen Wahlumtriebe intercedierte — daran schloß er einen boshaften Ausfall gegen Cicero, der mit der Rede *in toga candida* replizierte —, handelte offenbar in

---

erit meridie non lucere, certus erit competitor. Fenestella hat behauptet, Cicero habe ihn wirklich verteidigt; das wird von Asconius p. 85 f. schlagend widerlegt [aber daraus, daß er dort die Stelle aus den Briefen an Atticus nicht zitiert, folgt nicht, wie man oft angenommen hat, daß diese damals noch nicht veröffentlicht gewesen seien; die Äußerung trägt ja zur Entscheidung der Frage, ob er die Verteidigung wirklich übernommen hat, nichts bei, so daß man nicht einmal anzunehmen braucht, Asconius habe die Stelle übersehn]; aber zu der sittlichen Entrüstung über seine Freisprechung, die Cicero nachher zur Schau trägt, hat er, wie man sieht, nicht die mindeste Berechtigung. Umgekehrt hat er, als er im Jahre 56 den Caelius wegen seiner Beziehungen zu Catilina verteidigt, die Stirn zu behaupten *me ipsum, me inquam, quondam paene ille* (Catilina) *decepit, cum et civis mihi bonus et optimi cuiusque cupidus et firmus amicus ac fidelis videretur* (§ 14). — Bestechung der Richter: Q. Cicero de pet. cons. 10. Daß Asconius' Angabe p. 90, er sei freigesprochen, *sed ita ut eum senatorum urna damnaret, equitum et tribunorum absolveret,* lediglich eine falsche Folgerung aus Ciceros Worten ist, da die Scheidung der Abstimmung der drei Klassen erst 59 durch eine lex Fufia eingeführt wurde (Dio 38, 8), zeigt Wirz, Catilinas und Ciceros Bewerbung um den Consulat für das Jahr 63, Zürich 1864, S. 11.

[1]) Ascon. p. 83: *coierunt enim ambo* (Catilina und Antonius). *ut Ciceronem consulatu deicerent, adiutoribus usi firmissimis M. Crasso et C. Caesare.* Cicero sagt in der Rede: *dico P. C., superiore nocte cuiusdam hominis nobilis et valde in hoc largitionis quaestu docti et cogniti domum Catilinam et Antonium cum sequestribus suis convenisse;* dazu bemerkt Asconius: *aut C. Caesaris aut M. Crassi domum significat; ei enim acerrimi ac potentissimi fuerunt Ciceronis refragatores, cum petiit consulatum ... et hoc ipse Cicero in expositione consiliorum suorum significat.*

seinem Auftrage[1]). Dagegen wurden alle illegitimen Klubs durch den Senat unterdrückt[2]). Ihr Ziel erreichte die Agitation bekanntlich nicht; die Nobilität sah sich, widerwillig genug, gezwungen, mit allem Nachdruck für Ciceros Wahl einzutreten, und neben ihm erhielt Antonius ein paar Stimmen mehr als Catilina[3]). Als dann aber, um ihn dauernd unschädlich zu machen, L. Luccejus, ein Parteigänger des Pompejus, den Catilina wegen seiner Mordtaten im Dienste Sullas vor dem von Caesar geleiteten Blutgericht anklagte, wurde er freigesprochen[4]) — obwohl Caesar kurz vorher die Verurteilung anderer Schergen Sullas bewirkt hatte und im nächsten Jahr mit Labienus zusammen die Verurteilung des Rabirius betrieb!

Den weiteren Verlauf der Dinge in Ciceros Consulat brauchen wir nur kurz zu berühren. Die ununterbrochenen politischen Umtriebe, das servilische Ackergesetz, der Prozeß des Rabirius, die Agitation für die Restituierung der Söhne der Proskribierten[5]), Anträge der Tribunen auf Schuldenerlaß[6]) und auf der andern Seite ein scharfes Consulargesetz gegen Wahlumtriebe und Bestechung[7]) und ähnliches (darunter auch Caesars Wahl zum

---

[1]) Ascon. p. 83. 85. 88 f.
[2]) Ascon. p. 7. 73. Dio 38, 13, 2. Vgl. über diese Klubs Q. Cicero de pet. cons. 19, der ihre Bedeutung für die Wahlen hervorhebt.
[3]) Ascon. p. 95.
[4]) Ascon. p. 92: *post effectu comitia consularia et Catilinae repulsam fecit eum reum inter sicarios L. Lucceius*, vgl. p. 93. Dio 37, 10 im Anschluß an die Verurteilung des L. Luscius und L. Bellienus, eines Oheims Catilinas (so Ascon. p. 91). τοῦ Καίσαρος τοῦ Ἰουλίου τοῦδ᾽ ὅτι μάλιστα παρασκευάσαντος (vgl. Sueton Caes. 11). τοῦτό τε οὖν παρὰ δόξαν τοῖς πολλοῖς ἐχώρησε καὶ ὅτι καὶ ὁ Κατιλίνας ἐπὶ τοῖς αὐτοῖς ἐκείνοις αἰτίαν λαβὼν ἀπελύθη. Die zweimalige Freisprechung Catilinas erwähnt Cicero auch Att. I 16, 9. in Pis. 95. Diesmal trat Torquatus nicht für Catilina ein, wohl aber andere Consulare (Cic. pro Sulla 81); man kann sich die sittliche Korruption dieser Zeit garnicht groß genug vorstellen.
[5]) Cic. in Pison. 4. ad Att. II 1, 3. u. a. Dio 37, 29. Vgl. oben S. 16 A.
[6]) Dio 37, 25, 4; weiteres S. 25, 2.
[7]) Cic. pro Sulla 62 ff. schol. Bob. p. 269. 309. 324 ORELLI. Cic. pro Sest. 133. in Vatin. 37. In den Reden für Murena und Plancius, die er wegen *ambitus* verteidigt, ist Cicero dies Gesetz, dessen Einbringung

pontifex maximus gegen Catulus und Servilius Isauricus) hielten
die Hauptstadt in fortwährender Bewegung; die Erwartung,
daß man einer Revolution entgegengehe, lastete auf allen
Kreisen, und immer zahlreicher wurde der Anhang Catilinas.
Als dann Catilinas Versuch, diesmal endlich durch Ermordung
des wahlleitenden Consuls Cicero seine Wahl durchzusetzen, im
Juli 63 aufs neue scheiterte, blieb ihm kein Ausweg mehr, als
der offene Aufruhr und der Bürgerkrieg. Er saß zu tief in
Schulden, um noch länger zu warten, konnte auch seinen Anhang
nicht mehr zurückhalten; überdies war es höchste Zeit, loszu-
schlagen, wenn man überhaupt noch etwas erreichen wollte, da
nach dem Tode des Mithridates im Hochsommer 63 Pompejus'
Rückkehr in naher Aussicht stand, die allen weiteren Plänen ein
Ende machen mußte[1]).

Eben dadurch aber wurde die Verbindung zwischen Catilina
und seinen Hintermännern gelockert. Daß sie die Regierung
schikanierten und lahmzulegen suchten, war Crassus und Caesar
ganz recht; aber an der anarchistischen Revolution sich zu beteiligen, war ihnen das Risiko zu groß; auch mochte es wenigstens
Crassus doch schwül zumute werden bei einer Bewegung, die sich

---

ihm von den Anklägern mit Recht vorgehalten wird, sehr unangenehm
und er sucht darüber in üblicher Weise hinwegzureden (pro Murena
3 ff. 47. 67. pro Planc. 83).

[1]) Plut. Cic. 14 ἡ δὲ περὶ τὸν Κατιλίναν συνωμοσία πτήξασα καὶ κατα-
δείσασα τὴν ἀρχὴν αὖθις ἀνεθάρρει, καὶ συνῆγον ἀλλήλους καὶ παρεκάλουν
εὐτολμότερον ἄπτεσθαι τῶν πραγμάτων, πρὶν ἐπανελθεῖν Πομπήιον ἤδη λεγό-
μενον ὑποστρέφειν μετὰ τῆς δυνάμεως. Gegen Pompejus wollte man sich
sichern, indem man seine Kinder als Geiseln festhielt ib. c. 18. Daß
Sallust die Bildung der eigentlichen Verschwörung mit Unrecht schon in
den Juni 64 setzt und auch die Catilina in den Mund gelegte Rede c. 20
der wahren Situation wenig entspricht und vielmehr die im Sommer 63
in contione domestica gehaltene Rede (Cic. pro Murena 50) vorweg
nimmt, haben Winz. Catilinas und Ciceros Bewerbung um den Consulat
für 63, Zürich 1864, und John, Entstehungsgesch. der catil. Verschwörung, Fl. Jahrb. Suppl. VIII, 1876, 739 ff. erwiesen, denen Schwartz,
Hermes 33, 568 sich anschließt. Aber die Verbindung mit seinen Spießgesellen von 66/5 hat Catilina natürlich dauernd aufrecht erhalten und
weiter gefördert.

direkt gegen das Eigentum und die Kapitalisten richtete. In der Tat wurde das ganze Jahr 63 hindurch eifrig für eine Schuldentilgung oder Aufhebung der Zahlungsfristen agitiert, der Geldverkehr stockte vollständig[1]). Die durch maßlose Verschwendung und wüsten Ehrgeiz geschaffene Schuldenlast erscheint durchwegals die Haupttriebfeder der catilinarischen Verschwörung[2]) und hat auch bei der Einbringung des Ackergesetzes und dem Begehren nach Landanweisungen mitgewirkt. Daß die Verschworenen ihre Agitation weithin über Italien ausdehnten und die Vorbereitungen zu einer Insurrektion trafen, die sich wie zur Zeit des Lepidus in erster Linie auf das besitzlose Proletariat und die durch den Schuldendruck zu jeder Verzweiflungstat bereiten Elemente stützte, mußte alle, die etwas zu verlieren hatten, und vor allem die mächtigen Kapitalisten, die Ritterschaft, auf die Seite der Regierung treiben, mochten sie auch bisher dieser noch so gern etwas am Zeuge geflickt und die Führer der Opposition unterstützt haben.

---

[1]) Cicero de off. II 84 *nunquam vehementius actum est quam me consule, ne solveretur; armis et castris temptata res est ab omni genere hominum et ordine* (vgl. Manlius' Proklamation bei Sallust Cat. 33). *quibus ita restiti, ut hoc totum malum de republica tolleretur. numquam nec maius aes alienum fuit nec melius nec facilius dissolutum est: fraudandi enim spe sublata solvendi necessitas consecuta est. at vero hic nunc victor, tum quidem victus* (d. i. Caesar), *quae cogitarat, ea perfecit, cum eius iam nihil interesset* (durch seine Gesetze zur Regulierung der Schulden als Dictator). Vgl. Sallust Cat. 21 *tum Catilina polliceri tabulas novas*, und Dio 37, 25, 4: von den Tribunen ἄλλος χρεῶν ἀποκοπάς, ἄλλος (d. i. Rullus) κληρουχίας ... ἐσηγεῖτο. Auf Ciceros Maßnahmen bezieht sich Cat. II 18: nicht Catilina wird die erwarteten *tabulae novae* einführen, sondern *meo beneficio tabulae novae proferentur, verum auctionariae; neque enim isti, qui possessiones habent, alia ratione ulla salvi esse possunt;* d. h. die Schuldner sollen sich bankerott erklären und dann wird ihr Besitz zur Deckung der darauf haftenden Schulden versteigert und den Rest ihres Vermögens behalten die Schuldner. Das hätte, meint er, früher schon von ihnen selbst geschehn sollen, dann wären wir besser daran. Über die Unmöglichkeit, damals ausstehende Gelder einzutreiben, s. Val. Max. IV 8, 3.

[2]) Vgl. Cic. Cat. II 10. 17 ff. (ferner *sublata de foro fides*, de leg. agr. II 8 = I 23). Sallust in Catilinas Rede Cat. 20, 11; 13 ff., und bei der Schilderhebung des Manlius 28. 4. 33. Dio 37, 30, 2.

Bei dieser Lage der Dinge konnten Crassus und Caesar zwar versuchen, ihre alten Spießgesellen nach Möglichkeit zu schützen; aber ebenso mußten sie bestrebt sein, den Ausbruch der Revolution und die Brandstiftung wenigstens in Rom selbst zu verhindern; eine Insurrektion in Etrurien nach Art des Aufstands des Lepidus, wie sie im Einverständnis mit Catilina C. Manlius am 27. Oktober unternahm, mochte ihnen schon eher recht sein und bot die Aussicht, eventuell vermittelnd einzugreifen. So erklärt es sich, daß, wie es scheint einige Tage früher, Crassus, begleitet von M. Marcellus und Metellus Scipio, bei Nacht dem Cicero einen anonymen Brief überbrachte, der ihm mit mehreren an andere Adressaten zugestellt war, in dem Catilinas Mordpläne mitgeteilt und Crassus der Rat gegeben wurde, Rom zu verlassen[1]). Dadurch waren zwar Crassus' Beziehungen zu den Verschworenen so gut wie erwiesen (wenn auch der Schein gewahrt war, als sei ihm eben nur von einem ihm wohlwollenden Verräter eine Warnung zugekommen), und Crassus hat es denn auch Cicero schwer verargt, daß er in der im Jahre 60 verfaßten Schrift *de consulatu* den Vorgang erzählt hat; aber er sicherte sich zugleich durch die Warnung die Rücksicht der Regierung, falls diese siegreich blieb.

Der Consul befand sich in einer eigentümlichen Lage. Er war durch seine Spione über das Komplott genau unterrichtet und hatte durch seine Enthüllungen erreicht, daß der Senat am

---

[1]) Plut. Cic. 16 und kürzer Crass. 13 [ebenso, nur kürzer, Dio 37, 31], wo als Quelle Ciceros Schrift περὶ ὑπατείας angegeben wird, mit dem Zusatz ὁ δ' οὖν Κράσσος ἀεὶ ἐμίσει τὸν Κικέρωνα διὰ τοῦτο. Nach Plutarch läßt Cicero die ihm von Crassus und seinen Genossen eingehändigten Briefe am nächsten Tage im Senat öffnen und verlesen, und als dann die Nachricht von der Erhebung des Manlius eintrifft, wird das *senatusconsultum ultimum* beschlossen. In Wirklichkeit erfolgte dieses freilich schon am 21. Oktober (Cic. Cat. I 7, vgl. § 4 und dazu Ascon. p. 6), 6 Tage vor Manlius' Aufstand; aber im übrigen stimmt Plutarchs Bericht ganz gut zu Cic. Cat. I 7: *dixi ego idem in senatu* (am 21. Oktober), *caedem te optimatium contulisse in a. d. V Kal. Novembris, tum cum multi principes civitatis Roma non tam sui conservandi quam tuorum consiliorum reprimendorum causa profugerunt.* Die Zusammenkunft mit Crassus und seinen Brief freilich kann Cicero damals nicht mitgeteilt haben, da er das geheim hielt.

21. Oktober durch das sogenannte senatusconsultum ultimum ihm und den übrigen Oberbeamten die Vollmacht zu kriegsrechtlichem Einschreiten erteilte. Dadurch war er imstande, nicht nur in Rom, sondern in ganz Italien die nötigen Vorsichtsmaßregeln umsichtig und erfolgreich zu treffen. Aber eben dadurch, daß er alle Pläne der Verschworenen im voraus vereitelte und es zu keinem Putsch kam, war er nicht in der Lage, gegen die Schuldigen unmittelbar vorzugehn und damit der Sache ein Ende zu machen. Der Bestand der Verschwörung war zwar notorisch, aber nicht authentisch erwiesen; große Massen der Bevölkerung, nicht nur die verschuldeten und die ruinierten vornehmen Existenzen, die durch Sullas Strafgerichte und Konfiskationen von ihren Höfen vertriebenen Bauern in Etrurien, Campanien und sonst, die von Sulla angesiedelten Veteranen, die das ihnen so plötzlich zugefallene Besitztum schlecht bewirtschaftet oder verpraßt hatten und so in Schulden geraten waren, sondern überhaupt alle, die den Druck der gegenwärtigen Lage empfanden und von einer Umwälzung eine Besserung ihrer materiellen Verhältnisse erwarteten, setzten ihre Hoffnungen auf Catilina und seine Genossen[1]), die ihnen als die wahren Vertreter der popularen Bestrebungen erschienen; die Behauptung, sie planten Mord und Brandstiftung, war für sie nur eine Verleumdung ihrer Gegner, die das Volk in Knechtschaft hielten und auswucherten[2]). Ciceros Enthüllungen konnten wohl den Senat zu einzelnen energischen Beschlüssen fortreißen, aber überzeugende Beweise, die den Widerspruch verstummen machten, waren sie nicht; seine Gegner und Neider, voran sein Kollege Antonius, spotteten über all das, was

---

[1]) Vgl. Cicero Cat. II 18 ff.
[2]) Vgl. Cat. I 30: *nonnulli sunt in hoc ordine* (im Senat), *qui aut ea quae imminent non videant aut ea quae videant dissimulent; qui spem Catilinae mollibus sententiis aluerunt coniurationemque nascentem non credendo conroboraverunt; quorum auctoritatem secuti multi non solum improbi, verum etiam imperiti, si in hunc animadvertissem, crudeliter et regie factum esse dicerent. nunc intellego, si iste, quo intendit, in castra Manliana pervenerit, neminem tam stultum fore qui non videat coniurationem esse factam, neminem tam improbum qui non fateatur.*

er in Erfahrung gebracht haben wollte, über sein ewiges „*comperisse*"[1]). So mußte er streben, die Schuldigen auf offener Tat zu ertappen, das Geschwür zum Ausbruch zu bringen[2]). Daher begrüßte er die Insurrektion des Manlius in Faesulae am 27. Oktober, die er auf den Tag vorausgesagt hatte[3]); und noch willkommener war ihm, daß Catilina selbst sich zu den Aufständischen begeben und an ihre Spitze treten wollte. Als daher Catilina, nachdem er in der Nacht vom 6. zum 7. November im Hause des Laeca die letzten Anordnungen getroffen hatte und nachdem der Plan, Cicero noch in dieser Nacht zu ermorden, abermals gescheitert war[4]). am Morgen des 7. November nochmals im

---

[1]) Ende 62 schreibt Cicero an Antonius (fam. V 5). als dieser das Geld nicht schickte, welches er jenem als seinen Anteil aus der macedonischen Statthalterschaft versprochen hatte — Cicero hat bei dem Verzicht auf die Provinz, durch den er Antonius von Catilina abzog. seine materiellen Interessen keineswegs vergessen, und die hochinteressanten Briefe an Atticus aus dieser Zeit zeigen, wie er seine Neigung, für Antonius einzutreten, davon abhängig macht, ob dieser zahlt oder nicht —: *pro his rebus nullam mihi abs te relatam esse gratiam tu es optimus testis; contra etiam esse aliquid abs te profectum ex multis audivi: nam „comperisse" me non audeo dicere, ne forte id ipsum verbum ponam, quod abs te aiunt falso in me solere conferri*. Nachher, im Jahre 61. wirft ihm Clodius (Att. I 14. 5). später (im Jahre 55) Sallust invect. in Tullium 3 das fatale Wort ins Gesicht.

[2]) Ein gerichtliches Verfahren, wie es L. Paullus anstrengte. der den Catilina auf Grund der lex Plautia *de vi* verklagte (Sallust Cat. 31). konnte nicht zum Ziele führen, da sich das monatelang hinziehn mußte, ganz abgesehen von der Unsicherheit des Ausgangs.

[3]) Cic. Cat. I 7. Die Situation ist ganz ähnlich wie die der französischen Regierung bei dem geplanten Staatsstreich Boulangers im Jahre 1887. Auch damals war das Komplott notorisch, aber ein Einschreiten rechtlich unmöglich; es blieb nichts, als die nötigen Vorsichtsmaßregeln zu treffen und zugleich Boulanger so einzuschüchtern, daß er schließlich Paris verließ und nach Brüssel ging. Damit war er unschädlich gemacht.

[4]) Bekanntlich hat Sallust Cat. 27 f. diese Versammlung bei Laeca und das vereitelte Attentat früher angesetzt und dadurch den weitern Verlauf mit bewußter Absicht in ein falsches Licht gerückt. — Das geplante Attentat und seine Vereitelung und die Szene im Senat [dazu Th. Reinach, Catulus ou Catilina? Rev. des ét. Grecques 1904] erzählt Diodor 40, 5 und 5a, d. i. Posidonios, vgl. die Beilage; das Attentat

Senat erschien, ergriff Cicero die Gelegenheit, in einer Rede, die er dann als Broschüre veröffentlichte, nachzuweisen, daß er alle diese Dinge, die sich jetzt verwirklichten, vorher gewußt und vorausgesagt habe und daß es ihm nur recht sei, wenn Catilina jetzt zu der Erkenntnis gekommen sei, in Rom nicht mehr bleiben zu können, und sich durch den Anschluß an Manlius offen als Rebellen und Hochverräter bekenne; dadurch wird ein offenes Einschreiten der Regierung möglich, das er bisher trotz der ihm vom Senat gegebenen Vollmacht nicht hat wagen dürfen. MOMMSENS Behauptung, Cicero habe auch bei dieser Gelegenheit sein Talent gezeigt, offene Türen einzurennen: „wo er zu handeln schien, waren die Fragen, auf die es ankam, regelmäßig eben abgetan ... so polterte er gegen Catilina, als dessen Abgang bereits feststand", verkennt die wahre Sachlage so vollständig wie nur möglich: daß Catilina von Rom fortgehn will, angeblich ins Exil, tatsächlich zu den Insurgenten, wird von Cicero nicht nur offen ausgesprochen, sondern ist die Grundlage, auf der die erste Catilinarie beruht und durch die sie ihre Wirkung erzielt[1]).

Allerdings hätte Cicero gewünscht, daß Catilina seinen gesamten Anhang mit sich ins Feld genommen hätte[2]). Das geschah freilich nicht; der Hauptteil der Verschworenen blieb unter Leitung des Praetors Lentulus — des im Jahre 70 durch die Censoren aus dem Senat gestoßenen Consuls des Jahres 71 — zurück, um in Rom den entscheidenden Schlag zu führen. So dauerte es noch fast einen Monat, bis es Cicero gelang, auf dem bekannten Wege, durch die Festnahme der allobrogischen Gesandten in der Nacht des 2./3. Dezember, die entscheidenden

---

Catilinas wird mit dem von Lentulus für die Saturnalien geplanten zusammengeworfen, im Senat stellt Cicero die Frage, ob Catilina oder ob Catulus ins Exil gehen solle, während Cicero Cat. I 21 statt des Catulus den M. Marcellus oder P. Sestius nennt, vielleicht erst durch eine nachträgliche Korrektur bei der Veröffentlichung der Rede.

[1]) Selbst Sallust, der sonst Ciceros Verdienst nach Möglichkeit zu schmälern versucht, hat bekanntlich diese Rede als *luculenta atque utilis reipublicae* anerkannt (Cat. 31).

[2]) Cat. I 10. 30 ff.

Beweise in die Hände zu bekommen, die die Verhaftung und
Überführung der Rädelsführer ermöglichten.

Cicero sorgte dafür, daß die Aussagen der Allobroger und
der Verhafteten sofort durch angesehene Senatoren protokolliert
und in zahlreichen Abschriften durch ganz Italien verbreitet
wurden[1]). Trotzdem wurde bald darauf der Vorwurf gegen ihn erhoben, er habe die Protokolle gefälscht[2]). Das ist in diesem Falle
schwerlich berechtigt; wohl aber zeigte sich alsbald, daß Cicero
und diejenigen, die mit seiner Politik einverstanden waren,
keineswegs objektiv verfahren, sondern mit den Bestrafungen
über eine bestimmte Grenze nicht hinausgehn wollten. Als am
4. Dezember L. Tarquinius, den man auf dem Wege zu Catilina
aufgegriffen hatte, im Senat vorgeführt wurde und nach Zusicherung der Straflosigkeit aussagte, er sei von Crassus an
Catilina geschickt mit der Aufforderung, er solle sich durch die
Verhaftung des Lentulus und seiner Genossen nicht einschüchtern
lassen, sondern schleunigst gegen Rom vorrücken, um so seinen

---

[1]) Cic. pro Sulla 41 f.

[2]) Beim Prozeß des P. Sulla Anfang 62, für den Cicero, wie schon
erwähnt, aus sehr wenig ehrenhaften Gründen die Verteidigung übernahm (oben S. 21 Anm.), wirft der Ankläger Torquatus ihm vor *me aliter
ac dictum sit in tabulas publicas retulisse* (pro Sulla 40). Bei Sallust
in Cic. 3 wird der Vorwurf verallgemeinert: *sed ut opinor illa te magis
extollunt, quae post consulatum cum Terentia uxore de republica
consuluisti, cum legis Plautiae iudicia domi faciebatis, ex con-
iuratis alios .., [alios] pecunia condemnabas, cum tibi alius
Tusculanum, alius Pompeianum villam exaedificabat, alius domum
emebat: qui vero nihil poterat, is erat calumniae proximus, is aut
domum tuam oppugnatum venerat aut insidias fecerat, denique de eo
tibi compertum erat;* vgl. § 5 fin. Daher bezeichnete Torquatus den
Cicero als *tertius peregrinus rex* nach Numa und Tarquinius, dessen
regnum nicht zu ertragen sei: *in quos testimonia dixisti, damnati
sunt; quem defendis, sperat se absolutum iri* (pro Sulla 21 f.). Der
Vorwurf bezog sich allerdings nicht sowohl auf die Aussagen vom
3. Dezember, als vielmehr auf die späteren Vorgänge, namentlich die
Aussage des Vettius und die daran anschließenden Prozesse auf Grund
der *lex Plautia*, s. u. — In dem Disput mit Cicero am 15. Mai 61 im
Senat nimmt Clodius das Schlagwort wieder auf: *quousque, inquit,
hunc regem feremus?* (Cic. ad Att. I 16, 10).

Anhängern neuen Mut zu machen und die Freilassung der Gefangenen zu erwirken, erhob sich im Senat ein Sturm der Entrüstung nicht gegen Crassus, sondern gegen den Zeugen, und es wurde beschlossen, Tarquinius nicht weiter zu hören, sondern gefangen zu halten, bis er bekannt habe, wer ihn zu dieser Verleumdung angestiftet habe¹). Man sieht, wie stark der Einfluß des Crassus und seines Geldes war, zugleich aber auch, wie ihm seine Warnung an Cicero zugute kam.

Noch weniger war an ein Vorgehen gegen Caesar zu denken, wie es Catulus und C. Piso (Consul 67) von Cicero forderten²). Trotzdem war die Überzeugung von seiner Mitschuld weit verbreitet, und die Ritter, die den Senat bewachten, haben am 5. Dezember, als er die Curie verließ, sein Leben bedroht³). Zu Anfang des nächsten Jahres, als Caesar als Praetor den Senat drangsalierte, wurde noch einmal versucht, gegen ihn vorzugehn: Q. Curius, der Hauptspion Ciceros, erklärte im Senat, durch Catilina seine Teilnahme erfahren zu haben, der Denunziant L. Vettius versprach, ein Handschreiben Caesars an Catilina beizubringen, und veranlaßte dadurch den Quaestor Novius Niger,

---

¹) Sueton Cat. 48; kürzer Dio 35 und Plut. Crass. 11. Die von Sallust als Ansicht einiger Zeitgenossen *(erant eo tempore qui existumarent)* gegebenen Motive, Autronius (der nicht zu den Verhafteten gehörte) habe die Aussage veranlaßt, *quo facilius appellato Crasso per societatem periculi reliquos illius potentia tegeret*, oder, wie Crassus behauptete, Cicero habe den Tarquinius angestiftet, um Crassus die Anwaltschaft für die Missetäter unmöglich zu machen, sind so unwahrscheinlich wie nur möglich. Cicero konnte bei der Haltung, die er eingenommen hatte, die Aussage des Tarquinius nur höchst unwillkommen sein, wie er denn auch den Senatsbeschluß gegen ihn veranlaßte *(consulente Cicerone)*.

²) Sallust Cat. 49 in der ganz tendenziösen Apologie Caesars: *ad isdem temporibus Q. Catulus et C. Piso neque pretio neque gratia Ciceronem inpellere potuere, uti per Allobrogas aut alium indicem C. Caesar falso nominaretur.* Mit anderer Wendung Plut. Caes. 7: οἱ περὶ Πείσωνα καὶ Κάτλον ᾐτιῶντο Κικέρωνα φεισάμενον Καίσαρος ἐν τοῖς περὶ Κατιλίναν λαβὴν παρασχόντος; gegen Cicero wird der Vorwurf erhoben, daß er ihn aus Furcht vor seiner Popularität habe entschlüpfen lassen, Plut. Caes. 8 = Cic. 20.

³) Sueton Caes. 14. Sallust 49. Plut. Caes. 3.

eine Klage gegen ihn anzunehmen. Aber aus Rücksicht auf die
Volksmassen, die für Caesar eintraten, wagte man auch diesmal
nicht, weiter zu gehn. Caesar wandte sich an Cicero selbst,
und dieser bezeugte, daß er von ihm Warnungen erhalten habe
— Caesar hat also ebenso operiert wie Crassus —, und der Senat
beschloß, daß dem Curius die versprochene Belohnung entzogen
und Vettius gefangen gesetzt, auch gegen Novius wegen unzulässigen
Vorgehens gegen einen höheren Magistrat eingeschritten
wurde[1]). Diese Vorgänge sind an sich nicht beweisend: dem Verräter
Curius wird man mißtrauen, Vettius war ein ganz unsauberer
Denunziant, den Caesar später im Jahre 59 zu erfundenen
Aussagen über eine Verschwörung gegen Pompejus benutzte und,
als er sich ungeschickt erwies, im Gefängnis umbringen ließ;
und überdies ist klar, daß das ganze Vorgehn durch die Vorgänge
zu Anfang 62 veranlaßt, also lediglich ein politisches
Manöver war. Um so bedeutsamer ist, daß Cicero in dem geheimen,
erst nach seinem Tode veröffentlichten Memoire *de
consiliis suis* den Crassus und Caesar als Urheber der Verschwörung
bezeichnet hat[2]).

---

[1]) Sueton Caes. 17. Vettius' Denunziationen, ohne Nennung Caesars,
auch Dio 37, 41; vgl. Cic. ad Att. II 24, 2 bei dem Bericht über die Aussage
im Jahre 59: *Vettius ille, ille noster index*. Den Hergang erwähnt
auch Plut. Caes. 8, wo er an die Szene vom 5. Dezember angeschlossen,
also scheinbar noch ins Jahr 63 verlegt ist: Cicero hat das Vorgehn
gegen Caesar unterlassen ἀποδειλιάσας τὸν δῆμον ὑπερφυῶς περιεχόμενον
τοῦ Καίσαρος, ὅς γε καὶ μετ' ὀλίγας ἡμέρας (in Wirklichkeit Anfang 62),
εἰς τὴν βουλὴν εἰσελθόντος αὐτοῦ καὶ περὶ ὧν ὑποψίαις ἦν ἀπολογουμένου
καὶ περιπίπτοντος θορύβοις πονηροῖς, ἐπειδὴ πλείων τοῦ συνήθους ἐγίγνετο
τῇ βουλῇ καθεζομένῃ χρόνος. ἐπῆλθε μετὰ κραυγῆς καὶ περιέστη τὴν
σύγκλητον ἀπαιτῶν τὸν ἄνδρα καὶ κελεύων ἀφεῖναι. Aus derselben Quelle,
nur gekürzt, Appian II 6, 20 Καῖσαρ οὐ καθαρεύων μὲν ὑπονοίας μὴ
συνεγνωκέναι τοῖς ἀνδράσι, Κικέρωνος δ' οὐ θαρροῦντος καὶ τόνδε, ὑπεραιρέσκοντα
τῷ δήμῳ, ἐς τὸν ἀγῶνα προβαλέσθαι.

[2]) Plut. Crass. 13: ὅμως δ' Κικέρων ἔν τινι λόγῳ φανερὸς ἦν Κράσσῳ
καὶ Καίσαρι τὴν αἰτίαν προστριβόμενος. ἀλλ' οὗτος μὲν ὁ λόγος ἐξεδόθη
μετὰ τὴν ἀμφοῖν τελευτήν (vgl. Dio 39, 10). Plutarchs Angabe bezieht
sich auf die Verschwörung von 63, auf die sich auch die Äußerung de
off. II 84 (oben S. 25. 2) bezieht; nach Asconius p. 83 (oben S. 23. 1)
bezeugte Cicero ebenso die Beteiligung an der von 66/5.

Caesar hat sich bemüht, seine Genossen und Werkzeuge zu retten; in der entscheidenden Senatssitzung am 5. Dezember beantragte er gegen den designierten Consul D. Silanus, der die Todesstrafe gefordert hatte, sie nicht zum Tode, sondern zu ewiger Haft zu verurteilen. Sein Verhalten bei diesem Anlaß steht in charakteristischem Gegensatz zu dem Vorgehen, das er dreiviertel Jahre zuvor im Prozeß des Rabirius befolgt hat; es ist für die Rücksicht, die ständig auf ihn genommen wurde, sehr bezeichnend, daß dieser Gegensatz von seinen Gegnern niemals hervorgehoben wird; auch die Modernen haben ihn nicht beachtet. Damals wollte er die Hinrichtung des Angeklagten herbeiführen und hat ihm selbst als Duumvir das Todesurteil gesprochen; jetzt gibt er zwar zu, daß Lentulus und seine Genossen als offenkundige Staatsfeinde auf den Schutz der für die Bürger geltenden Gesetze keinen Anspruch haben, beruft sich aber darauf, daß der Tod von den Göttern überhaupt nicht als Strafe, sondern als natürliches Ende des Lebens in die Weltordnung eingeführt und als Strafe daher nur das Gefängnis zulässig sei; der Tod sei eine Erlösung, keine Strafe[1]). Durch seine versteckten

---

[1]) Cic. Cat. IV 7: *mortem ab dis immortalibus non esse supplicii causa constitutam, sed aut necessitatem naturae aut laborum ac miseriarum quietem, itaque eam sapientes numquam inviti, fortes saepe etiam libenter oppetiverunt; vincula vero et ea sempiterna certe ad singularem poenam nefarii sceleris inventa sunt ... vitam solam relinquit nefariis hominibus: quam si eripuisset, multos uno dolores animi atque corporis et omnis scelerum poenas ademisset.* Diese Äußerung hat Sallust in seiner nach thukydideischem Muster ganz frei komponierten und nichts weniger als authentischen Rede Cat. 51, 20 verwendet. Ebenso hat er die weitere von Cicero Cat. IV 10 angeführte Äußerung *at vero C. Caesar intellegit, legem Semproniam esse de civibus Romanis constitutam, qui autem reipublicae sit hostis, eum civem nullo modo esse posse; denique ipsum latorem Semproniae legis iussu populi poenas reipublicae dependisse* umgewandelt zu einer Ausführung, daß die Römer ehemals, wie sie überhaupt vieles von den Fremden übernahmen, so auch die Todesstrafe und die Hinrichtung durch Geißelung von den Griechen entlehnt hätten (natürlich weil die *fasces* auf den aus Korinth stammenden Tarquinius Priscus zurückgeführt wurden, Dion. Hal. III 61 f. Strabo V 5, 2 u. a.), *postquam res-*

Drohungen wäre es ihm beinahe gelungen, den Senat einzuschüchtern; alsdann wären sie ohne Zweifel binnen kurzem begnadigt und zu vollen Ehren restituiert worden, und zugleich wäre dadurch, daß die Regierung sich schwach zeigte, Catilinas Position an der Spitze seiner Armee wesentlich gestärkt worden und ein Erfolg noch immer möglich gewesen. Da hat Cicero die Situation dadurch gerettet, daß er die Fragestellung noch einmal wieder aufnahm und in einer äußerst geschickten Rede, der vierten Catilinarie, obwohl er selbst als Leiter der Debatte keinen Antrag stellen konnte[1]), deutlich erkennen ließ, daß er das Todesurteil für notwendig halte und bereit sei, es auszuführen. Bekanntlich hat dann Cato den Antrag erneuert und durchgesetzt.

Die Vorgänge in dieser Senatssitzung und die Rechtsfrage haben DRUMANN und MOMMSEN ganz falsch beurteilt; MOMMSEN gibt ein Plädoyer für die „Demokratie", d. h. für Caesar, keine

---

publica adolevit... tum lex Porcia aliaeque leges paratae sunt, quibus legibus exilium damnatis permissum est (51, 40, vgl. § 22). Ebenso hat er am Schluß § 43 Caesars bei Cicero Cat. IV 8 erhaltene Anträge tendenziös nur ganz unvollständig mitgeteilt. Sehr mit Unrecht gibt DRUMANN III²/59 lediglich die Rede bei Sallust wieder. — Kurz zusammenfassend Plut. Caes. 7: ἀποκτεῖναι ἀκρίτους ἄνδρας ἀξιώματι καὶ γένει λαμπροὺς οὐ δοκεῖ πάτριον οὐδὲ δίκαιον εἶναι μὴ μετὰ τῆς ἐσχάτης ἀνάγκης. — In seiner Praxis in Gallien und als Monarch haben Caesar natürlich derartige humane Anwandlungen recht fern gelegen, trotz der Milde, mit der er die besiegten Bürger begnadigte.

[1]) Der Consul kann keinen Antrag stellen, sondern nur die Frage formulieren, *consulit senatum*; der Antrag, die *sententia*, die zum *senatus consultum* führt, geht aus der Mitte der befragten Senatoren hervor. Das ist bei der Darstellung dieser Vorgänge oft verkannt worden, ist aber für die Beurteilung der vierten Catilinarie ganz wesentlich. MOMMSEN hat dieselbe vollständig mißverstanden, wenn er sagt, nach Caesars Rede „schienen doch nun wieder die meisten, Cicero voran, sich zur Einhaltung der rechtlichen Schranken zu neigen". Cicero spricht vielmehr so unzweideutig für das Todesurteil, wie es ihm als Consul nur möglich ist. Mit Recht kann er ad Att. XII 21 (der Hauptstelle über die Einzelheiten der Abstimmung) gegen Brutus' Darstellung, der alles Verdienst allein dem Cato zuschrieb, den Vorwurf erheben *me autem hic* (Brutus) *laudat, quod rettulerim, non quod patefecerim, cohortatus sim, quod denique, antequam consulerem, ipse iudicaverim.*

geschichtliche Darstellung. In Wirklichkeit war die Hinrichtung der Verhafteten politisch eine Notwendigkeit — die Gefahr ihrer Befreiung, sei es durch einen Aufstand ihrer Anhänger, sei es durch weitere Nachgiebigkeit des Senats, war sehr groß — und rechtlich völlig unanfechtbar. Daran, daß das senatusconsultum ultimum den Consul nicht nur zu bewaffnetem Einschreiten, sondern auch zur Hinrichtung der des Hochverrats überführten Bürger ermächtigte, konnte garkein Zweifel sein; alle Versuche, die auf Grund desselben verhängten Todesurteile für unrechtmäßig und strafbar zu erklären, die von demokratischer Seite nach den Vorgängen von 133/132, 121, 100 und zuletzt von Caesar und Labienus im Prozeß des Rabirius gemacht waren, waren gescheitert. Cicero hatte in seiner Rede für Rabirius das Recht des Senats und des von ihm bevollmächtigten Beamten, der *vox illa consulis „qui rempublicam salvam esse vellent"*, als *summum auxilium maiestatis atque imperi, quod nobis a maioribus est traditum* und *extremis reipublicae temporibus perfugium et praesidium salutis* verfochten und erklärt, daß er in gleicher Lage, wenn etwa Labienus einen Aufstand unternehmen sollte, ebenso verfahren werde — er konnte damals noch nicht ahnen, daß er sein Wort alsbald werde wahr machen müssen. Der Unterschied gegen die früheren Vorgänge war nur der, daß es diesmal dank seiner Wachsamkeit und der ergriffenen Vorsichtsmaßregeln nicht zum offenen Aufstande in Rom selbst gekommen, die Schuldigen nicht mit den Waffen in der Hand festgenommen waren; aber ihre Schuld war die gleiche. Daß er in dieser Lage nicht ohne Einwilligung des Senats vorgehn wollte, ist durchaus begreiflich. Die rechtliche Lage wurde dadurch nicht geändert, die Verantwortung für das Todesurteil hatte er allein zu tragen; aber er wollte den Senat zwingen, sich seiner Auffassung anzuschließen, und dadurch zugleich für die Gefahren, die ihm, wie er sehr wohl wußte, in Zukunft drohten — das hat er ganz offen ausgesprochen —, an ihm dauernd einen festen Halt gewinnen. Durch die Schonung, die er Crassus und Caesar angedeihen ließ, hoffte er das Schlimmste zu vermeiden, und darin hat er sich allerdings verrechnet.

Als Nachspiel folgte dann noch eine große Anzahl Prozesse gegen die mehr oder minder Kompromittierten, im Anschluß an die Denunziationen des Curius und Vettius (S. 32) und die Aussagen Ciceros, die sich bis ins nächste Jahr fortsetzten und meist mit der Verurteilung zum Exil auf Grund der lex Plautia *de vi* endeten. Bei diesen Prozessen trifft, wie wir gesehn haben, Cicero mit Recht der Vorwurf, daß er parteiisch verfuhr nicht nur aus politischen, sondern auch aus persönlichen Gründen. Seine Aussage war in der Regel entscheidend, und so erhoben nicht nur die Gegner, sondern auch die siegreiche Partei gegen ihn den begründeten Vorwurf, daß er eine Willkürherrschaft, ein *regnum* aufrichte.

Pompejus' Rückkehr und Bedrängnis

Durch die Energie, welche die Regierung entfaltete, wurde die Insurrektion im Felde rasch unterdrückt und damit die unmittelbare Gefahr beseitigt. Zugleich waren damit die Pläne des Crassus und Caesars begraben, ihr Versuch, sich eine selbständige Macht gegen Pompejus zu schaffen, definitiv vereitelt. Und inzwischen rückte Pompejus' Rückkehr immer näher heran und war die Entscheidung über die Zukunft des Staats ausschließlich in seine Hand gelegt. Schon war im Sommer 63 sein Legat und Schwager Q. Metellus Nepos in Rom eingetroffen und hatte sich zum Tribunen wählen lassen, um seinem Meister die Wege zu ebnen. Als Cato das erfuhr, war er sofort entschlossen, den erwarteten Staatsstreich mit allen Mitteln zu bekämpfen, und ließ sich daher gleichfalls zum Tribunen wählen[1]). Andere dachten anders. Cicero schickte dem Pompejus einen ausführlichen Bericht über die Verschwörung, die im dritten Jahre nach ihrer Entstehung endlich zum Ausbruch gekommen und von ihm unterdrückt sei[2]); er war bereit, dem zukünftigen Oberhaupt der Republik als

---

[1]) Plut. Cato 20. Cic. pro Murena 81.

[2]) Cic. pro Sulla 67: Torquatus hat sich auf *epistolam meam* berufen, *quam ego ad Cn. Pompeium de meis rebus gestis et de summa republica misi;* in diesem Brief *furorem incredibilem biennio ante conceptum erupisse in meo consulatu scripsi.*

Ratgeber in derselben Weise zur Seite zu stehn, wie Laelius dem Scipio[1]). Aber er erlebte eine schwere Enttäuschung; Pompejus antwortete ganz kühl und ohne ein Wort der Anerkennung für Ciceros Taten: er wollte und durfte es mit den Demokraten, deren Programm er im Jahre 70 akzeptiert hatte, nicht verderben. Diese waren in einer peinlichen Lage: der Bericht des Pompejus über den Abschluß des Krieges, dem sie unendliche Dauer gewünscht hätten, rückte die Gefahr, daß die schöne Zeit ihres wüsten Treibens nun zu Ende sei, in unmittelbare Nähe[2]). Crassus, ihr geheimes Oberhaupt, gab nach dem Scheitern aller seiner Entwürfe alle Hoffnung auf; er brachte Kinder und Schätze in Sicherheit und ging mit ihnen in den Orient[3]). Caesar war in besserer Lage; er hatte das gabinische und das manilische Gesetz eifrig unterstützt[4]), und der Rückweg zu Pompejus stand ihm offen. Schon hatte er den Antrag der Tribunen Labienus und T. Ampius, dem Pompejus die bis dahin unerhörte Ehre zu gewähren, bei allen Festen einen goldenen Lorbeerkranz und bei den Circusspielen das Triumphalgewand zu tragen, nachdrücklich unterstützt und gegen Catos Widerspruch durchgesetzt[5]), und damit die ihm vom Senat auf Ciceros Antrag bewilligten zweimaligen Dankfeste[6]) überboten. Für das nächste Jahr war er zum Praetor gewählt, und spielte als solcher im Anschluß an Metellus Nepos den eifrigen Pompejaner.

Die neuen Tribunen traten am 10. Dezember 63, fünf Tage

---

[1]) Cicero an Pompeius fam. V 7.

[2]) Cicero schreibt an Pompejus V 7, 1: *sed hoc scito, tuos veteres hostis, novos amicos vehementer litteris perculsos atque ex magna spe deturbatos iacere.*

[3]) Plut. Pomp. 43: Κράσσος τοὺς παῖδας καὶ τὰ χρήματα λαβὼν ὑπεξῆλθεν, δείσας ἀληθῶς, εἴτε μᾶλλον, ὡς ἐδόκει, πίστιν ἀπολείπων τῇ διαβολῇ καὶ τὸν φθόνον ποιῶν τραχύτερον. Crassus im Jahre 62 in Asien: Cic. pro Flacco 32.

[4]) Plut. Pomp. 25. Dio 36, 43.

[5]) Dio 37, 21. Vellejus II 40, 4. Cato äußerte dabei wegwerfend: *bellum illud omne Mithridaticum cum mulierculis esse gestum,* Cic. pro Murena 31.

[6]) Cic. prov. cons. 27. vgl. STERNKOPF, Rhein. Mus. 47, 1892, 463 ff.

nach der Hinrichtung der Catilinarier, ihr Amt an. Sofort begann Metellus, der schon vorher eine aufhetzende Volksrede gehalten hatte¹), die Agitation gegen die Regierung. Er stellte den Antrag, die Kriegführung gegen Catilina dem Pompejus zu übertragen und ihm zu gestatten, sich abwesend um das Consulat zu bewerben²); zugleich richtete er die heftigsten Angriffe gegen Cicero, weil er römische Bürger ohne gerichtliches Verfahren hingerichtet habe, verbot ihm, am letzten Dezember die übliche Rede an das Volk zu halten — Cicero half sich bekanntlich durch die Fassung des Eides, dessen Ablegung ihm nicht verboten werden konnte —, und bedrohte ihn mit einer Anklage, bis der Senat erklärte, er werde jeden, der einen von den an der Hinrichtung Beteiligten zur Rechenschaft ziehen wolle, als Staatsfeind betrachten³). Der Streit setzte sich am 1. Januar im Senat, am 3. vor dem Volk fort⁴). Nepos wurde von dem Tribunen L Calpurnius Bestia⁵) und dem Praetor Caesar eifrig unterstützt. Caesar selbst hatte gleich bei seinem Amtsantritt am 1. Januar

¹) Cic. pro Murena 81 in einem Appell an Cato: *iam enim hesterna contione intonuit vox perniciosa designati tribuni, conlegae tui.* Der Prozeß des Murena fällt noch vor die Hinrichtung der Catilinarier, in den November.

²) Schol. Bob. p. 302 ORELLI zu Cic. pro Sest. 62; Plut. Cic. 23 = Cato 26 und Dio 37, 43, 1 erwähnen nur die Berufung mit dem Heer nach Italien gegen Catilina.

³) Dio 37, 42.

⁴) Cicero an Metellus Celer, den Bruder des Nepos, als Praetor 63 bei der Bekämpfung Catilinas eifrig tätig, jetzt Statthalter der Narbonensis, fam. V 2, wo auch die übrigen Vorgänge erwähnt sind. Auf die Szene am 29. Dezember kommt Cicero oft zurück, so in Pis. 6 f. de dom. 94. Die Rede gegen Metellus, aus der eine Anzahl Zitate erhalten sind, arbeitete er im Januar 61 weiter aus (ad Att. I 13, 5). Worte Ciceros aus den Streitszenen mit Nepos bei Plut. Cic. 26. Dazu kommen die Berichte bei Dio 37, 38. 42 f. Plut. Cic. 23. Cato 26 f.

⁵) Schol. Bob. 294. 366. Plut. Cic. 23. Er gehörte zu den Catilinariern; nach Lentulus' Plan sollte er, wenn Catilina sein Heer bei Faesulae versammelt hatte (vgl. dazu SCHWARTZ, Hermes 32, 604 f.), als Tribun, also nach dem 10. Dezember, Cicero in einer Volksrede als Urheber des Bürgerkriegs angreifen; in der nächsten Nacht sollten dann die Morde folgen: Sallust Cat. 43 und daraus Appian II 3, 12.

eine Untersuchung über den Bau des capitolinischen Tempels
durch Catulus, den er des Unterschleifs beschuldigte, eröffnet
und den Antrag gestellt, diesem die Leitung zu nehmen und sie
dem Pompejus zu übertragen, auf daß dessen Name an der
stolzesten Stelle des Erdkreises prange. Natürlich widersetzte
sich die Nobilität dieser Entehrung ihres angesehensten Mit-
gliedes mit allen Kräften; in Scharen verließ sie die neuen Consuln
und strömte in die Versammlung, um Caesar Widerstand zu
leisten. Da ließ dieser seinen Antrag fallen, an dessen Ausführung
ihm gar nichts lag: er hatte sein Ziel erreicht, sich bei Pompejus
aufs neue in Gunst zu setzen und einen neuen Keil zwischen ihn
und die Optimaten zu treiben[1]).

Um bei den Massen wieder Halt zu gewinnen und sie von
Metellus und Caesar abzuziehn, bewirkte Cato, daß der Senat
eine gewaltige Erhöhung der Getreidespende an die hauptstädtische Plebs gewährte[2]). Als es dann über Metellus Nepos'
Antrag zur Abstimmung kam und dieser und Caesar versuchten,
die Versammlung in üblicher Weise durch ihre bewaffneten Anhänger, Gladiatoren und fremdes Gesindel zu terrorisieren,
bahnten Cato und sein Kollege Minucius Thermus, begleitet von
Catos treuem Genossen Munatius, sich den Weg aufs Tribunal
und erzwangen sich, da sie als Tribunen unantastbar waren,
einen Sitz zwischen Metellus und Caesar. Mit allen gesetzlich
zulässigen Mitteln, schließlich indem Thermus dem Nepos den
Mund zuhielt, verhinderten sie die Verlesung des Antrags; in
der folgenden Prügelei schritt der Consul Murena schützend für
sie ein; schließlich gelang es, nach manchen Schwankungen die
Versammlung zu sprengen[3]). Daraufhin erklärte der Senat das
Vaterland in Gefahr, legte Kriegsgewand an, und gab den Consuln

---

[1]) Sueton Caes. 15, der die genaue Datierung gibt; Dio 37, 44; vgl.
Cic. ad Att. II 24, 3: *Caesar, is qui olim, praetor cum esset, Q. Catu-
lum ex inferiore loco iusserat dicere.*

[2]) Plut. Cato 26 = Caes. 8: die jährliche Ausgabe wuchs dadurch
auf 7½ Mill. Denare.

[3]) Plut. Cato 27 f. Dio 37, 43. Sueton Caes. 16. Cic. pro Sest. 62,
vgl. 11 f.

durch das senatusconsultum ultimum Vollmacht zum Einschreiten: Nepos und Caesar wurden von ihren Ämtern suspendiert. Nepos hatte jetzt erreicht, was er erstrebte, einen populären Vorwand für die Eröffnung des Bürgerkriegs wegen Verletzung der tribunicischen Gewalt; nach einer Anklagerede gegen Cato und den Senat verließ er Rom und ging zu Pompejus[1]).

Caesar ignorierte den Beschluß und fuhr fort zu amtieren; als aber seine Anhänger Gewalt gebrauchen wollten, lehnte er das ab, zog sich in sein Haus zurück, und mahnte zur Ruhe; er hatte garkeinen Anlaß, die Dinge noch weiter zu treiben. Die Folge war, daß der Senat ihm seinen Dank aussprach und die Suspension zurücknahm, und kurz darauf die Denunziationen des Curius und Vettius wegen seiner Beteiligung an der catilinarischen Verschwörung (oben S. 32) ablehnte[2]). Auch gegen Metellus Nepos unterließ man weitere Schritte; Cato verhinderte seine Absetzung als eine zwecklose Rache, die nur Pompejus noch weiter gereizt haben würde[3]).

Nach diesen Szenen im Januar verlief der Rest des Jahres ruhig, in banger Erwartung dessen, was kommen würde. Auf Pompejus freilich nahm man keine Rücksicht mehr; die Absicht, ihm das Kommando gegen Catilina zu übertragen, war durch dessen rasche Besiegung von selbst beseitigt, und als er die Bitte aussprach, man möge die Consulwahlen bis zu seiner Ankunft verschieben, damit er die Bewerbung seines Legaten M. Pupius Piso unterstützen könne, wurde das Gesuch auf Catos Betreiben abgelehnt[4]). Piso wurde freilich trotzdem gewählt. Auch gelangte Pompejus' Gegner Metellus Creticus jetzt endlich zum Triumph, wie Lucullus im Jahre 63.

---

[1]) Plut. Cato 28 f. Dio 37, 43. 3 f.
[2]) Sueton Caes. 16 f.
[3]) Plut. Cato 29. Auch Cicero hat, wie er dem Metellus Celer schreibt (fam. V 2, 9 f.), für die gestimmt, *qui mihi lenissime sentire visi sunt atque etiam ut ita fieret pro mea parte adiuvi, ut senati consulto meus inimicus, quia tuus frater erat, sublevaretur.*
[4]) Plut. Cato 30 = Pomp. 44. Dios Angabe 37, 44, 3, der Aufschub sei gewährt worden, ist ein durch Flüchtigkeit entstandenes Versehn.

Aber die Erwartungen und Befürchtungen, die sich an Pompejus' Rückkehr knüpften, erfüllten sich nicht. Ob er selbst den Gedanken an einen Staatsstreich, so nahe er lag[1]), überhaupt ernstlich erwogen hat, gestattet unser Material nicht zu erkennen. Wohl hatte er durch Nepos' Vorgehn einen Vorwand derselben Art, wie ihn Caesar im Jahre 49 ergriffen hat, um den Bürgerkrieg zu eröffnen. Aber es ist nicht zu vergessen, daß Caesar um seine Existenz kämpfte und nach jedem Vorwand greifen mußte, der sich bot; Pompejus dagegen besaß eine Machtstellung, die niemand anzutasten wagte. Von einer Zwangslage, wie bei Caesar, konnte bei ihm keine Rede sein; er hätte den Konflikt vom Zaun brechen, ohne dringenden Anlaß die Insurrektion beginnen müssen, und davor wäre vielleicht auch Caesar in gleicher Lage zurückgeschreckt.

Noch viel wesentlicher aber ist, daß ein solches Vorgehn seiner gesamten Auffassung, seinem Naturell und seinen Tendenzen, wie wir schon gesehn haben, absolut widersprach. Er war jetzt anerkanntermaßen der erste Bürger, der princeps der Republik[2]); der widerstrebenden Nobilität und dem Senat hatte er seine Macht gezeigt und sie gedemütigt, auf die resultatlosen Umtriebe seiner Konkurrenten, des Crassus und Caesar, konnte er mit vollem Recht geringschätzig herabsehn; seine natürliche

---

[1]) Plut. Pomp. 43: λόγοι δὲ παντοδαποὶ περὶ τοῦ Πομπηίου προσέπιπτον εἰς τὴν Ῥώμην, καὶ θόρυβος ἦν πολὺς ὡς εὐθὺς ἄξοντος ἐπὶ τὴν πόλιν τὸ στράτευμα καὶ μοναρχίας βεβαίας ἐσομένης. Dio 37, 20, 4 ff.: obwohl Pompejus, gestützt auf die Machtmittel des Ostens, die Herrschaft über Italien und Rom hätte ergreifen können τῶν μὲν πλείστων ἐθελοντὶ ἂν αὐτὸν δεξαμένων, εἰ δὲ καὶ ἀντέστησάν τινες, ἀλλ' ὑπ' ἀσθενείας γε πάντως ἂν ὁμολογησάντων, οὐκ ἠβουλήθη τοῦτο ποιῆσαι. Velleius II 40: *plerique non sine exercitu venturum in urbem affirmabant et libertati publicae statuturum arbitrio suo modum. quo magis hoc homines timuerant, eo gratior civilis tanti imperatoris reditus fuit.*

[2]) Schon im Jahre 73 läßt Sallust den Tribunen Licinius Macer in seiner Rede an die Plebs § 23 sagen: *mihi quidem satis spectatum est, Pompeium, tantae gloriae adolescentem, malle principem volentibus vobis esse, quam illis dominationis socium.* Mit Unrecht sieht NEUMANN, Hermes 32, 1897. 314 f. in diesen Worten einen Anachronismus und sucht in ihnen eine Anspielung auf Octavian.

Stellung aber war die des Oberhaupts der legitimen Partei, wie sie Sulla eingenommen hatte. Als das Schwert der Republik war er allgemein anerkannt, und niemand kann zweifeln, daß, wenn aufs neue eine große Aufgabe aufgetaucht wäre, wie der Seeräuberkrieg und der Krieg gegen Mithridates und Tigranes, ihm, ohne daß er sich anzustrengen brauchte, der Oberbefehl übertragen worden wäre. Jetzt konnte er erwarten, daß auch im Innern aller Widerspruch verstummen, daß man sich freiwillig seiner Leitung und seinen Wünschen fügen, das natürliche Bündnis zwischen ihm und dem Senat herstellen werde — und im andern Falle konnte er diesen immer durch seine Verbindung mit der Demokratie und den jederzeit zur Erregung von Unruhen in seinem Interesse bereiten Strebern zur Nachgiebigkeit zwingen, wie eben noch wieder Caesars Verhalten gezeigt hatte; wie sollte er also einen Staatsstreich wagen und, indem er sich freiwillig außerhalb des Gesetzes stellte, seine ganze in zwanzigjähriger Arbeit gewonnene Stellung ohne Not aufs Spiel setzen? Er folgte nur den natürlichen Bedingungen seiner Existenz, wenn er nach der Landung in Brundisium im Dezember 62 sein Heer entließ und langsam und feierlich, ohne militärisches Gefolge, nach Rom zurückkehrte, um außerhalb des Pomeriums seinen Einzug im Triumph abzuwarten[1]).

In diesen politischen Erwägungen hatte er sich allerdings verrechnet. So gesichert seine militärische Stellung in jeder großen

---

[1]) In MOMMSENS Urteil: „Wenn es ein Glück ist, eine Krone mühelos zu gewinnen, so hat das Glück nie mehr für einen Sterblichen getan, als es für Pompejus tat; aber an den Mutlosen verschwenden die Götter alle Gaben umsonst," ist eben die Voraussetzung falsch, daß Pompejus nach der Krone gestrebt habe; er hätte sie, wenn sie ihm geboten wurde, mit ungeheuchelter Entrüstung von sich gewiesen. In dem weiteren Satz: „Die schon überwundenen Mitbewerber konnten abermals den Wettlauf beginnen, wobei wohl das Wunderlichste war, daß in diesem Pompejus wieder mitlief" tritt die innere Brüchigkeit seiner Auffassung klar zutage; der Appell an das „Wunderliche" verzichtet eben auf eine Erklärung. In Wirklichkeit meinte Pompejus keineswegs „wieder mitzulaufen", sondern vielmehr bereits am Ziel zu sein; und auf die „Wettläufer" sah er von seiner Höhe geringschätzig herab — bis er entdeckte, daß es zu spät war.

Krisis war, so unsicher war seine Stellung in dem Alltagsgetriebe der inneren Politik, dem er bisher so gut wie ganz fremd geblieben war — denn in den Jahren 69 und 68, nach seinem Consulat, hatte er sich meist von den Geschäften ferngehalten[1]). Natürlich wandten sich alle Koterien und alle Politiker, so sehr sie sich sonst befehdeten, einmütig gegen den unbequemen Eindringling in ihre Kreise und versuchten auf jede Weise, sich von dem Druck zu befreien, mit dem er auf ihnen lastete; auch Crassus, der aus seiner unnötigen Selbstverbannung zurückkehrte, nahm den Kampf gegen seinen Rivalen wieder auf. Die Gehilfen, die Pompejus ihnen entgegenstellen konnte, waren wenig geeignet, und er nicht imstande, sie richtig zu instruieren und zu leiten; er selbst kam aus dem unsicheren Tasten nicht heraus und verdarb seine Lage noch weiter, indem er seine Protektion nicht nur Unwürdigen und Unbrauchbaren zuteil werden ließ — das taten mit Ausnahme Catos alle andern auch, Catulus und Cicero so gut wie Crassus und Caesar —, sondern dabei das äußere Decorum nicht zu wahren wußte und sich durch Ungeschick fortwährend Blößen gab[2]).

Gleich nachdem er, Mitte Januar 61, vor Rom eingetroffen war, trat die Unsicherheit seiner Stellung deutlich zutage. Als offizieller Vorfechter der Demokratie hatte er sich, dem Vorgehn des Metellus Nepos entsprechend, zunächst ablehnend gegen das Verfahren des Senats in den catilinarischen Händeln und gegen Cicero verhalten[3]). Aber als er dann auf Veranlassung seines Agenten,

---

[1]) Plut. Pomp. 23.

[2]) Plut. Pomp. 46: ἦν γὰρ ἐκ προσηκόντων αὐτὸς ἐκτήσατο δύναμιν ἐν τῇ πόλει, ταύτῃ χρώμενος ὑπὲρ ἄλλων οὐ δικαίως, ὅσον ἐκείνοις ἰσχύος προσετίθει τῆς ἑαυτοῦ δόξης ἀφαιρῶν, ἔλαθε ῥώμῃ καὶ μεγέθει τῆς αὐτοῦ δυνάμεως καταλυθείς. Ciceros Korrespondenz bestätigt das durchweg.

[3]) Dem entspricht es, daß Cicero in dem Brief an Atticus am 1. Januar 61 (I 12) erwartet, Pompejus werde für die Abberufung des C. Antonius aus Macedonien, dessen Amtsjahr jetzt zu Ende ging, eintreten: *mihi Pompeiani prodromi nuntiant, aperte Pompeium acturum Antonio succedi oportere, eodemque tempore aget praetor ad populum.* Cicero ist daher sehr besorgt, daß er das Geld, das Antonius ihm versprochen hat, nicht bekommen wird (*Teucris illa* — unter

des Consuls Pupius Piso, von dem Tribunen Fufius Calenus, einem
Manne, der, so wenig uns seine Persönlichkeit genauer faßbar ist,
durchweg als einer der Hauptvertreter der demokratischen Partei
und Anhänger Caesars erscheint, aufgefordert wurde, sich in einer
Volksversammlung über die Gestaltung des Gerichtshofs in den
clodianischen Händeln zu äußern, machte er aus seiner wahren
Gesinnung kein Hehl: „er redete sehr aristokratisch und erklärte
mit großem Wortschwall, die Ansicht des Senats sei ihm wie immer
so auch jetzt von der größten Bedeutung"[1]). Natürlich waren die
Demokraten über diese Erklärung schwer enttäuscht, und ebenso
die Geldleute, deren Geschäfte in dem anarchischen Treiben
blühten; die Optimaten dagegen konnten aufatmen und sahen
zugleich, daß sie mit ihm leichtes Spiel haben würden. So ließ die
Rede kalt; er hatte selbst sein Ansehn untergraben[2]). Er erkannte,
daß, wenn er in diesen Kreisen etwas erreichen wolle, er persönliche Beziehungen anknüpfen müsse. Vor allem suchte er Cato
zu gewinnen, dessen energisches und erfolgreiches Auftreten ihm
imponierte; er warb für sich und seinen Sohn um die Hand seiner
beiden Nichten, wurde aber von Cato stolz abgewiesen[3]). Auch

---

diesem Pseudonym verbirgt sich entweder Antonius selbst oder einer seiner
Agenten — *lentum sane negotium* cet.), und erklärt dem Antonius
selbst in dem bitterbösen Brief fam. V, 5, alsdann nichts mehr für ihn
tun zu können; ebenso an Atticus I 12 *res eiusmodi est, ut ego nec
per bonorum nec per popularem existimationem honeste possim
hominem defendere, nec mihi libeat, quod vel maximum est*. Am
25. Januar hat er wieder Hoffnung (Att. I 13, 6 *Teucris illa lentum
negotium est, sed tamen est in spe*); am 15. Februar ist das Geld eingetroffen (Att. I 14, 7 *Teucris promissa patravit*). Antonius wurde
bekanntlich bis Ende 60 in seiner Provinz gelassen, und dann hat ihn
Cicero verteidigt, freilich ohne Erfolg.

[1]) ad Att. I 14 (13. Februar): *tum Pompeius μάλ' ἀριστοκρατικῶς
locutus est senatusque auctoritatem sibi omnibus in rebus maximam
videri semperque visam esse respondit, et id multis verbis.*

[2]) ib. *prima contio Pompei qualis fuisset, scripsi ad te antea*
(der Brief ist verloren), *non iucunda miseris, inanis improbis, beatis
non grata, bonis non gravis; itaque frigebat.*

[3]) Plut. Pomp. 44 = Cato 30 (vgl. 45). Kurz vorher hatte er seiner
dritten Gemahlin Mucia den Scheidebrief geschickt (Plut. Pomp. 42. Cic.

Cicero trat er näher. Schon unterwegs hatte er nicht gewagt, sein Verhalten zu tadeln, und sich daher bequemen müssen, ihn zu loben[1]), und schon am 1. Januar hatte Cicero behauptet, es sei sicher, daß Pompejus ihm sehr wohlwollend gesinnt sei[2]); jetzt machte er sich augenfällig an ihn heran, überschüttete ihn mit Lobsprüchen, von denen Cicero sehr wohl erkannte, was sie wert waren[3]), und nahm seinen Sitz im Senat neben ihm; die aufrührerische Jugend nannte ihn daher höhnend Gnaeus Cicero[4]). Es kam zu so kostbaren Szenen, wie in der Sitzung gegen Mitte Februar, im Anschluß an die Volksversammlung, in der Pompejus geredet hatte, als dieser von dem aristokratisch gesinnten Consul Messalla aufgefordert wurde, sich weiter über die in der Sache des Clodius ergriffenen Maßnahmen zu äußern. Pompejus versuchte, mit unbestimmten Wendungen, in denen er sich ganz im allgemeinen über die Senatsbeschlüsse billigend aussprach, davonzukommen; damit habe er, wie er Cicero zuflüsterte, seiner Meinung nach auch „über diese Deine Affäre", d. h. über das Vorgehn gegen die Catilinarier, genug gesagt[5]). Da ergriff Crassus die Gelegenheit, Pompejus zu ärgern, und hielt eine lange Lob-

---

Att. I 12, 3), die ihm in üblicher Weise die Treue nicht gehalten hatte; nach allgemein verbreiteter Ansicht hatte sie sich unter andern mit Caesar eingelassen (Sueton Caes. 50).

[1]) An Atticus I 13, 4 (25. Januar) *tuus autem ille amicus — scin quem dicam? —, de quod tu ad me scripsisti, postea quam non auderet reprehendere, laudare coepisse.*

[2]) Att. I 12. 3: *Pompeium nobis amicissimum constat esse.*

[3]) Att. I 13, 4: *Tuus amicus nos, ut ostendit, admodum diligit, amplectitur, amat, aperte laudat, occulte, sed ita ut perspicuum sit, invidet. nihil come, nihil simplex, nihil* ἐν τοῖς πολιτικοῖς *honestum, nihil illustre, nihil forte, nihil liberum.*

[4]) ad Att. I 16, 11 (Sommer 61): *accedit illud, quod illa contionalis hirudo aerari, misera ac ieiuna plebecula, me ab hoc Magno unice diligi putat. et hercule multa et iucunda consuetudine coniuncti inter nos sumus, usque eo ut nostri isti comissatores coniurationis, barbatuli iuvenes, illum in sermonibus Gnaeum Ciceronem appellent.*

[5]) Att. I 14, 2: *locutus ita est in senatu, ut omnia illius ordinis consulta* γενικῶς *laudaret, mihique, ut adsedit, dixit se putare satis ab se etiam de istis rebus esse responsum.*

rede auf Cicero, dessen Consulat er sein und der Seinen Leben verdanke. Natürlich konnte dann Cicero nicht schweigen; alle seine schönen Phrasen und Selbstberäucherungen mußte der geduldige Senat über sich ergehen lassen; er wollte dem Neuling Pompejus seine Bedeutung eindringlich unter die Nase reiben, und gab sich nach solchen Szenen allen Ernstes der Illusion hin, daß er selbst wirklich die zentrale Stellung im Staatsleben einnehme und der Senat verehrungsvoll seiner Leitung folge[1]).

Im übrigen war man die erste Hälfte des Jahres hindurch vollauf beschäftigt mit den aus dem bekannten Sakrileg des Clodius beim Fest der Bona Dea Anfang Dezember 62 entstandenen Händeln, aus deren Behandlung auch die eben geschilderte Diskussion hervorgegangen war. Der Consul Messalla und der Senat, Cato voran[2]), forderten strenge Untersuchung und Bestrafung; Clodius fand Unterstützung bei den Tribunen, namentlich bei Fufius Calenus, und lauer auch bei dem Consul Pupius Piso, aber auch bei Optimaten, wie C. Curio (cos. 76) und vor allem bei dessen jungem Sohn, der gleich hier bei seinem ersten Auftreten sein demagogisches Talent zeigte. So organisierte Clodius die Banden der Catilinarier für sich, rückte in zahlreichen Reden den vornehmen Gegnern auf den Leib und suchte das Gesetz über die Bildung des Gerichtshofs zu Fall zu bringen. Schließlich wurde das Gesetz in abgemilderter Form angenommen, aber im Mai 61 Clodius von dem offenkundig bestochenen Gerichtshof freigesprochen[3]); Crassus hatte binnen zwei Tagen das Geld und die sonstigen Verführungsmittel bereitgestellt[4]). Bei diesen Händeln hat Cicero den größten politischen Fehler seines Lebens

---

[1]) Att. I 14, 8 f.
[2]) Att. I 13. 3. 15, 5 f.
[3]) ad Att. I 16. Nächst Ciceros Briefen ist die Hauptquelle der in den schol. Bob. erhaltene Kommentar zu seiner Rede in Clodium et Curionem (die im J. 58 während Ciceros Exil gegen seinen Willen veröffentlicht wurde, was ihm schwere Sorge machte, ad Att. III 12, 2. 15, 3). Ferner Plut. Cic. 28 ff. Caes. 9 f. Liv. 103. Dio 37, 45 f. 51. Sueton Caes. 6. 74.
[4]) Cic. Att. I 16, 5, wo Crassus unter dem rätselhaften Namen Calvus verhüllt, aber im übrigen ganz unzweideutig bezeichnet ist.

begangen, für den er schwer büßen mußte. Zu Anfang hatte er den Vorfall als eine amüsante Skandalaffäre betrachtet, ohne sich weiter darüber aufzuregen[1]). Aber seine Frau Terentia war eifersüchtig auf Clodius' Schwester, die zweite der drei, die berüchtigte Βοῶπις oder Quadrantaria, Gemahlin des Metellus Celer, die unter andern auch den geistvollen Redner in ihre Netze zu ziehen suchte; Terentia fürchtete, Cicero wolle sich von ihr scheiden[2]). Um den Hausfrieden wieder herzustellen, redete sich Cicero immer heftiger in die Entrüstung über Clodius' Frevel hinein, griff ihn aufs stärkste an und gab vor Gericht eine entscheidende Zeugenaussage, die Clodius' Versuch, ein Alibi nachzuweisen, widerlegte; auch nachher ließ er, von der sensationslüsternen Nobilität unterstützt, keine Gelegenheit zu neuen Angriffen und Zänkereien vorüber. Durch dies Verhalten haben Cicero und die Nobilität ihren erbittertsten Gegner selbst großgezogen; statt den Vorfall als eine Skandalaffäre zu behandeln, machten sie eine politische Aktion daraus, die den Staat, auch nachdem sie gerichtlich beendet war, noch jahrelang in fortdauernder Erregung hielt. Ganz anders verfuhr Caesar. Er empfand in diesen Dingen so völlig kühl, daß er in dem Mann, der seine Frau zum Ehebruch verführt hatte, eben darum ein geeignetes politisches Werkzeug erkannte, das er in seiner Gewalt hatte und ausnutzen konnte. Er schickte zwar der Pompeia sofort den Scheidebrief[3]), erklärte aber, er wisse von garnichts

---

[1]) ad Att. I 12, 3, wo er den Vorfall kurz erzählt mit dem Zusatz: *rem esse insigni infamia, quod te moleste ferre certo scio.* Ebenso 13, 3: *boni viri precibus Clodi removentur a causa, operae comparantur, nosmet ipsi, qui Lycurgei a principio fuissemus (!), cotidie demitigamur; instat et urget Cato. quid multa? vereor ne haec neglecta a bonis, defensa ab improbis, magnorum reipublicae malorum causa sit.* Damit vergleiche man den ganz andern Ton der folgenden Briefe.

[2]) Plut. Cic. 29, mit der völlig treffenden Bemerkung οὐ μὴν ἐδόκει μαρτυρεῖν ὁ Κικέρων διὰ τὴν ἀλήθειαν, ἀλλὰ πρὸς τὴν αὐτοῦ γυναῖκα Τερεντίαν ἀπολογούμενος. Es liegt nicht der mindeste Grund vor, die Richtigkeit der bei Plutarch folgenden Angaben zu bezweifeln, wie das z. B. DRUMANN getan hat.

[3]) Cicero berichtet das an Atticus I 13, 3 am 25. Januar.

und habe seine Frau nur entlassen, weil Caesars Gemahlin auch vom Verdacht rein sein müsse[1]).

Mit derartigen Dingen vertrödelte der Senat seine Zeit. Noch einmal hatte die Gunst des Geschicks ihm eine Frist gewährt, in der er seine Herrschaft hätte wiedergewinnen und sicherstellen können: er hat sie nicht ausgenutzt. Es war ihm ebensowenig und noch weniger als dem Pompejus möglich, ein positives Programm aufzustellen; er vermochte nur zu negieren, und ließ sich im übrigen von den Dingen des Alltags treiben, statt die Geschicke des Staats zu lenken. So kam selbst die laufende Verwaltung immer mehr ins Stocken; wurde doch im Februar 61 beschlossen, die Ausstattung der praetorischen Provinzen, die Verhandlungen über die Gesandten usw. auszusetzen, bis das Gesetz über die Bildung des Gerichtshofs für den clodischen Handel angenommen sei[2]). Der Ausgang des Prozesses war dann für das Ansehn des Senats ein schwerer Schlag; Cicero, der vorher den Senat als einen Areopag gepriesen hatte[3]) und sich auch nachher noch einbildete, durch seine Angriffe auf Clodius und Curio den Senat wieder aufgerichtet und das Unheil überwunden zu haben[4]), versinkt zu Ende des Jahres immer mehr in eine pessimistische Stimmung: die Gestaltung der Dinge, so bezeichnet er die Lage ganz richtig, zwinge zu der Erkenntnis, daß der römische Staat nicht länger bestehn könne[5]). Die Censur, die

---

[1]) Sueton Caes. 74. Dio 37, 45. Plut. Caes. 10 = Cic. 29. Vgl. Cic. de har. resp. 38: *hominibus iniuria tui stupri inlata in ipsos dolori non fuit*.

[2]) Cic. Att. I 14. 5 (13. Februar): *senatus et de provinciis praetorum et de legationibus et de ceteris rebus decernebat, ut ante quam rogatio lata esset ne quid ageretur*. Darunter hatte auch Caesar zu leiden, s. unten S. 56.

[3]) Ib. *senatus* Ἄρειος πάγος: *nihil constantius, nihil severius, nihil fortius*.

[4]) Att. I 16, 8: „Durch meine Angriffe auf die bestochenen Richter *omnem omnibus studiosis ac fautoribus illius victoriae* παρρησίαν *eripui, .. senatum ad pristinam severitatem suam revocari atque abiectum excitavi*.

[5]) Att. I 18, 2 (20. Januar 60): *nam, ut ea breviter quae post tuum discessum acta sunt colligam, iam exclamas necesse est, res*

jetzt wieder amtierte, versagte vollständig; die Censoren — wir kennen nicht einmal ihre Namen — gingen jedem Konflikt dadurch aus dem Wege, daß sie alle gewesenen Beamten unbeschn in die Senatsliste aufnahmen¹). Ein Lustrum brachten sie so wenig zustande, wie ihre Vorgänger und Nachfolger. Vergebens versuchte man neue scharfe Gesetze gegen die Bestechlichkeit der Richter und gegen den Stimmenkauf bei den Wahlen durchzubringen²). Dadurch wurden nur die ritterlichen Kapitalisten gereizt, die in diesen Dingen ihre Geschäfte machten. Überdies verlangten sie, von Crassus gestützt, eine Herabsetzung der Pachtsumme für die asiatischen Steuern, bei deren Pachtung sie sich maßlos überboten hatten. Cicero, der zeitlebens mit diesen Kreisen, aus denen er hervorgegangen war, in enger Verbindung stand³), trat dafür um der Eintracht willen ein, obwohl er die Forderung für schmachvoll erklärte. Aber Cato trat mit unermüdlicher Ausdauer dagegen auf, „als ob er in Platos Πολιτεία, nicht in der Hefe des Romulus lebe", und verhinderte durch Dauerreden jede Beschlußfassung, so daß auch alle andern Geschäfte dadurch wieder ins Stocken kamen⁴). So verlor der Senat die Unterstützung durch die materiellen Interessen, die er bei der Unterdrückung der Catilinarier durch die Angst vor den Mordbrennern momentan gewonnen hatte. Die längst gewünschte⁵) Aufhebung der drückenden italischen Hafenzölle mußte man im Jahre 60 endlich zulassen; aber der Regierung

---

Romanas diutius stare non posse. Vgl. schon vorher I 17, 8 (5. Dezember 61): *nos hic in republica infirma, misera commutabilique versamur.*

¹) Dio 37, 46, 4. Erwähnt wird diese Censur auch Att. I 17, 9. 18, 8. II 1, 11.
²) ad Att. I 16, 13 f. 17, 8. 18, 3. II 1, 7.
³) Vgl. z. B. pro Rabirio Postumo 15.
⁴) Cic. Att. I 17, 8 f. 18, 6 ff. 19, 6. II 1, 7 f. pro Plancio 34 f. und schol. Bob. zu §§ 31. 35. de off. III 88. Dio 38, 7, 4. Appian V 13, 47. Cicero übertreibt die Bedeutung sowohl der *concordia ordinum,* die er in seinem Consulat am 5. Dezember geschaffen habe, wie des jetzt wieder hervortretenden Gegensatzes zwischen dem Senat und den Kapitalisten der Ritterschaft.
⁵) Quintus Cicero de pet. cons. 33.

brachte auch das keinen Gewinn, da der Antrag von dem Praetor Metellus Nepos gestellt war, der damals noch der Opposition angehörte, der Versuch, seinen Namen durch einen Antragsteller von besserem Klang zu ersetzen, scheiterte wie billig und brachte den Senat vollends um allen Kredit[1]).

Neben diesen Dingen ging ununterbrochen das Ringen mit Pompejus einher; und hier war man allerdings zunächst erfolgreich. Nachdem er am 28. und 29. September 61[2]), seinem 46. Geburtstag, seinen Triumph mit bis dahin unerhörter Pracht gefeiert und seine Soldaten und Offiziere reich beschenkt und überdies große Geldsummen in die Staatskasse abgeliefert hatte — der Aufschub war durch die umfassenden Vorbereitungen veranlaßt —, stellte er vor allem zwei Forderungen: die Bestätigung seiner Anordnungen in Asien, und Landanweisungen für seine Soldaten. Diese waren zur Notwendigkeit geworden, seitdem seit Marius die Armee nicht mehr aus der immer mehr schwindenden Bauernschaft Italiens ausgehoben, sondern aus den besitzlosen Proletariern angeworben wurde, die nach Beendigung des Kriegs versorgt und in Bauern umgewandelt werden sollten. Aber keine der beiden Forderungen konnte er durchsetzen. L. Lucullus, dem er die Kriegführung entrissen, dessen Anordnungen er umgestoßen, dessen Triumph er jahrelang verhindert hatte, ergriff die Gelegenheit, sich zu rächen, ebenso der in gleicher Lage befindliche Metellus Creticus; und sie fanden eifrige Unterstützung bei Cato und seinem Anhang[3]). Natürlich ließ sich auch Crassus die Gelegenheit nicht entgehn, seinen Rivalen zu demütigen[4]). Sie setzten durch, daß die Anordnungen nicht in Bausch und Bogen bestätigt wurden, wie Pompejus verlangte, sondern über jede der unzähligen Einzelverfügungen gesondert verhandelt wurde, und eröffneten dadurch den Boden für unendliche Diskussionen und Scherereien, während gleichzeitig die

---

[1]) Dio 37. 51, 3 f.; vgl. Cic. ad Att. II 16, 1 (Mai 59) *portoriis Italiae sublatis*.
[2]) Plin. 37, 13.
[3]) Dio 37, 49. Vellejus II 40. App. II 9. Plut. Pomp. 46. Cato 31.
[4]) App. II 9, 32: καὶ Λευκόλλῳ συνελάμβανε Κράσσος.

Grundlage des Rechtszustands in Asien dauernd in Frage gestellt blieb.

Um das Ackergesetz durchzubringen, hatte Pompejus schon vorher durch unverhüllte Bestechungen, die großes Ärgernis erregten, die Wahl seines Legaten Afranius zum Consul für 60 durchgesetzt (25. Juni 61)[1]). Das Gesetz selbst wurde dann zu Anfang des neuen Jahres von dem Tribunen L. Flavius eingebracht. Es griff auf den Bestand des Staatslandes vor der Gracchenzeit zurück und stellte zugleich die Landanweisungen Sullas in Frage; im übrigen sollte das erforderliche Land (zu dem ohne Zweifel vor allem auch die campanische Domäne herangezogen werden sollte, wie bei den Ackergesetzen des Rullus und Caesar) aus dem fünfjährigen Steuerertrag der von Pompejus neu geschaffenen Provinzen aufgekauft und nicht nur unter die Veteranen, sondern auch unter die ärmeren Bürger verteilt werden[2]). Aber die Hoffnung, es dank dieser Bestimmung durchsetzen zu können, scheiterte völlig. Afranius war vielleicht ein erträglicher Offizier, aber politisch gänzlich unfähig: „Niemand als ein Philosoph kann ihn ohne Seufzen anschn", sagt Cicero; „sein Consulat ist kein Consulat, sondern eine Beule im Gesicht des Pompejus", „eine solche Null, daß er nicht einmal weiß, was er gekauft hat"[3]). Sein Kollege Metellus Celer, der Bruder (oder Vetter) des Nepos, stand, wie schon im Jahre 63, ganz auf seiten der Nobilität; gegen Pompejus war er auch persönlich erbittert, weil dieser sich von seiner Stiefschwester Mucia[4]) hatte scheiden lassen[5]). So nahm er den Kampf mit voller Energie

---

[1]) Dio 37, 49. Plut. Pomp. 44 = Cato 30. Cic. Att. I 16, 12 (das Datum § 13).

[2]) Dio 37, 50. Aus Cic. ad Att. I 19, 4 ergeben sich die wichtigsten Bestimmungen. Die Einbringung fällt vor den 20. Januar (I 18, 6).

[3]) ad Att. I 18, 3. 5. 19, 4. 20, 5. Auch Dio spricht von ihm mit Verachtung: er habe besser zu tanzen als irgend etwas auszurichten verstanden (37, 49, 3).

[4]) Bestätigt durch Cicero fam. V 2, 6 an Metellus: *cum vestra sorore Mucia, cuius erga me studium pro Cn. Pompei necessitudine multis in rebus perspexeram*. Klar sind die Verwandtschaftsverhältnisse nicht.

[5]) Dio 37, 49, 3.

auf, unterstützt von Cato[1]) und insgeheim von Crassus, der jedes
Wort vermied, was im Senat Anstoß hätte erregen können[2]).
Die Masse der Nobilität freilich blieb lau wie gewöhnlich: „sie
sind so dumm, daß sie glauben, ihre Fischteiche blieben ihnen
erhalten, auch wenn die Republik zugrunde geht"[3]). So kam
Pompejus in eine immer peinlichere Stellung: „er hüllt sich in
sein gesticktes Triumphalgewand und sucht es durch Schweigen
zu konservieren"[4]). Cicero suchte zu vermitteln: er beantragte
in einer Volksversammlung, die von den Gracchen und von Sulla
zugewiesenen Ländereien von der Verteilung auszuschließen und
ebenso das durch ein Gesetz Sullas konfiszierte, aber niemals
wirklich eingezogene Gebiet von Volaterrae und Arretium, und
nur das übrige Land aufzukaufen und zu verteilen, und fand
dafür sowohl bei den Besitzenden wie bei der städtischen Menge
Zustimmung[5]). Aber Pompejus wollte natürlich sein Gesetz
haben, wenn er auch tat, als sei er jetzt mit Cicero ganz intim,
und ihn wiederholt mit Lobreden auf sein Consulat erfreute[6]);
und der Senat wollte aus Mißtrauen gegen Pompejus von einem

---

[1]) Plut. Cato 31.
[2]) ad Att. I 18, 6: *Crassus verbum nullum contra gratiam.*
[3]) Att. I 18, 6: *ceteros iam nosti: qui ita sunt stulti, ut amissa republica piscinas suas fore salvas sperare videantur.* I 19, 6: *beatos homines, hos piscinarios dico, amicos tuos.* I 20, 3. II 1. 7: *cum nostri principes digito se caelum putent attingere, si mulli barbati in piscinis sint, qui ad manum accedant, alia autem neglegant.* Cicero behauptet, diese Leute seien auf seine Stellung neidisch und ließen das deutlich erkennen. Ferner II 9, 1: *isti piscinarum Tritones.*
[4]) ad Att. I 18, 6 (20. Januar 60): *sed interea* πολιτικὸς ἀνὴρ οὐδ' ὄναρ *quisquam inveniri potest. qui poterat, familiaris noster — sic enim est: volo te hoc scire — Pompeius togulam illam pictam silentio tuetur suam.*
[5]) ad Att. I 19, 4; vgl. fam. XIII 4 (u. S. 62, 3). — Nach Pompejus' Äußerung bei Dio 38, 5, 1 hat der Senat nicht nur seinen Soldaten, sondern auch denen des Metellus Land bewilligt, aber die Zuweisung aus Mangel an Geld nicht ausführen können. Bezieht sich das auf ein Gesetz für die Veteranen aus dem sertorianischen Krieg?
[6]) Att. I 19, 7. II 1. 6. vgl. de off. I 78. Phil. II 12.

Ackergesetz überhaupt nichts wissen¹). Es kam so weit, daß
Flavius den Consul Metellus ins Gefängnis setzte, um seinen
Widerstand zu brechen, und dem Senat, als dieser ihn hier aufsuchen wollte, den Zutritt dadurch versperrte, daß er seine
Tribunenbank in die Tür stellte — darauf ordnete Metellus an,
die Mauer zu durchbrechen, damit die Senatoren eintreten
könnten, während er ein Einschreiten der andern regierungs-
freundlichen Tribunen stolz ablehnte. Da blieb Pompejus nichts
übrig, als nachzugeben und Flavius zu veranlassen, ihn freizulassen; und als Metellus und sein Anhang auch jetzt den Kampf
gegen das Gesetz nicht aufgaben, ließ er es fallen²).

Es war indessen ein verhängnisvoller Irrtum, wenn man
glaubte, daß durch alle diese Schlappen Pompejus' Machtstellung
wirklich gebrochen sei, wenn Cicero sich einbildete, daß er bewirkt habe, „daß Pompejus besser geworden sei und etwas von
seiner demokratischen Leichtfertigkeit und Gunsthascherei abgelegt habe" und daß er ihn fortan gängeln könne³). An die
wirklichen Grundlagen seiner Stellung reichte all dies Geplänkel
nicht heran, ja dieselbe wurde durch die Verwirrung und das

---

¹) Att. I 19, 4: *huic toti rationi agrariae senatus adversabatur,
suspicans Pompeio novam quamdam potentiam quaeri; Pompeius
vero ad voluntatem perferendae legis incubuerat.*

²) Dio 37, 50. Cic. Att. II 1, 6 (Mitte Mai 60): *quod de lege
agraria quaeris, sane iam videtur refrixisse.* Er klagt, daß Cato
durch sein Auftreten gegen die Steuerpächter dem Senat die Unterstützung der Ritterschaft geraubt hat; *itaque nunc consule in car-
cerem incluso, saepe item seditione commota, adspiravit nemo eorum,
quorum ego concursu itemque ii consules qui post me fuerunt rempublicam defendere solebant.*

³) Att. II 1, 6: *quod me quodam modo molli bracchio de Pompei
familiaritate obiurgas, nolim ita existimes, me mei praesidii causa
cum illo coniunctum esse; sed ita res erat instituta, ut, si intra nos
esset aliqua forte dissensio, maximas in republica discordias ver-
sari esset necesse. Quod a me ita praecautum atque provisum est,
non ut ego de optima illa mea ratione decederem, sed ut ille esset
melior et aliquid de populari levitate deponeret.* Cicero bewegt sich,
wie so oft, in ganz unhaltbaren Illusionen über seine Stellung und Bedeutung und vor allem über die Festigkeit seines Charakters; Atticus
sah offenbar viel klarer, wie die Dinge in Wirklichkeit lagen.

Stocken aller Staatsgeschäfte eher gesteigert: die materiellen Interessen verlangten einen starken Mann, der das Regiment fest in die Hand nehme. Pompejus brauchte nur zu wollen, so sanken all diese Angriffe in nichts zusammen.

Pompejus' Koalition mit Caesar und Crassus

Die Gelegenheit bot sich alsbald. Eben in den Tagen, in denen sich das Schicksal des flavischen Ackergesetzes entschied, kam Caesar aus seiner spanischen Provinz zurück, um sich um das Consulat zu bewerben[1]). Bisher war Caesar, so geschickt er operierte, fortdauernd am Rande eines Abgrunds gewandelt. Er steckte tiefer in Schulden als irgend ein anderer vornehmer Römer, Catilina nicht ausgenommen. Für die Bestechung bei dem Wahlkampf um die Stelle des pontifex maximus hatte er so gewaltige Summen aufgenommen, daß er am Morgen des Wahltags seiner Mutter erklärte, wenn er nicht gewählt werde, werde er sein Haus nicht wieder betreten, sondern ins Exil gehn[2]).

---

[1]) Att. II 1, 9: *Lucceius quid agat scribam ad te, cum Caesarem videro, qui aderit biduo.* Vorher spielt er mit der Hoffnung, wie Pompejus so auch Caesar unter seine Fittiche nehmen zu können (§ 6); *quid si etiam Caesarem, cuius nunc venti valde sunt secundi, reddo meliorem, num tantum obsum reipublicae?* Von seinen Aussichten auf das Consulat und seinem Plan, sich mit Luccejus zu verbinden (vgl. Sueton Caes. 19), redet er schon am 5. Dezember 61 (Att. I 17, 11).

[2]) Sueton Caes. 13: *domum se nisi pontificem non reversurum.* Plut. Caes. 7: ὦ μῆτερ, εἶπε, τήμερον ἢ ἀρχιερέα τὸν υἱὸν ἢ φυγάδα ὄψει. MOMMSEN schließt das Kapitel „Der Parteienkampf während Pompejus' Abwesenheit" mit den Worten: „In dieses Jahr fällt seine Bewerbung um die Stelle des Oberpontifex; als er am Morgen der Wahl seine Wohnung verließ, äußerte er, wenn auch dieses ihm fehlschlage, werde er die Schwelle seines Hauses nicht mehr überschreiten." Damit ist nicht nur der Sinn der Äußerung Caesars gründlich verschoben, sondern zugleich die Chronologie; denn trotz Dio 37, 37 ist es sicher, daß die Wahl vor den Ausbruch der Verschwörung fällt, wie Sueton und Plutarch berichten und Sallust Cat. 49 bestätigt. Die geschichtliche Wahrheit ist eben hier, wie nicht selten bei MOMMSEN, dem zugleich stilistischen und politischen Effekt zum Opfer gefallen, genau wie in der

Nach seiner Praetur war ihm für das Jahr 61 das jenseitige Spanien, in dem er 68 schon Quaestor gewesen war, als Provinz zugefallen; aber seine Gläubiger wollten ihn nicht aus Rom fortlassen. Da ist Crassus, der sein Talent schätzen gelernt hatte, für ihn eingetreten und hat sich wenigstens für die drückendsten Schulden im Betrage von 830 Talenten (4 980 000 Denaren) verbürgt[1]). Darauf verließ Caesar sofort die Stadt, ohne die durch die inneren Händel verzögerte finanzielle Ausstattung seines Amts (oben S. 49) und die Übertragung des imperium durch die lex curiata abzuwarten, wie es heißt, um einer Anklage zu entgehn, die ihm wegen seines Verhaltens zu Anfang der Praetur drohen mochte[2]). In seiner Provinz zeigte er ebenso wie später in Gallien sein Talent, Geld zu machen, teils indem er die Bewohner des herminischen Gebirges, der Sierra Estrella, durch die Forderung, in die Ebene umzusiedeln, zum Widerstand reizte und ausplünderte, und weiter einen Kriegszug gegen die Kallaiker unternahm, der ihn bis an die Nordwestspitze der Halbinsel führte — für diesen Krieg hob er zu den zwanzig in der Provinz stehenden Cohorten zehn neue aus[3]) —, teils indem er sich freiwillige Unterstützungen von den Untertanen zahlen ließ[4]). Diese Kunst, sich die Sym-

---

sogenannten rhetorischen Geschichtsschreibung des Altertums und dem, was SCHWARTZ mit dem irreführenden Ausdruck „Roman" bezeichnet hat.

[1]) Plut. Caes. 11 = Crass. 7; Sueton 18 *(interventu sponsorum)* und Appian II 8 (διατιθέμενος τοὺς ἐνοχλοῦντας ὡς ἐδύνατο) erwähnen Crassus' Hilfe nicht. Nach Appian II 8, 26 gab er den Gesamtbetrag seiner Schulden auf 25 Millionen an, offenbar Sestertien, das wären 6 ¼ Mill. Denare. Nach Plutarch Caes. 5 schuldete er, ehe er die Ämterlaufbahn begann, bereits 1300 Talente (7 800 000 Denare).

[2]) Sueton Caes. 18: *neque more neque iure antequam provinciae ornarentur profectus est, incertum metune iudicii, quod privato parabatur, an quo maturius sociis implorantibus subveniret.* Das letztere ist durchaus unbegründet und offenbar apologetische Erfindung; denn die ständigen Räuberunruhen in der Provinz kommen nicht in Betracht (Dio 37, 52): δυνηθεὶς ἂν τὰ λῃστρικά, ἅπερ που ἀεὶ παρ' αὐτοῖς ἦν, ἄνευ μεγάλου τινὸς πόνου καθάρας ἡσυχίαν ἔχειν οὐκ ἠθέλησε.

[3]) Dio 37, 52 f. Plut. Caes. 12.

[4]) Sueton Caes. 54: *in Hispania ... et a sociis pecunias accepit emendicatas in auxilium aeris alieni, et Lusitanorum quaedam*

pathien zu gewinnen und dort, wo es nötig war, durch einen
sanften Druck nachzuhelfen, verstand Caesar zu allen Zeiten
vortrefflich; und in der Tat, wenn er sich auch zweifellos für die
Einrichtungen und Privilegien, die er gewährte, zahlen ließ, so
waren seine Maßregeln doch von einem weiten, staatsmännischen
Blick getragen und kamen den Untertanen wirklich zugute; und
wer sich ihm anschloß, wußte, daß er sich auf ihn verlassen
konnte. So hat er der Provinz beim Senat einen Erlaß der von
Metellus Pius im Kriege gegen Sertorius auferlegten Steuer er-
wirkt[1]), in Gades die inneren Streitigkeiten beigelegt und die
Verfassung neu geordnet[2]), und für die Provinz eine Regulierung
der Schulden verfügt, ähnlich wie er sie in Rom in der Zeit
Catilinas erstrebt und im Bürgerkrieg durchgeführt hat: der
Schuldner sollte bis zur Tilgung der Schuld jährlich zwei Drittel
seines Einkommens dem Gläubiger zahlen, den Rest für sich
behalten[3]).

Sobald sein Jahr um war, kehrte er, ohne den Nachfolger
abzuwarten[4]), mit wohlgefüllter Tasche und dem Anspruch auf
den Triumph nach Rom zurück[5]); auch dem Staatsschatz hatte
er große Summen zusenden können[6]). Er wandte sich an den
Senat mit der Bitte um Dispens von der Verpflichtung, sich per-

---

*oppida, quamquam nec imperata detrectarent et advenienti portus
patefacerent, diripuit hostiliter.* Das letztere ist eine Entstellung des
bei Dio gegebenen Berichts über den Feldzug gegen die Ortschaften im
herminischen Gebirge, die er besetzt, als die Einwohner ihre Familien
und Habe über den Duro geflüchtet hatten; die Notiz geht, wie so manche
bei Sueton, auf eine Caesar feindliche Quelle zurück.

[1]) Bell. Hispan. 42. 2.
[2]) Cic. pro Balbo 43. Vgl. Plut. Caes. 12: ὁμόνοιαν ταῖς πόλεσι κα-
θιστάς.
[3]) Plut. Caes. 12. Vgl. Vellejus II 43: *praetura quaesturaque mira-
bili virtute atque industria obita in Hispania, quo notiora sunt,
minus egent stilo.*
[4]) Sueton Caes. 18. Dio 37, 54. I.
[5]) Plut. Caes. 12: ἀπηλλάγη τῆς ἐπαρχίας αὐτός τε πλούσιος γεγονὼς
καὶ τοὺς στρατιώτας ὠφεληκὼς ἀπὸ τῶν στρατειῶν καὶ προσηγορευμένος
αὐτοκράτωρ ὑπ' αὐτῶν.
[6]) App. II 8, 27.

sönlich zur Bewerbung um das Consulat melden zu müssen, um
seinen Triumph, der ihm das vorherige Betreten der Stadt unmöglich machte, feiern zu können. Als aber Cato das Gesuch
dadurch zu Fall brachte, daß er am letzten Tage, der für die
Meldung zulässig war, durch eine Dauerrede bis zum Abend die
Abstimmung des Senats vereitelte, ließ er den Triumph fahren
und trat noch rechtzeitig als Kandidat auf[1]). Er verband sich
mit Luccejus, dem Anhänger des Pompejus, zu gegenseitiger
Unterstützung; die Optimaten unter Catos Führung, die sahen,
daß seine Wahl unvermeidlich war, betrieben daher mit aller
Anstrengung, unter Aufbringung gewaltiger Geldsummen, die
Wahl des Bibulus, und so wurde dieser zusammen mit Caesar
gewählt[2]). Da man seit langem wußte, daß Caesars Consulat
unabwendbar war, hatte der Senat, der nach einem Gesetz des
C. Gracchus die Consularprovinzen schon vor der Wahl bestimmen
mußte, den Consuln des Jahres 59 als proconsularische Provinz,
d. h. als Amtstätigkeit für das nächste Jahr, die Verwaltung der
Walddistrikte und Saumpfade Italiens zugewiesen[3]).

Zur Durchführung seiner weiteren Pläne wandte sich Caesar
an Pompejus und bot ihm seine Unterstützung an. Pompejus
nahm das Anerbieten an. Ihm blieb in der Tat, nachdem die
Nobilität ihn zurückgewiesen hatte, kaum eine andere Wahl, als
sich aufs neue der Popularpartei zuzuwenden, so antipathisch
dieselbe seinen Empfindungen war; während Cicero geglaubt

---

[1]) Plut. Caes. 13 = Cato 31. App. II 8, 30. Dio 37, 54. Sueton 18.

[2]) Sueton Caes. 19. Für das Abkommen mit Luccejus vgl. Cic. Att.
I 17, 11. II 1, 9.

[3]) Sueton Caes. 19: *eandem ob causam opera ab optimatibus
data est, ut provinciae futuris consulibus minimi negotii, id est
silvae callesque, decernerentur.* Sehr mit Unrecht wird dieser Satz
fast allgemein so gedeutet, als handle es sich um Statthalterschaften
(Provinzen in unserem Sinne), in denen es keine anderen Geschäfte gab:
welche sollten denn das sein, und wie konnte man voraussehn, daß es
da nichts anderes zu tun gab? Die *provincia calles* (in Unteritalien,
speziell in der Nähe von Brundisium) wird auch von Tacitus Ann. IV 27
im Jahre 24 n. Chr. erwähnt, wo sie von einem Quaestor verwaltet wird,
cui provincia vetere ex more calles evenerat [ganz widersinnig hat
man *calles* in *Cales* korrigiert].

hatte, ihn durch seine homöopathische Kur von derselben abgezogen zu haben (oben S. 54), hatte er in Wirklichkeit genau das Gegenteil bewirkt. Der Gedanke, daß ihm von dieser Seite einmal Gefahr drohen und er in Caesar einen übermächtigen Konkurrenten großziehn könne, lag ihm ganz fern[1]). Caesar war zwar nur wenige Jahre jünger als er[2]), aber in seinen Augen war er doch nur ein Anfänger, der unter des „großen" Mannes Fittichen vorwärts kommen wollte. Daß er geschickter war und ganz andere Dienste leisten konnte, als Metellus Nepos und Gabinius oder gar Pupius Piso und Afranius, hatte er erfahren; so gewährte er ihm als Entgelt gern die Vorteile, die Caesar für sich erstrebte.

Die Folge der Verbindung zwischen Caesar und Pompejus war, daß auch Caesars Protektor Crassus dem Bunde beitrat und die beiden Rivalen sich wieder einmal versöhnten.

Natürlich suchten die drei Männer ihre Verschwörung zu ge-

---

[1]) Vgl. Ciceros bekannte Äußerung an Tiro (12. Januar 49) XVI 11. 8: *Pompeius, qui Caesarem sero coepit timere.* Ebenso Phil. II 24.

[2]) Bekanntlich hat MOMMSEN RG. III 16 behauptet, daß die Angabe, Caesar sei zur Zeit des Sieges Sullas (82) 18 Jahre alt gewesen (Vellejus II 41, 2) und in seinem 56. Jahre ermordet (Sueton 88. Plut. Caes. 69. Appian II 149. Eutrop VI 24), nicht richtig sein könne, weil er, wenn im Jahre 100 geboren, alle Ämter 2 Jahre zu früh bekleidet habe; er müsse 102 geboren sein. Seine Ansicht ist allgemein abgelehnt worden; aber seine Gründe sind so stark, daß man sich ihnen kaum entziehn kann. Denn wenn Caesar von dem Annalgesetz dispensiert worden wäre, so wäre es unbegreiflich, daß das in der reichen Literatur über diese Zeit niemals erwähnt wird; und vollends unverständlich, ja im Grunde ganz undenkbar ist, daß dem jungen Manne, der überdies in schroffer Opposition gegen die Nobilität stand, vom Senat schon bei der Bewerbung um die Aedilität, also im Jahre 66, ein derartiges Privileg, wie es nur der große Pompejus erhalten hatte, bewilligt worden wäre, und daß bei seiner Bewerbung um das Consulat alsdann nicht wenigstens der Versuch gemacht worden wäre, es anzufechten und so seine Wahl unmöglich zu machen. Wo über Pompejus' Geburtsjahr, wie Vellejus II 53 bezeugt und zahlreiche Angaben bestätigen (s. DRUMANN IV² 332), falsche Daten weit verbreitet waren, ist das gleiche auch bei Caesar nicht ausgeschlossen.

meinsamer Beherrschung der Republik möglichst lange geheim
zu halten; das genaue Datum des Abschlusses vermochten daher
weder die Alten zu geben, noch können wir es ermitteln. Sicher
ist, daß Caesar bei seiner Bewerbung um das Consulat die
Unterstützung nicht nur des Crassus, sondern auch des Pompejus und seines Anhangs gefunden hat; die Versöhnung der
beiden und die Ausgestaltung des Verhältnisses zu einem be-
schworenen Bunde, mit der Verpflichtung, daß keine Maßregel
zugelassen werden solle, die einer der drei Genossen nicht
wünsche[1]), mag dann erst in die folgenden Monate fallen[2]). Im
übrigen benutzte Caesar die Zwischenzeit von seiner Wahl bis
zum Amtsantritt zur Vorbereitung der von ihm geplanten Gesetze; sein Ackergesetz war bereits im Dezember 60 bekannt[3]).
Als Mittelsmann benutzte er vor allem den Cornelius Balbus,
einen angesehenen Gaditaner, der in Pompejus' Feldzügen das
Bürgerrecht erworben hatte, dann unter Caesar bei seinem
spanischen Feldzug als praefectus fabrum das Genickorps geleitet und die Intendanturgeschäfte besorgt hatte, und jetzt in
Rom mit großem Geschick die Stellung eines Agenten und Bankiers Caesars übernahm. Im Dezember 60 suchte Caesar durch
ihn auch Cicero auf seine Seite zu ziehn: denn Caesar hat nicht
nur die literarische Bedeutung Ciceros unverhohlen anerkannt,

---

[1]) Sueton Caes. 19: *societatem cum utroque iniit, ne quid ageretur in re publica, quod displicuisset ulli e tribus.* Vgl. Dio 37. 57.

[2]) Das ist die Darstellung Dios 37, 54 f., zu der Livius p. 103, Appian II 9 und Plut. Caes. 13 f. = Pomp. 47. Crass. 14. Cato 31 stimmen;
Sueton 19 setzt die Verbindung mit Pompejus (und weiter dessen Versöhnung mit Crassus) erst nach der Wahl, und motiviert Caesars Entschluß dazu mit der gehässigen Bestimmung der Consularprovinzen
durch den Senat, eine viel zu enge Auffassung der Vorgänge. Die Bemerkung von SCHWARTZ im Artikel Dio Cassius bei PAULY-WISSOWA III 1700
über die Vorgänge im Jahre 60 ist nicht zutreffend. — Mit der Verbindung der drei Männer *Metello consule* begann Asinius Pollio bekanntlich seine Geschichte des Bürgerkriegs (Horaz carm. II 1) — es ist
daher gänzlich unbegründet, wenn man seine Spuren in der Geschichte
der vorhergehenden Zeit sucht. z. B. bei Appian, oder überhaupt Appian direkt auf ihn zurückführt.

[3]) Cic. Att. II 3. 3.

sondern würdigte auch vollauf den Wert, den es für ihn haben mußte, wenn es gelänge, den gewandten Redner und Pamphletisten sich dienstbar zu machen — man darf, um Ciceros damalige Stellung richtig zu beurteilen, nicht vergessen, daß er bis zum Jahre 55, abgeschn von seinen für eine größere literarische Wirkung nicht in Betracht kommenden rhetorischen und poetischen Jugendarbeiten und den eben jetzt publizierten poetischen und prosaischen Schilderungen seines Consulats, schriftstellerisch lediglich als Redner, d. h. als Verfasser politischer Broschüren, aufgetreten war. Damit würde er zugleich die Opposition im Senat wesentlich geschwächt und die indifferente Masse der Senatoren sich fügsam gemacht haben; er hat daher immer von neuem sehr ernstlich versucht, Cicero für sich zu gewinnen. Jetzt eröffnete Balbus dem Consular, Caesar habe die Absicht, sich in allem von Cicero und Pompejus leiten zu lassen, und hoffe, auch Crassus mit Pompejus versöhnen zu können[1]). Man sieht, wie der Bund der drei noch sorgfältig geheimgehalten wird[2]); Cicero konnte sich einbilden, noch immer mit Pompejus ganz intim zu stehn und ihn zu leiten, ja auch auf Caesar Einfluß gewinnen zu können[3]). Die Versuchung, die an ihn herantrat,

---

[1]) Cic. ad Att. II 3, 3: *venio nunc ad mensem Ianuarium et ad ὑπόστασιν nostram ac πολιτείαν, in qua Σωκρατικῶς εἰς ἑκάτερον, sed tamen ad extremum, ut illi solebant, τὴν ἀρέσκουσαν. est res sane magni consilii. nam aut fortiter resistendum est legi agrariae, in quo est quaedam dimicatio, sed plena laudis, aut quiescendum, quod est non dissimile atque ire in Solonium aut Antium, aut etiam adiuvandum, quod a me aiunt Caesarem sic expectare ut non dubitet. Nam fuit apud me Cornelius, hunc dico Balbum, Caesaris familiarem: is adfirmabat, illum omnibus in rebus meo et Pompei consilio usurum daturumque operam, ut cum Pompeio Crassum coniungeret.*

[2]) Das hat manche Neuere zu dem naiven Schluß verführt, der Bund habe damals noch nicht bestanden. Vgl. dagegen Dio 37, 58 ἐποίουν μὲν γὰρ ὅσα ἐδέδοκτό σφισιν, ἐχρηματίζοντο δὲ καὶ προεβάλλοντο τὰ ἐναντιώτατα, ὅπως ἔτι ἐπὶ μακρότατον διαλάθωσι, μέχρις ἂν ἱκανῶς παρασκευάσωνται.

[3]) Er führt Att. II 3 fort: *hic sunt haec: coniunctio mihi summa cum Pompeio, si placet, etiam cum Caesare; reditus in gratiam cum inimicis, pax cum multitudine, senectutis otium.*

war stark; aber erlegen ist er ihr nicht, seine ganze Vergangenheit, die Worte, die er selbst soeben erst der Kalliope in dem Epos über sein Consulat als Mahnrede an sich in den Mund gelegt hatte und die er in dem Brief zitiert, in dem er dem Atticus von diesen Vorgängen berichtet, wiesen ihm seine Haltung[1]); er hätte sein besseres Selbst verleugnet, wenn er anders gehandelt hätte.

Caesars Consulat

Die Ackergesetze Caesars verbanden die Grundgedanken des servilischen Antrags von 63, abgesehn von seiner gegen Pompejus gerichteten politischen Tendenz, mit den Forderungen, die Pompejus im vorigen Jahre vergeblich durch Flavius zu erreichen gesucht hatte. Die erste gleich nach Antritt des Consulats eingebrachte lex Julia agraria bestimmte alles Staatsland mit Ausnahme der campanischen Domäne zur Verteilung; außerdem sollte teils durch freiwillige Abtretung, teils durch Aufkauf gegen Zahlung des bei der Censur festgelegten Wertes weiteres Land erworben, die Mittel dafür aus der von Pompejus heimgebrachten Beute und den Tributen und Zöllen entnommen werden[2]). Leider ist es ganz unmöglich, von Lage und Umfang der in Aussicht genommenen Gebiete irgend eine Anschauung zu gewinnen[3]); nicht einmal das wissen wir, ob neben italischem

---

[1]) *sed me* κατακλεὶς *mea illa conmovet, quae est in libro III:*
   interea cursus, quos prima a parte iuventae
   quosque adeo consul virtute animoque petisti,
   hos retine atque auge famam laudesque bonorum.
haec mihi cum in eo libro, in quo multa sunt scripta ἀριστοκρατικῶς, *Calliope ipsa praescripserit, non opinor esse dubitandum, quin semper nobis videatur* εἷς οἰωνός ἄριστος, ἀμύνεσθαι περὶ πάτρης. Leider läßt uns Ciceros Korrespondenz für die nächsten drei Monate vollkommen im Stich.

[2]) Dio 38, 1. Vgl. Cic. de domo 23 *pecunia ad emendos agros constituta* auf Grund der *acta Caesaris.*

[3]) Volaterrae (und Arretium) sind, wie durch Ciceros Antrag (oben S. 53) im Jahre 60, so auch jetzt nicht eingezogen worden: Cic. fam. XIII 4, 2 (45 v. Chr.): *hanc actionem meam C. Caesar primo suo consulatu lege agraria conprobavit agrumque Volaterranum et oppidum omni periculo in perpetuum liberarit.*

auch überseeischer Grundbesitz in Aussicht genommen war. Den ager Campanus nebst dem campus Stellas hatte Caesar ausdrücklich ausgenommen, als eine Hauptquelle der Einnahmen des Staats, um so die Annahme des Gesetzes zu erleichtern. Dann aber brachte er Ende April ganz überraschend — bis dahin hatte man nur gehört, „er werde etwas vorbringen, was niemand mißbilligen könne" — ein zweites Gesetz ein, das auch dies Gebiet zur Verteilung bestimmte. Cicero, der die Nachricht spät abends am 29. April durch einen Brief des Atticus erhielt, war dadurch so betroffen, daß er nicht schlafen konnte; aber er tröstete sich, hier würden, wenn jeder Kolonist 10 Morgen erhalten solle, nur 5000 Menschen angesiedelt werden können — das war die Zahl, die Rullus dafür in Aussicht genommen hatte (oben S. 14) —, die ganze übrige Masse werde daher Caesar entfremdet werden; die Entrüstung der Optimaten aber werde durch den Schaden, den die Staatseinkünfte dadurch erlitten, nur noch mehr gesteigert werden[1]). Cicero hat aber das in Betracht kommende Gebiet viel zu gering eingeschätzt: Caesar hat 20000 Ansiedler in Aussicht genommen, und für diese war, wenn jeder

---

[1]) Cic. Att. II 16. Die Behandlung der Ackergesetze Caesars bei DRUMANN ist auch in der neuen Bearbeitung GROEBES (III 182 f. 189 f.) in überraschender Weise unzulänglich und verschwommen und auch sonst in der Literatur meist nicht erschöpfend. Das Richtige hat meistens schon A. W. ZUMPT in seinen Commentationes epigraphicae I 1850 p. 277 ff. gegeben. Über viele Einzelfragen versagt freilich unser sehr dürftiges Material; die Lage wird dadurch noch erschwert, daß bei den Erwähnungen in den Feldmessern und den Pandekten garnicht zu unterscheiden ist, welche Bestimmungen auf die Gesetze Caesars vom Jahre 59, welche auf die von 46/5 zurückgehn, überdies auch noch Verfügungen des Augustus aus der Triumviralzeit als *leges Juliae* in Betracht kommen (z. B. im *liber coloniarum*, Röm. Feldmesser p. 213. 4. 6). — Daß das Gesetz über den *ager Campanus* und *campus Stellas* von der ersten *lex agraria* verschieden und erst später eingebracht ist, ist einstimmige Überlieferung (Sueton Caes. 20. Dio 38, 1. 7. Plut. Cato 31. 33, ebenso Livius per. 103 *leges agrariae;* daß Vellejus II 44 nur das campanische Gesetz erwähnt, ist natürlich kein Gegenbeweis) und wird durch Cic. Att. II 16 bestätigt; die Neueren außer LANGE haben das nicht genügend beachtet, MOMMSEN, IHNE u. a. ignorieren es ganz.

10 Morgen erhielt (insgesamt 200 000 Morgen = 504 qkm), reichlich Platz vorhanden[1]). Zur Ansiedlung zugelassen werden sollten hier nur Bürger, die drei Kinder hatten; daher fiel die sonst bei Landanweisungen übliche Losung weg[2]), sondern die Auswahl lag in den Händen der Kommissare. Natürlich befanden sich unter den Ansiedlern auch hier zahlreiche Veteranen[3]); aber im Vordergrund stand, wie bei den Gracchen, die Neukräftigung Italiens durch Wiederherstellung einer lebenskräftigen Bauernschaft und Entfernung des mittellosen und turbulenten Proletariats aus der Hauptstadt[4]). Daher war auch verfügt, daß das zugewiesene Land 20 Jahre lang unveräußerlich bleiben sollte[5]). Durch dies Gesetz wurde Capua, seit dem Jahre 211 nur eine formlose Ansiedlung ohne Kommunalrechte, als Stadtgemeinde wiederhergestellt[6]). Was aus den bisherigen Bebauern dieses Ge-

---

[1]) Vgl. Beloch, Campanien S. 18 f. 308 f. Bevölkerung S. 419.
[2]) Sueton Caes. 20: *Campum Stellatem agrumque Campanum . divisit extra sortem ad viginti milibus civium, quibus terni pluresve liberi essent.* Letztere Bestimmung auch Dio 38. 7, 3. Appian II 10. 35, hier mit charakteristischer Entstellung, es habe damals nur 20 000 gegeben, die drei Kinder hatten.
[3]) Daher stellt Cicero Phil. II 101 die Ansiedlung in Campanien einseitig nur als Veteranenansiedlung dar: *agrum Campanum, qui cum de vectigalibus eximebatur, ut militibus daretur, tamen infligi magnum reipublicae volnus putabamus.* Dabei hat er aber in erster Linie die Ansiedlungen aus der Zeit der Dictatur im Auge. Vgl. indessen Anm. 4 und 6.
[4]) Dio 37, 1 (vom ersten Ackergesetz.): τό τε γὰρ πλῆθος τῶν πολιτῶν ὑπέρογκον ὄν, ἀφ' οὗπερ καὶ τὰ μάλιστα ἐστασίαζον, πρός τε τὰ ἔργα καὶ πρὸς γεωργίας ἐτράπετο, καὶ τὰ πλεῖστα τῆς Ἰταλίας ἠρημωμένα αὖθις συνῳκίζετο, ὥστε μὴ μόνον τοὺς ἐν ταῖς στρατείαις ταλαιπωρημένους, ἀλλὰ καὶ τοὺς ἄλλους ἅπαντας διαρκῆ τὴν τροφὴν ἔχειν.
[5]) Appian III 2, 5.
[6]) Vellejus II 44. Caes. civ. I 14. *Liber coloniarum*, Röm. Feldmesser p. 231: *Capua muro ducta, Colonia Iulia Felix* [diesen Namen hat Capua erst durch Augustus erhalten], *iussu imperatoris Caesaris a viginti viris est deducta. ager eius lege Sullana fuerat adsignatus* [vielmehr von der Demokratie unter M. Brutus, von Sulla aufgehoben Cic. leg. agr. II 92 ff., vgl. 8.]; *postea Caesar in iugeribus militi pro merito dividi iussit.*

biets wurde, wissen wir nicht[1]); vermutlich werden sie meist wie bisher im Dienst der Staatspächter, so jetzt in dem der neuen Eigentümer als Landarbeiter die Felder bestellt haben.

Die Ausführung beider Gesetze wurde einer Kommission von zwanzig Männern übertragen, zu denen die tüchtigsten und angesehensten Männer ausgesucht wurden, darunter Pompejus und Varro[2]). Neben ihnen bestand eine Kommission von fünf Männern, zu denen M. Messalla, Consul des Jahres 61, gehörte, und unter denen auch Cicero eine Stelle angeboten wurde[3]). Ueber ihre

---

[1]) Vgl. Ciceros Bemerkung darüber bei Rullus Ackergesetz, *de lege agr.* II 84.

[2]) Dio 38, 1, 6, wo ganz unklar ist, was in der Angabe steckt, sie seien nicht ἐξ ὑπευθύνων, ὥστε τινὰ δυσχεραίνειν, genommen; ferner Vellejus II 44. Schol. Bob. p. 263 zu Cic. pro Planc. 52, wo die Zahl ausgefallen ist. Cic. ad Att. II 6, 2. Zu ihnen gehört Pompejus II 12, 1, wo er als *collega Balbi*, das ist des Schwagers Caesars M. Atius Balbus, bezeichnet wird, der zu den *XXviri* gehörte (Sueton Aug. 4); ferner Varro neben dem tüchtigen Landwirt Cn. Tremullius Scrofa: Varro de re rust. I 2, 10; dagegen nicht Clodius: Cic. Att. II 7, 3.

[3]) Cic. Att. II 7, 4: *sed illud quid sit scire cupio, quod iacis obscure, iam etiam ex ipsis quinque viris loqui quosdam* (nämlich boshafte Bemerkungen über Caesar und Pompejus). Der Brief ist etwa Mitte April geschrieben, vor dem Bekanntwerden des campanischen Ackergesetzes, so daß die *quinque viri* ebenso wie die *viginti viri* schon dem ersten Ackergesetz angehören. Cic. de prov. cons. 41: *me ille* (Caesar) *ut Vviratum acciperem rogavit*. Wie es scheint, ist dies Angebot identisch mit dem einer Stelle unter den Zwanzig nach dem Tode des Cosconius (Praetor 63 und Vorgänger Caesars als Statthalter von *Hispania ulterior* im Jahre 62 Cic. pro Sest. 12) im Juli (Att. II 19, 4 *Cosconio mortuo sum in eius locum invitatus: id erat vocari in locum mortui. nihil me turpius apud homines fuisset neque vero ad istam ipsam* ἀσφάλειαν *quidquam alienius. sunt enim illi apud bonos invidiosi; ego apud improbos meam retinuissem invidiam, alienam adsumpsissem*). Auf die Ablehnung führt er Att. IX 2 a, 1 seine Verfolgung durch Caesar zurück: *ita me sibi fuisse inimicum, ut ne honorem quidem a se accipere vellem*, ebenso Vellejus II 45, 2. Wahrscheinlich sind die Fünf, wie man nach MOMMSENS Vorgang allgemein annimmt, ein geschäftsleitender Ausschuß der Zwanzig gewesen. Zu ihnen gehörte nach der Inschrift CIL VI 3826, DESSAU 46 M. Valerius Messalla, cos. 61, unter dessen Titeln *Vvir a. d. a. i. (agris*

Stellung und Aufgabe versagt unsere Überlieferung; wahrscheinlich waren sie der leitende Ausschuß der Kommission und jedenfalls aus den hervorragendsten Männern genommen; auch Pompejus, den wir nach Annahme des Gesetzes in Campanien tätig finden[1]), muß zu ihnen gehört haben[2]). Caesar selbst dagegen

---

dandis adsignandis iudicandis) erscheint. Dadurch wird MOMMSENS Annahme (Röm. Feldmesser II 223 ff. = Ges. Schr. V 200; CIL I p. 120 = Ges. Schr. I 207) widerlegt, die Fünf seien die Urheber der *lex Mamilia Roscia Peducea Alliena Fabia*, aus der in den Feldmessern p. 263 ff. größere Stücke erhalten sind. Dies Gesetz, das die technischen Details der Landvermessung regelt, gehört allerdings in die Zeit Caesars, da sein cap. 54 in die *lex coloniae Genetivae* c. 104 aufgenommen ist und cap. 55 von Callistratus in den Digesten 47, 21, 3 als *lex agraria, quam Gaius Caesar tulit* zitiert wird; und es ist wohl identisch mit der schon von Cicero de leg. I 55 und oft bei den Feldmessern zitierten *lex Mamilia*. Aber die Fünfmänner, zu denen Messalla gehörte und unter die Cicero eintreten sollte — zu denen also auch Cosconius gehört haben muß —, sind eben von Mamilius und seinen Genossen verschieden; diese waren offenbar Techniker, welchen die Ausarbeitung der Details von Caesar überwiesen war; jene dagegen, zu denen gewiß auch Pompejus gehört hat, waren die angesehensten Staatsmänner, die sich Caesar angeschlossen hatten, und in deren Händen die Oberleitung der Ausführung des ganzen Unternehmens gelegen haben muß.

[1]) Cic. Att. II 19, 3 (Juli).

[2]) Wahrscheinlich beziehn sich auf ihre Tätigkeit die Angaben des *liber coloniarum* Röm. Feldmesser p. 236 *Praeneste, oppidum* [in Wirklichkeit sullanische Kolonie]. *ager eius a quinque viris pro parte in iugeribus est adsignatus* (vgl. MOMMSEN, Die ital. Bürgerkolonien. Hermes 18, 167 = Ges. Schr. V 209. Staatsrecht II² 628) und p. 239 *Venafrum, oppidum; quinque viri deduxerunt sine colonis* [unter Augustus Kolonie; vgl. MOMMSEN, Ges. Schr. III 77 f.]. — Ferner sind, falls sie zuverlässig sind, wohl auf Caesars erstes Ackergesetz zu beziehn die Angaben über Bovianum (d. i. Bov. vetus) p. 231: *oppidum. lege Iulia milites deduxerunt sine colonis* [nach Plin. III 107 und den Magistratstiteln später Kolonie]; Aesernia p. 233: *colonia deducta lege Iulia* [in der Kaiserzeit ist es *municipium*; die Angabe könnte aus einer Fassung wie der bei Venafrum und Bovianum entstellt sein]. Für die Richtigkeit der Angaben und ihre Ansetzung in dieselbe Zeit, also unter Caesar, spricht, daß Venafrum, Aesernia, Bovianum vetus sich geographisch unmittelbar aneinander anschließen. Vielleicht gehört auch die Angabe über Veji p. 220 hierher: *ager eius militibus est adsignatus ex lege Iulia; postea de-*

lehnte im Gegensatz zu den Gracchen und Rullus jede Beteiligung ab: für sich selbst werde er nichts beantragen, ihm genüge es, das Werk erfunden und eingeführt zu haben[1]). Jedenfalls erforderten die beiden Gesetze eine ganz umfassende administrative Tätigkeit, die tief in die Besitzverhältnisse eingriff. In den Ausführungsbestimmungen waren alle Details sorgfältig ausgearbeitet, wahrscheinlich durch eine besondere Kommission von fünf Technikern[2]); sie legten zugleich, wie seinerzeit z. B. das thorische Ackergesetz vom Jahre 111[3]), die rechtlichen Grundlagen des gesamten Grundbesitzes fest. Daher konnte Caesar in das zweite Gesetz die Bestimmung aufnehmen, daß fortan alle Bewerber um ein Amt verpflichtet sein sollten, auf sich selbst einen Fluch herabzurufen, wenn sie je davon reden würden, daß der Grundbesitz auf einer andern Grundlage ruhen könne, als auf den Satzungen der julischen Gesetze[4]).

---

ficientibus his ad urbanam civitatem associandos censuerat divus Augustus (vgl. CIL XI 3805 DESSAU 6579 *centumviri municipii Augusti Veientis,* aus dem Jahre 26 v. Chr.); indessen wurde die Feldmark von Veji auch im Jahre 46 besiedelt (Cic. fam. IX 17, s. u. S. 412).

[1]) Dio 38, 1, 7.
[2]) S. S. 66 Anm.
[3]) Daß MOMMSENS Behauptung falsch ist, die erhaltene *lex agraria* von 111 sei nicht die *lex Thoria,* und auf einer ganz unmöglichen Übersetzung von Cic. Brut. 136 beruht, ist jetzt wohl allgemein anerkannt. Die weitere Angabe Ciceros über das Gesetz de orat. II 284 stimmt zu dem Gesetz Zl. 14 f. und 26. Ich kann daher die Ansetzung der *lex Thoria* ins Jahr 114 durch KORNEMANN (zur Geschichte der Gracchenzeit, Klio, erstes Beiheft, S. 52) und CICHORIUS, Unters. zu Lucilius S. 61 nicht für richtig halten. Appians Angaben sind so konfus, daß mit seinen Daten nichts zu machen ist. Wenn, woran nicht gezweifelt werden kann, Sp. Borius bei Appian I 27 in Thorius zu korrigieren ist, so hat er eine Flüchtigkeit begangen und ihm fälschlich das zweite statt des dritten der dort aufgeführten Gesetze zugeschrieben, und das ist bei Appian nicht weiter verwunderlich.
[4]) Cic. Att. II 18, 2 *habet etiam Campana lex exsecrationem in contione candidatorum, si mentionem fecerint, quo aliter ager possideatur atque ex legibus Iuliis.* Mit der Verpflichtung des Senats, das erste Gesetz zu beschwören, mit der z. B. DRUMANN die Angabe zusammenwirft, hat diese Klausel nichts zu tun.

Caesar hat sein erstes Ackergesetz zunächst dem Senat vorgelegt und sich bereit erklärt, jedes begründete Amendement zu berücksichtigen[1]). Zugleich übte er durch die Anordnung, daß über die Verhandlungen im Senat und in den Volksversammlungen ein Journal geführt und veröffentlicht werden solle[2]), einen starken Druck auf den Senat aus; wären die Verhältnisse nicht so heillos zersetzt gewesen, so hätte das eine ähnliche Wirkung ausüben können, wie die Veröffentlichung der englischen Parlamentsberichte durch die Presse an Stelle der früheren peinlichen Geheimhaltung, und den Senat, indem es ihn der Kontrolle der Öffentlichkeit unterstellte, zugleich zum Repräsentanten und Ausdruck der öffentlichen Meinung machen können[3]).

Der Senat befand sich in einer peinlichen Lage. Caesars Gesetz war so sorgfältig ausgearbeitet und nahm auf die widerstreitenden materiellen Interessen so viele Rücksicht, daß sich sachlich kaum etwas dagegen einwenden ließ. Aber eben so begreiflich ist es, daß der Senat sich nicht dazu entschließen konnte, sich zum Werkzeug Caesars herzugeben und seine Machtstellung zu begründen. Die Majorität legte sich insofern Zurückhaltung

---

[1]) Dio 38, 2 f., die grundlegende Darstellung, in die sich die übrigen Berichte ohne Schwierigkeit einfügen. Bei Plutarch ist, wie bei dem Zweck seiner Biographien natürlich, die chronologische Folge hier wie sonst gelegentlich verschoben (ebenso bringt Sueton Caes. 20 f. die persönlichen Konflikte, abgesehn von dem mit Bibulus, an den das fast wörtlich ebenso bei Dio 37, 8, 2 berichtete Witzwort *Iulio et Caesare consulibus* anknüpft, erst nach der Aufzählung der Gesetze); im übrigen tritt neben dem Plutarch allein angehörigen Gut die mit Appian gemeinsame Quelle überall in wörtlichen Übereinstimmungen deutlich hervor. Über die Quelle s. Beilage IV.

[2]) Sueton. Caes. 20 *inito honore primus omnium instituit, ut tam senatus quam populi diurna acta conferent et publicarentur.*

[3]) Man kann die damaligen Zustände Roms etwa mit denen Englands zur Zeit der Wilkesschen Händel und der Juniusbriefe vergleichen, als das Parlament zwar im Besitz der Macht war und diese in seinem Interesse rücksichtslos gebrauchte, aber im übrigen von kleinlichen Fraktionsstreitigkeiten und persönlichen Interessen beherrscht und zerrissen war und alle Fühlung mit der öffentlichen Meinung verloren hatte. Analog sind dann wieder die Zustände vor der Erzwingung der Reformbill von 1832.

auf, als sie zum Schein auf die Diskussion einging, aber durch inhaltlose Reden und Vorwände aller Art jede Entscheidung hintertrieb[1]). Cato dagegen und der Consul Bibulus waren zum Widerstand bis aufs äußerste entschlossen; Cato konnte zwar auch keine triftigen Einwände erheben, machte aber aus seinen Befürchtungen über die Konsequenzen kein Hehl und erklärte, es müsse alles beim alten bleiben[2]). Über die reine Negation vermochte eben der Senat nicht mehr hinauszukommen. Schließlich, als Cato durch eine Dauerrede die Abstimmung unmöglich zu machen versuchte, ließ Caesar ihn verhaften. Wider sein Erwarten fügte sich Cato ohne Widerstand, und zahlreiche Senatoren erhoben sich, um ihm zu folgen. So blieb Caesar nichts übrig, als einen Tribunen zu veranlassen, gegen die Verhaftung Einspruch zu erheben[3]). Dem Senat aber erklärte er, daß, da der Versuch, mit ihm zusammen zu arbeiten, gescheitert sei, er sich weiter nicht um ihn kümmern und das Gesetz jetzt dem Volk vorlegen werde. Wenn er schon früher nicht viel von der Nobilität und dem Senat gehalten hatte, so erfüllten ihn diese Vorgänge vollends mit Haß und Verachtung gegen den Senat, die er fortan bis an sein Ende unverhohlen an den Tag gelegt hat[4]).

---

[1]) Dio 38. 2 διὰ τοῦτο, εἰ καὶ μηδείς οἱ ἀντέλεγεν, ἀλλ' οὔτι γε καὶ συνεπήγνουν. τοῖς μὲν δὴ οὖν ἄλλοις ἐξῆρκει τοῦτο, καὶ ἐπηγγέλλοντο μὲν ἀεὶ αὐτῷ προβουλεύσειν, ἐποίουν δὲ οὐδέν, ἀλλὰ διατριβαὶ καὶ ἀναβολαὶ τὴν ἄλλως ἐγίγνοντο.

[2]) Dio 38. 2 Κάτων . . τοῖς μὲν γεγραμμένοις οὐδὲν οὐδ' αὐτὸς ἐπεκάλει, τὸ δ' ὅλον ἠξίου τῇ τε παρούσῃ σφᾶς καταστάσει χρῆσθαι καὶ μηδὲν ἔξω αὐτῆς ποιεῖν. Plut. Cato 31 φοβεῖσθαι φάσκων οὐ τὴν νομὴν τῆς χώρας, ἀλλ' ὃν ἀντὶ ταύτης ἀπαιτήσουσι μισθὸν οἱ χαριζόμενοι καὶ δελεάζοντες τὸ πλῆθος.

[3]) So berichten Dio 37, 3, Atejus Capito de officio senatoris bei Gell. IV 10, Val. Max. II 10, 7 (nur daß hier Cato fälschlich gegen das Gesetz für die Steuerpächter redet), Sueton Caes. 20. Bei Plutarch Cato 33 ist die Szene fälschlich mit dem Auftreten Catos in der Volksversammlung zusammengeworfen, Caes. 14 scheinbar an das Gesetz über Caesars Provinzen angeknüpft.

[4]) Dios Angabe 38. 4 κἀκ τούτου οὐδ' ἄλλο τι τῇ γερουσίᾳ ἐν τῇ ἀρχῇ ταύτῃ ἐπεκοινώνησεν, ἀλλ' ἐς τὸν δῆμον ἄντικρυς πάνθ' ὅσα ἐβούλετο ἐσέφερεν ist im wesentlichen richtig. bei Appian II 10, 36 ist sie dahin entstellt, daß er βουλὴν οὐκέτι συνῆγεν ἐπὶ τὸ ἔτος ὅλον.

In der Volksversammlung legte Caesar dem Bibulus die Frage vor, ob er an dem Gesetz etwas auszusetzen habe, und forderte, als dieser schroff ablehnte, die Menge auf, den renitenten Consul, das einzige Hindernis des nützlichen Werks, durch Bitten zur Nachgiebigkeit zu bewegen[1]). Als aber Bibulus erklärte, der Antrag werde in diesem Jahre nicht Gesetz werden, auch wenn alle andern dafür seien, ließ er ihn fahren und rief Pompejus und Crassus auf, sich über das Gesetz zu äußern. Beide erklärten ihre Zustimmung. Pompejus ging die einzelnen Bestimmungen billigend durch und behauptete, auch der Senat sei einverstanden, wie sein Verhalten bei dem früheren, nicht zur Ausführung gekommenen Gesetz (vgl. S. 53) beweise; und als Caesar ihn fragte, ob er ihm gegen die Gegner beistehen wolle, erklärte er, wenn man ihn mit dem Schwerte bedrohe, werde er auch den Schild mitbringen[2]).

Für die entscheidende Versammlung besetzten Caesar und Pompejus schon bei Nacht das Forum mit ihren Anhängern, die Dolche mitbrachten. Aber die Gegner gaben den Widerstand noch nicht auf. Bibulus hatte für alle Comitialtage im voraus Himmelsbeobachtungen angekündigt, die gemäß dem um 150 v. Chr.[3]) erlassenen aelischen und pupischen Gesetz eine Abstimmung rechtlich unzulässig machten. Als Caesar sich nicht darum kümmerte, erschien er in der Versammlung, gefolgt von Cato, Lucullus[4]) und ihren Anhängern; überdies hatten drei Tribunen, Cn. Domitius Calvinus, Q. Ancharius, C. Fannius, ihre Intercession zugesagt[5]). Aber als Bibulus sich den Zutritt

---

[1]) Dio 38, 4; bei Appian II 10 ist der Vorgang in entstellter Form in den Senat verlegt: Caesar fordert, ehe er sein Gesetz einbringt, den Bibulus zu einträchtigem Handeln auf und wiegt ihn dadurch in Sicherheit.

[2]) Dio 38, 5. Plut. Pomp. 47 = Caes. 14.

[3]) Cic. in Pis. 10, vgl. in Vat. 23.

[4]) Lucullus wird von Plut. Pomp. 48 = Luc. 42 als mitwirkend genannt; ebenso Sueton Caes. 20 *Lucio Lucullo liberius resistenti tantum calumniarum metum iniecit, ut ad genua ultro sibi accideret.*

[5]) Cic. pro Sest. 113 f. mit schol. Bob. (die beiden für Caesar eintretenden Tribunen sind C. Alfius Flavus, vgl. Vat. 30, den Cicero mild

auf die Rednerbühne vor dem Castortempel erzwang und sprechen wollte, wurde er heruntergerissen und mit Kot beworfen, die Ruten seiner Lictoren zerbrochen, er selbst und zwei Tribunen verwundet[1]). Den Bibulus, der bis zum Tode ausharren wollte, flüchteten seine Freunde in den Tempel des Juppiter Stator, Cato, der immer von neuem zu reden versuchte, wurde gewaltsam fortgeschleppt[2]).

So wurde das Gesetz von den Tribus angenommen (April 59). Am nächsten Tage brachte Bibulus die Vorgänge im Senat zur Sprache; er erwartete, daß auf seine Relation[3]) der Antrag gestellt werden würde, gegen den revolutionären Consul und seinen Anhang mit dem senatusconsultum ultimum vorzugehen. Aber dazu hatte niemand den Mut; man empfand nur zu deutlich die volle Hoffnungslosigkeit eines derartigen Versuchs[4]). So blieb nichts übrig, als sich schweigend zu fügen. Fortan stellte Bibulus seine Amtstätigkeit ein und verschloß sich bis zum Ende des

---

behandelt, weil er später mit ihm gut steht, pro Planc. 204, und Vatinius), in Vat. 16. Dio 88, 6 Βίβουλος τρεῖς δημάρχους συναγωνιστὰς προσθέμενος ἐκώλυε τὸ νομοθέτημα.

[1]) Dio 38, 6. Plut. Pomp. 48 = Cato 32. Appian II 11.
[2]) Appian II 11, 40; Plut. Cato 32 etwas abweichend.
[3]) Daß diese Vorgänge in den April fallen, ergibt sich daraus, daß Bibulus nach denselben sich 8 Monate bis zum Ende des Consulats in sein Haus einschließt (Plut. Pomp. 48), und wird dadurch bestätigt, daß Cicero nach diesen Vorgängen gegen Mitte April (Att. II 8. vgl. 4, 6) aufs Land geht. Im April führte Bibulus die *fasces* und leitete daher die Senatsverhandlungen und hat offenbar *de summa republica* referiert. Es ist nicht zu vergessen, daß der referierende Consul den Senat um seine Ansicht befragt und die einzelnen Senatoren dafür aufruft, aber nicht selbst einen Antrag stellen kann.
[4]) Sueton Caes. 20 *lege agraria promulgata obnuntiantem collegam armis foro expulit, ac postero die in senatu conquestum, nec quoquam reperto, qui super tali consternatione referre aut censere aliquid auderet, qualia multa saepe in levioribus turbis decreta erant* (das ist eben das s. c. ultimum), *in eam coegit desperationem, ut quoad potestate abiret domo abditus nihil aliud quam per edicta obnuntiaret.* Dio 38, 6 καὶ ὁ μὲν νόμος οὕτως ἐκυρώθη, Βίβουλος δὲ τῇ ὑστεραίᾳ ἐπείρασε μὲν ἐν τῷ συνεδρίῳ αὐτὸν λῦσαι, ἐπέρανε δ' οὐδέν· γὰρ τοῦ πλήθους σπουδῇ δεδουλωμένοι πάντες ἡσύχαζον.

Jahres in sein Haus; an allen Comitialtagen ließ er durch seine Amtsdiener und durch Edikte verkünden, daß er den Himmel beobachtet habe und daher alle Geschäfte ruhen müßten¹). Um sein Gesetz gegen zukünftige Anfechtungen sicher zu stellen, hatte Caesar in dasselbe, wie ehemals Saturninus, die Bestimmung eingefügt, daß alle Senatoren es bei schwerer Strafe beschwören und sich verpflichten sollten, jeden Abänderungsversuch zu bekämpfen²). Metellus Celer, der sich auf das Vorbild des Numidicus berief³), der im Jahre 100 lieber ins Exil gegangen war als einen derartigen Eid zu leisten, Cato und sein Gefolgsmann Favonius sträubten sich lange; schließlich am letzten Tage gehorchten auch sie, Cato vor allem durch Ciceros Vorstellungen veranlaßt, er müsse sich dem Staat erhalten⁴).

Cicero, den Wortführer der Majorität, für sich zu gewinnen, hat Caesar sich ununterbrochen bemüht. Wie Balbus im Dezember schon angedeutet hatte (oben S. 61), erklärte er, ihn neben Crassus und Pompejus zu seinem Berater und Vertrauensmann nehmen zu wollen⁵); er hat ihm vielleicht auch damals schon eine Stellung in der Ackerkommission in Aussicht gestellt. Aber Cicero blieb ablehnend; er versuchte im Gegenteil, da er von dem Abschluß der Koalition nichts ahnte, Pompejus, mit dem er nach wie vor intim zu stehn glaubte, vor der Verbindung mit Caesar zu

---

¹) Dio 38, 6. Sueton Caes. 20, vgl. Cic. de domo 40. de har. resp. 48.

²) Plut. Cato 32; nach Appian II 12 war den Eidverweigerern Todesstrafe angedroht, was natürlich übertrieben ist; ebenso läßt er das Gesetz auch vom Volk beschworen werden.

³) So Dio 38, 7, 1; bei Plut. Cato 32 wirkt umgekehrt Numidicus' Schicksal abschreckend. — Metellus starb kurz darauf, Cic. pro Cael. 59, unten S. 74 Anm. 3.

⁴) Plut. Cato 32. Über Catos Eidesleistung vgl. außer Dio 38, Cic. pro Sest. 61 über die gegen Cato wegen der Annahme der Sendung nach Cypern erhobenen Vorwürfe *quasi vero ille non in alias quoque leges, quas iniuste rogatas putaret, iam ante iuraverit. non offert se ille istis temeritatibus, ut cum reipublicae nihil prosit, se civi rempublicam privet*, und dazu schol. Bob.

⁵) de prov. cons. 41 *me in tribus sibi coniunctissimis consularibus esse voluit* (ebenso in Pis. 79). Daß die beiden andern Crassus und Pompejus sind, ist klar.

warnen¹). Aber wie Cicero war auch Caesar durch die catilinarischen Händel, „die Nonen des Dezember", gebunden; die Hinrichtung der Verschworenen durch Cicero konnte er niemals billigen. Überdies stand er in Verbindung mit Clodius, der von Begierde brannte, sich an Cicero zu rächen und als Tribun eine große Rolle zu spielen, und deshalb schon im vorigen Jahr mehrere vergebliche Versuche gemacht hatte, seinen Übertritt zur Plebs in legitimer Weise zu ermöglichen. Als jetzt C. Antonius, unter dessen Auspicien das Heer gegen Catilina gefochten hatte, nach der Rückkehr aus der makedonischen Statthalterschaft von dem jungen Caelius wegen Repetunden verklagt wurde, konnte Cicero, trotz aller inneren Abneigung gegen ihn, nicht umhin, seine Verteidigung zu übernehmen. Caesar und sein Gehilfe, der Tribun Vatinius, wünschten natürlich seine Verurteilung, die sie auch erreichten und die im übrigen durchaus verdient war; Vatinius hatte einen Gesetzentwurf, der dem Angeklagten größere Freiheit in der Ablehnung der Richter gab, so lange zurückgehalten, daß er Antonius nicht mehr zugute kam²). In seiner Rede konnte sich Cicero scharfer Ausfälle gegen Caesar und beweglicher Klagen über die Lage des Staates nicht enthalten: drei Stunden darauf erfolgte die Antwort dadurch, daß Caesar als Pontifex maximus die Adrogation des Clodius durch einen Plebejer Fontejus von den Curien vollziehen ließ³), unter Assistenz des Pompejus, der

---

¹) Cicero an Caecina (im Jahre 46) fam. VI 6, 4 *plurimi sunt testes, me et initio, ne coniungeret se cum Caesare, monuisse Pompeium, et postea, ne se diiungeret: coniunctione frangi senatus opes, diiunctione cirile bellum excitari videbam.* Phil. II 23 *ego M. Bibulo, praestantissimo cive, consule* [Bibulus ist mit Absicht allein genannt, im Gegensatz gegen die populäre Auffassung, die nur von Caesars Consulat redet] *nihil praetermisi, quantum facere enitique potui, quin Pompeium a Caesaris coniunctione avocarem; in quo Caesar felicior fuit: ipse enim Pompeium a mea familiaritate diiunxit.*

²) Cic. in Vat. 27 mit schol. Bob. Wie Caesar zu C. Antonius stand, geht daraus hervor, daß er ihm erst ganz zuletzt die Rückkehr bewilligt hat, s. unten S. 363.

³) Cic. de domo 41. Sueton Caes. 20. Dio 38, 10, der den Vorgang viel zu spät setzt und fälschlich an die Denunziation des Vettius anknüpft; das ist echt dionischer Pragmatismus. Die Zeit (spätestens

als Augur seine Zustimmung gab¹). Damit hing das Damoklesschwert über Cicero. Nach der Entscheidung über das Gesetz und der Eidesleistung verließ dieser Rom im April — er hatte sich zu dem Zweck vom Senat eine *legatio libera* geben lassen²) — und begab sich auf seine Güter, seine ablehnende Haltung nicht bereuend³); aber er erkannte, und hat das ja auch in seinen Ratschlägen an Cato und Metellus ausgesprochen, daß aller weitere Widerstand vergeblich sei, und dachte daran, sich vom öffentlichen Leben zurückzuziehn und sich ganz der literarischen Tätigkeit, zunächst der Abfassung eines Werks über Geographie und seiner geheimen Memoiren, zu widmen. Caesar hat seine Bemühungen um ihn noch weiter fortgesetzt; er bot ihm eine sehr einträgliche Gesandtschaft nach Alexandria zur Regelung der dortigen Verhältnisse, und dann eine Stelle in der Ackerkommission (oben S. 65), schließlich einen Legatenposten in seiner Provinz, um ihn dadurch zugleich der von Clodius drohenden Gefahr zu entziehen⁴): Cicero hat alles abgelehnt; wenn er im

---

Anfang April) ergibt sich aus Cic. Att. II 7, 2. 9, 1 usw. Vgl. auch pro Flacco 5. 95.

¹) Cic. Att. II 9, 1 *hic noster Hierosolymarius traductor ad plebem*, vgl. 12, 1. 22, 2. VIII 3, 3. Dio 38, 12, 2.

²) Cic. Att. II 4, 2. 5, 2. 18, 3.

³) Att. II 4, 2 *interea quidem cum Musis nos delectabimus animo aequo, immo vero etiam gaudenti ac libenti; neque mihi umquam veniet in mentem Crasso invidere neque paenitere, quod a me ipse non desciverim.* Vgl. 7, 4. 9, 3. — DRUMANN hat alle diese Vorgänge nicht nur ganz parteiisch, sondern auch vielfach sachlich ganz falsch und mit Übergehung wichtiger Quellenzeugnisse dargestellt. So steht III² 185 die ganz unbegreifliche Behauptung, Cicero habe sich, als Caesar das Ackergesetz dem Senat vorlegte, aufs Land zurückgezogen, während er doch, wie seine Korrespondenz mit Atticus beweist, erst im April, nach der Entscheidung, auf seine Güter gegangen ist. Hätten wir Briefe aus den ersten Monaten des Jahres, so würden wir über seine Beteiligung an der Diskussion manches erfahren. Selbstverständlich hat auch er den Eid geleistet; auch bei Metellus Celers Tode, *tertio die post quam in curia floruisset*, nachdem dieser den Eid geleistet, war er noch in Rom (pro Cael. 59).

⁴) Att. II 5, 1. 18, 3. 19, 5 (Juli) *Caesar me sibi vult esse legatum. honestior declinatio haec periculi; sed ego hoc non repudio. quid ergo*

Scherz einmal hinwirft, um das Augurat (das durch Metellus Celers Tod erledigt war) würde er sich erkaufen lassen, so ist das nicht ernsthaft zu nehmen[1]).

Durch die Vorgänge bei der Durchbringung des Ackergesetzes war die Widerstandskraft der Opposition gebrochen; seine weiteren Maßregeln konnte Caesar jetzt ohne Schwierigkeit durchsetzen. Es folgte zuerst ein Gesetz, welches den Steuerpächtern die von ihnen gewünschte und im vorigen Jahr vom Senat abgelehnte (S. 50) Herabsetzung der Pachtsumme um ein Drittel gewährte und so die Ritterschaft für die neuen Machthaber gewann; daran knüpfte Caesar die Mahnung, in Zukunft bei der Verpachtung Maß zu halten und sich nicht ins Ungemessene zu überbieten[2]). Sodann die Bestätigung der Anordnungen des Pompejus, gegen die jetzt niemand mehr Einspruch zu erheben wagte[3]); den Lucullus hatte Caesar bei den früheren Verhandlungen so angefahren, daß er ihm zu Füßen stürzte und sodann sich ganz vom politischen Leben zurückzog[4]). Dann folgte, Ende April, die Einbringung des zweiten, campanischen Ackergesetzes (oben S. 63), das ohne weiteren Widerstand angenommen wurde. Die durch dasselbe vorgeschriebene feierliche Verpflichtung aller Bewerber um ein Amt auf die julischen Ackergesetze haben alle Kandidaten abgegeben, bis auf M. Iuventius Laterensis, der gewissenhaft genug war, lieber von der Bewerbung um das Tri-

---

est? pugnare malo (er hofft damals, Clodius widerstehn zu können). de prov. cons. 41 *mihi legationem quam vellem, quanto cum honore vellem, detulit*. Dann, nach Clodius' *traductio ad plebem, postea me, ut sibi essem legatus, non solum suasit, verum etiam rogavit* (erwähnt bei Plut. Cic. 30).

[1]) Att. II 5, 2 *auguratus quo quidem uno ego ab istis capi possum. vide levitatem meam.*

[2]) Cic. pro Planc. 35. Sueton Caes. 20. Dio 38, 7, 4. Appian II 13, 47. V 4, 19; bei Plutarch Caes. 48 fälschlich ins Jahr 48, nach Pharsalos, versetzt. Vgl. die anschließenden Verhandlungen über das *portorium circumvectionis* in Asia, Cic. ad Att. II 16, 4.

[3]) Dio 38, 7, 5. Appian II 13. Plut. Pomp. 48.

[4]) Oben S. 70 Anm. 4. Dio 38, 7, 5 τὰ πραχθέντα ὑπὸ τοῦ Πομπηίου πάντα μήτε Λουκούλλου μήτ' ἄλλου τινὸς ἀντιστάντος ἐβεβαίωσεν.

bunat zurückzutreten¹); er hat bekanntlich im Jahre 43, als
Lepidus bei seinem Übertritt zu Antonius ihn durch falsches Spiel
hintergangen hatte, seine ehrliche Pflichttreue gegen die Republik
durch Selbstmord besiegelt²). Schon vorher hatte Caesar die
endliche Anerkennung des Königs Ptolemaeos Auletes von
Aegypten erwirkt³), natürlich gegen Zahlung einer namhaften
Summe, nach Sueton nahezu 6000 Talente, die er mit Pompejus
teilte⁴). Auch sonst vergab und verkaufte er, zum Teil durch
Gesetze des Vatinius, mancherlei Privilegien und Rechte⁵); so
erhielt Utica damals latinisches Recht (s. u. S. 487). So verschaffte er
sich auf Kosten des Staats die Mittel für seine weiteren Pläne
und konnte zugleich seine Anhänger befriedigen und belohnen.
Im Verlauf des Jahres folgten noch weitere Gesetze, die eine Anzahl von Rechtssätzen neu ordneten oder abänderten,⁶) darunter

---

¹) Cic. Att. II 18, 2 (etwa Juni); pro Planc. 52, vgl. 13.
²) Cic. fam. X 23. Dio 46, 51, 3. Velleius II 63, vgl. STERNKOPF, Hermes 45, 250 ff.
³) Cic. Att. II 16, 2, wo Pompejus ihm sagt *de rege Alexandrino placuisse sibi aliquando confici.* Daher das Anerbieten an Cicero, als Gesandter nach Alexandria zu gehn II 5. Mit Ptolemaeos wird ein *foedus* geschlossen Cic. pro Rab. Post. 6.
⁴) Sueton Caes. 54. *societates ac regna pretio dedit, ut qui uni Ptolemaeo prope sex milia talentorum suo Pompeique nomine abstulerit.* Ebenda wird behauptet *in primo consulatu tria milia pondo auri furatus e Capitolio tantumdem inaurati aeris reposuit;* das zu prüfen haben wir keine Möglichkeit.
⁵) Vgl. Cic. in Vat. 29, wonach Vatinius als Tribun *foedera cum civitatibus, cum regibus, cum tetrarchis* geschlossen hat. Cic. ad Att. II 9, 1 *improbitas istorum, qui omnia remedia reipublicae effude-runt, qui regna, qui praedia tetrarchis, qui immanis pecunias paucis dederunt.* Fam. I 9, 7 redet er von der *donatio regnorum* in Vatinius' Tribunat. — Für Ariovist erwirkte Caesar vom Senat die An-erkennung als *rex atque amicus,* Bell. Gall. I 35, für den König von Commagene die *toga praetexta,* Cic. ad Qu. fr. II 10, 2.
⁶) Dio 38. 7. 5 f. ἔπειτα δὲ καὶ ἄλλα πολλὰ ἐνομοθέτησε μηδενὸς ἐναντιουμένου τούτους μὲν οὖν, ὅτι πάμπολλοί τέ εἰσι καὶ οὐδ' ὁτιοῦν τῇδε τῇ συγγραφῇ συμβάλλονται, παραλείψω. Cato habe sich als Praetor dadurch lächerlich gemacht, daß er diese Gesetze nicht als julische be-zeichnen wollte, sondern bei der Auslosung der Gerichtshöfe zu den ab-

ein umfangreiches Repetundengesetz[1]). Durch dies Gesetz wurde die gesamte Verwaltungstätigkeit der Provinzialstatthalter neu geregelt, ihre Bezüge und die ihres Gefolges festgesetzt und eingeschränkt, ebenso die Zeit, auf die eine sogenannte *legatio libera*, eine Gesandtschaft ohne bestimmten Auftrag, lediglich im privaten Interesse, eine der schlimmsten Geißeln der Provinzialen, gewährt werden durfte. Alle direkten und indirekten Bestechungen, namentlich auch bei der Besetzung der Gerichtshöfe und bei der Aushebung der Provinzialtruppen, Beeinflussung der Zeugen und Ähnliches, wurden durch die schärfste Formulierung verboten und unter Strafe gestellt, Verkäufe und Verpachtungen, die eine derartige Beeinflussung bezweckten, für ungültig erklärt, ebenso die Einsammlung und Annahme goldener Kränze, die die untertänigen Städte dem Statthalter als Ehrengeschenk darbrachten, es sei denn, daß ihm ein Triumph bewilligt sei. Außerdem war eine genaue schriftliche Rechenschaftsablegung vorgeschrieben, von der ein Exemplar der Staatskasse zu übergeben, das andere in der Provinz zurückzulassen war[2]). Durch dieses eben so großzügige wie sorgfältig ausgearbeitete Gesetz, das bei rechtlich denkenden Männern allgemeine Anerkennung fand, so bei Cicero, wurde gegenüber den furchtbaren Mißbräuchen des republikanischen Regiments die Lage der Untertanen wesentlich gebessert und vor allem auf eine feste Grundlage gestellt. Auch Caesars Gehilfen, der Tribun Vatinius und der Praetor Fufius Calenus, haben damals Gesetze durchgebracht, die einzelne Bestimmungen des Kriminalprozesses änderten; Vatinius gestattete die Ablehnung ganzer Gruppen der Geschworenen durch die Angeklagten, Fufius ordnete an, daß die Stimmenzahl in den drei Klassen des Gerichtshofs gesondert bekannt gegeben werden sollte[3]).

---

surdesten Umschreibungen griff. Somit müssen sie einzelne Materien der Rechtsordnung betroffen haben.

[1]) Cic. in Vat. 29 mit schol. Bob. pro Sest. 135. in Pis. 37. 50. 90 pro Rab. Post. 8. 12 und sonst oft.

[2]) Zusammenstellung der Fragmente und Erwähnungen, außer bei Cicero vor allem Dig. 48. 11 *de lege Iulia repetundarum*, in KÜBLERS Caesar-Ausgabe III 172 ff.

[3]) Vatinius oben S. 73. Fufius oben S. 23 Anm.

Durch die Erklärung des Pompejus vor dem Volk bei dem Ackergesetz war die bis dahin geheim gehaltene Koalition zwischen ihm und Caesar offenkundig geworden[1]). Jetzt wurde sie weiter dadurch besiegelt, daß Pompejus sich mit Caesars Tochter Julia vermählte, deren Verlobung mit Servilius Caepio, der Caesar im Kampf gegen Bibulus eifrig unterstützt hatte, aufgehoben wurde; zur Entschädigung wurde diesem Pompejus' Tochter zugesagt, deren Verlobung mit Faustus Sulla gleichfalls rückgängig gemacht werden mußte. Dadurch hoffte Caesar den Pompejus dauernd an sich zu fesseln[2]). Daß Caesar ein paar Jahre vorher mit Pompejus' Gemahlin Mucia ein Verhältnis angeknüpft und Pompejus selbst ihn daher als Aegisthus bezeichnet hatte, kam für diese Männer ebensowenig in Betracht, wie Clodius' Ehebruch mit Caesars Gemahlin für deren Beziehungen, so argen Anstoß es erregte[3]). Er selbst heiratete kurz darauf Calpurnia, deren Vater L. Piso zum Consul für das nächste Jahr bestimmt war. Von da an rief Caesar im Senat an Stelle des Crassus, dem er bis dahin als seinem alten Genossen zur Maskierung der Verbindung mit Pompejus das erste Wort erteilt hatte, den Pompejus an erster Stelle zur Abgabe seiner *sententia*

---

[1]) Dio 37, 5, 5.
[2]) Sueton Caes. 21; Plut. Pomp. 47 = Caes. 14 μειζόνως ἔτι τῆς Πομπηίου δυνάμεως ὑποδραττόμενος und mit derselben Auffassung bei Appian II 14 δεδιὼς μὴ καὶ φίλος ὢν (Πομπήιος) ἐπιφθονήσειε τῷ μεγέθει τῆς εὐδαιμονίας. Ebenso Dio 38, 9 φοβηθεὶς δ' οὖν καὶ ὣς, μή τι ὁ Πομπήιος ἐν τῇ ἀπουσίᾳ αὐτοῦ, ἐπεὶ Γαβίνιος ὁ Αὖλος (der alte Gehilfe des Pompejus) ὑπατεύσειν ἔμελλε, νεωτερίσῃ. Die Vermählung der Pompeja mit Caepio wurde nicht vollzogen, sondern sie heiratete doch den Faustus Sulla (Bell. Afr. 95). Die Verschwägerung zwischen Caesar und Pompejus wurde Anfang Mai bekannt: Cic. Att. II 17, 1 *quid enim ista repentina adfinitatis coniunctio?*
[3]) Sueton Caes. 50, wo in der Liste der von Caesar verführten Frauen außer Crassus' Gemahlin Tertulla — man sieht, wie skrupellos das Treiben war — auch Mucia genannt wird. *nam certe Pompeio et a Curionibus patre et filio et a multis exprobatum est, quod cuius causa post tres liberos exegisset uxorem et quem gemens Aeyisthum appellare consuesset, eius postea filiam potentiae cupiditate in matrimonium recepisset.*

auf. So hatte Pompejus erreicht, was er erstrebte; er war als der erste der römischen Bürger, der *princeps*, und der maßgebende Mann im Senat anerkannt. Allgemein erschienen die Vorgänge als eine Aufrichtung der Herrschaft des Pompejus; das Gerücht behauptete, er wolle im nächsten Jahre mit Crassus das Consulat übernehmen[1]). „Er bereitet offenkundig die Aufrichtung seiner Tyrannis vor", schreibt Cicero Anfang Mai[2]); als „privaten", d. h. „selbsternannten Dictator" (*privatus dictator*) bezeichnete der junge Gaius Cato, der zunächst im Anschluß an die Aristokratie Karriere zu machen dachte, in einer Volksversammlung den Pompejus, als er gegen Ende des Jahres 59 eine Anklage wegen Wahlumtriebe gegen dessen für das nächste Jahr zum Consul erwählten Schützling Gabinius einleiten wollte. Von der Menge wäre er für das Wort beinahe erschlagen worden[3]); in derartigen Versammlungen dominierte eben das Gesindel, großenteils Nichtbürger, Phryger und Myser, Griechen und Juden, Sklaven und Gladiatoren[4]). Die allgemeine Stimmung dagegen ging trotz aller populären Maßregeln durchaus gegen die Machthaber; man empfand, daß an Stelle des Regiments der Nobilität nicht eine Volksherrschaft, sondern ein mehrköpfiges Königtum sich aufrichtete. So wandte sich der Groll, der sich bisher gegen den Senat

---

[1]) Cic. Att. II 5, 2 *exspecto tuas litteras qui consules parentur, utrum, ut populi sermo, Pompeius et Crassus, an, ut mihi scribitur, cum Gabinio Servius Sulpicius.*

[2]) Cic. Att. II 17. 1 *prorsus ut scribis ita sentio: turbatur Sampsiceramus* (d. i. Pompejus). *nihil est quod non timendum sit;* ὁμολογουμένως τυραννίδα συσκευάζεται. Vgl. II 12, 1. Vgl. Sueton Caes. 49, aus einer Schrift des Brutus, wonach ein gewisser Octavius damals *conventu maximo* Pompejus als *rex*, Caesar, mit Anspielung auf seine Jugendsünden, als *regina* begrüßte.

[3]) Cic. ad Qu. fr. I 2, 15, wo C. Cato als *adolescens nullius consili, sed tamen civis Romanus et Cato* bezeichnet wird. Aus solchen gelegentlichen Erwähnungen sieht man, wie viel mehr wir von den Einzelvorgängen dieses Jahres wissen würden, wenn uns Ciceros Korrespondenz nicht nur für ein paar Monate, sondern für das ganze Jahr vorläge.

[4]) Vgl. Ciceros Rede pro Flacco aus dem Sommer dieses Jahres, §§ 17. 37. 66.

gerichtet hatte, gegen die drei[1]), der Senat und seine Vorkämpfer erscheinen jetzt als die Verteidiger der Freiheit: „nichts ist jetzt so populär wie der Haß gegen die Popularpartei", schreibt Cicero im Sommer[2]). Daß die Anhänger Catilinas aufs neue ihr Haupt erhoben, daß die Verurteilung des C. Antonius von ihnen als ein Sieg gefeiert und Catilinas Grab bekränzt wurde[3]), daß Clodius, der sich alsbald um das Tribunal bewarb[4]) und im Sommer durch Caesars Unterstützung gewählt wurde, aus seinen ganz radikalen Absichten kein Hehl machte — es konnte daher sogar gelegentlich der Glaube auftauchen, er sei mit Caesar zerfallen und werde sich gegen diesen wenden[5]) — mußte diese Stimmung noch verstärken. Die Hoffnung freilich auf eine baldige Reaktion[6]) erfüllte sich nicht; dafür waren die Machtfaktoren, welche den Dreimännern zur Verfügung standen, viel zu stark. Aber in Reden und Pamphleten drängte sich die Stimmung, die in den vertraulichen Gesprächen herrschte, an die Oeffentlichkeit. Varro verfaßte, in Anlehnung an Theopomp, eine Broschüre Τριχάρανος „Das dreiköpfige Ungeheuer"[7]); Curio (cos. 76), trotz der Beschützung des Clodius im Jahre 61 (oben S. 47) ein eifriger Optimat und trotz seiner völligen Zerfahrenheit, Trägheit und Gedächtnisschwäche durch seine Beherrschung der Sprache kein wirkungsloser Redner[8]), griff Caesar und Pompejus, ihr privates

---

[1]) Cic. Att. II 9, 2 (Mitte April) *etenim si fuit invidiosa senatus potentia, cum ea non ad populum, sed ad tris homines immoderatos redacta sit, quid iam censes fore?*

[2]) Att. II 20, 4 *populare nunc nihil tam est quam odium popularium.* II 19, 2 *scito nihil unquam fuisse tam infame, tam turpe, tam peraeque omnibus generibus, ordinibus, aetatibus offensum quam hunc statum qui nunc est.*

[3]) Cic. Flacc. 95.

[4]) Als Neuigkeit dem Cicero von dem jungen Curio am 19. April mitgeteilt, Att. II 12, 2, vgl. 15, 2.

[5]) Cic. Att. II 12, 1 f., vgl. 7, 2.

[6]) Cic. Att. II 9, mit Berufung auf Theophrasts theoretische Behandlung der politischen Entwicklung. Vgl. II 7, 4. 21, 1 (Ende Juli) und dagegen 18, 1 (etwa einen Monat vorher).

[7]) Appian II 9.

[8]) Cic. Brutus 210 ff.

und öffentliches Leben auf das heftigste an[1]), und sein junger hochbegabter Sohn äußerte sich, getragen von der Zustimmung der vornehmen Jugend, in demselben Sinne über die „Könige"[2]) und hielt etwa im Juni eine mit großem Beifall aufgenommene Volksrede gegen sie, während der Praetor Fufius Calenus, Caesars Anhänger, ausgezischt wurde[3]). Dazu kamen die Edikte des Bibulus, in denen er die Comitien für die Consulwahlen auf den 18. Oktober verschob und zugleich das ganze öffentliche und private Leben des Pompejus und Caesar schonungslos „nach Art des Archilochos" durchging; vor diesen Maueranschlägen drängte sich die Menge und verschlang den Skandal mit gierigen Blicken und freudiger Zustimmung[4]).

---

[1]) Sueton Caes. 9. 49. 50. 52. Später faßte er seine Angriffe in einem Dialog zusammen, in dem er sich von seinem Sohn und von Pansa über die Vorgänge im Senat unter Caesars Vorsitz berichten ließ, und brachte hier in den Angriffen auf Caesar auch dessen Verhalten in Gallien zur Sprache, obwohl die Szene in sein Consulat verlegt war. Ebenso behauptete er, er sei unter Caesars Consulat nicht in den Senat gegangen, obwohl der Dialog damit begann, daß er die Sitzung vorzeitig verlassen habe (Cic. Brut. 218 f.). Diese Hinwegsetzung über den Moment und Hineinziehung späterer Vorgänge ist für die Beurteilung der in Redeform publizierten Broschüren sehr zu beachten, wenn auch sorgfältige Schriftsteller wie Cicero oder Demosthenes so arge Verstöße natürlich vermieden haben. Im übrigen vgl. z. B. Platos Menexenos.

[2]) Att. II 8 *Curio ... mirandum in modum „reges odisse superbos": peraeque narrabat, incensam esse iuventutem neque ferre haec posse.* Vgl. II 12, 2.

[3]) Cic. Att. II 18, 1; *unus loquitur et palam adversatur adolescens Curio, huic plausus maximi, consalutatio forensis perhonorifica, signa praeterea benevolentiae permulta a bonis impertiuntur. Fufium clamoribus et conviciis et sibilis consectantur;* vgl. Sueton Caes. 50 oben S. 78 Anm. 3.

[4]) Ein solches Edikt, das bereits eine *comitiorum dilatio* enthielt, publizierte er gegen Ende April (Cic. Att. II 14, 1. 15, 2), ein anderes, *cum Archilochio edicto*, das die Comitien auf den 18. Oktober festsetzte, im Juli (Att. II 19, 2. 5. 20. 4. 6: *Bibulus hominum admiratione et benevolentia in caelo est; edicta eius et contiones describunt et legunt; novo quodam genere in summam gloriam venit.* 21, 4). Einzelnes aus den Angriffen auf Caesar bei Sueton 9 und 49. Womöglich noch empfindlicher müssen die Angriffe auf Pompejus gewesen sein (vgl.

So hatte Pompejus sein Ziel mit dem Verlust seiner Popularität erkauft[1]); es ist begreiflich, daß ihm schwül zumute war. Cicero gegenüber suchte er sich herauszureden (April 59): „mit Caesars Gesetzen sei er einverstanden, aber für seine Handlungen müsse dieser selbst einstehn; ob man gegen das Ackergesetz, das er billige, habe intercedieren können, gehe ihn (Pompejus) nichts an; daß die Sache mit dem König von Aegypten endlich erledigt werde, habe er für richtig gehalten, zu fragen, ob Bibulus damals den Himmel beobachtet habe oder nicht, sei nicht seine Aufgabe gewesen; den Steuerpächtern habe er sich gefällig erweisen wollen, was geschehn wäre, wenn Bibulus damals wieder auf das Forum gekommen wäre, könne er nicht ahnen" Mit solchen Redensarten konnte er weder sich selbst täuschen noch andere, und schließlich mußte er offen aussprechen, daß er bei dem Gesetz über Campanien, das ihm natürlich vor allem am Herzen lag, „mit Caesars Heer allen Widerstand niederschlagen werde"[2]). So fürchtet Cicero, daß er schließlich wild werden und sich von der ihn drückenden Verbindung gewaltsam losreißen, eine Gegenrevolution herbeiführen werde[3]). Daran war freilich nicht zu denken; Caesar hatte ihn nicht nur materiell, sondern auch

---

Plut. Pomp. 48 ἐξέπεμπε διαγράμματα βλασφημίας ἀμφοῖν ἔχοντα καὶ κατηγορίας): Cic. Att. II 21, 4 *itaque Archilochia in illum* (Pompeium) *edicta Bibuli populo ita sunt iucunda, ut eum locum, ubi proponuntur, prae multitudine eorum qui legunt transire nequeamus, ipsi ita acerba ut tabescat dolore, mihi mehercule molesta, quod et eum, quem semper dilexi, nimis excruciant et timeo, tam vehemens vir tamque acer in ferro et tam insuetus contumeliae ne omni animi impetu dolori et iracundiae pareat.*

[1]) *quanto in odio noster amicus Magnus! cuius cognomen una cum Crassi Divitis cognomine consenescit* (Att. II 13).

[2]) Caes. Att. II 16, 2. „*oppressos vos*" inquit „*tenebo exercitu Caesaris*", d. i. natürlich mit den Mannschaften (Pompejus' Veteranen), die dieser und er selbst aufgeboten hatte.

[3]) Att. II 14, 1. 16, 2. 17, 1. 21, 4 fin. 22, 6. 23, 2; vgl. 7. 8 *una spes est salutis istorum inter istos dissensio, cuius ego quaedam initia sensi ex Curione.* Cicero sucht durch Pompejus' Vertrauensmann und Geschäftsträger Theophanes über seine wahre Gesinnung gegen ihn Genaueres zu erfahren II 17. 3; vgl. II 12, 2.

durch die Ueberlegenheit seiner Persönlichkeit und zugleich durch die Reize seiner Tochter Julia viel zu sehr in seiner Gewalt.

Aber alle Versuche der Machthaber, eine bessere Stimmung zu erzwingen, waren vergeblich. Bei den Apollinarischen Spielen Anfang Juli entfesselte der Tragöde Diphilus mit dem Verse: „Durch unser Elend bist Du groß", die er mit deutlichem Hinweis auf Pompejus sprach, und mit ähnlichen Versen immer erneute Beifallsstürme. Als Caesar ins Theater kam, rührte sich keine Hand; der junge Curio dagegen wurde so eifrig beklatscht, wie in den Zeiten seines Glanzes Pompejus, auch von den Rittern, die von ihren Sitzen aufstanden, trotz des Gesetzes über die Steuerpächter. Ernstlich hatten diese Demonstrationen freilich wenig zu bedeuten; sie offenbarten wohl den allgemeinen Haß der hauptstädtischen Kreise, aber eine Macht stand nicht hinter ihnen. Indessen Caesar war äußerst erbittert; er drohte mit Aufhebung des roscischen Gesetzes von 67 über die Sondersitze der Ritter, ja sogar der Getreideverteilung[1]). Dazu kam es natürlich nicht; wohl aber beschloß er eine Gegenaktion. Er rief Pompejus aus Campanien herbei, wo er bei der Ackerkommission tätig war[2]), und am 25. Juli hielt dieser vor dem Volk eine Rede über die Edikte des Bibulus. Aber er erlitt ein vollständiges Fiasko: er selbst empfand, wie wenig seine Worte wirken konnten, er hatte nur deutlich gezeigt, wie sehr er sich durch Bibulus' Angriffe getroffen fühlte und wie unbehaglich er sich in seiner Lage fand[3]). Gleichzeitig versuchte Caesar, die Versammlung

---

[1]) Cic. Att. 19, 3; die Szene mit Diphilus auch Val. Max. VI 2, 9. E. Norden weist mit Recht darauf hin, daß die Berührung zwischen Valerius Maximus und Cicero so eng ist, daß er die Atticusbriefe selbst benutzt haben muß. Cicero schließt mit den bezeichnenden Worten *equidem malueram, quod erat susceptum ab illis* (Caesar und Pompejus), *silentio transiri, sed vereor ne non liceat: non ferunt homines, quod videtur esse tamen ferendum. sed est iam una vox omnium, magis odio firmata quam praesidio.*

[2]) ib. *litterae Capuam ad Pompeium volare dicebantur.*

[3]) Cic. Att. II 21, 3 *ut ille tum humilis, ut demissus erat, ut ipse etiam sibi, non iis solum qui aderant, displicebat! O spectaculum uni Crasso iucundum, ceteris non item!*

zu einem Angriff auf Bibulus' Haus aufzureizen, um ihn zu zwingen, von der Verschiebung der Comitien abzusehn; aber alles verhielt sich schweigend[1]). Dann wollte der Tribun Vatinius den Bibulus ins Gefängnis setzen und traf schon die Anstalten dazu; aber seine Kollegen intercedierten[2]). Auch im Senat, den er durch Bewaffnete terrorisierte, richtete Caesar scharfe Angriffe gegen seine Gegner. Die meisten Senatoren blieben daher den Sitzungen fern; nur der alte Considius, ein reicher Kapitalist, der für die Art, wie er im Jahre 63 die Stockung des Geldverkehrs ruhig hingenommen und keine Versuche gemacht hatte, seine ausstehenden Kapitalien und Schulden einzutreiben, vom Senat offiziell belobt worden war[3]), erschien furchtlos und erklärte, die anderen seien nicht gekommen, weil sie sich vor den Soldaten fürchteten; und als Caesar ihn anfuhr, warum er denn nicht auch zu Hause geblieben sei, antwortete er, eben um seines Alters willen, da er sich um den kurzen Rest seines Lebens wenig zu sorgen brauche[4]).

Jetzt versuchte Caesar seinen Gegnern auf gerichtlichem Wege durch eine Anklage wegen eines geplanten Attentats auf Pompejus beizukommen. Derartige Gedanken lagen in der Tat in der Luft; am 13. Mai hatte Bibulus den Pompejus vor Nachstellungen gewarnt und dieser ihm dafür gedankt[5]). Als Werkzeug benutzte Caesar jetzt denselben L. Vettius, der zu Anfang des Jahres 62 ihn als Teilnehmer der catilinarischen Verschwörung denunziert hatte (oben S. 32); es ist begreiflich, daß Vettius, ein

---

[1]) ib. 5 *qui cum comitia in mensem Octobrem distulisset, quod solet ea res populi voluntatem offendere, putarat Caesar oratione sua posse impelli contionem, ut iret ad Bibulum: multa cum seditiosissime diceret, vocem exprimere non potuit.*

[2]) Cic. in Vat. 21, 24 mit schol. Bob. Dio 38, 6, 6.

[3]) Val. Max. IV 8, 3. Über ihn vgl. Cicero pro Cluentio 107.

[4]) Plut. Caes. 14. Cic. Att. II 24, 4 im Anschluß an den Bericht über die vettischen Händel (die Szene, die offenbar sehr ernst gewesen ist, spielte also nicht lange vorher): *modo caedem timueramus, quam oratio fortissimi senis Q. Considi discusserat; ea, quam cotidie timere potueramus, subito exorta est* (durch Vettius).

[5]) Cic. Att. II 24, 2.

Mann von Ritterrang[1]), aber offenbar ein ganz verlumpter Gesell, sich jetzt an der Aristokratie rächen wollte, die ihm damals nicht nur die erhoffte Belohnung versagt, sondern ihn gepfändet und ins Gefängnis geworfen hatte. Er machte sich zunächst an den jungen Curio und teilte ihm im Vertrauen mit, er sei entschlossen, mit seinen Sklaven Pompejus auf dem Forum bei den von Gabinius gegebenen Gladiatorenspielen zu überfallen und zu ermorden. Wie es scheint, war der Plan, daß Vettius bei der Ausführung abgefaßt werden und dann seine Aussagen machen sollte. Aber Curio teilte die Sache seinem Vater mit, dieser dem Pompejus; so wurde sie vorzeitig vor den Senat gebracht (Oktober 59). Vettius leugnete zunächst, jemals mit Curio verkehrt zu haben; dann erbat er den Schutz der Indemnität, der ihm aber vom Senat nicht bewilligt wurde, und sagte aus, unter Curios Führung habe sich ein Komplott vornehmer jüngerer Leute gebildet, Bibulus habe ihm durch seinen Sekretär den Dolch geschickt. Das war freilich absurd; und Vettius war so ungeschickt oder so schlecht instruiert, daß er als Hauptbeteiligten den L. Paullus nannte, den ältesten Sohn des Lepidus, des Demokratenführers im Jahre 78, der sich im Gegensatz zu seinem Vater und Bruder den Optimaten angeschlossen und im Jahre 63 eine Anklage gegen Catilina versucht hatte[2]), der aber jetzt als Quaestor in Macedonien stand. So fiel der saubere Plan ins Wasser; nachdem der junge Curio vorgeladen war und seine Aussagen gemacht hatte, beschloß der Senat, Vettius als geständigen Attentäter gefangen zu setzen, und erklärte es für Hochverrat (*contra rempublicam*), ihn freizulassen; der Beschluß wurde sofort dem Volk mitgeteilt. Indessen Caesar gab sein Spiel noch nicht auf. Am nächsten Tage führte er Vettius auf die Rostren, damit er seine Aussagen wiederhole. Bisher war der Angriff in erster Linie gegen Bibulus und gegen Curio, Vater und Sohn, gerichtet gewesen, auf die Caesar offenbar wegen ihrer Pamphlete besonders erbittert war; als Mitschuldige waren außer Paullus der Flamen Martialis L. Lentulus,

---

[1]) Dio 37, 41, 2; nach Appian II 12. 43 ἀνὴρ δημότης.
[2]) Sallust Cat. 31. Cicero Vat. 25 mit schol. Bob.

einer der Bewerber um das Consulat[1]), und der junge Q. Caepio Brutus, der spätere Caesarmörder, genannt, der als Sohn des im Jahre 77 von Pompejus trotz der zugesagten Begnadigung hingerichteten Demokratenführers M. Brutus für eine Rolle bei dem Attentat besonders geeignet schien. Jetzt ließ Vettius diesen fort, wie man glaubte, weil seine Mutter Servilia, deren Verhältnis zu Caesar stadtbekannt war[2]), sich für ihn verwandt hatte[3]). Dagegen fügte er L. Domitius Ahenobarbus, einen der Bewerber um die Practur, hinzu — seine Familie war früher eifrig demokratisch gewesen, sein Bruder (?) Gnaeus im Jahre 81 von Pompejus in Africa gefangen und hingerichtet worden, und eben das wird den Lucius, der überdies mit Catos Schwester vermählt war, auf die Seite der aristokratischen Opposition getrieben haben —, und vor allem Lucullus, ferner „einen beredten Consular, Nachbarn des Consuls, der ihm gesagt habe, der Staat habe einen Servilius Ahala oder Brutus nötig", womit natürlich Cicero gemeint war[4]). Am Schluß der Verhandlung rief der Tribun Vatinius den Vettius zu sich und führte mit ihm vor den Augen des Volkes ein längeres Gespräch; darauf setzte dieser noch hinzu, Curio habe ihm mitgeteilt, daß auch Ciceros Schwiegersohn C. Piso, sowie M. Laterenis (oben S. 75) um die Verschwörung gewußt hätten. Die ganze Sache wurde so plump behandelt, daß sie ihre Wirkung notwendig verfehlen mußte; Caesar sah ein, daß sich eine Anklage gegen die Beschuldigten auf Grund so fauler Beschuldigungen nicht erheben ließ[5]). So ließ er den

---

[1]) Cic. in Vat. 25; im Jahre 61 einer der Ankläger des Clodius, schol. Bob. in Clod. et Cur. p. 336 ORELLI, 89 STANGL.

[2]) Es war am 5. Dezember 63 bei der Verhandlung über die Catilinarier durch ein von Cato abgefangenes Billetdoux der Servilia an Caesar offenkundig geworden: Plut. Cato 24 = Brut. 5.

[3]) Cic. Att. II 24, 3 *Caepionem de oratione sua sustulit, quem in senatu acerrime nominarat, ut appareret noctem et nocturnam deprecationem intercessisse.*

[4]) Cicero, dessen Haus auf dem Palatin, in der Nähe der Regia, der Amtswohnung Caesars, lag, braucht die Wendung von Ahala und Brutus im Jahre 45 tatsächlich mit Bezug auf ihren Nachkommen, den Caesarmörder, ad Att. XIII 40.

[5]) Daß Cicero diese zunächst befürchtet, ist selbstverständlich (Att.

Vettius, gegen den eine Kriminalklage eingeleitet war, kurzerhand im Gefängnis umbringen. Damit war die Affäre zu Ende; Rechenschaft über die Tat hat, wie die Dinge damals in Rom lagen, niemand gefordert[1]).

Nach dem Scheitern dieser Versuche entschlossen sich Caesar und Pompejus, ihr Ziel, die weitere Einschüchterung der Nobilität, durch Vermittlung des Clodius zu erreichen, der inzwischen zum Tribunen für das nächste Jahr erwählt war. Clodius war an sich keineswegs gewillt, sich einfach zum willenlosen Werkzeug der Machthaber herzugeben, etwa wie Vatinius oder Gabinius; seine Gedanken gingen weit höher. Weit eher wollte er in

---

II 24, 4); vgl. die in diesen Tagen gehaltene Rede pro Flacco 96 *nos iam ab indicibus nominamur; in nos crimina finguntur; nobis pericula comparantur.*

[1]) Über die vettischen Händel haben wir den authentischen Bericht Ciceros ad Att. II 24; dazu in Vatin. 24 ff. (mit schol. Bob.; vgl. pro Sest. 132 und in Pis. 76), wo Cicero natürlich von Caesars Beteiligung schweigt. Das hat manche naive Beurteiler zu der Behauptung veranlaßt, daß die Affäre lediglich von Vatinius eingefädelt sei und Caesar in gutem Glauben gehandelt habe, wie denn die Neueren über diese Vorgänge, einen der schmutzigsten Flecken im Bilde Caesars, meist möglichst rasch hinwegzukommen suchen. Die Angaben der Historiker (Sueton Caes. 20. Plut. Luc. 42. Appian II 12. Dio 38, 9) stimmen völlig mit Cicero überein, nur daß bei Appian Vettius wirklich mit dem Schwert abgefaßt wird (ἐς τὸ μέσον ἐσδραμὼν μετὰ ξιφιδίου γυμνοῦ). Dio betrachtet die Verschwörung als Tatsache und läßt sie und die Verteidigung des Antonius, die er fälschlich erst hierher setzt, die Veranlassung zu dem Vorgehn des Caesar und Pompejus gegen Cicero bilden. Das ist echt dionische Konstruktion, nicht etwa Darstellung seiner Quelle; Dio gestaltet die Überlieferung hier wie so oft gewaltsam um, um einen ihm glaublich erscheinenden Zusammenhang zu gewinnen; er ist eben kein Abschreiber, sondern ein denkender Historiker, der gerade deshalb oft Fehler macht. — Nach Sueton und schol. Bob. Sest. 131. Vat. 14 hat Caesar den Vettius vergiften, nach Plut. Luc. 42 erdrosseln lassen; Cicero Vat. 26 schreibt die Erdrosselung natürlich dem Vatinius zu *(fregeris in carcere cervices ipsi illi Vettio);* Dio erwähnt nur seine Ermordung, die nach Appian verschieden gedeutet und von Caesar seinen Feinden zugeschrieben wird (εἰκαζομένου δ' ἐς ποικίλα τοῦ συμβεβηκότος ὁ Καῖσαρ οὐκ ἀνίει τοῦτο δρᾶσαι λέγων τοὺς δεδιότας, ἕως ὁ δῆμος αὐτῷ συνεχώρησεν μόνοις τοῖς ἐπιβεβουλευμένοις).

Konkurrenz mit jenen sich an der Spitze der Volksmassen eine
selbständige Macht gründen, so gut wie früher die Gracchen
oder Saturninus, nur ohne daß irgend eine politische Ueberzeugung dahinterstand, und eben darum mit Aussicht auf dauerhafteren Erfolg. Aber er brannte vor Begierde, sich an Cicero
zu rächen, und das konnte er nur mit Hilfe der Machthaber
erreichen.

Caesar, der alte Genosse Catilinas, der als Richter den Rabirius
zum Kreuzestod verurteilt hatte, ging darauf ein, nachdem alle
seine Versuche, Cicero zu gewinnen oder durch eine Legatenstelle
aus Rom zu entfernen[1]), gescheitert waren; die Brandmarkung
der Hinrichtung der Catilinarier durch eine Verurteilung Ciceros
gehörte ohnehin zu seinem demokratischen Programm und war
ein tödlicher Schlag gegen die Nobilität und den Senat, dessen
Hauptwaffe gegen die demagogischen und anarchistischen Umtriebe, das senatusconsultum ultimum, damit zerbrochen wurde.
Auch Pompejus mußte sich fügen, trotz all der schönen Reden,
die er in den letzten Jahren über Ciceros Rettung des Vaterlandes
gehalten hatte; er war durch die Koalition mit Caesar und Crassus
auf den Standpunkt zurückgedrängt, den ihm Metellus Nepos
Anfang 62 vorbereitet hatte, so unbehaglich ihm dabei zumute
war[2]). Cicero hatte sich, seit die Bedrohung durch Clodius über
ihm schwebte, von allen Staatsgeschäften ferngehalten und lediglich seiner Advokatentätigkeit gewidmet[3]). die freilich des poli-

---

[1]) Nach Dio 38, 15 bietet Caesar dem Cicero die Legatenstelle erst
nach Clodius' Gesetzantrag an, Pompejus rät ihm ab und verspricht ihn
zu verteidigen; so wird Cicero durch das falsche Spiel der beiden ins
Garn gelockt. Das ist sachlich ganz richtig; aber das Angebot wird
zu spät angesetzt (s. oben S. 65, 3), falls nicht Caesar es jetzt nochmals
wiederholt haben sollte. — Über Plutarchs Darstellung s. unten S. 95, 4.

[2]) Att. II 23, 2 (etwa August) *primum igitur illud te scire volo,
Sampsiceramum* (d. i. Pompejus), *nostrum amicum, vehementer sui
status paenitere restituique in eum locum cupere, ex quo decidit,
doloremque suum impertire nobis et medicinam interdum aperte
quaerere, quam ego posse inveniri nullam puto.*

[3]) ib. 3. *nos autem publicis consiliis nullis intersumus totosque
nos ad forensem operam laboremque contulimus.* Ebenso 22, 3.

tischen Beigeschmacks nicht ermangelte: eben in den Zeiten der Vettischen Händel hatte er den auf Antrieb sowohl des Pompejus wie der im Sinne Caesars handelnden Demokraten wegen seiner asiatischen Statthalterschaft verklagten L. Flaccus, der als Praetor 63 die allobrogischen Gesandten festgenommen und dadurch das Material zur Überführung der Verschworenen beschafft hatte, zusammen mit Hortensius erfolgreich verteidigt und seine Rede als Broschüre veröffentlicht. Dabei hat er, allerdings mit sorgfältiger Vermeidung einer Erwähnung Caesars, die gefährdete Lage des Staats ausführlich besprochen und die Anklage ebenso wie den Prozeß des C. Antonius mit vollem Recht als einen Versuch hingestellt, das Andenken Catilinas wieder herzustellen und seine Gegner zu bestrafen. Im übrigen schwankte seine Stimmung in charakteristischer Weise zwischen Kampfesmut, mit dem er alle Gefahren siegreich niederzuschlagen hoffte, und tiefer Depression[1]); seine Hoffnungen setzte er auf sein Verhältnis zu Pompejus. Dieser hat ein häßliches Doppelspiel getrieben: er versicherte Cicero immer von neuem seines Schutzes, Clodius dürfe ihm trotz all seiner Drohungen nichts antun, Clodius werde ihn erst töten müssen, ehe er Cicero antasten könne, Clodius selbst habe ihm schließlich die Hand darauf gegeben, er wolle sich ihm fügen und ihn nicht der Schande aussetzen, daß er durch die Mitwirkung bei Clodius' Adoption (oben S. 73) Cicero in Gefahr gebracht habe[2]) — und gleichzeitig hatte er zweifellos bereits seine Einwilligung zu den von Caesar und Clodius geplanten Maßregeln gegeben.

Neben Cicero galt es, Cato zu entfernen. Zu dem Zweck sollte er „wegen seiner absoluten Zuverlässigkeit in Geldsachen" in außerordentlicher Mission mit der Einziehung Cyperns und der reichen Schätze seines Königs Ptolemaeos betraut werden.

---

[1]) Att. II 9, 1 (Mitte April). 19, 1, 4 (gegen Mitte Juli). 21, 6 (Ende Juli). 22, 4 (desgl.). ad Qu. fr. I 2, 16 (etwa Ende November).

[2]) Att. II 19, 4. 20, 1 f. 21, 6. 22, 2 ff. 23, 3. 24, 5. Trotz alles Mißtrauens hat er Cicero schließlich halbwegs dahin gebracht, ihm zu glauben. Vgl. ad Qu. fr. I 2, 16 *Pompeius omnia pollicetur et Caesar: quibus ego ita credo, ut nihil de mea comparatione deminuam.*

Nahm er an, so war er auf geraume Zeit aus Rom entfernt und ihm überdies unmöglich gemacht, in Zukunft gegen die Uebertragung eines außerordentlichen Kommandos durch das Volk statt durch den Senat aufzutreten; lehnte er ab, so konnte ihm wegen Ungehorsams gegen einen Beschluß des römischen Volkes erst recht zu Leibe gegangen werden[1]). Als Clodius sich zunächst privatim an Cato mit seinen Vorschlägen wandte, hat dieser sie natürlich mit Entrüstung abgewiesen, als eine Beleidigung, nicht als eine Ehre; die Folge war nur, daß Clodius dann sein Gesetz in einer Form einbrachte, die Cato seine Aufgabe durch äußerst karge Bewilligung der Mittel nach Möglichkeit erschwerte und noch die weitere Aufgabe hinzufügte, Verbannte nach Byzanz zurückzuführen und die dortigen Verhältnisse zu ordnen, um ihn so noch länger von Rom fernzuhalten[2]). Nach der Annahme des Gesetzes im Jahre 58 blieb Cato kein anderer Ausweg, als sich zu fügen, wie er sich bei der Eidesleistung auf die julischen Gesetze gefügt hatte — er war keineswegs der verbohrte, in den Wolken wandelnde Doktrinär, als den ihn MOMMSEN dargestellt hat —; die weitere Folge war, daß er wohl oder übel Clodius' Tribunat als rechtsgültig anerkennen und nach seiner Rückkehr für dasselbe eintreten mußte.

Auch die Consulate für das nächste Jahr haben die Machthaber nach ihrem Willen gesichert. Bei den Wahlen Ende Oktober 59 wurden unter ihrem Druck ihre Kandidaten ge-

---

[1]) Caesar hat Anfang 58 an Clodius einen von diesem in der Volksversammlung verlesenen Brief geschrieben, in dem er ihm nach Ciceros Bericht de domo 22 gratuliert, *quod M. Catonem a tribunatu tuo removisses et quod eidem in posterum de extraordinariis potestatibus libertatem ademisses*. Clodius selbst und seine Genossen sagten *in contione palam, linguam se evellisse M. Catoni, quae semper contra extraordinarias potestates libera fuisset*, Cic. pro Sest. 60. — Cato hat sich gefügt, damit er nicht, *cum reipublicae nihil prosit, se civi rempublicam privet*; wenn er abgelehnt hätte, *dubitatis, quin ei vis esset adlata?* ib. 61 f.

[2]) Plut. Cato 34. — In seinen Reden für das Gesetz hat Clodius natürlich gleichzeitig den Cato als Urheber der Hinrichtung der Catilinarier aufs schärfste angegriffen, Cic. de domo 21, als *carnificem civium, indemnatorum necis principem, crudelitatis auctorem*.

wählt, als Vertreter des Pompejus Gabinius, als der Caesars L. Piso, eine politisch indifferente Persönlichkeit ohne ausgesprochene Parteistellung[1]), mit philosophischen Interessen, der die übliche Karriere des Aristokraten machen wollte und den Caesar dadurch an sich gebunden hatte, daß er seine Tochter heiratete.

Wenn Caesar als Consul gezeigt hatte, daß er vor keiner Gewalttat zurückschreckte und die bestehende Staatsordnung ihm völlig gleichgültig war, so hatte er gleichzeitig erwiesen, daß mehr in ihm steckte, als ein ehrgeiziger und turbulenter Demagoge. Seine Gesetze über die Landanweisungen und die Ordnung der Provinzialverwaltung waren große staatsmännische Schöpfungen, die eine verheißungsvolle Zukunft in sich trugen; unendlich überlegen nicht nur der völlig stagnierenden Staatsverwaltung des Senats, sondern auch den Leistungen und Zielen des Pompejus gegenüber. Denn Pompejus hat sich wohl als ein tüchtiger Organisator wie im Kriege gegen die Seeräuber und Mithridates, so in der Organisation des Ostens und nachher in der Getreideverwaltung bewährt; aber ein großer Staatsmann war er nicht, schöpferische Gedanken und höhere Ziele fehlen ihm durchaus. Im Grunde war er eben doch nur ein Mitglied der römischen Aristokratie und lebte wie diese aus der Hand in den Mund, nur daß er, an ihrer Spitze stehend, sie leiten und gegenüber dem Chaos des vielköpfigen Regiments eine vernünftige Ordnung schaffen wollte. Wenn er jetzt dem Publikum als der eigentliche Regent, Caesar als sein befähigtstes Werkzeug erschien, so mußte, wer tiefer blickte, schon jetzt klar erkennen, wie unendlich ihm Caesar in jeder Beziehung überlegen war.

Caesar war nicht gewillt, fortan nach dem Beispiel so vieler Consulare auf seinen Lorbeeren auszuruhn oder etwa sich auf eine Mitwirkung bei der laufenden Staatsverwaltung zu beschränken; im Gegensatz zu Pompejus lehnte er eine Beteiligung an der Ausführung seines Ackergesetzes von Anfang an ab. Es galt, sich eine neue umfassende Wirksamkeit und damit eine dauernde selbständige Machtstellung zu schaffen. Die Mög-

---

[1]) Das zeigt sein Verhalten nach Caesars Ermordung.

lichkeit dazu bot ihm Gallien, wo zwar augenblicklich, nach
der Niederwerfung des Allobrogeraufstandes durch C. Pomptinus
im Jahre 61, einigermaßen Ruhe herrschte, wo aber die bevorstehende Helvetierwanderung, die schon zu Anfang des
Jahres 60 die römische Regierung in Unruhe gesetzt und momentan
von den clodischen Händeln und dem flavischen Ackergesetz ab-
gelenkt hatte[1]), und daneben das Umsichgreifen des Ariovist und
die Bedrängnis der Haeduer, der „Brüder und Blutsverwandten
der Römer", ein rechtzeitiges Eingreifen dringend erforderten.
Nach den Verabredungen der Machthaber sollte er statt der ihm
vom Senat zugewiesenen wesenlosen Aufgabe (S. 58) die wichtigste
Provinz des Reichs, Gallia Cisalpina, mit drei Legionen auf fünf
Jahre — bis zum letzten Februar des Jahres 54[2]) — übernehmen.
Sie war von Sulla zu dem Zweck geschaffen, daß der Senat von
hier aus Italien und Rom militärisch beherrschen und jede Opposition niederwerfen könne; jetzt ging sie in den Besitz der
Gegner über zur Terrorisierung der Hauptstadt und des Senats.
In der kräftig aufstrebenden Bevölkerung des Gebiets nördlich
vom Po hatte Caesar und die demokratische Partei überdies
durch ihre Agitation für die Erteilung des Vollbürgerrechts seit
Jahren eine feste Stütze. Da Caesar zu Anfang seines Consulats
erklärt hatte, für sich selbst nichts beantragen zu wollen[3]), brachte
der Tribun Vatinius das betreffende Gesetz vor das Volk, das es
natürlich annahm, unbekümmert um Catos Warnung, daß es
dadurch den Tyrannen, den König selbst auf die Burg führe[4]).

---

[1]) Cic. Att. I 19, 2 f. 20, 5.
[2]) Cic. de prov. cons. 36 f.
[3]) Dio 38, 1, 7. 8, 3.
[4]) Plut. Cato 33 προλέγοντος Κάτωνος, ὡς εἰς ἀκρόπολιν τὸν τύραννον
αὐτοὶ ταῖς ἑαυτῶν ψήφοις ἱδρύουσι; benutzt Crass. 14. — Das Gesetz enthielt natürlich vielerlei Ausführungsbestimmungen, darunter das Recht,
seine Legaten (mit propraetorischem Rang, wie bei Pompeius, so Labienus Bell. Gall. I 21) ohne die herkömmliche Berücksichtigung des
Senats zu ernennen (Cic. in Vat. 35). Dazu gehörte offenbar auch das
Recht, eine Kolonie zu gründen, wofür man gewöhnlich, aber schwerlich mit Recht, auf Grund von Sueton Caes. 28 *(colonis, quos roga-*
tione Vatinia Novum Comum deduxisset) ein besonderes Gesetz an-

Indessen damit waren Caesars Wünsche noch nicht erfüllt; und
so veranlaßte er, daß der Senat, der nach der Terrorisierung der
Gegner nur noch von der Caesar gefügigen Minorität besucht
wurde[1]) und daher ganz in seiner Hand war, „damit das Volk
nicht auch diese Provinz noch vergebe", das jenseitige Gallien
mit einer weiteren Legion hinzufügte[2]). Pompejus selbst stellte
den Antrag[3]); er ahnte nicht, daß sein Schwiegervater sich von
diesem Nebenlande aus ein großes Reich gründen und dadurch
ihm über den Kopf wachsen werde. Caesar aber machte aus
seinem Erfolg kein Hehl: „jetzt habe er trotz der Opposition und
Seufzer seiner Gegner erreicht, was er erstrebt habe", sagte er
wenige Tage darauf im Senat; „fortan könne er allen aufs
Haupt treten"[4]).

Bei der Niederlegung des Consulats hinderte Clodius den
Bibulus, die übliche Rede zu halten[5]), wie vor vier Jahren Metellus
Nepos den Cicero. Von der anderen Seite aber brachten die
Praetoren C. Memmius[6]) und L. Domitius Ahenobarbus die
Vorgänge des letzten Jahres im Senat zur Sprache und ver-
langten ein Vorgehn gegen Caesar. Caesar erklärte, er stelle
die Sache bereitwillig dem Senat zur Verfügung, und verteidigte

---

nimmt. Auch daß speziell Novum Comum in dem Gesetz genannt war,
halte ich für sehr unwahrscheinlich. — Daß Illyricum damals zur Provinz Gallia cisalpina gehörte, ist bekannt.

[1]) So blieb Cato den Sitzungen fern: Cic. pro Sest. 63.
[2]) Sueton Caes. 22. Dio 38, 8, 5. Cic. de prov. cons. 36.
[3]) Cic. Att. VIII 3, 3 *Pompeius Galliae ulterioris adiunctor.*
Sueton Caes. 22 *socero igitur generoque suffragantibus.*
[4]) Sueton Caes. 22 *quo gaudio elatus non temperavit, quin paucos
post dies frequenti curia iactaret, invitis et gementibus adversariis
adeptum se quae concupisset, proinde ex eo insultaturum omnium
capitibus; ac negante quodam per contumeliam, facile hoc ulli
feminae fore, responderet quasi alludens, in Syria quoque re-
gnasse Semiramin magnamque Asiae partem Amazonas tenuisse
quondam.*
[5]) Dio 38, 12, 3.
[6]) Memmius gehörte auch im Jahre 59 zu den Gegnern Caesars;
Cic. Att. II 12, 2 (wo neben ihm auch Metellus Nepos genannt wird);
vgl. ad Qu. fr. I 2. 16.

sich dreimal in heftigen Gegenreden; und der Senat war so eingeschüchtert, daß ein Beschluß nicht zustande kam und die Sache nach dreitägiger erregter Diskussion beiderseits, voll der gehässigsten, auch als Broschüren veröffentlichten Invektiven, im Sande verlief[1]). Damit war zugleich die Rechtsbeständigkeit der julischen Gesetze tatsächlich anerkannt. Um sich weiteren Angriffen zu entziehn, verließ Caesar die Stadt und übernahm das Kommando über Heer und Provinz. Jetzt konnte er, als der Tribun L. Antistius eine Anklage gegen ihn erhob, sich darauf berufen, daß er im Staatsdienst abwesend sei, und den Schutz der übrigen Tribunen erwirken; seine Gegner mußten sich begnügen, seinen Quaestor vor Gericht zu ziehn[2]). Caesar blieb aber mit seiner Armee bis Anfang März in der Nähe Roms, bis Clodius die verabredeten Maßregeln durchgeführt hatte, so dringend die Lage in Gallien und die unmittelbar bevorstehende Auswanderung der Helvetier seine Anwesenheit dort erforderte; er traute sich zu, die vor Rom verwendete Zeit durch Schnelligkeit wieder einzuholen[3]).

---

[1]) Sueton Caes. 23. Nero 2. Proben aus den Angriffen, die natürlich auch Caesars Verhältnis zu Nikomedes wieder hervorholten, bei Sueton Caes. 49. 73 *Gaius Memmius, cuius asperrimis orationibus non minore acerbitate rescripserat.* Cic. in Vatin. 15 *primum quaero, num tu senatui causam tuam permittas, quod fecit Caesar?* pro Sest. 40 die drei Männer unterstützen Clodius' Vorgehn gegen Cicero *alio tum timore perterriti, quod acta illa atque omnis res anni superioris labefactari a praetoribus, infirmari a senatu atque principibus civitatis putabant.* schol. Bob. zu beiden Stellen, wo die Angriffe des Domitius und Memmius erwähnt werden, *et ipsius Caesaris orationes contra hos extant tres, quibus et sua acta defendit et illos insectatur.*

[2]) Sueton Caes. 23. Gleichzeitig vereitelte Vatinius einen Prozeß, der wegen seines Verfahrens im Tribunat vor dem Richterstuhl des Praetors Memmius gegen ihn angestrengt wurde, durch Anrufung der Tribunen und verjagte den Gerichtshof, als er trotzdem verhandeln wollte. Cic. in Vat. 3 f. nebst schol. Bob. 8.

[3]) Cic. post red. in sen. 32. Plut. Caes. 14. Dio 38, 17. Im bellum Gallicum verhüllt Caesar die Dinge in üblicher Weise, wenn er erzählt, die Helvetier hätten zum Aufbruch an der Rhone den 28. März 58 bestimmt, er sei daher, *cum id nuntiatum esset,* in größter Eile von Rom nach Genf aufgebrochen *(maturat ab urbe proficisci et quam maximis potest itine-*

Ciceros Verbannung

Allzuleicht indessen war die Durchführung der von den Machthabern geplanten Maßregeln auch jetzt noch keineswegs, trotz des von Caesar geübten Terrorismus; vielmehr war eben dadurch die Masse der Bürgerschaft auf die Gegenseite getrieben worden und wenigstens zu passivem Widerstand bereit. Das hatte sich schon bei den Wahlen im Herbst gezeigt. Zwar die Wahl des Clodius zum Tribunen hatte Caesar durchgesetzt, ebenso die der beiden Consuln; aber die neuen Practoren und die meisten Tribunen standen auf seiten des Senats[1]); ein rücksichtsloses Vorgehn hätte die gewonnene Position gefährden und eine neue Krisis herbeiführen können. Daher hielt man die Aktion gegen Cicero und Cato zunächst noch zurück. Vielmehr bezeigte Piso dem Cicero wie bei seiner Bewerbung um das Consulat so nachher das größte Wohlwollen und rief ihn im Senat an dritter Stelle zur Meinungsäußerung auf[2]), so daß Cicero sich einbilden konnte, auch die neuen Consuln seien ihm wohlgeneigt[3]); und Pompejus fuhr im Einverständnis mit Caesar, der sich auch noch weiter freundlich gegen ihn äußerte, fort, ihm Mut einzureden und seinen Schutz zu verheißen[4]).

---

ribus in Galliam ulteriorem contendit, bell. Gall. I 7). Wenn er nicht durch die innerpolitischen Vorgänge so lange festgehalten wäre, hätte er viel früher da sein können. Nach Plut. Caes. 17 brauchte er bei der πρώτη ἔξοδος von Rom bis an die Rhone nur 8 Tage. In Gallia hatte er nur die eine Legion, welche dort stand, und das Aufgebot der Provinz zur Verfügung (bell. Gall. I 8); die drei übrigen konnte er erst später heranholen, wie er I 10 angibt, aus ihren Winterlagern bei Aquileja (dazu hob er zwei weitere Legionen aus); von den Truppen, die er vor Rom bei sich gehabt hatte, schweigt er in seiner Darstellung natürlich.

[1]) Cic. ad Qu. fr. I 2, 16 (etwa Ende November 59) *Tribuni pl. designati sunt nobis amici; consules se optime ostendunt; praetores habemus amicissimos et acerrimos civis, Domitium, Nigidium, Lentulum, Memmium, bonos etiam alios singularis.*

[2]) Cic. in Pis. 11. post red. in sen. 17. vgl. pro Sestio 20.

[3]) S. Anm. 1. Früher, im Jahre 66, war Cicero bekanntlich für Gabinius im Interesse des Pompejus eingetreten (de imp. Cn. Pomp. 57 f., vgl. u. S. 105, 3).

[4]) ad. Qu. fr. I 2, 16 (oben S. 89, 2). Über Dios Darstellung s. oben

Dagegen brachte Clodius gleich nach Antritt seines Tribunats (10. Dezember 59) vier Gesetze ein, die ihm die Zuneigung nicht nur der Massen, sondern auch der höheren Stände gewinnen und zugleich die Mittel für seine weitere Aktion gewähren sollten. Abschaffung der Gebühr — denn mehr war es nicht — von $6^{1}/_{3}$ As für den Scheffel, die bisher noch für die monatliche Getreideverteilung unter die hauptstädtische Bevölkerung gezahlt wurde; Wiederherstellung der im Jahre 64 durch den Senat aufgehobenen Clubs (*collegia;* oben S. 24) und Erlaubnis zur Gründung neuer, in denen dann die Hefe des Proletariats, Freigelassene und Ausländer aller Art, Aufnahme fand und für die anarchistischen Umtriebe organisiert wurde; und Aufhebung des tatsächlich schon seit einem Jahrzehnt nicht mehr geübten (oben S. 13. 50) Rechts der Censoren, die Senatsliste nach eigenem Ermessen aufzustellen und einen Senator aus derselben zu streichen, sowie Verbot der Erteilung einer censorischen Rüge, außer wenn der Beschuldigte nach formell vor ihnen erhobener Anklage von beiden Censoren übereinstimmend verurteilt sei — dadurch wurden all die anrüchigen Persönlichkeiten des Senats und der Ritterschaft, deren Stellung durch die Censur bedroht war, für Clodius gewonnen. Ein viertes Gesetz verbot allen Magistraten, an den Comitialtagen, an denen eine Volksversammlung stattfinden konnte, den Himmel zu beobachten, und entriß damit dem Senat die Waffe, durch die er seit einem Jahrhundert mißliebige Volksbeschlüsse vereitelt und im vergangenen Jahre Bibulus die Gesetze Caesars formell rechtsungültig gemacht hatte[1]). Am 3. Januar wurden alle vier Gesetze angenommen;

S. 88, 1. Nach Plutarch Cic. 30 hätte Clodius die Miene angenommen, als wolle er sich mit Cicero versöhnen, und die Schuld an dem Zerwürfnis auf Terentia (oben S. 48) geschoben; dadurch hätte er Cicero veranlaßt, die Legatenstelle bei Caesar (die er fälschlich aus einem Angebot in eine Bewerbung Ciceros verwandelt) abzulehnen und so Caesar für das Einschreiten gegen ihn gewonnen. Das ist tendenziöse Entstellung zugunsten Caesars.

[1]) Hauptstelle Cic. in Pis. 8 ff. und Asconius dazu; ferner Dio 38, 13, dessen Bericht ganz vorzüglich ist, und zahlreiche sonstige Erwähnungen in Ciceros Reden.

als der Tribun L. Ninnius Quadratus, der für Cicero tätig war,
sein Veto einlegen wollte, gab Clodius Cicero die Zusicherung,
nichts gegen ihn zu unternehmen, wenn er die Gesetze durch-
lasse, und Cicero selbst veranlaßte infolgedessen Ninnius zur
Zurückziehung der Intercession[1]).

Damit war der Weg geebnet; und jetzt brachte Clodius sowohl das Gesetz über Catos Entsendung nach Cypern wie den
Antrag ein, daß wer einen römischen Bürger ohne gerichtliche
Verurteilung getötet habe, aus der bürgerlichen Gemeinschaft
von Wasser und Feuer ausgestoßen werden solle[2]). Gleichzeitig
beantragte er, um sich die Unterstützung der Consuln vollends
zu sichern, durch Volksbeschluß an Stelle der vom Senat zugewiesenen Provinzen dem Piso Macedonien, dem Gabinius
Syrien zu übertragen[3]), mit eben so umfassenden Privilegien, wie
sie Caesar durch das Gesetz des Vatinius zuerkannt waren[4]).

Als Cicero sah, daß es Ernst wurde, verflogen alle Hoffnungen,
in denen er sich bisher immer noch gewiegt hatte, und zugleich
der Mut zum Kampf, den er sich vorher so manchesmal ein-
geredet hatte. In tiefster Depression versank er in eine klägliche
Haltung: er legte Trauer an und lief, um Hilfe flehend, zu allen
und jedem, nicht nur zu den Optimaten, sondern ebenso zu Piso,
der ihm offen erklärte, Gabinius bedürfe um seiner Schulden
willen der reichen Provinz und er könne seinem Kollegen nicht
entgegentreten[5]); er überfiel Pompejus auf dessen albanischer

---

[1]) Dio 38, 14, vgl. Cic. ad Att. III 15. 4, wo er Atticus den Vorwurf macht, zugelassen zu haben *mihi persuaderi, utile nobis esse
legem de collegiis perferri.*

[2]) Vellejus II 45 *legem in tribunatu tulit, qui civem Romanum
indemnatum interemisset, ei aqua et igni interdiceretur; cuius verbis etsi non nominabatur Cicero, tamen solus petebatur.* Dio 38, 14, 4.

[3]) Cic. pro Sest. 25 *promulgantur uno eodemque tempore rogationes ab eodem tribuno de mea pernicie et de provinciis consulum
nominatim.* Beide Gesetze wurden dann auch an demselben Tage, „ja
in derselben Stunde und dem gleichen Zeitpunkt" angenommen, pro
Sest. 53.

[4]) Cic. in Vat. 36. pro Sest. 33. de dom. 23. 55 und sonst.

[5]) Cic. in Pis. 12.

Villa, wohin er sich, um den Schein zu wahren, zurückgezogen
hatte, und stürzte ihm zu Füßen; aber dieser erklärte ihm, er
könne gegen Caesars Willen nichts machen, ließ ihn liegen und
befahl der Dienerschaft, ihn nicht wieder vorzulassen[1]). Senat
und Ritterschaft traten allerdings für ihn ein; in Wirklichkeit
war ja das Gesetz, das für die Zukunft jede anarchistische Gewalttat legitimierte und überhaupt das Bestehn eines festen, mit
Strafgewalt ausgestatteten Regiments aufhob, gegen sie und
gegen die gesamte Staatsordnung gerichtet, deren offizieller Vertreter Cicero durch die Ereignisse von 63 geworden war. Zugleich aber mußte Cicero empfinden, wie sehr er durch seine oft
boshaften Witzworte, durch den Anspruch auf Überlegenheit,
mit dem er auftrat, und vor allem durch sein ununterbrochenes
Renommieren, das zuletzt in dem Heldenepos über sein Consulat
(S. 61) einen geradezu kindischen Ausdruck gefunden hatte, die
Gefühle der vornehmen Herrn verletzt hatte, in deren Kreis er
eingedrungen war: die innere Lauheit ihrer Stimmung gegen ihn
und die Schadenfreude, über die er schon vorher in seinen Briefen
an Atticus oft genug geklagt hatte, kam hinter all der offiziellen
Betätigung für ihn deutlich genug zum Ausdruck[2]). Das alles,

---

[1]) Cic. Att. X 4, 3 *is qui nos sibi quondam ad pedes stratos ne
sublevabat quidem, qui se nihil contra huius* (d. i. Caesaris) *voluntatem
facere posse ⟨aiebat⟩*. Nach Plutarch Cic. 31 (= Pomp. 46) schickt er
zunächst seinen Schwiegersohn Piso zu Pompejus (das ist daraus entstellt,
daß Cicero diesen zu dem Consul Piso mitnahm, in Pis. 13), dann geht
er selbst, aber Pompejus entweicht vorher durch die Hintertür. Das
ist eine Abschwächung im Interesse Ciceros. Dio 38, 17, 3 übergeht
die Szene und erwähnt nur, daß Pompejus sich absichtlich von Rom
fernhielt (ὑπισχνεῖτο μὲν αὐτῷ τὴν ἐπικουρίαν, σκήψεις δέ τινας ἄλλοτε ἄλλας
ποιούμενος καὶ ἀποδημίας συχνὰς ἐπίτηδες στελλόμενος οὐκ ἐπήμυνεν). Vgl.
ad Qu. fr. I 4, 4, wo *subita defectio Pompei, alienatio consulum,
etiam praetorum, timor publicanorum, arma* ihn zum Weggehn veranlassen.

[2]) Dies Moment wird bei Dio 38, 12 sehr treffend hervorgehoben.
Überhaupt kann garkein Zweifel sein, daß die Quelle, der er folgt,
hier wie in der gesamten Geschichte dieser Zeit Ciceros Korrespondenz,
auch die Briefe an Atticus, gekannt und sorgfältig benutzt hat. Die zugrunde liegende Quelle ist gewiß nicht Livius, der zwar Ciceros Schwä-

zusammen mit dem Gefühl der Selbsterniedrigung, die er nutzlos geübt hatte, das in ihm sehr lebendig war und dem sich zu entziehn er doch nicht die sittliche Kraft hatte, hat in ihm die tiefe Erbitterung erzeugt, mit der er an diese Zeit zurückdenkt und die sich dann in seiner Manier in den wüstesten Invektiven gegen die Werkzeuge der Machthaber Luft macht.

Versuche, Cicero zu retten, sind allerdings gemacht worden. Eine Anzahl der angesehensten Senatoren, geführt von den Consularen Hortensius und Curio, suchte den Consul Gabinius — Piso war krank — zum Einschreiten zu veranlassen, wurde aber von ihm schroff zurückgewiesen. Darauf legte auf Antrag des Tribunen Ninnius der gesamte Senat Trauer an, und die Ritterschaft folgte seinem Beispiel; alle anständig empfindenden Menschen waren eben gegen das Gesetz, auch im Mittelstand und in den Landstädten Italiens. Aber auf Gabinius machte das keine Wirkung; vielmehr erklärte er vor dem Volk, man sei im Irrtum, wenn man glaube, daß der Senat im Staat noch etwas zu bedeuten habe, die Ritter aber würden jetzt dafür büßen müssen, daß sie sich am 5. Dezember 63 bewaffnet auf der Straße zum Capitol aufgestellt und Caesars Leben bedroht hätten; den Ritter L. Lamia, der sich besonders hervorgetan

---

eben auch nicht verkannt hat *(omnium adversorum nihil ut viro dignum erat tulit)*, aber in seiner milden Art, *natura candidissimus omnium magnorum ingeniorum aestimator* (Seneca suas. 6, 22), die Schuld, die Cicero selbst durch sein früheres Verhalten trug, schwerlich in dieser Weise hervorgehoben hat, sondern Asinius Pollio, *qui infestissimus famae Ciceronis permansit* (Seneca suas. 6, 14). In seiner abschließenden Charakteristik sagt er (ib. 6, 24): *utinam moderatius secundas res et fortius adversas ferre potuisset! inde sunt invidiae tempestates coortae graves in eum certiorque inimicis adgrediendi fiducia, maiore enim simultates adpetebat animo quam gerebat.* — Eine gleichartige, offenbar in letzter Linie gleichfalls auf Asinius Pollio zurückgehende Ausführung in seiner Quelle hat Plutarch den Anlaß zu der großen Einlage der *dicta Ciceronis* c. 24—27 gegeben, an die mit den Worten ἐκ τούτων ἐγίνετο πολλοῖς ἐπαχθής seine Verfolgung durch Clodius unmittelbar angeschlossen wird. — Ebenso wird bei Appian das klägliche und würdelose Verhalten Ciceros, das ihn der Lächerlichkeit preisgibt, kurz und zutreffend geschildert (II 15).

hatte, verbannte er kraft seiner Magistratsgewalt durch ein Edikt aus Rom, und ein Edikt beider Consuln gebot dem Senat, wieder in seiner gewöhnlichen Tracht zu erscheinen[1]). Gleichzeitig wurde Cicero, wo er sich sehen ließ, von den Rotten des Clodius insultiert und nebst seinen Anhängern mit Schmutz und Steinen beworfen[2]); sie hatten auch die Gesandten an Gabinius überfallen, der Senator Vibienus war den Wunden, die er damals erhielt, erlegen[3]). Ein Versuch, durch eine an ihn nach dem Albanum geschickte Deputation Pompejus zum Einschreiten zu veranlassen, hatte ebensowenig Erfolg; er verwies sie an die Consuln, er selbst könne ohne öffentlichen Auftrag gegen den Tribunen nichts tun; und Piso erklärte den Abgesandten, er sei nicht so tapfer, wie Torquatus — der sich unter diesen befand — oder Cicero, die als Consuln dem Catilina Widerstand geleistet hatten, er könne nur raten, daß dieser nachgebe und sich freiwillig entferne, sonst werde ein unabsehbares Blutbad die Folge sein[4]).

Wie Pompejus hielt sich auch Crassus zurück; er liebte es überhaupt nicht, sich zu kompromittieren, und dazu kam noch die Einwirkung seines mit Cicero befreundeten jungen Sohnes[5]). Den Ausschlag gab Caesar und sein Heer. Clodius erklärte mehr als einmal, daß er im Einverständnis mit den drei Männern handle; Caesar stehe mit einem großen Heer in Italien, Pompejus und Crassus seien, obwohl Privatleute ohne amtliche Stellung, in der Lage und bereit, wenn es nötig sei, gleichfalls ein Heer aufzubringen[6]); er berief eine Volksversammlung in den Circus Flaminius außerhalb des Pomeriums, damit Caesar an ihr teilnehmen könne, und hier erklärte Piso, daß er alle Grausamkeit mißbillige, Gabinius sprach sich noch schärfer gegen die Hin-

---

[1]) Cic. pro Sest. 25 ff. post red. in sen. 11 f. 32 und sonst oft.
[2]) Plut. Cic. 30. Cic. pro Sest. 27.
[3]) Cic. pro Mil. 37. Dio 38, 16, 5.
[4]) Cic. in Pis. 77 f. Dio 38, 16, 5. Plut. Cic. 31.
[5]) Plut. Crass. 13. Cic. 33. Dio 38, 17, 2 Κράσσος διὰ μὲν τοῦ υἱέος βοήθειάν τινα τῷ Κικέρωνι ἐνεδείκνυτο, αὐτὸς δὲ τὰ τοῦ πλήθους ἔπραττε.
[6]) Cic. pro Sest. 39 f. har. resp. 47.

richtung der Catilinarier aus; Caesar wies darauf hin, daß seine Stellung dazu allbekannt sei, wenn er auch ein solches Gesetz über vergangene Dinge nicht für angebracht halte[1]).

Diese Äußerung, durch die er den Schein wahrte, konnte niemanden täuschen. Cicero hat mit dem Gedanken gespielt, bewaffneten Widerstand zu leisten, und später den Optimaten und dem Atticus schwere Vorwürfe gemacht, daß sie ihm davon abgeredet hätten[2]); aber ernsthaft war, wie die Dinge lagen, garnicht daran zu denken, ganz abgesehn davon, daß Cicero nicht der Mann dazu war. Cato hatte völlig recht, wenn er Cicero denselben Rat erteilte, den dieser ihm bei der Eidesleistung auf das julische Ackergesetz gegeben hatte, sich zu fügen und unnützes Blutvergießen zu vermeiden[3]). So hat denn Cicero am Tage vor der Abstimmung, nachdem er auf dem Capitol ein Bild der Minerva aufgestellt, Rom verlassen und damit den Schein einer freiwilligen Entfernung gewahrt. Darauf wurde, wahrscheinlich am 20. März[4]), das Gesetz angenommen, und Caesar konnte nach Gallien eilen. Gleichzeitig erfolgte die Annahme des Gesetzes, welches den beiden Consuln ihre Belohnung gewährte, und bald darauf[5]) die des Gesetzes über Catos Entsendung. Ciceros Haus wurde geplündert und niedergebrannt, die Trümmerstätte von Clodius für einen Tempel der Libertas, der jetzt durch Ciceros Brandmarkung glücklich gewonnenen Vollfreiheit des römischen Bürgers, geweiht, seine sonstigen Besitzungen eingezogen, die Beute, wenigstens zum Teil, zwischen Clodius und Gabinius geteilt. Dann brachte Clodius noch ein weiteres Gesetz zur Annahme, welches direkt aussprach, daß Cicero unter das vorige, absichtlich allgemein gehaltene Gesetz falle[6]) — der Senatsbeschluß, auf den er sich bei der Hinrichtung

---

[1]) Dio 38, 16 f. Cic. post red. in sen. 13 ff. in Pis. 14. pro Sest. 33. Von Caesars Äußerung schweigt Cicero natürlich.
[2]) So vor allem Att. III 15.
[3]) Plut. Cato 35.
[4]) S. GROEBE bei DRUMANN II² 551 ff.
[5]) Cic. pro Sest. 63. de domo 65.
[6]) Daher die Fassung *velitis iubeatis ut M. Tullio aqua et igni*

berufen habe, sei von ihm gefälscht[1]) —, und den Hochverräter in Italien und weiter bis auf eine Entfernung von 400 oder 500 Meilen für vogelfrei erklärte[2]); wer ihn innerhalb dieses Gebiets aufnahm, verfiel der gleichen Strafe[3]). Eine Klausel verbot, den Antrag auf Aufhebung des Gesetzes einzubringen oder darüber abzustimmen, bis die, welche durch Cicero den Tod gefunden hatten, wieder aufgelebt seien[4]); diesen Abschnitt ließ Clodius an dem Türpfosten der Curie zur Nachachtung anschlagen[5]).

Clodius und Pompejus

Durch Caesars revolutionäre Maßregeln war scheinbar die Leitung des Staats in die Hände des Pompejus gelegt und sein Principat begründet[6]). Aber in Wirklichkeit war damit vielmehr

---

interdictum sit, gegen die Cicero de domo 47 ff. als unzulässig und widersinnig polemisiert.

[1]) Cic. de domo 50: *quod M. Tullius falsum senatus consultum rettulerit*.

[2]) Cic. Att. III 4 (April): *a Vibone subito discessimus; adlata est enim nobis rogatio de pernicie mea, in qua quod correctum esse audieramus erat eiusmodi, ut mihi ultra quadringenta milia liceret esse*. Plutarch Cic. 32 gibt statt dessen ἐντὸς μιλίων πεντακοσίων Ἰταλίας. Dio 38, 17, 7: 3750 Stadien von Rom, das ist gleichfalls 500 Milien (zu 7½ Stadien). Es ist sehr möglich, daß Cicero bei dem Brief an Atticus ungenau informiert war; jedenfalls ist es ganz unzulässig, mit Boot und Purser die Zahl in Ciceros Brief in *quingenta milia* zu korrigieren. Daß die Entfernung von Italien aus gerechnet ist, lehrt Cic. Att. III 7, 1, wonach es zweifelhaft ist, ob Athen genügend weit *ab Italia* entfernt ist.

[3]) Dio 38, 17, 7. Cic. de domo 51.

[4]) Cic. post red. in sen. 4 *ut si revixissent ei, qui haec paene delerunt, tum ego redirem*. Die Eingangsformel ib. 8 *ne quis ad vos referret, ne quis decerneret, ne disputaret, ne loqueretur, ne pedibus iret, ne scribendo adesset*. Vgl. in Pis. 29. ad Att. III 12. 1. 15. 6 (*ne referri neve dici liceret*).

[5]) Att. III 15, 6.

[6]) Als *princeps civitatis* bezeichnet Cicero den Pompejus post red. in sen. 4; ebenso de domo 66 *Cn. Pompeium, quem omnium iudicio longe principem civitatis esse videbat* (Clodius) und an Lentulus fam. I 9, 1 *cum autem in republica Cn. Pompeius princeps esset vir*.

die Anarchie aufgerichtet und dem wüstesten Treiben die Bahn geöffnet. Das zeigte sich sofort. Clodius war weit davon entfernt, sich als ein einfaches Werkzeug der Machthaber zu betrachten; wie diese ihn, so hatte er sie für seine Ziele benutzt. Auf Caesar brauchte er, seit er in Gallien Krieg führte, keine Rücksicht mehr zu nehmen; überdies konnte es diesem nur recht sein, wenn es in Rom möglichst wüst zuging. Pompejus aber imponierte ihm gar nicht. Nachdem er die Grundlagen seiner Stellung geschaffen und seine Rache genossen hatte, begann er wie Caesar den Schacher mit Vergünstigungen an abhängige Gemeinden und Dynasten, so Byzanz und den Galater Brogitaros: in diesen Dingen waren die angeblichen Demokraten eben so korrupt wie die schlimmsten Optimaten, und trieben es nur noch weit ärger, weil sie eine ganz andere Macht hatten. Schon im Jahre 59 hatte er seine Blicke auf Armenien geworfen[1]), zu dem er ja von dem Feldzug des Lucullus her Beziehungen hatte; jetzt, etwa Ende April, befreite er den jüngeren Tigranes, den Pompejus gefangen nach Rom gebracht hatte, durch seine Banden aus dem freien Gewahrsam bei dem Praetor L. Flavius (S. 51 ff), in dem er gehalten wurde, und ermöglichte ihm die Flucht; in dem Gefecht, das sich daraus auf der appischen Straße entspann, fand unter anderen der Ritter M. Papirius den Tod[2]). Derartige Bluttaten waren in Rom allmählich etwas Alltägliches geworden, und ein Versuch, sie zu unterdrücken oder gar zu bestrafen, vollkommen aussichtslos; aber die Befreiung des Tigranes war ein Eingriff in die eben erst bestätigten Anordnungen des Pompejus und erforderte dessen Einschreiten. So veranlaßte er den Gabinius, gegen Clodius vorzugehn.

Clodius nahm den Fehdehandschuh auf. Eine Stütze fand er bei dem Consul Piso, der sich als Caesarianer völlig passiv verhielt, während Gabinius nicht umhin konnte, den Weisungen seines Schirmherrn Pompejus zu folgen[3]). So kam es zu un-

---

[1]) Cic. Att. II 5, 2.
[2]) Cic. pro Mil. 18. 37 mit Asconius und schol. Bob.; de dom. 66. Dio 38. 30. Die Zeit ergibt sich aus der Erwähnung bei Cic. ad Att. III 8, 3 (30. Mai).
[3]) Cic. in Pis. 27 *ac ne tum quidem emersisti, lutulente Caesonine*

unterbrochenen Straßenkämpfen, bei denen Clodius seinen bisherigen Kumpan nicht besser behandelte, als Caesar und Vatinius den Bibulus: Gabinius' Fasces wurden zerbrochen, er selbst verwundet. Clodius weihte darauf die Habe des Gabinius der Ceres wegen Verletzung der tribunicischen Gewalt, worauf sein Gegner L. Ninnius mit dem gleichen Verfahren gegen ihn vorging[1]).

Die Folge war, daß Pompejus dem Senat wieder näher rückte und in ihm eine Stütze gegen den gemeinsamen Gegner suchte. Er willigte in dessen Forderung, die Verbannung Ciceros rückgängig zu machen. Gegen Ende Mai schrieb dieser, durch seine Freunde über die Vorgänge in Rom auf dem laufenden gehalten, aus seinem Exil in Thessalonike einen Brief an den Mann, der ihn so schnöde verraten hatte, und so wurden die persönlichen Beziehungen wieder hergestellt[2]). Am 1. Juni nahm der Senat auf ein Referat des Ninnius einstimmig den Antrag an, Cicero zurückzurufen; und als der Tribun Aelius Ligus intercedierte, beschloß der Senat, in keine andre Verhandlung einzutreten, ehe

---

(Piso), ex miserrimis naturae tuae sordibus — eine schöne Probe des unflätigen Tons dieser Rede —, *cum experrecta tandem virtus clarissimi viri* (des Pompejus) *celeriter et verum amicum et optime meritum civem* (d. i. Cicero) *et suum pristinum morem requisivit ...; cum tamen ille, qualiscumque est, qui est ab uno te improbitate victus, Gabinius, conlegit ipse se vix, sed conlegit tamen, et contra suum Clodium primum simulate, deinde non libenter, ad extremum tamen pro Cn. Pompeio vere vehementerque pugnavit* usw. de domo 66 *Clodius .. Cn. Pompeium diutius furori suo veniam daturum non arbitrabatur; qui ex eius custodia per insidias regis amici filium, hostem, captivum surripuisset et ea iniuria virum fortissimum lacessisset, speravit isdem se copiis cum illo posse confligere, quibuscum ego noluissem bonorum periculo dimicare, et primo quidem adiutoribus consulibus; postea fregit foedus Gabinius, Piso tamen in fide mansit.* Dio 38, 30. Plut. Pomp. 38.

[1]) Cic. de domo 124 ff.; ferner post red. in sen. 7 u. a. Dio 38, 30, 2.

[2]) ad Att. III 8, 4 (30. Mai) *litterarum exemplum, quas ad Pompeium scripsi, misi tibi.* Er hat jedoch wenig Hoffnung: *motum in republica non tantum ego impendere video, quantum tu aut vides aut ad me consolandum adfers; Tigrane enim neglecto sublata sunt omnia.* Vgl. III 10. 1.

diese Sache erledigt sei[1]). Von da an ist über ein Jahr lang um Ciceros Rückberufung gekämpft worden; die gesamte Staatsmaschine kam vollständig zum Stillstand, wenn auch die Wahlen zustande kamen und der Senat sich im November entschloß, wenigstens die für die Provinzialverwaltung nötigen Gelder anzuweisen[2]). Die Consuln weigerten sich, unter Berufung auf die Klausel des clodischen Gesetzes, eine Diskussion der Frage im Senat zuzulassen[3]). Clodius aber ging nur noch heftiger gegen Pompejus vor. Am 11. August wurde, als er in den Senat kam, ein Sklave des Clodius beim Castortempel mit einem Dolch angetroffen und daraufhin dem Consul Gabinius angezeigt, daß Clodius den Pompejus habe ermorden lassen wollen. Darauf zog sich Pompejus von der Öffentlichkeit zurück, und der Mann, der das Oberhaupt des Staats sein wollte, kam in die eben so schimpfliche wie lächerliche Lage, daß er, unter fortwährenden Straßenkämpfen von Clodius' Banden belagert, monatelang in sein Haus eingesperrt war[4]). Der Tribun Terentius Culleo gab

---

[1]) Cic. pro Sest. 68 f. post red. in sen. 3. in Pis. 29. pro Mil. 19, Dio 38, 30. 3 f. Plut. Cic. 33.

[2]) Cic. ad Att. III 24, 2.

[3]) Cic. in Pis. 29; mit einer durchaus unwahren, auf die Stimmung der Massen berechneten Motivierung in der Rede post red. ad Quirites 11: *at pro me superiores consules semper ut referrent flagitati sunt; sed veriti sunt, ne gratiae causa facere viderentur, quod alter mihi adfinis erat* (Piso durch Ciceros Schwiegersohn), *alterius causam capitis receperam* (wann dieser Prozeß des Gabinius gespielt hat, ist nicht bekannt). Man sieht, wenn es ihm ratsam erschien, konnte Cicero seinen Ingrimm ganz wohl unterdrücken.

[4]) Cic. in Pis. 28. pro Sest. 69. de har. resp. 49. pro Mil. 18. 87 u. a. Plut. Pomp. 49. Hauptstelle Ascon. p. 47 (zu pro Mil. 37), der aus den *Acta eius anni* weiter anführt, daß Clodius' Freigelassener Damio den Pompejus belagerte, deshalb von dem Praetor L. Flavius verklagt wurde, und am 16. August der Tribun L. Novius mit folgenden Worten für ihn eintrat: *et*⟨*si ab*⟩ *hoc apparitore P. Clodi vulneratus sum et hominibus armatis, praesidiis dispositis a republica remotus Cn. Pompeius obsessus*⟨*que est*⟩, *cum appeller, non utar eius exemplo, quem vitupero, et iudicium tollam.* Man sieht aus diesen und ähnlichen Anführungen bei Asconius, wie detailliert die Vorgänge in den *Acta* aufgezeichnet waren; sie bilden offenbar die eigentliche Grundlage

Pompejus den Rat, nach diesen Erfahrungen mit Caesar zu brechen, sich von Julia zu scheiden und sich ganz dem Senat in die Arme zu werfen¹); aber das war für Pompejus unmöglich, er konnte den Druck, den Caesar auf die Nobilität ausübte, nicht entbehren. So verhandelte er vielmehr mit diesem; der designierte Tribun Sestius suchte ihn deshalb in Gallien auf; aber Caesar antwortete kühl und ließ wenig Entgegenkommen spüren²). Trotzdem brachten, von Pompejus gestützt, acht Tribunen am 29. Oktober den Antrag auf Ciceros Rückberufung vor den Senat, und dieser sprach sich dafür aus, voran der designierte Consul Lentulus Spinther; aber die Consuln und der Tribun Ligus verhinderten das Zustandekommen eines Beschlusses³). Clodius antwortete mit einer neuen Wendung: er drohte nicht nur, mit Pompejus' Haus auf den Carinen ebenso

unserer vorzüglichen Überlieferung über diese Zeit, wenn dieselbe natürlich auch einer Ergänzung und wesentlichen Vertiefung durch weitere Informationen bedurfte, wie sie namentlich in den Privatkorrespondenzen zu finden waren: die inneren Zusammenhänge und die Motive der handelnden Personen ließen sich aus den *Acta* noch weniger entnehmen, als gegenwärtig aus den besseren Zeitungen.

¹) Plut. Pomp. 49. Über Culleos Plan eines Einschreitens gegen Clodius' Gesetz als ein *privilegium* s. Cic. Att. III 15, 5.

²) Cic. Att. III 18 (September): Atticus hat geschrieben, Varro habe ihm mitgeteilt *causam nostram Pompeium certe suscepturum et simul a Caesare ei litterae, quas exspectaret, remissae essent, actorem etiam daturum;* vgl. 22, 2. Cic. pro Sest. 71 *P. Sestius iter ad C. Caesarem pro mea salute suscepit. quid egerit, quantum profecerit, nihil ad causam: equidem existimo, si ille, ut arbitror, aequus nobis fuerat, nihil ab hoc profectum; sin iratior, non multum.* Daraus geht Caesars wirkliches Verhalten klar hervor.

³) Cic. ad Att. III 23. pro Sest. 70. de domo 70. post red. in sen. 4. 8. 29: (Pompeius) *qui cum ipse propter metum dimicationis et sanguinis domo se teneret, iam a superioribus tribunis* (denen des Jahres 58) *petierit, ut de salute mea et promulgarent et referrent.* Völlig entschieden war Pompejus' Stellung indessen noch keineswegs, am 25. November schreibt Cicero ad Att. III 22, 2 *Lentulus suo in nos officio* (durch sein Auftreten für Cicero), *quod et re et promissis et litteris declarat, spem nobis nonnullam adfert Pompei voluntatis* (daß es diesem wirklich Ernst sei): *saepe enim tu ad me scripsisti, eum* (d. Lentulus) *totum esse in illius* (d. i. Pompejus) *voluntate.*

zu verfahren, wie mit dem Cicero auf dem Palatin[1]), sondern griff jetzt auch Caesar an: er erklärte vor Senat und Volk, seine Gesetze seien ungültig, rief Bibulus als Zeugen auf, daß er an den Tagen ihrer Annahme seine Himmelsbeobachtungen angestellt habe, und ließ sich ein Gutachten der Augurn geben: der Senat müsse alle Gesetze Caesars kassieren, wenn er das tue, wolle er selbst den Cicero auf seinen Schultern in die Stadt zurücktragen[2]). Ernst war es ihm mit diesen Behauptungen, die die Grundlage seines eigenen Tribunats in Frage stellten, natürlich nicht; aber gestützt auf den von ihm organisierten Stadtpöbel konnte er unbedenklich gegen die drei Machthaber, deren heimliche Rivalität eine energische Aktion hinderte[3]), einen lustigen Krieg beginnen. Zugleich mochte er denken, Caesar dadurch, daß er auch ihn bedrohte, auf seiner Seite festzuhalten.

Nach Ablauf seines Tribunats (10. Dezember) und dem Abgang der Consuln konnte man hoffen, ans Ziel zu gelangen. Die Wahlen waren durchaus zugunsten des Senats ausgefallen; zugleich hatte Cicero, der sich in Erwartung seiner unmittelbar bevorstehenden Rückkehr, und zugleich, um Piso, der jetzt die Statthalterschaft Macedoniens übernahm, aus dem Wege zu gehn, schon im November von Thessalonike nach Dyrrachium begeben hatte[4]), dem Pompejus durch seinen Bruder Quintus bindende Versprechungen über sein zukünftiges Verhalten und speziell über die Anerkennung der julischen Gesetze gegeben

---

[1]) Cic. har. resp. 49.
[2]) Cic. de domo 39 f. de har. resp. 48.
[3]) Crassus, wie immer auf Pompejus eifersüchtig, blieb wie gewöhnlich im Hintergrunde; er stand ja auch den beiden anderen Genossen an Macht keineswegs gleich. Ihm wird Clodius' Auftreten gegen Pompejus sehr recht gewesen sein und er wird ihn wohl insgeheim unterstützt haben. Am 5. Oktober schreibt Cicero an Terentia. fam. XIV 2, 2: *in novis tribunis pl. intellego spem te habere. id erit firmum, si Pompei voluntas erit, sed Crassum tamen metuo.* Vgl. am 29. November an Atticus III 23, 5: *tertia est epistola pridie Idus Nov. data, in qua exponis prudenter et diligenter quae sint quae rem distinere videantur, de Crasso, de Pompeio, de ceteris.*
[4]) Cic. Att. III 22.

und dadurch nicht nur Pompejus' Eintreten, sondern auch Caesars Einwilligung gewonnen[1]). So brachte Lentulus Spinther gleich nach Antritt seines Consulats am 1. Januar die Sache im Senat aufs neue zur Sprache; und auch sein Kollege Metellus Nepos erklärte, er lasse seinen alten Hader mit Cicero (S. 39) fahren und füge sich dem Wunsch des Senats und den Anforderungen des Staats[2]). Indessen Pompejus, der jetzt wieder in den Sitzungen erschien, erklärte mit Recht, daß ein bloßer Senatsbeschluß wenig helfen könne; es sei vielmehr ein vom Volk angenommenes Gesetz erforderlich. Der Senat stimmte zu. Aber auch Clodius hatte Vertreter seiner Interessen: seinen Bruder Appius, der jetzt Praetor war, und zwei Tribunen. Zu intercedieren wagten sie bei der herrschenden Stimmung nicht; aber der Tribun Atilius Serranus (Gavianus) erbat sich Bedenkzeit bis zum folgenden Tage, und dann gelang es ihm um so leichter, die Sache ergebnislos hinzuziehn, da nach einer absurden Bestimmung der Verfassung (der lex Pupia) im Januar nur an wenigen Tagen Sitzung gehalten und ein Beschluß gefaßt werden durfte[3]). Endlich am 23. Januar brachte der Tribun Q. Fabricius im Einverständnis mit seinen Kollegen die Sache vor das Volk. Aber wie die Anhänger hatte auch Clodius sich gerührt und seine Banden durch die von seinem Bruder Appius für eine Leichenfeier bereitgehaltenen Gladiatoren verstärkt. Es kam zu einer Straßenschlacht, und die Versammlung wurde gesprengt; bei-

---

[1]) Auf diese Versprechungen kam Pompejus nach der Konferenz in Luca zurück; wie Cicero an Lentulus im Jahre 54 (fam. I 9, 9) schreibt, sagte er zu Quintus: „*nisi cum Marco fratre diligenter egeris, dependendum tibi est, quod mihi pro illo spopondisti*". *quid multa? questus est graviter; sua merita commemoravit; quid egisset saepissime de actis Caesaris cum ipso meo fratre quidque sibi is de me recepisset, in memoriam redegit seque, quae de mea salute egisset, voluntate Caesaris egisse ipsum meum fratrem testatus est.* Vgl. de prov. cons. 43.

[2]) Cic. Sest. 72. de prov. cons. 22. Vgl. Ciceros Brief an ihn fam. V 4.

[3]) Es sind der 1. 2. 5. 6. 9. 10. 11. 13. 14. 15.; die übrigen Tage, so die ganze zweite Hälfte des Monats, sind Comitialtage.

nahe hätte auch Quintus Cicero an diesem Tage sein Leben verloren[1]). In den folgenden Monaten setzten sich diese Szenen fort; der Tribun Milo organisierte gleichfalls eine Bande und nahm den Kampf mit Clodius auf, eifrig unterstützt vor allem von seinem Kollegen P. Sestius, der in einem dieser Gefechte mit Wunden bedeckt für tot dalag, ebenso wie von der Gegenpartei der Tribun Q. Numerius[2]). So gingen Monate hin; wie im vorigen Jahre kamen alle Geschäfte, auch die Verhandlungen mit den Gesandtschaften, zu völligem Stillstand; und auch die Gerichte, wenigstens die Kriminalgerichte, funktionierten nicht mehr[3]).

---

[1]) Cic. pro Sest. 72. 85, vgl. Pis. 35. post red. in sen. 22 u. a. Dio 39, 6 f. Plut. Pomp. 49 = Cic. 33. Cicero, der auf die Kunde von dem Senatsbeschluß vom 1. Januar renommiert, wenn dagegen Einspruch erhoben werde, wolle er doch auf Grund desselben zurückkehren und wenn es sein Leben koste *(si obtrectabitur, utar auctoritate senatus et potius vita quam patria carebo*, ad Att. III 26), versinkt auf die Nachricht von diesen Vorgängen wieder in die tiefste Depression, Att. III 27: *ex tuis litteris et ex re ipsa nos funditus perisse video.*

[2]) Cic. pro Sest. 79 ff. post red. in sen. 19 ff. und sonst.

[3]) post red. ad sen. 6: *itaque postea nihil vos civibus, nihil sociis, nihil regibus respondistis; nihil iudices sententiis, nihil populus suffragiis, nihil hic ordo auctoritate declaravit.* ad Quir. 14 *nulla iudicia.* pro Sest. 85 *non modo nulla nova quaestio, sed etiam vetera iudicia sublata.* — Im übrigen liegt hier eine eigenartige Schwierigkeit vor. Es ist sicher, daß Milo den Clodius im Jahre 57 zweimal auf Grund der *lex Plotia de vi* verklagt hat (pro Mil. 35. 40 *tamen se Milo continuit et P. Clodium in iudicium bis, ad vim nunquam vocavit)*, ohne daß der Prozeß zur Verhandlung kam, und daß die erste Anklage vor Ciceros Rückkehr fällt, da Cicero sie sowohl ad Att. IV 3, 2 *(antea cum iudicium tollebat* [codd. *nolebat*]), geschrieben 23. November, wie post red. in sen. 19 erwähnt: *T. Annius cum videret, ... (Clodium) si legibus uti liceret, iudicio esse frangendum, sin ipsa iudicia vis impediret ac tolleret, audaciam virtute ... vim vi esse superandam, primo de vi postulavit; posteaquam ab eodem iudicia sublata esse vidit, ne ille omnia vi posset efficere curavit,* indem er seine bewaffnete Bande organisierte; und es liegt nahe, die allgemeine Aufhebung der Gerichte, von der Cicero redet, mit diesem Vorgang in Verbindung zu setzen. Die zweite Anklage schwebte nach der Andeutung Ciceros ad Qu. fr. II 1, 2 Mitte Dezember, kurz vor den Saturnalien.

Pompejus und der Senat benutzten diese Zeit, um für ihre
Sache Stimmung zu machen; und in der Tat mußte ja wenn auch
nicht dem Stadtpöbel, so doch allen anständigen Elementen der

Nun erzählt Dio 39. 7, daß im Jahre 57 Clodius sich um die Aedilität
bewarb, um dadurch die Anklage durch Milo unmöglich zu machen
und daß deshalb die Aedilenwahlen nicht zustande kamen. (Das ist bekanntlich richtig; im November hinderte Milo sie durch Obnuntiation
Cic. ad Att. IV 3, 3, und die Wahl fand erst am 20. Januar 56 statt,
ad Qu. fr. II 2, 2). Infolge dessen konnten auch die Wahlen der
Quaestoren nicht stattfinden (die am 5. Dezember antreten sollten); und
da diese den Gerichtshof auszulosen hatten, benutzte der Consul Nepos
das, um den Prozeß unmöglich zu machen, indem er dem Praetor verbot,
vor der Losung irgend einen Prozeß zuzulassen. (Κλώδιος ... ἀγορανομίαν
ᾔτει ὡς καὶ τὴν δίκην τῆς βίας, ἂν ἀποδειχθῇ, διαφευξόμενος. ἐγράψατο γὰρ
αὐτὸν ὁ Μίλων, καὶ οὐκ ἐσήγαγεν. οὔτε γὰρ οἱ ταμίαι, δι᾽ ὧν τὴν ἀποκλή-
ρωσιν τῶν δικαστῶν γενέσθαι ἐχρῆν, ᾕρηντο, καὶ ὁ Νέπως ἀπεῖπε τῷ στρα-
τηγῷ, μηδεμίαν πρὸ τῆς κληρώσεως αὐτῶν δίκην προσέσθαι. ἔδει δ᾽ ἄρα τοὺς
ἀγορανόμους πρὸ τῶν ταμιῶν καταστῆναι, διὰ τοῦτο ὅτι μάλιστα ἡ δια-
τριβὴ ἐγένετο.) Man würde also diese Vorgänge (wie es auch allgemein geschehn ist) ins Ende des Jahres 57 setzen und auf die zweite Anklage
beziehn; und dazu stimmt, daß nach Cic. ad Qu. fr. II 1, 2 eben damals,
Mitte Dezember, der designierte Consul Marcellinus *sententiam dixit
ut ipse iudices per praetorem urbanum sortiretur* (oder nach der
Vermutung von Manutius, die nach anderen Sternkopf, Hermes 39, 395
aufgenommen und modifiziert hat. *ut ipse iudices per ⟨se⟩ praetor
urbanus sortiretur), iudicum sortitione facta comitia* (der Aedilen)
*haberentur; qui iudicia impedisset, eum contra rempublicam esse
facturum;* dagegen erhoben zwei auf Clodius' Seite stehende Tribunen
Einspruch, so daß die Sache resultatlos verlief. Nach dieser Verhandlung würde dann der Consul Nepos in der von Dio angegebenen
Weise eingegriffen haben. Auf den gleichen Gegenstand bezieht man
mit Recht auch den Bericht Ciceros über die Senatsverhandlungen am
14. November Att. IV 3, 3: *domi Clodius; egregius Marcellinus, omnes
acres. Metellus calumnia dicendi tempus exemit, adiuvante Appio,
etiam Hercule familiari tuo* (unbekannt) *Sestius furere. Ille*
(Clodius) *postea, si comitia sua non fierent, urbi minari. ⟨Milo⟩
proposita Marcellini sententia   proscripsit, se per omnis dies
comitialis de caelo servaturum.* Aber Dio setzt die Vorgänge in die
erste Hälfte des Jahres, nach dem Blutbad vom 23. Januar 57, aber vor
die folgenden Straßenkämpfe; später habe sich dann Nepos seinem Kollegen und dem Pompejus gefügt und dadurch Ciceros Rückberufung ermöglicht. Wenn das richtig wäre, müßten wir annehmen, daß Dios

Bürgerschaft in ganz Italien einleuchten, daß die Notlage, die volle Auflösung alles Regiments, nach Abhilfe schrie. Pompejus, als Duovir der von ihm und Caesar gegründeten Kolonie Capua,

Bericht sich auf die erste Anklage bezieht und weiter Clodius sich schon für 57 um die Aedilität beworben hätte und daß es in diesem ganzen Jahr nicht zur Wahl von Aedilen und Quaestoren gekommen wäre, was ganz undenkbar ist und jedenfalls erwähnt werden würde. Nun stellt aber Cicero pro Sest. 89 den Hergang ganz ähnlich dar wie Dio: ehe Milo zu gewaltsamen Mitteln greift, *descendit ad accusandum*. *ecce tibi consul* (Nepos), *praetor* (Appius Claudius), *tribunus plebis* (Ligus) *nova novi generis edicta proponunt: ne reus adsit, ne citetur, ne quaeratur, ne mentionem omnino cuiquam iudicum aut iudiciorum facere liceat. quid ageret vir ad virtutem natus. legibus iudiciisque sublatis? an se domi contineret?* usw. Ähnlich äußert sich Cicero im Jahre 54 in dem Bericht an Lentulus fam. I 9, 15 (Clodius) *impunitatem est illorum sententiis adsecutus, qui, cum tribunus pl.* (Milo) *poenas a seditioso civi per bonos viros iudicio persequi vellet, exemplum praeclarissimum in posterum vindicandae seditionis de republica sustulerunt;* vgl. auch pro Sest. 95 *Milo accusare eum moderate ... per senatus auctoritatem non est situs.* Und daß Cicero an diesen Stellen nicht etwa die Chronologie tendenziös verschiebt, wird durch Metellus Nepos selbst bestätigt. der im Jahre 56 an Cicero über Clodius — denn nur dieser kann gemeint sein — schreibt: *de illo ne meminisse quidem volo, tametsi bis eum inritum servavi* (fam. V 3). Völlige Klarheit ist, soweit ich sehe, nicht zu erlangen. Im wesentlichen scheinen die Dinge so verlaufen zu sein, daß Milo etwa im Februar 57 die erste Klage gegen Clodius erhob, und zwar, was zu beachten ist, nicht als Tribun vor der Plebs, sondern in einem regulären Prozeß vor dem Praetor, und daß dann der Consul Metellus Nepos, unterstützt von dem Praetor Appius, Clodius' Bruder, und dem Tribunen Ligus, und sich berufend auf die vom Senat beschlossene Suspension aller Geschäfte die Annahme der Klage verbot und so einen allgemeinen Stillstand der Rechtsprechung herbeiführte. Nach Ciceros Rückkehr, als man, freilich vergeblich, eine Wiederherstellung der normalen Zustände hoffte, hat dann Milo seine Klage von neuem erhoben; und jetzt hat Nepos, unterstützt von seinen Genossen, das Zustandekommen eines Senatsbeschlusses verhindert und nach dem 5. Dezember dem Praetor die Annahme der Klage verboten, weil die Quaestoren, die die Losung vollziehn sollten, noch nicht gewählt waren. Wenn das richtig ist, so hat wohl nicht Dio selbst, sondern schon seine Quelle diese Vorgänge bei der zweiten Klage irrtümlich mit der ersten verbunden und daher viel zu früh datiert, vermutlich eben unter der Einwirkung der Dar-

veranlaßte einen Beschluß derselben für Ciceros Rückkehr, der
überall in Italien Zustimmung fand¹); der Senat empfahl Cicero
allen Beamten, Untertanen und abhängigen Mächten und forderte
alle Bewohner Italiens, denen das Wohlergehn des Staats am
Herzen liege, auf, möglichst zahlreich zur Abstimmung zu
kommen²). Endlich im Juli war man so weit, daß der Consul
Lentulus den Antrag im Senat vorlegen konnte, den Gesetzentwurf
vor das Volk zu bringen. Pompejus verlas sein Votum, daß Cicero
das Vaterland gerettet habe; der gesamte Senat, 416 Anwesende
gegen den einzigen Clodius, stimmte zu, eine Intercession wurde
nicht mehr gewagt. Am nächsten Tag wurde, gleichfalls auf
Antrag des Pompejus, hinzugefügt, daß wer durch Himmelsbeobachtung — wie das Appius Claudius versucht hatte — oder
sonst die Verhandlung zu hindern suche, gegen den Staat handle
und die Consuln sofort über ihn als einen Staatsfeind referieren
sollten; werde das Gesetz innerhalb der nächsten fünf Tage, an
denen eine Verhandlung zulässig sei, nicht angenommen, so solle
Cicero dennoch zurückkehren und in seine alte Stellung wieder
eingesetzt werden; zugleich wurde allen, die aus ganz Italien
herbeigeströmt waren, der Dank des Senats ausgesprochen³).
Die Zustimmung der Bürgerschaft äußerte sich bei jedem An-

---

stellung Ciceros pro Sest. 89, die ihm mit Nepos' Vorgehn auf Grund
der nicht vollzogenen Quaestorenwahlen identisch schien. — An richtiger Stelle, aber ohne weiteres Detail, wird die Anklage des Clodius
auch bei Plut. Cic. 33 erwähnt, nach dem Kampf am 28. Januar: καὶ
τῶν δημάρχων Ἄννιος Μίλων πρῶτος ἐτόλμησε τὸν Κλώδιον εἰς δίκην ἀπά-
γειν βιαίων.

¹) post. red. in sen. 29. pro Mil. 39. Ascon. in Pison. 3.
²) Cic. post red. in sen. 24 f. de dom. 74. 85. pro Planc. 78. pro
Sest. 50. 123; vgl. de div. I 59. Dieser Vorgang ist in dem kurzen Bericht Appians II 15, 57 erhalten (καὶ ἡ βουλὴ συνίστη τὸν ἄνδρα πόλεσί τε
καὶ βασιλεῦσι καὶ δυνάσταις), der im übrigen mit Recht scharf hervorhebt,
daß es sich um einen Kampf zwischen Pompejus und Clodius handelte;
Pompejus habe den Milo (den Appian aus Flüchtigkeit zum Kollegen
des Clodius macht) durch Eröffnung der Hoffnung auf das Consulat für
seine Aktion gewonnen.
³) Cic. pro Sest. 128 f. post red. ad sen. 25 ff. ad Quir. 15 f. de
dom. 14. 30. in Pis. 35. 80.

laß[1]); die Getreidepreise, die unter der Anarchie gewaltig gestiegen waren, sanken sofort, da man jetzt die Wiederkehr normaler Zustände hoffen durfte[2]). So wurde das Gesetz, das beide Consuln einbrachten, am 4. August[3]), nachdem Pompejus und andre dafür mit warmen Worten gesprochen hatten, von den Centuriatcomitien[4]) ohne Schwierigkeit angenommen. An demselben Tage schiffte sich Cicero in Dyrrachium ein; von allen Städten Italiens wurde er mit Jubel begrüßt; am 4. September hielt er, unter dem Zustrom aller Bevölkerungsschichten — auch Crassus hielt es für angebracht, ihm entgegenzugehn[5]) —, seinen triumphierenden Einzug in Rom[6]).

Pompejus, Cicero und der Senat

Pompejus hatte Ciceros Rückberufung herbeigeführt in der doppelten Erwartung, durch diese Konzession den Senat gefügig zu machen und in ihm die ersehnte Stütze für seine Stellung zu gewinnen, und auf der andern Seite so der Anarchie und des Clodius Herr zu werden. Aber keine der beiden Hoffnungen erfüllte sich. Clodius, aufs tiefste erbittert durch die Restituierung seines Todfeindes, setzte sein Treiben nur mit um so größerer Heftigkeit fort. Es ist nicht erforderlich, auf die Tumulte, Schlägereien und Brandstiftungen, mit denen er Cicero und seine Anhänger während der nächsten Monate bedrängte, näher einzugehn[7]). Das Charakteristische für die Situation ist, daß der

---

[1]) Cic. pro Sest. 128 ff.
[2]) de dom. 14. post red. ad Quir. 18.
[3]) Cic. Att. IV 1, 4.
[4]) post red. in sen. 18. pro dom. 75 u. a. Natürlich wandten sich die Consuln an die Centurien, während Clodius' Gesetz ein Plebiscit war; der Unterschied ist auch für den Ausfall der beiden Abstimmungen von Bedeutung.
[5]) Plut. Cic. 33.
[6]) Cic. Att. IV 1, 5.
[7]) Wir haben darüber durch die Briefe ad Att. IV 1—3 und ad Qu. fr. II 1 genaue Kunde [dazu vgl. STERNKOPF, Hermes 39. 392 ff.; ferner de har. resp. 11 ff.; die Tatsachen gibt Dio 39, 11 richtig wieder, kürzer Plut.

Senat, der ehemals die Scharen des C. Gracchus und des Saturninus niedergeworfen und noch im Jahre 63 mit den Catilinariern kurzen Prozeß gemacht hatte, jetzt gegen den amtlosen Privatmann — denn das war Clodius in diesem Jahr — völlig wehrlos ist, und zwar, obwohl die Masse der bürgerlichen Bevölkerung dem Clodius durchaus ablehnend gegenübersteht und auch in dieser Lage noch seinen Banden die Wage halten kann. Es gab eben in Wirklichkeit in Rom keine Regierung mehr. Man versuchte, Clodius' Wahl zum Aedilen für das nächste Jahr durch Aufschiebung der Comitien zu hintertreiben, Milo zog ihn wegen seiner Gewalttaten vor Gericht; aber eben diese Verschiebung

Cic. 33 und App. II 16, 60, nach der gleichen Quelle, der beide die Angabe entnehmen, Cicero sei im 16. Monat nach seiner Vertreibung zurückgekehrt]: 29. September Ciceros Rede *de domo* vor den *pontifices*, die ein ihm günstiges Gutachten abgeben; Clodius fordert in einer von seinem Bruder Appius berufenen *contio* auf, das auf der Brandstätte des Hauses errichtete Heiligtum der Libertas zu schützen. 1. Oktober: Verhandlung im Senat, Dauerrede des Clodius, Intercession des Serranus, die auf das energische Einschreiten der Consuln, die sofort darüber referieren, zurückgezogen wird; 2. Oktober: Senatsbeschluß, der Cicero sein Grundstück nebst den Baukosten und die Entschädigung für die zerstörten Villen bewilligt. 3. November: Clodius verjagt die Arbeiter Ciceros von der Baustätte und steckt das Haus seines Bruders in Brand. 11. November: Clodius überfällt Cicero auf der via sacra. 12. November: Angriff auf das Haus Milos auf dem Cermalus vom Hause des P. Sulla (des alten Catilinariers, den Cicero verteidigt hatte!) aus; in dem Straßenkampf werden mehrere Clodianer erschlagen, er selbst entkommt. 14. November: Senatsverhandlung darüber, in der der Consul Metellus Nepos mit Unterstützung des Appius und eines ungenannten *familiaris* des Atticus durch lange Reden einen Beschluß verhindern. Milo meldet für alle Comitialtage Himmelsbeobachtung an, um Clodius' Wahl zum Aedilen zu verhindern, und besetzt dafür am 19. und 23. Dezember das Marsfeld, am 20. das *comitium*; zu Kämpfen kommt es nicht, obwohl Milo bereit ist, den Clodius zu erschlagen. Mitte Dezember bringt der neue Tribun Racilius die Frage der Behandlung des Prozesses, den Milo gegen Clodius angestrengt hat (S. 110 Anm.), im Senat zur Sprache; die Tribunen C. Cato und Cassius treten dagegen auf, Cicero greift in seiner *sententia* den Clodius an, dieser hält eine Dauerrede und sprengt durch einen Tumult seiner Banden die Senatssitzung. Vor Ende des Jahres kommt es zu keiner Entscheidung mehr.

der Wahlen bot dem Consul Metellus Nepos, der mit Clodius
die Fühlung nicht ganz verlieren will und überdies dem Pompejus
seit dessen Scheidung von seiner Schwester Mucia gern einen
Tort antat, die Handhabe, den Prozeß zu vereiteln, weil dadurch
zugleich die regelrechte Auslosung des Gerichtshofs durch die
Quaestoren, die jetzt auch noch nicht gewählt werden konnten,
unmöglich gemacht wurde (S. 110 Anm.). Appius und die Anhänger des Clodius unter den Tribunen unterstützten ihn, und
in dem Wortgefecht über diese Frage verging der Dezember;
so kam der ganze Verwaltungsapparat ins Stocken. Erst am
20. Januar 56 wurde Clodius zum Aedilen gewählt. Jetzt war
er als Beamter wieder unangreifbar; dagegen zog er nun seinerseits sofort den Milo wegen seiner Gewalttaten vor Gericht.

Weit bedeutsamer für die Gesamtentwicklung war, daß
Clodius mit seinen Genossen die Angriffe auf Pompejus unbekümmert weiter fortsetzte. Eben dagegen hatte Pompejus
im Senat und in Cicero eine Stütze gesucht; er hatte erfahren,
daß er in amtloser Stellung, als Privatmann, lediglich gestützt
auf das Vertrauen, das er im Mittelstande und in den erwerbenden
Klassen als der einzige, der einigermaßen Ordnung schaffen
könne, immer noch besaß, gegen die turbulente Opposition des
von dem Demagogen aufgehetzten Pöbels, gegen die tiefe Abneigung der Aristokratie, und gegen die geheimen Intrigen seines
offiziellen Bundesgenossen Crassus die Leitung des Staats zu
führen nicht imstande war, sondern ein Amt haben müsse, das
ihm eine staatlich anerkannte Machtstellung gewährte. Die
Handhabe dafür bot die in dem anarchischen Treiben der Hauptstadt immer wieder anwachsende Teuerung; es ist begreiflich,
daß die Getreidezufuhr völlig unsicher sein mußte, auch wenn
nicht Preistreibereien und Schiebungen aus geschäftlichem und
politischem Interesse hinzugekommen wären. Zur Zeit von
Ciceros Rückkehr, bei dem massenhaften Zustrom von Fremden
aus ganz Italien nach Rom, erreichten die Brotpreise wieder eine
exorbitante Höhe; die Schuld schrieb Clodius, für den das Wasser
auf seine Mühle war, natürlich dem Cicero zu. Es kam auf dem
Capitol zu heftigen Tumulten; der Pöbel drohte mit Brand-

stiftung und Ermordung der Senatoren, der Consul Metellus
wurde mit Steinwürfen verfolgt; Pompejus sei der einzige Mann,
der helfen könne, Cicero müsse dafür sorgen[1]). Offenbar hat
Pompejus selbst, wie Clodius mit Recht behauptete[2]), diese Bewegung
geschürt; jetzt griff er zu, sein Werkzeug war Cicero,
der hier den Dienst leistete, zu dem er sich verpflichtet hatte.
Gleich nach seiner Rückkehr und Danksagung, am 7. September,
stellte er im Senat den Antrag, mit Pompejus über die Getreideversorgung
in Verhandlung zu treten und ein darauf bezügliches
Gesetz einzubringen. Willkommen war der Antrag der Nobilität
natürlich nicht, und alle Consulare bis auf Messalla (cos. 61 und
Mitglied der Caesarischen Ackerkommission, oben S. 65) und
Afranius (cos. 60) glänzten durch Abwesenheit, unter dem Vorwand,
ihre Sicherheit sei bedroht[3]); aber entziehen konnte der
Senat sich ihm nicht, und als Cicero gleich darauf dem Volk
davon Mitteilung machte, um die aufgeregten Massen zu beruhigen,
erklärten alle Magistrate bis auf einen Praetor (Appius
Claudius) und zwei Tribune (Clodius' Anhänger Serranus und
Numerius Quintius) ihre Zustimmung. Was Pompejus begehrte,
formulierte der ihm ergebene Tribun C. Messius: die Getreideverwaltung
im ganzen Reich auf fünf Jahre mit freier Verfügung
über die Staatskasse, eigenes Heer und Flotte mit 15 Legaten
und einer den Provinzialstatthaltern übergeordneten Kommandogewalt,
also tatsächlich die Herrschaft über das gesamte Reich
in noch größerem Umfang, als sie ihm das gabinische und das
manilische Gesetz in den Jahren 67 und 66 verliehen hatte.
Aber in dieser Weise völlig abzudanken konnte der Senat sich
doch nicht entschließen; so brachten die Consuln einen Gegenentwurf
ein, in dem die Verfügung über den Staatsschatz, Heer

---

[1]) Cic. ad Att. IV 1, 6. de dom. 6 ff. Dio 39, 9.

[2]) Plut. Pomp. 49 Κλώδιος δὲ ᾐτιᾶτο μὴ γεγράφθαι τὸν νόμον διὰ τὴν σιτοδείαν, ἀλλ' ὅπως ὁ νόμος γραφείη γεγονέναι τὴν σιτοδείαν. Danach erwähnt Plutarch eine Version, nach der der Consul Lentulus Spinther dafür eingetreten sei, damit nicht Pompejus, sondern er selbst nach Aegypten geschickt werde. Solche persönliche Motive laufen natürlich immer dazwischen.

[3]) Cic. ad Att. IV 1, 6; ebenso de dom. 8.

und Flotte und das Oberkommando in den Provinzen gestrichen war. Pompejus' Vertraute forderten das Gesetz des Messius, er selbst aber erklärte sich mit dem der Consuln einverstanden. An Widerstand war nicht zu denken, wenn auch, wie Cicero berichtet, die Consulare murrten, unter Führung des Favonius, des Verehrers Catos, der während dessen Abwesenheit seine Rolle übernahm. So wurde der Entwurf der Consuln, „der jetzt dem unerträglichen Antrag des Messius gegenüber bescheiden erschien", sofort vom Senat und kurz darauf auch vom Volk angenommen[1]).

Gegen das Verhalten des Pompejus ist oft der Vorwurf der Hinterhaltigkeit erhoben und es ist für einen unverzeihlichen Fehler erklärt worden, daß er anstatt zu fordern und zu befehlen, sich mit affektierter Bescheidenheit zurückhielt, erklärte, mit dem Geringeren zufrieden zu sein, und dann nicht verhindern konnte, daß man ihn beim Wort nahm. Aber das liegt nun einmal im Wesen der Stellung, die er begehrte, und ist der charakteristische Grundzug des Principats im Gegensatz zur Monarchie geblieben: der erste Bürger darf sich nicht aufdrängen, sondern muß gebeten werden, um des Gemeinwohls willen die schwere Last auf

---

[1]) Cic. ad Att. IV 1, 6 f. *illa nostra lex consularis nunc modesta videtur, haec Messi non ferenda. Pompeius illam velle se dicit, familiares hanc. Consulares duce Favonio fremunt; nos tacemus.* Vgl. de domo 15 ff. 25 ff. Dio 39, 9 ὁ Κικέρων... ἔπεισε σφᾶς ἐπιμελετὴν τοῦ σίτου τὸν Πομπήιον προχειρίσασθαι καὶ διὰ τοῦτο καὶ ἀρχήν αὐτῷ ἀνθυπάτου καὶ ἐν τῇ Ἰταλίᾳ καὶ ἔξω ἐπὶ ἔντε ἔτη δοῦναι. ὁ μὲν ὥσπερ ἐπὶ τοῖς καταποντιστοῖς πρότερον, οὕτω καὶ τότε ἐπὶ τῷ ⟨σίτῳ⟩ πάσης αὖθις τῆς οἰκουμένης τῆς ὑπὸ τοῖς Ῥωμαίοις τότε οὔσης ἄρξειν ἔμελλε. Plut. Pomp. 49 ὁ Κικέρων... τῷ σιτικῷ νόμῳ συνηγορῶν τρόπῳ τινὶ πάλιν γῆς καὶ θαλάττης. ὅσην ἐκέκτηντο Ῥωμαῖοι, κύριον ἐποίει Πομπήιον. Appian II 18, 67 Πομπήιον εἵλοντο τῆς ἀγορᾶς αὐτοκράτορα εἶναι καὶ οἱ καθάπερ ἐπὶ τῶν λῃστηρίων εἴκοσι [nach Cicero 15] ἀπὸ τῆς βουλῆς ὑπηρέτας ἔδωκαν. Appian berichtet das fälschlich erst nach dem zweiten Consulat des Pompejus und Crassus, ebenso wie er II 23 f. Catos Entsendung nach Cypern und die Verurteilung des Gabinius erst bei den milonischen Händeln des Jahres 52 anbringt; derartige aus dem Streben nach Kürze hervorgegangene Verschiebungen sind bei ihm sehr häufig und kommen auf eigene Rechnung, nicht auf die seiner Quelle.

sich zu nehmen, der er sich gern entziehn würde. Augustus ist durchweg so aufgetreten, und ebenso Tiberius bei der Übernahme des Principats, nicht aus Heuchelei, wie z. B. Tacitus es darstellt, sondern weil die Idee dieser Gestaltung des Staats erfordert, daß die Initiative von den zu Regierenden ausgehe, nicht von dem zukünftigen Regenten. Der Unterschied der Lage besteht darin, daß unter Augustus der Senat die Notwendigkeit der neuen Verfassung erkannt hat und daher mit dem Princeps einer Meinung ist, während er Pompejus' Aspirationen durchaus ablehnend gegenübersteht und versucht, das kollegiale Regiment der Aristokratie unter Führung der Consulare und der erwählten Beamten aufrecht zu erhalten.

Mit der *cura annonae* ist ein neues, den staatsrechtlichen Anschauungen der Republik widersprechendes Amt in die Verfassung eingeführt[1]). Wohl aber bildet dieselbe, seit Augustus sie im Jahre 22 übernahm, eins der wichtigsten in dem Bündel von Ämtern, die der Reihe nach dem Princeps zugewiesen werden. Wie die Provinzialverwaltung des Kaisers nebst dem mit ihr verbundenen Oberkommando ist es formell befristet, aber tatsächlich als dauernd in Aussicht genommen, wie denn auch Pompejus es über die fünf Jahre hinaus fortgeführt hat; und die von ihm ernannten und ihm persönlich verantwortlichen senatorischen Legaten sind die Vorläufer der Legaten des Kaisers. Man sieht, wie das Principat aus den republikanischen Ordnungen herauswächst.

Pompejus hat die übernommene Aufgabe mit gewohnter Umsicht mit Unterstützung seiner Legaten durchgeführt. Er selbst ging mitten im Winter nach Sicilien, Sardinien (wo Q. Cicero als sein Legat tätig war) und Afrika; bei diesem Anlaß fiel, als die Steuerleute des Sturmes wegen Bedenken trugen, sein berühmtes Wort: *Navigare necesse est, vivere non necesse est*[2]). Eine

---

[1]) Daher wird sie im Jahre 43 während des mutinensischen Krieges vom Senat abgeschafft, Dio 46, 39 τοῦτο μὲν γὰρ ἀπεῖπον, μηδένα ἐπὶ πλείω χρόνον ἐνιαυτοῦ ἄρχειν, τοῦτο δὲ ἀπηγόρευσαν μήτε τινὰ σίτου ἐπιμελητὴν μήτε τροφῶν ἐπιστάτην ἕνα αἱρεῖσθαι.

[2]) Plut. Pomp. 50 (= apophth. Pomp. 12) πλεῖν ἀνάγκη, ζῆν οὐκ

Folge der jetzt wieder gesicherten Getreideverteilung in der Hauptstadt, die seit Clodius' Gesetz unentgeltlich erfolgte, war, daß die Zahl der Freilassungen stark zunahm, um so die dadurch zu Bürgern gewordenen Sklaven auf Staatskosten zu füttern. Die Zahl der Getreideempfänger schwoll dadurch gewaltig an — im Jahre 46 betrug sie 320 000[1] —, und Pompejus plante daher, um eine Grundlage für seine Maßnahmen zu haben, die Aufstellung einer Liste derselben, ohne indessen, wie es scheint, irgend eine Einschränkung der Berechtigten zu versuchen[2]).

In einer schwierigen Lage fand sich inmitten dieser Bewegungen Cicero. Durch seine Verbannung waren alle seine stolzen Hoffnungen zusammengebrochen, er sah sich von dem Senat, dessen Führer zu sein er begehrte, ohne ernstlichen Widerstand — denn die Demonstrationen konnten ihm nichts nützen —, von gar manchem der vornehmen Herren nicht ohne Schadenfreude seinen Feinden preisgegeben, Pompejus, den zu gängeln er sich vermessen hatte, hatte ihn kühl von sich gestoßen: so brach sein niemals fester Mut völlig zusammen, eine verzweifelnde Stimmung bemächtigte sich seiner Seele, die, von dem Ausspähen nach den Anzeichen einer günstigen Wendung wohl unterbrochen, aber nicht gehoben, sich in kläglichem Jammern und Vorwürfen gegen seine nächsten Freunde und gegen sich selbst entlädt. Mit Recht hat es den Anstoß der Zeitgenossen und gerade auch der Griechen erregt, wie sehr dies würdelose Verhalten dem Anspruch auf philosophische Bildung

---

ἀνάγκη. NISSEN, Ital. Landeskunde I 129 sagt mit Recht „der Spruch am Bremer Seemannshaus *nav. nec.* cet. deutet die Auffassung an, welche die Insassen mit ihrem Beruf verbinden" und stellt den Schiffahrtsbetrieb des Altertums in Gegensatz dazu; aber er hätte erwähnen sollen, daß der Spruch, in den die Bremer einen anderen Sinn hineingelegt haben, von einem Römer stammt und in seinem Munde die Idee der römischen militärisch-staatlichen Disziplin charakterisiert.

[1]) Sueton Caes. 41 u. a., s. unten.

[2]) Dio 39, 24 ὁ Πομπήιος ἔσχε μὲν καὶ ἐν τῇ τοῦ σίτου διαδόσει τριβήν τινα· πολλῶν γὰρ πρὸς τὰς ἀπ' αὐτοῦ ἐλπίδας ἐλευθερωθέντων ἀπογραφὴν σφῶν, ὅπως ἔν τε κόσμῳ καὶ ἐν τάξει τινὶ σιτοδοτηθῶσιν, ἠθέλησε ποιήσασθαι. οὐ μὴν ἀλλὰ τοῦτο μὲν τῇ τε ἑαυτοῦ σοφίᾳ καὶ ἐκ τοῦ πλήθους τοῦ σίτου ῥᾷόν πως διῴκησε.

des Geistes und Gemüts widerspricht, den er sonst so gern erhebt[1]); von männlicher Haltung, wie sie in ähnlicher Lage Metellus Numidicus und Rutilius Rufus bezeigt hatten, war in seinem Wesen überhaupt nichts zu finden, er war eine weiche, schwankende Natur, die ganz unter dem Impuls des Moments stand. So war er zum Staatsmann so ungeeignet wie nur möglich; es war sein Unglück, daß sein Ehrgeiz ihn, wie so viele gewandte Sachwalter in alter und neuer Zeit, dennoch in diese Bahn gedrängt hatte und daß die Zersetzung der Verhältnisse ihm die Möglichkeit zu einer politisch bedeutsamen Rolle bot. An sich war er ursprünglich nicht nur politisch völlig indifferent gewesen und hatte den Mantel lediglich nach dem Winde gehängt[2]). sondern ein Mann von seiner geistigen Regsamkeit, der überall die Gebrechen deutlich sah, konnte, zumal bei einem so weichen Charakter wie der seine, überhaupt kein Parteimann sein. Soweit er damals überhaupt einer Parteigruppe zugerechnet werden kann, ist es die Ritterschaft, der Kapitalistenstand, aus dem er selbst hervorgegangen war; für ihre Interessen ist er sein Leben lang nach Möglichkeit eingetreten, oft über die sittlich und rechtlich zulässigen Grenzen hinaus (vgl. S. 50, 168): die Landsmannschaft mit ihrem Vorkämpfer Marius und die an diesen anknüpfenden Traditionen sowie die Freundschaft mit Atticus und seine finanzielle Abhängigkeit von diesem machte das Band nur noch fester. Aber der Kampf gegen die revolutionären Umtriebe in seinem Consulat und die Hinrichtung der Catilinarier hatte ihn durch eine unüberbrückbare Kluft von der Popularpartei geschieden und mit den Optimaten verbunden; und jetzt wurde er dadurch, daß der politische Kampf sich zu einem Kampf um seine persönliche Stellung entwickelt hatte, und der Senat ihn demonstrativ

---

[1]) Plut. Cic. 32. Dio Cass. 38. 18 ff., der hier bekanntlich eine lange Trostrede des Philiskos an Cicero eingelegt hat. Vgl. auch Appian II 15. 55 f., über Ciceros klägliches und den Spott hervorrufendes Verhalten, als Clodius seinen Antrag einbringt.

[2]) R. HEINZE, Ciceros politische Anfänge, Abh. Sächs. Ges. XXVII 1909. beurteilt meines Erachtens Ciceros Laufbahn und Anschauungen zu optimistisch.

auf seinen Schild erhob, erst recht zum Vorkämpfer dieser Partei berufen. Cicero empfand sehr wohl, welche Verpflichtung ihm damit auferlegt war und welche Rolle er fortan spielen müsse, wenn er den auf ihn gesetzten Erwartungen und damit der ihm zugefallenen geschichtlichen Stellung entsprechen wollte; in gehobenen Momenten dachte er sogar an eine Bewerbung um die Censur[1]. Aber andrerseits war seine Rückkehr doch nur durch Pompejus und durch die Einwilligung des Crassus und Caesar möglich geworden, und er hatte sich verpflichten müssen, ihnen, oder wenigstens dem Pompejus, zu Willen zu sein; daß Pompejus ihn unter verbindlichen Redensarten — er bezeichnete ihn als seinen *alter ego* — zum Legaten ernannte, wenn auch ohne Verpflichtung zu irgendwelcher wirklicher Tätigkeit[2]. war doch zugleich eine weitere Fesselung; überdies mußte sein Bruder Quintus wirklich in Pompejus' Dienst treten, er wurde von ihm nach Sardinien geschickt. Das peinliche Dilemma, in dem Cicero sich befand, wurde dadurch noch gesteigert, daß ihm alles daran liegen mußte, nicht nur seine Grundstücke, sondern auch die Bausummen für die Häuser wieder zu erhalten, die ihm nur der Senat gewähren konnte, und daß er seine Ansprüche einzuschränken völlig unfähig war, sondern es, als echter Emporkömmling, den vornehmsten Herren zu deren Ärger gleichzutun strebte.

So kam Cicero in eine Lage, der er noch weit weniger gewachsen war als der in den Parteikämpfen nach seinem Consulat und die schließlich bei seinem Naturell unvermeidlich in einem traurigen Fiasko enden mußte. Auf eine politische Rolle zu verzichten und sich so weit wie möglich vom öffentlichen Leben zurückzuziehn, wie Lucius und Marcus Lucullus seit Caesars Consulat, gestattete ihm sein Ehrgeiz und seine Eitelkeit nicht. Er suchte sich zu helfen durch Lavieren zwischen den Geboten der politischen Moral, dem Kampf gegen seinen Todfeind Clodius,

---

[1]) ad Att. IV 2, 6.
[2]) ad Att. IV 1. 7 *ille legatos quindecim cum postularet, me principem nominavit, ut ad omnia me alterum se fore dixit.* 2. 6 *ego me a Pompeio legari ita sum passus, ut nulla re impedirer.*

der Rücksicht auf Pompejus und der auf seine materiellen Interessen, und kam dadurch nur aus einer Verlegenheit in die andere. Gleich zu Anfang trat das deutlich hervor: nach überschwenglichen, von hochgradigem Selbstgefühl geschwellten Dankreden an Senat und Volk gab er, wie wir gesehn haben, den Anstoß zu dem Getreidegesetz für Pompejus. Aber bei der entscheidenden Abstimmung im Senat „verhielt ich mich schweigend, um so mehr, da die Pontifices noch kein Gutachten über mein Haus abgegeben haben"[1]. Aber durch sein Eintreten für Pompejus hatte er natürlich die überzeugten Optimaten vor den Kopf gestoßen, und während Clodius den sachlich keineswegs unberechtigten Vorwurf erhob, er schlage durch den Antrag auf Verleihung einer außerordentlichen Gewalt seinen Grundsätzen ins Gesicht und habe sich dadurch seine bisherigen Anhänger entfremdet, ließen sie ihn ihre Unzufriedenheit so deutlich fühlen, daß er kurz darauf (29. September) in die vor den Pontifices gehaltene Rede für die Rückgabe seines Hauses eine ausführliche, inhaltlich äußerst matte Verteidigung seines Verhaltens einlegte[2]. Andrerseits war Pompejus ebensowenig geneigt, dem unsicheren Gehilfen eine wirklich unabhängige materielle Existenz zu verschaffen. So wurde ihm zwar das städtische Grundstück und eine entsprechende Bausumme bewilligt, aber die Entschädigung für seine Villa vom Senat so knapp bemessen, daß er wenigstens damit nicht auskommen konnte und fortan bei seiner Bauwut

---

[1] ad Att. IV 1, 7 *consulares duce Favonio fremunt; nos tacemus, et eo magis, quod de domo nostra nihil adhuc pontifices responderunt.*

[2] de dom. 3—31; § 29 verteidigt er sich gegen den Vorwurf, der den Optimaten in den Mund gelegt wird: *quod sibi iste volt? nescit, quantum auctoritate valeat, quas res gesserit, qua dignitate sit restitutus. cur ornat eum, a quo desertus est?* Er verdanke seine Rückkehr in erster Linie dem Pompejus, daher sei Clodius' Behauptung. *post illam sententiam, quam dixeram de annona, pontificum animos esse mutatos,* unberechtigt; und *si cuius forte pontificis animum, quod certo scio aliter esse* [in Wirklichkeit bestätigt das nur die Tatsache], *mea sententia offendit,* dürfe dieser sich in seinem Votum dadurch doch nicht beeinflussen lassen (§ 31).

aus der Geldverlegenheit nie wieder herausgekommen ist. „Die, welche mir die Flügel beschnitten haben", schreibt er an Atticus, „wollen nicht, daß sie mir wieder wachsen; doch ich hoffe, sie wachsen schon wieder"[1]). Er überschüttete denn auch das Publikum mit einer Rede und Broschüre nach der andern, indem er zugleich seinem Selbstlob und seinem Haß freien Lauf ließ. Aber auch dabei mußte er sich Zwang auferlegen: gegen die eigentlichen Urheber seines Unglücks durfte er nicht auftreten, er mußte reden, als ob hier nur ein unglückseliges Mißverständnis vorgelegen hätte und er mit Pompejus und auch mit Caesar auf dem besten Fuß stände. Um so wütender entlud sich sein Groll gegen die Werkzeuge, gegen Clodius und die beiden Consuln des Jahres 58 sowie deren Gehilfen; die Reden, die er in den nächsten vier Jahren produziert hat, gehören zu den widerwärtigsten Produkten dieser ganzen, an sich schon durch ihre Verlogenheit und ihre affektierte moralische Pose so unerquicklichen Literatur und überbieten an giftiger Invektive und schmutziger Skandalsucht sogar noch die schlimmsten attischen Vorbilder; eben durch das Streben, seine Würde zu betonen, sinkt er hier zu völliger Würdelosigkeit herab. Auf Pompejus dagegen häuft er immer aufs neue überschwengliches Lob; und als Caesars Bericht über die Besiegung der Belgier eintraf, beantragte er im Senat ein fünfzehntägiges Dankfest, fünf Tage mehr, als sieben Jahre zuvor für Pompejus[2]). Wie er in Wirk-

---

[1]) ad Att. IV 2, 5 *verum iidem, mi T. Pomponi, iidem inquam illi. quos ne tu quidem ignoras, qui mihi pinnas inciderant, nolunt easdem renasci. sed, ut spero, iam renascuntur.* Mit diesen Leuten sind offenbar nicht sowohl Pompejus und seine Genossen gemeint, wie die Rivalen und Neider in der Aristokratie, über die er so oft klagt; vgl. auch die Briefe an Lentulus I 7, 7 f. und I 9 und ad Att. IV 5, 1 f., speziell die Klage über *ii, qui villam me moleste ferunt habere, quae Catuli fuerat, a Vettio me emisse non cogitant; qui domum negant oportuisse me aedificare, redere aiunt oportuisse* [sie hatten damit ganz recht]. *sed quid ad hoc, si, quibus sententiis dixi quod et ipsi probarent, laetati sunt tamen, me contra Pompei voluntatem dixisse?*

[2]) de prov. cons. 26 *supplicationem quindecim dierum decrevi sententia mea*; 27 *in illa supplicatione, quam ego decrevi*; vgl. 25.

lichkeit über ihn, sowie über dessen Freund Crassus dachte, hat
er geheimen Aufzeichnungen anvertraut, die vor seinem Tode
niemand zu Gesicht bekommen sollte; in seinen öffentlichen
Äußerungen aus dieser Zeit ignoriert er den Crassus vollkommen,
als den Unbedeutendsten der drei, zumal er recht wohl wußte,
daß dieser den Clodius stützte[1]). Nur um so mehr schloß Cicero
sich an Pompejus an; und hier ist, so scheint es, zu der politischen
Berechnung in der Tat ein wenn auch nicht tiefgehendes Gefühl
der Zuneigung hinzugekommen. In seiner weichen Art empfand
er wirklich Dankbarkeit gegen den Mann, der seine Rückkehr
ermöglicht hatte; und es schmeichelte ihm, als intimer Vertrauter
neben dem großen Mann zu stehn, der sich im öffentlichen Leben
so unbeholfen gab und dem er an geistiger Regsamkeit so weit
überlegen war. Auch war er ja an sich mit dem Principat des
Pompejus durchaus einverstanden, wenn dieser nur dazu zu
bringen war, sich den Grundsätzen der Aristokratie zu fügen,
sich mit einem maßgebenden Einfluß zu begnügen, statt alles
selbst in die Hand nehmen zu wollen, und wenn er den Cicero,
was dieser ihm schon im Jahre 63 insinuiert und in den folgenden Jahren scheinbar erreicht hatte, als seinen Mentor oder
Laelius anerkennen wollte.

Aber Pompejus begehrte ganz andere Dienste. Die Getreide-

---

[1]) Dio 39. 10, wo die Situation vortrefflich geschildert wird: Cicero
versöhnt sich mit Pompejus und stattet ihm durch das Getreidegesetz
den Dank ab; Καῖσαρ δὲ καὶ Κράσσος ἄλλως μὲν ἤχθοντο τῷ Κικέρωνι·
σπουδὴν δ' οὖν τινα αὐτοῦ ἔσχον, ἐπειδὴ πάντως καθήξοντα αὐτὸν ᾔσθοντο
(καὶ γὰρ ὁ Καῖσαρ καὶ ἀπὼν εὔνοιάν τινα αὐτῷ ἐνεδείξατο — dem liegt
offenbar die Widmung der Bücher *de analogia* zugrunde, die wohl in
etwas spätere Zeit fällt), οὐ μέντοι καὶ χάριν οὐδεμίαν ἀντέλαβον. ἐκεῖνος
γὰρ τοῦτό τε οὐκ ἀπὸ γνώμης σφᾶς πεποιηκότας εἰδὼς καὶ τῆς φυγῆς αἰ-
τιωτάτους γεγονέναι νομίζων ἐκ μὲν τοῦ προφανοῦς οὐ πάνυ πρὸς αὐτοὺς ἐθρασύνετο, ἅτε καὶ τῶν τῆς ἀκράτου παρρησίας ἐπικαρπιῶν νεωστὶ πεπειραμένος,
βιβλίον μέντοι τι ἀπόρρητον συνέθηκε, nämlich die Schrift *de consiliis suis*.
Die Datierung ist gewiß richtig, wenn auch Cicero noch in den folgenden Jahren weiter daran gearbeitet haben mag, wie er sie denn schon
im April 59 begonnen hatte (ad Att. II 6, 2. 12, 3). Nach Caesars Ermordung hat er wieder daran gefeilt (Att. XIV 17, 6); er selbst bezeichnet die Schrift als ἀνέκδοτα.

verwaltung konnte ihm in der gegen seine Ansprüche stark beschnittenen Fassung, in der sie bewilligt war, um so weniger genügen, da inzwischen seine Stellung zu Caesar sich zu seinem Nachteil verschoben hatte. Mit schwerer und berechtigter Besorgnis sah Pompejus, wie sein Schwiegervater sich keineswegs mit der ihm zugedachten Adjutantenstellung begnügte, sondern sich in Gallien ein selbständiges Reich gründete, das ihm zugleich die Mittel verschaffte, seinen Anhang in Rom ständig zu stärken und die Beamten durch seinen Einfluß und sein Geld an sich zu fesseln[1]); auch konnte ihm nicht verborgen sein, daß Caesar ebenso wie Crassus den Clodius gewähren ließ und ihm seine Umtriebe, mochte er auch im Jahre 58 die Rechtsbeständigkeit der julischen Gesetze angefochten haben (oben S. 107), im Grunde ganz genehm waren. Daß seine eigenen Siege vor denen Caesars verblaßten, daß diesem eine Ehrung bewilligt wurde, welche die ihm zuerkannte überbot (S. 123), schmerzte ihn tief, zumal er offiziell dem Antrag zustimmen mußte[2]); auf seine Art suchte er dem entgegenzuwirken, indem er die Consuln veranlaßte, Caesars Berichte möglichst spät zur Kenntnis zu bringen, ja er dachte daran, Caesar vor der Zeit einen Nachfolger senden zu lassen[3]). Diese Haltung des Pompejus ermöglichte es, daß

---

[1]) Sueton Caes. 23.

[2]) Cic. de prov. cons. 27 *sum Cn. Pompei virtutem et animi magnitudinem admiratus, quod ... ampliorem honorem alteri tribuebat, quam ipse erat consecutus.*

[3]) Dio 39, 25. Ich sehe keinen Grund, diese Angabe zu bezweifeln, wenngleich Dio hier in seiner Art sehr resolut durchgegriffen und sich die Dinge so zurechtgelegt hat, wie er sie verstehn zu können glaubte. Die aus der veränderten Lage entspringende Spannung zwischen Pompejus und Caesar und jenes Umtriebe gegen diesen hebt er mit Recht scharf hervor; aber er hat deshalb die Chronologie verschoben, die Bewilligungen des Senats für Caesar, die im Mai erfolgten, vorweggenommen (ebenso mag allerdings in der Angabe, daß Pompejus ἐπεχείρησε ... καὶ διάδοχόν τινα αὐτῷ καὶ πρὸ τοῦ καθήκοντος καιροῦ πέμψαι die Verhandlung stecken, bei der Cicero *de prov. cons.* gesprochen hat) und vor allem die Konferenz von Luca gestrichen. Nach ihm verbindet sich vielmehr Pompejus, um gegen Caesar eine Stütze zu haben, aufs neue mit Crassus (c. 26. 3 τοιούτοις οὖν δή τισι λογισμοῖς ὁ Πομπήϊος ἐπὶ τὸν Καίσαρα ὡπλίζετο,

die Angriffe auf Caesars Gesetze wieder aufgenommen wurden[1]). Im Dezember 57, kurz vor den Saturnalien (17. Dezember), brachte der Tribun P. Rutilius Lupus, ein Anhänger des Pompejus[2]), die Frage des campanischen Ackergesetzes in einer von ihm geleiteten Senatssitzung zur Sprache, „mit mehreren Stichen gegen Caesar und Herausforderungen gegen Pompejus, der nicht anwesend war"[3]). Seine Ausführungen wurden schweigend angehört; er erklärte, er wolle keine Umfrage vornehmen, aber dies Schweigen zeige im Zusammenhang mit den in früherer Zeit erhobenen Vorwürfen die Ansicht des Senats. Der designierte Consul Marcellinus protestierte dagegen: aus dem Schweigen sei weder Zustimmung noch Ablehnung zu entnehmen, in Pompejus' Abwesenheit könne über die Sache nicht verhandelt werden. Damit wurde die Frage für diesmal fallen gelassen.

Das militärische Kommando, welches Pompejus wünschte, war in Aegypten, eben dem Lande, welches Caesar und Crassus

καί, ἐδόκει γὰρ οὐκ ἂν ῥᾳδίως μόνος αὐτὸν καταλῦσαι, τὸν Κράσσον ὡς καὶ μετ' αὐτοῦ ποιήσων ἔτι καὶ μᾶλλον ἀνηρτήσατο), und sie erzwingen ihr Consulat; auch Clodius tritt jetzt wieder zu Pompejus über (c. 29, 1 Κλώδιος δὲ ἐν τούτῳ μεταπηδήσας αὖθις πρὸς τὸν Πομπήιον), während in Wirklichkeit beides nur durch Caesars Hilfe ermöglicht wurde.

[1]) In der Rede de domo (29. Dezember) geht Cicero der Frage, die er berühren muß, da er die Rechtsbeständigkeit von Clodius' Adoption und Tribunat angreifen will, dadurch aus dem Wege, daß er darauf hinweist, daß eben Clodius selbst sie als Tribun angefochten und sich dafür auf Bibulus' Zeugnis berufen hat: *infirmas igitur tu,* läßt er sich einwenden, *acta C. Caesaris viri fortissimi? minime; neque enim mea iam quidquam interest exceptis eis telis, quae ex illius actionibus in meum corpus inmissa sunt. sed haec de auspiciis, quae ego nunc perbreviter attingo, acta sunt a te* (d. i. von Clodius), § 39.

[2]) Er wirkt für die Übertragung des aegyptischen Kommandos an Pompejus, ad fam. I 1. 3. 2, 2; ebenso steht er im Bürgerkrieg als Praetor auf dessen Seite (Caes. civ. I 24, III 56).

[3]) ad Qu. fr. II 1. 1 *fuerunt nonnulli aculei in Caesarem, contumeliae in Gabinium* (einen Gehilfen des Clodius), *expostulationes cum absente Pompeio.* Über die Herstellung des durch die von MOMMSEN aufgedeckte Blattversetzung zerrissenen Briefs und die richtige Deutung s. STERNKOPF, Hermes 39, 386 ff., der mit Recht den Einschnitt zwischen *dixit* und *Milo* macht und letzteres schon zu II 3. 4 zieht.

bisher als ihre Domäne betrachtet hatten. Der König Ptolemaeos Auletes konnte die Riesensummen, die er an Caesar, Pompejus und ihre Genossen für seine Anerkennung hatte zahlen müssen (S. 76), nur durch die stärksten Erpressungen aufbringen; vor den dadurch erzeugten Unruhen floh er etwa Ende 58[1]) aus Alexandria zu seinem Schutzherrn, wie Timagenes behauptet, ohne dringende Not, auf Anstiften des Theophanes von Mytilene, des bekannten Agenten des Pompejus, der diesem die Handhabe zum Einschreiten verschaffen wollte[2]); und unmöglich ist es gewiß nicht, daß dieser damals bereits, in seiner Bedrängnis durch Clodius, an einen solchen Ausweg gedacht hat. Jedenfalls wandte sich Ptolemaeos zunächst an Cato, den er, ehe dieser nach Byzanz und Cypern ging, auf Rhodos aufsuchte. Cato riet ihm, sein Geld nicht an die unersättlichen römischen Magnaten zu verschleudern, sondern sich mit seinen Untertanen zu versöhnen, er selbst sei bereit, dabei zu vermitteln. Ptolemaeos war zuerst dazu bereit, ließ sich dann aber von seiner Umgebung bewegen, nach Rom zu gehn[3]). Hier geriet er mitten in das Intrigenspiel der Parteien und Persönlichkeiten und mußte eine Anleihe nach der andern aufnehmen, um die ständig wachsenden Ansprüche zu befriedigen; Pompejus aber empfahl den König dem Senat, nahm ihn in sein Haus und verschaffte ihm einen neuen Kredit, auf seiner albanischen Villa wurden die Anleihen abgeschlossen[4]). Inzwischen hatte man in Alexandria die Tochter des Königs Berenike auf den Thron erhoben[5]); auf die Kunde,

---

[1]) Über das Datum s. STRACK, Dynastie der Ptolemaeer 209; daß er Cato noch auf Rhodos trifft, gestattet kaum, über Ende 58 hinabzugehn.

[2]) Plut. Pomp. 49; Plutarchs Gegenargument, τοῦτο ... ἄπιστον ἡ Πομπηίου ποιεῖ φύσις, οὐκ ἔχουσα κακόηθες οὐδ' ἀνελεύθερον οὕτω τὸ φιλότιμον beweist natürlich garnichts.

[3]) Plut. Cato 35.

[4]) Cic. pro Rab. Post. 6. Dio 39, 14, 3 ὁ Πομπήιος τῇ τε οἰκίᾳ αὐτὸν ὑπεδέξατο καὶ ἰσχυρῶς οἱ συνήρετο. Strabo XVII 1, 11 τὸν Αὐλητὴν ἀφικόμενον εἰς Ῥώμην δεξάμενος Πομπήιος Μάγνος συνίστησι τῇ συγκλήτῳ καὶ διαπράττεται κάθοδον μὲν τούτῳ, τῶν δὲ πρεσβέων τῶν πλείστων, ἑκατὸν ὄντων, ὄλεθρον τῶν καταπρεσβευσάντων αὐτοῦ.

[5]) So Dio 39, 13 und Strabo XVII 1. 11; nach Porphyrios bei Euseb.

daß Ptolemaeos in Rom sei, schickte man eine Abordnung von
hundert Gesandten unter Führung des Akademikers Dion hin,
um sich zu rechtfertigen und den König anzuklagen. Aber
Ptolemaeos und seine römischen Gläubiger sorgten dafür, daß
zahlreiche von ihnen unterwegs den Tod fanden; andere wurden
in Rom selbst umgebracht, die übrigen durch Drohungen oder
Bestechung zum Schweigen gebracht. Indessen der Skandal
war zu groß, als daß er sich ganz hätte unterdrücken lassen;
M. Favonius, auch hier der unermüdliche Vorkämpfer für Ehre
und Recht, brachte die Mordtaten und Bestechungen im Senat
zur Sprache. Er erreichte auch, daß Dion vorgeladen wurde; aber
die Verhandlung und Untersuchung wurde hintertrieben, Dion
selbst im Hause des Pompejaners Luccejus auf Anstiften der unersättlichen Wucherer, die sich die Goldquelle nicht verstopfen lassen
wollten, ermordet[1]). Im Senat aber erwirkte der Consul Lentulus
Spinther im Sommer 57 den Beschluß, daß der Statthalter, dem
die Provinz Cilicien zufallen würde — das war er selbst —, den
König zurückführen sollte[2]).

Damit war indessen die Sache keineswegs zu Ende; vielmehr
setzten jetzt die Intrigen des Pompejus nur um so stärker ein.
Seine Vertrauten forderten seine Entsendung an der Spitze einer
Armee, ebenso die Parteigänger des Königs, die im Vertrauen

---

chron. I p. 168 SCHÖNE regierte sie zunächst mit ihrer älteren Schwester
zusammen. s. STRACK, Dyn. der Ptol. 66 ff.

[1]) Cic. pro Cael. 23 f. 51 ff. Dio 39. 15. Strabo XVII 1. 11. Vgl.
de har. resp. 34. Als Mörder des Dion wurde P. Asicius [vgl. ad Qu.
fr. II 8, 2] im Jahre 56 angeklagt, aber von Cicero verteidigt und freigesprochen; ebenso wurde M. Caelius, der auch in Puteoli die alexandrinischen Gesandten insultiert haben soll (pro Cael. 23 *de Alexandri-
norum pulsatione Puteolana)* — auch er war an den Geldgeschäften
beteiligt — der Mitwirkung beschuldigt, den Crassus und Cicero erfolgreich verteidigten. Auch Licinius Calvus hat den Asicius angeklagt:
Tac. dial. 21. Vgl. Dio l. c.: καὶ μέντοι τοῦ Δίωνος μετὰ ταῦτα δολοφονη-
θέντος οὐδεμίαν οὐδ' ἐπ' ἐκείνῳ δίκην ἔδωκε (ὁ Πτολεμαῖος, da Pompejus ihn
bei sich aufnahm); τῶν γε μὴν ἄλλων τῶν αὐτόθεν ἐκλήθησαν μὲν ἐν
ὑστέρῳ συχνοί, ἑάλωσαν δὲ ὀλίγοι. τό τε γὰρ δεδωροδοκηκὸς πολὺ ἦν, καὶ
ἀλλήλοις διὰ τὸ ἴδιον ἕκαστος δέος συνεμάχουν.

[2]) Cicero an Lentulus l 1, 3. 7, 4. Dio 39, 12. 3.

auf Pompejus ihr Geld zu Wucherzinsen hergegeben hatten; er selbst hielt sich nicht nur zurück, sondern erklärte überall, er sei mit Lentulus' Beauftragung einverstanden, und trat am 11. Januar 56 im Senat in ausführlicher Rede mit großem Nachdruck dafür ein; er wollte eben in üblicher Weise gezwungen sein, die schwere Last auf sich zu nehmen, da man ihm wieder einmal die heißersehnte Ruhe nicht gönne[1]). Cicero, der dem Lentulus wegen seiner eigenen Rückberufung verpflichtet war, tat so, als ob er das wirklich glaube, und stellte sich Pompejus' Herzenswunsch gegenüber taub; er suchte ihn in ununterbrochenem Verkehr in dieser Haltung zu festigen und stellte ihm vor, mit welcher Schmach er sich bedecken würde, wenn er sich in eine so schmutzige Sache einließe. Im Senat aber griff man, wie so oft, zu einem religiösen Mittel: auf Grund eines Prodigiums — zu Anfang des Jahres schlug der Blitz in die Juppiterstatue auf dem Albanerberge — entdeckte man in den sibyllinischen Orakeln den Spruch, daß man den König Aegyptens, wenn er um Hilfe bitte, zwar freundlich unterstützen, aber ihm kein Heer zu Hilfe senden dürfe, wenn man nicht in große Nöte geraten wolle. Natürlich beschloß der Senat dementsprechend. Der Tribun C. Cato, ehemals, im Jahre 59, Anhänger des Senats (S. 79), aber jetzt mit Clodius verbündet und daher ein eifriger Gegner des Pompejus, hatte die aegyptische Sache gleich beim Antritt (10. Dec. 57) seines Amts aufgenommen und gegen Lentulus' Entsendung agitiert[2]), jetzt brachte er den Sibyllenspruch sogleich vor das Volk, um dem

---

[1]) Cic. an Lentulus I 1. 2 *nam cum sermone cotidiano tum in senatu palam sic egit causam tuam, ut neque eloquentia maiore quisquam nec gravitate nec studio nec contentione agere potuerit, cum summa testificatione tuorum in se officiorum et amoris erga te sui.*

[2]) Fenestella in dem bei Nonius p. 385 s. v. *rumor* gebrachten Fragment aus dem 22. Buche seiner Annalen (fr. 21 PETER): *itaque ut magistratum tribuni inierunt, C. Cato, turbulentus adulescens et audax nec imparatus ad dicendum, contionibus adsiduis invidiam et Ptolomaeo simul, qui iam profectus ex urbe erat, et Publio Lentulo consuli, paranti iam iter, cogitare (?) secundo quidem populi rumore coepit.*

Senat den Rückzug unmöglich zu machen¹). Wie man nun aber
weiter vorgehn sollte, war erst recht unsicher: die Majorität des
Senats, geführt von Hortensius, Cicero, Lucullus, war für Lentulus; Crassus wollte den Auftrag drei aus den Trägern eines
militärischen Kommandos entnommenen Gesandten zuweisen —
darunter konnte dann auch Pompejus sein, wenn er Neigung
hatte, sich so weit herabdrücken zu lassen —; Bibulus, auf dessen
Seite auch die Consuln standen, mit einem großen Teil der Consulare
forderte drei amtlose Gesandte, so daß Pompejus ausgeschlossen
blieb. Der alte Servilius Isauricus (cos. 79) stellte den vernünftigen
Antrag, die Sache überhaupt aufzugeben; der die Verhandlung
leitende Tribun Rutilius Lupus dagegen (oben S. 126) nebst den
Consularen Volcacius Tullus (cos. 66) und Afranius (cos. 60) trat
für Pompejus ein, ebenso die Tribunen Libo und Hypsaeus und
andre²). An den folgenden Tagen wurde die Sache durch endlose
Diskussionen ohne Entscheidung hingezogen, und vom 17. Januar
an konnte, weil die übrigen Tage des Januar Comitialtage waren
und im Februar nach einem Gesetz des Gabinius vom Jahre 67
zunächst die auswärtigen Gesandtschaften beschieden werden
mußten, überhaupt nicht darüber verhandelt werden³). Erledigt
wurde nichts, vielmehr wurde die Staatsverwaltung wieder einmal durch die inneren Wirren völlig brachgelegt, und wie im
Jahre 61 die Bewilligung der Geldanweisungen für die Provinzialverwaltung durch Clodius' Einwirkung verhindert⁴). Dagegen

---

¹) Dio 39, 16, der hier wie immer völlig gläubig ist. Cicero dagegen macht aus dem Schwindel kein Hehl: *senatus religionis
calumniam non religione sed malevolentia et illius regiae largitionis invidia comprobat*, an Lentulus I. 1, 1; *nomen fictae religionis*
I 4, 2.
²) Cicero an Lentulus I 1; dem entspricht der Fortgang der Senatsverhandlungen am 13. und 15. Februar, über die Cicero I 2 und 4 ausführlich berichtet; ferner ad Qu. fr. II 2.
³) Cic. an Lentulus I 4, 1; ad Qu. fr. II 2, 3.   1.
⁴) Dio 39, 3 ὁ γὰρ Κλώδιος ... οὐκ εἴα τὸν φρατριακὸν νόμον ἐσενεχθῆναι· πρὶν γὰρ ἐκεῖνον τεθῆναι, οὔτ' ἄλλο τι τῶν σπουδαίων ἐν τῷ κοινῷ
πραχθῆναι οὔτε δίκην οὐδεμίαν ἐσαχθῆναι ἐξῆν. Dem entspricht Cicero ad
Qu. fr. II 3. 1 *interim reiectis legationibus in Idus (Febr.) refere-*

Die aegyptischen Verhandlungen. Clodius gegen Pompejus 131

brachte C. Cato Anfang Februar den Antrag vor das Volk, den
Lentulus aus seiner Provinz abzuberufen[1]); sein Rivale, der
Tribun L. Caninius Gallus dagegen beantragte, daß Pompejus
zwar ohne Heer, aber mit zwei Lictoren nach Aegypten geschickt
werden solle[2]), und auch Ptolemaeos schrieb einen Brief mit
dieser Bitte, den der Tribun A. Plautius vor dem Volke verlas[3]).
Aber die Abstimmung wurde durch den Consul Cn. Lentulus
Marcellinus vereitelt, indem er die Wiederholung des Latinischen
Festes und Dankopfer (für Caesars Siege?) auf diese Tage verlegte[4]), und auch Pompejus selbst verlor offenbar schließlich die
Neigung, auf eine so dürftige Mission einzugehn. Die Aussichten
für Lentulus Spinther wurden allerdings immer geringer, wie
endlich Cicero selbst diesem eingestehen mußte[5]); aber im übrigen
verlief die Angelegenheit, nachdem sie viel Staub aufgewirbelt
hatte, schließlich im Sande.

Inzwischen kam Clodius' Anklage gegen Milo zur Verhand-

---

*batur de provinciis quaestorum et de ornandis praetoribus; sed res
multis querelis de republica interponendis nulla transacta est.* Die
Ausstattung der Provinzen ebenso wie die Gerichtsbarkeit der Praetoren
hatte die *lex curiata* zur Voraussetzung, deren Zustandekommen Clodius offenbar durch Intercession eines Tribunen verhinderte. Von seinen auf
völlige Lahmlegung der Verwaltung zielenden Plänen hat Clodius bei
den Verhandlungen über das Gutachten der haruspices in der Volksversammlung geredet: de harusp. resp. 55 *in contione ausus est dicere, iustitium
edici oportere, iurisdictionem intermitti, claudi aerarium, iudicia tolli.*

[1]) Cic. ad Qu. fr. II 3, 1, vgl. 3, 4. an Lentulus I 5a, 2.
[2]) Plut. Pomp. 49. Dio 39, 16. Über Caninius s. Cic. an Lentulus
I 2, 1. 4. 7, 3. ad Qu. fr. II 2, 3. 4, 6.
[3]) Dio 39, 16, bei Plut. Pomp. 49 etwas abweichend: ἦν δὲ γράμ-
μασιν ἐντυχεῖν διερριμμένοις κατ' ἀγοράν καὶ παρὰ τὸ βουλευτήριον, ὡς δή
Πτολεμαίου δεομένου Πομπήιον αὐτῷ στρατηγὸν ἀντὶ τοῦ Σπινθῆρος δοθῆναι.
Ptolemaeos' Gesandter Hammonios war schon früher gegen Lentulus für
Pompejus eingetreten. Cic. an Lentulus I 1, 1.
[4]) Cic. ad Qu. fr. II 4, 4, vgl. über sein Auftreten gegen Pompejus
§ 5 und an Lentulus I 1, 2. 2, 2.
[5]) Cic. an Lentulus I 6. 7; vorher I 5 b schreibt er (kurz nach dem
8. Februar) *itaque Alexandrina causa   videtur ab illo (Pompeio)
plane esse deposita.* An Quintus schreibt er im März (II 4, 5) *nam
quod de Pompeio Caninius agit, sane quam refrixit.*

lang; für diesen trat neben Cicero und andern auch Pompejus ein. Aber als er bei dem zweiten Termin, am 6. Februar, das Wort ergreifen wollte, erhoben die Banden des Clodius einen solchen Lärm, daß er nur mit äußerster Anstrengung und vielfachen Unterbrechungen seine Rede zu Ende führen konnte. Dem Clodius wurde von der Gegenpartei dasselbe Schicksal bereitet und er zwei Stunden lang mit Schimpfworten und schmutzigen Versen auf sich und seine Schwester überschüttet. Da half er sich, indem er in den Tumult die Frage warf: „Wer tötet das Volk durch Hunger? Wer begehrt nach Alexandria zu gehn?" und weiter: „Wer ist der zuchtlose Imperator? Wer kratzt sich mit einem Finger den Kopf?" und jedesmal brüllte die Menge zur Antwort: „Pompejus!" Dann aber: „Wen wünscht ihr nach Aegypten?" — „Crassus!" — der stand, obwohl offiziell Zeuge für Milo, schadenfroh dabei. Dann kam es zu dem üblichen Anspeien und schließlich zu einer Prügelei, in der Clodius' Banden den kürzeren zogen[1]). Der Senat wurde sofort berufen und nach dreitägigen Verhandlungen am 8. Februar endlich der Beschluß gefaßt, Clodius' Verhalten am 6. habe den Staat gefährdet (*contra rempublicam esse facta*): man sieht, wie ungern der Senat seine Autorität für Pompejus einsetzte; alle seine Gegner, Bibulus, der alte Curio, Favonius, der Sohn des Servilius Isauricus stichelten auf ihn, Cicero ging am 6. nicht in die Sitzung, „um in einer so wichtigen Sache nicht entweder zu schweigen oder durch Eintreten für Pompejus bei den Optimaten Anstoß zu erregen". Umgekehrt würzte Cato, der Clodianer, am 8. seine Beschuldigungen gegen Pompejus mit Lobsprüchen auf Cicero und dem Vorwurf, Pompejus habe diesen treulos verraten — ein charakteristisches Bild aus der Wirrnis dieses Intrigenspiels! Pompejus setzte sich energisch zur Wehr: er gab deutlich zu

---

[1]) Cic. ad Qu. fr. II 3, 2 (und kurz an Lentulus I 4 b); ebenso Dio 39, 49 und Plut. Pomp. 48, die einige bei Cicero übergangene, von mir aufgenommene Insulte hinzufügen; Plutarch hat den Vorgang vorweggenommen: hätten wir nur ihn, so würden wir ihn ins Jahr 58 setzen. Pompejus' Manier, sich mit dem Finger den Kopf zu kratzen, wurde ein gemeinobscöner Sinn untergelegt: Calvus fr. 18 (Seneca controv. VII 4, 7. X 1. 8 u. a.)

verstehn, daß er Crassus für den Hauptschuldigen halte, der
den Clodius und C. Cato aufhetze und mit Geld unterstütze,
mit denen auch seine Neider im Senat gemeinschaftliche Sache
machten; er machte aus seinem Ingrimm gegen alle Welt kein
Hehl, erklärte aber, er werde sein Leben besser zu schützen
wissen, als ehemals Scipio Africanus gegen Carbo. Wirklich begann er denn auch seine Anhänger vom Lande, namentlich aus
Picenum und Gallien, aufzubieten, um mit ihnen und mit der
Bande des Milo dem Clodius entgegenzutreten; der Senat aber
faßte einen Beschluß, der den Klubs befahl, sich aufzulösen, und
die Einbringung eines dahingehenden Gesetzes mit Strafbestim-
mungen forderte; dadurch sollte das von Clodius im Jahre 58 gegebene Gesetz wieder aufgehoben werden[1]). Zu den gefürchteten
Straßenkämpfen kam es jedoch nicht; offenbar sah Clodius, daß
sein Anhang dafür zu schwach war. Auch pekuniär war er und
sein Anhang in Bedrängnis; C. Cato mußte die Gladiatorenbande,
die er für seine Tumulte hielt, verkaufen, worauf sie unter der
Hand von Milo erworben und zum Gaudium des Publikums vom
Tribunen Racilius öffentlich versteigert wurde[2]). Die Verhandlung gegen Milo schleppte Clodius hinaus und ließ sie schließlich
fallen; dessen Genosse Sestius dagegen, der gleichfalls eifrig für
Ciceros Rückberufung agitiert hatte, wurde am 11. März[3]) einstimmig freigesprochen, verteidigt von Hortensius, Crassus,
Licinius Calvus und Cicero[4]); auch Pompejus war als Zeuge für
ihn aufgetreten[5]). Wenn dagegen um dieselbe Zeit einer der
schlimmsten Gesellen des Clodius, Sextus Clodius, dem jener in
seinem Tribunal die Getreideverteilung übertragen hatte und
auf dessen Konto unter anderem eine Brandstiftung stand, bei der
die Bürgerliste in Flammen aufgegangen war[6]), mit drei Stimmen

---

[1]) ad Qu. fr. II 3, 2 ff.
[2]) ad Qu. fr. II 4. 4.
[3]) ad Qu. fr. II 4, 1.
    schol. Bob. pro Sestio p. 292 ORELLI. 125 STANGL; Cicero erwähnt nur die Rede des Hortensius.
[4]) An Lentulus I 9, 6.
[5]) pro Cael. 78. pro Mil. 73. de dom. 25.

Mehrheit freigesprochen wurde, so beruhte das darauf, daß die
senatorischen Richter ihn freisprachen, weil er den Pompejus
schikanierte, während von den Rittern die Hälfte, von den
Aerartribunen — also dem Mittelstand — die große Majorität
ihn verurteilte[1]).

Auch sonst trat das Streben, Pompejus zu demütigen, immer
von neuem hervor. Der Consul Lentulus Marcellinus griff ihn
in seinen Reden heftig an, unter Zustimmung des Senats; man
freute sich, daß er durch seine Händel mit Clodius und jetzt durch
die Beschützung Milos die Gunst des Pöbels völlig verloren hatte,
und gar manche wollten eben darum von einem Einschreiten
gegen Clodius nichts wissen und nahmen diesen in Schutz[2]). Cicero
war damit nicht einverstanden und hielt sich daher von den Verhandlungen zurück; wie in den Zeiten vor Caesars Consulat
wiegte er sich in der Illusion, er könne durch persönliche Einwirkung den Pompejus, mit dem er ununterbrochen in regem
Verkehr stand, dahin bringen, daß er sich von ihm leiten ließ
und der Senatspolitik anschloß[3]); unter dieser Bedingung war

[1]) ad Qu. fr. II 6 *ea ipsa in re Pompei offensio* (die Gereiztheit gegen Pompejus) *nobis obstitit; senatorum enim curia copiose absolvit, equitum adaequavit, tribuni aerarii condemnaverunt.*

[2]) ad Qu. fr. II 4. 4 *consul est egregius Lentulus, non impediente collega* (L. Philippus, vermählt mit Caesars Nichte Atia); *sic, inquam, bonus ut meliorem non viderem.* § 5. *Pompeius . hercule non est idem; nam apud perditissimam illam et infimam faecem populi propter Milonem suboffendit, et boni multa ab eo desiderant, multa reprehendunt. Marcellinus autem hoc uno mihi quidem non satis facit, quod eum nimis aspere tractat: quamquam id senatu non invito facit: quo ego me lubentius a curia et ab omni parte reipublicae subtraho.* Vgl. de harusp. resp. 50: ein Teil der Optimaten unterstützt den Clodius *quo tandem decepti munere? volo, inquiunt, esse qui in contione detrahat Pompeio ... an ille demens* (Clodius) *... foedior aut inquinatior eis Cn. Pompeio accusando quam in universo senatu vituperando fuit? quod quidem miror, cum alterum sit gratum iratis, alterum esse tam bonis civibus non acerbum.* Vgl. auch an Lentulus I 9. 10.

[3]) Cicero an Lentulus I 9. 6 *itaque quamquam et Pompeio plurimum debebam et eum non solum beneficio sed amore etiam et perpetuo quodam iudicio meo diligebam, tamen non reputans,*

er ja, anders als die eifrigen Optimaten, ganz bereit, Pompejus' Principat anzuerkennen. Der günstige Verlauf der politischen Prozesse schwellte seinen Mut; bei den Verhandlungen über Sestius ergriff er die Gelegenheit, den als Zeuge geladenen Vatinius, das verhaßteste der Werkzeuge Caesars, und damit indirekt, trotz aller formell beobachteten Rücksicht, Caesar selbst in Gegenwart des Pompejus aufs heftigste anzugreifen: Bibulus' Schicksal sei weit ruhmvoller als alle Siege und Triumphe, die, welche Bibulus gezwungen hätten, das Haus zu hüten, d. i. Caesar und seine Gehilfen, seien dieselben, die ihn aus Rom verjagt hätten; alle Maßregeln, die Vatinius als Tribun im Dienste Caesars durchgesetzt hatte, unterzog er als staatsfeindlich und ungesetzlich einer vernichtenden Kritik[1]. Die Rede für Sestius dagegen arbeitete er zu einer umfassenden Apologie seines eigenen Verhaltens aus und zugleich zu einem breit ausgeführten Appell an die Jugend, sich, allen Gefahren trotzend, allein dem Dienst des Staats zu weihen und der Partei der Optimaten, d. i. aller ehrlichen Bürger im Gegensatz zu den selbstsüchtigen und moralisch verkommenen Revolutionären der Popularpartei, anzuschließen[2].

quid ille vellet, in omnibus meis sententiis de republica pristinis permanebam. Das ist zwar fast 3 Jahre später geschrieben (Dezember 54) und von der damaligen Situation beeinflußt, gibt aber doch Ciceros Auffassung und Haltung nicht unrichtig wieder.

[1]) An Lentulus I 9, 7. In der veröffentlichten Rede findet sich der Passus über Bibulus nicht; auch sonst wird sie stark überarbeitet und namentlich die Äußerungen über Caesar (15 f., vgl. 38) gemildert sein. Vgl. ad Qu. fr. II 4, 1: bei der Verteidigung des Sestius *id, quod ille* (Sestius) *maxime cupiebat, Vatinium, a quo palam oppugnabatur, arbitratu nostro concidimus dis hominibusque plaudentibus.*

[2]) Die veröffentlichte Rede pro Sestio hat offenbar mit der wirklich vor Gericht gehaltenen kaum etwas gemein, sondern ist eine politische Broschüre, die für Cicero und die Politik des Senats Stimmung machen soll. Von Sestius und dessen Prozeß — er war an sich dem Cicero keineswegs sympathisch, ad Qu. fr. II 3, 5. 4, 1 *(defendendo moroso homini cumulatissime satisfecimus).* ad Att. VII 17, 2; vgl. Catull 44 — ist in der ganzen Broschüre kaum die Rede. — Ein seltsames Gegenstück dazu bildet die kurz darauf gehaltene Rede pro Caelio, in der Cicero einen höchst zweifelhaften Roué und ehemaligen Anhänger Catilinas in einer recht faulen Sache zu verteidigen hat; die Affäre war

In der Tat schien die Restauration des Senatsregiments in vollem Gang. Von Pompejus fürchtete man nichts mehr; um so unbedenklicher konnte man jetzt Caesar zu Leibe gehn. L. Domitius Ahenobarbus, der alte Gegner Caesars (S. 86. 93), als Persönlichkeit ein Optimat von typischer Mittelmäßigkeit, aber dank dem Adel seines Geschlechts einer von denen, „die schon von der Geburt an zum Consul designiert waren"[1]), verkündete offen, wenn er für das nächste Jahr, wo er das gesetzmäßige Alter erreicht hatte, gewählt werde, werde er als Consul durchführen, was ihm als Praetor im Jahre 58 nicht gelungen war, und Caesar Heer und Provinz abnehmen[2]). Anträge zu Caesars Gunsten, die die Tribunen im März einbrachten, wurden vom Consul Marcellinus durch seine Ansetzung der Festtage (oben S. 131) lahmgelegt[3]). Am 5. April aber wurden zunächst dem Pompejus reichliche Geldmittel für die Getreideversorgung, 40 Millionen Sestertien, bewilligt, und dann die schon im Dezember 57 von dem Tribun Rutilius Lupus zur Sprache gebrachte Frage der Rechtsbeständigkeit des campanischen Ackergesetzes wieder aufgenommen. In der sehr erregten Debatte stellte Cicero selbst als stimmführender Consular den Antrag, die entscheidende Ver-

---

um so bedenklicher. da Cicero die rhetorisch-politische Ausbildung des jungen Wüstlings leitete, der übrigens ein amüsanter Plauderer war. Cicero hilft sich damit, daß er erklärt, man müsse der Jugend bei ihren leichtsinnigen Streichen etwas zugute halten (vgl. oben S. 23 Anm.), und sucht die Vorwürfe gegen ihn mit den üblichen Advokatenkunststücken möglichst zu leugnen oder abzuschwächen; im übrigen benutzte er die Gelegenheit, um aufs neue allen auf Clodius und seiner Schwester lastenden Schmutz mit Behagen aufzuwühlen. Über die Form, in der die Rede auf uns gekommen ist, s. NORDEN, Ber. Berl. Ak. 1913. 12 ff.

[1]) Cic. ad Att. IV 8 b, 2 (Herbst 56) *quid enim hoc (Domitio) miserius, quam eum, qui tot annos quot habet designatus consul fuerit, fieri consulem non posse?*

[2]) Sueton Caes. 24.

[3]) ad Qu. fr. II 4, 5: durch seine Maßregeln hat Lentulus (Marcellinus) *Catonem a legibus removit et eos, qui de Caesare monstra promulgarunt, quibus intercederet nemo.* Über den Inhalt dieser Anträge wissen wir nichts; vermutlich waren sie identisch mit den Maßnahmen, die nach der Krisis für Caesar beschlossen wurden (S. 143).

handlung darüber auf den 15. Mai anzusetzen. Das wurde angenommen und damit Caesar in aller Form die Fehde angekündigt. Daß auch Pompejus, in dessen Interesse die Kolonie Capua gegründet war, davon aufs schwerste betroffen wurde, kümmerte den Senat nicht; bei der notorischen Spannung, in der er mit Caesar stand (S. 125, vgl. 106), glaubte man ihn sicher in Händen zu haben. Cicero suchte ihn zwei Tage darauf noch spät abends auf, da Pompejus am nächsten Tage für die Getreidebeschaffung nach Sardinien, Cicero auf seine Villen gehn wollte; er bat um baldige Heimsendung seines Bruders, was Pompejus bereitwillig zusagte; von der tiefen Verstimmung, die er innerlich empfand, ließ er nichts merken[1]).

Daß inzwischen Crassus sich zu Caesar nach Ravenna begeben hatte[2]), daß Appius Claudius, zum Propraetor von Sardinien bestellt, gleichfalls zu Caesar gegangen war, offenbar um für seinen durch die Aedilität an Rom gebundenen Bruder mit ihm zu verhandeln, und nicht zurückkam[3]), daß Clodius selbst jetzt mit Pompejus seinen Frieden machte, blieb unbeachtet. Vielmehr forderte der Senat auf die Kunde von einem unheilverkündenden Vorzeichen — dem dumpfen Grollen eines Erdbebens — von den etruskischen Haruspices ein Gutachten, und dieses, offenbar von den leitenden Gegnern des Pompejus inspiriert, verkündete, die Götter drohten wegen Vernachlässigung der religiösen Pflichten, Profanation heiliger Orte, und Ermordung fremder Gesandten gegen Recht und Treue mit Bluttaten und Gefahren durch den Zwist der Optimaten, aus denen die Herr-

---

[1]) ad Qu. fr. II 5; vgl. an Lentulus I 9, 7 *Marcellino et Philippo consulibus Nonis Aprilibus mihi est senatus adsensus, ut de agro Campano frequenti senatu Idibus Maiis referretur; num potui magis in arcem illius causae invadere aut magis oblivisci temporum meorum, meminisse actionum? hoc senatus consulto in meam sententiam facto Pompeius, cum mihi nihil ostendisset se esse offensum, in Surdiniam et in Africam profectus est eoque itinere Lucam ad Caesarem venit.*

[2]) An Lentulus I 9, 9.

[3]) ad Qu. fr. II 4, 6 (Mitte März) *Appius a Caesare nondum redierat.*

schaft eines Einzigen hervorgehn, die Verfassung umgestürzt, die schlechten Elemente zur Herrschaft gelangen würden. Offenbar zielte das Gutachten auf Pompejus, mit dem zusammen, durch den Schutz, den ein Teil der Optimaten dem Clodius angedeihen ließ, das Gesindel zur Macht gelangen werde. Natürlich gab es über die Auslegung weitere Händel: Clodius erklärte Cicero für den Schuldigen, dem der von ihm geweihte Boden seines Hauses mit Verletzung der Religion zurückgegeben sei, und gab dabei zugleich von seiner Versöhnung mit Pompejus Kunde, den er mit Lobsprüchen überschüttete[1]). Cicero, der offenbar deshalb seinen Landaufenthalt unterbrochen hatte, deutete es umgekehrt auf Clodius, den er in einer sofort publizierten Broschüre aufs neue mit Schmähungen überschüttete, während er zugleich in üblicher Weise die eigenen Verdienste und seine Voraussicht im hellsten Lichte strahlen ließ — man begreift, daß einem Teil der Senatoren bei diesen ewigen Renommagen endlich die Geduld ausging[2]). Politisch bedeutsam war

---

[1]) de harusp. resp. 51 *legant hanc eius contionem ... certe laudat (Pompeium) et unum esse in hac civitate dignum huius imperii gloria dicit et significat, se illi esse amicissimum et reconciliationem esse gratiae factam. ... nunc iam laudat illum, in eos invehitur, quibus se antea venditabat.* Vgl. Dio 39, 29, 1 (oben S. 125, 3).

[2]) de har. resp. 7. 17. Das betreffende Vorzeichen nebst einer Reihe anderer (vgl. de har. resp. 64) und dem Gutachten erwähnt auch Dio 39, 20, ebenso die gegenseitigen Schmähungen c. 21, 3 f.; er schließt daran den neuen Angriff des Clodius auf Ciceros Haus und die Entfernung der Gesetzestafeln des Clodius durch Cicero (an die er Catos Rückkehr und seinen Konflikt mit Cicero darüber anschließt, ebenso Plut. Cic. 34 = Cat. 40). Diese Vorgänge werden von Cicero nie erwähnt, fallen mithin sicher später als de harusp. resp. oder gar pro Sest. usw.; andrerseits ist es kaum denkbar, daß Cicero nach der Krisis und seiner Unterwerfung so vorgegangen wäre [doch s. unten S. 151 Anm. 4]. Ebenso kann die Rede de har. resp. nur vorher fallen, ehe die neue Vereinigung der Drei in Luca ruchbar wurde (gegen DRUMANN II² 273; hätte Cicero von dieser Wendung eine Ahnung gehabt, so würde er ganz anders oder vielmehr garnicht geredet haben); daher kann sie auch nicht mit LANGE, Röm. Alt. III² 330, auf den 7. Mai, sondern, da die Feier der Megalesien durch Clodius als Aedilen darin § 22 erwähnt wird, die am 4. April (einen Tag vor der oben S. 136 berichteten Senats-

dagegen, daß er die Zwietracht der Optimaten, von der das
Gutachten sprach, in der von einem Teil derselben, um Pompejus
zu demütigen, dem Clodius gewährten Förderung sah und sich
bitter darüber beklagte, und daß er erklärte, dem Pompejus ge-
reichten die Lobsprüche, die ihm Clodius jetzt erteilte, viel mehr
zur Unehre, als seine bisherigen Schmähungen. Das war eine
an Pompejus gerichtete Mahnung, auf dem richtigen Wege zu
beharren. Im übrigen hat Clodius in der Tat noch einmal den

sitzung) stattfand, nur Mitte oder spätestens zweite Hälfte April fallen, und
muß dann sofort publiziert worden sein. Nun schreibt Cicero allerdings
seinem Bruder in der Morgendämmerung des 8. April, er wolle an
diesem Tage aufs Land gehn und am 6. Mai zurückkehren, und eben
darum hat man de har. resp. und die weiteren Vorgänge nach letzterem
Datum angesetzt. Aber Cicero kann seinen Vorsatz sehr wohl geändert
haben und infolge der dortigen Vorgänge alsbald nach Rom zurückgekehrt sein; und dafür spricht, daß wir aus diesem Landaufenthalt
keine Briefe an Atticus haben außer vielleicht dem kurzen, politisch
inhaltlosen und daher nicht genauer datierbaren Billet IV 4 b. Denn
die folgenden Briefe IV 5—7 werden von den Herausgebern allgemein
falsch datiert, wenn sie in den April oder Anfang Mai gesetzt werden:
sie fallen nach der Unterwerfung Ciceros unter das Gebot der Machthaber, mithin auch nach der Senatssitzung vom 15. Mai, bei der Cicero
anwesend war (ad Qu. fr. II 6. u. S. 145), und die παλινῳδία, die
Cicero Att. IV 5 dem Freunde zu schicken sich schämt, ist, wie
MOMMSEN richtig erkannt hat, ohne Zweifel die Rede de prov. cons., die
frühestens etwa Mitte Mai verfaßt sein kann. Gleichzeitig hat er in Rom
den Brief an Quintus II 6 geschrieben, als er von diesem nach dem Mitte
Februar eingetroffenen Brief aus Olbia (II 7) erst jetzt wieder einen
Brief erhielt, in dem er seine bevorstehende Rückkehr meldete und
offenbar von Pompejus' Warnungen und Forderungen Mitteilung gemacht hat (vgl. an Lentulus I 9, 9). Daß Cicero ihm seit dem 8. April
(II 4) nicht mehr geschrieben hat und sich jetzt auf ein kurzes Billet
beschränkt, ist sehr natürlich. Nach Quintus' Rückkehr wird er etwa
im Juni wieder aufs Land gegangen sein, und in diese Zeit fallen dann
die Briefe an Atticus IV 5—7, sowie der an Luccejus V 12. — Daß
MOMMSEN R.G. III[7] 318 das Gutachten der Haruspices vor die Verhandlung im Senat am 5. April und Ciceros Antrag über den ager
Campanus setzt, ist lediglich eine durch Gesichtspunkte des Aufbaus
seiner Darstellung, also durch stilistisch-rhetorische Motive verursachte
Flüchtigkeit, wie bei ihm so häufig, derselben Weise wie bei so
vielen alten Historikern.

Versuch gemacht, Ciceros Haus niederzulegen, wurde aber durch Milo daran gehindert; Cicero rächte sich dadurch, daß er, von dessen Banden und einigen Tribunen begleitet, die Tafeln, auf denen Clodius' Gesetze aufgezeichnet waren, auf dem Capitol umstürzte und fortschleppte[1]).

Die Konferenz von Luca und ihre Folgen

Aber die Erwartung, daß Pompejus sich dem Senat fügen werde, erfüllte sich nicht; vielmehr trieb ihn eben die Notlage, in die ihn dieser im Zusammenwirken mit Clodius gebracht hatte, aufs neue seinem Schwiegervater in die Arme, so sauer ihm dieser Entschluß geworden sein mag. Insofern war Ciceros Politik, wenn wir von seinen gehässigen Invektiven absehn, weit verständiger als die der Heißsporne: er suchte die Kluft zwischen Pompejus und Clodius zu vergrößern und jenen dadurch zur Verbindung mit dem Senat zu zwingen, wofür er ihm Konzessionen und Ehrungen in Aussicht stellte[2]), während jene durch ihre gewiß ehrlichen, aber kurzsichtigen Angriffe das Gegenteil von dem bewirkten, was sie erstrebten[3]).

---

[1]) Siehe S. 138, 2. Bei seinem ersten Versuch wurde Cicero durch Clodius und dessen Bruder Gaius, damals Praetor, der im übrigen keine politische Rolle gespielt hat, daran verhindert, der zweite glückte. Dio 39, 21.

[2]) So weit ist auch Ciceros Behauptung de har. resp. 3 *nihil feci iratus, nihil impotenti animo, nihil non diu consideratum ac multo ante meditatum* nicht unberechtigt, so einseitig sie ist. Die politischen Hintergedanken, die ihn leiteten, konnte er natürlich nicht offen aussprechen; aber daß er sich von allen direkten Angriffen auf Pompejus zurückhielt (vgl. S. 124), war durchaus berechtigt, so sehr ihm das von den Zeitgenossen und den modernen Kritikern zum Vorwurf gemacht worden ist. Natürlich verdarb er indessen seine Wirkung und schwächte seine Position durch seine maßlose Eitelkeit und durch das widerliche Gezänke, zu dem doch er selbst und nicht etwa Clodius durch sein törichtes Verhalten gegen diesen bei dem Skandal beim Feste der Bona dea den Anstoß gegeben hatte.

[3]) An Lentulus schreibt Cicero Anfang 55 (I 8, 4) *dignitatem quidem illam consularem fortis et constantis senatoris nihil est quod cogi-*

So lag die Entscheidung in den Händen Caesars. MOMMSEN ist der Meinung, daß wenn Caesar den Pompejus jetzt nicht fallen ließ, sondern ihm zu einer gesteigerten Machtstellung verhalf, dies an sich ein schwerer politischer Fehler gewesen sei, der ihm bittere Früchte getragen habe; erklären lasse er sich nur durch die Rücksicht auf die große und ideale Aufgabe, die Caesar in Gallien in Angriff genommen hatte. Aber diese Auffassung ist nach beiden Seiten völlig unhaltbar; sie beruht auf der nicht nur einseitigen, sondern durch und durch gewaltsamen und die wahre Lage verkennenden Auffassung, von der MOMMSENS gesamte Darstellung dieser Zeit, so bestechend sie gewirkt hat. beherrscht ist. Allerdings hat Caesar die Eroberung Galliens, wie alles, was er unternahm, im großen Stil angefaßt; er fühlte die Kraft in sich zu schöpferischer Tätigkeit, und das ist geschichtlich seine Rechtfertigung. Aber an sich war sie ihm immer nur Mittel zum Zweck: sich eine dauernde Machtstellung im römischen Staat zu schaffen und gegen die ihm drohenden Angriffe und Gefahren mit allen, auch den bedenklichsten Mitteln zu sichern, war sein Ziel. Revolutionär war er durch und durch; er mochte sich damit rechtfertigen, daß es nach seiner Auffassung, die von manchen andern geteilt wurde, seit Sulla eine legitime Staatsverfassung überhaupt nicht mehr gab und daher dem persönlichen Ehrgeiz keine Schranken mehr gesetzt waren. Wie weit ihn der eingeschlagene Weg führen werde, konnte er so wenig sagen, wie sonst irgend jemand; aber hätte er damals schon an die Aufrichtung seiner Monarchie gedacht, so wäre er ein Träumer gewesen und kein Staatsmann. Die Stellung, die er gewonnen hatte, beruhte auf der Koalition mit Pompejus und der dadurch ermöglichten gewaltsamen Durchbrechung des Senatsregiments; hätte er jetzt Pompejus nur lau unterstützt oder gar fallen lassen, wie MOMMSEN fordert, so hätte er diesen zum Anschluß an den Senat gezwungen und damit eine Koalition geschaffen, der er in seiner damaligen Lage in keiner Weise ge-

---

temus: amissa culpa est eorum, qui a senatu et ordinem coniunctissimum (die Ritterschaft) *et hominem clarissimum* (Pompejus) *abalienarunt.*

wachsen war; damit würde er sich selbst mutwillig das Schicksal des Sertorius bereitet haben. Auch in den Jahren 51 und 50 und noch im Bürgerkriege hat er, obwohl damals seine Macht weit größer und Gallien wirklich unterworfen war, bis zuletzt alles versucht, um durch weitgehende Konzessionen den Bruch zu vermeiden oder wieder zu überbrücken, und zum Schwert nur gegriffen, weil ihm kein anderer Ausweg blieb; wie die Dinge zu Anfang des Jahres 56 lagen, kann ihm der Gedanke, Pompejus zurückzuweisen und dadurch den Bürgerkrieg herbeizuführen, überhaupt nicht in den Sinn gekommen sein. Daß Pompejus von der einen Seite durch den Senat, von der andern durch Crassus und Clodius in eine Notlage gebracht und damit seine eigene Stellung tatsächlich über ihn hinausgehoben war, war ihm natürlich sehr recht, und er hat zweifellos die Umtriebe der anarchistischen Demagogen insgeheim gefördert; jetzt aber, wo Pompejus sich wieder an ihn wandte, mußte er alles tun, um ihm entgegenzukommen und durch neue Festigung der Koalition die Opposition in Rom, die auch und sogar in erster Linie seine eigene Stellung aufs schwerste bedrohte, wieder in die ohnmächtige Lage zurückzuwerfen, in die er sie als Consul gebracht hatte.

So hat Caesar den Crassus in Ravenna veranlaßt, seine Intrigen gegen Pompejus aufzugeben, und auf Clodius eingewirkt, daß er auf dessen Seite übertrat und seine Banden aufs neue den vereinten Machthabern zur Verfügung stellte. Dann kam er dem Pompejus bis an die äußerste Grenze seiner Provinz entgegen, nach Luca, nördlich vom Arno[1]). Hier traf Pompejus, statt nach Sardinien zu gehn, um die Mitte April (Ende März jul.) mit Caesar und Crassus zusammen[2]). Während im Jahre 60 die Verbindung

---

[1]) Sueton Caes. 24 *in urbem provinciae suae Lucam*. Luca, ursprünglich bekanntlich latinische Kolonie, war jetzt Bürgerstadt wie alle Städte der Cispadana; das benachbarte Pisae, in dessen Hafen Pompejus gelandet sein wird. gehörte dagegen zu Italia.

[2]) Also zu einer Zeit, wo der Feldzug des nächsten Jahres unmittelbar bevorstand; Caesar ist offenbar durch die politische Lage länger in Italien zurückgehalten worden, als er sonst geblieben wäre. Im bellum

geheimgehalten wurde, vollzog sie sich diesmal in breiter Oeffentlichkeit: alle Anhänger der Machthaber wurden aufgeboten, und dazu drängte sich heran, wer immer hier seinen Vorteil zu finden hoffte, Männer und Frauen. Über zweihundert Senatoren fanden sich zusammen, darunter zahlreiche Statthalter und Beamte, so der Proconsul Metellus Nepos aus Spanien und der Propraetor Appius Claudius (S. 137) aus Sardinien; man zählte in Luca nicht weniger als hundertzwanzig Lictoren[1]).

Für die Zukunft wurde ausgemacht, daß Pompejus und Crassus im nächsten Jahre das Consulat übernehmen und dann jeder gleichfalls ein eigenes Machtgebiet erhalten sollte, Pompejus die beiden Spanien, Crassus Syrien, von dem aus er einen Krieg gegen die Parther unternehmen und ebenso wie Caesar ein Reich von gewaltigem Umfang gewinnen konnte; zum Entgelt sollten die vier Legionen, die Caesar auf eigene Hand zu den vier ihm bewilligten, ohne eine Ermächtigung dazu nachzusuchen, ausgehoben und bisher aus privaten Mitteln, aus der Beute, über die er nach Gutdünken verfügte, und den Kontributionen der Untertanen bezahlt hatte, auf die Staatskasse übernommen werden — darauf wird auch der oben S. 136 erwähnte Antrag der Tribunen gegangen sein —, und ihm ebenso wie den beiden andern sein Kommando auf eine weitere Reihe von Jahren verlängert werden. Pompejus dagegen verzichtete auf die Gewinnung neuer kriegerischer Lorbeeren; die aegyptische Expedition, die immer nur eine Verlegenheitsauskunft gewesen war, ließ er fallen, sie wurde von den Machthabern dem Gabinius

---

Gallicum verschleiert er diese Dinge in üblicher Weise; er erzählt mit der harmlosesten Miene, daß er im Winter 57/6 nach Illyricum gegangen sei, *quod eas quoque nationes adire et regiones cognoscere volebat* (III 7, vgl. II 35); da sei plötzlich in Gallien ein neuer Krieg ausgebrochen, der Aufstand der Veneter. Durch P. Crassus erhält er die Kunde davon, läßt Schiffe auf der Loire bauen, *ipse, cum primum per anni tempus potuit* (darin steckt die Konferenz in Luca, von der natürlich mit keinem Wort die Rede ist), *ad exercitum contendit*.

[1]) Plut. Caes. 20. Pomp. 51 = Appian II 17; Appian hat in seiner Manier die alberne Motivierung hinzugefügt. Caesar sei nach der Cisalpina gegangen ἐκ συνεχοῦς πολέμου τὸν στρατὸν ἀναπαύσων ἐπ' ὀλίγον.

zugewiesen. Vielmehr sollte er nach wie vor der Regent der Hauptstadt und damit des Reichs bleiben, jetzt nach der neuen Einschüchterung des Senats und der Beilegung des Haders mit Clodius, wo ihm die anarchistischen Banden wieder zur Verfügung standen, in gefesteterer Stellung als vorher. Im übrigen wurden für die Besetzung der Ämter auch für die folgenden Jahre die den Machthabern genehmen Kandidaten in Aussicht genommen und eine Liste darüber aufgestellt[1]); und Caesars Gold floß in Strömen allen zu, die sich um die Krippe drängten und geeignet erschienen oder die man zu erkaufen strebte.

Etwa Anfang Mai kam die Kunde von diesen Abmachungen nach Rom. Gegen die Koalition und ihren mächtigen Anhang war jede Opposition wehrlos. Die Masse der Senatoren fügte sich, teils resigniert, teils durch die Lockungen gewonnen; wer es ehrlich mit der Republik meinte, mochte wie im Jahre 59 den Kampf gegen das Gebot der Machthaber bis zuletzt fortsetzen, aber mit dem lähmenden Bewußtsein, daß jede Aussicht auf Erfolg geschwunden war. Cicero gefügig zu machen übernahm Pompejus. Als er von Luca nach Sardinien kam, stellte er Quintus Cicero zur Rede und forderte die Erfüllung der Verpflichtungen, für die dieser sich bei der Rückberufung seines Bruders verbürgt hatte, vor allem die Einstellung aller Angriffe auf Caesar. Zugleich schickte er an Cicero selbst den L. Vibullius, einen seiner Offiziere, mit der bestimmten Forderung, in der Frage des campanischen Ackergesetzes alles ruhen zu lassen, bis Pompejus zurückgekehrt sei[2]). Cicero blieb nichts übrig, als sich zu fügen: sein Traum war ausgeträumt, er erkannte, daß seine ganze Politik auf falschen Voraussetzungen aufgebaut und unausführbar ge-

---

[1]) Cic. ad Att. IV 8 b, 2 im Anschluß an die Angabe über Domitius (S. 136. 1) *si vero id est, quod nescio an sit, ut non minus longas iam in codicillorum fastis futurorum consulum paginulas habeat* (Pompejus) *quam factorum, quid illo* (Domitio) *miserius nisi respublica? in qua ne speratur quidem melius quidquam.* Genauen Bericht über die Konferenz in Luca gibt Plut. Caes. 21 = Pomp. 51 = Appian II 17; Dio hat sie, wie schon erwähnt, übergangen, Sueton berührt nur kurz.

[2]) An Lentulus 1 9, 9 f.

wesen war. „Ich weiß," schrieb er kurz darauf an Atticus, „daß ich ein rechter Esel gewesen bin"[1]). Bei der auf seinen Antrag vom 5. April am 15. und 16. Mai auf der Tagesordnung des Senats stehenden Verhandlung über Campanien — die natürlich zu keinem Ergebnis führte — blieb er dem Befehl des Pompejus gemäß fern: „In dieser Sache," schreibt er seinem Bruder, „stockt mir das Wasser in der Kehle"[2]). Als dann aber die Anträge über Caesars Stellung vor den Senat gebracht wurden, mußte auch er offen hervortreten: er unterstützte den Antrag, die Soldzahlung für seine auf eigene Faust, dem Senat zum Hohn, ausgehobenen Legionen auf die Staatskasse zu übernehmen und ihm zehn staatlich anerkannte Legaten zu bewilligen, und trat den zahlreichen Opponenten, die davon nichts wissen oder zum mindesten die Entscheidung vertagen wollten, mit Nachdruck entgegen. Natürlich wurde der Antrag angenommen; es half nichts, daß Favonius, in Catos Abwesenheit der Führer der Opposition, zur Tür hinaussprang und das Volk

---

[1]) ad Att. IV 5. 3 *quoniam qui nihil possunt, ii me nolunt amare, demus operam, ut ab iis qui possunt diligamur. dices: vellem iam pridem. scio te voluisse et me asinum germanum fuisse.* Der Brief ist frühestens im Juni geschrieben (oben S. 139 Anm.).

[2]) ad Qu. fr. II 6. Der Text ist korrupt überliefert. Cicero freut sich, daß am 15. Mai der Senat dem Gabinius die beantragte *supplicatio* für in Syrien gewonnene Erfolge (vgl. de prov. cons. 9; es ist wohl der Sieg über den jüdischen Prinzen Alexander) verweigerte (ebenso de prov. cons. 14), und zwar in Abwesenheit Ciceros *(mihi cum sua sponte iucundum, tum iucundius, quod me absente)* — er war damals in Rom. wo er den Brief schreibt, ist aber eben nicht in die Sitzung gegangen. Dann fährt er fort *eram ante, quod Idibus et postridie fuerat dictum, de agro Campano actum iri, [non] ut est actum: in hac causa mihi aqua haeret. non* ist im Mediceus ausradiert und durch einen darunter gesetzten Strich von anderer Hand als zu tilgen bezeichnet. Mit vollem Recht verwirft STERNKOPF, Hermes 39, 1904, 416 f. das Verfahren der Herausgeber, die trotzdem allgemein *non* beibehalten und statt dessen *ut* tilgen. Die Korruptel steckt in *eram ante*, für das STERNKOPF *aberam autem* vorschlägt, was einen guten Sinn gibt. Jedenfalls sollen die folgenden Worte sein Ausbleiben in der Sitzung motivieren. und hier ist die Überlieferung des Mediceus: „weil gesagt war, am 15. und 16. Mai solle über den *ager Campanus* ver-

zum Widerstand aufrief¹). Cicero aber bekräftigte die neue Freundschaft mit Caesar noch weiter dadurch, daß er bei der Ausfertigung des Beschlusses als Zeuge mitwirkte²). Bald darauf stand die Frage zur Verhandlung, welche Provinzen den Consuln des Jahres 55 zugewiesen werden sollten — der Beschluß darüber mußte nach einem Gesetz des C. Gracchus vor den Wahlen gefaßt werden und unterlag nicht der tribunicischen Intercession —; auch hier trat Cicero gegen den Antrag auf, Caesar seine beiden gallischen Provinzen oder eine derselben zu entziehn, und forderte statt dessen die Zuweisung von Macedonien und Syrien an die Consuln. Die Zustimmung zu diesem von Servilius Isauricus, dem ältesten der Consulare, gestellten Antrag wurde ihm formell dadurch erleichtert, daß er so wenigstens seinem Grimm gegen die bisherigen Statthalter Piso und Gabinius, Caesars Werkzeuge, aufs neue Luft schaffen konnte³). Durch ziemlich fadenscheinige

---

handelt werden, wie das denn auch geschehen ist" vollkommen Ordnung.

¹) Plut. Caes. 21 οἱ γὰρ τοσαῦτα χρήματα παρὰ Καίσαρος λαμβάνοντες ὡς οὐκ ἔχοντι διδόναι τὴν βουλὴν ἔπειθον, μᾶλλον δὲ ἠνάγκαζον, ἐπιστένουσαι οἷς ἐψηφίζοντο, Φαωνίου ὡς οὐδὲν ἐπεπέραινεν ἀντιλέγων, ἐξαλλομένου διὰ θυρῶν καὶ βοῶντος εἰς τὸ πλῆθος.

²) de prov. cons. 28. Ebenso pro Balb. 61. An Lentulus I 7, 10 *nam qui plus opibus, armis, potentia valent, perfecisse tamen mihi videntur stultitia et inconstantia adversariorum, ut etiam auctoritate iam plus valerent. itaque perpaucis adversantibus* [dagegen de prov. cons. 28 *multis dissentientibus*] *omnia quae ne per populum quidem sine seditione se adsequi arbitrabantur, per senatum consecuti sunt: nam et stipendium Caesari decretum est, et decem legati et ne lege Sempronia succederetur facile perfectum est;* daß er selbst eifrig dafür eingetreten ist, verschweigt er hier. Dio 39, 25 hat aus den zehn Legaten Senatskommissare zur Einrichtung der neuen gallischen Provinz gemacht (dagegen mit Recht GROEBE bei DRUMANN III 248. 1; allerdings berichtet auch Sueton Caes. 24, daß der Senat *quondam legatos ad explorandum statum Galliarum mittendos decreverit*): er hat hier, wie oben S. 125, 3 ausgeführt. alles verschoben, läßt Pompejus über den Beschluß sehr erbittert sein und sich deshalb wieder mit Crassus verbinden.

³) Er beantragte daher, daß beide sogleich abberufen werden und ihre Provinzen während des Jahres 55 an Propraetoren vergeben werden

Argumente suchte er nachzuweisen, daß dem Antrag, die Cisalpina unter Berücksichtigung des Vatinischen Gesetzes, das sie dem Caesar bis zum letzten Februar (oder Intercalaris) des Jahres 54 zuwies, vom 1. März dieses Jahres an neben Syrien für die Consuln von 55 zu bestimmen, staatsrechtliche Bedenken gegenüberständen[1]); die Transalpina aber ihm zu nehmen, ehe das große Werk der Unterwerfung Galliens vollendet sei, sei im Interesse des Staats unzulässig; und überhaupt habe Caesar sich jetzt so gewaltige Verdienste erworben, daß man alles Frühere darüber vergessen und ihn aufs rücksichtsvollste behandeln müsse. Auch er selbst habe deshalb seinen Gegensatz gegen Caesar aufgegeben, trage ihm die Unterstützung des Clodius, die er durch sein eigenes ablehnendes Verhalten gegen Caesars ehrenvolle Anerbietungen im Jahre 59 herbeigeführt habe — falls Caesar wirklich an seiner Verbannung oder vielmehr, wie Cicero sagt, an seiner freiwilligen Entfernung aus Rom einen Teil der Schuld trage —, nicht mehr nach, sondern habe sich völlig mit ihm versöhnt.

Natürlich erregte dies Auftreten Ciceros, das sein ganzes bisheriges Verhalten verleugnete, bei den ehrlichen Verfechtern der Senatsherrschaft schweren Anstoß, zumal er sich zu allen andern Fragen schweigend verhielt[2]). Der Consul Philippus, der sich sonst sehr zurückhielt (er war der zweite Gemahl der Nichte Caesars

---

sollten (de prov. cons. 17). Das wurde für Macedonien angenommen und Piso abberufen, Gabinius dagegen nicht (in Pison. 88. Ascon. p. 1). Welche Provinz neben Macedonien als consularische für 54 bestimmt wurde, wissen wir nicht; der Senatsbeschluß wurde bekanntlich durch das Gesetz des Trebonius für Pompejus und Crassus beseitigt.

[1]) prov. cons. 36 ff.; ferner § 39 gegen das sehr berechtigte Argument des Consuls Marcellinus, wenn man nicht jetzt über die Cisalpina verfüge, werde dieselbe in Zukunft dauernd von den Gegnern des Senats in Beschlag genommen und von dort aus der Staat beherrscht werden *(ut provideamus, ne citerior Gallia nobis invitis alicui decernatur post eos consules, qui nunc erunt designati, perpetuoque posthac ab iis, qui hunc ordinem oppugnent, populari ac turbulenta ratione teneatur).* Das ist völlig zutreffend, nur bot allerdings ein Senatsbeschluß, wie die Dinge lagen, dagegen garkeinen Schutz mehr.

[2]) *qui illas omnis res egi silentio* (de prov. cons. 29).

Atia, der Mutter des Augustus), warf ihm ein, er habe mindestens
ebensoviel Grund, Caesar zu hassen wie den Gabinius¹); andre
nahmen seine Äußerungen mit erstauntem Schweigen auf²). Das
veranlaßte ihn, seine Rede über diese Frage als Broschüre herauszugeben und zu einer eingehenden Verteidigung seines Verhaltens
zu gestalten. Sich selbst und andern gegenüber suchte er sich
dadurch zu rechtfertigen, daß die optimatischen Heißsporne,
kurzsichtig und neidisch, weil sie ihm seine Stellung nicht gönnten,
den Clodius protegiert, ihn selbst aber gegen Pompejus aufgehetzt
und dann im Stich gelassen hätten³), aber im Innern wußte er
nur zu gut, daß das nur Selbstbetrug war, und wir begreifen,
daß er sich schämte, seine Palinodie dem Atticus zuzusenden;
auch Atticus, meint er, habe ihm zwar geraten, so zu handeln,
aber doch nicht, auch gleich eine Schrift darüber zu veröffentlichen. Ihm gegenüber machte er denn auch von seiner wahren
Lage kein Hehl: „Adieu die graden, wahren, ehrlichen Absichten.
Es ist zu Ende. Da die, welche nichts vermögen, mich nicht
lieben wollen, will ich mich bemühen, daß die, welche etwas vermögen, mir ihre Liebe zuwenden."⁴) Er preist den eben gestorbenen
Flamen Martialis Lentulus glücklich; „denn was ist abscheulicher als unser Leben, zumal das meinige. Wenn ich in den
Staatsgeschäften etwas sage, was sich gebührt, gelte ich für
wahnsinnig, wenn, was die Umstände erfordern, für sklavisch,
wenn ich schweige, für unterdrückt und gefangen und mein
Schmerz ist nur um so größer, da ich ihn nicht einmal äußern

---

¹) ib. 18. 21.
²) ib. 40 *quo minus saepe aut interpeller a nonnullis aut taciturnorum existimatione reprehendar*, vgl. § 47. pro Balb. 60 ff. an Lentulus I 9, 17 *illud vero non obscure queruntur, in meis sententiis, quibus ornem Caesarem, quasi desciscere me a pristina causa*.
³) de prov. cons. 45, ebenso an Lentulus I 7, 7. I 9. an Atticus u. a.
— Auch die Rede für Balbus, den Agenten Caesars, dessen Verteidigung er im Herbst 56 neben Pompejus und Crassus übernehmen mußte,
hat er in eine Apologie seines Verhaltens gegen Caesar ausmünden
lassen und deshalb publiziert. Seine Äußerung ad Att. VII 7. 6 zeigt,
daß er innerlich mit Balbus' Sache keineswegs einverstanden war.
⁴) ad Att. IV 5: er habe das einzige Exemplar der Schrift — daß
das die Rede de prov. cons. ist, hat MOMMSEN richtig erkannt und sollte

darf, um nicht undankbar zu erscheinen"[1]). Auch materiell wurde er noch weiter gebunden: Caesar machte ihm große Vorschüsse, sein Bruder Quintus aber mußte als Legat in Caesars Dienste treten, um für ihn als Geisel zu dienen. So wird denn der Mann, der geträumt hatte, die dominierende Persönlichkeit im öffentlichen Leben zu sein, um dessen Stellung sich der Kampf der Parteien konzentriere, zum geschmeidigen Werkzeug der Machthaber, zum Führer der gehorsamen Majorität, zum Verteidiger ihrer Werkzeuge in den politischen Prozessen.

Das zweite Consulat des Pompejus und Crassus

Wenn auch die Widerstandskraft des Senats gebrochen war, so ließ sich die Wahl des Pompejus und Crassus zum Consulat doch auf legitimem Wege nicht durchsetzen; weder der Senat noch die in den Centuriatcomitien Ausschlag gebenden besitzenden Klassen waren bereit, die Herrschaft der Machthaber offiziell aufzurichten; auch Caesars Geld und Einfluß reichten zur Beschaffung einer Majorität nicht aus, und die Truppensendung, die er in Aussicht stellte, konnte erst im Winter eintreffen[2]).

---

nicht bezweifelt werden — einem anderen geschickt. *quid? etiam — dudum enim circumrodo quod devorandum est — subturpicula mihi videbatur esse* παλινῳδία. *sed valeant recta, vera, honesta consilia.* Dann folgt der Ausfall gegen die falschen Freunde unter den Optimaten. *vix aliquando te auctore resipui. dices eatenus te suasisse qua facerem, non etiam ut scriberem. ego mehercule mihi necessitatem volui imponere huius novae coniunctionis, ne qua mihi liceret labi ad illos, qui etiam tum, cum misereri mei debent, non desinunt invidere... sed quid ad hoc, si quibus sententiis dixi, quod et ipsi probarent, laetati sunt tamen, me contra Pompei voluntatem dixisse? Finis est. quoniam qui nihil possunt, ii me nolunt amare, demus operam, ut ab iis, qui possunt, diligamur. dices: vellem iam pridem. scio te voluisse et me asinum germanum fuisse. sed iam tempus est, me ipsum a me amari, quando ab illis nullo modo possum.*

[1]) ad Att. IV 6.
[2]) Plut. Crass. 14 συμπράττειν Καίσαρι, τοῖς τε φίλοις γράφοντα καὶ τῶν στρατιωτῶν πέμποντα πολλοὺς ἀρχαιρεσιάσοντας = Pomp. 51 Καί-

Offiziell waren sie überhaupt als Kandidaten nicht aufgetreten;
sie wollten, ohne sich zu dem Amt gedrängt zu haben, durch das
Volk gezwungen sein, in der Notlage des Staats als dessen Retter
einzuspringen; es war aber sicher, daß der energische Consul
Marcellinus, der seine Opposition gegen Pompejus unentwegt
fortsetzte, und auch sein Kollege Philippus die auf sie fallenden
Stimmen als ungültig behandeln würden, weil die gesetzliche
Anmeldung eben nicht vorlag[1]). Daher entschloß man sich,
die Wahlleitung durch Inhibierung der Comitien den Consuln
zu entziehn und ein Interregnum herbeizuführen; das bot den
weiteren Vorteil, daß alsdann die gewählten Consuln das Amt
sofort übernahmen, ohne daß sie wegen ihrer Umtriebe und der
gewaltsamen Mittel, die sie ergreifen mußten, gerichtlich zur
Verantwortung gezogen werden konnten. Daher legte der Tribun
Gaius Cato, jetzt seit der Versöhnung des Clodius mit Pompejus
wie dieser ein willfähriges Werkzeug der Machthaber, unter verschiedenen
Vorwänden sein Veto gegen die Vornahme der Wahlen
ein. Das führte zu den heftigsten Szenen im Senat: man beantragte,
wie bei Ciceros Verjagung, Trauer anzulegen und an
den Staatsfesten nicht teilzunehmen. C. Cato rief diejenigen
Senatoren, die sich den Machthabern gefügt hatten, aber durch
Abwesenheit der offenen Stellungnahme hatten entziehen wollen,
in die Curie; doch die andern Tribunen hinderten sie am Eintritt,
und der Beschluß wurde trotz Catos Intercession angenommen.
Der Consul Marcellinus brachte die Sache vor das
Volk und schilderte das Elend der Lage und Pompejus' Gewaltherrschaft
in beweglichen Worten; als man ihm Beifall zollte,
forderte er die Bürger auf, sich dieses Rechts eifrig zu bedienen,
solange ihnen wenigstens das noch freistehe[2]). Clodius redete dagegen;
als er dann in den Senat kam, wäre er von den Rittern
beinahe erschlagen worden, wenn nicht der Pöbel ihm mit Feuerbränden
zu Hilfe gekommen wäre und gedroht hätte, die Curie

παρα συλλαμβάνειν αὐτοῖς. πέμποντα τῶν στρατιωτῶν συχνοὺς τὴν
vgl. unten S. 154.

[1]) Dio 39, 27, 4.
[2]) Val. Max. VI 2. 6.

in Flammen aufgehn zu lassen. Als dann Pompejus selbst im Senat erschien, um mit seiner Autorität einzugreifen, stellte ihm Marcellinus offiziell die Frage, ob er wirklich Consul werden wolle. Da versuchte er zunächst, unter heftigen Invektiven gegen Marcellinus, der ihm dankbar sein solle, daß er ihm die Gelegenheit geboten habe, die Redekunst zu lernen und seine Worte auszuspeien[1]), ausweichend zu antworten, vielleicht werde er sich bewerben, vielleicht auch nicht; schließlich aber blieb ihm nichts übrig, als zu erklären, für die rechtlichen Männer sei seine Bewerbung nicht nötig, wohl aber um der revolutionären Unruhestifter willen[2]) — eine mehr als kühne Behauptung, da doch lediglich er selbst die Unruhen hervorgerufen hatte. Crassus begnügte sich mit der unbestimmten und doch unzweideutigen Äußerung, er werde tun, was dem Wohl des Staates zuträglich sei[3]). Positiv war nichts mehr zu erreichen; so blieb Marcellinus, wie Bibulus im Jahre 59, fortan den Senatssitzungen fern, und ebenso die Majorität der Senatoren, so daß die verfassungsmäßige Präsenzziffer nicht mehr aufzubringen war und alle Geschäfte für den Rest des Jahres stockten[4]).

---

[1]) Plut. Pomp. 51 πάντων ἀδικώτατον εἶναι τὸν Μαρκελλῖνον, ὃς χάριν οὐκ ἔχει λόγιος μὲν ἐξ ἀφώνου δι' αὐτόν, ἐμετικὸς δὲ ἐκ πεινατικοῦ μενος.

[2]) Plut. Crass. 15 Πομπήιος ... ἀπεκρίνατο, τυχὸν μὲν μετιέναι, τυχὸν δὲ μὴ μετιέναι· καὶ πάλιν ἐρωτώμενος ἔφη. μετιέναι τοῖς δικαί ις πολίταις, μὴ μετιέναι δὲ τοῖς ἀδίκοις. Pomp. 51 führt Plutarch nur die erste der beiden Äußerungen an. Dio 39, 30, 1 dagegen nur die zweite: τῶν μὲν δικαίων ἀνδρῶν ἕνεκα οὐδὲν τῆς ἀρχῆς δεῖσθαι ἔφη, διὰ δὲ τοὺς ταραχώδεις καὶ σφόδρα αὐτῆς ἀντιποιεῖσθαι.

[3]) Dio 39, 30, 2 ὅτι πάνθ' ὅσα τῷ κοινῷ συμφέροι   Plut. Crass. 15 εἰ τῇ πόλει συμφέρει, μετιέναι τὴν ἀρχήν, εἰ δὲ μή, πεπαύσεσθαι; Pomp. 51 οὕτω ἔφη πράξειν, ὁποτέρως ἂν οἴηται τῷ κοινῷ συνοίσειν.

[4]) Dio 39, 30, 4 ὥσπερ δεδουλωμένοι καὶ μήτ' ἀρχὰς ἑλέσθαι μήτ' ἄλλο τι πολιτικὸν πρᾶξαι ἐξουσίαν ἔχοντες τὸ λοιπὸν τοῦ ἔτους διήγαγον. Auch an den Festfeiern beteiligte sich der Senat nicht. — Für diese Vorgänge haben wir eine eingehende Schilderung nur bei Dio 39, 27 ff. [ebenso erzählte Livius. ep. 105: *Cum C. Catonis tr. pl. intercessionibus comitia tollerentur, senatus vestem mutavit*]; Ciceros Korrespondenz versagt für die zweite Hälfte des Jahres vollständig. Unmöglich ist es nicht, daß Ciceros Vorgehn gegen Clodius und die Entfernung seiner

Inzwischen war Cato gegen Anfang des Winters[1]) zurückgekehrt. Seine Rückkehr bot, wie die Ciceros im Jahr vorher, den Anlaß zu einer großen Demonstration: unter Führung des Consuls Philippus, seines Schwiegervaters, zogen ihm alle Beamten und Priester, geleitet von Senat und Volk, an den Tiber entgegen, während er die seiner Obhut vertrauten Schätze des cyprischen Königs peinlich behütete und das mächtige Königsschiff, eine Hexere, nicht verließ, bis er im Arsenal angekommen war[2]) Als Anerkennung seiner Verdienste gestattete ihm der Senat, sich noch nachträglich für das nächste Jahr um die Praetur zu bewerben, und bewilligte ihm schon jetzt den Purpursaum des Beamten, eine Ehre, die er ablehnte[3]). Er gewährte also dem Cato, da dieser im Staatsdienst abwesend gewesen war,

---

Gesetztafeln (oben S. 138 f.) erst in diese Zeit gehört und er den Mut dazu aus den bei Dio geschilderten Szenen geschöpft hat.

[1]) Mit Recht hat MOMMSEN R.G. III 322 Anm. hervorgehoben, daß Cato zur Zeit der Rede pro Sestio (§ 60) und bei den Verhandlungen über Caesars Legionen (Plut. Caes. 21) nicht in Rom war und, da seine Schiffer διὰ τὸ ῥιγοῦν auf Korkyra bei Nacht Feuer machten, wodurch die Zelte und das Rechnungsbuch verbrannten (Plut. Cato 38), wahrscheinlich nicht vor dem Herbst (der römische 1. Januar 55 fällt julianisch auf den 30. November 56) zurückkehrte. Seltsamerweise ist MOMMSENS Bemerkung, daß er nicht „wie man mißverständlich aus Asconius p. 35. 53 gefolgert hat" — bei Asconius ist von dem Prozeß des Jahres 52 die Rede — im Februar 56 den Milo verteidigt haben kann, bei DRUMANN II ² 272. V ² 178 von GROEBE nicht berücksichtigt, sondern seine Rückkehr Anfang 56 gesetzt.

[2]) Plut. Cato 49. Val. Max. VIII 15. 10. Vellejus II 45. 5.

[3]) Plut. Cato 39 βουλὴ ἐψηφίσατο τῷ Κάτωνι στρατηγίαν δοθῆναι, καὶ τὰς θέας αὐτὸν ἐν ἐσθῆτι περιπορφύρῳ θεάσασθαι. τοῦτο μὲν οὖν ὁ Κάτων παρῃτήσατο. Val. Max. IV 1, 14 *senatus relationem interponi iubebat, ut praetoriis comitiis extra ordinem ratio eius haberetur; sed ipse id fieri non passus est.* Dio 39, 23, 1 καὶ οἱ ὕπατοι γνώμην ἐν τῷ συνεδρίῳ ἐποιήσαντο, στρατηγίαν αὐτῷ δοθῆναι καίπερ μηδέπω ἐκ τῶν νόμων προσήκουσαν. καὶ οὐκ ἀπεδείχθη μέν, αὐτὸς γὰρ ἀντεῖπε, τὴν δὲ εὔκλειαν καὶ ἐκ τούτου μείζονα ἔσχε. Da Cato das gesetzliche Alter für die Praetur besaß und da er sich für 55 in der Tat um sie beworben hat, muß der Bericht in allen drei Quellen ungenau gefaßt sein und kann nur, mit MOMMSEN, Staatsrecht I ³ 570 (I ² 551, 2), so gedeutet werden, wie oben geschehn ist; vgl. GROEBE bei DRUMANN V ² 178. 12.

was er dem Pompejus und Crassus verweigerte und im Jahre 60 dem Caesar verweigert hatte. Andrerseits wollte Cato von einer Anfechtung der Gesetze des Clodius, wie sie Cicero betrieb, zu dessen großem Ärger nichts wissen: er blieb sich durchaus konsequent, wie er sich dem Gebot des Volkes, wie auch immer es zustande gekommen sein mochte, durch Übernahme der Mission gefügt hatte, so konnte er auch jetzt nicht zugeben, daß diese der Rechtsgrundlage entbehre. Trotzdem begann Clodius Händel mit ihm; er stellte seine Integrität in Frage und verlangte genaue Rechenschaftslegung über die Gelder, die dadurch behindert war, daß beide Exemplare des Rechnungsbuchs Catos unterwegs zugrunde gegangen waren, er focht, von Caesar insgeheim unterstützt, seine gesamte Lebensführung an, er forderte, daß die freigelassenen königlichen Sklaven den Namen Clodii, nicht, wie Catos Anhänger forderten, Porcii erhalten sollten — schließlich sind sie Cyprii genannt worden[1]). Im Senat aber übernahm Cato jetzt wieder an Stelle des Favonius die Führung der Opposition im Kampf gegen die Machthaber, den er, trotz aller Aussichtslosigkeit, wie im Jahre 62 gegen Pompejus und 59 gegen Caesar, unerschütterlich mit allen gesetzlichen Mitteln durchzufechten entschlossen war.

Das Jahr 55 begann mit dem von den Machthabern erzwungenen Interregnum. Damit waren ihre Bedenken fortgefallen und die Wahl konnte stattfinden. Die anderen Kandidaten waren zurückgetreten[2]); aber den L. Domitius Ahenobarbus bewog Cato, an seiner Bewerbung festzuhalten: es handle sich nicht um das Amt, sondern um die Freiheit der Römer[3]). So

---

[1]) Dio 39, 22. 23. Plut. Cat. 40. Cic. 34. Seneca controv. X 1, 8.

[2]) Nach Cicero ad Att. IV 8 b, 2 (Sommer 56) hatte Domitius, der plebejische Kandidat, keine weiteren Konkurrenten außer Pompejus; wer die patricischen Bewerber waren, wissen wir nicht. Plut. Cato 41 sagt, daß πολλοὶ καὶ ἀγαθοὶ ἄνδρες sich bewerben wollten, aber durch Pompejus und Crassus abgeschreckt wurden, die sich drohend zeigten, wenn sie ihre Kandidatur anmelden wollten (ὀφθέντες ἐν ταῖς παραγγελίαις); nach Dio 39, 27, 2 hätten sie sich zuerst den Schein gegeben, andere Kandidaten zu unterstützen (ἑτέροις τισὶ πρότερον συναγωνιζόμενοι).

[3]) Plut. Cato 41.

kam es zu einer Wahlschlacht. Pompejus und Crassus schickten bei Nacht Truppen auf das Marsfeld; Publius Crassus, der Sohn des Marcus, der im Sommer 56 als Caesars Legat die Stämme Aquitaniens unterworfen hatte, hatte jetzt, zu Anfang des Winters (die Wahl fand Anfang Dezember des julianischen Jahres statt)[1]), eine ganze Schar beurlaubter Soldaten zur Durchfechtung der Wahl nach Rom geführt[2]). Als dann Domitius, von Cato und zahlreichen andern geleitet, vor Morgengrauen auf dem Platze erschien, wurde er überfallen und sein Fackelträger erschlagen, seine Begleiter auseinandergesprengt. Cato, selbst am Arm verwundet, suchte ihn festzuhalten: man müsse im Kampf gegen die Tyrannen bis zum Tode ausharren und so wenigstens zeigen, welcher Verbrechen sie fähig seien; aber Domitius versagte und flüchtete in ein benachbartes Haus. Da half es nichts mehr, daß die Stimmung der Massen durchaus auf seiten der Republikaner stand; die Wahlversammlung war gründlich terrorisiert, Pompejus und Crassus wurden als gewählt verkündet und traten sofort ihr Amt an[3]).

Cato gab den Widerstand auch jetzt noch nicht auf; damit er ihn in amtlicher Stellung führen könne, bewarb er sich, dem ihm vom Senat bewilligten Privileg entsprechend (S. 152), um die Praetur. Die Consuln wollten seine Wahl natürlich unter allen Umständen verhindern. Bei den Senatsverhandlungen über ein Gesetz gegen Wahlumtriebe (*ambitus*) erzwangen sie daher im Anschluß an einen Antrag des Afranius, des alten Pompejaners, den Beschluß, daß die gewählten Praetoren sofort ihr Amt an-

---

[1]) Nach GROEBES Reduktion der Daten der Jahre 65—48 (bei DRUMANN III [2]) fiel der 1. Januar 55 auf den 30. November; die Wahl konnte bekanntlich frühestens unter dem zweiten Interrex (6.—10. Januar) stattfinden; der 7. und 8. Januar sind Comitialtage.

[2]) Dio 39, 31. 2; P. Crassus war noch Anfang Februar in Rom: Cic. ad Qu. fr. II 7, 2.

[3]) Dio 39, 31. Plut. Cato 41 = Pomp. 52. Crass. 15. Appian II 17, 64. der die Bespritzung des Pompejus mit Blut, die zu den Aedilenwahlen gehört (Plut. Pomp. 53. Dio 39, 32. 2), fälschlich hierher versetzt: er zieht, wie oft, die Ereignisse zusammen und verschiebt daher solche Kleinigkeiten.

treten sollten, nicht, wie die Gegner forderten, erst nach sechzig Tagen, und ihre Wahl daher nicht gerichtlich angefochten werden konnte[1]). Trotzdem wäre Cato gewählt worden; die erste Centurie stimmte für ihn, und die *praerogativa* war gewöhnlich ausschlaggebend. Da erklärte Pompejus, er habe einen Donner gehört, und löste die Versammlung auf. Für den nächsten Wahltag wurden Bestechung und Zwangsmaßregeln verstärkt, und so die Wahl der Kandidaten der Machthaber durchgesetzt, darunter zum allgemeinen Skandal an Catos Stelle die Wahl des verhaßten Vatinius[2]). In eigener Sache hatte Cato, korrekt wie immer, jede Ungesetzlichkeit vermieden[3]); bei den folgenden Wahlen der curulischen Aedilen dagegen kam es wieder zu einer blutigen Schlägerei mit mehreren Leichen; auch Pompejus' Toga wurde mit Blut bespritzt[4]). So bekamen die Machthaber durch offene Gewalt alle curulischen Aemter in ihre Hand; die Tribunen

---

[1]) Plut. Cato 42: Die Consuln πρῶτον μὲν ἐξαίφνης καὶ τῶν πολλῶν ἀγνοούντων βουλὴν συναγαγόντες ἐψηφίσαντο τοὺς αἱρεθέντας στρατηγοὺς εὐθὺς ἄρχειν καὶ μὴ διαλιπόντας τὸν νόμιμον χρόνον, ἐν ᾧ δίκαι τοῖς δεκάσασι τὸν δῆμον ἦσαν. Cicero ad Qu. fr. II 7, 3 a. d. *III Idus Febr. senatus consultum factum est de ambitu in Afrani sententiam, quam ego dixeram cum tu adesses; sed magno cum gemitu senatus consules non sunt prosecuti* (haben keine Folge gegeben) *eorum sententias qui, Afranio cum essent adsensi, addiderunt, ut praetores ita crearentur, ut dies sexaginta privati essent. eo die Catonem plane repudiarunt. quid multa? tenent omnia idque ita omnis intellegere volunt*. Der Eingang der Stelle wird meist falsch verstanden: Afranius' Antrag bezog sich nicht speziell auf die Praetorenwahlen, sondern forderte eine Verschärfung des Gesetzes über *ambitus*, für die früher auch Cicero eingetreten war, so in seinem Consulat, und die dann Pompejus wirklich durchsetzte (Dio 39, 37, 1, s. unten S. 161).

[2]) Plut. Cato 42 = Pomp. 52. Dio 39, 32. Liv. epit. 105.

[3]) Dio 39, 32, 2 ὁ γὰρ Κάτων οὐδὲν βίαιον πρᾶξαι ἠξίωσεν. Nach Plutarch Cato 42 hält Cato in einer von einem Tribun berufenen Versammlung, zu der die große Majorität des Volks zusammenströmte, eine Ansprache, in der er den bevorstehenden Untergang der Republik voraussagt und daraus, daß sie ihn nicht als Praetor dulden wollen, die Ruchlosigkeit der Absichten der beiden Consuln erweist.

[4]) Dio 39, 32. 2. Plut. Pomp. 53 und Val. Max. IV 6, 4, wonach Julia, Pompejus' Gemahlin, bei dem Anblick in Ohnmacht fiel und eine Fehlgeburt erlitt.

und Aedilen der Plebs, die der Vorschrift gemäß bereits im vorigen Jahre gewählt waren, wurden durch Bestechung gewonnen, nur die beiden Tribunen C. Atejus Capito und P. Aquilius Gallus blieben fest[1]). „Die öffentlichen Angelegenheiten," schreibt Cicero[2]), „liegen ganz in der Gewalt unserer Freunde (des Pompejus und Crassus), und zwar so, daß zu unseren Lebzeiten keine Änderung irgendwie zu erwarten ist. Auch Pompejus' Gegner würden keinen Fehler begehn, wenn sie wie ich, da sie ihm nicht gewachsen sein können, den Kampf aufgeben wollten. Das Ziel freilich, das ich mir gesetzt hatte, Würde in der Fassung meiner Äußerungen im Senat, Freiheit in der Behandlung der Staats-

---

[1]) Dio 39, 32, 3. — Zu Censoren wurden der alte P. Servilius Isauricus (cos. 79) und M. Valerius Messalla (cos. 61) gewählt (CIL I 603 bis 614 [2 Afl. 766]. Dessau, inscr. Lat. 5922 a—c), die allerdings keine Anhänger der Machthaber waren, aber infolge der Einschränkung der Censur durch Clodius auch wenig ausrichten konnten. Offenbar hatten die Machthaber keinen für die Censur geeigneten Kandidaten zur Verfügung. In diese Censur wird wohl der scharfe Angriff gehören, den Mancia aus Formiae, als er den L. Libo, einen Anhänger des Pompejus (S. 130), vor den Censoren anklagte, gegen Pompejus wegen der Hinrichtung der demokratischen Führer in den Bürgerkriegen richtete: Val. Max. VI 2, 8.

[2]) Ad Lentulus I 8: *res communes sunt quidem certe in amicorum nostrorum potestate, atque ita, ut nullam mutationem unquam hac hominum aetate habitura res esse videatur sed te non praeterit, quam sit difficile, sensum in republica praesertim rectum et confirmatum deponere. verum tamen ipse me conformo ad eius voluntatem, a quo honeste dissentire non possum .. neque, ut ego arbitror, errarent ne adversarii quidem eius, si, cum pares esse non possunt, pugnare desisterent quae enim proposita fuerant nobis dignitas in sententiis dicendis, libertas in republica capessunda, ea sublata tota sunt, nec mihi magis quam omnibus: nam aut adsentiendum est nulla cum gravitate paucis, aut frustra dissentiendum commutata tota ratio est senatus, iudiciorum, rei totius publicae; otium nobis exoptandum est: quod ii qui potiuntur rerum praestaturi videntur, si quidam homines patientius eorum potentiam ferre potuerint. dignitatem quidem illam consularem fortis et constantis senatoris nihil est quod cogitemus: amissa culpa est eorum, qui a senatu et ordinem coniunctissimum et hominem clarissimum abalienarunt.*

geschäfte, das ist ganz und gar dahin, wie für mich, so für alle andern. Das gesamte Verhältnis des Senats, der Gerichte, des Staatswesens ist umgewandelt; was wir allein erwünschen können, ist Ruhe, und die würden die Machthaber uns schaffen können, wenn nur gewisse Menschen ihre Macht geduldiger ertragen könnten. Freilich an jene consularische Würde eines tapfern und standhaften Senators darf ich gar nicht mehr denken; sie ist verloren gegangen durch die Schuld derer, welche sowohl die ehemals ihm eng verbundene Ritterschaft wie den Pompejus dem Senat entfremdet haben."

Nach der Eroberung der Macht konnten die verabredeten Maßregeln für die Zukunft durchgeführt werden. Der Tribun Trebonius beantragte, den Consuln die Provinzen Syrien und beide Spanien — wo eben ein lokaler Kampf mit den Vaccaeern ausgebrochen war, in dem der Proconsul Metellus Nepos bei Clunia eine Schlappe erlitten hatte[1]) — auf fünf Jahre zuzuweisen, mit dem Recht, nach ihrem Bedürfnis Truppen auszuheben und zu verwenden, Krieg zu führen und Frieden zu schließen. In der Verhandlung vor dem Volk gewährte Trebonius dem Favonius eine, dem Cato zwei Stunden Redezeit; beide benutzten diese lediglich zu Beschwerden über diese Beschränkung der Redefreiheit — eine derartige Obstruktion durch Dauerreden hatte Cato auch früher schon wiederholt geübt (S. 50. 58. 69) —, um so die Dinge zum Konflikt zu treiben. Das geschah denn auch; als Cato fortfuhr zu sprechen und, auf die sachlichen Argumente eingehend, sich dem Befehl, zu schweigen, nicht fügte, blieb Trebonius nichts übrig, als ihn durch seinen Amtsdiener fortführen zu lassen, und als er zurückkehrte und immer wieder das Wort ergriff, ihn schließlich ins Gefängnis zu setzen. Am nächsten Tage sollten Anhänger der Consuln sprechen, und zwar, damit der Schein einer freien Diskussion gewahrt werde, nicht Beamte, sondern angesehene Private; Cato, Favonius und seinem Anhang wurde der Weg versperrt, ebenso dem Tribunen Atejus Capito; sein Kollege Aquilius Gallus, der die Nacht in der Curie zubrachte, wurde hier eingeschlossen. Jene bahnten sich dennoch

---
[1]) Dio 39. 54, vgl. c. 35. 2.

den Weg, Capito und Cato verkündeten, daß es donnere; so kam es auch diesmal wieder zu einer blutigen Schlägerei, bei der vier Bürger den Tod fanden. Dem Senator L. Annalius, der gegen das Gesetz redete, versetzte Crassus selbst einen Faustschlag ins Gesicht. So wurde das Gesetz angenommen; es half nichts mehr, daß, als die Versammlung auseinanderging, Atejus den Gallus blutüberströmt aus der Curie herbeiführte. Unmittelbar darauf brachten beide Consuln das Gesetz ein, daß auch dem Caesar seine Provinzen bis zum gleichen Termin verlängert werden sollten, mit der Klausel, daß vor dem 1. März 50 über seinen Nachfolger nicht verhandelt werden dürfe. Jetzt fanden sie keinen Widerspruch mehr; die Warnung, die Cato privatim an Pompejus richtete, daß er sich dadurch selbst für die Zukunft den Gegner auf den Hals lade, blieb natürlich erfolglos[1]).

---

[1]) Die Vorgänge sind ausführlich von Dio 39, 33 ff. berichtet, in der seiner Auffassung (oben S. 125, 3) entsprechenden Fassung, daß das Gesetz für Caesar eine von den Consuln widerwillig dessen Anhängern gemachte Konzession gewesen sei; kürzer Plut. Cato 43. Crass. 15 (dazu der Nachtrag Comp. Nic. et Crass. 2). Pomp. 52. Liv. epit. 105. Bekanntlich haben Plutarch (auch Caes. 28) und Appian II 18 die falsche Angabe, daß Pompejus Spanien und Africa erhalten habe (ebenso fügt Plutarch Cato 42 zu Syrien Aegypten hinzu); darin tritt die gemeinsame Quelle besonders deutlich hervor. — In der viel behandelten Kontroverse über den Endtermin von Caesars Statthalterschaft (zuletzt HIRSCHFELD, Klio IV 1904, 76 ff. und die Replik gegen HOLZAPFEL. Klio V 1905, 107 ff., ebenda 236 ff. = Kl. Schr. 310 ff., sowie JUDEICH. Rhein. Mus. 68, 1913, 1 ff.) hat HIRSCHFELD mit Recht in der angeführten Klausel, die sich aus Caelius ad fam. VIII 8, 9 ergibt (Pompejus erklärt *se ante Kal. Martias* [des Jahres 50] *non posse sine iniuria de provinciis Caesaris statuere, post Kal. Martias se non dubitaturum*, und der Senat beschließt demgemäß ib. 8, 5), eine Hauptbestimmung des Gesetzes gesehn: gegen einen Senatsbeschluß, der seine Provinzen den Praetoren zuwies, war Intercession zulässig, gegen den über die Consularprovinzen nicht; als solche konnten sie aber nach der damaligen Ordnung infolge der Klausel erst den Consuln des Jahres 49 zugewiesen werden, da die Provinzen für die Consuln vor der Wahl, also spätestens anderthalb Jahre im voraus, bestimmt werden mußten. Wahrscheinlich liefen die fünf Jahre des trebonischen Gesetzes gleichfalls vom 1. März 55 bis zum 1. März 50 (denn wie die Geschichte des Crassus und Pompejus lehrt, waren die Pro-

Zu einer bedeutsamen gesetzgeberischen Tätigkeit, wie sie Caesar im Jahre 59 und in anderer Weise, durch die Verfassungsänderung, Pompejus und Crassus selbst im Jahre 70 geübt hatten,

vinzen schon in ihrem Consulatsjahr ihrer Verwaltung unterstellt, ebenso wie Caesar die Cisalpina schon als Consul erhalten hat; das hat JUDEICH S. 8 f. übersehn), so daß die formelle Gleichheit für alle drei gewahrt war; tatsächlich dagegen leitete Caesar aus der Klausel den Anspruch ab, seine Provinzen bis zum 31. Dezember 49, also bis zum Antritt seines zweiten Consulats, behalten zu können, und hatte sich so einen Vorrang verschafft. Ich möchte aber doch mit JUDEICH gegen HIRSCHFELD daran festhalten, daß in der *lex Licinia Pompeia* gesagt war *ut in quinquennium (Caesari) imperium prorogaretur* (Sueton Caes. 24), etwa in der Formulierung, daß ihm die Verwaltung seiner Provinzen von dem Termin des Gesetzes an auf fünf Jahre verlängert wurde, mit der Klausel, daß erst nach dem 1. März 50 über die Vergebung an einen andern verhandelt werden dürfe. Somit hatte er die Provinzen offiziell insgesamt auf neun Jahre erhalten, während er aus der Klausel den Anspruch auf eine weitere Verwaltung von einem Jahr zehn Monaten ableitete. Ihm die Provinz schon im Rest des Jahres 50 zu entziehn, ist denn auch nicht ernstlich versucht worden (M. Marcellus' Vorgehn im Jahre 51 beruhte auf ganz anderen Voraussetzungen, s. unten). Von der Bewilligung einer ἑτέρα πενταετία für Caesar berichten denn auch Appian II 18, 65 = Plut. Caes. 21, Pomp. 52. Crass. 15 und Velleius II 46, 2, ebenso wie Sueton. Dio dagegen, der das Jahr 59 nicht mitrechnet, andrerseits aber, formell nicht unrichtig, annimmt, daß der gesetzliche Endtermin im Jahre 50 bereits eingetreten sei (40, 59, 3 im Jahre 51: ὅταν τὸν δεδομένον οἱ χρόνον διάρξῃ· τοῦτο δὲ οὐκ ἐς μακρὰν, ἀλλ' εὐθὺς ἐν τῷ ὑστέρῳ ἔτει γενήσεσθαι ἔμελλε), folgert daher in seiner energisch durchgreifenden Weise, daß ihm im Jahre 55 die Provinzen nur auf drei Jahre verlängert worden seien (39, 33, 3 ὥστε τὴν ἡγεμονίαν καὶ ἐκείνῳ τρία ἔτη πλείω, ὥς γε τἀληθὲς εὑρίσκεται, μηκῦναι), und läßt Antonius in der Leichenrede 44, 43, 2 sagen, Caesar habe ὀκτὼ ἔτεσιν ὅλοις ἐφεξῆς ἡγεμονεῦσαι, was natürlich nicht zutreffend ist. — Von HIRSCHFELD ist ferner Hirtius bell. Gall. VIII 39 herangezogen: Caesar entschließt sich im Hochsommer 51, die Eroberung von Uxellodunum mit aller Energie zu Ende zu führen, obwohl die Kleinheit der Besatzung an sich das nicht erfordert hätte, damit nicht durch dies Beispiel ausharrenden Widerstandes *ceterae civitates locorum opportunitate fretae se vindicarent in libertatem, cum omnibus Gallis notum esse sciret, reliquam esse unam aestatem suae provinciae, quam si sustinere potuissent, nullum ultra periculum vererentur.* HIRSCHFELD versteht

ist es in ihrem zweiten Consulat nicht gekommen; dazu fehlte
es ihnen an einem schöpferischen Programm und gingen ihre
Interessen zu sehr auseinander. Allerdings plante Pompejus
mehrere praktische Verbesserungen der bestehenden Gesetzgebung. Er beantragte, daß die Bestimmungen des Repetundengesetzes Caesars über die Haftbarkeit der Magistrate auch auf
die dem Ritterstande angehörenden Unterbeamten und Gehilfen
ausgedehnt werden sollten; aber im Senat fand er nur wenig An-
klang, die Majorität lehnte aus Rücksicht auf die Geldleute die
Maßregel ab[1]). Ebenso ließ man eine Verschärfung der Luxusgesetze fallen, gegen die vor allem Hortensius, selbst ein großer
Schlemmer, Einspruch erhob; bei der Entwicklung, die die Groß-
stadt genommen, sei eine derartige Maßregel undurchführbar²
Dagegen brachte Pompejus ein Gesetz durch, welches die Auswahl der Richter aus den drei Ständen der Willkür der sie be-
stellenden Beamten (des Praetor urbanus und der Quaestoren)
entzog und die Ernannten zwang, die Stelle anzunehmen³).
Ebenso bewirkte Crassus mit Pompejus' Unterstützung eine

---

unter der *una aestas* den laufenden Sommer 51; ich kann sie, der
herkömmlichen, zuletzt von HOLZAPFEL. Klio V 1905, 118 f. verteidigten
Auffassung entsprechend, nur auf den nächsten Sommer 50 beziehn.
Denn ganz abgesehn davon, daß der Sommer 51 schon mindestens zur
Hälfte vergangen war, handelt es sich an der Stelle ja garnicht speziell um Uxellodunum, sondern um ganz Gallien, dessen Bewohner, wenn
Uxellodunum jetzt nicht rasch bezwungen wird, durch dessen Widerstand veranlaßt werden würden, noch einen, den letzten, Sommer aus-
zuharren oder vielmehr sich aufs neue zu empören; das kann also nur
der nächste Sommer sein.

[1]) Cic. pro Rab. Post. 13.
[2]) Dio 39, 37, 2 ff.
[3]) Cic. in Pis. 94 *ecquid sentis, lege iudiciaria lata quos posthac
iudices simus habituri? neque legetur quisquis voluerit, nec quisquis noluerit non legetur. nulli conicientur in illum ordinem, nulli
eximentur.* Dazu Asconius: *rursus deinde Pompeius in consulatu
secundo promulgavit, ut amplissimo ex censu ex centuriis aliter
atque ante lecti iudices, aeque tamen ex illis tribus ordinibus, res
iudicarent.* Daß nach der *lex Aurelia* und der *lex Pompeia* auch
Centurionen Richter werden konnten, wenn sie den erforderlichen Census
hatten, bezeugt Cic. Phil. I 20.

Verschärfung der Bestimmungen gegen die Wahlumtriebe der Clubs und die Bestechungen: der Ankläger hatte danach vier Tribus zu bezeichnen, aus denen die Richter entnommen werden sollten, und der Beklagte konnte nur einen von ihnen verwerfen[1]).

Im übrigen hat Pompejus das Consulat zu einer glänzenden Schaustellung seiner Macht benutzt: er erbaute auf dem Marsfeld das erste steinerne Theater Roms nebst großen Säulenhallen, einem Sitzungssaal des Senats und einem Tempel der Venus Victrix, und feierte die Einweihung mit Spielen von unerhörter Pracht, bei denen unter anderen 500 Löwen und 17 Elefanten abgeschlachtet wurden[2]).

Im offenen Kampf gegen die Machthaber war die Opposition erlegen; aber den passiven Widerstand gab sie natürlich nicht auf, und wo sich eine Gelegenheit bot, ihnen Abbruch zu tun, wurde sie ergriffen. Bei den Consulwahlen für 54 gelang es dem Pompejus zwar, die des Valerius Messalla zu hintertreiben[3]) und an seiner Stelle die des Appius Claudius, des Bruders des Clodius, durchzusetzen; aber neben ihm wurde Domitius Ahenobarbus jetzt wirklich gewählt, und ebenso gelangte Cato jetzt zur Praetur. Vor allem setzte sich der Kampf vor den Gerichten fort, und hier wurde es Ciceros Aufgabe, gerade die Leute zu verteidigen, die politisch und persönlich seine Gegner waren, so den Caninius Gallus, der im vorigen Jahr als Tribun Pompejus' Entsendung nach Aegypten betrieben hatte[4]). Den Senatssitzungen hielt er

---

[1]) Dio 39, 37, 1. Cic. pro Planc. 36 ff. und schol. Bob. in der Einleitung dazu und zu § 36. Diese *lex Licinia de sodaliciis* wird auch von Caelius ad fam. VIII 2, 1 erwähnt.

[2]) Dio 39, 38. Plin. VIII 20. Plut. Pomp. 52 u. a. Die Schilderung der Spiele bei Dio stimmt zu dem ausführlichen Bericht Ciceros an M. Marius fam. VII 1. Vollendet wurde der Bau erst in seinem dritten Consulat, mit der Weihinschrift *Pompeius cos. tert.*, s. Varro und Tiro bei Gellius X 1, 6 f.

[3]) Cic. ad Att. IV 9 (27. April) *nihil minus velle mihi visus est* (Pompeius), *quam Messallam consulatum petere*.

[4]) An M. Marius VII 1, 4 *dirupi me paene in iudicio Galli Canini, familiaris tui.* Er wolle sich von dieser Tätigkeit zurückziehn, *nam me cum antea taedebat, cum   licebat denique quem nolebam non*

sich nach Möglichkeit fern¹); er tröstete sich mit der Verherrlichung seiner großen Zeit, für die er neben seinen eigenen prosaischen und poetischen Darstellungen wie früher bei Posidonius²), so jetzt bei Luccejus um eine elegante Bearbeitung gebettelt hatte³), fand dann aber eine weit ruhmvollere, wirklich fruchtbringende Tätigkeit, indem er seine reiche Erfahrung als Redner in glänzender Behandlung in dem großen Dialog *de oratore* niederlegte, den er im November 55 zum Abschluß brachte⁴). Aber ganz konnte er von der Politik nicht loskommen, zumal wenn es sich um seine persönlichen Feinde handelte. Mit Crassus hatte er sich Anfang 55 offiziell versöhnt, ebenso mit Appius Claudius⁵), und den Crassus nach seiner Wahl zum Consul demonstrativ aus dem Senat nach Hause geleitet⁶) — eine Absage an Cato und seine Genossen,

---

defendere, tum vero hoc tempore vita nulla est, neque enim fructum ullum laboris exspecto, et cogor nonnumquam homines non optime de me meritos rogatu eorum, qui bene meriti sunt, defendere. Dazu gehört auch die Verteidigung des Balbus im Jahre 56 (oben S. 148, 3).

¹) z. B. ad Att. IV 13 (Mitte November).
²) ad Att. II 1. 2.
³) An Luccejus V 12, vgl. ad Att. IV 6, 4 (Sommer 56). 11. 2 (Ende Mai 55).
⁴) ad Att. IV 13.
⁵) An Lentulus I 9, 4. Darauf bezieht sich das bei Quintilian IX 3, 41 erhaltene Fragment eines Briefes an Brutus (fr. 7 BAITER, fr. 11 PUNSER) *ego cum in gratiam redierim cum Ap. Claudio, et redierim per Cn. Pompeium, [at] ego ergo cum redierim.* Ferner das bei Servius ad Aen. VIII 395 bewahrte Fragment *Cicero libro primo ad Brutum: si Pompeius non ex alto peteret et multis verbis me iam hortaretur,* nämlich für Appius' Interessen einzutreten, wie A. E. SCHMIDT. Philol. 49, 1899, 47 die Stelle durch Heranziehung der Äußerung ad Att. VI 2, 10 (Mai 50) evident richtig gedeutet hat. Brutus war der Schwiegersohn des Appius und daher auch Schwager des ältesten Sohnes des Pompejus. Wann Brutus die Claudia geheiratet hat, wissen wir nicht.

⁶) ad Qu. fr. II 7, 2, vgl. an Lentulus I 9, 4 *certiorem te per litteras scribis esse factum, me cum Caesare et cum Appio esse in gratia, teque id non reprehendere scribis.* § 20 *cognosce de Crasso. ego, cum mihi cum illo magna iam gratia esset, quod eius omnis gravissimas iniurias communis concordiae causa voluntaria quadam*

wie sie nicht schärfer gedacht werden konnte; dadurch hoffte er zugleich weiteren Schutz gegen Clodius zu finden. Als aber Piso im Hochsommer 55 aus Macedonien zurückkehrte, von Senat und Volk ganz ablehnend aufgenommen, und sich im Senat über Ciceros Angriffe und seine durch diesen veranlaßte Abberufung beschwerte und ihm seine Herkunft aus einem Municipium, sowie sein Exil vorwarf — Cicero dagegen wollte nur eine freiwillige Entfernung aus Rom, aus Aufopferung für den Staat, anerkennen, und der Senat stimmte dem zu[1]) —, replizierte dieser in einer äußerst boshaften Invektive, die er dann zu einer breiten, von Eigenlob und Galle strotzenden Schmähschrift verarbeitete[2]). Um so peinlicher vermied er alles, was Pisos Schwiegersohn Caesar hätte verletzen können, und überschüttete den Pompejus in gewohnter Weise mit Lobpreis. Das hatte ihm Piso bereits vorgehalten: er greife nur diejenigen an, die er verachten zu können glaube, an die Hauptschuldigen wage er sich nicht, weil sie die Macht hätten, am wenigsten an Pompejus, den er sich durch die renommistischen Verse über sein Consulat zum Feinde gemacht habe[3]). In einer kurzen, eben so boshaften wie treffenden Antwort, die Ciceros gesamtes privates und öffentliches Leben an den Pranger stellt, ist das in knappen Sätzen weiter ausgeführt: diese Broschüre, die im Hochsommer des Jahres 54 geschrieben ist, als Cicero die Verteidigung des Vatinius übernehmen mußte, ist, wie SCHWARTZ erkannt hat, zweifellos mit der Antwort identisch, die Piso eben damals veröffentlicht hat[4]),

oblivione contrieram (es folgt der Konflikt und die neue Versöhnung zu Ende des Jahres).

[1]) in Pis. 31.

[2]) Die Scene im Senat spielte bekanntlich kurz vor den von Pompejus gegebenen Spielen, s. in Pison. 65 und Asconius; veröffentlicht wird die Rede wohl erst zu Anfang des Jahres 54 sein.

[3]) in Pis. 72 ff.; über Caesar § 79.

[4]) ad Qu. fr. III 1, 11, geschrieben Ende September 54 als Antwort auf einen Brief des Quintus aus Britannien: *alterum est de Calventi Mari* (d. i. Piso) *oratione quod scribis. miror tibi placere, me ad eam rescribere, praesertim cum illam nemo lecturus sit, si ego nihil rescripsero, meum in illum pueri omnes tamquam dictata perdiscant.*

sei es, daß sie den Namen des Sallust, unter dem sie überliefert
ist, fälschlich trägt, sei es, daß Piso sich wirklich der Feder dieses
jungen talentvollen Schriftstellers bedient hat, dessen politische
Laufbahn eben damals begann[1]). Der Redner ist bei Senat und
Volk schlecht angeschrieben; er steht auf seiten der Machthaber,
unter denen er besonders den M Crassus als das Vorbild eines
wahrhaft patriotischen und über alle Einflüsse erhabenen, seinen
Freunden mit Hingebung dienenden Mannes dem Cicero gegen-
übergestellt; dessen damaliges Verhalten aber charakterisiert er
mit scharf pointierten Worten, die weit sicherer zum Ziele treffen,
als Ciceros breite und doch inhaltslose Ergüsse: „Bitte, sage mir,
Du Romulus aus Arpinum, der Du alle Paulli, Fabier, Scipionen
durch Deine hervorragende Tugendhaftigkeit überragst, welchen
Platz nimmst Du eigentlich in unserem Staat ein? Welche Partei
hat Deine Billigung? Wen hältst Du für Deinen Freund, wen
für einen Feind? Dem, den Du innerhalb der Bürgerschaft mit
Nachstellungen verfolgtest[2]), leistest Du Knechtesdienste; der

---

[1]) Daß diese Invektive kein späteres Machwerk, sondern im August 54
aus intimster Kenntnis der damaligen Lage geschrieben ist (in bezeichnendem Gegensatz zu der ganz vagen Antwort, die unter Ciceros Namen,
mit Außerachtlassung aller Chronologie, in der Kaiserzeit ein Rhetor
Didius verfaßt hat, den Diomedes p. 387, 6 zitiert), hat REITZENSTEIN,
Hermes 33, 1898, 87 ff. schlagend erwiesen. die für Piso als Verfasser
sprechenden Argumente ebenda 101 ff. SCHWARTZ vorgelegt. Sie sind in
der Tat zwingend. Andrerseits wird die Broschüre von Quintilian unter
Sallusts Namen zitiert (IV 1, 68. IX 3. 89, vgl. XI 1. 24): und daß zwischen Cicero und Sallust (den jener nie erwähnt) eine persönliche Feindschaft bestand, ist durch das Zeugnis Senecas de matrimonio (bei Hieron.
adv. Jovin. I 48, bei REITZENSTEIN l. c. 94) gesichert, nach dem Terentia
nach der Scheidung von Cicero *nupsit Sallustio inimico eius*. Da auch
der Stil der Invektive zu Sallust ganz gut paßt, darf man vielleicht annehmen, daß dieser sie im Auftrage und Namen Pisos verfaßt hat. [MOMMSENS Vermutung Röm. Forsch. II 485. 42, der Proquaestor
des Bibulus in Syrien im J. 50 Salustius, dessen Vorname in *Canini*
entstellt ist, an den Cicero den gereizten Brief fam. II 17 schreibt, sei
der Historiker, erscheint mir wenig wahrscheinlich.]

[2]) Pompejus, mit Anspielung auf das angebliche Attentat im
Sommer 59.

sich für Dich aufgeopfert hat[1]), mit welchem Recht verfolgst Du ihn nach Deiner Rückkehr aus dem Exil in Dyrrhachium? Die Du Tyrannen nanntest, deren Macht förderst Du, die Du früher als Optimaten anerkanntest, nennst Du jetzt kopflos und toll! Den Vatinius verteidigst Du, über Sestius denkst Du abfällig, den Bibulus verletzst Du mit frechen Reden, den Caesar lobst Du; ihm, den Du am stärksten haßt, bist Du am folgsamsten; wenn Du stehst und wenn Du Dich setzst, wechselst Du Deine Ansicht, diese schmähst Du, jene haßt Du, leichtfertiger Überläufer[2]), der Du weder der einen noch der andern Partei treu bist." Treffender konnte Ciceros Verhalten in diesen Jahren in der Tat nicht gezeichnet werden.

An der Fiktion, daß sie die ihnen zugewiesenen Provinzen unter sich verlosen sollten, haben die Consuln offiziell festgehalten, und beide bezeugten ihre Freude, als das Los wirklich nach ihren Wünschen entschied[3]). In Wahrheit war das natürlich lediglich Fiktion, wie in alter und neuer Zeit meist in derartigen Fällen; die Zuweisung war in Luca festgelegt. Pompejus übertrug die Verwaltung Spaniens seinen Legaten; er selbst wollte natürlich in Rom, oder vielmehr fortan als Proconsul vor dessen Toren bleiben. Auch Crassus schickte zunächst einen Legaten nach Syrien zur Übernahme der Provinz, dem aber Gabinius, der bisherige Statthalter, die Übergabe verweigerte[4]). Das gab den Anlaß zu

---

[1]) Siehe REITZENSTEIN S. 88, der mit Recht den Ausfall eines derartigen Satzes annimmt. Wer gemeint ist, läßt sich nicht sicher sagen; REITZENSTEIN denkt an Hortensius.

[2]) *levissime transfuga*, wozu REITZENSTEIN mit Recht Dio 36. 44, 2 (im Jahre 66 beim Prozeß des Manilius) und 39. 63. 5 (im Jahre 54 beim Prozeß des Gabinius, unten S. 207, 2) heranzieht, nach dem αὐτόμολος zum Beiwort für Cicero wurde.

[3]) Plut. Crass. 15 f. Vgl. ad Att. IV 9 (27. April) *Pompeius multa mecum de republica, sane sibi displicens, ut loquebatur (sic est enim in hoc homine dicendum), Syriam spernens, Hispaniam iactans, hic quoque, ut loquebatur.*

[4]) Dio 39, 60, 4. Gabinius beanspruchte offenbar das Recht, die Provinz bis zum Eintreffen seines Nachfolgers zu verwalten, erkannte also das trebonische Gesetz, das sie sofort dem Crassus überwiesen hatte, nicht als rechtsbeständig an oder interpretierte es anders.

weiteren Händeln in Rom. Bis dahin hatten die Machthaber
den Gabinius gestützt, im Jahre 56 seine Abberufung gegen
Ciceros Antrag (S. 146) verhindert, und Pompejus hatte ihn angewiesen, unbekümmert um das Sibyllenorakel den Ptolemaeos
nach Aegypten zurückzuführen, damit er und seine Anhänger
auf ihre Kosten kämen. Gabinius übernahm dieses äußerst einträgliche Geschäft natürlich sehr gern und führte den Auftrag
im Sommer 55 ohne große Mühe aus; um seinetwillen gab er
den geplanten Krieg gegen die Parther auf[1]), den er bereits eingeleitet hatte. Im übrigen hatte er in den fast drei Jahren seiner
Statthalterschaft ununterbrochen mit den Juden zu tun, bei
denen der makkabaeische Prinz Alexander und sein aus Rom ent-
flohener Vater Antigonos einen Aufstand nach dem anderen erregten. Hier sind sowohl seine militärischen Maßregeln, ebenso
wie in dem aegyptischen Feldzug, wie seine politischen Anordnungen sehr umsichtig und verständig gewesen: er unterließ wilde
Strafgerichte, behandelte die gefangenen Fürsten sehr anständig[2]),
löste aber alle griechischen und halbgriechischen Städte von der
jüdischen Zwangsherrschaft los und teilte das den Juden gelassene
Gebiet in fünf selbständige Gerichtssprengel unter der Ober-
hoheit des Hohenpriesters Hyrkanos und seines Ministers Anti-
pater. Auch die Nabataeer, die das Kulturland mit ihren Raub-
zügen heimsuchten, wies er erfolgreich zurück. Überhaupt ist
das Bild, das sowohl Cicero wie auf Grund der aristokratischen
Tradition Dio von seiner Tätigkeit in Syrien entwirft, aufs stärkste
verzerrt. Für seine Privatkasse wird, wie die meisten römischen
Statthalter und wie in gewaltigstem Umfang Caesar in Spanien
und dann in Gallien, so auch er gründlich gesorgt haben — hat
doch sein Kollege Piso im März 58 seinem Verwandten, dem

---

[1]) Darauf bezieht sich Cic. de domo 60: Clodius hat dem Gabinius
Syriam, Babylonem, Persas, integerrimas pacatissimasque gentis
[auf eine solche Phrase kommt es Cicero natürlich so wenig an, wie
einem attischen Redner]. *ad diripiendum* übergeben.

[2]) Ebenso suchte er und sein Legat M. Antonius, freilich vergeblich, die Rache des Ptolemaeos Auletes an den aegyptischen Rebellen
zu hemmen (Plut. Anton. 3).

Schwiegersohn Ciceros, C. Piso Frugi, ganz offen gesagt, Gabinius brauche Geld und müsse daher den Clodius unterstützen, damit dieser ihm die einträgliche Provinz verschaffe[1]); und vom König Ptolemaeos hat er sich für die Rückführung nicht weniger als 10 000 Talente zahlen lassen[2]), wovon er allerdings beträchtliche Summen an seine Hintermänner abgeben mußte. Aber daß er mit den schlimmsten Blutsaugern, den römischen Steuerpächtern, in ständigem Hader lebte, ihre Verträge und Vorschüsse nicht anerkannte, in den Orten, die er aufsuchte, ihre Anwesenheit und die ihrer Agenten nicht duldete, viele Gemeinden von der Steuerlast befreite, „die armen Publicani", wie ihr Anwalt Cicero sagt, „den Juden und Syrern, zur Knechtschaft geborenen Nationen, zur Knechtschaft gab"[3]), spricht sehr zu seinen Gunsten; und sicher ganz unzutreffend ist die Behauptung, er habe das Räuberwesen gefördert und ganz Syrien den Räuberbanden zur Ausplünderung überlassen[4]), wenn es auch an derartigen Fehden, namentlich im Libanongebiet und in den arabischen Grenzdistrikten, in dem unter den letzten Seleukiden durch die Schuld der römischen Oberherrn ganz heruntergekommenen und dem furchtbarsten Elend überantworteten Lande nicht gefehlt haben wird. Vielmehr hat sich auch unter ihm, wie in Caesars Provinzen, das monarchische Regiment, das er übte, trotz aller Gebrechen als ein Fortschritt gegen die verrotteten republikanischen Einrichtungen erwiesen. Die Verweigerung des Dankfestes und damit des Triumphs im Mai 56 (oben

---

[1]) Cic. in Pis. 12; vgl. pro Sest. 93 u. a.

[2]) Cic. pro Rab. Post. 21. 30. vgl. 34. Plut. Anton. 3. schol. Bob. zu pro Planc. 86 und pro Arch. 9. Vgl. Dio 39, 55, 5. 56 f.

[3]) de prov. cons. 10. in Pis. 41; ebenso Dio 39, 59, 2.

[4]) Cic. de prov. cons. 9. Dio 39, 56, 1. 59, 2. Ciceros Behauptung de prov. cons. 9 *adventus in Syriam primus equitatus habuit interitum, post concisae sunt optimae cohortes. igitur in Syria imperatore illo nihil aliud actum est nisi pactiones pecuniarum cum tyrannis, decisiones, direptiones, latrocinia, caedes* (vgl. § 13 *militum clades, publicanorum ruinas, provinciarum vastitates*) ist eine offenkundige Lüge, hinter der sich der Sieg über die jüdischen Rebellen und die dort getroffenen Anordnungen verbergen.

S. 145, 2) war nach dem herkömmlichen Maßstab zweifellos eine Ungerechtigkeit, die nicht auf einer objektiven Beurteilung der Vorgänge, sondern auf den inneren Gegensätzen beruhte; wäre man, wenn man es nur gekonnt hätte, doch auch gegen Caesar ebenso verfahren[1]).

Allerdings war nicht zu verlangen, daß der Senat für einen Mann, der ihm im Dienst der Machthaber so arg mitgespielt hatte, irgend etwas tun sollte. Über die Rückführung des Ptolemaeos konnte er überhaupt nicht wagen, an den Senat zu berichten[2]). Nur um so heftiger erhoben sich, als die Sache ruchbar wurde[3], hier die Angriffe, die durch die Klagen der Steuerpächter und der von ihnen abhängigen Provinzialen gestützt wurden[4]). Die Consuln dagegen nahmen ihn in Schutz, bis die Schwierigkeiten, die er Crassus' Legaten bei der Übergabe der Provinz machte, diesen zu scharfen Angriffen auf Gabinius veranlaßten (Hochsommer 55)[5]). Das hat offenbar Cicero den Mut gegeben, aufs neue die Schleusen seiner Beredsamkeit zu öfnen: er forderte die Bestrafung des Gabinius und zu dem Zweck die Verlesung des sibyllinischen Orakels. Aber inzwischen war eine Geldsendung des Gabinius eingetroffen, und überdies konnten weder Pompejus, der ja selbst aufs stärkste kompromittiert war, noch Crassus ihn wirklich fallen lassen; so antwortete dieser mit einem scharfen Ausfall gegen Cicero und warf ihm, wie vorher Piso (S. 163), das ihn tödlich verletzende Wort *exsul* ins Gesicht. Da konnte

---

[1]) Genauere Nachrichten über Gabinius' Tätigkeit in Syrien verdanken wir Josephus Bell. I 160 ff. = Ant. XIV 82 ff.; vgl. Plut. Anton. 3. Dadurch wird Dios zum mindesten einseitiger. im übrigen von seinem naiven Glauben an das Sibyllenorakel beherrschter Bericht 39, 55 ff. wenigstens einigermaßen kontrolliert. Zur Beurteilung vgl. van der Mühll bei Pauli-Wissowa VII 427 ff. und in der Sammelschrift Juvenes dum sumus 75 ff.

[2]) Dio 39, 59, 1; vgl. Cic. in Pis. 49.

[3]) Schon am 22. April 55 schreibt Cic. ad Att. IV 10 *Puteolis magnus est rumor, Ptolemaeum esse in regno; si quid habes certius, velim scire.*

[4]) Dio 39, 59. 2 ὠργίζοντο καὶ γνώμας τε ἐποιοῦντο καὶ ἑτοίμως εἶχον καταψηφίσασθαι αὐτοῦ.

[5]) Cic. an Lentulus I 9, 20 *Gabinius*, *quem* (Crassus) *proximis superioribus diebus acerrime oppugnasset.*

auch Cicero sich nicht mehr halten; der ganze Haß, der sich bei ihm gegen Crassus angesammelt und den er so lange mit Mühe niedergehalten hatte, brach gewaltsam hervor. Die Optimaten jubelten: jetzt sei er in seine alte Kampfstellung, für die sie seine Rückberufung betrieben hatten, zurückgekehrt und der Bruch unheilbar. Ihm aber war nicht wohl bei der Rolle, die ihm zugemutet wurde; Pompejus erhob dringende Vorstellungen, Caesar mahnte und drohte in Briefen, und so kroch er aufs neue zu Kreuze. Ehe Crassus Mitte November zur Armee nach Syrien abging, gab er ihm ein Abschiedsdiner in dem Garten seines damaligen Schwiegersohns Crassipes, und bald darauf schrieb er ihm einen offiziellen Versöhnungsbrief, in dem er ihn seiner dauernden Zuneigung versicherte, die früheren, durch böswillige Neider herbeigeführten Zerwürfnisse beklagte, und sich feierlich verpflichtete, in seiner Abwesenheit seine Interessen in jeder Richtung zu vertreten[1]), ein Versprechen, das er denn auch in den nächsten Senatssitzungen erfüllt hat[2]).

---

[1]) An Crassus fam. V 8. *has litteras velim existimes foederis habituras esse vim, non epistolae   quae a me suscepta defensio est te absente dignitatis tuae, in ea iam ego non solum amicitiae nostrae sed etiam constantiae meae causa permanebo.* Der Brief (oder vielmehr der Briefentwurf, in dem, wie BARDT, Hermes 32, 1897, 267 ff. sehr hübsch gezeigt hat, an ein ursprüngliches Concept § 1. 2. seine Verbesserung § 3. 4 angereiht ist) ist also einige Zeit nach Crassus' Fortgang geschrieben, nach den vermutlich durch die Händel mit Atejus hervorgerufenen Debatten im Senat, von denen Cicero fam. I 9, 20 an Lentulus schreibt: *quam ob rem eius* (Crassi) *causam, quod te scribis audisse, magna illius commendatione susceptam defendi in senatu, sicut mea fides postulabat.* Wie er in Wirklichkeit über ihn dachte, schreibt er am 14. oder 15. November an Atticus IV 13: *Crassum quidem nostrum minore dignitate aiunt profectum paludatum quam olim aequalem eius L. Paullum, item iterum consulem. O hominem nequam!* — Das Abschiedsdiner erwähnt auch Plut. Cic. 26.

[2]) Dio 39. 59, 3 (den Konflikt zwischen Crassus und Gabinius berichtet er nachträglich c. 60, 4): καὶ γὰρ ὁ Κικέρων τά τε ἄλλα ἰσχυρῶς ἐνῆγε (gegen Gabinius) καὶ συνεβούλευέ σφισι (dem Senat) τὰ Σιβύλλεια ἔπη αὖθις ἀναγνῶναι, προσδοκῶν ἐγγεγράφθαι τινὰ ἐν αὐτοῖς τιμωρίαν, ὅταν παραβαθῇ. ὁ οὖν Πομπήιος ὅ τε Κράσσος ὑπάτευόν τε ἔτι, καὶ ὁ μὲν (Pompejus) ἑαυτῷ βοηθῶν, ὁ δὲ (Crassus) τήν τε ἐκείνου χάριν καὶ ἅμα καὶ χρήματα παρὰ τοῦ

Inzwischen hatten beide Consuln in Italien starke Aushebungen veranstaltet. Crassus für den von ihm geplanten Partherkrieg, Pompejus für die Armee, die seine Legaten in Spanien zu seiner Verfügung hielten: wahrscheinlich hat man in Luca verabredet, daß wie bisher schon Caesar, so fortan auch jeder der beiden andern über acht Legionen kommandieren sollte, während die Zahl von Caesars Legionen auf zehn erhöht wurde[1]).

Γαβινίου πεμφθέντα οἱ λαβὼν ἔκ τε τοῦ προφανοῦς ὑπὲρ αὐτοῦ διεδικαίου καὶ ἄλλα τε καὶ ψογάδα τὸν Κικέρωνα ἀποκαλοῦντες οὐδὲν ἐπεψήφισαν. Dadurch fällt Licht auf Ciceros Bericht an Lentulus I 9, 20: *accipe de Crasso. ego repentinam eius defensionem Gabini, quem proximis superioribus diebus acerrime oppugnassem, tamen, si sine ulla mea contumelia* (das ist das Wort *caul!*) *suscepissem, tulissem: sed cum me disputantem, non lacessentem laesisset, exarsi non solum praesenti credo iracundia — nam ea tam vehemens fortasse non fuisset —, sed cum inclusum illud odium multarum eius in me iniuriarum, quod ego effudisse me omne arbitrabar, residuum tamen insciente me fuisset, omne repente apparuit*. Es folgen die üblichen Klagen über die Freude der *quidam homines et iidem illi, quos saepe significo neque appello* über das Zerwürfnis, und dann der Bericht über die Vermittlung des Pompejus und des Caesar *(cum per litteras maxima se molestia ex illa contentione adfectum ostenderet)* und das Versöhnungsdiner. Da Caesar damals in Britannien stand, muß die Scene mindestens 2—3 Monate vor der Versöhnung, also spätestens im September gespielt haben.

[1]) Beim Ausbruch des Bürgerkriegs hat Pompejus in Spanien bekanntlich sieben Legionen, von denen eine, die *vernacula*, in Spanien selbst ausgehoben war (Caesar bell. civ. I 85. 6. II 20, 4). Vorher aber hat er zu Anfang des Jahres 53 eine Legion, die er in der Cisalpina ausgehoben hatte, dem Caesar überlassen (bell. Gall. VI 1, 2. VIII 54. 2, als *legio prima* bezeichnet), die er im Jahre 50 bekanntlich von Caesar zurückforderte. Somit standen damals acht Legionen unter seinem Kommando. Nach Plutarch Pomp. 52 hätte allerdings Pompejus im Jahre nur vier Legionen erhalten, von denen er zwei (!) an Caesar geliehen habe, und nach Appian II 24, 92 werden ihm im Jahre 52 zwei weitere bewilligt: der Sold im Betrag von 1000 Talenten (24 Mill. Sest.) wird erst damals auf die Staatskasse übernommen (Plut. Caes. 28 = Pomp. 55). Dem gegenüber gibt Dio 89, 34, 2 als Inhalt des trebonischen Gesetzes an, ihnen seien die Provinzen bewilligt στρατιώταις τε ὅσοις ἂν ἐθελήσωσι καὶ τῶν πολιτῶν καὶ τῶν συμμάχων χρωμένοις, und das wird richtiger sein. Crassus überschreitet den Euphrat mit sieben Le-

In der ganz unkriegerisch gewordenen Bürgerschaft erregte das starke Verstimmung, die von den Gegnern weidlich ausgenützt wurde, vor allem im Prozeßkrieg gegen die Gehilfen, in dem die sich bedroht fühlenden Consuln sogar einmal mit ihrem Anhang im Trauergewand erschienen. Die Tribunen Atejus Capito und Aquillius Gallus versuchten sogar, wie ihre Vorgänger in der Zeit der Ständekämpfe, von denen die Annalen berichteten, die Aushebung durch ihr Veto zu hindern. Pompejus kümmerte sich wenig darum, sondern ließ die Aushebungen in allen Bezirken Italiens, wo ja die durch das Pomerium begrenzte Intercession der Tribunen keine Kraft hatte, durch seine Legaten ausführen; Crassus dagegen machte Miene, in Rom mit Waffengewalt einzuschreiten, und zwang dadurch die Tribunen, ihren Einspruch aufzugeben[1]). Den Krieg gegen die Parther unternahm er auf eigene Hand, ohne das Volk oder auch nur den Senat zu befragen — in dem trebonischen Gesetz war den Consuln zwar das Recht gegeben, Krieg zu führen, aber jede Spezialisierung mit Absicht vermieden[2]); trotzdem war natürlich Crassus' Plan allgemein bekannt. Der Tribun Atejus machte jetzt einen letzten Versuch, Crassus' Auszug (um den 14. November = 6. Oktober jul.) zu verhindern: er erklärte es für frevelhaft, daß er mit einem Volk, mit dem man in Frieden lebe, ohne Provokation Krieg beginnen wolle[3]); zugleich verkündete er, als Crassus feierlich aufs Capitol zog, um dem Juppiter die Gelübde darzubringen und hier das Kriegsgewand anzulegen, in üblicher Weise, daß er den Himmel beobachtet und den Blitz gesehen habe, um die Vollziehung der sakralen Handlung durch Obnuntiation zu inhibieren[4]). Crassus

---

gionen (Plut. Crass. 20; vgl. Regling, Klio VII 372 f.); man wird wohl annehmen dürfen, daß er eine Legion als Besatzung in Syrien zurückgelassen hat, zumal da die Legionen, dem alten Bestande des consularischen Heeres entsprechend, bekanntlich fast immer in gerader Zahl erscheinen.

[1]) Über diese Vorgänge besitzen wir Dios Bericht 39.
[2]) Plut. Crass. 16 καίτοι τῷ γραφέντι περὶ τούτων νόμῳ Παρθικὸς πόλεμος οὐ προσῆν.
[3]) Plut. Crass. 16.
[4]) Dio 39. 39, 6 οἱ δήμαρχοι (Atejus und Gallus) ἐν τῷ Καπιτωλίῳ

ließ sich dadurch natürlich nicht abschrecken; aber er veranlaßte den Pompejus, seinen Auszug durch persönliches Erscheinen zu decken. An Pompejus wagte sich die Menge nicht heran, und als Atejus den Crassus verhaften wollte, intercedierten andre Tribunen. Da eilte Atejus ans Tor voraus und weihte den Ausziehenden in allen Formen der überlieferten Religion den unterirdischen Göttern[1] — ein Fluch, der sich alsbald in furchtbarer Weise erfüllt hat.

Auch gegen Caesar wurde, als zu Ende 55 sein Bericht über den Feldzug dieses Jahres eintraf, ein neuer Ansturm versucht: Cato beantragte, Caesar wegen der schnöden, alle seine bisherigen Handlungen in Gallien an vollendeter Gewissenlosigkeit noch überbietenden Verletzung des Völkerrechts, mit der er die Usipeter und Tenkterer überfallen hatte, den Germanen auszuliefern. Das war freilich nicht nur nach Lage der Verhältnisse, sondern auch angesichts der Stellung, die Rom in der Welt einnahm, völlig unausführbar, wohl aber an sich Rechtens, und die Ehre Roms hätte es erfordert[2]. Erfolg hatte er damit natürlich nicht;

[1] εὐχὰς αὐτοῦ τὰς νομιζομένας ἐπὶ τῇ στρατείᾳ ποιουμένου καὶ διοσημίας τινὰς καὶ τέρατα διεθρόουν. Cic. de div. I 29 M. *Crasso quid acciderit videmus dirarum obnuntiatione neglecta; in quo Appius non satis scienter virum bonum et civem egregium censor* (im Jahre 50) *C. Ateium notavit, quod ementitum auspicia subscriberet:* er fügte hinzu: *ob eam causam populum Romanum calamitatem maximam cepisse*, gegen welche Behauptung Cicero (oder sein dort das Wort führender Bruder) mit Recht polemisiert: nicht die Verkündung des Vorzeichens, sondern seine Nichtbefolgung sei die Ursache.

[1] Dio 39, 39, 6. Plut. Crass. 16. Appian II 18. Vellejus II 46. Lucan. III 125 f. Florus II 46, 2 nennt durch Verwechslung mit dem Vorgang bei Caesar im Jahre 49 den Tribun Metellus, wofür HALM nach der schauderhaften philologischen Manier der angeblichen Textverbesserungen Atejus in seinen Text gesetzt hat.

[2] Plut. Cato 41 = Caes. 22 = Appian Celt. 18. Auch hier liegt, wie die zahlreichen wörtlichen Übereinstimmungen und die ganze Anordnung zeigen, bei Plutarch und Appian dieselbe Quelle zugrunde. Die Angabe über Catos Forderung (die auch Sueton Caes. 24 *ut nonnulli dedendum eum hostibus censuerint* kurz erwähnt) stammt nach Plutarch aus Tanusius, dem Caesar feindlichen Historiker (Sueton Caes. 9, oben S. 18) = Appian τῶν τις συγγραφέων, neben dem Caesars eigene

vielmehr wurde für Caesars Siege abermals ein Dankfest beschlossen, diesmal sogar, mit weiterer Steigerung, eins von zwanzig Tagen. In Wirklichkeit hatte er freilich größere neue Erfolge und eine Erweiterung des römischen Machtbereichs nicht erzielt; aber der Übergang über den Rhein nach dem Siege über die eingebrochenen Germanen und vor allem der Übergang nach dem bisher nur im Dämmerlicht unbestimmter Kunde am äußersten Horizont der Welt aufgetauchten Britannien haben natürlich auf das römische Publikum einen großen Eindruck gemacht, so wenig sie zu einem positiven Ergebnis führten und so ungenügend vorbereitet und verlustreich gerade die Expedition nach Britannien gewesen war. Wie tief ihn Catos Angriff getroffen hatte, zeigte Caesar dadurch, daß er einen Brief voll Anklagen und Schmähungen gegen diesen an den Senat richtete und hier verlesen ließ; die Erregung wirkt noch ein Jahrzehnt später in seinen *Anticatones* nach. Auch Metellus Scipio, ein Parteigänger des Pompejus, hat in dieser Zeit eine Schmähschrift gegen Cato veröffentlicht, in der er sein Verhalten auf Cypern und die Art, wie er bei der Versteigerung der eingezogenen Kostbarkeiten in Rom hohe Geldsummen für den Staatsschatz herausschlug, aufs schärfste angriff (s. u. S. 433 A.). Cato hat die Gefahren, die Rom nicht von den Kelten und Germanen, sondern von Caesar drohten, klar und einsichtig dargelegt[1]). Er erzielte damit einen großen Eindruck; daß er mehr erreichen und den Senat zum Handeln fortreißen könne, hat er gewiß selbst nicht geglaubt.

Darstellung ἐν ταῖς ἐφημερίσι Plut. = ἐν ταῖς ἰδίαις ἀναγραφαῖς τῶν ἐφημέρων ἔργων bei App., eine sehr korrekte Übersetzung von *commentarii*, zitiert wird. Caesar bemüht sich im bellum Gallicum vergeblich, sein Verbrechen zu vertuschen; daher hat er die von den eingedrungenen Germanen drohende Gefahr maßlos übertrieben, und sich nicht geschämt, seinen Lesern die Mär aufzutischen, daß die Feinde 430000 Köpfe stark gewesen seien! Um sie weiter abzulenken, hat er die Schilderung der Sueben c. 1—3, die der gallischen Neugier c. 5 und den geographischen Exkurs c. 10 eingelegt. Gegen DRUMANNS mißglückte Apologie hat sich auch GROEBE III² 262 erklärt. Das Dankfest auch bei Caesar bell. Gall. IV 38.

[1]) Plut. Cato 51.

Das Principat des Pompejus und Ciceros Bücher vom Staat

Durch die Ausführung der in Luca verabredeten Maßregeln ist das römische Gebiet tatsächlich in eine Anzahl föderierter Staaten aufgelöst worden. Der Machtbereich der Republik und des Senatsregiments ist fortan auf das innere Gebiet des Mittelmeers beschränkt, Italien und die Provinzen Sicilien, Sardinien mit Corsica, Africa, Cyrene, Creta, Macedonien mit Griechenland, Asia, Bithynia mit Pontus, d. i. der paphlagonischen Küste, Cilicia mit Cypern, ferner die Vasallenstaaten Numidien, Thrakien, Galatien, Kappadokien und die kleinen Fürstentümer und Freistaaten Kleinasiens. Gallien mit Oberitalien und Illyrien, Spanien, Syrien nebst seinen Vasallenstaaten, zu denen jetzt auch Aegypten gehört, sind vom Körper des Reichs losgelöst und zu selbständigen Monarchien geworden, deren Herrscher zwar ihre Truppen, wenigstens zum größten Teil, aus Italien beziehn, aber im übrigen völlig selbständig regieren, die nötigen Verwaltungsmaßregeln ergreifen, nach eigenem Ermessen, ohne Auftrag von Rom, Krieg führen, und ihren Machtbereich ins Ungemessene erweitern. Wie Caesar im Norden dem Römertum und damit der hellenistisch-römischen Kultur ein gewaltiges Gebiet gewinnt, der Gefahr einer neuen Germaneninvasion vorbaut, und den freilich gescheiterten Versuch macht, auch Deutschland und die britischen Inseln seinem Reich einzuverleiben, so geht Crassus daran, das durch die Schuld des republikanischen Regiments verlorene Erbe Alexanders bis nach Iran und Indien dem Abendlande wiederzugewinnen[1]). Ohne Kriegserfahrung war Crassus

---

[1]) Plutarch hebt comp. Nic. et Crass. 4 mit Recht diese ideale Seite des Unternehmens des Crassus gegenüber der üblichen Verdammung ex eventu hervor: οἱ δὲ τὴν μὲν τῆς ᾽Αλεξάνδρου στρατείας ὁρμὴν ἐπαινοῦντες, τὴν δὲ Κράσσου ψέγοντες, οὐκ εὖ τὰ πρῶτα κρίνουσιν ἀπὸ τῶν τελευταίων. Damit rechtfertigt er auch, daß Rom — er sagt fälschlich ὁ δῆμος — Caesars Auslieferung ablehnte. Unberechtigt ist dagegen sein Tadel gegen Nikias' Unternehmungen: solche Aufgaben waren der Griechenwelt seit 479 gestellt, und Athen hat sie unter Kimon und in der

nicht, aber der überraschenden Lage, in die sich sein Heer durch die den Römern bisher unbekannte parthische Taktik plötzlich versetzt sah, und die z. B. Metellus Numidicus im jugurthinischen Kriege mit Mühe bestanden hat, waren er und vor allem sein ungeschultes Heer nicht gewachsen, und so erfolgte die Katastrophe. Hätte er Erfolg gehabt und sich im Osten ein großes Reich gegründet wie Caesar im Westen, so ist garnicht abzusehen, wie sich die Dinge weiter hätten entwickeln mögen. Das aber ist das ganz Eigenartige der damaligen Weltlage, daß gerade in der Zeit der furchtbarsten Zersetzung des Staats und der vollen Lahmlegung der zentralen Regierung das Römertum nach langem Hinsiechen die größten Erfolge erringt und sich nach allen Seiten mächtig ausbreitet: aus der Peripherie heraus erwächst dann die Neugestaltung des geschlossenen Weltreichs des *Orbis terrarum.* So erweist sich immer aufs neue die Überlegenheit des persönlichen Regiments, das, weil es ein, wenn auch an sich aus sehr problematischen persönlichen Motiven erwachsendes Ziel vor Augen hat und rücksichtslos verfolgt, die durch das zerfahrene Collegialregiment lahmgelegten Kräfte freimacht und ihnen Raum schafft; das war schon in Lucullus' und noch weit mehr in Pompejus' Feldzügen hervorgetreten und fehlt auch bei dem Regiment des Gabinius in Syrien nicht. Zugleich aber tritt hervor, daß der Kampf um die Macht im Innern noch nicht das letzte Stadium der Entwicklung ist, sondern daß sich dahinter, ähnlich der Zersetzung des Reichs Alexanders, der Kampf der neu entstandenen Dynasten um die Alleinherrschaft und die Wiederherstellung der Reichseinheit erhebt. Dieser Kampf hat denn auch den um die innere Gestaltung des Staats überdauert und ist unter den Triumvirn erst recht entbrannt, als die Republik in den Proscriptionen und bei Philippi definitiv erlegen war.

Im Innern war die Herrschaft des Pompejus jetzt fest auf-

---

aegyptischen Expedition der Demokratie zu lösen versucht, aber ohne Erfolg; und zu Nikias' Zeit war vollends jede Möglichkeit dazu geschwunden.

gerichtet. In welchem Umfang er von der Bürgerschaft als der Regent des Staats betrachtet wurde, das zeigte sich in geradezu überraschender Weise, als im September 54 seine Gemahlin, Caesars Tochter Julia, im Wochenbett starb[1]): Pompejus wollte die Leiche auf seinem albanischen Gut beisetzen, aber das Volk forderte ihre feierliche Beisetzung auf dem Marsfelde und erzwang sie gegen den Widerspruch des Consuls Domitius[2]). So erhielt die Gattin des Regenten ihr Grab an derselben Stelle, wo ein Vierteljahrhundert zuvor Sullas Asche beigesetzt war: Pompejus erschien als der Herrscher des Reichs wie dieser, und die Ehren, die ihm zustanden, wurden auch der Gemahlin des ungekrönten Königs von Rom zuerkannt.

Immer deutlicher treten in Pompejus' Stellung die Grundzüge der Neugestaltung des Staats hervor, die dann Augustus dauernd zur Grundlage der Verfassung des Principats erhoben hat. Die Fiktion, daß er in seine Provinz gehn wolle, sobald die Umstände es gestatteten, ist offiziell noch eine Zeitlang aufrecht erhalten worden[3]); tatsächlich wollte er dauernd in

---

[1]) Das Datum ergibt sich aus Ciceros Ende September geschriebenem Brief an seinen Bruder III 1, 17. 25; Ende November hat er durch diesen Kunde *de virtute et gravitate Caesaris, quam in summo dolore adhibuisset*. Nach Plut. Caes. 23 erhielt Caesar die Nachricht bei der Rückkehr aus Britannien. Auch Julias Kind starb kurz darauf: Plut. Pomp. 53. Dio 40, 44. 3. Sueton Caes. 26. Vellejus II 47. 2. Lucan V 474.

[2]) Dio 39. 64. Plut. Pomp. 53. Liv. ep. 106 *Julia, Caesaris filia, Pompei uxor, decessit, honosque ei a populo habitus est, ut in campo Martio sepeliretur*.

[3]) In dem natürlich ganz offiziell gehaltenen Empfehlungsschreiben für Trebatius an Caesar fam. VII 5 im Frühjahr 54 sagt Cicero, er schicke diesen an Caesar, *posteaquam Pompei commoratio diuturnior erat quam putaram*. (Zugleich fingiert er, er habe eigentlich beabsichtigt, ihn mit sich zu nehmen, wenn er als Legat des Pompejus für die *cura annonae* [oben S. 121] entsandt werde; aber auch dazu komme es jetzt nicht.) Ebenso äußert sich Caesar bell. Gall. VI 1 *quoniam ipse* (Pompeius) *ad urbem cum imperio reipublicae causa remaneret*. Nach Dio 39, 39, 4 waren ihm die Angriffe auf seine Aushebungen (oben S. 171) als Vorwand zum Bleiben sehr willkommen.

oder vor Rom bleiben, um die Regierung zu leiten. Da er durch sein proconsularisches Imperium verhindert war, das Pomerium zu überschreiten, mußte der Senat für die Sitzungen, an denen er teilnehmen wollte, vor die Stadt berufen werden — eben dazu diente das Sitzungslokal, das er in den Hallen seines Theaters erbauen ließ. Die Verwaltung der ihm zugewiesenen Provinzen und das Kommando seiner Legionen übertrug er den von ihm bestellten und nur ihm verantwortlichen *legati pro praetore*, die zum Teil aus den höchsten Kreisen des Senats entnommen waren — neben Varro, der es bis zum Praetor gebracht hatte, und Petrejus stand der Consular Afranius —, aber unter seinen Auspicien fochten.

Mit der proconsularischen Gewalt verband er, wie Augustus, wenn die Politik es erforderte, das reguläre Oberamt des Consulats, wie im Jahre 55 so 52. Außerdem verwaltete er wie dieser dauernd die *cura annonae*, welche die Ernährung der hauptstädtischen Bevölkerung in seine Hand legte und so das mächtig anschwellende Proletariat von ihm abhängig machte; auch ihre Verwaltung, deren Kompetenz das ganze Reich umfaßte, erforderte zahlreiche Hilfskräfte aus denselben Kreisen als *legati pro praetore*. Es fehlte nur diejenige Funktion, welche Augustus mit klarem politischem Blick zur eigentlichen Trägerin der Stellung des Principats im Innern erhob, die tribunicische Gewalt, die Zusammenfassung nicht nur der Rechte, sondern vor allem der Würde, der *maiestas* des römischen Volkes in der Person des ersten Bürgers, die eben darum für diese Aufgabe so geeignet war, weil sie an sich durchaus schillernd und unbestimmt war und ihre Tragweite sich garnicht in feste Sätze fassen ließ. Den Ersatz für sie mußte bei Pompejus die Unterstützung durch die Demagogen und die Anarchie bilden, die er, seit Clodius sich ihm unter dem Druck Caesars gefügt hatte, fortan fest in der Hand hielt und für seine Zwecke zu benutzen verstand.

Im Jahre 54 hat Cicero, von der Beteiligung am Staatsleben immer mehr zurückgedrängt, der Lehrschrift, in der er seine Erfahrungen als Redner und Anwalt zusammenfaßte, eine Schrift über seine politischen Ideale folgen lassen, die er jedoch nach manchen Schwankungen über den Plan und sorgfältigster Feilung erst mehrere Jahre später, im Frühjahr 51, veröffentlicht hat[1]). Durch den Mund des jüngeren Africanus, bei dem kurz vor seinem Tode, im Sommer 129, das Gespräch stattfindet, entwickelt Cicero die Anschauungen, die er sich von Wesen und Gestaltung des richtigen Staats gebildet hat, auf Grund eines eindringenden Studiums der griechischen Theoretiker und vielfach in engem, jedoch keineswegs sklavischem Anschluß an sie und zugleich mit

---

[1]) Die Abfassung des ersten Entwurfs während des Landaufenthalts in den Frühlingsmonaten des Jahres 54, bis zum 1. Juni, ergibt sich aus ad Qu. fr. II 12, 1. Dieser Entwurf umfaßte neun Bücher, die Prooemien erhalten sollten, in denen unter anderm auf Atticus' Mahnung auch Varro berücksichtigt werden sollte (ad Att. IV 16, 2, Anfang Juli); dann begann Cicero nach dem Vorschlag seines literarischen Beirats Cn. Sallustius eine völlige Umarbeitung, in der statt des Africanus er selbst im Gespräch mit Quintus das Wort führte; er will aber dem Bruder die erste Bearbeitung zuschicken (ad Qu. fr. III 5, 1 f., Ende Oktober). Schließlich aber ist er zu seinem ursprünglichen Plan zurückgekehrt, zweifellos zum Heil des Werks, hat es aber auf sechs Bücher verkürzt und auch die Prooemien weggelassen, abgesehn von der, wie es scheint, an Quintus gerichteten Einleitung, in der er von seiner persönlichen Stellung zum politischen Leben spricht. Die Veröffentlichung erfolgte erst im Jahre 51, unmittelbar vor seinem Abgang nach Cilicien; Caelius schreibt ihm in seinem ersten Brief Ende Mai (fam. VIII 1, 4) *tui politici libri omnibus vigent*, und ebenso hat sie Atticus damals gelesen und seine Zustimmung geäußert *(sex libris quos tibi tam valde probari gaudeo*, ad Att. VI 1, 8). Die Äußerung de div. II 3 (Sommer 44) *sex libri de republica, quos tum scripsimus, cum gubernacula reipublicae tenebamus* zeigt nur. wie so viele ähnliche (z. B. Phil. XIV 17 *utinam quidem illi principes viverent, qui me per meum consulatum, cum eis ipse cederem, principem non inviti viderant)*, welchen Illusionen sich Cicero über seine Vergangenheit hingab, und wie sie sich ihm in der Erinnerung verklärte. [Während der Drucklegung erhalte ich den Aufsatz von REITZENSTEIN, Die Idee des Principats bei Cicero und Augustus, Nachr. der Gött. Ges. 1917, 399 ff., 481 ff., der zu meiner Freude gleichfalls die fundamentale Bedeutung der Schrift und ihren beherrschenden Grundgedanken eingehend darlegt, desgleichen ihren Zusammenhang mit dem Principat des Augustus. Dagegen kommt bei ihm die Beziehung auf die Zeit, in der sie entstanden ist, und speziell auf Pompejus, meines Erachtens nicht genügend zum Ausdruck.]

ständiger Berücksichtigung der römischen Institutionen und der Lehren der römischen Geschichte[1]). Von den drei traditionellen Staatsformen, die auch hier als die maßgebenden und in ihren Grenzen berechtigten anerkannt werden, ist, wie für Plato und Aristoteles, so auch für Scipio, d. h. für Cicero, an sich die wahre Monarchie die beste[2]), wie sie denn auch über zweihundert Jahre lang in Rom zum Segen des Staats bestanden hat[3]); aber sie ist immer der furchtbaren Gefahr ausgesetzt, daß sie durch Entartung des Herrschers in die schlechteste Staatsform, die Willkürherrschaft der Tyrannis, umschlägt[4]) — das entspricht ganz den

---

[1]) Der griechischen Theorie entstammen vor allem das im dritten Buch eingehend behandelte Problem des Verhältnisses des Staats zur Idee der Gerechtigkeit, und die Erziehungsfragen nebst der Behandlung der musischen Künste in dem fast völlig verlorenen vierten Buch, ferner das kurz erledigte oder vielmehr beiseite geschobene Problem des Ursprungs des Staats im ersten Buch 38 ff., endlich der Plato nachgebildete, aber stark von Posidonios beeinflußte Schluß, die Unsterblichkeit und Göttlichkeit des wahren Staatsmanns, der zugleich der wahre Weise ist, im *Somnium Scipionis*. Ferner gehört die Polemik gegen die Hafenstädte II 5 ff. hierher; die dadurch drohenden Gefahren hat Romulus weitschauend vermieden.

[2]) I 54 *si unum ac simplex (genus reipublicae) probandum sit, regium probem;* 69 *ex tribus primis generibus longe praestat mea sententia regium.* Vgl. I 58 ff. 64. II 43.

[3]) I 58. II 52.

[4]) II 43 *ea autem forma civitatis* (regnum) *mutabilis maxime est hanc ob causam, quod unius vitio praecipitata in perniciosissimam partem facile decidit. nam ipsum regale genus civitatis non modo non est reprehendendum, sed haud scio an ceteris simplicibus longe anteponendum.* II 47 (regnum) *sane bonum, ut dixi, reipublicae genus, sed tamen inclinatum et quasi pronum ad perniciosissimum statum. simul atque enim se inflexit hic rex in dominatum iniustiorem, fit continuo tyrannus* cet. — Von Friedrich d. Gr., der bekanntlich Ciceros Schriften hoch schätzte, aber die Schrift vom Staat noch nicht kennen konnte, sagt KOSER (Gesch. Fr. d. Gr. III⁴ 484) im Referat über seinen Essai sur les formes de gouvernement et sur les devoirs des souverains (1777): „Von der ‚wahrhaft monarchischen' Regierung — er meint die absolute Monarchie — sagt der absolute König von Preußen mit der größten Unbefangenheit, sie sei die schlechteste oder beste von allen Formen, je nachdem sie geführt werde." — Daß Cicero

Lehren des Aristoteles und seiner Schule, nur daß die Verwirrung vermieden ist, die in Aristoteles' Politik (die Cicero bekanntlich nicht benutzt hat) dadurch entsteht, daß sich der theoretische Begriff des wahren Königtums, d. h. der Herrschaft des Tugendhaftesten, immer mit der aus der Praxis stammenden Auffassung des Königtums als der legitimen und daher erblichen Monarchie im Gegensatz zu der Usurpation der Tyrannis kreuzt. Dieser Gefahr hat auch Rom, wie die Geschichte des Tarquinius zeigt, auf die Dauer nicht entgehn können, obwohl die Römer es vernünftiger gemacht haben als die Spartaner und statt des Erbkönigtums, das den Nachkommen des Hercules als König zu nehmen zwingt, wie er auch beschaffen sein mochte, das Wahlkönigtum eingeführt haben, das den Besten und Weisesten zum Herrscher aussucht[1]). Aber noch weniger genügt die Aristokratie oder gar die Demokratie den wahren Forderungen, wenngleich beide ein sehr berechtigtes Element enthalten, das der richtige Staat berücksichtigen muß. Die beste Staatsgestaltung ist daher die gemischte Verfassung, welche die Vorzüge aller drei in sich vereinigt — ein Gedanke, dessen Verwirklichung manche griechische Theoretiker bekanntlich in dem spartanischen Staat gefunden haben, und den dann Polybios auf Rom übertragen hat. Eben an diesen und seine berühmte Darlegung im sechsten Buch seines Geschichtswerks schließt sich Scipio an (neben ihm ist Cato benutzt), wenn er im zweiten Buch die Entwicklung der römischen Verfassung darlegt. Diese gemischte Verfassung[2])

---

außer Polybios in weitem Umfang eine Schrift des Panaetios benutzt, haben mit Abweichungen im einzelnen, SCHMEKEL, Philosophie der mittleren Stoa, und REITZENSTEIN ausgeführt (vgl. S. 178 Anm.). Aber die theoretischen Grundgedanken gehn auf die großen Philosophen des vierten Jahrhunderts zurück, die Cicero natürlich gleichfalls genau kennt und benutzt; und in der Gestaltung ist er hier wie auch in manchen anderen seiner philosophischen Schriften viel selbständiger als oft angenommen wird, das überkommene Gut ist durchaus sein geistiges Eigentum geworden.

1) II 24.
2) II 41 (aus Nonius) *statuo esse optime constitutam rempublicam, quae ex tribus generibus illis, regali et optumati et populari, confusa modice nec puniendo irritet animum immanem ac ferum ...*

ist im Grunde die Herrschaft der wahren Optimaten, d. i. der idealen Aristokratie, die das wahre Interesse der Gesamtheit vertritt; ihrer Einsicht und Leitung, die durch klug ersonnene Institutionen der Verfassung geschützt ist, wie sie in Rom nach der tatsächlichen Beseitigung der *patrum auctoritas* immer noch vor allem die Auspicien bieten[1]), schließen sich daher alle guten Bürger willig an, wie Cicero das in der Rede pro Sestio eingehend ausgeführt hat, da auch der Masse des Volks nicht nur ein gerechtes Regiment, sondern auch eine, wenngleich nach den Grundsätzen der wahren Gerechtigkeit eingeschränkte und unter starker Kontrolle des Senats und der Beamten stehende Betätigung im öffentlichen Leben und damit die politische Freiheit gewährt ist[2]). Aber diese Aristokratie bedarf, um richtig funktionieren zu können, selbst wieder der Leitung eines starken monarchischen Elements, das die vielköpfige Masse der *principes* mit überlegener Einsicht leitet und auf dem richtigen Wege festhält. Der Träger dieser königlichen Stellung, „ein großer Bürger und ein Mann, der als fast göttergleich zu bezeichnen ist, der die Wandlungen des staatlichen Lebens überschaut und das Steuer festzuhalten und das Schiff in die richtige Bahn zu lenken vermag"[3]), ist „gewissermaßen der Vormund und Geschäftsführer

---

I 45. 69, II 65 ff., wo § 69 der Vergleich mit der musikalischen Harmonie darauf angewendet wird.

[1]) Über die *patrum auctoritas* II 15. 56; über die *auspicia* II 16. 26.

[2]) Die weitere Ausführung der Staatsgestaltung hat Cicero bekanntlich später, nach platonischem Muster, aber in engster Anlehnung an die Institutionen Roms, in der nicht vollendeten Schrift *de legibus* gegeben.

[3]) I 45, im Anschluß an die *miri orbes et quasi circumitus in rebus publicis commutationum et vicissitudinum* (die Scipio dann eingehend behandelt, im Anschluß an die grundlegenden Gedanken des Polybios, aber mit Verbesserungen und die mannigfachen Variationen berücksichtigenden Abweichungen im einzelnen, die auf Panaetios zurückgehn, s. I 34. 36): *nos cum cognosse sapientis est, tum vero prospicere inpendentis in gubernanda republica, moderantem cursum atque in sua potestate retinentem magni cuiusdam civis et divini paene est viri.*

des Gemeinwesens; denn so wollen wir einen jeden nennen, der der Regent und Steuermann des Staats sein wird"[1]).

Das ganze fünfte und sechste Buch, aus denen uns leider im Palimpsest bis auf ein paar Seiten des fünften nichts mehr erhalten ist, waren der Schilderung dieses leitenden Staatsmannes, des *rector rerum publicarum* oder *rector patriae*, des *moderator reipublicae*, des *princeps civitatis*[2]) gewidmet. „Wie dem Steuermann der richtige Kurs," hieß es im fünften Buch, „dem Arzt das Wohlsein, dem Feldherrn der Sieg, so ist diesem Lenker des Gemeinwesens die Aufgabe gestellt, das Leben der Bürger durch gefestigtes Vermögen, reiche Mittel, glanzvollen Ruhm, ehrbare Tugend gesegnet zu gestalten; denn diese größte und beste den Menschen gestellte Aufgabe soll nach meiner Auffassung jener Mann durchführen"[3]). Seine Stellung entspricht der der alten Könige, vor allem des Numa, der durch seine Rechtsprechung und seine religiöse Gesetzgebung die friedliche Beschäftigung der Bürger sicherte[4]). In der umfassendsten Weise muß er für seinen Beruf vorgebildet sein, nicht nur das Recht und die Gesetze, sondern auch ihre theoretische Grundlage und daher auch die griechische Literatur kennen[5]), aber nicht etwa

---

[1]) II 51 *bonus et sapiens et peritus utilitatis dignitatisque civilis, quasi tutor et procurator reipublicae; sic enim appelletur, quicumque erit rector et gubernator civitatis.* Vgl. II 65 ff.
[2]) V 5. 6. 8 (ad Att. VIII 11. 1). 9. VI 1 (ad Att. VII 3, 2) ed. BAITER.
[3]) ad Att. VIII 11, 1 (= de rep. V 8), Ende Februar 49: *consumo igitur omne tempus considerans, quanta vis sit illius viri, quem nostris libris satis diligenter, ut tibi quidem videmur, expressimus. tenesne igitur moderatorem illum rei publicae, quo referre velimus omnia? nam sic quinto, ut opinor, in libro loquitur Scipio:* „*ut enim gubernatori cursus secundus, medico salus, imperatori victoria, sic huic moderatori reipublicae beata civium vita proposita est, ut opibus firma, copiis locuples, gloria ampla, virtute honesta sit; huius enim operis maximi inter homines atque optimi illum esse perfectorem volo.*" *hoc Gnaeus noster cum antea numquam, tum in hac causa minime cogitavit: dominatio quaesita ab utroque est, non id actum, beata et honesta civitas ut esset.*
[4]) V 3—5.
[5]) Hierher gehört das von BAITER fälschlich ins sechste Buch ver-

seine Zeit auf die Rechtspflege und Rechtsprechung vergeuden
— dann wäre er nur der Gutsvogt oder Kassenführer des Staats —,
sondern über den Einzelaufgaben stehend seine Kenntnisse für
die Staatsleitung verwenden, wie der Steuermann die Astronomie,
der Arzt die Physik. Ebenso soll er der Beredsamkeit gegen-
überstehn, durch wirkungsvolle, kurzgefaßte Worte die Menge
lenken, aber ihren Mißbrauch vermeiden; denn die korrum-
pierende Wirkung der Beredsamkeit, welche die Wahlen und
Abstimmungen verfälscht, ist weit gefährlicher als offene Bestechung[1]). Durch sein Vorbild und seine Maßregeln erzieht
er das Volk zu Tugend und Ehrfurcht, durch den Ruhm, den
er sich in Krieg und Frieden erwirbt, festigt er seine Stellung —
„und nur so lange kann das Gemeinwesen bestehn, als alle dem
ersten Bürger Ehre erweisen"[2]). Im sechsten Buch folgte die
Darlegung der Stellung, die er in inneren Zwistigkeiten und
gegenüber den auf einen Umsturz der richtigen Staatsleitung
zielenden Tendenzen einnehmen soll[3]). „Wer so kräftig sich regt,
empfindet, gedenkt, vorausschaut, wer den Körper, an dessen
Spitze er steht, so beherrscht und leitet und bewegt, wie jener
Obergott diese Welt, der ist selbst ein Gott"[4]) und unsterblich,

---

setzte Fragment p. 236 Zl. 10 ff. aus Comm. in Cic. de inv. p. 349 OSANN:
*reipublicae rectorem summum virum et doctissimum esse debere, ita
ut sapiens sit et iustus et temperans et eloquens, ut possit facile
currente eloquentia animi secreta ad regendam plebem exprimere.
scire etiam debet ius, Graecas nosse litteras, quod Catonis facto pro-
batur.* Das gehört zu V 5 ff.

[1]) V 11.
[2]) V 9.
[3]) S. die VI 1. 2 zusammengestellten Fragmente aus Nonius. Den
Eingang bildete das Fragment bei Nonius: *totam igitur exspectas
prudentiam huius rectoris* (offenbar bei seiner Stellungnahme zu den
Parteikämpfen), *quae ipsum nomen hoc nacta est ex providendo.*
Auf diese Darlegungen bezieht sich das Zitat Ciceros ad Att. VII 3. 2.
9. Dezember 50: „wenn der Gedanke an meinen Triumph nicht dazwischen gekommen wäre, *ne tu haud multum requireres illum virum,
qui in sexto libro informatus est*".
[4]) VI 26 (Worte des im Traum erscheinenden älteren Africanus an
seinen Adoptivenkel): *deum te igitur scito esse, si quidem est deus,*

wie nach Platos Lehre die Seele als das Prinzip der ständigen
Bewegung; und so klingt das Werk, im Traum Scipios, nach
dem Hinweis auf die leitende Stellung, die Scipio in der Beilegung der graechischen Wirren einnehmen sollte und die durch
seine Ermordung vereitelt ward, aus in dem Glauben, daß ein
solcher Mann, der *rector et conservator* seines Staats, sich den
Weg zur Unsterblichkeit gewinnt und zu den Göttern aufsteigt.

Rein theoretisch betrachtet, vom Standpunkt der philosophischen Gedankenentwicklung aus, sind diese Darlegungen
lediglich eine Übertragung der im Anschluß an Sokrates und
seine Auffassung des βασιλικὸς ἀνήρ von Plato begründeten,
von Aristoteles und den Peripatetikern weiter ausgebildeten
Ideen der griechischen Philosophie über den wahren Staatsmann
und König auf die römischen Verhältnisse. Aufs engste berühren
sie sich vor allem mit Platos Politikos: das Ziel ist das gleiche,
nicht mehr das für menschliche Verhältnisse nicht erreichbare
Ideal der absoluten Monarchie des über den Gesetzen stehenden
Weisen der Πολιτεία die παμβασιλεία des Aristoteles, der auf-
geklärte Despotismus, sondern die durch Gesetze gebundene, die
Freiheit und Beteiligung der Aristokratie und des Volkes zwar
einschränkende und leitende, aber nicht aufhebende konstitu-
tionelle Monarchie; nur soll ihr Träger in Rom nicht ein erb-
licher Herrscher sein, sondern der wahre Staatsmann, der erste
Bürger, der daher auch den durch den letzten Tarquinius in
Mißkredit geratenen Königstitel entbehren kann. Aber politisch,
innerhalb der Entwicklung des römischen Staats und des römischen
Staatsgedankens, kommt dem Werk Ciceros eine weit größere,
ja geradezu eine grundlegende Bedeutung zu. Der Aristokratie
und gerade derjenigen Gestaltung, die sich in Rom herausgebildet
hatte, ist die überragende Stellung eines einzigen Staatsmanns,
eines *princeps*, durchaus fremd und ihrem Wesen widersprechend:
sie beruht vielmehr auf dem innerhalb der Schranken der Ver-

---

*qui viget, qui sentit, qui meminit, qui providet, qui tam regit et mode-
ratur et movet id corpus, cui praepositus est, quam hunc mundum
ille princeps deus.* Vgl. VI 12.

fassung sich abspielenden Wettstreit mehrerer *principes* um den maßgebenden Einfluß. Dadurch, daß sie sich die Wage halten, wird die Bewegungsfreiheit aller Standesgenossen und damit die freie Entscheidung der Gesamtheit und die Leitung durch den Senat, nicht durch einen Einzelnen, gesichert. Dem geschichtlichen Scipio Africanus, den Cicero dies Ideal vortragen läßt, lagen diese Gedanken noch ganz fern, weit mehr als dem Besieger Hannibals, so nahe auch die Stellung, die der Adoptivenkel tatsächlich einnahm, und vor allem die Erwartungen, die man auf ihn setzte, schon daran heranreichten[1]). Es ist vielmehr das Ideal, das Cicero selbst aufstellt und von dessen Verwirklichung er die Erlösung aus der Zersetzung der Gegenwart und der völligen Zerfahrenheit der Optimatenpartei erhofft. Er stellt damit ein Programm auf, das unmittelbar in der praktischen Politik wirken soll; um so mehr ist zu bedauern, daß uns von diesen Büchern fast garnichts erhalten ist.

Nicht auf dem Boden der Aristokratie, sondern auf dem der Demokratie ist die monarchische Leitung des Staats durch den dauernd mit der Führung betrauten Staatsmann, den Demagogen, erwachsen. Die radikale Demokratie der griechischen Republiken, vor allem die Athens, setzt sie voraus: ihm eröffnet sie seine Bahn, und ohne daß er dauernd die Zügel in Händen hält, vermag sie, wie gerade das Beispiel Athens zeigt,

---

[1]) Als der Tribun Carbo im Jahre 131 den Scipio über die Ermordung des Ti. Gracchus befragt und dieser antwortet *si is occupandae reipublicae animum habuisset, iure caesum* und die darüber tobende Menge mit scharfen Worten zurückweist, kehrt Gaius Gracchus den gegen seinen Bruder erhobenen Vorwurf gegen Scipio um und bezeichnet diesen als den Usurpator der monarchischen Gewalt: τῶν περὶ τὸν Γάιον βουλομένων κτεῖναι τὸν τύραννον (Plut. apophth. Scip. 23). Nach Cicero de rep. VI 12 (im *somnium Scipionis*) soll Scipio, als er ermordet wird, als Dictator den Staat neu ordnen *(tu eris unus, in quo nitatur civitatis salus, ac, ne multa, dictator rempublicam constituas oportet)*: ob aber diese Angabe, wie ich Unters. zur Gesch. der Gracchen 16 (Kl. Schr. 407) getan habe, wirklich als geschichtlich angesehn werden kann und nicht lediglich von Cicero in die Situation hineingetragen ist, ist mir jetzt sehr fraglich.

eine zielbewußte und erfolgreiche Politik nicht durchzuführen, sondern fällt der Anarchie und dem Niedergang anheim. Dasselbe Schauspiel erleben wir jetzt in den radikalen Demokratien der romanischen Staaten — mögen sie daneben nominell ein Königtum haben oder nicht —, und eben während des Weltkriegs in geradezu typischer Weise in England und in Amerika in der Stellung, die Lloyd George und Wilson gewonnen oder vielmehr usurpiert haben. In Rom hat schon Appius Claudius in der Zeit der Samniterkriege den Staat in diese Bahnen zu führen versucht, ist aber damit gescheitert, und die monarchische Stellung, die der ältere Scipio im hannibalischen Kriege eingenommen hatte, ist in der Folgezeit durch die Opposition, namentlich durch Cato und Tiberius Gracchus den Vater, erfolgreich untergraben und hat ihn schließlich nach dem Krieg gegen Antiochos in ein freiwilliges Exil getrieben. Dann haben die Gracchen, Tiberius durch die Not gezwungen, Gajus mit vollem Bewußtsein, dies Ziel erstrebt; die Demokratie, die Gajus an Stelle der bisherigen Verfassung setzen will, ist nichts anderes als sein persönliches Regiment. Damals hat die Aristokratie diese Gestaltung als Ende der republikanischen Freiheit entrüstet abgewiesen und den Tiberius erschlagen, weil er offenkundig nach der Krone strebe[1]). Aber auch sie ist nicht imstande gewesen, sich aus eigener Kraft zu behaupten. Drusus' Versuch, als konservativer Demagoge das Joch der gracchischen Verfassung zu brechen und dem Senat seine Stellung wiederzugewinnen, ist an dem passiven Widerstand seiner Standesgenossen, die in ihm den kommenden Regenten scheuten, gescheitert; dann aber hat Sulla zweimal aus eigener Machtvollkommenheit an der Spitze einer ihm ergebenen Armee den Kampf aufgenommen und souverän über die Bürgerschaft schaltend in Strömen Blutes die Herrschaft der Ritterschaft vernichtet und die der Nobilität noch einmal wieder

---

[1]) Im Lael. 41 läßt Cicero den Laelius sagen: *Ti. Gracchus regnum occupare conatus est, vel regnavit is quidem paucos menses.* Das gibt die Auffassung der Aristokratie, aus der heraus Scipio Nasica zur Erschlagung des Tyrannen auffordert und nachher sein Vorgehn rechtfertigt, durchaus zutreffend wieder, vgl. Kl. Schr. 393. 425 f.

aufgerichtet. Jetzt sehn wir, daß die Erkenntnis, ohne eine solche überragende Persönlichkeit könne die Republik nicht dauernd bestehn, eine geordnete Verfassung nicht gesichert und die Einheit des staatlichen Willens nicht erhalten werden, auch in diese Kreise Eingang findet und von dem Theoretiker der wahren Aristokratie im Anschluß an die aus ganz analogen Zuständen erwachsenen Lehren der griechischen Philosophen eingehend entwickelt wird.

Die Einseitigkeit des Programms, durch das Cicero den römischen Staat regenerieren will, liegt auf der Hand. So wenig wie irgend ein anderer Theoretiker des Altertums hat Cicero sich über den von der geschichtlichen Tradition gegebenen Begriff des Stadtstaats zu erheben vermocht. Für die Probleme, welche die Weltstellung Roms geschaffen hat, hat er kein Verständnis; sein Blick bleibt ausschließlich auf der *urbs* haften. Daß der *populus Romanus* in Wirklichkeit längst über die engen Schranken der Polis hinausgewachsen ist und in keiner Weise durch die in den Comitien fast allein anwesende hauptstädtische Bevölkerung repräsentiert wird[1]), kommt für seine Theorie und für den nachher in den Büchern *de legibus* vorgetragenen Verfassungsentwurf nicht in Betracht, so sehr er selbst bei der Entscheidung über seine Rückkehr die Bedeutung der italischen Bürgerschaft erfahren hatte. Noch verhängnisvoller ist, daß die entscheidende Bedeutung der Machtfrage für den Staat nicht hinlänglich gewürdigt wird: die antike Theorie ist nun einmal seit Sokrates und Plato von dem Gedanken beherrscht, daß der Staat die Verwirklichung der Idee der Gerechtigkeit ist, und sucht daher, wie ihre modernen Nachfolger bis auf Rousseau und den modernsten Liberalismus, die Lösung ihrer Aufgaben einseitig auf dem Gebiet der Verfassung, während sie die Machtfrage ignoriert, oder wo sie ihr von Praktikern und Skeptikern entgegengetragen wird, sie im Bewußtsein ihrer höheren sittlichen Auffassung geringschätzig

---

[1]) Vgl. pro Sestio 109 *venio ad comitia. sive magistratuum placet sive legum. leges videmus saepe ferri multas: omitto eas, quae feruntur ita, vix ut quini et ei ex aliena tribu, qui suffragium ferant, reperiantur.*

beiseite schiebt. So verfährt auch Cicero gegen die Einwände, die Philus vom Standpunkt der Sophisten und des platonischen Kallikles und Thrasymachos aus erheben muß, in der Antwort, die Laelius darauf erteilt, nach dem Vorbild Platos, aber auch hier mit mancherlei Abweichungen und Ergänzungen in der Einzelausführung.

In seiner politischen Wirksamkeit hat Cicero allerdings die Bedeutung dieses Machtfaktors auf Schritt und Tritt empfunden und sich ihm fügen müssen, niemals stärker, als eben in den Jahren, in denen er den Dialog schrieb. Da hält er ihm das Idealbild dessen, was sein soll, entgegen; aber daß er in dieses den beherrschenden monarchischen Staatsmann als Schlußstein und Krönung des Gebäudes einfügt, ist allerdings eine für den Theoretiker der römischen Aristokratie äußerst bedeutsame Konzession an die Forderungen der realen Welt. Natürlich bleibt immer noch ein fundamentaler Unterschied bestehn: für die Theorie ist der Princeps der beste der Bürger, und den Maßstab geben die intellektuellen und sittlichen Eigenschaften. Er ist auch nicht, wie in der Demokratie, der Vertrauensmann der Massen, die er vielmehr, nötigenfalls mit Gewalt, im Zaum halten soll, sondern der der besten Elemente des Staats, der Optimaten und des Senats: „in bürgerlichen Streitigkeiten sind, da die Guten mehr bedeuten als die Vielen, die Bürger abzuwägen, nicht zu zählen"; „der Staatsleiter muß gegen die Elemente, die den Zustand des Staats erschüttern, immer gewaffnet sein"[1]. Eben dadurch bleibt trotz des königlichen Regiments des leitenden Staatsmanns der republikanische Charakter des Gemeinwesens gewahrt.

In der Praxis dagegen ist nun einmal die Macht das Ent-

---

[1] Fragmente des sechsten Buches bei Nonius (BAITER p. 286): *et vero in dissensione civili, cum boni plus quam multi valent, expendendos cives, non numerandos puto.* Ferner *quam ob rem se comparet hic civis ita necessest, ut sit contra haec, quae statum civitatis permovent, semper armatus;* als derjenige, *qui conpescit eius vim et ecfrenatam illam ferociam,* war der Staatslenker bezeichnet.

scheidende, und so ist es leicht möglich, daß derjenige, dem die Rolle des Princeps zufällt, von den von der Theorie geforderten Eigenschaften keine einzige besitzt. Aber trotzdem behält die Theorie eine große Bedeutung auch für die praktische Politik: denn sie ist die Idee, welche die Anschauungen und Stimmungen des Volks und seiner besten Männer beherrscht, und daher auch von dem praktischen Staatsmann Berücksichtigung fordert. Darin liegt die große geschichtliche Bedeutung der Schrift Ciceros: sie enthält nicht nur die theoretische Formulierung der Stellung, die Pompejus für sich erstrebt, sondern zugleich auch die Grundzüge der Staatsordnung, die Augustus im Principat zu verwirklichen gesucht und in der Tat durch einen mit unvergleichlichem staatsmännischem Geschick abgewogenen Kompromiß zwischen Theorie und Praxis dauernd begründet hat. Wie es dem Scipio sein Ahn im Traume verkündet, ist denn auch Augustus wirklich im Tode als *Divus* zu den Göttern aufgestiegen.

Daß Cicero bei der Schilderung des republikanischen Regenten an Pompejus gedacht hat, bedarf keiner Ausführung[1]). Schon gleich nach seinem Consulat hat er ihn brieflich als den neuen, größeren Africanus begrüßt (S. 38), und als den *princeps* des Staats bezeichnet er ihn oft genug in seinen Reden und Briefen nach der Rückkehr aus dem Exil[2]). Daß er in Wirklichkeit für diese Aufgabe, wie Cicero sie faßte, recht wenig geeignet war, daß er nach selbstherrlicher Macht strebte[3]) und sich nicht den Grundsätzen der Aristokratie unterordnen, sondern sie unter seinen Willen zwingen wollte und dazu die bedenklichsten und verwerflichsten Mittel ergriff, lag klar vor Augen; so unternimmt Cicero immer wieder den Versuch, ihn in die richtige Bahn zu lenken, wie in den Jahren 61 und 60, so nach seiner Rückkehr

---

[1]) ad Att. VIII 11, 1 (oben S. 181 Anm. 3) spricht Cicero das direkt aus.

[2]) So post red. in sen. 4. pro Sest. 84. an Lentulus I 9, 11. pro Planc. 93 Pompejus. *quem omnes in republica principem esse concedunt.*

[3]) Vgl. Ciceros Äußerung in dem Brief an Atticus nach dem Ausbruch des Bürgerkriegs VIII 11, 1 oben S. 182, 3.

aus dem Exil. Auch nach der Konferenz von Luca und den
Gewalttaten seines zweiten Consulats hat er offenbar diese Bemühungen nicht aufgegeben, so gering auch die Aussicht auf
Erfolg war; eben darum will er von dem schroffen Auftreten
Catos und der optimatischen Heißsporne gegen Pompejus nichts
wissen. Seine eigene Stellung entspricht der, welche Plato vorübergehend im Jahre 366 neben Dionysios und dann später
neben Dion einnahm, „die Verbindung der großen Macht mit dem
großen Intellekt"[1]), durch die der Idealstaat verwirklicht werden
soll. Schon im Jahre 62 bietet sich Cicero dem Pompejus als sein
Laelius an, als den vertrauten Gehilfen und Ratgeber des leitenden Staatsmanns; und in Wirklichkeit hat er natürlich gehofft,
ihm gegenüber eine viel selbständigere, führende Stellung einnehmen zu können, als die des Laelius neben Africanus[2]). Später,

---

[1]) Plato ep. 2, 310 e. 7, 335 d. — In der letzten seiner philosophischen Schriften, de officiis, kommt Cicero wiederholt auf diese Fragen
zurück. Wer durch Anlage und Stellung dazu berufen ist, soll sich
nicht dem beschaulichen Leben hingeben und, wie Plato meint, nur
durch sein Pflichtgefühl gezwungen widerwillig den Staatsgeschäften
widmen (I 28. 69 ff.), sondern die politische Wirksamkeit mit voller Hingebung ergreifen: I 72 *sed iis, qui habent a natura adiumenta rerum
gerendarum, abiecta omni cunctatione adipiscendi magistratus et
gerenda respublica est; nec enim aliter aut regi civitas aut declarari animi magnitudo potest*. Das Streben nach dem *principatus* ist
an sich naturgemäß und berechtigt (I 13); aber dem gegenüber steht
der ungezügelte Ehrgeiz und die falsche und verderbliche Machtgier,
wie sie Caesar (I 26) und so viele andere beherrscht und zu den Bürgerkriegen geführt hat (I 86 *quae [bella civilia] gravis et fortis civis
et in republica dignus principatu fugiet atque oderit, tradetque se
totum reipublicae neque opes aut potentiam consectabitur totamque
eam sic tuebitur, ut omnibus consulat*, nicht nur seiner Partei). Die
Gefahr ist in der menschlichen Natur selbst begründet: I 64 *sed illud
odiosum est, quod in hac elatione et magnitudine animi facillime
pertinacia et nimia cupiditas principatus innascitur;* wie Plato von
den Lacedaemoniern sagt, *sic, ut quisque animi magnitudine maxume
excellit, ita maxume volt princeps omnium vel potius solus esse*.
Damit sind die im realen Leben wirksamen Kräfte von Cicero als gegeben und als durch die Theorie nicht überwindbar anerkannt.

[2]) Das Verhältnis zwischen beiden schildert de rep. I 18: *fuit enim
hoc in amicitia quasi quoddam ius inter illos, ut militiae propter*

nach Caesars Ermordung, hat dann Cicero im Kampf gegen
Antonius die Stellung des Princeps für sich selbst in Anspruch
genommen[1]) und tatsächlich ein paar Monate innegehabt, ist
aber an der Aufgabe, die ihm gestellt war, im Kampf mit den
harten Mächten der Wirklichkeit nicht nur politisch, sondern
auch moralisch vollkommen gescheitert.

Pompejus und die Anarchie

So rücksichtslos Pompejus seine Herrschaft aufs neue be-
festigt hatte, so wenig konnte er sich von seiner Lage befriedigt
fühlen. Wie arg ihn die Mittel bloßstellten, zu denen er gegriffen
hatte, mußte er selbst empfinden; und dabei verdankte er den
Erfolg nicht einmal der eigenen Kraft, sondern der bereitwillig
gewährten Hilfe Caesars. Die verstärkte Abhängigkeit von
diesem, in die er so geraten war, steigerte nicht nur den Neid
auf dessen ständig wachsende Macht, sondern bedrohte zugleich
seine eigene Zukunft. An dem ersehnten Ziel war er noch lange
nicht. Allerdings wagte sich die Opposition nicht mehr unmittelbar an ihn heran; aber verstummt war sie keineswegs.
Immer aufs neue folgten die Nadelstiche, die mißliebigen Maßnahmen, jetzt gefördert von dem Consul Domitius Ahenobarbus,
gegen den sein Kollege Appius Claudius, dessen Tochter mit dem
ältesten Sohn des Pompejus vermählt war[2]), nur ein schwaches
Gegengewicht bildete, weil er die Volksgunst nicht verlieren
und im übrigen aus seinem Amt möglichst viel Geld heraus-
schlagen wollte[3]). Dazu kamen die ununterbrochenen Prozesse
gegen seine und seiner beiden Genossen Werkzeuge und Vertrauten. Da die Optimaten sich der Leitung des großen Mannes

---

*eximiam belli gloriam Africanum ut deum coleret Laelius, domi
vicissim Laelium, quod aetate antecedebat, observaret in parentis
loco Scipio.* Genau so dachte sich Cicero seine Stellung zu Pompejus.

[1]) In den Philippiken und sonst bezeichnet er sich wiederholt selbst als
princeps, so besonders drastisch an Cornificius fam. XII 24, 2 *me principem senatui populoque Romano professus sum.*

[2]) Cic. an Appius III 4, 2. 10, 10.

[3]) Dio 39, 60, 3.

nicht gutwillig fügen wollten, mußten sie gezwungen werden; als Mittel dazu dienten die Anarchisten, die ihm jetzt durch Caesars Eingreifen völlig zur Verfügung standen und die er aufs neue gegen die legitime Regierung losließ. Auf seine Veranlassung bewirkten die Tribunen, daß die Wahlen immer weiter hinausgeschoben wurden[1]). Als Heilmittel gegen dies Treiben forderten dann Pompejus' Anhänger seine Ernennung zum Dictator, zunächst in unbestimmten Andeutungen[2]), dann immer nachdrücklicher; der für 53 zum Tribunen erwählte C. Lucilius Hirrus ließ vernehmen, daß er einen dahin gehenden Antrag einzubringen gedenke. In seinen offiziellen Erklärungen wies Pompejus einen derartigen Gedanken weit von sich, obwohl er privatim dem Cicero eingestand, daß er bereit sei, auch diese Aufgabe zu übernehmen[3]). Das war nicht „unverbesserliche Hinterhaltigkeit" oder „die ihm eigene Schwerfälligkeit im Entschließen und im Handeln und seine wunderliche Unfähigkeit, selbst da, wo er befehlen wollte und konnte, mit der Sprache herauszugehn", wie MOMMSEN es darstellt, sondern, wie schon ausgeführt, bei dem Ziel, das er erstrebte, eine unvermeidliche Notwendigkeit: der erste Bürger, der Princeps, begehrt für sich garnichts, sondern der Staat fordert von ihm, daß er die dringenden Aufgaben übernehme, die kein andrer lösen kann.

Aber der Senat wollte Pompejus natürlich jetzt so wenig verstehn und sich ihm unterwerfen, wie bei den Verhandlungen über den Getreideauftrag und die aegyptische Mission. So setzte Pompejus sein Spiel fort. Die Rivalität und die Umtriebe der Kandidaten kamen ihm dabei zu Hilfe; im November 54 wurde festgestellt, daß es in diesem Jahr zu Comitien nicht mehr

---

[1]) ad Qu. fr. II 13, 5 (Anfang Juni) *erat non nulla spes comitiorum, sed incerta*. II 15, 3 (Ende August) *comitia in mensem Sept. reiecta sunt*.

[2]) ad Qu. fr. II 13, 5 *erat aliqua suspicio dictaturae, ne ea quidem certa*.

[3]) Vgl. Appian II 20, wo der Hergang sehr richtig dargestellt ist, speziell § 73 (Πομπήιος) τὴν προσδοκίαν τήνδε λόγῳ μὲν ἐδυσχέραινεν, ἔργῳ δ' ἐς αὐτὴν πάντα ἔπραττεν ἀφανῶς καὶ τὴν ἀσυνταξίαν τῆς πολιτείας καὶ ἀναρχίαν ἐπὶ τῇ ἀσυνταξίᾳ ἑκὼν ὑπερεώρα.

kommen und das nächste Jahr daher mit einem Interregnum beginnen werde[1]).

Im übrigen verlief das Jahr in zahllosen kleinen Händeln und Intrigen schmutzigster Art. Den wenigen ehrlichen Opponenten, der kleinen Gruppe, die jetzt wieder von Cato geführt wurde, war jede Möglichkeit einer politischen Wirkung genommen; sie vermochte wohl einzelne der ärgsten Ausschreitungen zu hemmen oder wenigstens aufzudecken, wie denn Cato immer bereit war, sein Leben für das Recht in die Schanze zu schlagen, als Praetor die Leitung der Gerichte gewissenhaft führte und durch seinen Einfluß die Kandidaten für das Tribunat dahin brachte, daß sie sich durch eine bei ihm deponierte Summe von je einer halben Million Sestertien verpflichteten, alle illegitimen Wahlumtriebe und Bestechungen zu unterlassen[2]); aber irgend ein positives Ergebnis konnten sie nicht erreichen. Die Masse der Nobilität ließ sie vollständig im Stich, benutzte vielmehr die Frist, die ihr in ihrem Todeskampf noch vergönnt war, nur um sich noch einmal vor aller Welt auf das schmählichste zu prostituieren. Je mehr das Consulat für die politische Leitung

---

[1] Cicero ad Att. IV 18, 3 (Ende Oktober) *res fluit ad interregnum, et est nonnullus odor dictaturae, sermo quidem multus.* (vgl. IV 19, 1 fin. und dazu STERNKOPF, Hermes 40, 40). ad Qu. fr. III 8, 4 (gegen Ende November): *res prolatae: ad interregnum comitia adducta. rumor dictatoris iniucundus bonis, mihi etiam magis, quae loquuntur, sed tota res et timetur et refrigescit. Pompeius plane se negat velle; antea mihi ipse non negabat. Hirrus auctor fore videtur. O di, quam ineptus! quam se ipse amans sine rivali! Crassum Junianum* [den Namen hat MANUTIUS mit Unrecht in Coelium Vinicianum korrigiert, der fam. VIII 4, 3 erwähnt wird, s. GROEBE bei DRUMANN IV² 130], *hominem mihi deditum, per me deterruit* (nämlich davon, den Antrag auf eine Dictatur einzubringen). *Velit, nolit scire difficile est; Hirro tamen agente nolle se non probabit. aliud hoc tempore de republica nihil loquebatur, agebatur quidem certe nihil.* — Vgl. auch Obsequens 64 *propter dictaturam Pompei ingens seditio in urbe fuit L. Domitio Appio Claudio coss.* Zur Charakteristik des Pompejus vgl. Caelius' Bemerkung ad fam. VIII 1, 3 (Mai 50): *solet enim aliud sentire et loqui, neque tantum valet ingenio, ut non appareat, quid cupiat.*

[2] Cic. ad Att. IV 15, 7. ad Qu. fr. II 14, 4. Plut. Cato 44. Plin. praef. 9.

des Staats an Bedeutung verlor, da ihm alle wirkliche Macht
durch die Usurpatoren entrissen war, um so gieriger stürzten
sich die Bewerber um des materiellen Gewinnes willen, den es
in Aussicht stellte, in den Wahlkampf¹). Die Machthaber schürten
eifrig: Caesar stellte sein Geld und seinen Einfluß den Bewerbern
zur Verfügung, die sich hatten erkaufen lassen und sich ihm
womöglich durch Eid und eine förmliche Vertragsurkunde verpflichtet hatten²). So unterstützte er jetzt zwei Männer, die
ihm vor kurzem noch eifrig Opposition gemacht hatten, den
C. Memmius, der ihn als Praetor Anfang 58 wegen seines Consulats hatte zur Verantwortung ziehn wollen (oben S. 93), und
Cn. Domitius Calvinus, der im Jahre 59 als Tribun zu den Gegnern
des Vatinius und Caesars gehört hatte³). Pompejus trat natürlich nicht offen gegen sie auf, wirkte aber insgeheim Caesars
Kandidaten entgegen⁴), und gab sich den Anschein, seinen ehemaligen Quaestor und Legaten M. Scaurus zu fördern, den verkommenen Sohn des gefeierten Führers der Nobilität in den
Zeiten des jugurthinischen Krieges und des Saturninus und Stief-
sohn des Sulla. Scaurus hatte als Aedil im Jahre 58 durch die
maßlose Verschwendung seiner Spiele und das für diese erbaute
ephemere Theater das Volk an sich gefesselt und eben jetzt als

---

¹) Sehr treffend wird die Lage bei Appian II 19 charakterisiert:
οἵ τε ἀνὰ ἔτος ἕκαστον ὕπατοι στρατεύειν μέν που καὶ πολεμεῖν ἀπεγίγνωσκον,
διακλειόμενοι τῇ δυναστείᾳ τῶνδε τῶν τριῶν ἀνδρῶν. ὅσοι δ' ἦσαν αὐτῶν
ἀτοπώτεροι, κέρδος ἀντὶ τῶν στρατειῶν ἐτίθεντο τὰ κοινὰ τῆς πόλεως καὶ τὰς
τῶν ἰδίων διαδόχων χειροτονίας; dadurch wird die Anarchie und das Betreiben der Dictatur des Pompejus herbeigeführt. Der Satz, der dazu
überleitet οἱ δ' ἀγαθοὶ διὰ ταῦτα καὶ πάμπαν ἐξέλιπον τὸ ἄρχειν ist freilich in dieser Fassung nicht zutreffend.

²) Sueton Caes. 53.

³) Cic. pro Sest. 113 (= in Vat. 16) mit schol. Bob. Calvinus ist
durch die Consuln des Jahres 54 zur Verbindung mit Memmius geführt
(S. 195, 2); nachher im Bürgerkrieg war er bekanntlich eifriger Caesarianer. Für Memmius vgl. Sueton Caes. 73: *Gai Memmi, cuius asperrimis orationibus non minore acerbitate rescripserat, etiam suffra-
gator mox in petitione consulatus fuit.*

⁴) Vgl. Plut. Pomp. 54 τότε δὲ τὸν Καίσαρα δοκῶν οὐ προήσεσθαι τὴν
δύναμιν ἐξῄτει (Πομπ.) ταῖς πολιτικαῖς ἀρχαῖς ὀχυρὸς εἶναι πρὸς αὐτόν.

Propraetor durch Ausplünderung Sardiniens seine Kosten gedeckt;
deshalb wurde er im Juli 54 von Triarius angeklagt. Aber die
gesamte Nobilität trat für ihn ein, neun Consulare, darunter
Pompejus, legten mündlich oder schriftlich für seinen Charakter
Zeugnis ab, sechs Redner, darunter Hortensius, Cicero und dessen
Todfeind Clodius, hielten Verteidigungsreden, dazu kam das
übliche Anflehn der Richter; so wurde er mit so überwältigender
Majorität freigesprochen, daß Cato, der den Vorsitz im Gericht
führte, eine Untersuchung gegen die Ankläger veranlaßte[1]). Der
vierte Bewerber war wie schon im vorigen Jahr (S. 161) M. Messalla,
ein Vetter des Consuls vom Jahre 61, der von der Nobilität begünstigt, dagegen von Caesar und Pompejus bekämpft wurde. Der
letztere wollte natürlich überhaupt keine Wahl, sondern seine
eigene Dictatur[2]). Allen ständig, zuletzt noch von Crassus (S. 161),
verschärften Gesetzen zum Trotz nahmen die Wahlumtriebe und
Bestechungen einen Umfang an, wie er selbst in Rom unerhört
war. Memmius und Calvinus schlossen mit den amtierenden
Consuln einen förmlichen Vertrag, in dem sie sich gegen eine
Strafsumme von vierzig Millionen Sestertien verpflichteten, drei
mit Namen genannte Augurn und zwei Consulare zu stellen,
die bezeugen sollten, die lex curiata für beide Consuln und der
darauf begründete Senatsbeschluß über die Ausstattung ihrer

---

[1]) Das Detail bei Asconius im Kommentar zur Scauriana. Diese
Rede ist natürlich völlig verlogen (vgl. die schönen Phrasen über Appius
Claudius § 31 ff. mit den gleichzeitigen Äußerungen in den Briefen); bei
Val. Max. VIII 1, 10 wird Scaurus Sache als *adeo perdita et conplo-
rata* bezeichnet, daß er der Erklärung des Anklägers, er solle in Sardinien 120 Menschen aufbringen, *quibus in provincia nihil abstulisset*,
nicht genügen kann. Cicero hilft sich, indem er die Sarden als ver-
logenes Gesindel schildert. Vgl. auch Cic. ad Att. IV 15, 9: „wenn
Scaurus nicht zum Consul designiert wird, *in hoc iudicio valde labo-
rabit*".

[2]) Cic. ad Att. IV 15, 7 (27. Juli): *Memmium Caesaris omnes opes
confirmant; cum eo Domitium consules iunxerunt, qua pactione, epistulae committere non audeo. Pompeius fremit, queritur, Scauro
studet, sed utrum fronte an mente, dubitatur   Messalla languet,
non quo aut animus desit aut amici, sed coitio consulum et Pompeius obsunt.*

Provinzen seien regelrecht erfolgt, obwohl beide überhaupt nicht zustande gekommen waren. Für die Bestechungen wurden so große Anleihen aufgenommen, daß am 15. Juli der monatliche Zinsfuß plötzlich von ⅓ auf ⅔ Prozent (also rund von vier auf acht Prozent im Jahr) hinaufging; der vorstimmenden Centurie, deren Wahl gewöhnlich die der übrigen beeinflußte, wurden nicht weniger als zehn Millionen Sestertien in Aussicht gestellt¹). Im September hat dann Memmius, mit den Consuln zerfallen, den schmutzigen Handel, der längst ein öffentliches Geheimnis war, im Senat selbst bekannt gegeben, mit Vorlegung der Urkunde, in der nur die Namen gestrichen waren, unter heimlicher Einwirkung des Pompejus, dagegen sehr zum Ärger Caesars, der ihn fortan fallen ließ²). Appius Claudius war so verhärtet, daß ihn auch diese Enthüllung wenig anfocht; um so peinlicher war es, daß jetzt auch der wahre Charakter des Domitius Ahenobarbus entlarvt war, der sich bisher als biederen Ehrenmann und aufrichtigen Vorkämpfer der Nobilität gegeben hatte³). Alle Kandidaten wurden mit Prozessen bedroht; aber ein vom Senat angenommener Vorschlag Catos, durch ein summarisches Gerichtsverfahren eine Verurteilung der Schuldigen herbeizuführen, scheiterte in der Volksversammlung: die Nobilität wurde in üblicher Weise durch Steinwürfe auseinandergesprengt, nur Cato erzwang sich den Weg auf die Rednerbühne und hielt dem Volk und zugleich seinen feigen Standesgenossen eine Strafpredigt, konnte aber nichts erreichen⁴). So war, Pompejus' Wunsch ent-

---

¹) Cic. ad Qu. fr. II 14, 4.
²) Cic. ad Att. IV 15, 7 = ad Qu. fr. II 14, 4. ad Att. IV 17, 2. Vgl. ad Qu. fr. III 1, 16. Appian II 19, 69 ὤφθη δέ που καὶ μεταγγύτημα ταλάντων ὀκτακοσίων (= 19 200 000 Sest., in runder Summe der auf jeden der beiden Kontrahenten fallende Betrag) ὑπὲρ τῆς ἐπωνύμου γενόμενον ἀρχῆς.
³) Cic. ad Att. IV 17, 2 f., vgl. 18, 4; Appius dachte jetzt daran, *sine lege, suo sumptu* in seine Provinz Cilicien zu gehn. Ebenso ad Qu. fr. III 2, 3. ad fam. I 9, 25.
⁴) Plut. Cato 44, vgl. Cic. ad Att. IV, 17, 3 über die *lex de tacito iudicio*, das vor den Wahlen stattfinden soll, aber auf Betreiben einiger in Aussicht genommener Richter durch Intercession des Tribunen Teren-

prechend, jede Aussicht geschwunden, daß es noch zu Wahlen kommen könne. Den weiteren Verhandlungen entzog sich Pompejus, indem er sich unter dem Vorwand der Getreideversorgung von Rom entfernte. So wurde die Entscheidung immer weiter hinausgeschoben: „in der Frage der Dictatur", schreibt Cicero im Dezember 54, „ist immer noch nichts verhandelt. Pompejus ist abwesend, Appius fischt im trüben, Hirrus trifft seine Vorbereitungen, viele Tribunen, die intercedieren wollen, werden aufgezählt, dem Volk ist die Sache gleichgültig, die Führer des Adels wollen es nicht, ich selbst halte den Mund"[1]).

Zu den Skandalszenen am Schluß des Jahres gehörte auch, daß dem C. Pomptinus, der seit seinem Allobrogersieg im Jahre 61 geduldig vor den Toren Roms auf den Triumph harrte, der ihm durch das Betreiben Caesars und seiner Anhänger unter religiösen Vorwänden verweigert wurde[2]), jetzt durch den Praetor Servius Galba (der vorher Legat Caesars gewesen war) ein den Triumph bewilligender Volksbeschluß erschlichen wurde, indem er die Abstimmung gesetzwidrig noch vor Tagesanbruch von ein paar Leuten vornehmen ließ. Cato, wie immer der Anwalt strenger Gesetzlichkeit, erhob Einspruch, unterstützt von seinem Kollegen Servilius und besonders eifrig von dem Tribunen Q. Scaevola,

---

ius zu Fall gebracht wird. Die Consuln *qui illud levi bracchio egisent* (ihnen war natürlich die Sache in Wirklichkeit durchaus zuwider), bringen die Frage vor den Senat. *hic Abdera, non tacente me. dices tamen tu non quiescis?"* („Kannst du denn noch immer nicht den Mund halten?"). *ignosce, vix possum. verum tamen quid tam ridiculum? senatus decreverat, ne prius comitia haberentur, quam lex lata esset: si quis intercessisset, res integra referretur: coepta ferri leviter, intercessum non invitis, res ad senatum. de ea re itu cenuerunt, comitia primo quoque tempore haberi esse e republica.* Drastischer läßt sich allerdings die völlige Zerfahrenheit und Ohnmacht der Regierung nicht illustrieren.

[1]) ad Qu. fr. III 9, 3. ἐν παρέργῳ: *de dictatore tamen actum adhuc nihil est. Pompeius abest, Appius miscet, Hirrus parat, multi intercessores numerantur, populus non curat, principes nolunt, ego quiesco.*

[2]) schol. Bob. zu Cic. in Vat. 30 *(impedientibus amicis C. Caesaris).* Cic. in Pis. 58 *(religionibus susceptis impeditur).*

und erklärte, „so lange er lebe, werde Pomptinus nicht triumphieren". Aber die übrigen Practoren und Tribunen traten für diesen ein, ebenso der Consul Appius, der dabei offenbar wieder sein Geschäft gemacht hat, und so kam es, wie Cicero voraussagt: „ich glaube, daß das, wie so viele Unternehmungen Catos, zu nichts führen wird" Pomptinus konnte am 3. November wirklich triumphierend einziehn; ohne das übliche Blutvergießen ging es freilich auch dabei nicht ab[1]).

Im übrigen zieht sich durch das ganze Jahr eine Folge großer politischer Prozesse. Der des Scaurus wurde schon erwähnt. Kurz vorher wurde C. Cato, der turbulente Tribun des Jahres 56, zweimal freigesprochen, ebenso sein Genosse Sufenas[2]). Ebenso scheiterte der Versuch, den Vatinius, das verhaßte Werkzeug Caesars, nach dem Ablauf seiner Praetur zur Strecke zu bringen. C. Licinius Calvus, der Heißsporn unter den jüngeren dichterischen und rednerischen Talenten, der im Vollgefühl seines Talents ebenso wie sein Freund Catull und die unabhängige Jugend überhaupt mit voller Begeisterung für das republikanische Ideal eintrat und auf die ängstliche Rücksichtnahme eines Cicero mit Verachtung herabblickte — wie er denn zugleich die breiten Perioden Ciceros und vollends gar Hortensius' überladene Beredsamkeit verwarf und die Rückkehr zu den älteren attischen Mustern, vor allem zu der knappen und pointierten Form des Lysias erstrebte —, zog den Vatinius, den er schon früher mit Prozessen verfolgt hatte, jetzt auf Grund des von Crassus verschärften

---

[1]) Cic. ad Att. IV 18, 4 *Pomptinus volt a. d. IV Non. Nov. triumphare. huic obviam Cato et Servilius praetores aperte et Q. Mucius tribunus; negant enim latum de imperio, et est latum hercule insulse; sed erit cum Pomptino Appius consul. Cato tamen adfirmat, se vivo illum non triumphaturum: id ego puto, ut multa eiusdem, ad nihil recasurum.* ad Qu. fr. III 4. 6. Dio 39, 65 καὶ διὰ τοῦτο τῶν δημάρχων τινὲς ἀπολειφθέντες τῆς ἐκκλησίας ἐν γοῦν τῇ πομπῇ πράγματα αὐτῷ παρέσχον. ὥστε καὶ σφαγὰς συμβῆναι.

[2]) Cic. ad Att. IV 16, 5 f. 15, 4: *ex quo intellectum est, τριπρωπηγίτας ambitum, comitia, interregnum, maiestatem, totam denique rempublicam flocci non facere.* Zur Anordnung und Chronologie der Briefe s. STERNKOPF, Hermes 40, 1905. 11 ff.

Gesetzes über die Klubs (*de sodaliciis*) vor Gericht und stellte in einer feurigen Rede sein gesamtes Treiben und seine verabscheute Persönlichkeit womöglich noch rücksichtsloser an den Pranger, als Cicero zwei Jahre zuvor. Am Beifall der Menge fehlte es natürlich nicht[1]). Aber Cicero hatte sich schon gleich nach Vatinius' erzwungener Wahl zum Praetor im Jahre 55 auf Pompejus' Gebot mit ihm versöhnen müssen[2]); und jetzt stellte Caesar die peremptorische Forderung, daß er die Verteidigung übernehme[3]), der sich der arme Consular schon mit Rücksicht auf die Vorschüsse, die ihm Caesar gemacht hatte, nicht entziehn konnte. So wurde Vatinius unter dem Druck der Machthaber freigesprochen (August 54)[4]). Natürlich erregte Ciceros Verhalten allgemeines Kopfschütteln — schon in der unter Sallusts Namen erhaltenen Invektive (oben S. 165) wird er deshalb mit Recht verhöhnt[5]) —, und vergeblich hat er sich damit

---

[1]) Vgl. Catulls hübsches Scherzgedicht 53 über den naiven Ausdruck der Bewunderung *(di magni, salaputium disertum)*, in die ein braver Hörer ausbricht, *cum mirifice Vatiniana meus crimina Calvus explicasset*. Daran schließt sich c. 52 die Entrüstung, daß jetzt „Vatinius seine Meineide schwört: so wahr ich Consul werde!" *(per consulatum peierat Vatinius)*. In dem Gedicht an Cicero 48 ist die Ironie offenkundig. — Die Fragmente der Rede des Calvus bei MEYER p. 174 ff., vgl. schol. Bob. zu Cic. in Vat. 10. 34 und Seneca controv. VII 4, 6.

[2]) Cicero an Lentulus I 9, 19 *de Vatinio autem, primum reditus intercesserat in gratiam per Pompeium, statim ut ille praetor est factus*. Vgl. auch Plut. Cic. 26.

[3]) ib.: *post autem Caesaris, ut illum defenderem, mira contentio est consecuta*.

[4]) ad Qu. fr. II 15, 3. Vgl. pro Planc. 40 und schol. Bob. dazu. Val. Max. IV 2, 4.

[5]) § 7. *Vatini causam agis, de Sestio male existumas* cet. Im Prozeß des Plancius hält ihm der Ankläger Laterensis, der im Jahre 59 dem Caesar so freimütig entgegengetreten war (S. 75), vor, er selbst sei *in republica liber*, Cicero nicht (pro Planc. 91). Wie tief dieser Vorwurf Cicero traf, zeigt seine sehr unzulängliche Verteidigung, er müsse endlich einmal an sich denken, da er sich bisher für den Staat aufgeopfert habe; und im übrigen trete er für Pompejus, der ihm die Rückkehr ermöglicht habe, den anerkannten *princeps*, und für Caesar, den der Senat mit Ehren überschüttet habe, eben um des Staats willen

verteidigt, daß die Aristokraten ihn im Stich gelassen und, um ihn zu ärgern, den Clodius verhätschelt hätten, und er sich dafür durch die dem Vatinius gewährte Protektion räche[1]). Daß er die Rede, in der er verteidigen und gelegentlich sogar zum Lobe des Vatinius wenden mußte, was er früher angegriffen hatte[2]), nicht herausgegeben hat, ist begreiflich; sie scheint aber aufgezeichnet worden zu sein.

Auch sonst war Cicero mit Verteidigungen geradezu überladen[3]); und im übrigen tröstete er sich damit, daß er durch seine Beziehungen zu den Machthabern wenigstens gegen alle Angriffe geschützt war und materiell sorgenfrei leben konnte[4]); auch bei den großen Bauten, die Caesar in Rom ausführen ließ, um dadurch seinen Anhang zu mehren und das Volk bei guter Laune zu erhalten, war er beteiligt und machte seinen Profit[5]).

---

ein; wenn der Kurs jetzt ein anderer sei als der *quem ego aliquando probavi* aber *non minus tutus atque tranquillus*, so müsse er, der anerkannten Lehre von πολιτικὸς πρὸς καιρούς folgend, dem nachgeben, und sein Verhalten ändern. Auch in seinen Briefen an Quintus und Atticus sucht er sich diese Rechtfertigung einzureden, aber geglaubt hat er sie selbst nicht.

[1]) An Lentulus I 9, 19. Daß Cicero von der Verteidigung des Vatinius in seinen Briefen möglichst schweigt, ist nur natürlich.

[2]) schol. Bob. zu Ciceros Worten in Vat. 14 *tu, qui te Pythagoreum soles dicere: hoc ipsum plenissime purgavit atque defendit et non sine laude protulit in ea oratione, quam pro ipso Vatinio scribere adgressus est.*

[3]) ad Qu. fr. II 15, 1. 3. 3, 1. ad Att. IV 15, 9 und sonst. In den August 54 fällt bekanntlich auch die Rede für den gleichfalls *de sodaliciis* verklagten Aedilen Plancius, der ihn als Quaestor in Macedonien beschützt hatte.

[4]) Auf die ihm von Caesar gewährten Darlehn wird ad Qu. fr. II 10, 5 und öfter in den Briefen an Atticus angespielt, am deutlichsten VII 3, 3. 11, 8, 5 beim Ausbruch des Bürgerkriegs.

[5]) ad Att. IV 16, 8. [Daß Mommsens Anordnung dieses Briefs richtig ist, hat Sternkopf, Hermes 40, 12 ff. erwiesen. Purser folgt in der Oxforder Ausgabe, wo das Stück daher IV 17, 6 f. steht, sehr mit Unrecht der durch Blattversetzung entstellten Ordnung der Handschrift.] Es handelt sich um den erweiterten Wiederaufbau der basilica Aemilia, für den Caesar dem Aemilius Paullus cos. 50 1500 Talente zuschoß (Plut.

Freilich mußte er sich dafür fortan seiner Angriffe auf Clodius enthalten[1]) und in allen politischen Fragen schweigen oder seine Anträge so gestalten, „daß andere ihnen eher zustimmen als ich selbst"[2]). Überdies mußte er, während sein Bruder in Caesars Diensten stand, selbst wieder eine Legatenstelle bei Pompejus annehmen, durch die er jederzeit aus Rom entfernt werden konnte[3]). Da er sich so in seine Lage fügte und sich Mühe gab, „geschmeidiger zu sein als ein Ohrläppchen"[4]), wurde er im übrigen vor allem von Caesar mit der größten Rücksicht behandelt, so daß er diesem jetzt zeitweilig näher zu stehn schien als dem Pompejus. Caesar lag nicht nur alles daran, durch berechnetes Entgegenkommen jede Opposition mundtot zu machen, sondern er würdigte sowohl die politische wie die persönliche Bedeutung Ciceros vollkommen. Er nahm die Empfehlungen, die dieser ihm schickte, wohl auf, wechselte mit ihm scheinbar vertrau-

---

Caes. 29. Pomp. 58. App. II 26), und die basilica Iulia sowie die Erweiterungsbauten auf der Nordseite des Forums, aus denen das forum Caesaris hervorging, ferner die saepta für die Tributcomitien auf dem Marsfeld nebst den anschließenden Bauten. Für den Aufkauf der Grundstücke für das Forum bewilligten Cicero und Oppius damals 60 Mill. Sest.; später wuchs diese Summe auf 100 Mill. (Sueton Caes. 26. Plin. 36, 103). Aus dem Brief an Atticus sehn wir, daß diese Bauten schon im Sommer 54 in Angriff genommen wurden.

[1]) ad Att. IV 15, 4 bei dem Prozeß eines gewissen Procilius, der wegen eines Mordes von Clodius angeklagt und mit geringer Majorität verurteilt wird: *nos verbum nullum; verita est enim pusilla* (d. i. Tullia; das ist natürlich Vorwand), *quae nunc laborat, ne animum Publi offenderem*. Zur Interpretation s. STERNKOPF, Hermes 40. 26 ff.

[2]) ad Qu. fr. II 13. 5 (Anfang Juni): *sententia autem nostra in senatu eiusmodi, magis ut alii nobis adsentiantur quam nosmet ipsi.* τοιοδ᾽ ὁ τλήμων πόλεμος ἐξεργάζεται.

[3]) ad Att. IV 19, 2 (Ende November) *sed heus tu, scripseramne tibi, me esse legatum Pompeio? et extra urbem quidem fore ex Idibus Ianuariis? visum est hoc mihi ad multa quadrare*. Offenbar hoffte er dadurch um die Verteidigung des Gabinius herumzukommen. Vgl. ad Qu. fr. III 1, 18.

[4]) ad Qu. fr. II 13. 4 (Anfang Juni) *tu quemadmodum me censes oportere esse in republica et in nostris inimicitiis, ita et esse et fore oricula infima scito molliorem.*

liche Briefe in scherzendem Ton, und widmete ihm, vermutlich
eben in dieser Zeit, sein Werk über die Regeln der lateinischen
Sprache (de analogia), in dem er die Verdienste des Meisters des
Stils um Rom und seine Literatur in warmen Worten anerkannte[1]).
Als Äquivalent erwartete er ein Gedicht über seinen Feldzug
nach Britannien, und Cicero hat sich in der Tat eine Zeitlang
ernstlich, wenn auch erfolglos, mit dem undankbaren und ihm
gänzlich fernliegenden Stoff abgeplagt[2]). In derselben Weise hat
Caesar mit Unterdrückung aller Empfindlichkeit, an der es sonst
bei ihm nicht fehlte, dem Calvus und dem Catull die Hand zur
Versöhnung geboten[3]).

Aber im Lauf des Jahres standen Cicero noch bitterere Erfahrungen bevor. Am 19. September kehrte Gabinius aus seiner
Provinz zurück, von der Nobilität und dem gesamten Senat
und um seines Vorgehns gegen die Steuerpächter willen auch
von der Ritterschaft mit dem bittersten Haß empfangen. Schon
seit langem waren die Maßregeln gegen ihn vorbereitet[4]), und
gegen den Widerspruch des Pompejus auch das Sibyllenorakel
über Aegypten wieder hervorgeholt und publiziert[5]). Er konnte
garnicht daran denken, seinen Anspruch auf einen Triumph
aufrecht zu erhalten, sondern kam bei Nacht in die Stadt, mög-

---

[1]) Cic. Brut. 253. Nach Sueton 56 hat Caesar die Schrift *in transitu Alpium, cum ex citeriore Gallia conventibus peractis ad exercitum rediret*, geschrieben. Das Jahr ist nicht überliefert; es können aber nur Frühjahr 54 oder 53 in Betracht kommen, vermutlich das letztere, da die Schrift sonst wohl in der Korrespondenz des Jahres 54 erwähnt werden würde.

[2]) ad Qu. fr. II 13, 2. III 1, 11. 4, 4. 5, 4.   3. 9, 4.

[3]) Sueton Caes. 73.

[4]) ad Qu. fr. II 11, 2 f. (Mitte Februar).

[5]) Dio 39. 60, 4. 61. 4. Dio verbindet damit die große Überschwemmung im November (Cic. ad Qu. fr. III 7), die auch Cicero mit einem Homerzitat auf den Götterzorn wegen der Freisprechung des Gabinius deutet *(cadit in absolutionem Gabini)*; Dio nimmt das natürlich weit ernster, und setzt sie überdies vor die Rückkehr des Gabinius. — Die Verhandlungen über das Sibyllenorakel fallen wohl in den Februar, wo nach Cicero ad Qu. fr. II 11. 3 *his comitialibus diebus tribuni pl. de Gabinio se acturos esse dicunt*.

lichst unbemerkt, und wagte erst nach zehn Tagen sich im Senat zu zeigen. Die Consuln griffen ihn sofort an, die Steuerpächter brachten ihre Beschuldigungen vor, Cicero schleuderte seine Invektiven gegen ihn, und als er, vor Erregung zitternd, diesem das verpönte Wort *exsul* ins Gesicht warf, wie früher Piso und Crassus, erhob sich der ganze Senat entrüstet gegen ihn[1]). Auch das Volk bezeugte ihm bei jeder Gelegenheit seinen Haß.

Aber die Anklagen gegen Gabinius waren in Wirklichkeit gegen seinen Schirmherrn Pompejus gerichtet, und wurden nur um so eifriger betrieben, weil man sich an diesen selbst nicht heranwagte. Um so dringender war es Pompejus' Interesse, ihn zu halten. So forderte er, daß Cicero seinen Haß gegen Gabinius fahren lasse und für ihn eintrete. Cicero sträubte sich aufs äußerste: „er hat bisher nichts erreicht und wird auch, wenn ich nur irgend einen Rest von Freiheit behalte, nichts erreichen"[2]); aber er erkannte, daß, wenn er seine Angriffe fortsetze, er unvermeidlich den kürzeren ziehen müsse: Pompejus würde in die Stadt kommen, den Clodius gegen ihn loslassen, ihm die Freundschaft kündigen; jetzt, wo seine Macht noch weit größer war als im Jahre 58, könne er einen Kampf gegen den Einen, der allein alle Macht im Staat in Händen habe, unmöglich aufnehmen[3]). So zwang er sich, wenn auch mit dem äußersten Widerstreben, trotz seines Angriffs im Senat auf die Beteiligung an der Anklage zu verzichten[4]); in dem Prozeß wegen Verletzung

---

[1]) Cic. ad Qu. fr. III 1. 15. 24. 2. 1—3. Dio 39. 62, 1.

[2]) ad Qu. fr. III 1, 15 *Pompeius a me valde contendit de reditu in gratiam, sed adhuc nihil profecit, nec, si ullam partem libertatis tenebo, proficiet.*

[3]) ad Qu. fr. III 4, 2 *non putasset sibi Pompeius de illius salute, sed de sua dignitate mecum esse certamen, in urbem introisset: ad inimicitias res venisset; ... auriculam fortasse mordicus abstulisset, cum Clodio quidem certe redisset in gratiam   nunc, cum ego ne curem quidem multum posse, respublica certe nihil possit, unus ille omnia possit, cum illo ipso contenderem?*

[4]) ad Qu. fr. III 2, 2 *ego tamen me teneo ab accusando, vix mehercule, sed tamen teneo, vel quod nolo cum Pompeio pugnare vel quod iudices nullos habemus.* Nach seiner Art fügt Cicero dem

der Majestät des römischen Volkes (durch den gegen den Götterspruch unternommenen Zug nach Aegypten) am 23. Oktober begnügte er sich mit einer einfachen Zeugenaussage, ohne ein verletzendes Wort¹). Er hatte noch gehofft, daß Gabinius auch ohne sein Zutun der Verurteilung nicht entgehn werde. Aber Pompejus hatte seinen ganzen Einfluß geltend gemacht, der Ankläger L. Lentulus Niger vertrat seine Sache nur lau, das Geld des Gabinius und die Besorgnisse vor der drohenden Dictatur kamen hinzu, und so wurde Gabinius mit 38 gegen 32 Stimmen freigesprochen²).

In den vertraulichen Briefen an seinen Bruder und an Atticus macht Cicero aus seinen Empfindungen kein Hehl. Allerdings möchte er sich einreden, er habe sich damit abgefunden, „daß wir nicht nur allen Saft und alles Blut, sondern selbst die Farbe und das frühere Aussehn des Staats verloren haben; es gibt kein Gemeinwesen mehr, an dem man sich freuen könnte"; aber er sei ganz zufrieden, sich jetzt auf die Tätigkeit vor Gericht und die wissenschaftlichen Studien beschränken zu können und sein Privatleben in durch die Gunst der Machthaber glücklich wiedergewonnener Sicherheit genießen zu können. Seine Vergangenheit malt er sich in idealem Licht aus: „ich habe im Gedächtnis, wie schön der Staat in der kurzen Zeit war, als ich ihn leitete, und welcher Dank mir dafür geworden ist. Jetzt quält mich kein Schmerz mehr, daß Einer alles vermag; die aber bersten,

---

wahren Grund noch Scheingründe hinzu; daß das Selbstbetrug ist, gesteht er III 4, 2 ein.

¹) ad Qu. fr. III 4, 3. *ac mihi illud iucundum est, quod cum testimonium secundum fidem et religionem gravissime dixissem, reus dixit, si in civitate licuisset sibi esse, mihi se satis facturum, neque me quicquam interrogavit.* III 9, 1 *illum neque ursi neque levavi. testis vehemens fui, praeterea quievi.* Dios Angabe 39, 61, 2 über den ersten Proceß καὶ ὁ Κικέρων δεινότατα αὐτοῦ κατηγόρησεν ist also übertrieben, und wohl von dem Vorgang im Senat im September hierher übertragen.

²) ad Qu. fr. III 3. ad Att. IV 18. Dio 39, 55, 4. 62, 3: die Verteidiger erklärten, der Sibyllenspruch beziehe sich auf ganz andere Zeiten und enthalte überdies keine Strafandrohung für den Übertreter.

die damals nicht leiden konnten, daß ich etwas vermochte"[1]). Er tröstet sich vor allem der engen Verbindung mit Caesar, die ihn aus dem Schiffbruch gerettet habe; dieser behandle ihn und seinen Bruder jetzt mit der ausgesuchtesten Rücksicht, „nicht anders, als wie wenn ich der Oberfeldherr wäre"[2]). Dann aber macht sich seinem Bruder gegenüber sein wahres Empfinden Luft: „Und doch muß ich Dir aussprechen, was ich wahrhaftig vor allem Dir verborgen halten möchte: es quält mich, mein liebster Bruder, es quält mich, daß es kein Gemeinwesen mehr gibt und keine Gerichte, und daß ich in dem Alter, wo mein Ansehn im Senat in voller Blüte stehn sollte, mich entweder mit advokatischer Tätigkeit abgeben oder mich daheim bei meinen Büchern trösten muß, jenes Ziel aber, das ich von Kindheit an liebgewonnen hatte, πολλὸν ἀριστεύειν καὶ ὑπείροχος ἔμμεναι ἄλλων, ganz und gar zusammengestürzt ist, daß ich meine Feinde zum Teil nicht habe angreifen können, zum Teil sogar habe verteidigen müssen, daß nicht nur meine Gesinnung, sondern sogar mein Haß nicht mehr frei ist, — und daß", wie er aus Rücksicht auf die Verhältnisse des Adressaten hinzufügt, „unter all den Leuten Caesar sich als der einzige erfunden hat, der mich so liebt, wie ich wünschen muß"[3]).

Aber Pompejus verlangte mehr, als lediglich Passivität. Mit Recht hat Ciceros vertrauter Berater Cn. Sallustius ihm vorgehalten, er habe den Gabinius entweder anklagen oder aber, Pompejus' Wunsch entsprechend, verteidigen müssen, mit dem indifferenten Mittelweg könne er nicht durchkommen[4]). Er will das zunächst nicht zugeben: „das ist ein schöner Freund, der fordert, ich solle mich entweder gefahrbringender Feindschaft

---

[1]) ad Att. IV 18, 2.
[2]) ad Att. IV 19, 2 *perspice ... et mehercule cum Caesare suavissimam coniunctionem, haec enim me una ex hoc naufragio tabula delectat, qui quidem Quintum meum tuumque, di boni, quemadmodum tractat honore, dignitate, gratia! non secus ac si ego essem imperator.* Vgl. ad Qu. fr. III 5, 3 u. a.
[3]) ad Qu. fr. III 5, 4.
[4]) ad Qu. fr. III 4, 2. 3.

aussetzen oder ewige Schmach auf mich nehmen'¹ Noch Mitte Dezember schreibt er dem Bruder: „In der Sache des Gabinius durfte ich nichts von dem tun, was Du" — offenbar auf die Mahnung Caesars — „so liebevoll ausgedacht hast. Dann soll mir die Erde klaffen"²). Aber auf die Dauer konnte er dem von Pompejus ausgeübten, von Caesar unterstützten Druck doch nicht widerstehn; allen Versicherungen zum Trotz mußte er sich schließlich bequemen, sich mit Gabinius formell zu versöhnen und seine Verteidigung in dem bevorstehenden Repetundenprozeß zu übernehmen.

An Ciceros Eintreten lag dem Pompejus um so mehr, da die Freisprechung des Gabinius im Publikum allgemeine Entrüstung erregt hatte; die Richter hatten sich vor den Drohungen der Menge durch die Flucht retten müssen³). Jetzt kam Pompejus selbst vor die Stadt, hielt in einer Volksversammlung eine Rede für Gabinius und verlas einen Brief Caesars, der sich für ihn verwandte⁴). Rechtlich lag die Sache für Gabinius viel günstiger als im vorigen Prozeß, und darum wollte er große Bestechungssummen nicht aufwenden. Aber diesmal drang die öffentliche Meinung durch; trotz Ciceros Verteidigungsrede wurde Gabinius verurteilt, und mußte, da er die Summe nicht zahlen konnte, ins Exil gehn⁵). Es zeigte sich, daß Pompejus nicht die Gabe besaß, seine Werkzeuge in der Weise gegen alle Angriffe zu schützen, wie es Caesar vermochte.

Die Verteidigung des Gabinius durch Cicero war noch ganz etwas anderes als die des Vatinius. Diesen hatte er als Werkzeug Caesars und als den verhaßten Gegner der Nobilität aufs

---

¹) ib. *lepidum amicum Sallustium, qui mihi aut inimicitias putet periculosas subeundas fuisse aut infamiam sempiternam! ego vero hac mediocritate delector.*
²) ad Qu. fr. III 9 *de Gabinio nihil fuit faciendum istorum, quae a te amantissime cogitata sunt.* τότε μοι χάνοι (sc. εὐρεῖα χθών).
³) Dio 39, 63, 1.
⁴) Dio 39, 63, 3 f.
⁵) Dio 39, 63. Appian II 24, 90. 92, der in seiner Weise den Prozeß des Gabinius mit den Verurteilungen des Jahres 52 verbindet und daher zu spät ansetzt.

schärfste angegriffen; aber persönlich hatte er von ihm nichts zu leiden gehabt. Gegen Gabinius dagegen und gegen seinen Kollegen Piso hatte er allen Groll entladen, den er auf dem Herzen trug; sie hielt er für die eigentlich Schuldigen bei seinem Exil, oder gab wenigstens vor, sie dafür zu halten; wenn er sich jetzt mit Gabinius versöhnt und ihn sogar verteidigt hatte, schlug er damit seiner ganzen Vergangenheit ins Gesicht. Vertrauliche Äußerungen aus dieser Zeit sind nicht mehr erhalten[1]), und so wissen wir nicht, wie er sich schließlich damit abgefunden hat. Aber mit seiner politischen Stellung war es jetzt wirklich vorbei, er war der notorische Achselträger und Überläufer[2]). Man begreift, daß er keine Neigung hatte, seine Schrift über den Staat jetzt zu veröffentlichen, sondern sie noch über zwei Jahre lang zurückgehalten hat.

Fortgang der Anarchie. Pompejus' drittes Consulat

Für die folgenden Jahre, bis Ende Mai 51, läßt uns Ciceros Korrespondenz völlig im Stich[3]); auch von Reden ist nur die

---

[1]) Seine Verteidigung des Gabinius erwähnt Cicero bekanntlich in der kurz darauf vor denselben Richtern (§ 10) gehaltenen Rede für Rabirius Postumus, einen Bankier und Wucherer, der dem Ptolemaeos Auletes gewaltige Summen vorgeschossen hatte und dafür von diesem zum διοικητής Aegyptens bestellt worden war (§§ 22. 28. 39). aber sein Geld nicht wiederbekommen hatte und jetzt überdies für die Summen, in die Gabinius verurteilt worden war, herangezogen werden sollte; er wäre völlig bankrott gewesen, wenn Caesar ihm nicht unter die Arme gegriffen hätte (§ 41 ff.; weiteres über ihn hat Dessau, Hermes 46, 1911. 613 ff. festgestellt). Hier gibt Cicero §§ 19. 32 ff. zu, daß die Versöhnung auf Pompejus' Betreiben erfolgt sei; aber er behauptet, sie sei freiwillig, ohne Zwang erfolgt; *nam si me invitum putas, ne Cn. Pompei animum offenderem, defendisse causam, et illum et me vehementer ignoras. neque enim Pompeius me sua causa quicquam facere voluisset invitum, neque ego, cui omnium civium libertas carissima fuisset, meam proiecissem;* wenn er die Versöhnung abgelehnt hätte, würde Pompejus ihm das nicht übel genommen haben. Glauben hat er mit diesen Ausreden gewiß nirgends gefunden.

[2]) Dio 39, 63, 5 ὥστε καὶ ἐκ τούτου τὸ τοῦ αὐτομόλου ἔγκλημα καὶ ὄνομα (vgl. 36, 43, 5. 44, 2) ἐπὶ πλεῖον οἱ αὐξηθῆναι; vgl. S. 164, 3.

Atticus war in dieser Zeit in Rom; die Briefe an Quintus nach

für Milo erhalten, nebst dem reichen dazu von Asconius herangezogenen Material¹). So können wir die Vorgänge nicht in der Weise wie bisher bis ins Einzelnste verfolgen; aber für den Gang der Ereignisse sind die Nachrichten der Historiker vollkommen ausreichend und zuverlässig. Es gilt, durch Zusammenfügung der einzelnen Notizen die zugrunde liegende ausführliche Darstellung herzustellen.

Das Interregnum, mit dem das Jahr 53 begann, setzte sich monatelang gleichförmig fort; bald ungünstige Auspicien, bald die Tribunen, jetzt neben den plebejischen Aedilen die einzigen regulären Beamten, hinderten die Vornahme der Wahlen²). Alle fünf Tage folgte ein Interrex dem andern; alle Geschäfte und Gerichtsverhandlungen kamen ins Stocken³). Von den Kandidaten um das Consulat hatte Pompejus den Scaurus, Caesar den Memmius fallen lassen, so daß nur Calvinus und Messalla übrig blieben. Aber es nützte nichts, daß Cicero sich schon im November für diesen gegen Caesar verbürgt hatte⁴) und daß Calvinus im Prozeß des Gabinius als einer der Richter seine freisprechende Stimm-

---

Dezember 54 sind nicht erhalten. Auch von dem übrigen Briefwechsel ist bis auf Ciceros Proconsulat nichts auf uns gekommen mit Ausnahme der wenigen, für uns ganz unergiebigen Briefe an Trebatius (VII 10 ff.) und Curio (II 1 ff.).

¹) Dazu kommen noch die Reste der Rede *de aere alieno Milonis* aus der zweiten Hälfte des Jahres 53.

²) Dio 40, 45, 3 ἔστι μὲν γὰρ ὅτε καὶ οἱ ὄρνιθες τὰς ἀρχαιρεσίας χον, οὐ βουλόμενοι τοῖς μεσοβασιλεῦσι γενέσθαι μάλιστα δὲ : δήμαρχοι τὰ πράγματα τὰ ἐν τῇ πόλει διέποντες, ὥστε καὶ τὰς πανηγύρεις ἀντὶ τῶν στρατηγῶν ποιεῖν, ἐκώλυον τὰς λοιπὰς ἀρχὰς αἱρεθῆναι.

³) Darüber spottet Cicero VII 11 in einem Brief an den Juristen Trebatius. den er in Caesars Dienste empfohlen hatte: *quis enim tot interregnis iureconsultum desideret?*

⁴) ad Qu. fr. III 8, 3, wo er sich freut, daß auch „ihr", d. h. Caesar und Quintus. *Messallam certum consulem cum Domitio* (Calvino) *numeratis ... ego Messallam Caesari praestabo. sed Memmius in adventu Caesaris* (in der Cisalpina) *habet spem, in quo illum puto errare: hic quidem friget. Scaurum autem iam pridem Pompeius abiecit.* Vgl. III 9, 3 *video Messallam nostrum consulem, si per interregem, sine iudicio, si per dictatorem, tamen sine periculo: odi nihil habet.*

tafel offen gezeigt hatte[1]); Pompejus wollte eben keine Wahlen. Er selbst blieb dauernd von Rom fern, während seine Anhänger die Forderung seiner Dictatur immer von neuem erhoben. Aber auch damit kam man nicht weiter; die Stimmung war durchaus dagegen, und Milo hielt seine Banden bereit, um Hirrus zu bekämpfen und eine Intercession zu unterstützen[2]); aber ebensowenig wagte man, gegen Pompejus' Willen zu handeln[3]). So ging es Monat für Monat bis in den Juli, unter mannigfachen Zänkereien. Einige Tribunen schlugen vor, man solle, wie in den alten Zeiten, statt der Consuln Consulartribunen ernennen, um so das Oberamt mehreren zugänglich zu machen[4]); demgegenüber stellte Hirrus den Antrag auf Bestellung eines Dictators. Natürlich trat Cato dem entgegen[5]); und als der designierte Tribun Q. Pompejus Rufus, Sohn einer Tochter Sullas und Enkel seines Kollegen im Consulat 88, der auch gegen Mes-

---

[1]) ad Qu. fr. III 4. 1.
[2]) ad Qu. fr. III 8. 6 (Ende November 54): Milo fürchtet für sein Consulat im Jahre 52, *et si ille dictator factus sit, paene diffidit. intercessorem dictaturae si iuverit manu et praesidio suo, Pompeium metuit inimicum; si non iuverit, timet ne per vim perferatur.*
[3]) Dio 40, 45, 5 ἐκεῖνός τε γὰρ ἀπεδήμει, καὶ ἐκ τῶν παρόντων οὔτε ψηφίσασθαί τις αὐτὸ (πρὸς γὰρ τὴν τοῦ Σύλλου ὠμότητα ἐμίσουν πάντες τὸ πολίτευμα), οὔτ᾽ αὖ μὴ ἑλέσθαι διὰ τὸν τοῦ Πομπηίου φόβον ὑπέμεινε. Den Charakter der Lage deutet Cicero in dem Brief an Curio II 4, 1 (Frühling 53) an: *de republica haec mea causa est, ut neque ea (quae sentio audeam, neque ea) quae non sentio velim scribere.* Ebenso redet er in dem folgenden Brief 11 5 von der verzweifelten Lage des Staats: *ita sunt omnia debilitata et iam prope exstincta. sed haec ipsa nescio, rectene sint litteris commissa.* Er mahnt den Curio, der aus der Quaestur in Asia (II 6. 1) zurückkehrte, sich für die politische Wirksamkeit zu rüsten, *sive habes aliquam spem de republica sive desperas, ea para, meditare, cogita, quae esse in eo civi ac viro debent, qui sit rempublicam adflictam et oppressam miseris temporibus ac perditis moribus in veterem dignitatem et libertatem vindicaturus.*
[4]) Dio 40, 45, 4.
[5]) Plut. Pomp. 54. In der Biographie Catos hat Plutarch diese Vorgänge übergangen. Appian II 20 faßt die Entwicklung kurz und treffend zusammen, geht aber auf die Vorgänge des Jahres 53 nicht weiter ein.

salla eine Anklage wegen der Wahlumtriebe erhoben hatte[1]), den Hirrus unterstützte und Unruhen erregte, wurde er vom Senat ins Gefängnis gesetzt[2]), seine Gehilfen mit dem gleichen Schicksal bedroht und der Beschluß gefaßt, der dem Proconsul Pompejus — der jetzt endlich wieder in der Vorstadt erschien — zusammen mit den übrigen Beamten (dem Interrex und den Tribunen) die Sorge für die Wiederherstellung der Ordnung übertrug[3]). Damit hörten die Unruhen von selbst auf; Pompejus aber war vor die Frage gestellt, ob er die von den Tribunen geforderte Dictatur annehmen wolle. Indessen der Senat und seine Vormänner wollten davon nichts wissen, vielmehr wurde Hirrus mit Absetzung bedroht[4]); und aus den Händen des Pöbels durfte er, seinen Prinzipien und dem Charakter der von ihm erstrebten Staatsstellung entsprechend, die Regentschaft so wenig nehmen, wie später Augustus. So erklärte er oder ließ durch seine Vertreter erklären, daß er die Dictatur weder nötig habe noch begehre, offenbar immer noch in der Hoffnung, daß der Senat einlenken und ihn zu ihrer Übernahme zwingen werde. Aber Cato hielt ihn bei seinen Worten fest und belobte sein Verhalten; und so blieb ihm nichts übrig, als nachzugeben und die Consulwahlen vornehmen zu lassen[5]). Im Juli 53 wurden Messalla und

---

[1]) Cic. ad Qu. fr. III 2, 3. ad Att. IV 17, 5.

[2]) Dio 40, 45, 2, wo Q. Pompejus ungenau als δημάρχων statt als designierter Tribun bezeichnet wird.

[3]) Dio 40, 45, 2 τῷ Πομπηίῳ ἡ πρὸς αὐτοὺς (die Unruhestifter) βοήθεια ἐνεχειρίσθη. PLAUMANN in der Abhandlung über das sogenannte *senatus consultum ultimum*, Klio XIII 1913 hat den Fall des Jahres 53 nicht berücksichtigt. Natürlich waren, wie immer, neben Pompejus auch die anderen damals vorhandenen Beamten in dem Beschluß genannt.

[4]) Plut. Pomp. 54 ἐπιλαβομένου δὲ Κάτωνος οὗτος μὲν (Lucilius Hirrus) ἐκινδύνευσε τὴν δημαρχίαν ἀποβαλεῖν, ὑπὲρ δὲ Πομπηίου πολλοὶ τῶν φίλων ἀπελογοῦντο παριόντες ὡς οὐ δεομένου τῆς ἀρχῆς ἐκείνης οὐδὲ βουλομένου. App. II 19, 73 ὁ δὲ (Pompeius) τὴν προσδοκίαν τήνδε (der Dictatur) λόγῳ μὲν ἐδυσχέραινεν, ἔργῳ δὲ ἐς αὐτὴν πάντα ἔπραττεν ἀφανῶς.

[5]) Plut. Pomp. 54 Κάτωνος δὲ Πομπήιον ἐπαινέσαντος καὶ προτρεψαμένου τῆς εὐκοσμίας ἐπιμεληθῆναι, τότε μὲν αἰδεσθεὶς ἐπεμελήθη, καὶ κατεστάθησαν ὕπατοι Δομέτιος καὶ Μεσσάλας. Dio 40, 46, 1 τέλος δὲ ὀψέ ποτε αὐτὸς

Domitius gewählt[1]) und traten sofort ihr Amt an, so daß die ihnen drohenden Prozesse nicht zur Verhandlung kommen konnten.

Irgend etwas auszurichten waren die neuen Consuln in den wenigen ihnen verbleibenden Monaten natürlich so wenig imstande, wie ihre Vorgänger im Jahre 54. Eben in dieser Zeit war die Kunde von der Vernichtung des Heeres des Crassus in der Schlacht bei Karrhae am 7. Juni nach Rom gelangt. Sie hat wohl Eindruck gemacht, aber eine Wirkung auf das politische Getriebe konnte sie, wie die Dinge lagen, nicht ausüben. Von einer Fortführung des eigenmächtig, im Gegensatz gegen die Regierung und die öffentliche Meinung, unternommenen Angriffskriegs konnte natürlich keine Rede sein; aber auch der Gedanke, daß einer der beiden Consuln mit einer Armee in den Osten gehen müsse, was in andern Zeiten selbstverständlich gewesen wäre, ist, wie es scheint, überhaupt nicht erwogen worden. Der Regierung war eben die Leitung der äußeren Politik tatsächlich völlig entrissen. So wurde nicht einmal ein Statthalter nach Syrien geschickt, sondern man überließ die Verteidigung der Provinz zwei Jahre lang dem C. Cassius, dem Quaestor des Crassus[2]), der sich der schwierigen, allerdings durch die inneren Wirren im Partherreich erleichterten Aufgabe trotz seiner geringen Truppenmacht gewachsen zeigte.

Dagegen lebten die Wahlumtriebe sofort wieder auf. Um das Consulat für das nächste Jahr bewarben sich P. Plautius Hypsaeus,

---

ἐλθὼν τὴν μὲν δικτατωρείαν δεδομένην οἱ δῆθεν οὐκ ἐδέξατο, τοὺς δὲ ὑπάτους ἀποδειχθῆναι παρεσκεύασεν. Vgl. Appian S. 210. 4. — In diese Zeit wird die Schrift des Brutus, des Neffen Catos. *de dictatura Pompei* fallen (Quintil. IX 3, 95 *quale apud Brutum de dictatura Cn. Pompei: praestat enim nemini imperare, quam alicui servire; sine illo enim vivere honeste licet, cum hoc vivendi nulla condicio est;* auf sie führen DRUMANN IV² 43 und MEYER, gr. Rom. fragmenta 446 f. gewiß mit Recht die oben S. 79. 2 citierte Äußerung zurück). Vgl. auch Seneca, controv. X 1, 8.

[1]) Nach Dio 40, 45, 1 findet die Wahl ἑβδόμῳ μηνί statt, nach Appian II 19, 71 dauert die Anarchie acht Monate; genauer kennen wir das Datum nicht.

[2]) Dio 40, 28. 2: Cassius τότε δὲ καὶ ἀνάγκῃ τῆς Συρίας ἔν τε τῷ παρόντι καὶ μετὰ ταῦτα προέστη. Er verwaltete Syrien selbständig bis zur Ankunft des Bibulus im Spätsommer 51.

ehemals Quaestor unter Pompejus, Tribun im Jahre 56 (S. 130),
den dieser unterstützte¹), Q. Metellus Scipio, Adoptivsohn des
Metellus Pius, ein persönlicher Feind Catos, gegen den er eine
Broschüre veröffentlicht hatte (S. 173), und Milo. Von letzterem
wollte natürlich weder Caesar, bei dem sich Cicero schon im Jahre
54 vergeblich für seinen Beschirmer verwendet hatte²), noch Pompejus etwas wissen³); aber er hoffte auf seine Banden und den
Einfluß, den er dadurch besaß, und auf die Unterstützung der
Nobilität; die Gunst des Pöbels hatte er schon Ende 54 durch
Spiele von unerhörter Pracht und Verschwendung zu gewinnen
gesucht, und sich dafür in Schulden gestürzt und „drei ererbte
Vermögen verschleudert"⁴). Zu den Bewerbern um die Praetur
gehörte sein Todfeind Clodius, der sich schon für 53 beworben
hatte, dann aber zurückgetreten war, weil die Amtszeit durch
das Interregnum zu stark verkürzt war⁵); denn er plante eine
Wiederaufnahme seiner gesetzgeberischen Tätigkeit als Tribun,
die unter andrem den Freigelassenen, einer alten demokratischen
Forderung entsprechend, Zutritt zu allen Tribus und damit ein
in den Tributcomitien tatsächlich ausschlaggebendes Stimmrecht
gewähren sollte⁶) Milos Consulat suchte er mit allen Mitteln zu
vereiteln; er störte mit seinen Banden die Wahlversammlungen,
wobei die vorsitzenden Consuln durch Steinwürfe verwundet

---

¹) Ascon. p. 36.
²) Cicero an Caesar VII 5, 3 *cum ad te de Milone scripsissem.*
³) Cic. ad Qu. fr. III 8, 6 (November 54) *nunc de Milone. Pompeius ei nihil tribuit et omnia Guttae* [der Name ist corrupt, die Korrektur in *Cottae* sinnlos], *dicitque, se perfecturum, ut illo Caesar
incumbat.*
⁴) Cic. ad Qu. fr. III 8, 6. 9, 2. pro Mil. 95 und Asconius dazu.
⁵) Cic. pro Mil. 24.
⁶) Ascon. zu Cic. pro Mil. 87 (vgl. 33. 89); schol. Bob. zu Cic. de
aere al. Mil. p. 173 STANGL. Da in den Landtribus in der Regel nur
wenige Stimmberechtigte anwesend waren (s. oben S. 187, 1), hätten die
sich nach Rom drängenden Freigelassenen meist die Majorität bilden
können. Man vergleiche die Art, wie die Organisatoren der Partei-
maschine in Amerika den Ausländern, und gerade der Hefe derselben,
das Stimmrecht verschaffen und dadurch die Wahlen zu beherrschen
suchen.

wurden[1]); und als dann im Senat darüber verhandelt wurde, erklärte er, Milos Anhänger, Cicero voran, betrieben alle verpönten Wahlumtriebe, und Milo selbst sei durch seine Schuldenlast, die er mit sechs Millionen Sestertien viel zu gering deklariert habe, gesetzlich von der Kandidatur ausgeschlossen. Cicero, der sehr wohl wußte, daß diese Behauptung richtig war, aber den Mann, der ihn gegen alle Angriffe geschirmt und seine Rückkehr ermöglicht hatte, nicht im Stiche lassen durfte[2]), half sich durch einen neuen leidenschaftlichen Ausfall gegen Clodius, den er auch veröffentlicht hat[3]). Auch sonst waren Schlägereien und Blutvergießen an der Tagesordnung; bei einem dieser Anlässe wäre Cicero, als es auf der Via Sacra zu einer förmlichen Schlacht zwischen den Banden Milos und des von Clodius unterstützten Hypsaeus kam, vor der Regia beinahe erschlagen worden[4]), ein andres Mal drang M. Antonius, der sich jetzt um die Quaestur bewarb, ehemals ein vertrauter Anhänger des Clodius, auf dem Forum mit gezücktem Schwert auf diesen ein[5]). Der Senat legte wieder einmal Trauer an, faßte aber zugleich den vernünftigen Beschluß, daß die städtischen Beamten erst nach fünfjährigem Intervall eine Provinz erhalten sollten, um so der Spekulation auf rasche Bereicherung und damit dem Fanatismus der Wahlagitationen ein Ende zu machen[6]). Das Endergebnis war, daß auch in diesem Jahr die Wahlen nicht zustande kamen.

---

[1]) schol. Bob. p. 172 *lapidibus duo consules ceciderunt Cn. Domitium Calvinum et M. Valerium Messallam, nec alia fuit causa, cur senatus convocaretur, quam illa praecipua, quod P. Clodius immissa seditiosorum manu comitia turbaverat, quae habebantur de consulibus creandis, cum esset etiam Milo candidatus.* Auf diese Wahlversammlung bezieht sich Cic. pro Mil. 41 und 96. Die Verwundung des Calvinus auch Dio 40, 46, 3. Vgl. Cic. pro Mil. 25 *convocabat tribus, se interponebat, Collinam novam dilectu perditissimorum civium conscribebat.*

[2]) Auch sonst verwendete Cicero seinen ganzen Einfluß für Milo, so bei Curio in dem Schreiben fam. II 6.

[3]) schol. Bob. zu der Rede *de aere alieno Milonis*.

[4]) Cic. pro Mil. 37 und Asconius dazu.

[5]) Cic. pro Mil. 40. Phil. II 21. 49.

[6]) Dio 40, 46. 2.

Pompejus hat diese Dinge ruhig gewähren lassen: ihm konnte
es nur recht sein, wenn dadurch die Sehnsucht der besseren
Elemente der Bürgerschaft nach Ruhe um jeden Preis immer
mehr gesteigert wurde und man sich in immer weiteren Kreisen
mit dem Gedanken der Unvermeidlichkeit der Aufrichtung einer
monarchischen Gewalt abfand[1]). Im Jahre 53 war er nicht zum
Ziele gelangt, sondern hatte sich, in Wirklichkeit widerwillig
genug, fügen müssen; so galt es, dasselbe Mittel, die Anarchie,
in noch gesteigertem Maße anzuwenden. Auf sein Anstiften
verhinderte der Tribun T. Munatius Plancus Bursa jetzt auch
das Zusammentreten der Patricier zur Bestellung eines Interrex,
so daß der Staat seit dem 1. Januar 52 überhaupt keinen Beamten hatte, sondern lediglich die Beamten der Plebs, Tribunen
und plebejische Aedilen, funktionierten[2]). Diese höchste Steigerung der Anarchie hätte wieder, wie im Vorjahre, monatelang
andauern können, wenn nicht der Zufall es gefügt hätte, daß
am Nachmittag des 18. Januar Clodius auf der Via Appia bei
Bovillae mit Milo zusammentraf. In einem Gefecht, das sich
zwischen ihrem Gefolge entspann, wurde er von der Bande
des letzteren verwundet und, da das Unheil einmal geschehn
war, auf Milos Geheiß umgebracht. Der Leichnam wurde noch
am Abend nach Rom gebracht, und die Kunde von der Mordtat
durchflog die Stadt. Das gab dem wüsten Treiben neue Nahrung.
Der Pöbel scharte sich zusammen, Clodius' Gemahlin Fulvia
schürte die Leidenschaften, mehrere angesehene Männer wurden

---

[1]) Plut. Caes. 28 nach Schilderung der Anarchie und des Blutver-
gießens ὥστε τοὺς νοῦν ἔχοντας ἀγαπᾶν, εἰ πρὸς μηδὲν αὐτοῖς χεῖρον, ἀλλὰ
μοναρχίαν ἐκ τοιαύτης παραφροσύνης καὶ τοσούτου κλύδωνος ἐκπεσεῖται τὰ
πράγματα. πολλοὶ δὲ ἦσαν οἱ καὶ λέγειν ἐν μέσῳ τολμῶντες, ἤδη πλὴν ὑπὸ
μοναρχίας ἀνήκεστον εἶναι τὴν πολιτείαν, Pompejus allein könne helfen.

[2]) Ascon. in Milon. p. 32 cum ... *Pompeius gener Scipionis* [das
ist eine bei Asconius befremdliche Vorwegnahme der erst später geschlossenen Ehe] *et T. Munatius tribunus plebis referri ad senatum
de patriciis convocandis, qui interregem proderent, non essent passi.*
Dio 40, 46, 3 οὔκουν οὐδ' ὕπατος οὔτε στρατηγὸς οὔτε πολίαρχός τις (*praefectus urbi*) σφᾶς διεδέξατο, ἀλλὰ ἄναρκτοι κατὰ τοῦτο παντελῶς οἱ Ῥωμαῖοι
τὰ πρῶτα τοῦ ἔτους ἐγένοντο.

in dem Gedränge erdrückt. Am nächsten Morgen, dem 19. Januar, stellten die Tribunen T. Plancus und Q. Pompejus die blutige und beschmutzte Leiche des großen Volksbeglückers auf dem Forum vor der Rednerbühne aus und hielten aufhetzende Reden; unter Führung des Sextus Clodius, des Sekretärs des Demagogen und eines der Hauptführer bei all seinen Gewalttaten, schleppte der Pöbel den Leichnam in die Curie und errichtete hier aus den Tischen und Bänken einen Scheiterhaufen, dessen Flammen zugleich den Sitz des verhaßten Rats und mehrere benachbarte Gebäude verzehrten. Das gleiche Schicksal sollte Milos Haus erleiden; aber seinen Leuten — er selbst war noch nicht zurückgekehrt — gelang es, den Ansturm abzuwehren[1]).

Inzwischen hatte der Senat veranlaßt, daß die Patricier schleunigst zusammentraten und einen Interrex bestellten; und zugleich hatte er den Beschluß gefaßt, der den Interrex, die Tribunen und den Proconsul Pompejus aufforderte, die nötigen Maßregeln für die Sicherheit des Staats zu ergreifen. Tatsächlich war damit, wie im Juli 53, alle Macht in die Hände des Pompejus gelegt, da der alle fünf Tage wechselnde Interrex natürlich nichts ausrichten konnte, während Pompejus die militärische Kommandogewalt besaß[2]).

[1]) Eine ausführliche und korrekte Darstellung des Vorgangs auf Grund der Acta gibt Asconius; kürzer Dio 40, 48 f. Appian II 20 f.

[2]) Dio 40, 49, 5: der Senat εὐθὺς γοῦν τῆς δείλης (am 19. Januar) ἐς τὸ παλάτιον δι' αὐτὸ τοῦτο (des Brandes der Curie und des Angriffs auf Milos Haus) συλλεγέντες τόν τε μεσοβασιλέα προχειρισθῆναι καὶ τῆς φυλακῆς τῆς πόλεως καὶ ἐκεῖνον καὶ τοὺς δημάρχους καὶ προσέτι καὶ τὸν Πομπήιον ἐπιμεληθῆναι ὥστε μηδὲν ἀπ' αὐτῆς ἀποτριβῆναι ἐψηφίσαντο. Den Auftrag, Aushebungen in Italien vorzunehmen, setzt Dio c. 50, 1 erst später, als die Tumulte und Mordtaten fortdauern. Das wird ganz richtig sein. Asconius p. 35 verbindet beides, läßt aber die chronologische Folge noch erkennen. Er berichtet zuerst die Fortdauer der Unruhen, *fiebant interea alii ex aliis interreges;* dann folgt: *itaque primo factum erat s. c., ut interrex et tribuni plebis et Cn. Pompeius, qui pro cos. ad urbem erat, viderent ne quid detrimenti respublica caperet, dilectus autem Pompeius tota Italia haberet.* Hier ist also das sogenannte S. C. ultimum nachgeholt und mit dem Beschluß über die Aushebungen, der an der richtigen Stelle steht, verbunden. Die Bestellung

Zunächst indessen gingen die Unruhen und Gewalttätigkeiten ungehindert weiter. Offenbar waren sie dem Pompejus im Grunde ganz genehm, und er sah keinen Anlaß, ernsthaft einzuschreiten. Am 20. Januar zog der Pöbel vor das Haus des Interrex — es war M. Lepidus, der spätere Triumvir - und forderte von ihm die sofortige Vornahme der Wahlen. Da er sich pflichtgemäß weigerte, denn der erste Interrex war dazu nicht befugt, da seine Auspicien, weil nicht übertragen, sondern der Fiktion nach auf der dem Patricier innewohnenden Qualität beruhend, nicht für voll galten, wurde er die fünf Tage seines Amts hindurch belagert und die Vorderräume des Hauses mit den Staatsgemächern, den Ahnenmasken und dem Ehebett demoliert; vor weiteren Verwüstungen schützte ihn die zu Hilfe eilende Bande Milos. Andre Scharen zogen zu Scipio und Hypsaeus und boten ihnen die Fasces an, die man aus ihrem Gewahrsam im Hain der Libitina geraubt hatte, und zogen dann nach dem Landhaus des Pompejus, um ihn zum Consul oder zum Dictator auszurufen[1]). Die Tribunen Q. Pompejus, Munatius Plancus, und C. Sallustius, der Historiker, ein eifriger Parteigänger des Clodius, hielten tagtäglich aufhetzende Reden[2]). Andrerseits faßte Milo, der sich zunächst verborgen gehalten und an ein freiwilliges

---

des Interrex datiert auch Asconius richtig, sowohl p. 34 (mit ungenauem Ausdruck: *M. Lepidus interrex, is enim magistratus curulis erat creatus*, anstatt *proditus*), wie zu § 13: *post biduum medium, quam Clodius occisus erat, interrex primus proditus est M. Aemilius Lepidus*; das ist der Nachmittag des 19. Januar, wie bei Dio: der 20. Januar wäre *tertio die*.

[1]) Ascon. p. 38 und zu § 13. Cic. pro Mil. 13.

[2]) Ascon. p. 38 und zu § 67, vgl. zu §§ 45. 47. Persönliche Momente spielen bei diesen Dingen natürlich immer mit. Sallust hatte, wie Varro berichtet (Gell. XVII 18), ein Verhältnis zu Milos Gemahlin Fausta (die Milo im November 55, nach der Scheidung von Memmius, dem Bewerber um das Consulat für 53, geheiratet hatte: Ascon. in Scaur. § 29, Cic. Att. IV 13), wurde von Milo beim Ehebruch ertappt, durchgepeitscht und gegen Zahlung einer Geldsumme entlassen; vgl. die Antwort auf Sallusts Invektive gegen Cicero § 15 f., wonach Sallust als Quaestor seinen Ehebruch bekennen muß; sein Tribunat wird hier seltsamerweise ganz übergangen.

Exil gedacht hatte, auf die Kunde von dem Brande der Curie und dem Einschreiten des Senats wieder Mut: er kehrte in der Nacht des 19. nach Rom zurück, nahm seine Kandidatur wieder auf, verteilte ansehnliche Geldsummen unter die Tribus[1]), und hielt in einer von dem Tribun M. Caelius Rufus, dem Schützling Ciceros, berufenen Volksversammlung eine Rede, in der er sich verteidigte — er behauptete mit Recht, daß er den Mord nicht vorher geplant habe, aber mit Unrecht, daß Clodius ihn habe umbringen wollen, und bestritt natürlich auch, daß er den Mord schließlich befohlen oder wenigstens absichtlich zugelassen habe — und Clodius nebst seinen Anhängern aufs heftigste angriff[2]). Da brachen die Gegner unter Führung der feindlichen Tribunen in die Versammlung ein, Caelius und Milo mußten im Sklavengewande flüchten, und ein großes Gemetzel folgte, das sich tagelang fortsetzte; das von Clodius großgezogene Gesindel, namentlich die freigelassenen und halbfreien Sklaven, denen er so große Hoffnungen erweckt hatte, konnten nach Herzenslust sengen, plündern und morden[3]). Am 22. Januar wandte sich Milo an Pompejus, wenn dieser es wünsche, wolle er zugunsten des Hypsaeus von seiner Bewerbung zurücktreten; Pompejus aber lehnte es ab, Milo zu empfangen, und ließ antworten, er habe kein Recht, sich in diese Dinge zu mischen, für die die Bürgerschaft allein zuständig sei, und bitte, ihn mit solchen Anfragen zu verschonen[4]). Am nächsten Tage, dem 23., erklärte Q. Pompejus Rufus in einer Volksversammlung, Milo plane ein Attentat auf Pompejus: „er hat euch bereits einen zum Verbrennen in der Curie gegeben; einen andern wird er euch geben, den ihr

---

[1]) Ascon. p. 34. 36. Cic. pro Mil. 62 f. Appian II 22. Dio 40, 49, 5.

[2]) Ascon. p. 34. Appian II 22, der Caelius als von Milo erkauft bezeichnet. Cic. pro Mil. 91.

[3]) Diese von Asconius übergangenen Szenen werden von Appian II 22 ausführlich geschildert. Vgl. Dio 40, 50, 1 μάχαι τε οὖν ἐκ τούτου πολλαὶ καὶ σφαγαὶ αὖθις ἐγίγνοντο.

[4]) So erzählte Metellus Scipio am 30. Tage nach Clodius' Ermordung, also am 18. Februar, im Senat. Ascon. p. 36 f. Das Datum Ascon. zu § 67.

auf dem Capitol bestatten könnt". Pompejus selbst glaubte
diese Beschuldigung oder gab sich wenigstens den Anschein, sie
zu glauben; auf Befragen des Q. Pompejus, des Sallust und des
Plancus erzählte er vor dem Volk, ihm seien Anzeigen davon
gemacht, Milo habe aber die Auslieferung der Sklaven und Freigelassenen, die er für den Mord ausersehen habe, verweigert; er
traf Vorsichtsmaßregeln, schloß sich in seinen Garten ein, und
legte eine Besatzung in seine Wohnung[1]).

Infolge dieser Vorgänge gab der Senat dem Pompejus den
Auftrag, Aushebungen in ganz Italien zum Schutz der Haupt-
stadt zu veranstalten, und legte selbst das Kriegsgewand an[2]).
Pompejus ergriff den Auftrag mit Eifer und traf rasch die nötigen
Anordnungen[3]); auch Caesar, der sich in der Cisalpina befand,
nahm hier die vorgeschriebenen Aushebungen vor[4]).

Der Brand der Curie und die darauf folgenden Unruhen sind
entscheidend gewesen: sie haben die Aristokratie mürbe gemacht
und den Senat dazu gebracht, sich dem Begehren des Pompejus
zu fügen. Ausschlaggebend war das Verhalten Catos, des Führers
der rechtlichen Opposition.

Von Cato hat MOMMSEN, durch einseitige Betonung einzelner
Züge, ein Zerrbild gezeichnet, das weder seiner Persönlichkeit,
noch seiner politischen Bedeutung gerecht wird. Gewiß war er
ein Doktrinär durch und durch — wie MOMMSEN auch —; er
glaubte an das Recht und an die Grundsätze der aristokratischen
Republik ebenso wie an die Grundsätze der Stoa[5]), und er handelte

---

[1]) Cic. pro Mil. 65 ff. und Ascon. zu § 67; das fällt nach p. 51 fin.
noch vor die Abreise zu den Aushebungen.

[2]) Dio 40, 50, 1 ὥστε τὴν βουλὴν τὸν Πομπήιον μεταπέμψασθαι
καταλόγους τε αὐτῷ καινοὺς ποιήσασθαι ἐπιτρέψαι καὶ τὰ ἐσθήματα ἀλλά-
ξασθαι. Vgl. oben S. 215 Anm. 2.

[3]) Ascon. p. 35: der Senat beschließt. *dilectus Pompeius tota Italia
haberet. qui cum summa celeritate praesidium comparasset ...*

[4]) Caes. bell. Gall. VII 1 *ibi* (in Italia) *cognoscit de Clodi caede,
senatusque consulto certior factus, ut omnes iuniores Italiae con-
iurarent, dilectum tota provincia habere instituit.*

[5]) Über die Art, wie Cato die Grundsätze der Stoa auch in seinen
Reden im Senat und vor dem Volk so vortrug. *ut illa etiam populo*

danach. Das hat ihn zu gar manchen Bizarrerien verführt, wie sie dem Stoiker von den Zeiten des Zeno und Kleanthes anhaften und wie sie von Cicero in der Karikatur der Rede pro Murena — „was haben wir doch für einen scherzhaften Consul", sagte Cato dazu[1]) — verspottet werden. So trug er kein Bedenken, in der furchtbaren Hitze des Sommers 54[2]) auch bei seinen Amtshandlungen als Praetor die Tunica auszulassen und nur mit einem Schurz unter der verbrämten Toga, bekleidet halbnackt auf dem Amtsstuhl zu sitzen; er rechtfertigte sich damit, daß auch die Statuen des Romulus und Titus Tatius auf dem Capitol und des Camillus bei den Rostren nur die Toga, keine Tunica trügen[3]). Das war ein Scherz; in Wirklichkeit befolgte er auch hier den stoischen Satz *naturalia non sunt turpia*. Gleichartig ist, daß er, auch darin auf eine verschollene altrömische Sitte sich berufend, seine Gemahlin Marcia dem Hortensius abtrat, und dann nach dessen Tode im Jahre 50 wieder zu sich nahm[4]). Die streng rechtlichen Grundsätze befolgte er unerbittlich in allen Dingen, ob groß oder klein, so auch in der Leitung der Rechtsprechung. Im Jahre 53 gab er von seiner Auffassung

---

probabilia viderentur, s. Cicero in der Einleitung zu den paradoxa stoicorum. Vgl. Brut. 118.

[1]) ὦ ἄνδρες, ὡς γελοῖον ὕπατον ἔχομεν. Plut. Cato 21.

[2]) Cicero schreibt im September 54 an seinen Bruder III 1, 1 *ego ex magnis caloribus — non enim meminimus maiores — in Arpinati ... me refeci.*

[3]) Ascon. in Scaurianam p. 30 [der Prozeß fiel auf den 2. September]. Val. Max. III 6, 7. Plut. Cato 44 vgl. 6, nach dem er auch ἀνυπόδητος ging. Die Statuen auch Plin. 34, 23. MOMMSEN rückt diesen Vorfall in ein völlig falsches Licht, wenn er sagt, Cato habe „die Wiederherstellung der guten alten Zeit damit einleiten wollen, daß er nach König Romulus' Vorgang ohne Hemd ging". — Das Gegenstück zu diesem Verhalten ist, daß Cato gern und ungeniert reichlich Wein trank, was ihm von seinen Gegnern zum Vorwurf gemacht wurde. von Caesar (Plin. epist. III 12, 2), vgl. Plut. Cato 6 und 44 ἔνιοι δέ φασι καὶ μετ' ἄριστον οἶνον πεπωκότα χρηματίζειν (als Praetor). ἀλλὰ τοῦτο οὐκ ἀληθῶς λέγεται.

[4]) Plut. Cato Appian II 99, 413. Lucan II 325 ff. Strabo XI 9. 1 u. a.

noch einmal einen Beweis, indem er, als endlich die Wahlen stattfanden, die Wahl seines Anhängers Favonius zum Aedilen durch energisches Einschreiten durchsetzte — er wies nach, daß alle Stimmtafeln von derselben Hand geschrieben seien, und erreichte so die Kassation der ersten Wahl durch die Tribunen. Dann hat er dessen Amtsverwaltung ganz nach seinen Prinzipien geleitet, vor allem bei den Spielen, die er geben mußte, statt der üblichen verschwenderischen Kostbarkeiten Wein, Fleisch und Obst, Gemüse und Holzbündel und an die Schauspieler nach griechischem Vorbild Kränze verteilen lassen. Dies von einer imponierenden Persönlichkeit getragene Verhalten machte so viel Eindruck, daß die Menge den Curio, der gleichzeitig kostbare Spiele gab, im Stich ließ, und unter Führung des Favonius selbst dem Cato Beifall klatschte[1]).

Für seine Ueberzeugung und für die von den Vorfahren ererbte Republik sein Leben aufs Spiel zu setzen hat Cato nie Bedenken getragen, mochten die Aussichten auf Erfolg auch noch so gering sein. In der Politik hat er durch sein unerschütterliches, streng rechtliches Verhalten der Sache seiner Partei oft geschadet, so in der Ablehnung jeder Konzession an die Steuerpächter, in der Cicero mit starker Übertreibung eine Hauptwurzel alles Übels sah. Aber gerade die Liberalen und Fortschrittler pflegen sonst die Prinzipientreue über alles zu stellen und für die Betonung des Rechtsstandpunkts gar manche politische Sünde zu verzeihn; bei Cato aber ist für MOMMSEN der Haß gegen die „Junker" ebenso das dominierende, alles andre überwuchernde Moment gewesen, wie umgekehrt in der milden Beurteilung aller Rechtsbrüche und skrupellosen Gewalttaten, die Caesar gegen Römer wie gegen die äußeren Feinde begangen hat. In Wirklichkeit verdient es volle Anerkennung, daß die römische Aristokratie in den Zeiten der vollsten Zersetzung und Korruption in Cato noch einen Mann von ehren-

---

[1]) Plut. Cato 36. Zu Ende des Jahres rächte sich Q. Pompejus Rufus nach Antritt seines Tribunats an der Nobilität für seine Verhaftung (S. 210), indem er den Favonius ἀπό τινος οὐ μεγάλης αἰτίας ins Gefängnis setzte, Dio 40, 45, 4.

hafter Gesinnung und streng sittlichem Verhalten hervorgebracht hat, der ihren Untergang doch noch mit einem weitleuchtenden Schimmer des alten Glanzes umgeben konnte.

Trotz seines harten Rigorismus ist Cato eine durchaus umgängliche, hochgebildete Persönlichkeit gewesen. An gesellschaftlicher Rücksichtnahme, wo immer die Umstände es gestatteten, fehlte es ihm keineswegs, und noch weniger an Feinheit der Form und der Empfindung. Ein vollgültiger Beweis dafür ist der Brief, den er im Juni 50 an Cicero schrieb, als dieser sich nach seinem Siege im Amanos um Catos Stimme für Bewilligung eines Dankfestes beworben hatte, das den Anspruch auf einen Triumph begründete. Cato motiviert sein durchaus berechtigtes ablehnendes Verhalten in einer so verbindlichen Form und dabei doch ohne alle konventionellen Phrasen und ohne jede Pose, daß dieser Brief zu den feinsten der gesamten auf uns gekommenen Sammlung gehört[1]). Auch sonst hat Cato gezeigt, daß er in schwierigen Lagen, wo immer ein mit seinen Prinzipien vereinbarer Ausweg vorhanden war, sehr wohl verstanden hat, den Verhältnissen Rechnung zu tragen, so bei der Eidesleistung auf Caesars Ackergesetz, bei der Übernahme der Mission nach Cypern, bei dem Cicero gegebenen Rat, freiwillig aus Rom fortzugehn.

Gegen Pompejus hatte sich Cato bisher völlig abweisend verhalten; wie schon im Jahre 62 und bei der Ablehnung der ihm von Pompejus angebotenen Verschwägerung (S. 45) war er auch jetzt, im Gegensatz zu Cicero, der Führer der prinzipiellen Opposition der Republikaner gegen die Herrschaft des Princeps. Aufs tiefste mißbilligte er, daß Pompejus eigenmächtig dem Caesar eine seiner Legionen geliehen hatte und vor Rom sitzend die Anarchie schürte, statt, wie es sich gehörte, in seine Provinzen zu gehn[2]). Zunächst wollte er nichts davon wissen, daß zur Unterdrückung der ununterbrochen fortgehenden Straßenkämpfe ihm die Wahlleitung übertragen werde: „nicht Pompejus habe die

---

[1]) ad fam. XV 5. Ich würde am liebsten den ganzen Brief abdrucken; ihn muß jeder beherzigen, der über Cato urteilen will.
[2]) Plut. Cato 44.

Gesetze, sondern diese ihn zu schützen"[1]). Dann aber erkannte er, daß ein Einlenken geboten sei und daß in der Tat die zeitweilige Übertragung der absoluten Gewalt, sei es in der Form der Dictatur, sei es in irgend einer andern Gestalt, das einzige Mittel sei, wieder Ordnung zu schaffen und zugleich die andernfalls drohende Gewaltherrschaft des Pompejus in eine gesetzlich erträgliche Form zu kleiden[2]). Dafür gab Pompejus die Versicherung, daß er das Regiment im Sinne des Senats und der Verfassungspartei führen und die Verbindung mit den Anarchisten und in weiterer Konsequenz auch die mit Caesar preisgeben wolle. So kam das Bündnis zwischen Pompejus und der Nobilität zustande. Pompejus gelangte damit endlich an das Ziel, dem er ein Menschenalter lang nachgejagt hatte, er war als der Erbe Sullas und das legitime Oberhaupt des aristokratischen Staats anerkannt; zugleich aber eröffnete sich damit der Verfassungspartei die Aussicht, zunächst das drückende Joch abzuschütteln, das Caesar von fern ihnen auferlegte, und alsdann sich auch von der Vormacht des Pompejus wieder befreien und noch einmal die Zügel des Regiments ergreifen zu können.

Trotzdem sind nach der Ermordung des Clodius und den unmittelbar anschließenden Ereignissen, der Übertragung des Notstandskommandos an Pompejus und der Anordnung der Aushebungen noch volle zwei Monate vergangen, bis die entscheidenden Maßregeln ergriffen wurden[3]). Die Zwischenzeit, unter dem nominellen Regiment der wechselnden Interreges, ist ausgefüllt

---

[1]) Plut. Cato 47.

[2]) Plut. Pomp. 54 ὕστερον (nach dem Consulat des Calvinus und Messalla) πάλιν ἀναρχίας γενομένης καὶ πλειόνων ἤδη τὸν περὶ τοῦ δικτάτορος λόγον ἐγειρόντων ἰταμώτερον. φοβηθέντες οἱ περὶ Κάτωνα, μὴ βιασθῶσιν, ἔγνωσαν ἀρχήν τινα τῷ Πομπηίῳ προέμενοι νόμιμον ἀποτρέψαι τῆς ἀκράτου καὶ τυραννικῆς ἐκείνης. Ebenso Cato 47 und Caes. 28.

[3]) Zwischen Clodius' Ermordung am 18. Januar (= 8. Dezember 53 jul.) und der Wahl des Pompejus zum alleinigen Consul am 24. Intercalaris (= 5. Februar 52 jul.) liegen 58 Tage; s. GROEBES Rekonstruktion des Kalenders bei DRUMANN III² S. 805 f. Dieses Intervall ist in den modernen Darstellungen meist so gut wie völlig unberücksichtigt geblieben. obwohl in ihm das eigentliche Hauptproblem steckt.

mit ständigen Gefechten zwischen den Banden des Scipio, Hypsaeus und Milo[1]). Zugleich setzten die Tribunen Q. Pompejus, Sallust und Plancus ihr aufhetzendes Treiben fort; sie forderten den Erlaß eines Gesetzes für den Mordprozeß gegen Milo und behaupteten, daß hinter ihm als der eigentliche Anstifter des Verbrechens „ein Größerer" gestanden habe, Clodius' Todfeind Cicero, der sich natürlich der Sache Milos mit Eifer annahm; Plancus drohte ihm geradezu mit einer Anklage[2]).

Pompejus kehrte nach rascher Erledigung der Anordnungen über die Aushebung vor die Stadt zurück und übernahm von hier aus das ihm durch das Notstandskommando übertragene Regiment. So wandten sich die Ankläger des Milo, zwei Neffen des Clodius, Söhne

---

[1]) Ascon. p. 35: *fiebant interea alii ex aliis interreges, quia comitia consularia propter eorum candidatorum tumultus et easdem manus armatas haberi non poterant.* Liv. ep. 107: *cum seditiones inter candidatos consulatus Hypsaeum Scipionem Milonem essent, qui armis ac vi contendebant, ad comprimendas eas Pompeius legatus.* Plut. Cato 47 Σκηπίωνος καὶ Ὑψαίου καὶ Μίλωνος ὑπατείαν μεταρχομένων οὐ μόνον τοῖς συντρόφοις ἤδη καὶ συμπολιτευομένοις ἀδικήμασι, δωροδοκίας καὶ δεκασμοῖς, ἀλλ' ἄντικρυς δι' ὅπλων καὶ φόνων εἰς ἐμφύλιον πόλεμον ὠθουμένων τόλμῃ καὶ ἀπονοίᾳ; Cato lehnt zunächst die Übertragung der Wahlleitung an Pompejus ab (S. 222, 1); ὡς δὲ πολὺν χρόνον ἀναρχίας οὔσης καὶ τριῶν στρατοπέδων ὁσημέραι περιεχόντων ὀλίγον ἀπέλιπεν ἀνεπίσχετον γεγονέναι τὸ κακόν, ἔγνω τὰ πράγματα πρὸ τῆς ἐσχάτης ἀνάγκης εἰς Πομπήϊον ἑκουσίῳ χάριτι τῆς βουλῆς περιστῆσαι und willigt in die Aufrichtung der Monarchie. Catos Verhalten ist hier sehr richtig geschildert, aber, dem Zweck der Biographie entsprechend, allein hervorgehoben. Die Ermordung des Clodius und was damit zusammenhängt, hat Plutarch auch Pomp. 54 und Caes. 28 übergangen und Cic. 35 nur kurz erwähnt. Daß Plutarch in der Biographie Caesars c. 28 die Anarchie und die Momente, die zu Pompejus' alleinigem Consulat führten, ausführlich schildert, ist ein Anzeichen dafür, daß in der Quelle auch von den Beziehungen zu Caesar eingehender geredet war. Appian II 23 versagt hier gänzlich, mehr bietet Dio 40. 50.

[2]) Cic. pro Mil. 47 und Asconius dazu, vgl. Asconius p. 38 f. und zu § 67. Über Plancus (Bursa) vgl. Cicero an Marius VII 2. Wie weit Asconius' Behauptung begründet ist, *postea Pompeius* (d. i. Q. Rufus) *et Sallustius in suspicione fuerunt, redisse in gratiam cum Milone et Cicerone,* läßt sich nicht beurteilen.

seines inzwischen verstorbenen Bruders Gaius, beide Appius mit
Namen, und andre Ankläger an ihn mit der Forderung, ihnen die
Auslieferung der Sklaven Milos und seiner Gemahlin Fausta,
der Tochter Sullas, zu peinlichem Verhör zu erwirken, während
Caelius die des Clodius und seiner Anhänger forderte. Hortensius,
neben Cicero und andern Koryphäen der Aristokratie einer der
Anwälte Milos, erklärte, daß dieser die Geforderten freigelassen
habe, weil sie sein Leben gerettet hätten[1]); und Cato rief in
einer Volksversammlung den tobenden Massen zu, sie hätten
dadurch nicht nur die Freiheit, sondern die größten Belohnungen
verdient[2]). Schon vorher, gegen Ende Februar[3]), hatte Metellus
Scipio, in Erwiderung auf Marcus Brutus[4]), einen eifrigen Gegner
des Pompejus (S. 211 A., vgl. S. 86), eine im wesentlichen
zutreffende Darstellung des Hergangs gegeben, in der er Milo
als Anstifter des Mordes bezeichnete; auf der andern Seite behauptete
Favonius, Clodius habe ihm kurz vorher gesagt, Milo
werde in drei oder höchstens vier Tagen den Tod finden[5]). Pompejus
beharrte gegen Milo in der unbedingt ablehnenden Haltung[6]);
in einer Senatssitzung, die, damit er anwesend sein könne,
in der Curie bei seinem Theater stattfand, erschien er mit einer
Leibwache und ließ den Milo bei seinem Eintritt untersuchen,

---

[1]) Ascon. p. 35, mit dem Datum *haec fiebant mense intercalari;*
vgl. Metellus Scipios Darstellung p. 36 fin.

[2]) Cic. pro Mil. 58.

[3]) Ascon. p. 85 *post diem tricesimum fere quam erat Clodius
occisus;* das wäre am 19. Februar. Der Februar hat in diesem Schaltjahr
24 Tage; dann folgt der Intercalaris mit 27 Tagen.

[4]) *Contra M. Caepionem conquestus est.* Man hat den Namen
vielfach beanstandet und durch irgend einen andern ersetzen wollen,
weil Brutus bekanntlich offiziell Q. Caepio hieß. Aber M. Caepio Brutus
sagt auch Dio 41, 63, 6 und ähnlich Appian II 111, 464 Μᾶρκος Βροῦτος
ὁ Καιπίων ἐπίκλην; und Brutus hat eine Verteidigungsrede für Milo in
Konkurrenz zu Cicero geschrieben (Ascon. p. 42). ist also offenbar eifrig
für ihn eingetreten.

[5]) Cic. pro Mil. 26. 44.

[6]) Asconius zu § 67 *deinde ex S. C. dilectu per Italiam habito
cum redisset, venientem ad se Milonem unum omnium non admiserat.*

ob er Waffen bei sich trage[1]). In dieser Sitzung wurde beschlossen, die Gebeine des Clodius endlich beizusetzen, und den Wiederaufbau der verbrannten Curie Sullas Sohn Faustus zu übertragen[2]).

Alle diese Vorgänge brachten die Sache nicht weiter, sondern dienten nur dazu, die Zeit auszufüllen. Das entscheidende Moment lag vielmehr in dem Verhältnis zu Caesar. Ohne seine Einwilligung konnte Pompejus den letzten Schritt nicht wagen, nicht nur, weil ihm Caesars Macht zur Einschüchterung der Gegner noch immer unentbehrlich war, sondern ebensosehr, weil dieser mit seiner gewaltigen, jetzt auf zehn Legionen erhöhten Macht von der Cisalpina aus im Falle eines Konflikts mit Leichtigkeit Italien überrennen und ihn selbst erdrücken konnte. Allerdings war Caesars Stellung durch den Tod des Crassus und den Wegfall des damit gegen Pompejus geschaffenen Gegengewichts empfindlich geschwächt worden; aber dafür stand er selbst jetzt mächtiger da als je zuvor: er hatte im Jahre 53 die nach dem Aufstand des Ambiorix überall sich vorbereitenden Erhebungsversuche rasch erstickt, die Treverer wieder unterworfen, das Gebiet der Eburonen von Grund aus verwüstet, und noch einmal den Rhein überschritten. Dann hatte er auf einem Landtag in Durocortorum (Rheims) das Strafgericht über die Urheber der Empörung gehalten, den Carnuten Acco hinrichten lassen, seine Legionen in geschlossenen Massen in die am meisten gefährdeten Gegenden von der Mosel bis zur Seine ins Quartier gelegt. Der Widerstand Galliens schien definitiv gebrochen, die Unterwerfung vollendet; um so mehr mußte man in Rom mit ihm rechnen. Er selbst ging für den Winter 53/52 in gewohnter Weise in die Cisalpina, um hier die Gerichtstage abzuhalten und

---

[1]) Ascon. zu § 67 p. 52. Dieselbe Sitzung bei Dio 40. 50, 2 ἐλθόντος αὐτοῦ οὐ πολλῷ ὕστερον (nach der Aushebung) ἔξω τοῦ πωμηρίου πρὸς τῷ θεάτρῳ αὐτοῦ σὺν φρουρᾷ ἠθροίσθησαν. Cicero sucht § 65 f. die Wirkung dieses Verhaltens nach Möglichkeit zu entkräften. Das Gerücht behauptete, Milo habe bei Nacht auch das Haus Caesars angegriffen (also die Regia): *nemo audierat tam celebri loco, nemo senserat: tamen audiebatur.*

[2]) Dio 40, 50, 2 f.

zugleich die Entwicklung in Rom aus nächster Nähe zu beobachten und nach Bedürfnis in sie einzugreifen[1]).

Die Krisis in Rom trat alsbald ein; Clodius' Ermordung am 18. Januar des römischen Kalenders fällt auf den 8. Dezember julianisch, also kurz nach Caesars Eintreffen[2]). Ob ihn Pompejus bei der Vornahme der Aushebungen selbst aufgesucht hat, wissen wir nicht; aber die Verhandlungen werden sofort eingesetzt haben. An sich konnte Caesar die Übernahme der dictatorischen Vollgewalt durch Pompejus keineswegs willkommen sein; seine Anhänger forderten denn auch, daß wie drei Jahre zuvor Crassus, so jetzt er mit Pompejus das Consulat übernehme[3]); der Dispens von der gesetzlichen Frist und die Kumulierung mit dem Proconsulat würde alsdann bei beiden gleichmäßig erforderlich gewesen sein und ihnen auch äußerlich die gleiche überragende Stellung gewährt haben. Indessen das schlug den Intentionen des Pompejus geradezu ins Gesicht.

Und nun trat die Rückwirkung der römischen Ereignisse auf Gallien sofort verhängnisvoll hervor. Mit der äußersten Spannung hatte der durch das Strafgericht von Durocortorum aufs schwerste

---

[1]) Dio 40, 32. 5 αὐτὸς ἐς τὴν Ἰταλίαν πρόφασιν μὲν τῆς ἐκεῖ Γαλατίας ἕνεκα, τὸ δ' ἀληθὲς ὅπως ἐγγύθεν τοῖς ἐν τῇ πόλει δρωμένοις ἐφεδρεύῃ, ἀπῆλθε.

[2]) Daß er bei Clodius' Ermordung in Italien war, sagt er selbst bell. Gall. VII 1; aber die Geschäfte in Gallien müssen ihn noch bis in den Spätherbst dort festgehalten haben, vor dem julianischen November kann er nicht nach Italien gegangen sein.

[3]) Dio 40, 50, 5 διαθροούντων τῶν μὲν, ὡς δικτάτωρα τὸν Πομπήιον, τῶν δὲ, ὡς ὕπατον τὸν Καίσαρα αἱρεθῆναι ⟨δεῖ⟩, und nachher: Pompejus wird zum alleinigen Consul ernannt ἵνα μὴ ὁ Καίσαρ αὐτῷ συνάρξῃ. Sueton Caes. 26 *egit cum tribunis plebis collegam se Pompeio destinantibus* verbindet diese Tendenz mit den später folgenden Verhandlungen durch die Tribunen. Ähnlich schließt Plut. Pomp. 56 die Verhandlung an die Verlängerung der Statthalterschaft des Pompejus an, setzt sie also zu spät: οἱ γὰρ Καίσαρος φίλοι ταύτην ἀρχὴν λαβόντες ἠξίουν τινὰ γενέσθαι καὶ Καίσαρος λόγον . ἢ γὰρ ὑπατείας ἄξιον εἶναι τυχεῖν ἑτέρας, ἢ προσλαβεῖν τῇ στρατείᾳ χρόνον, worauf das Gesetz über die abwesende Bewerbung folgt. Vgl. Dio 40. 51: Pompejus φοβηθεὶς, μήποτε κενῆς τῆς χώρας οὔσης ὁ Καίσαρ ἔκ τε τῆς τῶν δυνάμεων καὶ ἐκ τῆς τοῦ πλήθους σπουδῆς συνάρχων αὐτῷ δοθῇ, veranlaßt das Gesetz der Tribunen.

gereizte gallische Adel die Entwicklung verfolgt. Die Kunde von der Krisis in Rom verbreitete sich sofort über das ganze Land, überall mit den höchsten Erwartungen begrüßt: Caesar, so meinte man mit Recht, werde dadurch in Italien festgehalten werden, der Ausbruch des Bürgerkriegs schien unmittelbar bevorzustehn, die Stunde der ersehnten Befreiung hatte geschlagen[1]). Die Carnuten griffen zuerst zu den Waffen und erschlugen in Cenabum (Orleans) die römischen Kauflente und Agenten; und rasch ergriff der Aufstand das gesamte zentrale Gallien, vorwiegend gerade diejenigen Stämme, die sich bis dahin der römischen Herrschaft gefügt hatten. In der Tat war es für Caesar ganz unmöglich, jetzt nach Gallien zu eilen, wie zwei Jahre zuvor bei der Kunde von dem Aufstand der Eburonen; er mußte in Italien bleiben, und begab sich um der raschen Verbindung

---

[1]) Caesar bell. Gall. VII 1 von Clodius' Ermordung und den anschließenden Ereignissen: *ea res in Galliam Transalpinam celeriter perfertur; addunt ipsi et adfingunt rumoribus Galli, quod res poscere videbatur, retineri urbano motu Caesarem neque in tantis dissensionibus ad exercitum venire posse.* Die übliche unheilvolle Trennung zwischen äußerer und innerer Geschichte und die Vernachlässigung der Chronologie hat bewirkt, daß die hier vorliegenden Zusammenhänge, so augenfällig sie sind, ganz unbeachtet geblieben sind, und daß man Caesars zwar nicht geradezu verfälschter, aber durchaus tendenziös gefärbter und sorgfältig auf ihre politische Wirkung abgestimmter Darstellung blindlings vertraut hat. Die Dimensionen, welche der Aufstand annahm, und die Organisation desselben durch Vercingetorix waren nur dadurch möglich, daß den Galliern bis zu Caesars Erscheinen frühestens Ende Februar julianisch (s. S. 233, 2) zwei Monate Zeit gelassen waren. — MOMMSEN R. G. III⁷ 335 ff. hat das dritte Consulat des Pompejus nicht nur ganz einseitig, wie diese Dinge meist, dargestellt, sondern in eine völlig falsche Beleuchtung gerückt und die zugrunde liegenden Tendenzen sowohl des Pompejus wie die Caesars nicht erkannt. Der Satz, mit dem seine Darstellung beginnt: „Die Herrscher (d. i. Caesar und Pompejus) kamen überein, eine wenn auch nur zeitweilige Dictatur eintreten zu lassen", ist eben so verkehrt und irreführend, wie der Schlußsatz, als Pompejus den Scipio zum Kollegen erhebt: „Die Machthaber zeigten sich befriedigt". Im nächsten Kapitel „Der Bruch der Gesamtherrscher" folgt denn auch S. 354 eine nochmalige Darstellung derselben Vorgänge, welche sie notgedrungen in ganz anderer Beleuchtung zeigt.

willen nach Ravenna¹) in die östlichste, Rom am nächsten gelegene Grenzstadt seiner Provinz. Aber an die Übernahme des Consulats war nicht mehr zu denken, statt dessen war ihm die Aufgabe gestellt, sein Reich wiederzuerobern, das sich inzwischen in ein gallisches Reich unter dem Arvernerhäuptling Vercingetorix umzuwandeln im Begriff war.

So galt es, für Caesar ein Äquivalent zu finden, das ihn für die von Pompejus beanspruchte Konzession entschädigte und seine Zukunft sicherte, und zugleich diesem den Druck zur Verfügung stellte, den Caesar noch immer auf Rom ausübte. Über dies Äquivalent ist lange gefeilscht worden. Caesars Anerbieten, durch neue Verschwägerungen das alte Bündnis zu bekräftigen — Pompejus sollte Caesars Großnichte Octavia heiraten, die mit C. Marcellus vermählt war, Caesar wollte sich von Calpurnia scheiden und Pompejus' Tochter, bisher die Gemahlin des Faustus Sulla, heiraten²) — lehnte Pompejus ab; damit gab er deutlich zu erkennen, daß er für die Zukunft nicht gebunden sein wollte. Schließlich einigte man sich darauf, daß Caesar gestattet sein solle, sich nach Ablauf des gesetzlichen zehnjährigen Intervalls für das Jahr 48 abwesend um das Consulat zu bewerben, wobei die selbstverständliche Voraussetzung war, daß er seine Provinzen bis zum Ende des Jahres 49 behalten werde; ein dahingehendes Gesetz sollte von allen zehn Tribunen eingebracht, seine Annahme durch Pompejus gesichert werden. Auf Pompejus' Veranlassung ging Cicero nach Ravenna, um mit Caesar zu verhandeln; ihm gegenüber verbürgte er sich für das Verhalten des Tribunen Caelius, des einzigen, von dem eventuell eine Intercession zu befürchten war³).

---

¹) Cic. Att. VII 1, 4 (s. u. A. 3). Florus I 45, 22 bei Vercingetorix' Aufstand: *absens erat tunc Caesar Ravennae dilectum agens.*

²) Sueton Caes. 27 *ad retinendam autem Pompei necessitudinem ac voluntatem Octaviam sororis suae nepotem, quae Gaio Marcello nupta erat, condicionem ei detulit, sibique filiam eius in matrimonium petit Fausto Sullae destinatam* [in Wirklichkeit war sie schon mit diesem, dem Schwager Milos, vermählt DRUMANN IV² 592].

³) Cic. ad Att. VII 1, 4 (16. Oktober 50) im Anschluß an die Frage, ob bei den bevorstehenden Verhandlungen der Anspruch auf abwesende

Nachdem man sich endlich geeinigt hatte, kamen die Dinge in raschen Fluß. Natürlich waren, wie später bei der Übertragung des Principats an Augustus, für die entscheidende Senatssitzung die Maßregeln im voraus festgelegt und die Rollen verteilt. Bibulus stellte den Antrag, den Pompejus zwar nicht zum Dictator — mit diesem Titel waren durch Sullas Regiment zu häßliche Erinnerungen verknüpft, so daß er allgemein verabscheut wurde —, wohl aber zum alleinigen Consul zu erwählen. Cato sekundierte, zur großen Überraschung der Nichteingeweihten: er habe zwar einen derartigen Antrag selbst nicht stellen können, aber er stimme zu; denn jedes Regiment sei besser als die Anarchie, und von Pompejus dürfe man erwarten, daß er die ihm anvertraute Stellung besser als irgend ein andrer verwalten und das Gemeinwesen wieder in geordnete Verhältnisse überführen werde. Der Beschluß wurde angenommen, der die Comitien anwies, den Pompejus und zwar ihn allein zum Consul zu wählen, und die Klausel hinzufügte, daß Pompejus nicht befugt sein solle, vor Ablauf von zwei Monaten sich einen Kollegen wählen zu lassen, falls das sich als wünschenswert erweisen sollte[1]).

Darauf wurde Pompejus am 24. des Intercalaris, dem 5. Februar julianisch, von den Comitien unter Leitung des Interrex Servius Sulpicius gewählt und trat sein Amt sofort an[2]). Durch den Wegfall der Kollegialität war wie beim Dictator

Bewerbung anerkannt werden solle: *quid dicam?* contra Caesarem? *ubi sunt illae tensae dexterae? nam ut illi hoc liceret, adiuvi, rogatus ab ipso Ravennae de Caelio tribuno pl., ab ipso autem? etiam a Gnaeo nostro in illo divino tertio consulatu.* Diese glücklich erhaltene Notiz wirft ein helles Schlaglicht auf die Situation und die Vorgänge hinter den Kulissen. Daß Cicero in der zweiten Philippica 24 sagt, er habe Pompejus geraten *ne pateretur ferri, ut absentis eius* (Caesaris) *ratio haberetur,* mag formell richtig sein; aber wie der Brief an Atticus zeigt, hat er sich gefügt und mitgewirkt.

[1]) Plut. Pomp. 54 = Cato 47. App. II 23, 84. Dio 40, 50, 4. Ascon. p. 37. Sueton Caes. 26 *cum senatus unum consulem nominatimque Gnaeum Pompeium fieri censuisset.*

[2]) *V Kal. Mart. Mense Intercalario* Ascon. p. 37. — Liv. ep. 107 *a senatu consul tertio factus est absens et solus;* er blieb eben vor

und beim König die gesamte Amtsgewalt der Republik in seiner
Hand vereinigt. Daß er sie im Sinne des Senats und der Nobilität
führen werde, bekräftigte er dadurch, daß er den Cato sofort
zu sich in seine vorstädtische Wohnung lud und ihn bat, ihn
auf alle Weise mit Rat und Tat zu unterstützen. Cato suchte
in seiner Antwort die eingenommene Haltung zu wahren: privatim
werde er, wenn befragt, bereitwillig Rat erteilen, aber so wenig
er früher aus persönlicher Feindschaft dem Pompejus opponiert
habe, sondern nur um des Staatswohls willen, so wenig könne
er jetzt ihm zu Gefallen reden; für die öffentlichen Verhandlungen müsse er sich seine Unabhängigkeit vorbehalten[1]). Gleich
darauf, am 26. Intercalaris[2]), stellte Pompejus im Senat zwei neue
Gesetze zur Diskussion, ein Spezialgesetz für die Untersuchung
und Bestrafung der Mordtat auf der Via Appia, des Brandes der
Curie und des Angriffes auf das Haus des Interrex Lepidus, ein
anderes umfassendes gegen die Wahlumtriebe; in beiden Gesetzen wurde das Prozeßverfahren verkürzt, das Zeugenverhör
auf drei Tage beschränkt, der Unfug der Charakterzeugen ver-
pönt und die Schlußverhandlung auf einen einzigen Tag zu-
sammengedrängt, der Anklage zwei, der Verteidigung drei
Stunden zur Verfügung gestellt. Die Aufstellung des 360 Namen
umfassenden Richteralbums wurde ausschließlich in die Hände
des Pompejus gelegt, als des einzigen zurzeit vorhandenen
Oberbeamten; denn Praetoren gab es noch nicht wieder. Für
jeden Prozeß sollten 81 Richter ausgelost werden, von denen
die Parteien je fünf aus jedem der drei Stände ablehnen durften,
so daß der Gerichtshof aus 51 Richtern gebildet wurde. Der
Untersuchungsrichter für die Mordtat sollte dagegen von den

---

der Wahl außerhalb des offiziellen. staatsrechtlichen Stadtbezirks,
dem sonst der Kandidat anwesend sein mußte.

[1]) Plut. Cato 48 = Pomp. 54.

[2]) *deinde post diem tertium* (nach der Wahl) *de legibus novis
ferendis rettulit*, Ascon. p. 37. Das ist nach gewöhnlicher Ausdrucks-
weise zwei Tage nachher, also am 26.; der Beschluß des Senats erfolgte
nach Ascon. zu § 14 *pridie Kal. Mart.*, also am folgenden Tage, dem
27. Interc. *Magni Pompei in tertio consulatu extat edictum in tumultu
necis Clodianae prohibantis ullum telum esse in urbe.* Plin. 34, 139.

Comitien aus den Consularen gewählt werden[1]). Die Verhandlung führte zu erregten Diskussionen. Der Tribun Caelius erklärte die Maßregeln für ein Ausnahmegesetz (*privilegium*) gegen Milo und wollte intercedieren, bis schließlich Pompejus erklärte, wenn man ihn zwinge, werde er zur Verteidigung des Staats zu den Waffen greifen[2]). Hortensius hielt ein neues Gesetz für überflüssig; es genüge ein Verfahren außerhalb des Turnus (*extra ordinem*) vor dem Untersuchungsrichter, aber auf Grund der bestehenden Gesetze. Der Senat war am 27. Intercalaris bereit, darauf einzugehn; aber auf die Forderung des Q. Fufius Calenus, eines eifrigen Anhängers des Caesar und Clodius (oben S. 81), wurde der Antrag zerlegt, das außerordentliche Verfahren beschlossen, der zweite Teil, die Beibehaltung der bisherigen Gesetze, durch Intercession des Plancus und Sallust zu Fall gebracht. So blieb dem Senat nichts übrig, als der Forderung des Pompejus zuzustimmen; zugleich wurde erklärt, daß die Mordtat und die anschließenden Ereignisse das Staatsinteresse geschädigt hätten (*contra rempublicam esse facta*)[3]).

[1]) Ascon. p. 37. 40 (vgl. zu § 14). Dio 40, 52. Plut. Pomp. 55 ταῖς δίκαις τῶν δωροδοκιῶν καὶ δεκασμῶν ἐπιστὰς καὶ νόμους γράψας, καθ᾿ οὓς αἱ κρίσεις ἐγίνοντο = App. II 23, 87 δίκας προυτίθει τῶν τε ἄλλων ἁμαρτημάτων καὶ μάλιστα δωροδοκίας καὶ δεκασμοῦ. Bei Ascon. p. 39 hat Mommsen, Staatsrecht II² 647, 2 (II³ 646, 3) die Emendation *album* (cod. *aliorum*) *quoque iudicium, qui de ea re iudicarent, Pompeius tale* (cod. *tales*) *proposuit, ut nunquam neque clariores viros neque sanctiores propositos esse constaret* mit Unrecht bestritten: vgl. Cic. pro Mil. 21. 105. fam. VII 2, 3. Plut. Pomp. 55. Dio 40, 52. 2. Mommsen will seltsamerweise nachweisen, daß der Quaesitor zugleich als Richter mitgestimmt habe. — Die 51 Richter waren so verteilt, daß 18 Senatoren, 17 Ritter, 16 Aerartribunen den Gerichtshof bildeten (Ascon. p. 53. 54); so kam der Vorrang des Senats zum Ausdruck.

[2]) Ascon. p. 37.

[3]) Cic. pro Mil. 12 ff., dem dieser Beschluß, für den er doch selbst gestimmt hat *(ego ipse decrevi)*, natürlich sehr unangenehm ist, und dazu Asconius zu § 14. Am nächsten Tage, dem 1. März, berichtete Plancus über diese Vorgänge in einer Volksversammlung. In derselben Versammlung behauptete Plancus, Milo habe nach der Mordtat vier freie Männer, die vorüberkamen, festgenommen und zwei Monate lang (vom 18. Januar = 8. Dezember jul. bis 1. März = 9. Februar jul.) in

Auch das Gesetz über die Wahlumtriebe fand starken Widerspruch. Pompejus hatte ihm rückwirkende Kraft für alle Wahlen bis zu seinem ersten Consulat im Jahre 70 hinauf verliehn. Cato erklärte sich dagegen, man solle das Vergangene ruhn lassen und statt dessen für die Zukunft sorgen; es werde damit, wie er mit Recht betonte, nur unendlichen Prozessen der Spielraum eröffnet, und es sei unbillig, ein verschärftes Strafgesetz auf Zeiten anzuwenden, wo es noch nicht bestand[1]). Schwerer fiel der Einwand der Anhänger Caesars ins Gewicht, daß auch dessen Consulat in diesen Zeitraum falle; Pompejus wies das mit wohlgespielter Entrüstung ab: Caesar sei über jeden Verdacht erhaben, überdies falle ja auch sein eigenes zweites Consulat unter das Gesetz[2]).

Schließlich wurden beide Gesetze vom Senat angenommen und promulgiert; die Annahme durch die Comitien wird unter Wahrung der gesetzlichen Frist des Trinundinum frühestens am 18. März (26. Februar julianisch) erfolgt sein. Unmittelbar darauf wurde zum Untersuchungsrichter für den Mordprozeß L. Domitius Ahenobarbus gewählt[3]), der bisher die Machthaber so eifrig bekämpft hatte; auch darin trat, da die Wahl natürlich von Pompejus bewirkt war, die Umgruppierung der Parteien zutage. Die Leitung der Wahlprozesse erhielt Aulus Torquatus. Vor beiden Untersuchungsrichtern wurde die Anklage gegen Milo erhoben, und der Beginn des ersten Prozesses auf den 4. April angesetzt[4]).

Offenbar gleichzeitig mit den Gesetzen des Pompejus haben die Tribunen den Antrag für Caesar eingebracht. Cato opponierte

---

seiner Villa gefangen gehalten. Ein wegen Mordtaten verdächtiger Sklave Milos, Galatas, war von den triumviri capitales festgenommen, wurde aber durch die Tribunen Caelius und Manilius Cumanus befreit und an Milo zurückgegeben. Ascon. p. 88.

[1]) Plut. Cato 48.
[2]) Appian II 23.
[3]) Ascon. p. 39 *perlata deinde lege Pompeia statim comitia habita, creatusque est L. Domitius Ahenobarbus quaesitor.* Cic. pro Mil. 22.
[4]) Ascon. p. 40. Die Quaesitores für andere Gerichtshöfe bei Ascon. p. 54, darunter der gewesene Aedil Favonius.

auch hier und suchte das Gesetz durch Obstruktionsreden zu Fall zu bringen: wenn Caesar seinerzeit ein zweites Consulat wünsche, solle er, wie es sich gehöre, nach Niederlegung seiner Statthalterschaft als Privatmann nach Rom kommen und sich darum bewerben. Aber Pompejus war gebunden und setzte die Annahme durch; er erklärte, einen Brief Caesars erhalten zu haben, in dem dieser den Wunsch ausspreche, einen Nachfolger zu erhalten und die Feldzüge loszuwerden; es sei aber billig, ihm das Privileg der abwesenden Bewerbung zu gewähren[1]).

Caesar hat jedenfalls die Wahl des Pompejus, wahrscheinlich auch noch die Annahme des Gesetzes der Tribunen in Italien abgewartet. Dann eilte er, frühestens Ende des julianischen Februar, über die Alpen[2]). Es war die höchste Zeit; denn

---

[1]) Plut. Pomp. 56, der dann die Erzählung abbricht und mit den Worten οὐκ ἐξερίσας. ἀλλ' οἷον ἡττηθεὶς ὁ Πομπήιος ὕποπτος ἦν μᾶλλον ὧν ἐφρόνει περὶ Καίσαρος mit einem großen Sprunge unmittelbar zu den Vorgängen des Jahres 50 übergeht. Caesar (bell. civ. l 32) sagt im Senat im März 49 *latum ab X tribunis plebis contradicentibus inimicis, Catone vero acerrime repugnante et pristina consuetudine dicendi mora dies extrahente, ut sui ratio absentis haberetur, ipso consule Pompeio; qui si improbasset, cur ferri passus esset?* Liv. ep. 107. Sueton Caes. 26. Dio 40, 51. Cic. ad Att. VIII 3, 3 *idem* (Pompeius) *etiam tertio consulatu, postquam esse defensor reipublicae coepit, contendit, ut decem tribuni pl. ferrent, ut absentis ratio haberetur*; VII 3, 4 *cur tanto opere pugnatum est, ut de eius absentis ratione habenda decem tribuni pl. ferrent?* vgl. VII 1, 4 oben S. 229. 1. Dio 40, 51 bringt das Gesetz an richtiger Stelle, nach Pompejus' Antritt; Appian II 25, 96 berichtet es erst nach der Verurteilung Milos und der Demokraten, die zu Caesar geflohn seien und ihn vor Pompejus gewarnt hätten; daß es in weit frühere Zeit gehört, hat zuerst wohl NISSEN, Hist. Z. 46, 1881, 59 ff. ausgesprochen. Bei Appian wird es offenbar mit den an Pompeius' Gesetz *de iure magistratuum* anknüpfenden Verhandlungen zusammengeworfen.

[2]) Bell. Gall. VII 6 *his rebus* (Vercingetorix' Maßnahmen) *in Italiam Caesari nuntiatis, cum iam ille urbanas res virtute Cn. Pompei commodiorem in statum pervenisse intellegeret, in Transalpinam Galliam profectus est.* Caesar möchte den Anschein erwecken, als sei er sofort auf die Kunde von dem Aufstand nach Gallien geeilt und hat diese Wirkung auch in den neueren Darstellungen überall erreicht, man hat es eben versäumt, zwischen den Zeilen zu lesen: dazu

inzwischen hatte Vercingetorix den Aufstand überall organisiert, ja er konnte bereits an einen Angriff auf die römische Provinz und ihre Hauptstadt Narbo denken¹). Die Lage war so bedenklich, daß Caesar die Frage erwog, ob er nicht die Legionen zum Schutz der Provinz heranziehen und damit tatsächlich alle seine Eroberungen einstweilen preisgeben müsse²); er entschied sich aber doch, zumal er die Legionen auf dem Marsch einem Angriff der Feinde ausgesetzt haben würde, statt dessen nach Ergreifung der dringendsten Schutzmaßregeln für die Provinz in die Winterquartiere zu seinen Truppen zu eilen und trotz der ungünstigen Jahreszeit sofort den Feldzug gegen die Insurgenten zu beginnen.

Während Caesar den schweren Kampf gegen die Gallier führte, ging in Rom der Prozeßkrieg seinen Gang. Pompejus wünschte natürlich die Verurteilung Milos, nicht aus rechtlichen Gründen, obwohl seine Schuld offenkundig war, sondern aus politischen. Denn die Zeiten, wo er ihn, im Kampf mit Clodius, als Gehilfen benutzt hatte, waren längst vorbei, mit Clodius hatte er sich versöhnt, und Caesar verlangte Milos Bestrafung; vor allem aber war dieser ein rücksichtsloser Agitator, der mit seinen Banden vor nichts zurückschreckte, eben so schlimm wie Clodius und die wildesten Anarchisten. Daß er sich, im Gegensatz zu diesen, der Nobilität zur Verfügung gestellt hatte und deren Führer ihn zu halten suchten und den Mord als segens-

kommt die oft nicht genügend beachtete Abweichung des damaligen römischen Kalenders vom julianischen. Daß in Wirklichkeit Caesar, nachdem er die erste Kunde von dem Aufstand erhalten hatte, noch lange in Italien festgehalten war, verrät sich in dem Satz VII 9, 4, daß er in Vienna die Reiterei zu sich nimmt, *quem multis ante diebus eo praemiserat.* — Bei Caesars Ankunft in Frankreich liegen die Cevennen noch in tiefem Schnee (VII 8), es ist noch Winter *(reliquam partem hiemis* VII 10, 1), der erst mit der Einnahme von Avaricum zu Ende geht (VII 32 *iam prope hieme confecta, cum ipso anni tempore ad gerendum bellum vocaretur);* Avaricum wird also etwa gegen Ende April julianisch, d. i. nach Mitte Mai nach römischem Kalender, erobert worden sein.

¹) Bell. Gall. VII 5, 7.
²) Bell. Gall. VII 6.

reich für den Staat priesen — so redete Cato, und sein Neffe
Brutus hat nachher eine Verteidigungsrede für Milo geschrieben,
in der er sich in diesem Sinne offen zu seiner Tat bekannte[1]) —,
machte seine Beseitigung nur um so notwendiger; nimmermehr
durfte Pompejus zulassen, daß er sich doch noch das Consulat
gewann. Er hielt daher weiter die Fiktion aufrecht, daß Milo
ihm nach dem Leben trachte, blieb meist in seinem Gartenhaus,
geschützt durch eine starke Truppenschar, und entließ einmal
vorzeitig den Senat, weil er ein Attentat Milos fürchte; in der
nächsten Sitzung behauptete Cornificius, einer der Ankläger
Milos, dieser trage eine Waffe unter der Tunica, worauf Milo
sich entblößte und die Unwahrheit der Beschuldigung nachwies[2]).
Bei dem Prozeß auf dem Forum nahm Pompejus in Hörweite[3])
gegenüber beim Aerarium Platz, von einer starken Besatzung
umgeben, und sorgte, als beim Beginn des Zeugenverhörs am
4. April der Pöbel ein wüstes Geschrei erhob, für Ruhe und
ordnungsmäßigen Verlauf der Verhandlung. Das Zeugenverhör
dauerte dem Gesetz gemäß drei Tage; dann folgte am 8. die
Auslosung der Geschworenen und die Plädoyers. Für diesen Tag
hatte Pompejus das Truppenaufgebot noch verstärkt und alle
Tempel besetzen lassen[4]); aber Plancus hatte tags zuvor die
Menge aufgefordert, in Masse zu erscheinen und nicht zu dulden,
daß Milo ihnen entschlüpfe[5]). Als dann Cicero, durch Milo vor-
sichtig erst im letzten Moment in einer Sänfte herbeigeführt,

---

[1]) Ascon. p. 42 und schol. Bob. pro Mil. argum. Quintil. III 6, 93.
X 1, 23. 5, 20 (MEYER, Orat. Rom. fragmenta p. 447). Cicero §§ 72 ff. führt
diesen Gedanken als Fiktion aus, der leider der Wahrheit nicht ent-
spreche: *de morte Clodii, si iam nollem ita diluere crimen ut dilui,
tamen impune Miloni palam clamare ac mentiri gloriose liceret:
occidi, occidi non Sp. Maelium ..., non Tiberium Gracchum ..., sed
eum — auderet enim dicere, cum patriam periculo suo liberasset —,
cuius nefandum adulterium cet.* Vgl. § 6.

[2]) Cic. pro Mil. 66 f. Ascon. p. 37 f. und p. 39 init.

[3]) Cic. pro Mil. 67 *Cn. Pompei, te enim iam appello, et ea voce,
ut me exaudire possis*, vgl. 71.

[4]) Cic. pro Mil. 2. 71. 101.

[5]) Cic. pro Mil. 3. 71. Plut. Cic.

seine Rede beginnen wollte, erhob sich ein wüstes Geschrei, so daß
die Truppen einschreiten mußten und es zu Blutvergießen kam[1]).
Dies, sowie der ungewohnte Anblick der Soldaten brachte ihn so in
Verwirrung, daß er alle Haltung verlor und von der schön vor-
bereiteten Rede kaum etwas zusammenhanglos und stammelnd
vorbringen konnte[2]). Milo wurde mit großer Majorität verurteilt[3]);
unter den wenigen Freisprechenden war zweifellos Cato, der seine
Abstimmung offen gezeigt haben soll[4]). Milo ging ins Exil nach
Massalia, ohne sich bei den weiteren Prozessen zu stellen; so wurde er
auch wegen Wahlumtriebe, wegen unerlaubter Clubs und nochmals
wegen Gewalttat verurteilt. Seine Vermögensverhältnisse waren so
zerrüttet, daß bei dem Verkauf seines Besitzes die Gläubiger von
den 70 Mill. Sestertien Schulden, auf die er es glücklich gebracht
hatte, nur den vierundzwanzigsten Teil ($4^{1}/_{6}\%$) erhielten[5]).

---

[1]) Dio 40, 53.
[2]) Plut. Cic. 53. Dio 40, 54. Ascon. p. 42 *itaque non ea qua solitus
erat constantia dixit, manet autem illa quoque excepta eius oratio;*
und schärfer schol. Bob. argum. in Mil. *exstat alius praeterea liber
actorum pro Milone, in quo omnia interrupta et inpolita et rudia,
plena denique maximi terroris agnoscas.* Quint. IV 3. 17. Die viel-
gepriesene Rede *pro Milone* ist in Wirklichkeit ein traurig nachhinken-
des Produkt der Studierstube, mit dem er sich herauszureißen suchte,
als nichts mehr gut zu machen war. Vgl. Milos bekannten Spott (Dio
40, 54), er sei dankbar, daß Cicero diese Rede nicht gehalten habe,
denn sonst würde er jetzt nicht in Massalia so schöne Seebarben essen.
Auf die geschriebene, nicht auf die wirklich gehaltene Rede bezieht
sich Cicero de opt. gen. or. 10 *si eodem modo putant exercitu in foro
et in omnibus templis, quae circum forum sunt, conlocato dici pro
Milone decuisse, ut si de re privata ad unum iudicem diceremus,
vim eloquentiae sua facultate, non rei natura metiuntur.* Daß Milos
Sache faul war, wußte er selbst sehr gut: ad Att. IX 7, 3.
[3]) Ascon. p. 53: 12 gegen 6 Senatoren, 13 gegen 4 Ritter, 13 gegen
3 Aerartribunen.
[4]) Ascon. p. 53. Velleius II 47,
[5]) Ascon. p. 54 *bona eius propter aeris alieni magnitudinem semuncia
venierunt.* Das Verständnis dieser Angabe, die ich in der ersten Auflage ganz falsch aufgefaßt hatte, verdanke ich E. Seckel: „Die *bonorum
venditio* führt zur (praetorischen) Universalsuccession des *bonorum
emptor*, also zum Erwerb des Vermögens mit den Aktiven und Passiven.

Wenn bei Milo Pompejus die Verurteilung gegen die Nobilität durchsetzte, so verliefen die übrigen Prozesse ganz nach deren Wunsche. Saufejus, der die Bande Milos bei der Mordtat geführt hatte, wurde zweimal freigesprochen, dagegen Sextus Clodius, der die Leiche des Volksmanns in die Curie gebracht hatte, mit allen gegen fünf Stimmen verurteilt, und ebenso viele andre Clodianer[1]). Dasselbe Schicksal traf den Hypsaeus, den bisherigen Kandidaten des Pompejus, den dieser jetzt kühl fallen ließ, und von den Bewerbern des Vorjahrs den Memmius und den Scaurus; bei letzterem, der durch seine Spiele die Volksgunst gewonnen hatte, mußten Pompejus' Soldaten gegen die Menge einschreiten, die die Niederschlagung des Prozesses oder die Freisprechung forderte. Als dann aber Memmius den Metellus Scipio wegen Wahlumtriebe anklagte, um dadurch, nach einer Bestimmung des pompejischen Gesetzes, selbst seiner Strafe ledig zu werden, nahm Pompejus den Angeklagten, dessen Tochter Cornelia er gleich nach Antritt seines Consulats geheiratet hatte[2]), in Schutz: er legte Trauergewand an und lud die Richter zu sich, um sie zu gewinnen, so daß Memmius die Klage als aussichtslos fallen ließ[3]). Zu Ende des Jahres, nach Ablauf ihres

Der sogenannte Kaufpreis besteht nicht in einer festen, an den Konkursverwalter *(magister)* zu zahlenden Summe, sondern in Prozenten, welche die Konkursgläubiger auf ihre Forderungen gegen den *bonorum emptor* von diesem zu bekommen haben. hier also 4 $1/6$ % des Nominalbetrags ihrer Forderungen." Daß Milos Schulden sich auf die ungeheure Summe von 70 Mill. beliefen, berichtet Plin. 36, 104. Sein Aktivvermögen wird mithin von dem Massenkäufer für rund 3 Mill. (genauer wäre 2,966 666; aber die 70 Mill. sind offenbar abgerundet) übernommen, und wird etwas höher gewesen sein, da das Entgelt für Mühe und Risiko sowie der Unternehmergewinn des *emptor* hinzuzurechnen ist. Milos Schulden gingen noch weit über die Caesars (S. 56. 1) hinaus. — Von den anschließenden Geschäften ist in Ciceros Briefen an Atticus noch mehrfach die Rede (V 8, 2. VI 4. 5. 7), ebenso Caelius ad fam. VIII 3, 2.

[1]) Ascon. p. 55 *multi praeterea et praesentes et cum citati non respondissent, damnati sunt; ex quibus maxima pars fuit Clodianorum.*
[2]) Plut. Pomp. 55 gibt das Datum.
[3]) Aufzählung der Prozesse bei Appian II 24 (natürlich hat es daneben noch manche andere gegeben). Hypsaeus und Scipio auch Plut. Pomp. 55. Dio 40, 53. Val. Max. IX 5, 3.

Tribunats, wurden dann auch Q. Pompejus Rufus und T. Munatius Plancus wegen der in den ersten Monaten erregten Unruhen vor Gericht gezogen, jener durch seinen Kollegen und eifrigen Gegner Caelius[1]), letzterer durch Cicero. Für ihn setzte Pompejus seinen ganzen Einfluß ein, ja er gab ihm, in offenkundiger Verletzung seines eigenen Gesetzes, ein Charakterzeugnis, bei dessen Verlesung Cato sich die Ohren zuhielt; er wurde dann von Plancus als Richter abgelehnt. Aber Pompejus vermochte seinen Schützling diesmal ebensowenig zu retten, wie zwei Jahre zuvor den Gabinius; vielmehr bewirkte seine Verwendung nur, daß die Richter jetzt erst recht entschlossen waren, ihre Unabhängigkeit zu zeigen. Plancus wurde verurteilt; er ging zu Caesar, der ihn reich beschenkte, ins Exil nach Ravenna[2]). Der dritte im Bunde, Sallust, entging der Anklage; später, im Jahre 50, wurde er wegen seines Verhaltens von den Censoren aus dem Senat gestoßen.

Die beiden Gesetze, mit denen Pompejus sein Consulat eröffnete, hat er durch zwei weitere ergänzt, welche die Staatsverwaltung regulierten. Das eine führte den im Jahre 53 gefaßten Senatsbeschluß (S. 213) aus, daß fortan die praetorischen und consularischen Statthalter erst fünf Jahre nach Bekleidung des städtischen Amts ihre Provinz erhalten sollten[3]). Das andre

---

[1]) Val. Max. IV 2, 7, vgl. Caelius ad fam. VIII 1, 4. Cic. Brut. 273 *M. Caelius quamdiu auctoritati meae paruit, talis tribunus plebis fuit, ut nemo contra civium perditorum popularem turbulentamque dementiam a senatu et a bonorum causa steterit constantius.*

[2]) Cicero an M. Marius VII 2, der über seinen Erfolg große Freude hat, ebenso über die Richter *qui ausi sunt, cum contra tantas opes eius, a quo ipsi lecti iudices erant, condemnare;* nach Dio 40. 55 hätte Cicero hier nicht besser geredet, wie bei der Verteidigung Milos. Das weitere Plut. Pomp. 55 = Cato 48. Val. Max. VI 2. Caelius ad fam. VIII 1. 4. Cic. Phil. XIII 27.

[3]) Dio 40, 56; daß er 40, 30, 1 die Entsendung des Bibulus nach Syrien im Jahr 51 als damit im Widerspruch bezeichnet, ist eine Flüchtigkeit oder vielmehr ein Schreibfehler (Bibulus ἄρξων τῆς Συρίας ἀφίκετο καίπερ ἐψηφισμένον μηδένα μήτε στρατηγὸν μήθ᾽ ὕπατον μήτε εὐθὺς μήτε πρὸ πέμπτου ἔτους ἐς τὰς ἔξω ἡγεμονίας ἐξιέναι; statt καίπερ hätte

Gesetz, *de iure magistratuum*, muß eine umfassende Regelung der Befugnisse der Beamten enthalten haben; erhalten ist davon leider nichts außer der einen Bestimmung, welche für jedes Amt die Anwesenheit des Bewerbers in Rom vorschrieb[1]).

Nachdem seine Autorität genügend gefestigt war, verzichtete Pompejus nach fünfmonatigem monarchischem Regiment auf seine alleinige Gewalt, und ließ sich um den Anfang August seinen neuen Schwiegervater Metellus Scipio zum Kollegen wählen[2]). Dieser hat noch ein Gesetz durchgebracht, welches die durch Clodius verfügte Beschränkung der Censur wieder aufhob: man empfand das dringende Bedürfnis, den Senat und die Ritterschaft von den massenhaft eingedrungenen unwürdigen Elementen zu säubern[3]). Indessen als dann zwei Jahre darauf, im Sommer 50, wieder Censoren gewählt wurden, zeigte sich, ebenso wie später im Jahre 22 bei dem gleichartigen Versuch des Augustus, daß sie der Aufgabe in keiner Weise gewachsen waren und das Amt des Sittenmeisters der Republik sich vollständig überlebt hatte — das Odium, das mit seiner Ausübung verbunden war, sagt Dio, war so groß, daß kein Verständiger noch nach dem Amt strebte. Appius Claudius und Lucius Piso, die damals gewählt wurden, haben allerdings zahlreiche Senatoren, darunter den Sallust, und Ritter aus den Listen gestrichen[4]);

---

er ἄτε oder ähnlich sagen müssen). Caesar klagt civ. I 85, 9 *in se iura magistratuum commutari, ne ex praetura et consulatu, ut semper, sed per paucos probati et electi in provincias mittantur*.

1) Dio 40. 56. Sueton Caes. 28.
2) Plut. Pomp. 55 προσείλετο συνάρχοντα τὸν πενθερὸν εἰς τοὺς ὑπολοίπους πέντε μῆνας, bestätigt durch die Inschriften, DRUMANN IV² 535, 5. Appian II 25, 95 (ὡς ἤδη τὰ χρήζοντα τῆς μοναρχίας διωρθωμένος). Dio 40, 51, 2. — Erwähnt werden mag noch Plinius' Angabe 33, 14 *nec ignoro, MM pondo auri perisse Pompeio III cos. e Capitolini Iovis solio a Camillo ibi condita*. Weiteres wissen wir darüber nicht, so daß sich nicht sagen läßt, ob Pompejus des Diebstahls beschuldigt werden soll oder ob die Angabe sich etwa auf das Treiben der Anarchisten bezieht. Über die Vollendung des Baus des Theaters in diesem Jahr s. S. 161, 2.
3) Dio 40, 57.
4) Dio 40, 63.

aber jedermann empfand, daß diese Männer nicht die Persönlichkeiten waren, welche die moralische Haltung der Bürgerschaft irgendwie zu kontrollieren und zu heben berufen waren.

Die Gesetzgebung des Pompejus in seinem dritten Consulat, welche die in seinem zweiten Consulat durchgeführten oder geplanten Maßregeln (S. 160) fortsetzt — auch eine Kodifikation des Rechts hat er in Aussicht genommen, wie später Caesar, ist aber damit nicht durchgedrungen, sondern an dem Widerstand der interessierten Kreise, offenbar vor allem der Juristen, gescheitert[1] —, war vielleicht nicht so einschneidend und von großen Gesichtspunkten beherrscht, wie die Caesars im Jahre 59, aber sie war doch von nachhaltigster Wirkung und macht Epoche in der Entwicklung Roms. Es war, wie Tacitus sagt, ein Versuch, den sittlichen Zustand des Gemeinwesens zu heben; und wenn er die angewendeten Mittel im Sinne Catos verwirft und Pompejus mit Recht schuld gibt, daß er durch sein persönliches Verhalten seine eigenen Gesetze untergraben habe[2], so hat er doch wieder geordnete Zustände geschaffen, die an sich ein dauerhaftes und erträgliches Regiment durch Zusammenwirken des Senats mit dem Princeps jetzt eben so gut möglich gemacht hätten, wie nachher unter Augustus. Die Anarchie, die er selbst großgezogen hatte, war jetzt mit einem Schlage beseitigt, die schlimmsten Unruhestifter ins Exil gejagt; von einer unter dem Banner der Demokratie sich brüstenden Oppositionspartei ist in der Folgezeit nicht mehr die Rede. Wenn es auch noch einzelne Leute gab, die an ihre Ideale glaubten, so war doch die Masse der Bürgerschaft durch die Wirren des letzten Jahrzehnts gründlich bekehrt und völlig bereit, wie seit einem Jahrhundert nicht mehr, sich der Leitung der Aristokratie und ihres Oberhaupts

---

[1] Isidorus dogetym. V 1, 5 *leges autem redigere in libris primus consul Pompeius instituere voluit, sed non perseveravit obtrectatorum metu. deinde Caesar coepit facere, sed antea interfectus est.*

[2] Ann. III 28 in der Übersicht der Entwicklung der römischen Gesetzgebung bis auf die lex Papia Poppaea: *tum Cn. Pompeius tertium consul corrigendis moribus electus et gravior remediis quam delicta erant suarumque legum auctor idem ac subversor, quae armis tuebatur, armis amisit.*

zu fügen. So wurde denn sein Consulat und seine Bekehrung zu den Grundsätzen der Nobilität in den höchsten Tönen gepriesen[1]); und Cicero entschloß sich, sein Werk über den Staat jetzt dem ursprünglichen Entwurf entsprechend zu vollenden und im Sommer 51 zu publizieren (oben S. 178). Freilich wurde gerade seine Tätigkeit durch die neuen Gesetze aufs schwerste betroffen: sie bezeichnen, wie Tacitus sagt, das Ende der Beredsamkeit, mit andern Worten, der rabulistischen Kunst der Advokaten, die sich wie früher in Syrakus und Athen, so jetzt in Rom in den Zeiten der vollen politischen Zersetzung entwickelt hatte, und zwar nach wie vor als ein Wunderwerk angestaunt wurde, aber nichts andres war, als ein Symptom der vollsten Korruption und des Untergangs aller rechtlichen und ethischen Begriffe. Jetzt waren dem Fesseln angelegt, und fortan konnte ein Rechtshandel und gelegentlich sogar ein politischer Prozeß wieder sachlich behandelt werden[2]).

Vorbereitung des Bruchs mit Caesar

Durch die Übertragung des Regiments auf Pompejus und sein Bündnis mit der Nobilität war zugleich der Knoten der

---

[1]) Cicero ad Att. VII 1. 4 (oben S. 229. A) redet ironisch von *illo divino tertio consulatu*.

[2]) Tacitus dial. de or. 38, nach Schilderung der früheren Zustände, wo im Gegensatz zu dem jetzigen Zustand, *quae aptior est veritati*, die Beredsamkeit auf dem Forum blühte, *in quo nemo intra paucissimas horas perorare cogebatur et liberae comperendinationes erant et modum dicendi sibi quisque sumebat et numerus neque dierum neque patronorum finiebatur, primus haec tertio consulatu Cn. Pompeius adstrinxit imposuitque velut frenos eloquentiae*. Sehr mit Recht läßt er in diesen Kapiteln den Materuus ausführen, daß die Beredsamkeit mit der Korruption und dem Anwachsen der Verbrechen aufs engste zusammenhänge und sich daher nur in turbulenten Staaten wie Athen und später Rom und in beschränktem Maße Rhodos entwickelt habe, aber nicht in den geordneten Staaten, als deren Muster Sparta und Kreta gelten — daneben werden die monarchischen Reiche, wie Makedonien und Persien, genannt (c. 40). Der Untergang der Beredsamkeit und ihre Beschränkung auf das müßige Treiben der Rhe-

Entwicklung geschürzt, die in regelrechtem, unaufhaltsamem Fortgang zur letzten entscheidenden Krisis und zum Bürgerkrieg führen mußte; denn sie bedingte die Mattsetzung und Beseitigung Caesars[1]). Für die dauernde Sicherung der eigenen Macht trug Pompejus Sorge: er ließ sich durch den dafür verfassungsmäßig durchaus kompetenten Senat, nicht etwa durch das Volk, seine spanischen Statthalterschaften auf fünf weitere Jahre, also bis zum Jahre 45, verlängern, und zugleich die Kosten für das vielleicht noch weiter verstärkte Heer (oben S. 170. 1) auf die Staatskasse übernehmen[2]). Formell stand diese Verfügung kaum im Widerspruch mit seinem Gesetz über die Provinzen, wie Dio behauptet[3]), da Pompejus ja mit dem Consulat bereits das Proconsulat und die Statthalterschaft vereinigte; wohl aber wurde dadurch die exzeptionelle Stellung des Princeps weiter hervorgehoben und gefestigt[4]). Aber von einer analogen Bewilligung für Caesar war keine Rede; das Bündnis vom Jahre 60 war tatsächlich aufgelöst, die Ehe mit Scipios Tochter verkündete auch formell, daß eine neue Koalition an seine Stelle getreten war.

Zugleich verschaffte Pompejus sich die gesetzlichen Waffen,

---

torenschulen sei ein deutliches Zeichen, daß sowohl die Rechtspflege wie die politischen Zustände weit besser geworden seien; man braucht jetzt glücklicherweise den Redner nicht mehr.

[1]) Sehr mit Recht wird die entscheidende, von den Neueren so oft verkannte Bedeutung des dritten Consulats des Pompejus und seines damals vollzogenen Bundes mit den Optimaten sowohl von Vellejus II 47, 4 *(cuius ille honoris gloria veluti reconciliatis sibi optimatibus maxime C. Caesare alienatus est)* wie von Dio 40, 50, 5 hervorgehoben.

[2]) Dio 40; 56, 2 und c. 44, 2. Plut. Pomp. 55 (wo als Zeitraum fälschlich vier Jahre angegeben sind) = Caes. 28. Appian II 24, 92 nennt den Senat als Beschlußfasser.

[3]) 40, 56, 2 οὐδ' ἠσχύνθη τότε μὲν τοιαῦτα γράψας, ὕστερον δὲ οὐ πολλῷ αὐτὸς τὴν Ἰβηρίαν ἐς πέντε ἄλλα ἔτη λαβών.

[4]) Daher äußert sich Caesar civ. I 85, 8 in der Rede an das spanische Heer mit wohlgespielter Entrüstung: *in se novi generis imperia constitui, ut idem ad portas urbanis praesideat rebus et duas bellicosissimas provincias absens tot annis obtineat.*

die ihm ermöglichen sollten, seinerzeit je nach Bedürfnis gegen ihn vorzugehn[1]). Das Gesetz über das fünfjährige Intervall bei den Statthalterschaften gestattete, Caesar nach Ablauf seiner zehn Jahre auch inmitten des Amtsjahrs einen Nachfolger zu schicken[2]), und das Gesetz über die Wahlumtriebe, das bis zum Jahre 70 zurückgriff (S. 232), ermöglichte, ihm wegen *ambitus* bei seiner Bewerbung um das Consulat für 59 den Prozeß zu machen. Die Voraussetzung dafür war, daß er als Privatmann nach Rom zurückkehren mußte; und das erzwang die schon erwähnte Klausel des Gesetzes über die Magistratur, welche die Abwesenheit des Bewerbers aus Rom nicht gestattete; dadurch wurde das Caesar durch das Gesetz der zehn Tribunen gegebene Privileg aufgehoben. Die Möglichkeit zu diesem Vorgehn war dadurch gegeben, daß Caesar in dieser Zeit die schwere Niederlage bei Gergovia erlitten hatte, die Haeduer und nach ihrem Vorgang fast alle andern gallischen Stämme abgefallen waren, und seine Macht zusammenzubrechen schien. Er selbst konnte nichts dagegen tun; aber seine Vertreter in Rom waren entrüstet und tobten. Schließlich gab Pompejus wenigstens halbwegs nach: der Grund war, abgesehn davon, daß er Caesar noch immer als Gegengewicht gegen den Senat brauchte und daher nicht gänzlich fallen lassen durfte, daß Caesar inzwischen aufs neue zu Kräften gekommen war, die Gallier geschlagen hatte, und den Vercingetorix in Alesia belagerte. So erklärte Pompejus sein Vorgehn durch Vergeßlichkeit, und schaltete aus eigener Machtvollkommenheit in die längst angenommene Gesetzesurkunde die Klausel ein, daß denjenigen, denen mit Namens-

---

[1]) Die neueren Darsteller, welche meinen, Pompejus habe die Tragweite der betreffenden Maßnahmen nicht erkannt, sondern sie seien ihm von seinen aristokratischen Ratgebern suggeriert, beurteilen ihn viel zu naiv. Er wußte hier wie sonst sehr wohl, was er tat.

[2]) Tatsächlich sehn wir, daß die nach diesem Gesetz entsandten Statthalter im Hochsommer ihr Amt antreten: Cicero rechnet sein Jahr in Cilicien ad Att. V 21, 9. VI 2, 6 vom 31. Juli 51 bis zum 30. Juli 50. Bibulus traf in Syrien noch später ein (ad Att. V 18, 1. 20, 4. fam. XV 1, 1. 3, 2).

nennung gestattet worden sei, sich abwesend zu bewerben, ihr Privileg erhalten bleiben solle¹).

Mit dieser fadenscheinigen Konzession, die zwar den Pompejus selbst moralisch binden mochte, aber rechtlich natürlich garnichts bedeutete, mußte Caesar sich begnügen. Der Bruch war offenkundig, wenngleich nach der Eroberung von Alesia und der Gefangennahme des Vercingetorix (Herbst 52) der Senat das übliche Dankfest von zwanzig Tagen bewilligte. Caesar konnte nichts weiter tun, als durch maßlose Verschwendung, durch seine Bauten und Spiele, durch umfassende Bestechungen das Volk bei guter Laune zu erhalten und seinen Anhang in Rom, vor allem unter den Beamten und Tribunen, zu sichern und zu mehren, seine Soldaten durch Erhöhung des Soldes und reiche Geschenke aus der Beute an sich zu fesseln, und im übrigen die Entwicklung abzuwarten²). Zugleich veröffentlichte

---

¹) Dio 40, 56 im Anschluß an das Zitat S. 242, 3: καὶ τῷ Καίσαρι καὶ ἀπόντι (οἱ γὰρ φίλοι αὐτοῦ δεινῶς ἠγανάκτουν) αἰτῆσαι τὴν ὑπατείαν ὥσπερ ἐψήφιστο ἐνός. προσέγραψε μὲν γὰρ τῷ νόμῳ τὸ μόνοις αὐτὸ ἐξεῖναι ποιεῖν, οἷς ἂν ὀνομαστί τε καὶ ἄντικρυς ἐπιτραπῇ. διέφερε δ' οὐδὲν τοῦτο τοῦ μηδ' ἀρχὴν κεκωλῦσθαι. πάντως γὰρ οἵ τι δυνάμενοι καὶ ἐκεῖνο ψηφισθῆναί σφισι διαπράξασθαι ἔμελλον. Diese Bemerkung berührt einen Punkt, auf den politisch nichts ankommt. Die Hauptsache hebt Sueton richtig hervor, dessen Text Caes. 28 corrupt überliefert ist. Marcellus fordert im Jahre 51 Caesars Abberufung *et ne absentis ratio comitiis haberetur, quando nec plebiscito Pompeius postea obrogasset* (codd. *abrog.*). *nec* ist unverständlich und wohl zu streichen (von den Verbesserungsvorschlägen ist der von HIRSCHFELD, Kl. Schr. 320, 3 und 810, es in *lege* zu ändern, wohl der probabelste); der Sinn ist jedenfalls „da ja Pompejus das Plebiscit (der zehn Tribunen, s. c. 26) aufgehoben habe". Sueton fährt fort: *accidunt autem, ut is legem de iure magistratuum ferens eo capite, quo petitione honorum absentis submovebat, ne Caesarem quidem exciperet, per oblivionem; ac mox, lege iam in aes incisa et in aerarium condita, corrigeret errorem.* Sehr richtig bezeichnet Cicero ad Att. VIII 3, 3 den Sachverhalt: *Pompeius ... contendit, ut decem tribuni pl. ferrent, ut absentis ratio haberetur, quod idem ipse sanxit lege quadam sua.*

²) Sueton Caes. 26 f. Auch in den Provinzen und bei den Vasallen warb er durch Geschenke und Bauten überall um Anhänger, ib. 28. Vgl. Dio 40, 60.

er eine Darstellung seiner Feldzüge in Gallien, in der er in äußerst geschickter Weise seine Willkürlichkeiten und Gewalttaten verschleierte, seine aus eigener Machtvollkommenheit begonnenen Kriege möglichst als Notwehr darstellte, seine Erfolge und seine Verdienste um Rom ins hellste Licht setzte, vor allem auch durch maßlose Übertreibung der Zahlen der Gegner, und so in weiten Kreisen für sich Stimmung zu machen suchte.

Marcus Marcellus und die Republikaner gegen Caesar

Die Optimaten hatten den Bund mit Pompejus geschlossen nicht um sich seiner Herrschaft zu unterwerfen, sondern um mit seiner Hilfe Caesar zu Fall zu bringen und sich so von dem auf ihnen lastenden Druck zu befreien. Ihre Führer planten den Angriff gleich im nächsten Jahre. Zu diesem Zweck, aus dem er gar kein Hehl machte[1]), bewarb sich Cato um das Consulat. Aber er verschmähte nicht nur, wie selbstverständlich, alle Agitation, sondern er setzte auch einen Senatsbeschluß durch, der lediglich die Bewerbung durch persönliche Begrüßung der Wähler mit Händedruck gestattete, alle Verwendung von Mittelsmännern untersagte. So ist es kein Wunder, daß er erlag[2]). Cicero machte ihm den Vorwurf, daß er in blindem Doktrinarismus in einer Zeit, wo der Staat ihn als Leiter brauchte, selbst die unschuldigsten Mittel verschmäht habe[3]); er selbst trug sein Geschick mit vollem Gleichmut. An seiner Stelle wurde Marcus Marcellus gewählt, ein Mann der gleichen Richtung, nur ohne Catos Rigorismus und daher milder, aber auch zurückhaltender in seinem Auftreten[4]). Neben ihm gelangte Servius Sulpicius

---

[1]) Plut. Cato 49 ὡς ἀφαιρησόμενος εὐθὺς τὰ ὅπλα τοῦ Καίσαρος ἢ τὴν ἐπιβουλὴν ἐξελέγξων. Dio 40, 58: Cato will dem drohenden Bürgerkrieg dadurch zuvorkommen, daß er beide vorher zu Fall bringt (ἠθέλησε σφᾶς, πρὶν ἀνταγωνιστὰς γενέσθαι, καταλῦσαι).

[2]) Plut. Cato 49. Liv. ep. 108. Dio 40, 58 f.

[3]) Plut. Cato 50.

[4]) Vgl. z. B. Caelius ad fam. VIII 10, 3 *nosti Marcellum, quam tardus et parum efficax sit, itemque Servius quam cunctator*, ein Urteil, das durch ihr gesamtes Verhalten und ihre Briefe an Cicero bestätigt wird.

Rufus jetzt endlich ins Consulat, um das er sich schon für das Jahr 62 beworben hatte, ein angesehener Jurist, aber politisch indifferent und ängstlich, der daher auch wenig Neigung hatte, die Verbindung mit Caesar zu brechen.

Marcus Marcellus hat den Vorstoß gegen Caesar erst im April, in dem er die Geschäfte führte, unternommen. Caesar selbst hat ihm dazu eine Handhabe geboten durch die Forderung, ihm die Verwaltung seiner Provinzen auch formell bis zum Antritt seines zweiten Consulats, d. i. bis zum letzten Dezember des Jahres 49, zu verlängern[1]); damit hat er versucht, die Konsequenz aus Pompejus' Konzession zu ziehn und sie auch beim Senat zur Anerkennung zu bringen. Marcellus und sein Anhang waren entschlossen, das in keinem Fall zu dulden. Er gab durch ein Edikt bekannt, daß er die Gesamtlage des Staats zur Verhandlung zu stellen beabsichtige[2]), damit bei der bedeutsamen Verhandlung niemand fehle. In seinem Referat stellte er die Forderung, Caesar schon jetzt für den nächsten 1. März einen Nachfolger zu bestellen[3]), also zu dem Termin, vor dem nach dem

---

[1]) Appian II 25, 97 ὁ δὲ Καῖσαρ ἐτέγνατε ἐπὶ δυνάμεως μέχρι ὑπατος ἀποδειχθείν, καὶ τὴν βουλὴν ᾔτει χρόνον ἄλλον ὀλίγον ἐς τὴν παροῦσάν οἱ τῆς Γαλατίας ἡγεμονίαν ἢ ἐς μέρος αὐτῆς ἐπιβαλεῖν· διακωλύσαντος δὲ Μαρκέλλου κτλ. Plut. Caes. 29 ἐκ τούτου Καῖσαρ ὑπατείαν ἐμνᾶτο πέμπων καὶ χρόνον ὁμοίως τῶν ἰδίων ἐπαρχιῶν. Der Verdacht liegt allerdings nahe, daß die gemeinsame Quelle hier die späteren Forderungen Caesars schon in die Vorgänge Anfang 51 hineingetragen hat; aber die Richtigkeit der Angaben wird durch Caelius an Cicero VIII 8, 9 (unten S. 255, 2) und 9, 5 (unten S. 254. 6) bestätigt.

[2]) Sueton Caes. 28 *M. Claudius Marcellus consul, edicto praefatus de summa se republica acturum, rettulit ad senatum, ut ei succederetur ante tempus, quoniam bello confecto pax esset ac dimitti deberet victor exercitus.* Dio 40, 59, 1 Μάρκελλος ... καὶ διάδοχόν οἱ ἤδη, καὶ πρὸ τοῦ καθήκοντος χρόνου πεμφθῆναι ἐσηγήσατο. Appian II 26, 99 προσαφαιρῶν τοῦ χρόνου. Liv. ep. 108 *praeterea contentiones inter consules de successore C. Caesari mittendo, agente in senatu M. Marcello cos., ut Caesar ad petitionem consulatus veniret, cum is lege lata in tempus consulatus provincias obtinere deberet.*

[3]) Den Termin gibt Cicero ad Att. VIII 3, 3: *Marco Marcello consuli finienti provincias Gallias Kalendarum Martiarum die restitit (Pompeius).*

Consulargesetz von 55 keine Verhandlung darüber stattfinden sollte, da der Krieg beendet sei und das siegreiche Heer Anspruch auf Entlassung habe. Er konnte sich dafür auf Caesars eigene Darstellung berufen, die in der Tat den Anschein erwecken konnte, als sei der Krieg mit dem Fall von Alesia zu Ende. In Wirklichkeit freilich standen noch große Teile des Landes unter den Waffen und eben jetzt, seit dem letzten Dezember (3. Dezember julianisch)[1]), hatte Caesar einen sehr beschwerlichen Winterfeldzug geführt, der den Truppen die größten Anstrengungen zumutete; zurzeit war er in einem langwierigen, äußerst gefahrvollen Kampf gegen die Bellovaken begriffen, deren er nur durch volle Entfaltung seiner genialen Feldherrnkunst Herr zu werden vermochte[2]). Der Anspruch auf abwesende Bewerbung um das Consulat vollends, erklärte er, sei durch Pompejus' Gesetz hinfällig geworden[3]). Die anschließende Diskussion muß sehr erregt gewesen sein und sich mehrere Tage lang hingezogen haben. Die in Caesars Solde stehenden Tribunen opponierten, auch Marcellus' Kollege Sulpicius widersprach: es sei nicht billig, einen Beamten, der sich nichts habe zuschulden kommen lassen, während seiner Amtszeit abzusetzen[4]). Pompejus,

---

[1]) Bell. Gall. VIII 2.
[2]) Ende Mai 51 (d. i. Ende April jul.) schreibt Caelius an Cicero (fam. VIII 1, 4): *quod ad Caesarem, crebri et non belli de eo rumores, sed susurratores dumtaxat, veniunt. alius equitem perdidisse, quod opinor certe factum est* (vgl. bell. Gall. VIII 12), *alius septimam legionem vapulasse, ipsum apud Bellovacos circumsederi interclusum ab reliquo exercitu. neque adhuc certi quicquam est, neque haec incerta tamen vulgo iactantur, sed inter paucos, quos tu nosti, palam secreto narrantur; at Domitius, cum manus ad os apposuit.* Die armselige Gestalt des Domitius (vgl. Caelius fam. VIII 14, 1) steht hier ganz lebendig vor unseren Augen.
[3]) Sueton Caes. 28, s. oben S. 244, 1.
[4]) Dio 40, 59 καὶ αὐτῷ ὅ τε Σουλπίτιος καὶ τῶν δημάρχων τινὲς ἀντέπραξαν, οὗτοι μὲν τῇ πρὸς τὸν Καίσαρα χάριτι, ἐκεῖνος δ'αὐτοῖς ἐκοινώσατο καὶ τοῖς πολλοῖς, ὅτι οὐκ ἤρεσκε τό τινα μεταξὺ ἄρχοντα μηδὲν ἠδικηκότα παυθῆναι. Sueton Caes. 29 *(Caesar) summa ope restitit, partim per intercessores tribunos, partim per Servium Sulpicium alterum consulem.*

der nach Ablauf seines Consulats wieder das Pomerium nicht überschreiten durfte, hielt sich nach seiner Gewohnheit fern und hüllte sich in Schweigen, ja er redete wieder einmal davon, nach Spanien gehn zu wollen, und fand damit wirklich Glauben, so wenig er ernsthaft daran dachte[1]). Schließlich stimmte der Senat der Tendenz des Marcellus im allgemeinen zu; aber die Tribunen intercedierten, und so wurde zwar der Senatsbeschluß als *auctoritas* aufgezeichnet, besaß aber keine gesetzlich bindende Kraft[2]).

Die weitere Verhandlung über die Nachfolge Caesars verschob Marcellus auf den 1. Juni[3]), da im Mai Sulpicius den Vorsitz führte. Inzwischen verbreitete sich die Kunde von diesen Vorgängen durch ganz Italien und schuf überall die größte Aufregung: man fühlte den Bürgerkrieg herannahen. Wilde Gerüchte durchschwirrten die Luft, so vor allem die Behauptung, Caesar habe die Gemeinden der Transpadaner angewiesen, Quattuorvirn zu wählen und sich dadurch als römische Bürgerstädte zu konstituieren[4]).

---

[1]) Dio 40, 59. 2 Πομπήιος ἀπῇρε ἐκ τοῦ ἄστεως ὡς καὶ ἐς τὴν Ἰβηρίαν στρατεύσων, οὐ μὴν οὐδὲ τότε ἐκ τῆς Ἰταλίας ἐξεχώρησεν, ἀλλὰ τοῖς ὑποστρατήγοις πάντα τὰ ἐκεῖ προστάξας αὐτὸς τῇ πόλει ἐφήδρευε. Cic. ad Att. V 11. 3 *Pompeius* (den Cicero vom 19.—21. Mai in Tarent besucht hatte. Att. V 6. 7) *mihi quoque videbatur, quod scribis Varronem dicere, in Hispaniam certe iturus. id ego minime probabam, qui quidem Theophani* (dem Vertrauten des Pompejus) *facile persuasi, nihil esse melius, quam illum nusquam discedere.* Plut. Caes. 29 τὸ μὲν οὖν πρῶτον Πομπηίου σιωπῶντος οἱ περὶ Μάρκελλον καὶ Λέντλον (cos. 49. von Plutarch fälschlich hierher gesetzt) ἠναντιοῦντο.

[2]) Cicero schreibt am 10. Mai an Atticus V 2. 3 *nondum satis huc erat adlatum, quomodo Caesar ferret de auctoritate perscripta*. Danach wird dieser Beschluß spätestens etwa Mitte April gefaßt worden sein. — Mit Ciceros Abgang in seine Provinz Anfang Mai 51 setzt seine Korrespondenz wieder ein.

[3]) Caelius ad fam. VIII 1, 2 (gegen Ende Mai): *Marcellus, quod adhuc nihil rettulit de successione provinciarum Galliarum* (natürlich nachdem die erste Verhandlung darüber im April zu keinem Resultat geführt hatte) *et in K. Jun., ut mihi ipse dixit, eam distulit relationem.*

[4]) Cic. ad Att. V 8, 1 (11. Mai) aus Campanien: *in oppidis summum video timorem, sed multa inania.* Vorher V 2. 3 (10. Mai) *eratque*

Natürlich war diese Behauptung aus der Luft gegriffen; sie beruhte darauf, daß Caesar in der Tat, seinem und des Crassus altem Programm entsprechend (S. 12), die Transpadaner, die im Jahre 89 durch das Gesetz des Consuls Pompejus Strabo latinisches Recht erhalten hatten, durchaus als römische Bürger behandelte und daher auch unbedenklich für seine Legionen ausgehoben hatte[1]). Ferner hatte er, auf Grund einer ihm durch das vatinische Gesetz übertragenen Vollmacht (S. 92,4), an der Südspitze des Comer Sees neben der alten Insubrerstadt Comum[2]), die Pompejus Strabo im Jahre 89 bei der Regelung der Verhältnisse des Polandes nach einer Heimsuchung durch die Rhaeter wiederhergestellt und Gaius Scipio durch dreitausend Kolonisten verstärkt hatte[3]), die Stadt Novum Comum als Bürgerkolonie angelegt. Unter die fünftausend Ansiedler nahm er auch fünfhundert angesehene Griechen auf, die so das Bürgerrecht erhielten, ohne daß er ihnen die Verpflichtung auferlegte, dorthin übersiedeln zu müssen[4]) — ohne Zweifel wird er sich dafür tüchtig haben bezahlen lassen.

---

rumor de Transpadanis, eos iussos IIIIviros creare, quod si ita est, magnos motus timeo. Caelius an Cicero VIII 1, 2 (Ende Mai): *nam et illi rumores de comitiis Transpadanorum Cumarum tenus caluerunt; Romam cum venissem, ne tenuissimam quidem auditionem de ea re accepi.*

[1]) Bell. Gall. V 24, 4 *unam legionem, quam proxime* (im Jahre 57) *trans Padum conscripserat.* Ende Dezember 50 schreibt Cicero an Atticus VII 7, 6, daß Caesar zur Verfügung stehn *legiones XI, equitatus tantus quantum volet, Transpadani.*

[2]) Liv. 33. 36. Justin 20, 5, 8.

[3]) Strabo V 1. 6. Γάιος Σκιπίων ist sonst unbekannt; denn der Jurist *Gaius Scipio Nasica, qui optimus a senatu appellatus est,* bei dem auch sonst ganz unzuverlässigen Pomponius Dig. I 2, 2, 37. ist offenbar Versehn für Gnaeus.

[4]) Strabo V I, 6 εἶτα ὁ θεὸς Καῖσαρ πεντακισχιλίους ἐπισυνῴκισεν. ὦν οἱ πεντακόσιοι τῶν Ἑλλήνων ὑπῆρξαν οἱ ἐπιφανέστατοι· τούτοις δὲ καὶ πολιτείαν ἔδωκε καὶ ἐνέγραψεν αὐτοὺς εἰς τοὺς συνοίκους, οὐ μέντοι ᾤκησαν αὐτόθι. Einer von ihnen ist *C. Avianius Philoxenus, quem Caesar meo beneficio in Novocomensis rettulit* (Cic. fam. VIII 35); Cicero empfiehlt ihn um 46 dem Statthalter von Sicilien, wo er also Geschäfte betrieb. Zu

Hieran hat Marcellus angeknüpft. Bei der unsicheren Haltung des Pompejus bot eine neue Verhandlung über Caesars Nachfolge wenig Aussicht, so daß er sie weiter vertagte[1]). Dagegen beantragte er, die Gründung der Kolonie und ihr Bürgerrecht für ungesetzlich zu erklären[2]); und um diese Auffassung durch die Tat zu bekräftigen, ließ er einen Ratsherrn von Novum Comum aus Anlaß irgend eines Streithandels mit Ruten peitschen: er möge zu Caesar gehn und ihm die Striemen zeigen[3]). Dadurch

---

den Ansiedlern in Novum Comum gehörte auch Catulls Freund, der gebende Dichter Caecilius (Catull 35).

[1]) Caelius an Cicero Anfang Juni VIII 2, 2: *de republica quod tibi scribam nihil habeo. Marcelli impetus resederunt non inertia* (wie er VIII 1, 2 angedeutet hatte), *sed, ut mihi videbantur, consilio.*

[2]) Sueton Caes. 28 *nec contentus Marcellus provincias Caesari et privilegium eripere, retinuit etiam, ut colonis, quos rogatione Vatinia Novum Comum deduxisset, civitas adimeretur, quod per ambitionem et ultra praescriptum data esset.*

[3]) Plut. Caes. 29 Νεοκωμίτας γὰρ ἔναγχος ὑπὸ Καίσαρος ἐν Γαλατίᾳ κατῳκισμένους ἀφῃροῦντο τῆς πολιτείας· καὶ Μάρκελλος ἕνα τῶν ἐκεῖ βουλευτῶν εἰς Ῥώμην ἀφικόμενον ᾔκιστο ῥάβδοις, ἐπιλέγων, ὡς ταῦτα τοῦ μὴ Ῥωμαῖον εἶναι παράσημα προστίθησιν αὐτῷ καὶ δεικνύειν ἀπιόντα Καίσαρι κελεύει = App. II 26 τῶν οὖν Νεοκώμων τινά, ἄρχοντά τε αὐτοῖς γενόμενον καὶ παρὰ τοῦτο Ῥωμαῖον εἶναι νομιζόμενον, ὁ Μάρκελλος ὕβρει τοῦ Καίσαρος ἔξενε ῥάβδοις ἐφ' ὁτῳδή, οὐ πασχόντων τοῦτο Ῥωμαίων· καὶ τὸν νοῦν ὑπὸ ὀργῆς ἀνεκάλυπτε, τὰς πληγὰς εἶναι ξενίας σύμβολον, καὶ φέρειν αὐτὰς ἐκέλευε καὶ δεικνύναι τῷ Καίσαρι. Appian ignoriert, daß nach Caesars Auffassung nicht nur die Magistrate, sondern alle Bewohner von Novum Comum römische Bürger waren; ob das auf die gemeinsame Quelle zurückgeht, läßt sich aus Plutarch nicht sicher entnehmen. Außerdem hat Appian den Ratsherrn fälschlich, im Widerspruch zu Cicero und Plutarch, zu einem Magistrat gemacht. Dadurch hatte ich mich in der ersten Auflage irreführen lassen; das Richtige gibt bereits HIRSCHFELD Kl. Schr. 300 f., der auch nachweist, daß das *maius Latium* (Gaius inst. I 96), das auch den Decurionen der latinischen Städte das römische Bürgerrecht verlieh, in dieser Zeit noch nicht existierte, sondern, wie Ascon. in Pisonianam p. 3 angibt, die *lex Pompeia* vom J. 89 den Transpadanern lediglich gewährte *ut possent habere ius quod ceterae Latinae coloniae, id est ut gerendo magistratus civitatem Romanam adipiscerentur.* Dio hat den Vorfall übergangen.

bekundete er, daß er Novum Comum nicht als Bürgerstadt anerkannte. Daß Marcellus ein humaner, rechtlich denkender Mann war, dem alle rein persönlichen Bestrebungen fern lagen, gab der Tat nur um so größere Bedeutung. Vielfach wurde sie gemißbilligt, so von Cicero; auch Pompejus mußte an ihr Anstoß nehmen, da sie das von seinem Vater gegebene Gesetz über die Transpadaner ignorierte[1]). Aber gerade das war erst recht ein Motiv für Marcellus' Handlung: er wollte eine weithin sichtbare Tatsache schaffen und zeigen, daß die Republikaner sich weder durch Caesars Macht noch durch Pompejus' Unschlüssigkeit beeinflussen ließen, sondern Caesar nur die Wahl ließen, sich entweder zu unterwerfen oder offen zu empören.

Caesar mußte auch diese Provokation hinnehmen. Für ihn kam alles darauf an, zunächst möglichst rasch mit Gallien fertig zu werden. So hat er in seinen und seiner Legaten Feldzügen des Jahres 51 gegen die einzelnen aufständischen Gebiete die Kräfte seiner Truppen bis aufs äußerste angespannt; zugleich brach er den letzten Widerstand durch berechnete Abwechslung zwischen milder Nachsicht und grausamsten Strafgerichten — so über Uxellodunum, wo er nach der Kapitulation der gesamten Besatzung zum abschreckenden Beispiel „die Hände abhauen ließ, aber das Leben schenkte, damit die Bestrafung der Verbrecher um so offenkundiger sei"; denn, so fügt Hirtius hinzu, „er wußte, daß seine Milde allbekannt sei, und brauchte nicht zu fürchten, daß man glaube, er habe aus Hang zur Grausamkeit so hart gehandelt"[2]); ferner über Gutuater, den Führer des Aufstandes der Karnuten, der zu der allgemeinen Erhebung im Jahre 52 das Signal gegeben hatte, den er nach seiner Auslieferung „durch die dringenden Forderungen seiner Soldaten gegen

---

[1]) Cicero, der den Vorfall Anfang Juli in Athen erfahren hat — er fällt daher etwa Mitte Juni, später als Caelius' Briefe VIII 2 und 3 — schreibt V 11, 2 an Atticus: *Marcellus foede in Comensi; etsi ille magistratum non gesserit* [wie PURSER das in *gesserat* ändern kann, ist mir unverständlich], *erat tamen Transpadanus. ita mihi videtur non minus stomachi nostro* (dem Pompejus) ⟨*quam*⟩ *Caesari fecisse; sed hoc ipse viderit.*

[2]) Bell. Gall. VIII 44.

seine Natur gezwungen" zu Tode peitschen ließ¹). Die meisten Führer der Aufstände waren umgekommen oder in seine Hände gefallen; dem Atrebaten Commius dagegen, dessen er weder durch einen perfiden, von Labienus geleiteten Mordversuch²), noch durch unablässige Verfolgung hatte habhaft werden können, wurde schließlich nicht nur Verzeihung gewährt, sondern auch die Forderung bewilligt, daß er sich den Römern nicht persönlich zu stellen brauche³). Die Adligen, die sich fügten, wurden reich beschenkt, der Druck der Steuern und Kontributionen erleichtert⁴). So konnte Gallien in der Tat zu Ende des Jahres als definitiv unterworfen gelten; falls er die Provinz wirklich einem Nachfolger übergeben mußte, gab es für diesen jedenfalls nichts mehr zu tun. Indessen Caesar hoffte, Gallien dauernd in der Hand behalten zu können; alsdann aber mußte er auf einen Bürgerkrieg gefaßt sein, so gern er ihn vermeiden wollte, und daher in der Lage sein, seine Legionen aus dem eroberten Lande fortzuziehn, ohne einen neuen Aufstand befürchten zu müssen⁵). Den Bestand seiner Armee hatte er, indem er jetzt auch bei den Galliern Frankreichs eine Legion, die legio V. Alaudae, aushob⁶), im schroffsten Widerspruch gegen die funda-

---

[1] Bell. Gall. VIII 38. — Der angebliche Name Gutuater ist in Wirklichkeit der Titel des keltischen Oberpriesters, s. HIRSCHFELD. Kl. Schriften 81. 7. 206.

[2] Hirtius VIII 23 trägt diese Geschichte nach, um zugleich Labienus in möglichst schlechtes Licht zu setzen: Caesar sei nicht daran beteiligt gewesen. er war zu der Zeit in der Cisalpina *(Caesare in Gallia citeriore ius dicente).*

[3] VIII 48, 9.

[4] Hirtius bell. Gall. VIII 49, 3 *itaque honorifice civitates appellando, principes maximis praemiis afficiendo, nulla onera iniungendo, defessam tot adversis proeliis Galliam condicione parendi meliore facile in pace continuit.*

[5] Hirtius VIII 49, 2 *nihil enim minus volebat, quam sub decessum suum necessitatem sibi aliquam imponi belli gerendi, ne, cum exercitum deducturus esset, bellum aliquod relinqueretur, quod omnis Gallia libenter sine praesenti periculo susciperet.*

[6] Sueton Caes. 24; vgl. bell. Gall. VII 65, 1. civ. I 18, 5, und dazu GROEBE bei DRUMANN III² 708.

mentalen Grundsätze der römischen Verfassung und Heeresorganisation, auf elf Legionen verstärkt; eine von ihnen verlegte er nach Oberitalien, unter dem Vorwand, die Städte gegen räuberische Einfälle schützen zu müssen[1]), in Wirklichkeit, um dadurch den Druck auf Rom zu verstärken und für den Notfall wenigstens einige Truppen sogleich zur Hand zu haben.

In Rom stand die öffentliche Meinung durchaus auf seiten der Republik und der wiederhergestellten Ordnung, und manifestierte sich, wo immer sich eine Gelegenheit bot. So fielen bei den Aedilenwahlen im Sommer M. Caelius Vinicianus und Hirrus durch, weil sie die Anträge auf Pompejus' Dictatur gestellt hatten; statt dessen wurde der eifrige Optimat M. Caelius Rufus (oben S. 217) gewählt[2]), ebenso als Tribun Curio[3]). Daß Messalla, der optimatische Consul des Jahres 53, in einem Prozeß wegen seiner Wahlumtriebe infolge einer rührseligen Rede des Hortensius freigesprochen wurde, erregte gegen beide solchen Unwillen, daß Hortensius, als er sich im Theater zeigte, auf seine alten Tage zum ersten Male ausgezischt, Messalla in einem zweiten Prozeß verurteilt wurde[4]). Die Consulwahlen im Juli verliefen glatt; gewählt wurden L. Aemilius Paullus und Gaius Marcellus, der Vetter des Marcus[5]). Dagegen fiel Favonius bei der Bewerbung um die Praetur durch; auch die Optimaten wollten von seiner extremen, zur Karikatur entarteten Manier nichts wissen[6]).

Die Entwicklung der politischen Fragen dagegen ging ihren Schneckengang weiter. Zögernd und schrittweise wurde Pompejus gezwungen, sich zu demaskieren. Am 22. Juli, bei der

[1]) Bell. Gall. VIII 24, 3.
[2]) Caelius an Cicero VIII 4, 3. 9, 1
[3]) Caelius VIII 4, 2; er erhielt die Stelle des schon erwählten, dann aber verurteilten Servaeus.
[4]) Caelius VIII 2, 1. 4, 1. Cicero ad Att. V 12, 2. Brut. 328. Val. Max. V 9, 2. Er ging dann natürlich auch zu Caesar und wurde von diesem 48 restituiert und als Legat verwendet.
[5]) Caelius VIII 4, 1. 4.
[6]) Caelius VIII 9, 5 *nolo te putare, Favonium a columnariis praeteritum; optimus quisque eum non fecit.*

Senatsverhandlung über die Soldzahlung an seine Truppen[1]), wurde er gefragt, wie lange er die Caesar geliehene Legion diesem noch lassen werde, und mußte verheißen, daß er sie demnächst abberufen werde, nur nicht sofort, um den Anschein der Gehässigkeit zu vermeiden. Des weiteren erklärte er, daß ein jeder verpflichtet sei, den Anordnungen des Senats zu gehorchen[2]). Weiteren lästigen Anfragen entzog er sich dadurch, daß er zu seinen für Spanien bestimmten Truppen nach Ariminium ging[3]); so wurde beschlossen, mit der Verhandlung über Caesars Nachfolge bis zu seiner Rückkehr zu warten. Marcellus versuchte wiederholt, die Sache vorwärts zu bringen; aber im August und September konnte ein beschlußfähiger Senat nicht zusammengebracht werden, und in der Diskussion wurden die mannigfachsten Einwendungen erhoben, erklärt, daß über Gallien nur verfügt werden könne, wenn der Senat freie Disposition über sämtliche Provinzen habe, mit Intercession gedroht u. ä.[4]). Es fiel auf, daß Hirrus, der nach wie vor, so auch im Bürgerkrieg, auf seiten des Pompejus blieb, sich gegen Caesar äußerte[5]): Pompejus' Schwiegervater Scipio forderte Vertagung der Verhandlung über Gallien bis zum 1. März, über Pompejus gewann man den Eindruck, daß er nicht wolle, daß Caesar Heer und Provinz bis über seine Wahl zum Consul hinaus behalte[6]). Das

---

[1]) Caelius VIII 4. 4; die Sitzung fand deshalb *ad Apollinis* außerhalb des Pomeriums statt; ebenso am 29. September.

[2]) *in disputando coniecit illam vocem Cn. Pompeius, omnis oportere senatui dicto audientis esse.* Caelius knüpft daran die Erwartung *profecto aut transigetur aliquid aut turpiter intercedetur.*

[3]) Caelius VIII 4, 4, vgl. Cic. ad Att. V 19. 1.

[4]) Caelius VIII 5, 2 f. 9. 2. 5.

[5]) Caelius VIII 9, 1. *Hirrus ... post repulsam ... civem bonum ludit et contra Caesarem sententias dicit; exspectationem corripit* (unklar: „er tadelt den Aufschub" übersetzt PURSER).

[6]) Caelius VII 9, 5 *Pompeius tuus aperte Caesarem et provinciam tenere cum exercitu et consul⟨em⟩* [zu ergänzen mit HIRSCHFELD *fieri* oder *designari non volt*, wie 11, 3. 14, 2]; *ipse tamen hanc sententiam dixit, nullum hoc tempore senatusconsultum faciendum; Scipio hanc, ut Kal. Martiis de provinciis Galliis, neu quid con-*

war in der Tat der entscheidende Punkt: wenn man Caesar stürzen wollte, mußte ein Intervall zwischen Statthalterschaft und Consulat geschaffen werden, in dem er nicht Beamter war und vor Gericht gezogen werden konnte. Cato hat denn auch wiederholt eidlich erklärt, er werde die Anklage gegen ihn erheben, sobald er sein Heer entlassen habe. Alsdann konnte er dem Schicksal Milos kaum entgehn[1]).

Endlich kam am 29. September die entscheidende Verhandlung. Pompejus erklärte, offenbar mit Rücksicht auf die Klausel in dem von ihm und Crassus beantragten Gesetz (oben S. 158, 1), vor dem 1. März 50 könne er ohne Rechtsverletzung über Caesars Provinzen keinen Beschluß fassen, nachher habe er keine Bedenken mehr. Auf die Frage, wie er sich verhalten werde, falls alsdann ein Tribun intercediere, antwortete er, es sei kein Unterschied, ob Caesar selbst dem Senat nicht gehorche oder jemand anstifte, der den Senat an der Beschlußfassung hindere; wenn Caesar aber gar verlangen sollte, sein Heer auch als Consul zu behalten — also für sich dieselbe Stellung fordere, welche Pompejus im vorigen Jahre eingenommen hatte —, sei das ebenso, „wie wenn mein Sohn den Knüttel gegen mich erheben will"[2]).

---

iunctim referretur. contristavit haec sententia Balbum Cornelium (den Agenten Caesars), *et scio eum questum esse cum Scipione.*

[1]) Sueton Caes. 30 *cum M. Cato identidem nec sine iureiurando denuntiaret, delaturum se nomen eius simul ac primum exercitum dimisisset; cumque vulgo fore praedicarent, ut si privatus redisset, Milonis exemplo circumpositis armatis causam apud iudices diceret.*

[2]) Caelius VIII 8, 9 „*quid, si*" inquit *alius „et consul esse et exercitum habere volet?" at ille quam clementer „quid si filius meus fustem mihi impingere volet?"* Offenbar hat Caesar oder sein Vertreter diese Forderung erhoben (vgl. oben S. 246, 1), die schon im Jahre 52 nach Clodius' Ermordung gestellt worden war. Wenn Caelius folgert: *itaque iam, ut video, alteram utram ad condicionem descendere volt Caesar, aut ut maneat neque hoc anno sua ratio habeatur, aut, si designari poterit, decedat,* so hat er sich entweder sehr flüchtig und inkorrekt ausgedrückt, oder Caesar hat wirklich zunächst die Forderung gestellt, im Jahre 50 [denn nur die in diesem Jahre bevorstehenden Wahlen können mit *hoc anno* gemeint sein] zum Consul für 49 gewählt zu werden, was an sich, wenn es auch einen Dispens von dem

Diese Äußerungen haben die Entscheidung des Senats bestimmt. Marcellus' Antrag, Caesar zum nächsten 1. März einen Nachfolger zu bestellen, wurde mit großer Majorität abgelehnt[1], dagegen beschlossen, daß die nächsten Consuln vom 1. März an die Verhandlung über die Consularprovinzen auf die Tagesordnung setzen und in den nächsten Tagen zu Ende führen sollten, unter Heranziehung auch derjenigen Senatoren, die als Richter tätig waren, und ohne Verbindung mit irgend einem andern Gegenstande; alsdann sollten sie die etwa nötigen Anträge an das Volk veranlassen. Weiter beschloß man, daß acht gegenwärtig von Praetoriern verwaltete Provinzen, sowie die zurzeit von dem Consular Cicero verwaltete Provinz Cilicien für das Jahr 50 Praetoriern zugewiesen und diese in der durch das im Vorjahr erlassene Gesetz vorgeschriebenen Weise bestellt werden sollten; dadurch wurden als Consularprovinzen für das Jahr 49[2] das zurzeit von Bibulus verwaltete Syrien und eine der beiden Gallien in Aussicht genommen, da die beiden Spanien ja noch auf Jahre hinaus an Pompejus vergeben waren.

Gesetz erfordert hätte, sehr wohl denkbar ist, zumal er jetzt ja wirklich mit Gallien fertig war.

[1]) Hirtius bell. Gall. VIII 53 *Marcellus... contra legem Pompei et Crassi rettulerat ante tempus ad senatum de Caesaris provinciis, sententiisque dictis discessionem faciente Marcello.. senatus frequens in alia omnia transiit* (das ist bekanntlich die Form für die Ablehnung eines Antrags: bei der Abstimmung gehn die für einen Antrag Stimmenden auf die eine Seite, wer für irgend einen andern ist, auf die andere). Dio 40, 59 Pomp. τὸ μὲν δὴ τὸν Καίσαρα τῆς ἡγεμονίας παραλυθῆναι οὐδὲ ἑαυτῷ ἀρέσκειν ἐπλάττετο, ἔπραττε δ' ὅπως, ὅταν τὸν δεόμενον οἱ χρόνον διάρξῃ (τοῦτο δὲ οὐκ ἐς μακράν, ἀλλ' εὐθὺς ἐν τῷ ὑστέρῳ ἔτει [vgl. oben S. 159 Anm.] γενήσεσθαι ἔμελλε), τά τε ὅπλα καταθῆται καὶ ἰδιωτεύων οἴκαδε ἐπανέλθῃ. Appian II 26, 99 διεκώλυσεν ὁ Πομπήιος εὐπρεπείᾳ τε λόγου καὶ εὐνοίας ὑποκρίσει, μὴ δεῖν ἄνδρα λαμπρὸν καὶ ἐς πολλὰ χρήσιμον τῇ πατρίδι γενόμενον ὑβρίζειν βραχεῖ διαστήματι χρόνου, καὶ δῆλον ἐποίησεν, ὅτι χρὴ μετὰ τὸν χρόνον παραλύειν τῆς ἀρχῆς αὐτίκα τὸν Καίσαρα.

[2]) Die Consularprovinzen müssen auch nach der neuen Ordnung auf Grund des sempronischen Gesetzes vor den nächsten Consulwahlen, also anderthalb Jahre voraus, bestimmt werden, obwohl sie jetzt nicht mehr den alsdann gewählten Consuln, sondern älteren Consularen zugewiesen werden.

Endlich sollte über die ausgedienten oder sonst zu dem Anspruch auf Entlassung berechtigten Soldaten im Heere Caesars an den Senat zu weiterer Verhandlung Bericht erstattet werden; dadurch hoffte man, Caesars Stellung in seiner Armee erschüttern und diese in ähnlicher Weise innerlich auflösen zu können, wie das im Jahre 67 mit der Armee des Lucullus geschehn war. Gegen einen Senatsbeschluß über die Consularprovinzen war eine Intercession unzulässig; gegen die übrigen Beschlüsse intercedierten die für Caesar tätigen Tribunen, obwohl der Senat beschlossen hatte, in diesem Fall seine *auctoritas* schriftlich aufzusetzen und ein derartiges Verhalten für staatsfeindlich (*contra rempublicam*) zu erklären; es sollte alsdann sofort eine Verhandlung über die weiter zu ergreifenden Maßregeln erfolgen[1]).

Durch diese Beschlüsse war der von Marcellus geleitete Versuch der Republikaner gescheitert, selbständig aus eigener Kraft, ohne Rücksicht auf Pompejus, vorzugehn, und damit das Reichsregiment wirklich wieder für den Senat in Besitz zu nehmen. Daß Marcellus jetzt nicht weiter vorgehn konnte, war selbstverständlich, und er verdient die Vorwürfe keineswegs, die Caelius ihm deshalb macht[2]), wenn auch seinem Naturell die aktive Energie und die dazu gehörende Leidenschaftlichkeit abging. Aber die Majorität des Senats hatte ihn im Stich gelassen: und wie hätte er jetzt Pläne fördern sollen, die zu seiner strengen und ehrlichen Auffassung durchaus im Widerspruch standen? Pompejus hatte sich als der Stärkere erwiesen. Zugleich aber hatte er sich aufs neue zu den Anschauungen der Nobilität bekannt, im Gegensatz gegen die Phrasen von den Volksrechten und ihrer Verkörperung in den Tribunen, über deren Ansprüche er sich in wegwerfendster Weise geäußert hatte; und er hatte deut-

---

[1]) Caelius VIII 8, 4 ff., der den Wortlaut der Senatsbeschlüsse mitteilt.

[2]) Caelius VIII 10, 3 (17. November) *plane nihil video ante Kal. Januarias agi posse. nosti Marcellum, quam tardus et parum efficax sit, itemque Servius quam cunctator. cuiusmodi putas hos esse, aut quam id quod nolint* (d. i. eine Aktion in Pompejus' Sinne) *conficere posse, qui quae cupiunt tamen ita frigide agunt, ut nolle existimentur?*

lich zu erkennen gegeben, daß er vor dem offenen Bruch mit Caesar nicht zurückscheue, sondern, wenn auch langsam fortschreitend, dazu bereit sei.

Daß vor diesen Fragen, von denen der Bestand der Republik abhing, alle übrigen Aufgaben des Staats in den Hintergrund traten, ist begreiflich genug. Aber freilich blieben so die wichtigsten Dinge nach wie vor unerledigt, und an eine konsequente Leitung der auswärtigen Politik durch den Senat in den ihm unterstellten Gebieten war nicht zu denken. Gegen die drohende Parthergefahr geschah so gut wie nichts. Allerdings hatte der Senat sich im Frühjahr 51 endlich entschlossen, wie nach Cilicien, das Appius Claudius, Consul 54, verwaltete, so auch nach Syrien, dessen Statthalterschaft seit Crassus' Tode unbesetzt war, einen Consular zu schicken, nach Cilicien Cicero, nach Syrien Bibulus. Aber für die Verstärkung der gänzlich ungenügenden Truppenmacht, die in beiden Provinzen stand, geschah garnichts, alle darüber geführten Debatten verliefen im Sande[1]). Als dann im Herbst die Parther in Syrien einbrachen, tauchte der Gedanke auf, entweder Pompejus oder Caesar gegen sie zu senden und so zugleich den drohenden Bürgerkrieg zu vermeiden[2]). Aber zu namhaftem Handeln konnte man sich nicht aufraffen, und der Staat hatte es nicht sowohl den umsichtigen Maßregeln des Cassius in Syrien, als vielmehr lediglich der inneren Schwäche des zu einer großen Offensive nicht fähigen Partherreichs zu

---

[1]) Cicero an Appius Claudius III 3, 1; vgl. an den Senat XV 1, 4 (September 51) *magno opere vos et hortor et moneo, ut his provinciis serius vos quidem quam decuit. sed aliquando tamen consulatis. nos quemadmodum instructos et quibus praesidiis munitos ad tanti belli opinionem miseritis, non estis ignari.* Caelius an Cicero VIII 5, 1 *nunc si Parthus movet aliquid... tuus porro exercitus vix unum saltum tueri potest.* In Cilicien standen zwei schwache Legionen, ad Att. V 15, 1 (nach Plut. Cic. 36: 12000 Mann zu Fuß, 2600 Reiter), ebenso in Syrien zwei aus den Resten der Armee des Crassus gebildete, Caesar civ. III 4, 3. Appian II 49, 201.

[2]) Caelius VIII 10, 2, vgl. Cicero ad Att. V 18, 1. 21. 3. VI 1, 3. 14. Die Consuln des Jahres 51, denen einige diese verfassungsmäßig ihnen zukommende Aufgabe zuweisen wollten, hatten nach Caelius garkeine Neigung, sie zu übernehmen.

danken, daß nicht eine große Katastrophe eintrat, wie im mithridatischen Kriege.

Der Bruch zwischen Pompejus und Caesar

Von den Consuln des Jahres 50 stand Gaius Marcellus, obwohl mit Caesars Großnichte Octavia vermählt, auf seiten der Republik und des Pompejus¹); seinen Kollegen L. Aemilius Paullus, ehemals Caesars Gegner (S. 85), den Caesar schon früher durch Zuschüsse für den Neubau der Basilica Aemilia unterstützt hatte, erkaufte er jetzt vollends, indem er ihm im ganzen nicht weniger als 1500 Talente (9 Millionen Denare) für den Bau zukommen ließ²). Dagegen hatte Caesar das Anerbieten Curios abgewiesen, sich von ihm durch Bezahlung seiner gewaltigen Schulden erkaufen zu lassen, obwohl er sonst einem jeden sein Geld zukommen ließ, der ihm irgend nützlich sein konnte, bis zu den Sklaven hinab, die bei irgendwie brauchbaren Männern eine Vertrauensstellung einnahmen; aber Curio hatte ihn, wie sein Vater, in seinem Consulat persönlich aufs heftigste angegriffen, und überdies hatte er zu seinen Leistungen kein Zutrauen³). Indessen Curio war eine hochbegabte Persönlichkeit; wie Caesar verband er mit völliger Erhabenheit über die Gebote der politischen Moral und mit der größten, ostentativ zur Schau getragenen Nonchalance in seinem Auftreten⁴) einen feinen politischen Blick und das begründete

---

¹) Dio 40. 59, 4: Pompejus hat seine Wahl unterstützt ἐπειδὴ τῷ Καίσαρι καίπερ ἐξ ἐπιγαμίας προσήκων ἐχθρὸς ἦν.

²) Vgl. oben S. 200, 5.

³) Caelius VIII 4, 2, 1. August 51: *huius autem voluntatis initium et causa est, quod eum* (den Curio) *non mediocriter Caesar, qui solet infimorum hominum amicitiam sibi qualibet impensa adiungere* (vgl. Dio 40, 60, 3 f. Plut. Caes. 29. Sueton 27), *valde contempsit.*

⁴) In dem angeführten Brief wundert sich Caelius, daß *Curio, qui nihil consilio facit,* sich den ihm von Laelius (einem Anhänger des Pompejus), Antonius (dem Caesarianer) und anderen bei der Bewerbung um das Tribunat gelegten Fallstricken entzogen habe; vgl. vorher *sane quam incutit multis, qui eum facilitatemque eius non norunt, magnum metum.*

und adelnde Bewußtsein, daß er etwas zu leisten vermöge;
er steht Caesar weit näher als etwa dem Clodius, als dessen Erbe
er sonst erscheint, wie er denn auch dessen Witwe Fulvia geheiratet
hatte. Zurückgewiesen, warf er sich mit Feuereifer in den Kampf
gegen Caesar[1]), plante einen neuen Angriff auf dessen campanisches
Ackergesetz, erklärte, er werde ihm den Weg zum Triumph oder
zu einem zweiten Consulat verschnüren[2]). Caesar erkannte,
welchen Fehler er begangen hatte, und bewilligte alles, was Curio
forderte, angeblich 2½ Millionen Denare[3]). Curio maskierte seinen
Übertritt mit großem Geschick; er brachte, während sonst alle
Geschäfte stockten[4]), einen Antrag nach dem andern ein, in der
Absicht, dadurch einen Konflikt mit der Regierung herbeizuführen[5]). Schließlich forderte er im Februar die Einschiebung
eines Schaltmonats, die übrigens der regelmäßigen Ordnung
durchaus entsprochen hätte und bei der heillosen Verwirrung,
in die der römische Kalender geraten war, um so mehr geboten
gewesen wäre. Als auch das abgelehnt wurde, erklärte er, das

---

[1]) Caelius VIII 4. 2 *sed ut spero et volo et ut se fert ipse, bonos
et senatum malet, totus, ut nunc est, hoc scaturit* (bei der Bewerbung
Sommer 51). VIII 8. 10 (Oktober): *Curio se contra eum* (Caesarem)
totum parat. Vgl. Cicero an Curio II 7

[2]) Caelius VIII 10, 3 f. (17. November, also vor dem Antritt des Tribunats): *Curionem video se dupliciter iactaturum: primum, ut aliquid Caesari adimat; inde, ut aliquid Pompeio tribuat, quodvis
quamlibet tenue munusculum   illud addo ad actiones C. Curionis,
de agro Campano; de quo negant Caesarem laborare, sed Pompeium valde nolle, ne vacuus advenienti Caesari pateat.* Varro bei
Nonius p. 147, 12 *quod Curio, cum id fecisset, dicebat amicis, ut illi
renuntiaretur, se obstringillaturum, ne triumphus decerneretur aut
ne iterum fieret consul.*

[3]) Vellejus II 48, 4 *id gratis an accepto centies sestertio fecerit,
ut accepimus, in medio relinquemus.* Dio 40. 60. Appian II 26. 101.
Sueton 29.

[4]) Caelius VIII 6, 3 (Ende Februar, vgl. O. E. Schmidt, Briefwechsel
Ciceros S. 87 f.), ironisch: *consules autem habemus summa diligentia;
adhuc senatusconsultum nisi de feriis Latinis nullum facere potuerunt.*

[5]) Dio 40. 61, 2 ἐσηγεῖτο πολλὰ καὶ ἄτοπα.

geschehe nur, um ihm die Zeit seines Tribunats zu verkürzen[1]), und vollzog seinen Übertritt zur Volkspartei und zu Caesar durch Einbringung von Gesetzen über Straßenbauten und über die Verteilung der Lebensmittel, die natürlich lediglich den Zweck hatten, seine bisherigen Parteigenossen zu reizen und die gesamte Staatsmaschinerie lahm zu legen[2]).

Am 1. März forderte dann der Consul C. Marcellus, dem Beschluß vom 29. September 51 entsprechend, die Bestellung eines Nachfolgers für Caesar; aber sein Kollege Paullus, der in diesem Monat den Vorsitz hatte, verhielt sich ablehnend[3]). Piso, der

---

[1]) Das dürfen wir wohl aus Dios Angabe 40, 62, 1 ἠξίου μῆνα ἄλλον πρὸς τὰς ἀπ' αὐτῶν δὴ νομοθεσίας (d. h. für die Gesetzgebung, die aus seinen Anträgen hervorgehen sollte) ἐπεμβληθῆναι folgern. Dios Behauptung, in diesem Jahre habe legitimerweise keine Schaltung stattfinden können, ist falsch: Cicero ist vielmehr in Sorge, daß geschaltet und die Dauer seiner Statthalterschaft verlängert werden könnte (ad Att. V 9, 2). Die Bekanntgebung der Schaltung erfolgte bekanntlich erst unmittelbar vorher, nach MOMMSENS Annahme an den Nonen des Februar.

[2]) Dio 40, 62. Während des Parteiwechsels, also noch im Februar, ist der Brief des Caelius VIII 6 geschrieben, zunächst *Curioni nostro tribunatus conglaciat*, dann in der Nachschrift *quod tibi supra scripsi, Curionem valde frigere, iam calet. nam ferventissime concerpitur: levissime enim, quia de intercalando non obtinuerat, transfugit ad populum et pro Caesare loqui coepit, legemque viariam, non dissimilem Rulli, et alimentariam, quae iubet aedilis metiri, iactavit: hoc nondum fecerat, cum priorem partem epistolae scripsi.* Dazu stimmt Appian II 27 ὁ δὲ Κουρίων, ἵνα μὴ ἄφνω μετατιθέμενος γίγνοιτο κατάφωρος, εἰσηγεῖτο βαρυτάτας ὁδῶν πολλῶν ἐπισκευάς τε καὶ κατασκευὰς καὶ αὐτὸν ἐπιστάτην αὐτῶν ἐπὶ πενταετὲς εἶναι. ἰδὼς μὲν οὐδὲν τούτων ἐσόμενον, ἐλπίζων δὲ τοὺς Πομπηίου φίλους ἀντιλέξειν. — In der Antwort an Caelius II 13, 2 Anfang Mai behauptet Cicero, den Parteiwechsel Curios geahnt zu haben *(quid ais? Caesarem nunc defendit Curio? quis hoc putarat praeter me? nam, ita vivam, putavi);* und er kannte seinen Zögling so gut, daß wir ihm diese Behauptung diesmal wohl glauben können; vgl. seinen Brief an Curio II 7 nach dessen Wahl.

[3]) App. II 27, 103 Κλαύδιος δ' εἰσηγεῖτο πέμπειν Καίσαρι διαδόχους ἐπὶ τὰ ἔθνη· καὶ γὰρ ἔληγεν ὁ χρόνος. καὶ Παῦλος ἐσιώπα. Dio 40, 63, 2. Caelius VIII 11, 1 redet von dem *furor Pauli*, durch den dem Curio alle Comitialtage entrissen sind, wohl nicht durch Obnuntiation. son-

bald darauf zum Censor gewählt wurde, vertrat die Sache seines
Schwiegersohns¹), Curio aber hinderte jeden einseitigen Beschluß gegen Caesar, sondern forderte, daß beide Machthaber
Heer und Provinzen aufgeben und in den Privatstand zurücktreten sollten; nur so könne der gesetzliche Zustand hergestellt
und dauernde Ordnung und Sicherheit geschaffen werden²). So
zogen sich die Verhandlungen wochenlang resultatlos hin, unter
mancherlei Unruhen und aufreizenden Volksreden³). Der Masse

---

dern weil sie infolge der Verschleppung der Entscheidung durch Paullus
für die Senatsverhandlungen über die Consularprovinzen mit Beschlag
belegt sind, was am 29. September 51 verfügt war (Senatsbeschluß bei
Caelius VIII 8. *utique eius rei causa per dies comitialis senatum
haberent).*
¹) Dio 40, 63.
²) Appian II 27. Dio 40, 62.
³) Cicero an Atticus VI, 2, 6 *habebam acta urbana usque ad
Nonas Martias. e quibus intellegebam, Curionis nostri constantia
omnia potius actum iri quam de provinciis:* so kann Cicero hoffen,
daß sein Wunsch, Cilicien baldmöglichst verlassen zu dürfen, sich erfüllt *(ego, ut spero, propediem te videbo).* VI 4 *hüc odiosa adferebantur de Curione, de Paulo, non quo ullum periculum videam
stante Pompeio, vel etiam sedente, valeat modo.* An Caelius II 12
*sollicitus equidem eram de rebus urbanis: ita tumultuosae contiones,
ita molestae Quinquatrus* (19. März) *adferebantur; nam citeriora
nondum audiebamus.* In die späteren Stadien dieser Verhandlungen
etwa Ende April oder Anfang Mai (O. E. SCHMIDT, Briefwechsel Ciceros
S. 88) fallen dann die absurden Diskussionen über die von Bibulus und
Cicero erhobenen Ansprüche auf ein Dankfest und den Triumph, mit
denen geraume Zeit vergeudet wird. Caelius VIII 11 und die darauf
bezüglichen Schreiben Ciceros. Curio war, zumal nachdem Caesars
Agent Balbus auf ihn eingewirkt hatte, konnivent genug, seinen Einspruch gegen ein Dankfest für Cicero zurückzuziehn, nachdem ihm die
Garantie gegeben war, daß es in diesem Jahre nicht gefeiert werden
und ihm dadurch weitere Comitialtage nicht entrissen werden sollten.
Caesar hat natürlich sofort eingehakt und versucht, Cicero auf seine
Seite zu ziehn; in einem Brief an diesen höhnt er über Cato, der
dem Bibulus ein zwanzigtägiges (!!) Dankfest bewilligte, aber gegen
das für Cicero stimmte (vgl. oben S. 221): Cic. ad Att. VII 1, 7, 2, 7,
vgl. 3. 5, wo man in sehr instruktiver Weise sieht, wie solche Insinuationen bei Cicero zunächst weiter nachwirken, ihn aber schließlich
doch nicht zu gewinnen und zu ehrloser Haltung zu verlocken vermögen.

der Bürgerschaft leuchtete Curios Vorschlag vollständig ein: er wurde als der wahre Verfechter der Republik, der unabhängig zwischen den Machthabern dastehe und gegen beide in gleicher Weise Front mache, von der Menge gefeiert und bekränzt[1]). Caesars rechtlich ganz unhaltbare Position — denn der Termin, bis zu dem ihm die Provinzen bewilligt waren, war abgelaufen, er konnte seine Ansprüche nur noch auf die Klausel gründen, daß über die Bestellung seines Nachfolgers erst jetzt verhandelt werden dürfe — erhielt dadurch aufs neue eine Stütze: durch die Vertagung der Entscheidung blieb er einstweilen im Besitz. Pompejus dagegen und seine Anhänger hatten einen schweren Stand: die Berufung auf das Gesetz, welches ihm seine Provinzen bis zum Jahre 45 gewährte, konnte demgegenüber wenig fruchten[2]). So geriet er in eine gereizte Stimmung, die sich in heftigen Angriffen gegen Caesar und Curio Luft machte[3]); um der feurigen Beredsamkeit entgegentreten zu können, mit der Curio seine politische Laufbahn und vor allem sein zweites Consulat zerpflückte[4]), machte er auf seine alten Tage noch einmal einen Kursus der Rhetorik durch[5]). Er erklärte unter Zustimmung des Senats, daß Curio Händel suche und die Eintracht störe; er sei bereit, Caesar alles zu gewähren, was er billigerweise verlangen könne, aber spätestens am 13. November müsse er seine Stellung niederlegen; darauf, daß er zum Consul gewählt werde, ehe er Heer und Provinz abgegeben habe, wollte er sich in keinem Falle einlassen[6]).

---

[1]) Appian II 27, 106.
[2]) Appian II 27, 105. Hirtius bell. Gall. VIII 52.
[3]) Dio 40, 63, 1.
[4]) Caelius VIII 11, 3 *accipitur satis male a Curione, et totus eius secundus consulatus exagitatur.*
[5]) Sueton de rhet. 2.
[6]) Caelius VIII 11, 3 (etwa Ende April, s. S. 262, 3): *quod ad rempublicam attinet, in unam causam omnis contentio coniecta est, de provinciis, in quam adhuc † incubuisse cum senatu Pompeius videtur, ut Caesar Id. Novembr. decedat* (natürlich des laufenden Jahres; der Termin ist als eine große Konzession gedacht, was oft verkannt ist). *Curio omnia potius subire constituit, quam id pati*

Im Juni versuchte der Consul Marcellus als Vorsitzender ein Einschreiten gegen den renitenten Tribunen herbeizuführen, der in üblicher Weise alle Staatsgeschäfte lahm legte¹). Sein Vetter Marcus, der Consul des Vorjahrs, beantragte zu den herkömmlichen weitern Maßnahmen zu schreiten, zunächst durch Verhandlung mit den Tribunen; aber die Majorität lehnte den Antrag ab, beschloß vielmehr, daß Caesars Anrecht auf abwesende Bewerbung um das Consulat anerkannt werden sollte, ohne daß ihm für die Abgabe von Heer und Provinz ein Termin gesetzt wurde²). Pompejus sah seine Absichten durchkreuzt; er mußte versuchen, das verlorene Terrain wiederzugewinnen. So schrieb er im Sommer, als er krank in Campanien lag, einen Brief an den Senat, in dem er den Schein eines weiteren Entgegenkommens annahm. Er pries Caesars Verdienste, hob aber zugleich hervor, daß er selbst sich keineswegs zu seiner Stellung gedrängt habe, sondern das dritte Consulat nur auf das An-

---

ceteras suas abiecit actiones. nostri porro, quos tu bene nosti, ad extremum certamen rem deducere non audeant (was sich nachher im Juni bestätigt). *scaena rei totius haec: Pompeius, tamquam Caesarem non impugnet sed quod illi aequum putet constituat, ait Curionem quaerere discordias, valde autem non volt et plane timet Caesarem cos. desig.* [d. i. *consulem designari* oder *designatum*, woran man mit Unrecht Anstoß genommen und korrigiert hat] *prius quam exercitum et provinciam tradiderit.* Es folgt der Satz S. 263, 4.

¹) Appian II 29, 113 οὐ πείθων δὲ διέλυε τὴν βουλὴν ἐπὶ ἀτελέσι πᾶσι (vgl. S. 262, 3).

²) Caelius VIII 13 (vgl. Cic. ad Att. VII 7, 5) *cum de intercessione* (Curionis) *referretur, quae relatio fiebat ex senatusconsulto, primaque M. Marcelli sententia pronuntiata esset, qui agendum cum tribunis pl. censebat, frequens senatus in alia omnia iit. stomacho est scilicet Pompeius Magnus nunc ita languenti, ut vix, quod sibi placeat, reperiat. transierant illuc, rationem eius haberi, qui* (neque) *exercitum neque provincias traderet. quemadmodum hoc Pompeius laturus sit, cum cognoscam* (nämlich, alsdann werde ich es schreiben; das ist nicht geschehn, da Caelius in dem nächsten Brief VIII 12 lediglich von seinen persönlichen Angelegenheiten. dem schmutzigen Handel mit dem Censor Appius, berichtet); *quidnam reipublicae futurum sit, si* ⟨...⟩ *aut non curet, vos senes divites videritis.* Daß die Verhandlung unter Marcellus' Vorsitz stattgefunden hat, also im Juni, ist klar.

drängen des Staats übernommen habe; so sei er denn auch ganz
bereit, Provinzen und Heer vor der ihm zugewiesenen Zeit abzugeben; ebenso werde Caesar sich freuen, die langjährigen
schweren Kämpfe los zu sein und auf seinen Lorbeern aus-
ruhn zu können. Der Unterschied war nur, daß er sich hütete,
für sich einen bestimmten Termin zu nennen, während er von
Caesar natürlich jetzt den Rücktritt forderte[1]).

Einen andern Erfolg dagegen hatte Pompejus erreicht: es
war, vermutlich schon etwas früher[2]), beschlossen worden, daß
jeder der beiden Machthaber eine Legion für den Partherkrieg
abgeben solle. Pompejus forderte dafür, entsprechend seiner
Erklärung im vorigen Jahre (S. 254), die Caesar geliehene
Legion zurück, so daß diesem tatsächlich zwei Legionen entzogen wurden. Caesar gehorchte; er entsandte die von Pompejus
entliehene, sowie die im vorigen Jahr in die Cisalpina verlegte
fünfzehnte Legion, an deren Stelle er die dreizehnte nach Oberitalien schickte; durch reiche Geschenke — 250 Denare auf den
Mann — suchte er sich ihre Anhänglichkeit auch für die Zukunft
zu sichern[3]). Im übrigen schaffte er sich für die verlorenen Truppen
nach Kräften Ersatz; die starken Aushebungen, die er im Jahre 52
in der Cisalpina wie jenseits der Alpen angeordnet und aus denen
er hier die gallische legio V. Alaudae gebildet hatte (S. 252), wurden
eifrig wieder aufgenommen, und aus ihnen mindestens zwei neue
Legionen gebildet; dazu mochte noch eine Anzahl noch nicht zu

---

[1]) Appian II 28.

[2]) Die Kunde davon ist schon Anfang Juli nach Cilicien gekommen, da
Cicero am 17. Juli auf eine darauf bezügliche Anfrage des Salustius
(vgl. S. 164, 1), des Quaestors des Bibulus, antwortet (II 17, 5 *quod
quaeris, quid existimem de legionibus, quae decretae sunt in Syriam.
antea dubitabam, venturaene essent: nunc mihi non est dubium,
quin, si antea auditum erit, otium esse in Syria, venturae non sint.
Marium quidem successorem* (des Salustius) *tarde video esse venturum,
propterea quod senatus ita decrerit, ut cum legionibus iret*).
Appian II 29 setzt den Vorgang nach Pompejus' Krankheit, Plut. Pomp. 56
offenbar richtiger vorher. Dio 40, 65 und Hirtius bell. Gall. VIII 54 sind
für die Chronologie ohne Bedeutung.

[3]) Appian II 29, 113 = Plut. Caes. 29.

Legionen formierter Cohorten kommen, ferner beträchtliche
Reiterei. So war seine Armee zu Ende des Jahres wahrscheinlich stärker als vorher[1]).

Die beiden Legionen, die er abgeben mußte, werden im
Herbst in Italien eingetroffen sein. Natürlich dachte man hier
garnicht daran, sie in den Osten zu entsenden; vielmehr wurden sie zunächst nach Campanien ins Winterquartier gelegt[2]).
So hatte man für den Notfall doch wenigstens einige Truppen
zur Verfügung, die einen wenngleich sehr ungenügenden Schutz
gegen eine plötzliche Überrumpelung bieten konnten.

Eine derartige Befürchtung lag um so näher, da Caesar sich,
ganz gegen seine sonstige Gewohnheit, im Sommer nach Oberitalien begeben hatte, unter dem Vorwand, für die Wahl seines
Quaestors Antonius zum Augur zu agitieren[3]), in Wirklichkeit,

---

[1]) Dio 40, 65, 4: Caesar gehorcht, um nicht ungehorsam zu erscheinen ἄλλως τε κα'. μέλλων ἐπὶ τῇ προφάσει ταύτῃ πολλῷ πλείους στρατιώτας ἀντικαταλέξειν. Der Consul C. Marcellus redet am 2. Dezember 50
von sehn Legionen, die Caesar über die Alpen führe (Plut. Pomp. 58);
Cicero ad Att. VII 7. 6 (um den 20. Dezember) zählt auf, daß Caesar
zur Verfügung stehn *legiones XI, equitatus tantus, quantum volet,
Transpadani;* auch Florus II 13, 5 gibt ihm elf Legionen. Sehr mit
Recht hat DOMASZEWSKI, Die Heere der Bürgerkriege in den Jahren 49—42,
Neue Heidelberger Jahrbücher IV 1894, 161 ferner Sueton Caes. 29 herangezogen, wonach Caesar das transalpinische Gallien mit acht Legionen
abgeben, die Cisalpina mit zwei, oder auch nur Illyricum mit einer
Legion behalten will, also mindestens über zehn Legionen verfügte.

[2]) Appian l. c. ἐγείμαζεν ἐν Καπύῃ, vgl. II 31, 120 und BARDT, Hermes
45, 1910, 340.

[3]) Hirtius bell. Gall. VIII 50 *ipse hibernis peractis contra consuetudinem in Italiam quam maximis itineribus est profectus.* Das
würde etwa auf den Anfang Mai, nach damaligem Kalender römisch
Mitte Juni (11. Juni römisch = 3. Mai julianisch) führen. Aber Hirtius
sagt, daß Caesar die Wahl des Antonius erfahren habe, *antequam Italiam attingeret;* die Wahl, in der Antonius, von Curio mit allen
Mitteln unterstützt (Cicero Phil. II 4. Plut. Anton. 5), den L. Domitius
Ahenobarbus schlug, fand aber erst im Hochsommer statt, als die censorische Tätigkeit des Appius Claudius bereits in vollem Gange war
(Caelius VIII 14, vgl. 12, nach O. E. SCHMIDT, Briefwechsel Ciceros S. 88
erst nach dem 20. September = 7. August julianisch, da er die von Cae-

um den Dingen näher zu sein und unmittelbar auf sie einwirken zu können. Dann eilte er nach Belgien zurück, hielt hier in Nemetocenna (Arras) über die gesamte in Gallien stehende Armee — noch acht Legionen — eine Heerschau ab, und führte die Truppen dann in die Winterquartiere, vier Legionen in Belgien, vier bei den Haeduern. Dann kehrte er nach Italien zurück[1]).

Diese Vorgänge, zusammen mit der Entsendung der dreizehnten Legion nach Oberitalien und den ständigen Angriffen Curios auf Pompejus und seine Genossen erzeugten in Rom den Glauben, Caesar plane schon jetzt einen Angriff, am 15. Oktober (31. August julianisch) sollten vier seiner Legionen in Placentia eintreffen[2]). Wenn das zutreffend war, so war Rom wehrlos, und Pompejus blieb nichts übrig, als die Stadt zu räumen, und alsdann mochten auch nicht wenige Beamte Caesars Partei ergreifen. Die Wahlen waren allerdings größtenteils gegen Caesar ausgefallen, sein Kandidat für das Consulat, Servius Galba, ehemals sein Legat, später einer seiner Mörder, war durchgefallen[3]), wieder ein Gaius Marcellus, Bruder des Marcus, und L. Lentulus Crus gewählt. Den letzteren, der tief verschuldet war, hoffte Caesar allerdings vielleicht noch erkaufen zu können[4]), und unter

---

lius gegebenen *Circenses ludi* VIII 12, 3 wohl mit Recht auf die *ludi Romani* bezieht). Somit ist Hirtius' Angabe jedenfalls chronologisch nicht exakt; bezeichnet *hiberna* bei ihm etwa einfach die Standquartiere, in denen die Truppen diesmal, da der Krieg beendet war, auch im Sommer lagerten? Auch nach Plutarch Anton. 5 fällt Antonius' Wahl zum Augur nach der zum Tribunen.

[1]) Hirtius VIII 52, 1. 54. 4.

[2]) Cic. ad Att. VI 9. 5 aus Athen *Idibus Octobribus, quo die, ut scribis, Caesar Placentiam legiones IIII* = VII 1, 1 vom nächsten Tage: *cohorruisse autem me, quod tuae litterae de legionibus Caesaris adferrent.*

[3]) Wie Hirtius VIII 50 behauptet, *cum is multo plus gratia suffragiisque valuisset.*

[4]) Cicero ad Att. VI 8, 2, aus Ephesos am 1. Oktober, erwähnt die ihm überbrachten Gerüchte *spero falsa, sed certe horribilia, exercitum nullo modo (Caesarem) dimissurum, cum illo praetores designatos, Cassium tribunum pl., Lentulum consulem facere, Pompeio in animo esse urbem relinquere.* Lentulus erklärt Anfang 49,

den erwählten Tribunen waren der kurz darauf auch zum Augur gewählte M. Antonius und Q. Cassius Longinus entschiedene Anhänger Caesars.

So verlief der Sommer in ängstlicher Spannung. Daß Pompejus im Frühjahr schwer erkrankte¹), steigerte noch die Erregung; nach dem Vorgang Neapels, in dessen Nähe er weilte, wurden durch ganz Italien Gelübde für sein Leben dargebracht, und seine Genesung in allen Gemeinden mit Opfern und Festschmäusen gefeiert²). Diese große Demonstration der republikanischen Gesinnung bestärkte sein Vertrauen, und ebenso der ganz tendenziöse Bericht des Appius Claudius (eines Neffen des Clodius), der ihm seine Legion von Caesar zuführte, über die Stimmung in dessen Heer: Caesars Armee sei völlig zerrüttet, die Truppen erschöpft und des Kampfes müde, wenn Caesar sie über die Alpen führe, brauche Pompejus sich nur zu zeigen, so würden sie in Masse übergehn³). So äußerte er im Vollgefühl seiner Autorität, wo er in Italien nur auf den Boden stampfe, würden Fußvolk und Reiterei aufsprießen⁴).

---

wenn der Senat ihn im Stich lasse, *habere se quoque ad Caesaris gratiam atque amicitiam receptum*, Caes. bell. civ. I 1, 3. Über den gescheiterten Versuch Caesars, ihn Ende Februar 49 zu erkaufen, s. Cic. ad Att. VIII 9, 4. 11. 5. 15 a, 2. IX 6, 1. Daher äußert sich Caesar civ. I 4 über ihn besonders gehässig: *Lentulus aeris alieni magnitudine et spe exercitus ac provinciarum et regum appellandorum largitionibus moretur* [genau dasselbe konnten Caesars Gegner über sein Consulat 59 sagen], *seque alterum fore Sullam inter suos gloriatur, ad quem summa imperii redeat*. Ebenso Vellejus II 49, 3: *cum Lentulus salva republica salvus esse non posset*.

¹) Die Krankheit hat schon im Mai, vor C. Marcellus' Vorgehn gegen Curio, eingesetzt, da Cicero im Juni bereits Sorge um Pompejus' Gesundheit hat (ad Att. VI 3, 4, oben S. 262, 3). Vgl. Cic. ad Att. VIII 2, 3 (17. Februar 49) *in unius hominis quotannis periculose aegrotantis anima positas omnes nostras spes habemus*.

²) Cic. Tusc. I 86. ad Att. VIII 16, 1. Plut. Pomp. 57. Vellejus II 86; erwähnt auch Dio 41, 6, 3. Appian II 28.

³) Plut. Pomp. 57. Caes. 29 = Appian II 30. Nach ihrem Führer nennt Cicero ad Att. VII 15, 3. 20, 1 diese Truppen *legiones Appianae*.

⁴) Plut. Pomp. 57.

Um so schwerer reizten ihn die immer mehr gesteigerten Angriffe Curios, seine Erklärung, daß Caesar nicht zurücktreten könne, wenn nicht Pompejus gleichzeitig sein Kommando niederlege; man müsse gegen beide Machthaber zugleich vorgehn und womöglich rüsten, nur das sei wahrhaft republikanische Politik; andernfalls werde Pompejus sein Versprechen nicht halten und der Staat alsdann willenlos in seiner Gewalt sein; wie seine Gegner zur Zeit der Koalition mit Caesar beschuldigte er ihn geradezu des Strebens nach der Tyrannis[1]). Caesar sandte gleichartige Erklärungen; er sei bereit, jederzeit zugleich mit Pompejus sein Heer abzugeben[2]). Die Vorwürfe Curios trafen um so schwerer, da sie Pompejus' wahre Absichten enthüllten; durch sein Vorgehn, durch die fortwährenden Sticheleien, mit denen er diesen wild machte, hat er den vollen Bruch herbeigeführt. Pompejus erkannte, daß der Mann, den er als seinen Adjutanten großgezogen und benutzt hatte, um den Senat unter seinen Willen zu zwingen, jetzt sein Rivale und sein gefährlichster Gegner geworden war[3]):

---

[1]) Appian II 28 = Plut. Pomp. 58. Caes. 30. Hirtius VIII 52, 4 *C. Curio ... saepe erat senatui pollicitus, si quem timor armorum Caesaris laederet, quoniam Pompei dominatio atque arma non minimum terrorem foro* (mit Bezug auf die so bewirkten Verurteilungen) *inferrent, discederet uterque ab armis exercitusque dimitteret: fore eo facto liberam et sui iuris civitatem.*

[2]) Caelius VIII 14, 2 (Ende September) *propositum hoc est, de quo qui rerun potiuntur sunt dimicaturi, quod Cn. Pompeius constituit non pati, C. Caesarem consulem aliter fieri, nisi exercitum et provincias tradiderit, Caesari autem persuasum est, se salvum esse non posse, si ab exercitu recesserit. fert illam tamen condicionem, ut ambo exercitus tradant.* — In diese Zeit etwa müßte die von Plutarch Pomp. 58 = Caes. 29 überlieferte Anekdote (λέγεται) fallen, ein von Caesar mit seinen Forderungen übersandter Centurio habe, als er vor der Curie stehend, erfuhr, daß der Staat Caesar die Verlängerung der Provinz nicht bewilligen wolle. auf sein Schwert schlagend gesagt, das werde sie ihm geben. Appian II 25, 97 (φασί) bringt die Geschichte schon unter dem Jahre 51. Aber sie ist schriftstellerische Erfindung; bekanntlich wird sie mit viel besserer Gewähr bei Octavians Forderung des Consulats 43 erzählt, und ist von hier auf Caesar übertragen.

[3]) Vgl. Ciceros bekannte Äußerung an Tiro XVI 11. 3 (12. Januar 49): *Pompeius Caesarem sero coepit timere.* Caesar civ. I 4, 4

er sah sich immer mehr auf die Seite der Aristokratie gedrängt und war jetzt entschlossen, mit deren Hilfe Caesar zu stürzen und den Kampf baldmöglichst zu beginnen. Ende September schreibt Caelius, ein Beobachter von treffendem politischem Blick, an Cicero, er sehe nicht, wie der Friede noch ein weiteres Jahr bestehen könne, es sei denn, daß einer der beiden die Führung des Partherkriegs übernehme. „So ist denn jene gehässige Verbindung mit ihren Liebesbanden nicht wieder zu einer im Verborgenen arbeitenden Rivalität zurückgesunken, sondern entlädt sich in offenem Krieg"[1]).

Der Censor Appius Claudius, eben so korrupt, aber weit weniger begabt als sein Bruder P. Clodius und daher in Gegensatz zu diesem ein eifriger Optimat, der inzwischen schon in Senat und Ritterschaft mit den zweifelhaften Elementen gründlich aufgeräumt hatte (S. 239) und im übrigen in belästigendem Gegensatz zu seinem eigenen Verhalten gegen den Luxus in Bildnissen und Gemälden, gegen übergroßen Landbesitz, gegen Verschuldung

---

ipse Pompeius, ab inimicis Caesaris incitatus et quod neminem dignitate secum exaequari volebat, totum se ab eius amicitia averterat et cum communibus inimicis in gratiam redierat.

[1]) Caelius VIII 14 *de summa republica saepe tibi scripsi, me annuam pacem non videre sic illi amores et invidiosa coniunctio non ad occultam recidit obtrectationem, sed ad bellum se erupit si alteruter eorum ad Parthicum bellum non eat* [= Cic. ad Att. VII 1, 2], *video magnas impendere discordias, quas ferrum et vis iudicabit; uterque et animo et copiis est paratus. si sine tuo periculo fieri posset, magnum et iucundum tibi fortuna spectaculum parabit.* Über seine eigenen Absichten erklärt der politische Spieler, der in seiner Jugend, etwa 25 Jahre alt, zu dem Anhang Catilinas gehört hatte (Cic. pro Cael. 10 ff., vgl. oben S. 23 Anm. und S. 195, 2) und sich in den letzten Worten zugleich selbst vortrefflich charakterisiert, so lange *civiliter sine armis certetur,* müsse man der *honestior pars* folgen, wenn es aber zum Kriege komme, der *firmior,* und auf die eigene Sicherheit bedacht sein. In diesem Sinne hat er gehandelt und ist, mit der Nobilität überdies durch persönliche Konflikte mit Domitius Ahenobarbus und dem Censor Appius Claudius zerfallen, zu Caesar gegangen [vgl. Cicero ad Att. VII 3. 6]. Alsbald fühlte er sich allerdings in dieser Gesellschaft ganz deplaziert (VIII 17) und unternahm daher den Versuch einer Gegenrevolution.

einschritt¹), wollte auch gegen Curio vorgehn und ihn aus dem Senat ausstoßen. Dem traten sein Kollege Piso sowie der Consul Aemilius Paullus entgegen, und er mußte nachgeben. Aber er trug sein Urteil über den Tribunen im Senat in so scharfen Ausdrücken vor, daß dieser auf ihn zusprang und ihm die Toga zerriß. Der Consul C. Marcellus brachte die Sache zur Verhandlung, wahrscheinlich am 1. Dezember, und wiederholte den Versuch, die Anwendung von Zwangsmaßregeln gegen ihn herbeizuführen. Curio erhob zuerst Einspruch, fügte sich dann aber: er sei sich bewußt, nur das Beste der Vaterstadt erstrebt zu haben, unterwerfe sich aber mit Leib und Leben dem Urteil des Senats. Wie er erwartet hatte, entschied die Abstimmung gegen Marcellus, und Curio konnte sein Amt bis zu dem in wenigen Tagen bevorstehenden Ablauf seines Tribunats weiterführen²).

Der Consul C. Marcellus benutzte diesen Konflikt zu den heftigsten Angriffen auf Caesar selbst. Er bezeichnete ihn als

---

¹) Caelius VIII 14. 4 *scis Appium censorem hic ostenta facere? de signis et tabulis, de agri modo, de aere alieno acerrime agere?* Cicero ad Att. VI 9, 5 *perscribes   de censoribus, maximeque de signis tabulis quid fiat, referaturne.*

²) Dio 40, 63, der einzige, der über diese Vorgänge berichtet, schließt daran unmittelbar die Übergabe des Kommandos an Pompejus. Bei Plutarch Pomp. 58 = App. II 30 wird diese Szene an die Abstimmungen über die Niederlegung des Kommandos angeknüpft, was geschichtlich gewiß richtig ist. Die modernen Darstellungen haben daher meist entweder den Bericht Dios oder den der von Plutarch und Appian benutzten Quelle übergangen, während doch beide geschichtlich sein müssen und sich deutlich auf dieselbe Senatssitzung beziehen: die Verbindung gibt der von Plutarch bewahrte, bei Appian weggelassene Zug, daß als der Consul Marcellus in der Debatte über Curios Forderungen Caesar als Räuber bezeichnet und seine Erklärung zum *hostis* fordert, Curio die Abstimmung über die Abberufung durchsetzt. Appian hat davon nur den Schluß aufgenommen: ἡ βουλὴ δὲ γνώμην ἕκαστον ᾔτει· καὶ ὁ Κλαύδιος πανούργως διῄρει: — nämlich die Forderung Curios, daß beide abberufen werden sollen — καὶ ἐπυνθάνετο αὐτῶν κατὰ μέρος κτλ. — Daß diese Verhandlung, bei der C. Marcellus den Vorsitz führte, nicht in den Oktober, wie man früher annahm, sondern in die allerersten Tage des Dezember fällt, und zwar offenbar auf den ersten, hat Nissen nachgewiesen und ist seitdem allgemein anerkannt.

einen Räuber und sprach, ähnlich wie sechs Jahre später Cicero
im Kampf gegen Antonius, die Forderung aus, der Senat solle
ihn für einen Landesfeind, *hostis*, erklären, wenn er sein Heer
nicht entlasse. Da griff Curio ein; er forderte, daß über seinen
eigenen Antrag, daß beide Machthaber niederlegen sollten, abgestimmt werde, und setzte das durch, unterstützt von Piso
und dem designierten Tribunen Antonius. Aber Marcellus teilte
den Antrag: die Frage, ob für Caesar Nachfolger bestellt werden
sollten, wurde bejaht, der gleiche Antrag betreffs Pompejus abgelehnt. Darauf aber ließ Curio darüber abstimmen, ob beide
ihr Kommando niederlegen sollten. Da zeigte sich, daß die
Vertreter einer energischen Politik nur über eine verschwindende
Zahl sicherer Anhänger verfügten; nicht die korrupten, von
Caesar gewonnenen Elemente, wohl aber die Friedenssehnsucht,
der dringende Wunsch, den Bürgerkrieg noch im letzten Moment
zu vermeiden, hatte weitaus das Übergewicht: mit der über-
wältigenden Majorität von 370 gegen 22 Stimmen stimmte der
Senat dem Antrag Curios zu[1]). Vom Volk wurde der Tribun
mit Jubel als der Erretter aus aller Gefahr begrüßt[2]); der Consul
aber rief dem Senat bei der Aufhebung der Sitzung zu, er habe
sich durch seine Abstimmung selbst Caesar zum Herrn gesetzt[3]).

---

[1]) Appian II 30. 119 = Plut. Pomp. 58 (vgl. Cato 51. Anton. 5, wo
die Szene fälschlich auf den 1. Januar verlegt wird). Hirtius VIII 52. 5:
*Curio etiam per se discessionem facere coepit; quod ne fieret,
consules amicique Pompei iusserunt atque ita rem moderando dis-
cusserunt*. Diese Darstellung ist absichtlich ungenau gehalten und ver-
meidet die Berücksichtigung der Chronologie; in Wirklichkeit schließt
c. 55 unmittelbar daran.

[2]) Plut. Pomp. 58.

[3]) App. II 30, 119 ὁ Κλαύδιος τὴν βουλὴν διέλυσε βοῶν· „νικᾶτε δε-
σπότην ἔχοντες Καίσαρα". Bei Plut. Pomp. 58 sind statt dessen sogleich
die folgenden Vorgänge, die Bedrohung durch Caesars die Alpen über-
steigendes Heer, angeschlossen: Μάρκελλος δὲ ἀναστὰς οὐκ ἔφη λόγων
ἀκροάσεσθαι καθήμενος, ἀλλ' ὁρῶν ὑπερφαινόμενα τῶν Ἀλπέων ἤδη δέκα
τάγματα βαδίζειν καὶ αὐτὸς ἐκπέμψειν τὸν ἀντιταξάμενον αὐτοῖς ὑπὲρ τῆς
πατρίδος. Ähnlich Dio 40, 64, 3 f., der wie erwähnt nur das Vorgehn
gegen Curio berichtet: κατηγορήσας οὖν αὐτοῦ (den Curio) ὁ Μάρκελλος
ὡς καὶ πάντως ἁλωσομένου, ἔπειτ' ἐπειδὴ πρὸς τῶν πλειόνων ἀφείθη, δεινόν

Am nächsten Tage[1]) nahm der Consul die Verhandlung wieder auf: er behauptete, in Anknüpfung an die Italien seit Wochen durchschwirrenden Gerüchte (oben S. 267), Caesar rücke bereits mit zehn Legionen über die Alpen, und forderte, ihm als erklärten Landesfeinde die bei Capua stehenden Legionen entgegenzusenden[2]). Curio erklärte die Behauptung für falsch, und Marcellus sah, daß er auch diesmal nicht werde durchdringen können, wenngleich der Senat die Anlegung der Trauertracht beschloß[3]). Da entschloß er sich, aus eigner Machtvollkommenheit vorzugehn; er erklärte, wenn der Senat seine Pflicht nicht erfülle und den Beschluß zur Rettung des Staats versage, werde er als Consul auf eigene Hand handeln[4]). Offenbar mit Absicht waren die Sitzungen innerhalb des Pomeriums angesetzt worden, so daß Pompejus nicht zugegen sein und der Senat ohne ihn in

---

τε ἐποιήσατο καὶ ἐκπηδήσας ἐκ τοῦ συνεδρίου πρὸς τὸν Πομπήιον ἐν τῷ προαστείῳ ὄντα ἦλθε κτλ.

[1]) Daß diese Vorgänge auf den 2. oder spätestens auf den 3. oder 4. Dezember fallen müssen, hat, im Anschluß an Nissen, gegen O. E. Schmidt (Rhein. Mus. 47, 1892, 241 ff. und Briefwechsel Ciceros 96 f.) C. Bardt, Die Übergabe des Schwertes an Pompejus. Hermes 45, 1910, 327 ff. bewiesen (der aber die Bedeutung des Vorgangs unterschätzt). Sie müssen vor Pompejus' Reise nach Campanien zu den Legionen liegen, die dieser am 7. Dezember antrat (Cic. ad Att. VII 4, 2, vgl. 5, 4 den Tadel über *hoc iter Pompei),* und zwar aller Wahrscheinlichkeit nach ein paar Tage vorher, da Pompejus eben noch die Ankunft des Hirtius am 6. Dezember abgewartet hat, ehe er sich definitiv entschied, den ihm vom Consul gegebenen Auftrag anzunehmen. Curio hat dann noch unmittelbar vor Ablauf seines Tribunats, also am 9. Dezember, dagegen vor dem Volk geredet (Dio 40, 64. Appian II 31, 123).

[2]) App. II 31; 120 λόγου δ᾽ ἄφνω ψευδοῦς ἐμπεσόντος, ὅτι τὰς Ἄλπεις ὁ Καῖσαρ ὑπερελθὼν ἐπὶ τὴν πόλιν ἐλαύνοι, θόρυβός τε πολὺς ἦν καὶ φόβος ἁπάντων, καὶ ὁ Κλαύδιος εἰσηγεῖτο τὴν ἐν Καπύῃ στρατιὰν ἀπαντᾶν ὡς πολεμίῳ Καίσαρι· ἐνισταμένου δὲ ὡς ἐπὶ ψεύδεσι τοῦ Κουρίωνος εἶπεν κτλ. Vgl. Plutarchs Bericht S. 272, 3.

[3]) Plut. Pomp. 59, im Anschluß an den Satz S. 272, 3: ἐκ τούτου τὰς ἐσθῆτας ὡς ἐπὶ πένθει μετεβάλοντο· Μάρκελλος δὲ πρὸς Πομπήιον δ᾽ ἀγορᾶς ἐβάδιζε τῆς βουλῆς ἐπομένης κτλ.

[4]) App. II 31 εἰ κωλύομαι ψήφῳ κοινῇ τὰ συμφέροντα διοι ἐμαυτὸν ὡς ὕπατος διοικήσω.

voller Freiheit den Entschluß fassen könne, auf den Marcellus
gehofft hatte — der tiefe Gegensatz, der trotz der Koalition
zwischen der Verfassungspartei und dem Princeps nach wie vor
bestand, tritt darin wie in der weiteren Entwicklung deutlich
zutage. Jetzt begab sich der Consul, gefolgt von seinen Anhängern im Senat und von beiden designierten Consuln[1]), in die
Vorstadt zu Pompejus, forderte ihn auf, die Rettung des Vaterlandes zu übernehmen, und übertrug ihm unter Überreichung
eines Schwerts das Kommando über die beiden Legionen und
die Vollmacht zur Aushebung weiterer Truppen in Italien in
derselben Weise, wie ihm im Januar 52 der Senat diese Befugnisse übertragen hatte[2]).

Dieses Vorgehn des Consuls ist wie von den alten Schrift-
stellern so von den neueren oft und schwer als ungesetzliche
Eigenmacht getadelt worden. Aber die Dinge liegen doch anders.
Für Gaius Marcellus war der Notstand des Staats, der bevorstehende Angriff durch Caesar eine offenkundige Tatsache. Da
war es die Pflicht des Senats, die gesetzlichen Mittel zur Abwehr
zu ergreifen — mit voller Absicht verwendet C. Marcellus in der
Ansprache an Pompejus die herkömmliche Formel, durch die
der Senat das Vaterland in Gefahr erklärt und die Beamten
auffordert, für seine Rettung zu sorgen[3]) —; wo er schmählich

---

[1]) Plut. Pomp. 59 nennt nur Lentulus. Dio 66, 2 beide.

[2]) Plut. Pomp. 59. Anton. 5 = Appian II 31. Dio 40, 64, 4. 66, 1 ff..
Hirtius VIII 55. Sehr mit Unrecht verlegt O. E. SCHMIDT gegen das
Zeugnis aller Quellen diese Szene nach Neapel und kommt dadurch zu
der falschen, S. 273, 1 besprochenen Datierung; das ist von BARDT widerlegt. Derselbe weist nach, daß die Legionen damals noch in Campanien standen und erst dann nach Luceria geschickt wurden; Orosius
VI 15, 1 *ex Marcelli consulis auctoritate ad legiones, quae apud
Luceriam erant, Pompeius cum imperio missus est* zieht die Vorgänge kurz zusammen und kann gegen die detaillierten Darstellungen
nichts beweisen. Die Überreichung eines Schwertes erwähnt nur Appian;
doch ist kein Grund, mit BARDT diesen symbolischen Akt anzuzweifeln.

[3]) Das hat PLAUMANN, Das sogenannte senatusconsultum ultimum, Klio
XIII 1913, 369 mit Recht betont: Dio 40, 64 τὴν φυλακὴν αὐτῷ τῆς
πόλεως ... ἔδωκεν; Plut.: κελεύω σε, ὦ Πομπήιε, βοηθεῖν τῇ πατρίδι; App.:
κελεύω σοι κἀγὼ καὶ ὅδε (der Consul Paullus, den Appian fälschlich statt

versagt, wird es Bürgerpflicht, an seiner Stelle zu handeln, wie es im Jahre 133 in ähnlicher Lage Scipio Nasica gegen Tiberius Gracchus als amtloser Mann getan hatte; an erster Stelle aber liegt diese Pflicht dem Consul ob, als dem berufenen Leiter und Verteidiger des Staats. So nimmt er, auch ohne dafür formell autorisiert zu sein, die volle, niemals genau abgegrenzte Kommandogewalt des Consuls auf. Eben darum hat er seine beiden Nachfolger mitgenommen, denen schon vor dem Amtsantritt mancherlei magistratische Befugnisse zustanden, und Lentulus, der das Wort führte, erklärte ihre Zustimmung[1]); so war die Aufrechterhaltung der Maßregel auch für das nächste Jahr gesichert. Zugleich ist dabei der republikanische Charakter des Staats gewahrt: das legitime Oberhaupt der Republik beauftragt, da es sich selbst der Aufgabe nicht gewachsen fühlt, den Princeps mit ihrer Ausführung.

Pompejus hat den Auftrag angenommen, freilich mit dem Zusatz: „wenn es keinen besseren Ausweg gebe"[2]). Er wollte noch die Ankunft des Hirtius abwarten, eines der intimsten Gehilfen Caesars, der mit Aufträgen von diesem erwartet wurde. Hirtius traf am Abend des 6. Dezember in Rom ein, um bei Nacht unter Balbus' Vermittelung mit Scipio, Pompejus' Schwiegervater, zu verhandeln, reiste aber schon vor Tagesanbruch wieder ab, ohne Pompejus aufgesucht zu haben, offenbar unter dem Eindruck, daß der Bruch durch Marcellus' Vor-

---

der designierten Consuln dabei sein läßt) χωρεῖν ἐπὶ Καίσαρα ὑπὲρ τῆς πατρίδος; das sind die üblichen Formeln, mit denen die Schriftsteller das S. C. ultimum berichten.

[1]) Plut. Pomp. 59. Dio 40, 66, 2: er nimmt beide designierte Consuln mit καὶ ἐποίησε καὶ ἐκείνους τὰ αὐτὰ προστάξαι· ἐπειδὴ γὰρ καὶ γράμματα (edicta) τοῖς ἀποδεδειγμένοις ἐς τὰς ἀρχὰς ἐκτιθέναι καὶ ἄλλα τινὰ τῶν τῇ ἡγεμονίᾳ σφῶν προσηκόντων, καὶ πρὶν ἐνίστασθαι αὐτήν, ἔτι καὶ τότε ἐξῆν, καὶ τούτου κύριοι ἐνόμιζον εἶναι. Ohne ihre Mitwirkung, sagt Dio, ἔμελλεν οὐκ ἐπὶ πολύ, ἅτε μήτε τῇ βουλῇ μήτε τῷ δήμῳ δόξαντα, ἰσχύσειν.

[2]) Appian II 31, 122 ὁ δὲ ὑπήκουε μὲν ὡς κελευόμενος πρὸς ὑπάτων, ἐπετίθει δ' ὅμως ‚εἰ μή τι κρεῖσσον', ἀπατῶν ἢ τεχνάζων καὶ τότε ἐς εὐπρέπειαν. Die anderen Berichte übergehn diesen Zug; nach Dio 40. 66, hat Pompejus nicht nur alle Bedenken unterdrückt, ἀλλὰ καὶ πάνυ ἀσμένως σφᾶς ἐδέξατο.

gehn und Pompejus' Verhalten dabei vollzogen sei. Umgekehrt wirkte dieser Vorgang wieder auf Pompejus zurück; er schloß daraus, daß Caesar keine weiteren Konzessionen machen wolle und der Krieg unvermeidlich sei[1]). So ließ er alle Bedenken fahren; noch am 7. Dezember[2]) ging er nach Campanien ab zur Übernahme des Kommandos über die Legionen, und ordnete weitere Aushebungen an.

Damit war der Krieg so gut wie erklärt. Caesar und seine Anhänger waren natürlich entrüstet über die „Infamie", mit der jenem seine Legionen entzogen seien[3]); die friedlich Gesinnten, darunter zahllose Senatoren und Ritter, mißbilligten, wie das ganze Vorgehn, so speziell Pompejus' Reise, durch die ihre Hoffnungen begraben wurden[4]). Curio hielt unmittelbar vor Ablauf seines Tribunats (9. Dezember) noch eine Rede an das Volk, in der er das Vorgehn der Consuln und des Pompejus angriff und beklagte, und die Forderung stellte, die Consuln sollten ein Edikt erlassen, welches verbiete, Pompejus' Aushebungsbefehl Folge zu leisten. Dann begab er sich zu Caesar, um ihm Bericht zu erstatten und ihn zu raschem Vorgehn aufzufordern[5]).

[1]) Cic. ad Att. VII 4, 2 *de republica ita mecum locutus est* (Pompeius), *quasi non dubium bellum haberemus. nihil ad spem concordiae; plane illum a se alienatum cum ante intellegeret, tum vero proxume indicasse: venisse Hirtium a Caesare, qui esset illi familiarissimus, ad se non accessisse, et cum ille a. d. VIII Idus Decembr. vesperi venisset, Balbus de tota re constituisset a. d. VII ad Scipionem ante lucem venire, multa de nocte eum profectum esse ad Caesarem. hoc illi* τεκμηριωδῶς *videbatur esse alienationis.*

[2]) Das Datum ergibt sich daraus, daß Pompejus schon am 10. Dezember mit Cicero in Campanien zusammentrifft (ad Att. VII 4, 2); s. BARDT, Hermes 45, 340.

[3]) Caesar civ. I 4, 5, vgl. 9. 4. Hirtius bell. Gall. VIII 53 f.

[4]) Cicero ad Att. VII 5, 4 (Mitte Dezember): *de republica cotidie magis timeo, non enim boni ut putant⟨ur?⟩, consentiunt. quos ego equites Romanos, quos senatores vidi, qui acerrime cum cetera, tum hoc iter Pompei vituperarent! pace opus est; ex victoria cum multa mala, tum certe tyrannus exsistet.*

[5]) Dio 40, 66, 5. Appian II 31, 123, der mit Recht hervorhebt, daß Curio gegen die Consuln und Pompejus nicht einschreiten konnte, da die tribunicische Amtsgewalt nicht über das Pomerium hinausreicht.

Während die Aushebungen langsam und widerwillig in Gang kamen¹), verlegte Pompejus die beiden Legionen ins nördliche Apulien nach Larinum, Teanum und Luceria²). So konnte immer noch der Schein aufrecht erhalten werden, als seien sie doch noch für den Partherkrieg bestimmt. Entscheidend ist jedoch offenbar nicht diese Rücksicht, sondern militärische Gründe gewesen: von hier aus konnten sie und die weiter zu ihnen geführten neuen Truppen je nach Bedürfnis entweder auf der Küstenstraße längs des Adriatischen Meers gegen Caesar geführt werden, dessen Truppen eben auf dieser Seite standen und dessen Angriff von hier aus erwartet werden mußte, oder aber, falls Caesar den Gegnern zuvorkam und Italien daher unhaltbar wurde, rechtzeitig in den Osten überführt werden. Denn die militärische Situation überschaute Pompejus, als erfahrener Feldherr, ohne Illusion mit völliger Klarheit, und hatte sich auf jede Eventualität vorbereitet; das zeigten seine Anordnungen, sobald im Januar die Kunde von Caesars Angriff eintraf. Daß er für diesen Fall die Räumung Roms erwogen hatte, zeigt eine Äußerung Ciceros aus dem Ende Dezember³); ja schon im Hochsommer hatte das Gerücht davon geredet⁴). Daß Pompejus sich für den Fall,

¹) Plut. Pomp. 59 ἀρξαμένου δὲ τοῦ Πομπηίου καταλέγειν οἱ μὲν οὐχ ὑπήκουον, ὀλίγοι δὲ γλίσχρως καὶ ἀπροθύμως συνῄεσαν, οἱ δὲ πλείους διαλύσεις ἐβόων.

²) Hier liegen sie im Januar. Cic. ad Att. VII 12, 2; daß sie erst jetzt dorthin überführt worden sind, hat BARDT. Hermes 45, 340 f. ausgeführt. Aber er beurteilt Pompejus' Motive nicht richtig und spricht in üblicher, durchaus verkehrter Weise über seine militärischen Fähigkeiten. Davon, daß die Legionen nach Brundisium geschickt seien, ist garkeine Rede: die Straße von Campanien nach Brundisium führt nicht über Luceria, geschweige denn über Teanum und Larinum. Zu beachten ist auch, daß die Truppen hier gute Verpflegung und bequeme Verbindungen hatten, wie unter anderem die Vorgänge 217/6 lehren, die in diesen Gegenden abspielten. Im übrigen läßt sich Rom von hier aus je nach Umständen genau ebensogut decken oder auch nicht, wie von Campanien aus.

³) ad Att. VII 9, 2, wo Cicero die verschiedenen Eventualitäten bespricht; *suscepto autem bello aut tenenda sit urbs aut ea relicta ille commeatu et reliquis copiis intercludendus.* Vgl. unten S. 280, 2.

⁴) ad Att. VI 8, 2, oben S. 267, 4.

daß Caesar den Krieg beginne, vertrauensvoll aussprach[1]), beweist nichts dagegen; denn wenn es gelang, die nötige Truppenmacht aus Italien fortzuziehn, war alle Aussicht vorhanden, ihn gleichzeitig von der Balkanhalbinsel und von Spanien aus zu erdrücken, auch wenn man ihm zeitweilig Italien hatte überlassen müssen[2]).

Die letzten Verhandlungen

Auch Caesar konnte nicht mehr im Zweifel sein, daß er zu den Waffen greifen müsse, wenn er sich nicht wehrlos und nur von dem mehr als zweifelhaften Schutz des Pompejus abhängig den seine Züchtigung und Beseitigung fordernden Republikanern ausliefern wollte. So schickte er an zwei der in Gallien stehenden Legionen, die zwölfte und achte, sowie an zweiundzwanzig im Jahre 52 in der Narbonensis ausgehobene Cohorten den in Rom längst erwarteten und vom Gerücht als schon erfolgt be-

---

[1]) ad Att. VII 8, 4 äußert Pompejus am 25. Dezember: *sin autem ille (Caesar) furere, vehementer hominem contemnebat et suis et reipublicae copiis confidebat.* Vgl. unten S. 289. Von einer eventuellen Räumung Italiens hat Pompejus begreiflicherweise damals zu Cicero nicht gesprochen. s. ad Att. VIII 11 D. 6.

[2]) Vgl. Cicero an Tiro XVI 12, 4. Daß Pompejus je daran gedacht hätte, mit seiner Armee nach Spanien zu gehn, beruht auf Mißverständnis von Cic. ad Att. VII 18, 2, wo Anfang Februar 49 davon die Rede ist, daß Pompejus nach Spanien gehn wird, und Cicero mit ihm, wenn die Ausgleichsverhandlungen mit Caesar zum Ziele führen und dieser Consul werden sollte, vgl. VII 9, 3. 17, 1. Vollends die Behauptung, das wäre die richtige Strategie gewesen, oder gar, er habe den Kopf verloren und nur der Zufall habe ihn nach Griechenland statt nach Spanien geführt (so MOMMSEN und ähnlich NISSEN), beruht auf völliger Verkennung der militärischen Lage. In Spanien war er ebenso verloren und von dem übrigen Reich abgeschnitten, wie seinerzeit Sertorius; von da aus ließ sich Rom nicht wieder erobern. Überdies hätte er alsdann den gesamten Orient mit seinen gewaltigen materiellen Mitteln ohne Schwertstreich dem Gegner überlassen. Pompejus' Kriegführung ist durchweg zwar streng methodisch, aber eben deshalb nur um so korrekter, bis auf den Fehler, zu dem er sich von seiner Umgebung drängen ließ, Caesar bei Pharsalos die ersehnte Möglichkeit zur Schlacht zu bieten.

zeichneten Marschbefehl nach Oberitalien[1]). Er selbst ging nach Ravenna an die Südgrenze seiner Provinz und zog die in der Cisalpina stehende dreizehnte Legion an sich[2]). Curio, der Mitte Dezember bei ihm eintraf, riet, sofort die gesamte Armee zusammenzuziehn und gegen Rom zu marschieren[3]). Aber Caesar scheute vor dem entscheidenden Schritt noch zurück: er wollte noch einen Versuch machen, ob sich nicht doch noch ein erträgliches Abkommen finden lasse, das ihm weiter eine Existenz innerhalb des Staats ermöglichte. Vor allem hoffte er, Pompejus wieder von der Koalition mit seinen Gegnern abzuziehn, da dieser doch empfinden mußte, daß seine gegenwärtige dominierende Stellung nur darauf beruhte, daß er durch Caesar einen Druck auf die Nobilität und den Senat ausüben konnte, daß er aber diesem preisgegeben sei, wenn er Caesar fallen ließ. Sollten indessen die Konzessionen, die Caesar bot, abgewiesen werden und die Verhandlungen scheitern, so ließ sich wenigstens durch geschicktes Operieren ein Vorwand gewinnen, der Caesars Rebellion notdürftig legitimieren konnte.

In Rom hatte inzwischen in dem neuen Tribunenkollegium Antonius, von Q. Cassius Longinus unterstützt, die Rolle des

---

[1]) Die zwölfte Legion trifft etwa am 4. Februar 49 bei Cingulum (Caesar civ. I 15), die achte mit den 22 *cohortes ex novis Galliae delectibus* (bell. Gall. VII 65, 1, vgl. oben S. 265) und 300 Reitern aus Noricum etwa am 16. Februar vor Corfinium ein (civ. I 18, 5); mithin muß die Marschorder an sie gegen Mitte Dezember abgegangen sein, vermutlich auf Grund der Nachrichten, die Hirtius überbrachte.

[2]) Caesar civ. I 5, 6. Sueton 30. Appian II 32, 124. Oros. VI 15, 2. Danach ist am Schluß des bell. Gall. VIII 55 *contendit ⟨Ravennam⟩* zu ergänzen. civ. I 7, 7 sagt Caesar von der 13. Legion: *hanc enim initio tumultus evocaverat; reliquae nondum venerant.* Über diese Stelle ist, im Anschluß an ADOLF NISSENS Untersuchung über den staatsrechtlichen Begriff des *tumultus* (Das Justitium, 1877) von H. NISSEN (Der Ausbruch des Bürgerkriegs, II, Hist. Z. 46, 1881) und seitdem vielfach gehandelt worden. Aber technisch spielt der Begriff des *tumultus* hier keine Rolle, ein *decretum tumultus* ist erst nach dem 7. Januar gefaßt worden; das Wort steht hier lediglich in dem allgemeinen Sinn „Unruhen", wie z. B. civ. III 18, 3.

[3]) App. II 32, 125.

Curio übernommen. Am 21. Dezember hielt er vor dem Volk eine Rede, in der er Pompejus' ganze Laufbahn und vor allem die ungerechten, von ihm unter Anwendung von Waffengewalt erzwungenen Verurteilungen schonungslos angriff; zugleich forderte er, wie Curio, die Entsendung der beiden Legionen nach Syrien gegen die Parther und untersagte in einem Edikt die Befolgung der von Pompejus erlassenen Gestellungsbefehle[1]). Natürlich wurde dieser dadurch noch weiter gereizt: wenn schon Caesars bisheriger Quaestor so zu reden wage, sagte er zu Cicero, was werde erst von Caesar selbst zu erwarten sein? Wenn Caesar nachgeben, sein Heer entlassen und dann auf friedlichem Wege Consul werden sollte, bleibe ihm (Pompejus) nichts übrig, als nach Spanien zu gehn; alsdann werde Caesar, wie in seinem ersten Consulat, souverain im Staat schalten. So sei nicht einmal zu wünschen, daß der Friede erhalten bleibe. Für das Wahrscheinlichste halte er allerdings, daß Caesar auf die Kunde, daß eifrig gegen ihn gerüstet werde, weiter entgegenkommen und sich begnügen werde, unter Verzicht auf die Wahl zum Consul Provinz und Heer noch ein Jahr länger zu behalten; sollte er aber losschlagen, so sehe er der Entwicklung mit Vertrauen entgegen, auch für den Fall, daß Rom selbst geräumt werden müsse[2]).

[1]) Cic. ad Att. VII 8. Pompejus holt Cicero am 25. Dezember auf der Rückreise von Campanien nach Rom in Lavernium bei Formiae ein. *Habebamus autem in manibus Antoni contionem habitam X Kal. Ianuar., in qua erat accusatio Pompei usque a toga pura, querela de damnatis, terror armorum.* Plut. Anton. 5 ἐμποδὼν ἔστη διάταγμα γράψας, ὅπως ἡ μὲν ἀθροισμένη δύναμις εἰς Συρίαν πλέῃ .... οὓς δὲ Πομπήιος καταλέγει, μὴ προσέχωσιν αὐτῷ. Pomp. 59 = Caes. 30 hat Plutarch diese Volksrede mit der Erzwingung der Verlesung des Briefs Caesars im Senat am 1. Januar zusammengeworfen.

[2]) Ciceros Bericht über das Gespräch ad Att. VII 8 wird durch den am nächsten Tage geschriebenen Brief VII 9 (vgl. S. 277, 3) wesentlich ergänzt, in dem er sich sämtliche denkbare Eventualitäten zurechtlegt und Pompejus' Äußerungen wiederholt zitiert: *nobis autem, ut quidam putant, nihil est timendum magis, quam ille consul. „at sic malo"* inquies *„quam cum exercitu". certe ... sed istud ipsum „sic" magnum malum putat aliquis, neque ei remedium est ullum „at tum imbecillus plus" inquit „valuit quam tota*

Caesar war in der Tat zu großen Konzessionen bereit, wenn auch nicht gerade zu denen, die Pompejus hier erwartete. Es war dringend geboten, daß seine Vorschläge am 1. Januar, an dem die neuen Consuln über die Lage des Staats referierten und entscheidende Beschlüsse zu erwarten waren, in Rom vorlagen. Curio übernahm es, sie zu überbringen, und legte, als Caesar am 26. Dezember nach langer Überlegung mit sich ins reine gekommen war, den Weg von Ravenna nach Rom in größter Eile in den drei letzten Tagen des Monats (27. bis 29. Dezember) zurück[1]).

Den neuen Consuln übergab Curio das Schreiben erst am Morgen des 1. Januar beim Eintritt in den Senat, so daß sie es nicht unterschlagen konnten. Sie weigerten sich, es zu verlesen, wurden aber von Antonius und Q. Cassius dazu gezwungen. Es enthielt zunächst eine eingehende Aufzählung der Taten und Verdienste Caesars, die durch die Bewilligung des Privilegs der abwesenden Bewerbung seitens des Volks anerkannt und belohnt seien, und sodann die Erklärung, daß er bereit sei, seine Stellung niederzulegen, wenn Pompejus das gleiche tue, andernfalls aber seine Stellung behalten und sich nicht seinen Feinden ausliefern, vielmehr den Staat von der Unterdrückung durch eine

---

respublica". *quid nunc putas? et eo consule Pompeio certum est esse in Hispania   o rem miseram! si quidem id ipsum deterrimum est, quod recusari non potest* (nämlich Verzicht auf die Provinz und dafür Wahl zum Consul) *et quod ille si faciat, iamiam a bonis omnibus summam ineat gratiam. tollamus igitur hoc, quo illum adduci posse negant: de reliquis quid est deterrimum? concedere illi, quod, ut idem dicit, impudentissime postulat exercitum tu habeas diutius, quam populus iussit, invito senatu? „depugnes oportet, nisi concedis". cum bona quidem spe, ut ait idem, vel vincendi vel in libertate moriendi.*

[1]) Appian II 32, 127 καὶ τὴν ἐπιστολὴν ὁ Κουρίων, τρισὶν ἡμέραις τριακοσίους ἐπὶ . χιλίοις σταδίους διαδραμών, ἐπέδωκε τοῖς νέοις ὑπάτοις ἐσιοῦσιν ἐς τὸ βουλευτήριον τῇ νουμηνίᾳ τοῦ ἔτους. Die Zahl ist unsicher überliefert, eine Handschrift bietet χιλίοις, was zu wenig, die übrigen τρισχιλίοις, was zu viel ist: meist ist SCHWEIGHÄUSERS Vorschlag δισχιλίοις angenommen, was ziemlich genau stimmen würde.

widerrechtliche Usurpation befreien werde[1]). Der Brief machte einen starken Eindruck[2]); aber die Consuln stellten nicht ihn, sondern die Gesamtlage des Staats zur Diskussion[3]). Lentulus, der den Vorsitz führte, verlangte einen mutigen Entschluß, alsdann werde auch er seiner Pflicht sich nicht entziehn; wolle man aber auch diesmal doch wieder nachgeben und Rücksicht nehmen, so werde er die Sache des Senats fallen lassen; auch ihm stehe der Weg zu Caesar offen. An Stelle des mit seinen

---

[1]) Appian II 32. 128. Dio 41, 1. Plut. Anton. 5; in Pomp. 59 = Caes. 30 zum Teil entstellt (S. 280, 1). Den Inhalt des Briefs geben Dio, Appian und Sueton 29 *(senatum litteris deprecatus est, ne sibi beneficium populi* [das ihm eben als Lohn für seine Taten verliehen ist] *adimeretur, aut ut ceteri quoque imperatores ab exercitibus discederent)* übereinstimmend; Dio fügt hinzu, wenn Pompejus sein Heer behalte, οὐδὲ ἑαυτὸν δίκαιον εἶναι ἀναγκασθῆναι αὐτὰ ἀφεῖναι ἔλεγεν, ἵνα μὴ καὶ τοῖς ἐχθροῖς ἐκδοθῇ, Appian ἄρχοντος δ' ἔτι ἐκείνου οὔτε ἀποθήσεσθαι καὶ τιμωρὸς αὐτίκα τῇ τε πατρίδι καὶ ἑαυτῷ κατὰ τάχος ἀφίξεσθαι, d. i. die herkömmliche Phrase, mit der alle Rebellionen bis zu der Octavians im Oktober 44 sich rechtfertigten, *se rempublicam dominatione factionis oppressam in libertatem vindicaturum*. Wie wenig diese Phrase ernst zu nehmen ist und wie es sich in Wirklichkeit lediglich um seine persönliche Stellung handelt, verrät Caesar civ. I 22, 5 unwillkürlich, indem er da, wo er sie bei den Verhandlungen vor Corfinium vorbringt, sich selbst voranstellt; er habe, sagt er, den Kampf begonnen, *ut se et populum Romanum factione paucorum oppressum in libertatem vindicaret*.

[2]) Plut. Anton. 5: durch die Verlesung des Briefs πολλοὺς μετέστησε τῇ γνώμῃ, δίκαια καὶ μέτρια Καίσαρος ἀξιοῦν ἀφ' ὧν ἔγραφε δόξαντος. Dagegen App. II 32, 129 ἐφ' ᾧ δὴ σφόδρα πάντες ἀνέκραγον, ὡς ἐπὶ πολέμου καταγγελίᾳ, διάδοχον εἶναι Λεύκιον Δομίτιον. Beides wird einen Teil der Wahrheit enthalten. Cicero an Tiro XVI 11 *Caesar ... minacis ad senatum et acerbas litteras miserat, et erat adhuc impudens, qui exercitum et provinciam invito senatu teneret*.

[3]) Caesar civ. I 1: Die Tribunen erzwingen die Verlesung, *ut vero ex litteris ad senatum referretur, impetrari non potuit; referunt consules de republica* (Plutarch Pomp. 59 hat aus der entsprechenden Angabe seiner Quelle gemacht, daß οἱ περὶ Λέντλον ὑπατεύοντες ἤδη βουλὴν οὐ συνῆγον, und Antonius daher den Brief vor dem Volk verliest; ebenso Caes. 30). Was in den verstümmelten Eingangsworten *litteris a Fabio cum Caesaris consulibus redditis* A., *a Fabio Caesare* B., *C. Caesaris a Fabio* rel. stecken mag, ist nicht zu ermitteln.

Truppen vor der Stadt stehenden Pompejus gab Scipio die Erklärung ab, Pompejus sei bereit, sich der Republik zur Verfügung zu stellen, wenn der Senat fest bleibe; dagegen wenn er auch diesmal zögere, werde man sich später vergeblich an ihn um Hilfe wenden. Diese Erklärung entschied; M. Calidius[1]), der forderte, Pompejus solle in seine Provinz gehn, und M. Caelius Rufus, der Überläufer zu Caesar (S. 270), der sich in demselben Sinne äußerte, wurden von Lentulus schroff abgewiesen. Auch Marcus Marcellus warnte vergeblich vor Übereilung: sehr mit Recht betonte er, daß die zur Verfügung stehenden Streitkräfte unzulänglich seien, und forderte zunächst die Aufstellung eines starken republikanischen Heeres aus ganz Italien, alsdann erst könne der Senat wirklich frei entscheiden. Er war eben zwar ein entschiedener Gegner Caesars, aber nichts weniger als Pompejaner, sondern wollte den unvermeidlichen Kampf, wie in seinem Consulat 51, unabhängig von den Machthabern im Namen des Senats und der Republik führen[2]); auch sein Bruder, der Consul Gaius, hielt sich offenbar ganz zurück. Aber durchdringen konnte Marcus Marcellus damit nicht; auf die Vorwürfe des Lentulus zog er seinen Antrag zurück. In der Abstimmung, die nicht namentlich[3]), sondern in üblicher Weise durch Auseinandertreten stattfand, wurde die Abberufung des Pompejus einstimmig abgelehnt, dagegen die Caesars mit allen gegen die beiden Stimmen

---

[1]) M. Calidius, ein außerordentlich feiner Redner, aber ohne Leidenschaft (Cic. Brut. 274 ff.). im Jahre 57 Praetor und für Cicero eintretend (post red. in sen. 22), war dann 54 als Verteidiger des Gabinius aufgetreten (ad Qu. fr. III 2, 1), dagegen im Intercalaris 52 mit der Senatspartei für Milo (Ascon. p. 35). Er stand also unentschieden zwischen den Parteien. Für das Jahr 50 hatte er sich dann erfolglos um das Consulat beworben (Caelius ad fam. VIII 4, 1, vgl. 9, 5). Jetzt trat er zu Caesar über: Hieron. ao 57 *Marcus Calidius orator clarus habetur, qui bello postea cirili Caesarianas partes secutus, cum togatam Galliam regeret, Placentiae obiit.*

[2]) Vgl. Cicero an Marcellus IV 7, 2 (im Jahre 46): *sed idem etiam illa vidi, neque te consilium belli ita gerendi nec copias Cn. Pompei nec genus exercitus probare semperque summe diffidere.*

[3]) Dio 41, 2 μὴ καὶ δι' αἰδῶ ἢ καὶ φόβον τινὰ παρὰ τὰ δοκοῦντά σφισιν ἀποφήνωνται.

des Curio und Caelius angenommen[1]): wenn er nicht bis zu einem bestimmten Tage Heer und Provinz abgebe, handle er gegen den Staat. Als Antonius und Q. Cassius intercedierten, stellte Lentulus ihr Vorgehn sofort zur Verhandlung; die energischsten Maßregeln wurden gegen sie in Aussicht genommen, der Beschluß des Senats als *auctoritas* protokolliert[2]).

Am nächsten Tage wurden, nachdem Pompejus auf seine Anhänger und die Lauen eingewirkt und weitere Truppen herangezogen hatte, die Verhandlungen fortgesetzt. Ein Vermittlungsvorschlag des Censors Piso, des Schwiegervaters Caesars, und des Praetors L. Roscius, sie wollten Caesar aufsuchen und auf ihn einwirken, in sechs Tagen könnten sie wieder zurück sein, wurde abgelehnt; neben Lentulus und Scipio trat vor allem Cato, der im Gegensatz gegen Marcellus an der Koalition mit Pompejus festhielt und den Moment ergreifen wollte, jeder weiteren Zögerung entgegen: wo es sich um die Existenz der Republik handle, dürfe man sich von keinem Bürger Bedingungen vorschreiben lassen, sondern eher in den Tod gehn[3]). Doch hielt man mit einem entscheidenden Beschluß gegen die Tribunen noch zurück[4]), sondern begnügte sich, in üblicher Weise die Ablegung der Senatorentracht zu dekretieren, was auch trotz der Intercession der Tribunen ausgeführt wurde[5]). Man wollte vielmehr an den beiden nächsten Tagen, an denen Senats-

---

[1]) Dio 41, 2, 1. Plutarch Caes. 30 und Cato 51 verlegt fälschlich die von Curio Anfang Dezember 50 herbeigeführte Abstimmung, daß beide niederlegen sollen, hierher. und überträgt sie Anton. 5 auf Antonius.

[2]) Den ausführlichen Bericht über die Senatssitzung am 1. Januar gibt Caesar civ. I 1 f., wozu die kürzeren anderen Berichte stimmen. Natürlich ist aber Caesars Darstellung ganz einseitig zu Ungunsten seiner Gegner gefärbt.

[3]) Caesar civ. I 3 f. Vellejus II 49, 3 *cum ... M. Cato moriendum ante, quam ullam condicionem civis accipiendam reipublicae contenderet.*

[4]) Dio 41, 2, 2 οὐ μὴν καὶ κυρωθῆναί τι αὐτῶν οὔτε ἐν ἐκείνῃ τῇ ἡμέρᾳ (1. Januar) οὔτε ἐν τῇ ὑστεραίᾳ ὅ τε Ἀντώνιος καὶ ὁ Λογγῖνος ἐπέτρεψαν.

[5]) Dio 41, 3, 1. Plut. Caes. 30.

sitzungen nicht stattfinden konnten¹), für die daneben einhergehenden privaten Verhandlungen Raum lassen.

Für diese Verhandlungen hat Caesar durch seine Vertreter die weitgehendsten Konzessionen geboten: er erbot sich, das jenseitige Gallien sofort aufzugeben und acht Legionen zu entlassen, und die Statthalterschaft über die Cisalpina nebst zwei Legionen nur so lange zu behalten, bis er zum Consul gewählt sei. Er mochte hoffen, den ihm alsdann drohenden Proceß durch seinen Anhang, durch tribunicische Intercession und durch den ihm von Pompejus aufs neue gewährten Schutz zu hintertreiben, und so ungefährdet ins Consulat zu gelangen, in dem er sich alsdann seine zukünftige Stellung sichern konnte. Über dies Angebot ist in den nächsten Tagen eifrig diskutiert worden. Als Vermittler war vor allem Cicero tätig, der eben jetzt, am 4. Januar, auf der Rückreise aus seiner Provinz vor Rom eintraf; wenn irgend jemand, so war er sowohl durch seine persönlichen Eigenschaften wie durch seine intimen Beziehungen zu allen drei Parteien für diese Aufgabe geeignet²). Auch erkannte er nur zu gut die „sullanischen Gelüste" des Pompejus und so mancher der republikanischen Heißsporne, die jetzt ihre schmutzigen Interessen unter den schönklingenden Phrasen verbargen; er sah klar, welches Elend auch ein Sieg dieser Partei über den Staat bringen müsse. Als Pompejus Caesars Vorschlag

---

¹) Caes. civ. I 5, 4: die Senatssitzungen finden statt *quinque primis diebus, quibus haberi senatus potuit, excepto biduo comitiali* (3. 4. Januar).

²) In seine Stellung geben die Briefe an Atticus aus dieser Zeit einen lebendigen Einblick. Natürlich schwanken sein Urteil und seine Erwägungen wiederholt, und der offenen Stellungnahme, vor allem in den Senatsdebatten, möchte er sich gern entziehn, wozu ihm eben sein Anspruch auf den Triumph eine willkommene Handhabe bietet (VII 1, 5, vgl. 3, 2); und schwer empfindet er, daß er jetzt zwischen den beiden Machthabern wählen muß, deren Verbindung er sich gefügt hat. Aber darüber ist er niemals im Zweifel, daß er, so schmerzlich es ist, daß er dann an Caesar sein Darlehn zurückzahlen muß (VII 2, 3. 11. 8, 5), seine Stellung nur auf seiten des Pompejus und der Republik nehmen kann, so wenig er mit allem einverstanden ist. Um so mehr wird er versuchen, zu vermitteln (VII 3, 5. 6, 2).

verwarf, erreichte er, daß dessen Vertreter noch weiter entgegenkamen und erklärten, er werde sich mit Illyricum — das alsdann von der Cisalpina getrennt werden mußte, wie Caesar das als Herrscher ausgeführt hat — und einer einzigen Legion bis zur Consulwahl begnügen. Darauf war Pompejus in der Tat bereit einzugehn; während Caesars Consulat würde er dann, wie Cicero vorschlug, nach Spanien gegangen sein. Aber die ausschlaggebenden Männer in seiner Umgebung, geführt von dem Consul Lentulus und von Cato, erklärten sich mit allem Nachdruck dagegen, zum Teil aus persönlicher Begehrlichkeit, Cato aus ehrlicher Überzeugung: ihm war nicht zweifelhaft, was bevorstehe, wenn Caesar noch einmal zum Consulat gelange. Wovor er immer gewarnt und was er mit Einsetzung seiner ganzen Persönlichkeit bekämpft hatte, war jetzt eingetreten; die letzte Möglichkeit, die Republik zu retten, durfte man nicht aus den Händen lassen. Wenn er sich mit schwerer Selbstüberwindung in die Verbindung mit Pompejus gefügt hatte, so verlangte er jetzt auch von diesem die Erfüllung seiner Verheißungen. Diesen Vorstellungen hat Pompejus nachgegeben; auch er erkannte, daß er gebunden sei, daß er das mühselig gewonnene Vertrauen des Senats für alle Zukunft verloren habe, wenn er Caesar aufs neue die Hand biete; aus der führenden Stellung des Princeps wäre er alsdann zu dessen Werkzeug herabgesunken — eben darum hat Caesar immer von neuem versucht, ihn zu sich herüberzuziehn. Als ihm das klar wurde, wurde seine Stimmung gegen den ehemaligen Genossen, der ihn in eine solche Lage gebracht hatte, nur um so erbitterter; er lehnte das Angebot ab und entschied sich für den Krieg[1].

---

[1] Caesars Angebot: Sueton 29 *cum adversariis autem pepigit, ut, dimissis octo legionibus Transalpinaque Gallia, duae sibi legiones et Cisalpina provincia, vel etiam una legio cum Illyrico concederetur, quoad consul fieret.* An die Ablehnung schließt Sueton, der die äußeren Vorgänge ganz knapp behandelt, fälschlich erst Caesars Reise nach der Cisalpina und Ravenna. Appian II 32. 126 τοὺς οὖν φίλους ἐκέλευσεν ὑπὲρ αὐτοῦ συμβῆναι, τὰ μὲν ἄλλα αὐτὸν ἔθνη στρατόπεδα ἀποθήσεσθαι, μόνα δ' ἕξειν δύο τέλη καὶ τὴν Ἰλλυρίδα μετὰ τῆς ἐντὸς Ἄλπεων Γαλατίας, ἕως ὕπατος ἀποδειχθείη. καὶ Πομπηίῳ

Nach dem Scheitern der Verhandlungen wurde die offizielle Erklärung des Bruchs möglichst beschleunigt. Am 7. Januar beschloß der Senat definitiv die Abberufung Caesars und die Bestellung des L. Domitius zu seinem Nachfolger in der Transalpina, dem von den ausgehobenen Mannschaften viertausend Mann zur Verfügung gestellt wurden. Zur Bewerbung um das Consulat müsse Caesar sich, dem Gesetz entsprechend, persönlich in Rom melden[1]). Als Antonius und Q. Cassius ihr Veto

---

μὲν ἀρκεῖν ἐδόκει. κατακωλυόντων δὲ τῶν ὑπάτων [worauf die Entsendung Curios nachgetragen wird]. Plut. Pomp. 59 ἄρτι δὲ ἐκ Κιλικίας ἀφιγμένος Κικέρων ἔπραττε διαλλαγάς, ὅπως Καῖσαρ ἐξελθὼν Γαλατίας καὶ τὴν ἄλλην στρατιὰν ἀφεὶς πᾶσαν ἐπὶ δυσὶ τάγμασι καὶ τῷ Ἰλλυρικῷ τὴν δευτέραν ὑπατείαν περιμένῃ. Πομπηίου δὲ δυσκολαίνοντος ἐπείσθησαν οἱ Καίσαρος φίλοι θάτερον ἀφεῖναι· Λέντλου δ' ἀντικρούσαντος καὶ Κάτωνος αὖθις ἁμαρτάνειν τὸν Πομπήιον ἐξαπατώμενον βοῶντος οὐκ ἔσχον αἱ διαλύσεις πέρας. Nach Caes. 30 (vgl. 33), wo dasselbe kürzer erzählt wird (ebenso Anton. 5), hat Pompejus τἆλλα συγχωρῶν τοὺς στρατιώτας ἀφῄρει; Cicero erreicht, daß er ihm 6000 Soldaten (= 1 Legion) concediert. Vellejus II 49 *spretis omnibus quae Caesar postulaverat, tantummodo contentus cum una legione titulum retinere provinciae*. Dio übergeht diese privaten Verhandlungen ganz. — Ciceros Vermittlung auch Vell. II 48, 5 *unice cavente Cicerone concordiae publicae*. vgl. Plut. Cic. 37, wonach Cicero sagt, lieber als selbst triumphieren, werde er Caesars Triumphwagen folgen, wenn die Versöhnung zustande komme. Cicero selbst berichtet darüber an Tiro XVI 11, 2 *incidi in ipsam flammam civilis discordiae vel potius belli, cui cum cuperem mederi et, ut arbitror, possem, cupiditates certorum hominum (nam ex utraque parte sunt, qui pugnare cupiant) impedimento mihi fuerunt.* Vgl. 12, 2; an Servius Sulpicius IV 1, 1 (April 49); an Caecina VI 6, 5 (Oktober 46): *ea me suassisse Pompeio, quibus ille si paruisset, esset hic* (Caesar) *quidem clarus in toga et princeps, sed tantas opes, quantas nunc habet, non haberet; eundum in Hispaniam censui, quod si fecisset, civile bellum nullum omnino fuisset. rationem haberi absentis non tam pugnavi ut liceret, quam ut, quoniam ipso consule pugnante populus iusserat, haberetur   victa est auctoritas mea non tam a Pompeio, nam is movebatur, quam ab iis, qui duce Pompeio freti peropportunum et rebus domesticis et cupiditatibus suis illius belli victoriam fore putabant.*

[1]) Vellejus II 49, 4 *privatus in urbem veniret et se in petitione consulatus suffragiis populi Romani comitteret decrevere.* Liv. 109 *cum senatusconsultum factum esset, ut successor Caesari mitte-*

einlegten, rüstete man sich zu sofortigem Einschreiten, und der Consul Lentulus gab ihnen den dringenden Rat, Rom sofort zu verlassen, ehe der Beschluß gefaßt sei, der ihre Unverletzlichkeit aufhob und ihnen das Schicksal des Saturninus und des Tiberius Gracchus bereitet haben würde. Antonius protestierte nachdrücklich: sie hätten sich nichts Ungesetzliches zuschulden kommen lassen und keinerlei revolutionäre Maßregel ergriffen, welche die Verletzung der Unantastbarkeit der Tribunen rechtfertigen könne; er sagte das schlimmste Unheil voraus. Dann aber leistete er der Mahnung Folge und verließ mit seinem Genossen in Sklavenkleidern Rom. Curio und Caelius schlossen sich ihnen an[1]). Unmittelbar nach Entfernung der beiden Tribunen wurde der Beschluß gefaßt, welcher die Oberbeamten einschließlich der vor der Stadt befindlichen Proconsuln, die ein militärisches Kommando besaßen, mit der Sorge für die Erhaltung des Staats beauftragte und damit die verfassungsmäßigen Garantien aufhob und Rom unter Kriegsrecht stellte[2]). An den nächsten

---

retur. Entrop. VI 19 *iussus dimissis exercitibus ad urbem redire.* Bestellung des Domitius: Appian II 32, 129 (schon auf den 1. Januar gesetzt); vgl. Caesar civ. I 6, 5. Sueton 34 *L. Domitius per tumultum successor ei nominatus.*

[1]) Dio 41, 3, 2. Appian II 33. Plut. Caes. 31. Anton. Liv. 109 (= Oros. VI 15, 2). Cicero an Tiro XVI 11 sagt formell nicht ganz unrichtig, aber sachlich parteiisch gefärbt: *Antonius quidem noster et Q. Cassius nulla vi expulsi ad Caesarem cum Curione profecti erant;* vgl. dagegen Phil. II 53 *contra te dedit arma hic ordo consulibus reliquisque imperiis et potestatibus; quae non effugisses, nisi te ad arma Caesaris contulisses.*

[2]) Cicero an Tiro XVI 11 *senatus consulibus, pr(aetoribus), tr(ibunis) pl. et nobis, qui pro coss. sumus, negotium dederat, ut curaremus, ne quid resp. detrimenti caperet*; ebenso pro Dej. 11. Dio 41, 3, 3. Liv. 109 gibt sachlich zutreffend, aber nicht formell *mandatum a senatu consulibus et Cn. Pompeio, ut viderent* cet. Die richtige Formel gibt auch Caesar civ. I 5 *dent operam consules, praetores, tribuni plebis, quique pro coss. ad urbem sint, ne* cet.; er erläutert dieses *extremum atque ultimum senatusconsultum* I 7. 4 dahin: *qua voce et quo senatusconsulto populus Romanus ad arma sit vocatus.* Seine rechtliche Zulässigkeit kann er um so weniger bestreiten, da es unter seinem eigenen Regiment in den Jahren 48 und

Tagen wurden dann in einer Senatssitzung außerhalb des Pomeriums in Anwesenheit des Pompejus die weiteren Maßregeln angeordnet und der Belagerungszustand durch ein *decretum tumultus* formell proklamiert[1]), was die Anlegung der Kriegstracht, der *saga*, zur Folge hatte[2]). Pompejus legte den Bestand seiner Machtmittel dar: er habe zehn Legionen zur Verfügung — sieben in Spanien, die beiden Caesar abgenommenen in Italien, aus den Aushebungen mochte bisher eine weitere gebildet sein — und habe gegründeten Anlaß zu der Annahme, daß Caesars Truppen ihn im Stich lassen würden[3]), eine Annahme, die nicht nur auf den sanguinischen Berichten des Appius Claudius (S. 268), sondern vor allem darauf beruhte, daß Labienus, der fähigste unter Caesars Legaten, und von ihm jetzt mit der Verwaltung der Cisalpina betraut, mit der Senatspartei Verbindungen angeknüpft hatte[4]) und sofort nach Caesars Schilderhebung den Übertritt vollzog[5]). So hoffte man, den Krieg angriffsweise

---

47 dreimal erlassen worden ist; aber er entrüstet sich darüber, daß in diesem Fall gar kein legitimer Anlaß dafür vorgelegen und der Senat die Verhandlungen überstürzt habe. In Wirklichkeit lag der Fall ganz analog den Vorgängen Anfang 62, wo es gegen Metellus Nepos und Caesar selbst erlassen ist, nur daß Pompejus sich damals nicht dagegen aufgelehnt hat und die Bewegung im Sande verlief.

[1]) Dio 41, 3, 3 ἔξω τοῦ πομηρίου πρὸς αὐτὸν τὸν Πομπήϊον ἐλθόντες ταραχήν τε εἶναι ἔγνωσαν κτλ. Plutarch Pomp. 61 setzt den Beschluß (Πομπ. ψηφισάμενος ταραχὴν ὁρᾶν) erst auf den 17. Januar. — Dieselbe Sitzung schildert Caesar civ. I 6: *proximis diebus habetur extra urbem senatus*, in der Pompejus seine Machtmittel darlegt.

[2]) Lucan II 16 ff. Als Caesar im April nach Rom kommt, werden die *saga* wieder abgelegt: Dio 41, 17, 1 τὴν ἐσθῆτα τὴν εἰρηνικὴν μετημπίσχοντο· οὐδέπω γὰρ αὐτὴν μετειλήφεσαν.

[3]) Caesar civ. I 9, 1 f.

[4]) Hirt. bell. Gall. VIII 52.

[5]) Cicero kennt die Nachricht am 19. Januar auf der Reise nach Campanien, und ist über die Vorgänge entsetzt (es kann sich also nicht um eine Mitteilung des Pompejus im Senat handeln, wie O. E. SCHMIDT, Ciceros Briefwechsel 115 annimmt, der im übrigen den Brief richtig datiert; dann wäre die Sache für Cicero nicht mehr eine überraschende Neuigkeit), ad Att. VII 11; „*Cingulum*" inquit (ein Bote oder ähnl.) „*nos tenemus, Anconam amisimus; Labienus discessit a Caesare*".

führen und Caesar von Italien und Spanien aus erdrücken zu können. Pompejus erhielt den Auftrag, die Aushebungen in gesteigertem Maße zu betreiben, ein Heer von 130 000 Mann soll in Italien aufgestellt werden, vor allem aus kriegserfahrenen Veteranen[1]); unter seiner Oberleitung werden die einzelnen Landschaften Italiens dafür unter die geeigneten Persönlichkeiten verteilt[2]). Der Staatsschatz wird Pompejus zur Verfügung gestellt, den Landstädten Kontributionen auferlegt, auch die Heranziehung der privaten Vermögen und des Tempelguts in Aussicht genommen[3]). Die Provinzen werden auf Grund des Gesetzes des Pompejus verteilt: die Consulare Domitius Ahenobarbus und Scipio erhalten das jenseitige Gallien und Syrien, die übrigen werden

---

Danach ist Labienus etwa am 13./14. Januar übergetreten, gleich nach Caesars Schilderhebung; er versucht dann, Cingulum im nördlichen Picenum für die Senatspartei zu halten, Caesar civ. I 15, 2.

[1]) Appian II 34, 134. Caes. I 6, 3 *tota Italia delectus habeatur*, ebenso § 8 und c. 9, 4.

[2]) Cicero an Tiro XVI 11, 3, am 12. Januar: *Italiae regiones discriptae sunt, quam quisque partem tueretur: nos Capuam sumpsimus*. Auch von Ciceros Triumphanspruch ist dabei geredet worden; der Consul Lentulus erklärte sehr mit Recht, *se relaturum, simul atque expedisset, quae essent necessaria de republica*. Der Beschluß fällt also spätestens auf den 10. oder 11. Januar. ad Att. VII 11, 5 *volt enim me Pompeius esse, quem tota haec Campania et maritima ora habeat* ἐπίσκοπον. *ad quem dilectus et summa negotii referatur* [gegen die Übernahme hat er sich gesträubt, ad Att. VIII 12, 2. 11 D. 4]. Früher, Mitte Dezember, hatte Pompejus Cicero für Sicilien in Aussicht genommen, worüber sich dieser gegen Atticus VII 7, 4 entrüstet äußert.

[3]) Dio 41, 3, 4 καὶ ἐκείνῳ μὲν τὰ χρήματα καὶ στρατιώτας ἔδωκαν. Appian II 34. 135 χρήματα δ' ἐς τὸν πόλεμον αὐτῷ τά τε κοινὰ πάντα αὐτίκα ἐψηφίζοντο, καὶ τὰ ἰδιωτικὰ σφῶν ἐπὶ τοῖς κοινοῖς, εἰ δεήσειεν, εἶναι στρατιωτικά· ἔς τε τὰς πόλεις ἐφ' ἕτερα περιέπεμπον σύν τε ὀργῇ καὶ φιλονικίᾳ, σπουδῆς οὐδὲν ἀπολείποντες ὀξυτάτης. Caesar I 6, 3 *pecunia uti ex aerario Pompeio detur; § 8 pecuniae a municipiis exiguntur, e fanis tolluntur, omnia divina humanaque iura permiscentur*. Caesar hat sich die schöne Schlußphrase nicht entgehn lassen, die er ebensogut auf seine eignen, ganz gleichartigen Maßregeln als Monarch hätte anwenden können.

an Praetorier überwiesen[1]). Für die Beobachtung der gesetzlichen Formalitäten und die Einholung der *lex curiata*, durch die ihnen das *imperium*, die Kommandogewalt, übertragen wurde, war keine Zeit; sie gingen sofort in ihre Provinzen ab[2]). Die verlangte Heranziehung der Dynasten von Numidien und Mauretanien wurde durch den Consul C. Marcellus und den Tribunen L. Philippus verhindert[3]), die von einer Einmischung fremder Vasallen in die inneren Streitigkeiten nichts wissen wollten. Betreffs Caesars wurde beschlossen, daß er, wenn er Heer und Provinzen nicht zu dem festgesetzten Tage abgebe, als Staatsfeind (*hostis*) anzusehn sei[4]).

---

[1]) Caesar civ. I 6, 5, der den Vorwurf erhebt, daß Philippus cos. 56, vermählt mit Caesars Nichte Atia und Stiefvater Octavians, im Bürgerkrieg neutral (ad Att. IX 15, 4. X 4, 10), und Cotta cos. 65 Censor 64, *privato consilio praetereuntur neque eorum sortes deiciuntur*, vgl. civ. I 85. 9. — Die Cisalpina erhielt M. Considius Nonianus *pro praetore* Cic. fam. XVI 12, 3. Att. VIII 11 B, 2. Wenn Caesar I 6, 5 sagt *in reliquas provincias praetores mittuntur*, so ist hier, wie so oft, *praetores* anstatt des korrekten *praetorii* gesetzt.

[2]) Caes. civ. I 6, 5 bezeichnet die consularischen und praetorischen Statthalter daher als *privati* (*privatus*, und daher auch anklagbar ist der Beamte nach Ablauf des städtischen Amts bis zur Einholung der *lex curiata*, die ihm das *imperium* für seine Provinz überträgt und diese zugleich ausstattet, *ornat*, so Caesar selbst Anfang 61: Sueton Caes. 18), und höhnt *neque expectant, quod superioribus annis acciderat, ut de eorum imperio ad populum feratur paludatique votis nuncupatis exeant;* so, nicht *exeunt*, ist nach dem codex Ursini mit AD. NISSEN, Beiträge zum röm. Staatsrecht 112 zu lesen, der diese Dinge zuerst klargestellt hat. Vgl. die Diskussion bei Cicero ad fam. I 9, 25 über die Behauptung des Appius Claudius cos. 54, zur Übernahme der Provinz *legem curiatam consuli ferri opus esse, necesse non esse*.

[3]) Caes. I 6, 3 f. Philippus ist offenbar der Sohn des Philippus cos. 56 (S. 289, 2; Cicero Phil. III 25).

[4]) Dio 41, 3, 4 τὸν δὲ δὴ Καίσαρα τήν τε ἀρχὴν τοῖς διαδόχοις παραδοῦναι καὶ τὰ στρατεύματα ἐντὸς ῥητῆς ἡμέρας ἀφεῖναι ἢ πολέμιον, ὡς καὶ τἀναντία τῇ πατρίδι ποιοῦντα, εἶναι ἐψηφίσαντο. Appian II 33, 130 setzt das schon in die Verhandlungen mit Curio und Antonius: τὴν Πομπηίου στρατιὰν φύλακα σφῶν ἡγοῦντο εἶναι, τὴν δὲ Καίσαρος πολεμίαν. Vgl. II 50, 207 in Pompejus' Rede: Caesar, ὃν ὑμεῖς ἐψηφίσασθε εἶναι πολέμιον.

Eröffnung und Verlauf des Bürgerkriegs

Auch für Caesar gab es nach dem 7. Januar keine Wahl mehr: „die Würfel waren geworfen". Er wird die Nachricht am 10. Januar (23. November julianisch) erhalten haben. Noch an demselben Tage sandte er eine Anzahl zuverlässiger Centurionen voraus, um in Friedenstracht, nur mit dem Schwert bewaffnet, Ariminum zu besetzen; die Legion selbst ließ er unter dem Kommando des Hortensius, des Sohnes des berühmten Redners, auf der Straße an die Grenze vorrücken[1]). Er selbst erschien völlig unbefangen, besichtigte Gladiatoren, gab den Abend ein Gastmahl; bei Einbruch der Nacht brach er auf, von seinen vertrautesten Anhängern, darunter Asinius Pollio, begleitet, und schlug Seitenpfade ein, nicht ohne sich zu verirren. Am Rubico erreichte er seine Truppen; er stockte einen Augenblick, die unermeßlichen Folgen des Schritts noch einmal erwägend, dann führte er die Legion über den Grenzfluß und besetzte nach eiligem Marsch am Morgen des 11. Januar Ariminum, ohne Widerstand zu finden. Hier trafen die flüchtigen Tribunen bei ihm ein; Caesar führte sie und Curio seinen Soldaten vor, ließ sie ihr Geschick erzählen, und hielt selbst eine Ansprache, in der er mit allen Mitteln der Rhetorik, unter Tränen und mit zerrissenem Gewande, sie beschwor, ihn nicht fallen zu lassen, sondern mit ihm zugleich die Verletzung der geheiligten Volksrechte des Tribunats an seinen Feinden zu rächen. Die Truppe, der erst jetzt zum Bewußtsein gekommen sein wird, daß sie durch Überschreitung der Grenze bereits den entscheidenden Schritt getan hatte, und die von Vertrauen auf die siegreiche Führung und die Freigebigkeit Caesars erfüllt war, stimmte zu

---

[1]) Zu Hortensius, den Plut. Caes. 32 nennt, vgl. Cic. ad Att. X 4, 6 *sed nulla nostra culpa est, natura metuenda est; haec Curionem, haec Hortensii filium, non patrum culpa corrupit;* ebenso geht es mit seinem Neffen Quintus, der zu seines und seines Bruders Leidwesen Anschluß bei Caesar sucht. — Die bei Caesar befindliche Truppenzahl gibt Appian II 34, 136 auf 5000 Mann. Plut. Caes. 32 = Pomp. 60 auf 5000 zu Fuß, 300 Reiter an; das ist natürlich eine Legion.

und verpflichtete sich, ihren Feldherrn nicht im Stich zu lassen[1]).

Mit kühnem Entschluß hatte Caesar gezeigt, daß er vor dem Krieg nicht zurückscheue und sich nicht der Gnade seiner Feinde ausliefern wolle; aber auch jetzt noch wäre ihm ein friedlicher Ausgleich viel erwünschter gewesen, als der Riesenkampf auf Tod und Leben gegen die gesamte Macht des römischen Staats mit seinen unabsehbaren Konsequenzen. Während der folgenden Tage, bis zum 15. Januar, ließ er die nächsten Küstenorte, Pisaurum, Fanum, Ancona, durch je eine Kohorte besetzen; gleichzeitig entsandte er den Antonius mit fünf Kohorten über den Apennin gegen Arretium, um sich in den Besitz der durch Etrurien nach Rom führenden Straße zu setzen; spätestens am 15. Januar ist Arretium in seine Hände gefallen[2]). Er selbst blieb während-

---

[1]) Diese Hergänge berichten Appian II 35 Plut. Caes. 32 f., wo der Bericht des Asinius Pollio zugrunde liegt, Sueton 31 f. und in kürzerer Fassung Dio 41, 4, 1 in allem wesentlichen übereinstimmend (ebenso Lucan I 223 ff.). Sueton gibt die Worte Caesars in etwas anderer Fassung, als Pollio bei Plutarch = Appian. Caesar hat hier bekanntlich eine arge Fälschung begangen, indem er die Rede an die Soldaten nach Ravenna verlegt und behauptet, mit ihrer Zustimmung nach Ariminum gegangen zu sein; das ist leider in viele moderne Darstellungen übergegangen. Die Einwirkung Caesars zeigt sich bei Appian darin, daß er, während er sonst dem korrekten Bericht folgt, die Rede Caesars und die Vorführung der Tribunen (letztere treffen auch bei Caesar erst in Ariminum zu ihm) nach Ravenna verlegt II 33, 133; Plutarch übergeht beides (Lucan hat das Richtige). In der Quelle war also Asinius Pollio mit Caesar zusammengearbeitet. Die Rede, die Caesar civ. I 7 gibt, und die Mommsen noch weiter idealisiert und in glühenden Farben geschildert hat, ist natürlich nicht am 11. Januar 49 an die Soldaten gehalten, sondern im Jahre 46 oder 45 für das römische Publikum geschrieben.

[2]) Caesar civ. I 11, der mit ganz grober Fälschung der Tatsachen dieses Vorrücken erst nach dem Abbruch der durch Roscius geführten Verhandlungen stattfinden läßt. Am 19. Januar weiß Cicero bereits, daß Ancona besetzt ist (ad Att. VII 11, oben S. 289, 5); die Besetzung von Pisaurum und Fanum fällt also vorher und war in Rom sicher bereits am 17. Januar bekannt, wo sie zusammen mit der Besetzung von Arretium den Beschluß herbeiführt, die Stadt zu räumen: Cicero an Tiro XVI 12 (27. Januar) *cum Caesar Ariminum, Pisaurum, Anconam* [das hier wahrscheinlich mit Unrecht genannt ist; die Kunde

dessen mit zwei Kohorten in Ariminum und nahm hier Aushebungen vor. Gleichzeitig aber schickte er den Caelius, den am wenigsten kompromittierten der Flüchtlinge, aufs neue nach Rom, um hier die privaten Verhandlungen fortzusetzen. Caelius hat Cicero aufgesucht und von ihm neue Vorschläge erhalten, die zum Frieden führen könnten; dann ist er noch bei Nacht, vermutlich der vom 13. zum 14. Januar, zu Caesar zurückgereist[1]).

Die Kunde von der Besetzung von Ariminum erregte natürlich in Rom die größte Bestürzung: die Erwartung, daß er sich einschüchtern lassen oder daß er wenigstens das Eintreffen der Legionen aus Gallien abwarten werde, so daß man zum mindesten einige Monate, vielleicht sogar bis zum Frühjahr Zeit haben werde, um dann angriffsweise vorzugehn, hatte sich nicht erfüllt. Jetzt hatte man außer den beiden unzuverlässigen Legionen nur ungeschulte, eben in der Formation begriffene Truppen zur Verfügung, die Caesars Veteranen unmöglich entgegengeschickt werden konnten; für den Augenblick war Italien wehrlos. So erhob die eingeschüchterte Friedenspartei wieder

---

von seiner Besetzung trifft erst unmittelbar nachher ein], *Arretium occupavisset, urbem reliquimus*. Daß Cicero Rom am Morgen des 18. Januar *antequam luceret* (Att. VII 10) verlassen hat, ergibt sich aus Att. IX 10, 4, wonach ein Brief des Atticus vom *X Kal. Febr.* (21. Januar) *post diem quartum, quam ab urbe discessimus* geschrieben ist; die letzte Senatssitzung und der Räumungsbeschluß fällt also auf den 17. Januar.

[1]) Wir erfahren von diesem Vorgang nur durch Caelius' Brief an Cicero VIII 16, 1 (Februar 48): *cum ad te, proficiscens Ariminum* (so richtig STERNKOPF statt des überlieferten -*ni*; möglich wäre auch *Arimino*), *noctu venissem, dum mihi pacis mandata das ad Caesarem et mirificum civem agis*. Wenn Caelius gleich am 11. Januar wieder von Ariminum abreiste, konnte er am 13. abends in Rom sein. Daß dies Gespräch nur hierher, nicht mit O. E. SCHMIDT und anderen auf den 7. Januar, vor Caelius' Flucht, gesetzt werden kann, scheint mir evident zu sein. — Vgl. auch Cicero an Tiro XVI 12, 5 (27. Januar): *nullum maius negotium suscipere volui, quo plus apud illum* (Caesarem) *meae litterae cohortationesque ad pacem valeant*. Caelius als Vermittler zwischen Cicero und Caesar auch ad Att. VII 17. 3. 21, 3.

ihr Haupt, zumal Caelius' Entsendung die Hoffnung auf eine Verständigung wieder aufkommen ließ; und die Führer der Republikaner stimmten in ihre Vorwürfe gegen Pompejus um so mehr ein, da sie im Vertrauen auf diesen den Bruch herbeigeführt und beschleunigt hatten und da ihnen jedes militärische Verständnis abging. Die Menge sah schon die Schreckenszeit des Marius und Sulla wiederkommen und schrie nach Frieden: beide Machthaber sollten niederlegen[1]). In der nächsten Senatssitzung, am 14. oder 15. Januar, kam es zu stürmischen Szenen[2]). Volcacius Tullus, Consul 66, ein friedliebender Mann, der immer nur eine sehr bescheidene Rolle unter den Consularen gespielt hatte[3]), fragte Pompejus nach der Zahl der verwendbaren Truppen, und als Pompejus zögernd dreißigtausend Mann nannte[4]), rief er aus, Pompejus habe den Senat betrogen, und forderte die Entsendung einer Versöhnungsgesandtschaft an Caesar; Favonius aber höhnte, Pompejus möge doch jetzt Legionen aus der Erde stampfen, wie er sich zu sagen vermessen hatte[5]). Cato erklärte, wenn man ihm früher gefolgt wäre, brauchte man jetzt weder vor einem einzigen zu zittern, noch alle Hoffnung lediglich auf einen einzigen zu setzen; aber eben darum forderte er jetzt die Erneuuung des Pompejus zum alleinigen Oberfeldherrn; denn nur

---

[1]) Dio 41, τόν τε πόλεμον ὀκνοῦντας μνήμῃ τῶν Μαρίου καὶ τῶν τοῦ Σύλλα ἔργων. in genauer Übereinstimmung mit App. II 36. 145 ὁ δῆμος ἐν μνήμῃ τῶν Μαρίου καὶ Σύλλα κακῶν.

[2]) Das Datum ergibt sich aus Plutarch Pomp. 60 ὡς δὲ πρῶτον ἡ φήμη (vom Übergang über den Rubico) προσέπεσε, εὐθὺς ἡ βουλὴ φερομένη πρὸς τὸν Πομπήϊον συνέτρεχε. Ebenso Cato 52; vgl. unten S. 297, 2.

[3]) Vgl. Cic. ad Att. VII 3, 3 (9. Dezember 50): das Minervabild mit seiner Inschrift, das er, ehe er ins Exil ging, auf dem Capitol aufgestellt hatte, würde ihm nicht gestatten *ut imitarer Volcacium aut Servium, quibus tu es contentus;* ähnlich VIII 9, 3, dagegen VIII 1, 3, vgl. Atticus' Äußerung IX 10, 7.

[4]) Dieselbe Zahl gibt der Brief bei Cicero ad Att. IX 6, 3, der die Einschiffung des Heeres nach Epirus am 4. März (in Wirklichkeit nur der Consuln mit der größeren Hälfte der Truppen) meldet.

[5]) Plut. Pomp. 65 = App. II 36, 145 f., der die Äußerung des Volcacius dem Cicero in den Mund legt, weil er Tullus mit Tullius verwechselt hat; weiter schließt er die Vorgänge am 17. unmittelbar daran.

wer das Unheil herbeigeführt habe, könne es auch heilen[1]). Durch
diesen Antrag bewies Cato aufs neue, daß er keineswegs ein un-
verbesserlicher Doktrinär war, sondern sehr wohl verstand, den
Anforderungen des Moments Rechnung zu tragen; aber er widersprach dem Grundsatz der Verfassung, daß die Consuln die
offiziellen Leiter des römischen Staats waren, und wurde daher
nicht angenommen[2]). Aber in der Sache blieb man fest: der
Antrag des Tullus auf Friedensverhandlungen wurde abgelehnt,
sowohl die Consuln[3]) wie Pompejus widersprachen: wer darin
den ersten Schritt tue, erklärte dieser, bezeuge dadurch, daß er
sich fürchte, und erkenne die Überlegenheit des Gegners an[4]).
Indessen den Versuch, zu einem Abkommen zu gelangen, wollte
man doch nicht aufgeben; man einigte sich mit Pompejus' Zustimmung dahin, daß der Practor L. Roscius, der sich schon
am 7. Januar dazu erboten hatte (S. 284), und der junge Lucius
Caesar, Sohn des Consuls 64, der der älteren, aristokratisch gesinnten Linie des caesarischen Hauses angehörte, aber bei dem
Proconsul eine Legatenstelle angenommen und im Jahre 52 die
narbonensische Provinz gedeckt hatte[5]) — der Sohn dagegen
hat sich im Bürgerkrieg dem Pompejus angeschlossen und wurde
nach der Schlacht bei Thapsus trotz der ihm gewährten Begnadigung von den Soldaten niedergehauen —, scheinbar auf
eigene Hand zu Caesar gehn und mit ihm verhandeln sollten:

---

[1]) Plut. Cato 52 = Pomp. 60 f.; Pompejus antwortet: μαντικώτερα
μὲν εἶναι τὰ Κάτωνι λεχθέντα, φιλικώτερα δὲ ὑπ' αὐτοῦ πεπρᾶχθαι. — Κάτων
δὲ συνεβούλευεν αἱρεῖσθαι στρατηγὸν αὐτοκράτορα Πομπήϊον = ἑνὶ Πομπηΐῳ
τὰ πράγματα ἐγχειρίσαι.

[2]) Vellejus II 49, 2 *consules senatusque causae no(mine)* [über-
liefert ist *non*] *Pompeio summam imperii detulerunt* versetzt ungenau
die Übertragung des Oberbefehls an Pompejus schon hierher; in Wirklichkeit erfolgte sie erst nach Ablauf des Jahres.

[3]) App. II 87, 146 ἀντιπραττόντων δ' ἐς ἅπαντα τῶν ὑπάτων.

[4]) Caesar civ. I 32, 8 sagt April 49 im Senat: *neque se reformi-
dare, quod in senatu Pompeius paulo ante dixisset, ad quos legati
mitterentur, his auctoritatem attribui timoremque eorum, qui mitte-
rent, significari. tenuis atque infirmi haec animi videri.*

[5]) Caes. bell. Gall. VII 65, vgl. civ. I 8, 2.

durch diesen Anknüpfungsversuch sollte die Initiative zu offiziellen Verhandlungen Caesar zugeschoben werden[1]). Die Abgesandten sind am 17. oder 18. Januar in Ariminum eingetroffen[2]). Den offiziösen Auftrag, den sie mitbrachten, hat Caesar mit einer inhaltlosen Wendung übergangen[3]): er wollte seine Leser nicht wissen lassen, welche Anerbietungen er abgelehnt habe. Dagegen berichtet er, daß sie von Pompejus privatim den Auftrag erhalten haben, Caesar zu bitten, er möge ihm nicht zum persönlichen Vorwurf machen, was er im Dienste des Staats tun müsse, sondern vielmehr selbst seine privaten Interessen und den Haß gegen seine Feinde dem Staatswohl unterordnen. Caesar hat die ihm gebotene Handhabe ergriffen; er schickte die beiden Vermittler an Pompejus zurück mit dem Auftrag, ihm zu melden, auch er sei bereit, alle die schweren ihm zugefügten Kränkungen um des Staats willen zu ertragen. Als Weg zum Frieden schlug er vor, beide Parteien sollten die Rüstungen einstellen und die Besatzungen entlassen, und Pompejus nach Spanien gehn; er selbst sei bereit, beide Provinzen den vom Senat bestellten Nachfolgern zu übergeben und mit Verzicht auf das ihm gewährte Privileg sich persönlich in Rom um das Consulat bewerben; um die Bedingungen im einzelnen festsetzen und beschwören zu

---

[1]) Dio 41, 5, 2 Πομπήιος . μετεβάλετο καὶ πρέσβεις πρὸς τὸν Καίσαρα Λούκιόν τε Καίσαρα συγγενῆ αὐτῷ ὄντα καὶ Λούκιον Ῥώσκιον στρατηγοῦντα αὐτεπαγγέλτους ἀπέστειλεν, εἴ πως τὴν ὁρμὴν αὐτοῦ ἐκφυγὼν ἔπειτ' ἐπὶ μετρίοις τισὶ συμβαίη.

[2]) Cicero spricht den L. Caesar auf der Rückreise zu Pompejus nach Teanum (Att. VII 13, 1) am Morgen des 23. Januar in Minturnae (Att. VII 12, 6); er muß also spätestens am 19. von Caesar abgefertigt sein, und wird etwa am Tage vorher in Ariminum eingetroffen sein. Daraus ergibt sich zugleich, daß die Senatssitzung, die seine Entsendung veranlaßt hat, spätestens auf den 15. Januar gefallen sein kann.

[3]) Caesar civ. I 8 *L. Caesar reliquo sermone confecto, cuius rei causa venerat, habere se a Pompeio ad eum privati officii mandata demonstrat:* ebenso Roscius. Leider erfahren wir aus den anderen Quellen nichts über den Inhalt ihrer Vorschläge. Da beide ohne offiziellen Auftrag kamen, können sie Caesar nicht etwa amtlich den Beschluß des Senats über seine eventuelle Erklärung zum *hostis* (S. 291) überbracht haben.

können, möge Pompejus näher herankommen oder ihm das gestatten; wenn sie sich persönlich sprechen könnten, würden sich alle Streitpunkte beilegen lassen¹).

Mit diesen Vorschlägen ist Caesar noch ein großes Stück über seine früheren Konzessionen hinausgegangen und hat im Grunde alles bewilligt, was von ihm gefordert werden konnte. Er mochte annehmen, daß Pompejus, über den Ernst der Lage und die Unmöglichkeit einer Offensive belehrt und zugleich durch die Vorwürfe seiner neuen Verbündeten gereizt, dazu gebracht werden könne, ihm wieder die Hand zu bieten und, zufrieden mit der gesicherten Stellung in Spanien, Caesar für sein Consulat freien Spielraum zu gewähren; alsdann war er selbst, im Besitz der tatsächlichen Macht, ganz bereit, ihm alle äußeren Ehren zu lassen, die er begehren mochte, und, wie er bald darauf zu Balbus sagte, „unter dem Principat des Pompejus ohne Besorgnis für seine Existenz zu leben"²). Denn daß, wenn wirklich

---

¹) Caes. civ. I 9 *proficiscatur Pompeius in suas provincias, ipsi exercitus dimittant, discedant in Italia omnes ab armis, metus e civitate tollatur, libera comitia atque omnis respublica senatui populoque Romano permittatur.* Das deckt sich sachlich mit Ciceros Angabe an Tiro XVI 12, die aber die Einzelheiten zum Teil präziser gibt: *feruntur omnino condiciones ab illo, ut Pompeius eat in Hispaniam, dilectus, qui sunt habiti, et praesidia nostra dimittantur; se ulteriorem Galliam Domitio, citeriorem Considio Noniano (his enim obtigerunt) traditurum; ad consulatus petitionem se venturum, neque se iam velle, absente se rationem haberi suam; se praesentem trinum nundinum petiturum.* Die Forderung der persönlichen Zusammenkunft gibt nur Caesar.

²) Am Abend des 24. Februar besucht Balbus der jüngere bei dem Versuch, Lentulus zu bestechen, den Cicero in Formiae und erzählt (Att. VIII 9, 4) *nihil malle Caesarem, quam ut Pompeium adsequeretur — id credo — et rediret in gratiam: id non credo et metuo, ne omnis haec clementia ad unam illam crudelitatem colligatur* (d. h. zu einem großen Akt der Grausamkeit, der dem bisherigen Schein der Milde ein Ende macht; es ist nicht nötig, *unam in Sullanam* oder *Cinneam* zu ändern). *Balbus quidem maior ad me scribit, nihil malle Caesarem, quam principe Pompeio sine metu vivere: tu puto haec credis.* Ciceros Befürchtungen sind sehr begreiflich, aber verkennen Caesars Absichten vollständig.

ein festes Abkommen geschlossen wurde, damit tatsächlich seine
Wahl gesichert war und die ihm gedrohte gerichtliche Verfolgung
aufgegeben werden mußte, war, wie auch die Gegenpartei anerkannte[1]), dabei die selbstverständliche Voraussetzung.

Inzwischen aber hatte das weitere Vordringen der Truppen
Caesars und vor allem die Besetzung von Arretium und die
Räumung Etruriens durch Libo, der hier die Aushebungen
leiten sollte[2]), sowie das Eintreffen zahlreicher Flüchtlings-
scharen in Rom die Bestürzung und Verwirrung zur Siedehitze
gesteigert. Pompejus dagegen behielt den Kopf klar[3]): er erkannte, daß jeder Widerstand in Italien unmöglich sei und es
nur noch darauf ankomme, möglichst viel Mannschaften aus
Italien fortzuziehn und dann auf der Balkanhalbinsel, gedeckt
durch das Meer, für den Entscheidungskampf auszubilden. Die
starke Armee in Spanien mußte einstweilen sich selbst überlassen bleiben; er durfte hoffen, daß sie imstande sein würde,
sich, falls Caesar sie angreifen sollte, ihm gegenüber zu behaupten;
auch konnte sie, wenn in Afrika die Streitkräfte der Provinz
und der Vasallenstaaten organisiert waren, von hier aus weitere
Unterstützung erhalten. In der Sitzung am 17. Januar erklärte er dem Senat, daß es geboten sei, nicht nur die Hauptstadt, sondern auch ganz Italien zu räumen. Er berief sich auf
Themistokles und die Räumung Athens vor den Persern und
wiederholte das damals gesprochene Wort, daß der Staat nicht

---

[1]) Für Cicero ist es selbstverständlich, daß wenn der Friede zustande kommt, Caesar Consul wird, und er erkennt an, daß dabei die
Stellung der Republik wenigstens noch notdürftig gewahrt wird: *vicerit
enim, si consul factus erit, et minore scelere vicerit quam quo in-
gressus est. sed accipiendo plaga est*, ad Att. VII 15, 3; ebenso 17.
2. 18, 2.

[2]) Florus II 13, 19. Lucan II 462; vgl. Cicero ad Att. VII 12, 2.
VIII 11 B, 2.

[3]) Die gegenteilige Behauptung, die sich wie bei Cicero so bei Plut.
Pomp. 61 = Caes. 30 und in anderer Fassung bei Dio 41, 6 findet und
von den Neueren meist nachgesprochen wird (sogar daß Pompejus
ἀστρατήγητος oder ἀστρατηγικώτατος sei! ad Att. VII 13, 1. VIII 16, 1),
beruht auf totalem Mangel an militärischem Verständnis.

aus den Hauswänden bestehe[1]). Mit der Preisgebung Italiens sei noch nichts verloren; man habe die gesamten Hilfsmittel des Orients nebst den Streitkräften der abhängigen Staaten bis zu den Geten, Kolchern und Armeniern zur Verfügung, überdies eine starke Flotte aus allen Küstengebieten, mit der man die Verbindung Italiens mit den Kornprovinzen unterbinden und ihm die Zufuhr abschneiden könne. Wenn es Sulla gelungen sei, vom Orient aus Italien zu erobern und die Herrschaft des Senats wieder aufzurichten, wie sollte es ihm nicht möglich sein?[2]) Die Senatoren, militärisch völlig urteilslos, entsetzten

[1]) ad Att. VII 11, 3 (19. Januar) [bei Plutarch Pomp. 63 zitiert] führt Cicero seine Worte an: *„non est" inquit „in parietibus respublica"* — *at in aris et focis* (Einwurf Ciceros) — *„fecit Themistocles"; fluctum enim totius barbariae ferre urbs una non poterat.* Vgl. X 8, 4. Appian II 37, 147 οὐ γὰρ τὰ χωρία καὶ τὰ οἰκήματα τὴν δύναμιν ἢ τὴν ἐλευθερίαν εἶναι τοῖς ἀνδράσιν, ἀλλὰ τοὺς ἄνδρας, ὅπῃ ποτ᾽ ἂν ὦσιν, ἔχειν ταῦτα σὺν ἑαυτοῖς. Nachher benutzt er das für die Rede, die er Pompejus in Macedonien halten läßt, II 50, 205: καὶ Ἀθηναῖοι τὴν πόλιν ἐξέλιπον, ὑπὲρ ἐλευθερίας τοῖς ἐπιοῦσι πολεμοῦντες, οὐ τὰ οἰκήματα πόλιν, ἀλλὰ τοὺς ἄνδρας εἶναι νομίζοντες, καὶ τόδε πράξαντες ὀξέως αὐτὴν ἀνέλαβόν τε καὶ εὐκλεεστέραν ἀπέφηναν; ebenso haben die Römer es beim Keltenangriff gemacht.

[2]) Cic. ad Att. IX 10, 2 *vidi hominem (Pompeium) XIIII Kal. Febr. plenum formidinis: illo ipso die sensi, quid ageret nihil nisi fugam cogitare quae minae municipiis! quae nominatim viris bonis! quae denique omnibus, qui remansissent! quam crebro illud „Sulla potuit, ego non potero?"* (was Cicero völlig falsch versteht) *huius belli genus fugi, et eo magis, quod crudeliora etiam cogitari et parari videbam. me Getarum et Armeniorum et Colchorum copias ad eam* (urbem) *adducere? me meis civibus famem, vastitatem inferre Italiae?* Dazu IX 9, 2 *ut nostri principes patriam fame necandam putent. atque hoc non opinione timeo, sed interfui sermonibus: omnis haec classis Alexandrea, Colchis, Tyro, Sidone, Arado, Pamphylia, Lycia, Rhodo, Chio, Byzantio, Lesbo, Zmyrna, Mileto, Coo ad intercludendos commeatus Italiae et ad occupandas frumentarias provincias comparatur.* VIII 11, 2 *nec vero ille urbem reliquit, quod eam tueri non posset, nec Italiam, quod ea pelleretur, sed hoc a primo cogitavit, omnis terras, omnia maria movere, reges barbaros incitare, gentis feras armatas in Italiam adducere, exercitus conficere maximos; genus illud Sullani regni iam pridem appetitur, multis, qui una sunt, cupientibus.* Ebenso X 8, 4. Diese ganz schiefe Auffassung, in der sich Cicero, nicht, wie

sich bei diesen Ausführungen, die alle ihre Erwartungen auf
das bitterste enttäuschten und ihr Vertrauen auf Pompejus aufs
schwerste erschütterten; aber es blieb ihnen nichts übrig, als
sich zu fügen. Seinem Antrag gemäß wurde beschlossen, daß alle
Beamten und Senatoren am nächsten Tage die Stadt verlassen
sollten, die Zurückbleibenden als Genossen des Landesfeindes
mit schwerster Strafe bedroht, ebenso die Municipien, die sich
Caesar anschließen sollten[1]). Noch an demselben Tage ging
Pompejus nach Campanien zu den Truppen, am 18. Januar
(1. Dezember julianisch) folgte der allgemeine Auszug. Auch diejenigen, welche zu Caesar neigten oder neutral zu bleiben
wünschten, wagten nicht, sich der allgemeinen Bewegung zu
entziehn[2]); sogar Caesars Schwiegervater Piso ging mit[3]). In
der Eile war es unmöglich, vor dem Auszug in den Krieg die
lex curiata de imperio einzuholen und die üblichen Opfer darzubringen[4]); ebensowenig gelangte der Beschluß, den Staatsschatz

---

dieser VII 26, 1, vgl. 13, 1 behauptet, Pompejus als ἀστρατηγικώτατος
erweist, hat dann Nissen als das eigentliche Motiv des Pompejus hingestellt: er habe sich dadurch, daß er den Kriegsschauplatz in die Provinzen verlegte, von der Abhängigkeit von Consuln und Senat emanzi-
pieren wollen. — Bei Appian II 37 sagt Pompejus: „ihr werdet die (von
Favonius geforderten, oben S. 295) Legionen haben, ἂν ἀκολουθῆτέ μοι
καὶ μὴ δεινὸν ἡγῆσθε τὴν Ῥώμην ἀπολιπεῖν, καὶ εἰ τὴν Ἰταλίαν ἐπὶ τῇ
Ῥώμῃ δεήσειεν." Die Heranziehung aller Kräfte des Ostens zu Lande und
zur See bringt er in Pompejus' Rede II 51, 210 f.

[1]) So auch Caes. civ. I 33, 2.
[2]) Appian II 37. Plut. Pomp. 61 = Caes. 33. Bei Dio 41, 5 f. ist
durch die Einwirkung der verfälschten Darstellung Caesars die Rückkehr der Gesandtschaft des Roscius und L. Caesar vor den Beschluß des
Auszugs gesetzt und die Wirkung des von ihnen überbrachten Angebots
fälschlich zum Motiv für Pompejus' Entschluß gemacht, während zugleich die beiden noch einmal entsandt werden (41, 5, 4) und diesmal
die Verhandlungen scheitern (41, 6, 5 f.). Ciceros Briefe gestatten hier
eine genaue Kontrolle und Datierung; trotzdem hat auch Dios Bericht
gelegentlich Glauben gefunden. Seine Schilderung des Auszugs und
der Stimmung dagegen c. 7 ff. ist vortrefflich.
[3]) ad fam. XIV 4, 2. ad Att. VII 13, 1.
[4]) Unterlassung der *lex curiata*: Dio 41, 43, 3. Plut. Pomp. 61
= Caes. 34 οἱ δὲ ὕπατοι μηδὲ θύσαντες ἃ νομίζεται πρὸ πολέμου ἔφυγον.

ins Feld zu schaffen¹), zur Ausführung. Als Pompejus später den Consuln nach Capua die Forderung sandte, das Geld zu holen, weigerten sie sich, zu gehorchen, wenn nicht Pompejus vorher zu ihrer Deckung nach Picenum vorrücke²); und so fielen die Gelder in Caesars Hände.

Während man inmitten der allgemeinen Verwirrung versuchte, die Aushebungen und Rüstungen energischer in Gang zu bringen, trafen am 23. Januar Lucius Caesar und Roscius in Pompejus' Hauptquartier in Teanum Sidicinum ein³). Pompejus verhandelte mit den Consuln und den anwesenden Senatoren; auch Labienus, der tags zuvor eingetroffen war und dessen Übertritt die Hoffnungen wieder etwas belebt hatte, war zugegen⁴). Pompejus war in der Tat zur Nachgiebigkeit bereit;

Caesar höhnt darüber civ. I 6, 7: *consules, quod ante id tempus accidit nunquam, ex urbe proficiscuntur lictoresque habent in urbe et in Capitolio privati* (d. h. eben ohne *imperium*, s. AD. NISSEN, Beitr. zum röm. Staatsrecht 113, vgl. oben S. 291, 2) *contra omnia vetustatis exempla*. Ein Teil der Herausgeber hat durch Einschiebung von *clam* vor *ex urbe prof.* den Sinn der ganzen Stelle verdorben.

¹) Dio 41, 6, 3. Cic. ad Att. VII 15, 3 *sumus enim flagitiose imparati cum a militibus, tum a pecunia, quam quidem omnem, non modo privatam, quae in urbe est, sed etiam publicam, quae in aerario est, illi reliquimus.* VIII 3, 4 *non patefactum (Caesari) iter ad urbem? non pecunia omnis et publica et privata adversario credita?* Natürlich wurde der Staatsschatz geschlossen: VII 12, 2 *nec eum rerum prolatio* [natürlich wurden alle Geschäfte vertagt] *nec senatus magistratuumque discessus nec aerarium clausum tardabit*. Caesar hat sich bekanntlich nicht geschämt, zu schreiben, Lentulus sei geflohn, nachdem er die Tür aufgeschlossen, und habe sie offen stehen lassen (civ. I 14).

²) ad Att. VII 21, 2 (7. Februar).

³) ad Att. VII 14. Cicero hat den L. Caesar am Morgen desselben Tages in Minturnae gesprochen und gibt von seiner Persönlichkeit und ebenso von den *absurdissima mandata* eine ganz wegwerfende Schilderung VII 13, 6.

⁴) Att. VII 13, 7, vgl. § 1 *Labienum* ἥρωα *iudico; facinus iam diu nullum civile praeclarius, qui, ut aliud nihil, hoc tamen profecit: dedit illi dolorem; sed etiam ad summam profectum aliquid puto*; ferner vorher 12, 5 sowie fam. XIV 14, 2 an Terentia, XVI 12, 4 an Tiro; Att. VII 16, 2 *Pompeius Labienum secum habet non dubi-*

auch mochte er, in seiner schwierigen Lage beengt und gereizt durch die Vorwürfe und die passive Resistenz seiner Alliierten, wohl die Neigung verspüren, sich wieder mit Caesar zu verbinden, der ihm die Sache so viel leichter gemacht hatte. Indessen er empfand, daß jeder Schritt, der auf eine derartige Absicht hindeutete, sein schon brüchig gewordenes Verhältnis zu der Senatspartei definitiv und für alle Zukunft zerstören mußte; den Vorschlag einer persönlichen Zusammenkunft mit Caesar konnte er daher überhaupt nicht berücksichtigen. Bei der Beratung in Capua, unter Vorsitz der Consuln, vertrat nur Favonius den prinzipiell ablehnenden Standpunkt: man dürfe sich von Caesar keine Gesetze vorschreiben lassen. Aber er wurde nicht gehört. Auch Cato, in seinem Vertrauen auf Pompejus' Kriegsbereitschaft schwer enttäuscht[1]), war zum Ein-

tantem de imbecillitate Caesaris copiarum, cuius adventu Gnaeus noster multo animi plus habet, und dann, als der Rückzug immer weiter geht, am 17. Februar das wegwerfende Urteil Att. VIII 2, 3 *Afranium exspectabimus et Petreium; nam in Labieno parum est dignitatis.*

[1]) Vgl. was Caesar civ. I 30, 5 über Catos Rede berichtet, die er hielt, als er am 23. April (Cic. Att. X 16. 3) Sicilien räumte: *queritur in contione, sese proiectum ac proditum a Cn. Pompeio, qui omnibus rebus imparatissimis non necessarium bellum suscepisset et ab se reliquisque in senatu interrogatus omnia sibi esse ad bellum apta ac parata confirmavisset.* Dieses Referat ist natürlich einseitig und wird wesentlich ergänzt durch Plut. Cato 53 (= Appian II 40, 162), wonach Cato erklärt, an Pompejus' Geschick zeige sich die Unsicherheit aller Vorausberechnung und die Unzuverlässigkeit der Gottheit, da er, der bei seinen verwerflichen Unternehmungen unbesiegt geblieben sei, jetzt, wo er für Vaterland und Freiheit kämpfe, vom Glück verlassen werde (πολὺν περὶ τὰ θεῖα πλάνον εἶναι καὶ ἀσάφειαν, εἰ Πομπήιον, ἐν οἷς ὑγιὲς οὐδὲν οὐδὲ δίκαιον ἔπραττεν ἀήττητον γενόμενον, νῦν ὅτε τὴν πατρίδα βούλεται σώζειν καὶ τῆς ἐλευθερίας ὑπερμάχεται, προλέλοιπε τὸ εὐτυχεῖν). Gegen die Vorhut Curios unter Asinius Pollio würde er Sicilien halten können, aber nicht gegen die im Anzug begriffene stärkere Truppenmacht, und so wolle er der Insel die Greuel des Kriegs ersparen (ebenso Dio 41, 41, 1). — Cicero, der selbst in Campanien nichts ausgerichtet hatte, tadelt natürlich dies Verhalten auf das stärkste und behauptet, Cato habe Sicilien mit leichter Mühe *(nullo negotio)* halten können! ad Att. X 16, 3 (vgl. 12, 2).

lenken bereit; aber er forderte, daß Caesar sofort die besetzten
Orte räume, so daß man nach Rom zurückkehren und dort im
Senat über das weitere verhandeln könne. Dementsprechend
wurde die Antwort formuliert; im übrigen wurde erklärt, daß
die Consuln und Pompejus einstweilen die Aushebungen weiter
fortsetzen würden; wenn Caesar die Bedingungen annehme, sei
Pompejus bereit, nach Spanien zu gehn; ein Termin dafür und
für die Entlassung der Heere wurde nicht angegeben[1]). Pompejus
ließ den Brief, in dem er diese Vorschläge formulierte und im
übrigen von Caesar in den verbindlichsten Ausdrücken redete —
„für seine glänzenden Taten" stehe ihm der Anspruch auf den
Triumph und ein zweites Consulat zu —, in Rom durch Anschlag
bekanntgeben; so zeigte er, daß er die Versöhnung nicht ablehne,
und konnte die Stimmung wieder für sich gewinnen[2]).

---

[1]) ad Att. VII 15, 2: Am 25. Januar hat er die Consuln *multosque nostri ordinis* in Capua getroffen; *omnes cupiebant, Caesarem abductis praesidiis stare condicionibus iis, quas tulisset. uni Favonio leges ab illo nobis imponi non placebat, sed is (haud) auditus in consilio; Cato enim ipse iam servire quam pugnare mavolt, sed tamen uit, in senatu se adesse velle, si Caesar adductus sit, ut praesidia deducat.* Die Bedingungen VII 14. 1: *probata condicio est* (die Caesar vorschlägt), *sed ita, ut ille de iis oppidis, quae extra suam provinciam occupavisset, praesidia deduceret; id si fecisset, responsum est, ad urbem nos redituros esse et rem per senatum confecturos.* Ebenso an Tiro XVI 12, 3 (vgl. S. 298, 1). Fortgang der Aushebungen XVI 12. 4 *dilectus enim magnos habebamus* [als ich den Brief am 27. Januar schrieb], so daß wir hoffen dürfen *ut eum intercludamus,* wenn er *a suis condicionibus ipse fugerit.* ad Att. VII 16, 2 (28. Januar): *Pompeius ad me scribit, paucis diebus se firmum exercitum habiturum, spemque adfert, si in Picenum agrum ipse venerit, nos Romam redituros esse.* Dagegen entrüstet er sich 18, 2 (3. Februar) darüber, daß *Caesarem aiunt acerrime dilectum habere, loca occupare* cet. Caesar civ. I 10 f. stellt die Bedingungen und seine eigene Ablehnung im wesentlichen richtig dar, abgesehn von der Verfälschung der Datierung (s. oben S. 293, 2), die zur Folge hat, daß er als zu räumenden Ort einzig Ariminum nennt.

[2]) ad Att. VII 17, 2, wo er bedauert, daß Pompejus, *cum scriptor luculentus esset,* die Abfassung des Schriftstücks dem ungeschickten Stilisten Sestius (oben S. 135, 2) übertragen habe; 18, 1. 26, 2 *(Caesarem)*,

Wie Cicero, so waren offenbar auch gar manche andre unter den führenden Männern des naiven Glaubens, daß diese Vorschläge den Frieden herbeiführen könnten. Aber es war für Caesar in der Tat völlig unmöglich, sich auf Bedingungen einzulassen, die jede bindende Verpflichtung der Gegner vermieden, wohl aber ihnen die Zeit gaben, ihre Kräfte zu sammeln, während sie ihn selbst in die Position vor Eröffnung des Kampfes zurückwarfen. Er lehnte die Vorschläge ab und gab seinen Truppen den Befehl zum Vorrücken. Daß Caesar die Bedingungen verworfen habe, erfuhr Cicero in Campanien am 3. Februar durch Briefe aus Rom[1]); die Entscheidung in Ariminum wird also vier oder fünf Tage vorher am 27. oder 28. Januar gefallen sein.

Den Versuch, durch persönliche Besprechung mit Pompejus zu einem friedlichen Abkommen zu gelangen, hat Caesar trotzdem nicht aufgegeben, sondern immer wieder erneuert, wo sich eine Möglichkeit zur Anknüpfung bot. Als bald nach der Einnahme von Corfinium (20. Februar) Numerius Magius, ein *praefectus fabrum* des Pompejus, in seine Hände fiel, entließ er ihn mit dem Auftrag, er lasse den Pompejus, wenn er nach Brundisium vorgerückt sei, um eine Unterredung bitten, alsdann würden sie

---

cui noster alterum consulatum deferret et triumphum — at quibus verbis! „pro tuis rebus gestis amplissimis"; ebenso VIII 9, 2. 12, 2.

[1]) ad Att. VII 19. — Am 8. Februar erfährt Cicero, daß ganz Picenum verloren ist *(sciebat nemo praeter me ex litteris Dolabellae,* seines bei Caesar stehenden Schwiegersohns). Mithin fällt die Besetzung von Auximum und ebenso von Iguvium (Caes. civ. I 12 f.; erst nach derselben erzählt er die Räumung von Rom c. 14, die er so künstlich weit hinter die Friedensverhandlungen durch L. Caesar und Roscius c. 8—11 schiebt) auf den 28. und 29. Januar. Der Vormarsch in Picenum *(Auximo Caesar progressus omnem agrum Picenum percurrit,* civ. I 15), die Gewinnung von Cingulum und Asculum schließen unmittelbar daran an, etwa 1.—4. Februar; am 9. Februar erfährt Cicero durch einen Brief, daß Lentulus (Spinther), der Asculum geräumt hatte, und Thermus, der aus Iguvium geflohen war, mit ihren Truppen bereits bei Domitius in Corfinium eingetroffen sind; ihre Ankunft dort muß also auf den 7. Februar fallen.

sich weit leichter einigen, als wenn sie die Verhandlungen durch Vermittler führten[1]). Gleichzeitig schreibt er an seine Vertrauten Oppius und Balbus, die seinen Intentionen gemäß den Brief an Cicero und gewiß auch an andre weitergaben[2]): „ich bestrebe mich, mich so milde wie möglich zu erweisen, und mit Pompejus zu einer Versöhnung zu gelangen   Ich habe Pompejus' Praefecten Numerius Magius gefangen genommen, und ihn natürlich meinen Grundsätzen gemäß sogleich entlassen. Schon zwei *praefecti fabrum* des Pompejus[3]) sind in meine Hände gefallen und von mir entlassen worden; wenn sie dankbar sein wollen, müssen sie Pompejus ermahnen, daß er lieber mit mir Freund sein will als mit denen, die ihm ebensogut wie mir immer die schlimmsten Feinde waren und die es durch ihre Intrigen erreicht haben, daß der Staat in seine jetzige Lage gekommen ist"[4]).

---

[1]) Caesar civ. I 24.

[2]) ad Att. IX 7 C; Cicero hat den Brief am 13. März weiter an Atticus mitgeteilt — Mit Cicero hat Caesar die ganze Zeit hindurch die Verbindung aufrecht erhalten, vor allem durch Trebatius (22. Januar. ad Att. VII 17, 3 f. IX 12. 1 und IX 15, 6 im März), Caelius, Dolabella (ad Att. VII 21, 3), Balbus (VIII 9, 4, s. S. 298, 2), aber auch persönlich (VII 21, 3 VIII 2, 1. 11. 5. s. unten S. 347). Cicero, immer nach Frieden ausschauend und von dem Wunsch beherrscht, sich bei beiden Gegnern möglichst wenig zu kompromittieren und von jedem aktiven Eingreifen fern zu halten (ad Att. VIII 12. 2), hat entsprechend geantwortet. Als der Consul Lentulus Caesars Gladiatoren in Capua beschlagnahmte und zunächst für den Krieg verwenden wollte, dann aber auf die dagegen gemachten Vorstellungen Pompejus' sie auf die Familien verteilen ließ (Caesar civ. I 14, 4. Cicero ad Att. VII 14, 2), schrieb Caesar deshalb an Cicero, und dieser antwortete verbindlich mit Mahnungen zur Versöhnung und Lobsprüchen auf Pompejus; Caesar hat den Brief veröffentlicht (ad Att. VIII 2. 1. 9, 1).

[3]) Der andere ist Vibullius Rufus, civ. I 15, 4. III 10, 1.

[4]) *si volent grati esse, debebunt Pompeium hortari, ut malit mihi esse amicus quam illis, qui et illi et mihi semper fuerunt inimicissimi, quorum artificiis effectum est, ut respublica in hunc statum perveniret.* Vgl. civ. I 4 *ipse Pompeius ab inimicis Caesaris incitatus et quod neminem dignitate secum exaequari volebat, totum se ab eius amicitia averterat et cum communibus inimicis in gra-*

Pompejus hat in der Tat gleich nach Caesars Ankunft vor Brundisium am 9. März den Magius zu ihm mit Vorschlägen geschickt, und Caesar hat darauf geantwortet. Über den Inhalt erfahren wir nichts; in seinem Geschichtswerk hat Caesar vielmehr behauptet, während er darauf gewartet und in der Hoffnung auf eine Versöhnung mit seinen Operationen zurückgehalten habe, habe Pompejus den Magius nicht an ihn geschickt, obwohl uns glücklicherweise ein Brief Caesars selbst erhalten ist, der das Gegenteil bezeugt[1]). Dagegen erzählt er, daß er sich durch seinen Legaten Caninius Rebilus an dessen Freund Libo wandte, er möge die Aussöhnung und ein Gespräch mit Pompejus vermitteln. Pompejus ließ antworten, da die Consuln nicht anwesend seien — sie waren schon am 4. März mit einem großen Teil der Truppen nach Epirus abgezogen[2]) —, sei er nicht in der Lage, über die Beilegung der Streitigkeiten zu verhandeln[3]). Am 17. März ging dann Pompejus, sich der von Caesar versuchten Einschließung geschickt entziehend, mit dem Rest der Truppen in

---

tiam redierat, quorum ipse maximam partem illo affinitatis tempore iniunxerat Caesari.

[1]) Caesar civ. I 26 atque haec (die Belagerung Brundisiums) *Caesar ita administrabat, ut condiciones pacis dimittendas non existimaret; ac tametsi magnopere admirabatur, Magium ... ad se non remitti, atque ea res saepe temptata etsi impetus eius consiliaque tardabat, tamen omnibus rebus in eo perseverandum putabat.* Dagegen Caesars Brief an Oppius und Balbus Cic. ad Att. IX 13 A: *a. d. VII Idus Martias Brundisium veni, ad muros castra posui. Pompeius est Brundisii. misit ad me N. Magium de pace, quae visa sunt respondi. hoc vos statim scire volui. quom in spem venero, de compositione aliquid me conficere, statim vos certiores faciam.* Offenbar will Caesar auch hier, wie I 8, 2 (oben S. 297, 3), seine Leser nicht wissen lassen, welche Bedingungen er abgelehnt hat. Plutarch Pomp. 63 folgt Caesars Darstellung.

[2]) ad Att. IX 6, 3. 9, 2.

[3]) Caesar civ. I 26, 3 ff. *paulo post renuntiat (Libo), quod consules absint, sine illis non posse agi de compositione ita saepius rem frustra temptatum Caesar aliquando dimittendam sibi iudicat et de bello agendum.* Ebenso Dio 41, 12, 2.

Sec¹). Ein Versuch Caesars, von Rom aus durch den Senat Verhandlungen anzuknüpfen, gelangte nicht zur Ausführung (s. u. S. 318). An dem Streben aber hat Caesar bis zuletzt festgehalten, immer von dem Satze ausgehend, daß beide ihr Heer entlassen und ihre Provinzen aufgeben sollten²). Nach der Landung in Illyrien hat er den Vibullius Rufus, der zweimal, in Corfinium und in Spanien, in seine Hände gefallen war, mit diesem Anerbieten zu Pompejus geschickt³) und die Verhandlung dann durch Libo fortgesetzt; aber Pompejus erklärte, er könne sich auf nichts einlassen, das Leben habe für ihn keinen Wert mehr, wenn er von Caesars Gnade abhänge und seine Rückkehr nach Italien ihm verdanke⁴). Eine Verhandlung, die Vatinius herbeizuführen suchte, vereitelte Labienus: es habe keinen Sinn, von Verhandlungen zu reden; wenn man nicht Caesars Kopf einbringe, sei kein Friede möglich⁵). Auch der Versuch, während der Belagerung von Dyrrhachium durch Scipios Vermittlung eine Verhandlung herbeizuführen, wurde von diesem unter dem Ein-

---

¹) Matius und Trebatius an Cicero, ad Att. IX 15, 6; eine wie sich zeigte falsche Nachricht, daß Pompejus abgefahren sei, hatte Cicero schon am 15. März aus Capua erhalten, IX 14, 3.

²) Caesar civ. I 85, 12 in der Rede an das spanische Heer des Pompejus nach der Kapitulation von Ilerda: *proinde, ut esset dictum, provinciis excederent exercitumque dimitterent; si id sit factum, se nociturum nemini, hanc unam atque extremam esse pacis condicionem.*

³) civ. III 10, 8 f. *condiciones pacis, quoniam antea convenire non potuissent, Romae ab senatu et a populo peti debere; interea et reipublicae et ipsi placere oportere, si uterque in contione statim iuravisset, se triduo proximo exercitum dimissurum. depositis armis auxiliisque, quibus nunc confiderent, necessario populi senatusque iudicio fore utrumque contentum.* Plut. Pomp. 65 nennt den Unterhändler Ἰούβιος.

⁴) civ. III 18.

⁵) civ. III 19. Gleichzeitig wiederholte er den im Februar 49 gescheiterten Versuch, den Lentulus (jetzt Proconsul) durch den jüngeren Balbus, der sich deshalb ins feindliche Lager wagte, zu erkaufen; man konnte sich über den Preis nicht einigen (Vellejus II 51, 3. Asinius Pollio an Cicero X 32, 3; Balbus machte als dessen Quaestor im Jahre 43 daraus eine *praetexta*, die er aufführen ließ).

fluß des Favonius abgewiesen[1]). So blieb kein andrer Ausweg, als die Entscheidungsschlacht.

Aber auf der Gegenseite herrschte keineswegs Einigkeit. Nur mit äußerstem Widerstreben hatten sich der Senat und die Beamten den Anordnungen des Pompejus gefügt: sie konnten die Räumung der Stadt und nun gar Italiens nicht fassen, die ihre Erwartung, unter dem glorreichen Feldherrn einen raschen und leichten Sieg zu gewinnen, so gründlich widerlegte und ihnen statt dessen einen langen schweren Krieg in Aussicht stellte, der sie aus allen Lebensgewohnheiten herausriß. Dazu kam dann in ganz charakteristischer Weise der Gegensatz zwischen der tief eingewurzelten Idee des Stadtstaats und den realen Bedingungen des Weltreichs. Der Feldherr Pompejus stand mit seinen Maßnahmen ganz auf dem Boden des letzteren; ihm war für seine Operationen Rom eine Stadt wie zahlreiche andre auch, und militärisch nicht einmal von großer Bedeutung. Für die Aristokratie und den Senat dagegen bedeutete Rom alles, selbst Italien kam daneben kaum in Betracht, die übrigen Länder dagegen waren lediglich untertänige Gebiete, für die meisten sogar nur Objekte für die Ausbeutung durch die Machthaber in Rom. Diese Auffassung beherrschte ihre gesamte Denkweise und hatte sich in den Wirren der Revolutionszeit und des hauptstädtischen Intrigenspiels nur noch gesteigert; bei Cicero tritt sie uns durchweg als dominierende Grundstimmung entgegen, nur um so bezeichnender, da er selbst aus einer Landstadt stammte und der stadtrömischen Aristokratie als unberechtigter Eindringling galt; sie hat, wie sein ganzes Leben, die Ablehnung der Provinz, sein Verhalten im Exil, so in verhängnisvollster Weise sein Verhalten im Bürgerkrieg und in dem letzten Kampf der Republik im Jahre 43 bestimmt. Die große Zeit Roms, deren Anschauungen uns in Catos *Origines* und den sonstigen

---

[1]) civ. III 57. Diese Anknüpfungsversuche im Jahre 48 sind natürlich durch Caesars schwierige Lage in Illyrien hervorgerufen und zum Teil wohl nur Manöver, um ihm Luft zu schaffen, vgl. Dio 41, 47, 2. 53, 2.

Überresten der ältesten Annalistik entgegentreten, empfand darin viel gesünder und freier, indem sie Italien als die Basis des römischen Staats ansah; die engherzige Beschränkung auf die Hauptstadt, die auch die jüngere Annalistik und Livius durchaus beherrscht, ist ein sehr bezeichnendes Symptom für den Niedergang des Römertums und die Unhaltbarkeit der bisherigen Staatsgestaltung. Bei der Opposition gegen Pompejus kommt allerdings ein ideales Moment hinzu: man sträubte sich dagegen, daß die Untertanen in die inneren Zwistigkeiten der Bürgerschaft hineingezogen werden und hier die Entscheidung geben sollten. Aber das Maßgebende bleibt doch, daß man sich eben von der Stadt nicht loszulösen vermochte, wie Athen im Perserkriege, sondern die Gedanken wirklich an den „Hauswänden" haften blieben.

Diese Gegensätze haben lähmend auf alle Operationen in Italien gewirkt. Abgesehn von den Offizieren des Pompejus hatten nur wenige die sittliche Kraft, wie Cato sich trotz aller Bedenken und alles Mißtrauens jetzt im Kriege den Befehlen zu fügen und die zugewiesene Aufgabe gewissenhaft auszuführen. Marcus Marcellus, wie er durchweg eine völlig selbständige Haltung eingenommen und sich weit weniger als Cato an Pompejus angeschlossen hatte, wollte von der ganzen Art des Vorgehns nichts wissen und hielt sich möglichst zurück[1]); sein Bruder, der Consul Gaius, war im Gegensatz zu Lentulus ganz lau[2]), und sein Vetter, der Consul des Vorjahrs, blieb sogar dauernd in Italien zurück[3]). Cicero vollends, obwohl er ver-

---

[1]) Cicero an Marcellus (Sommer 46) IV 7, 2 *vidi neque te consilium civilis belli ita gerendi nec copias Cn. Pompei nec genus exercitus probare semperque summe diffidere; qua in sententia me quoque fuisse memoria tenere te arbitror. itaque neque tu multum interfuisti rebus gerendis, et ego id semper egi, ne interessem.* Vgl. IV 9, 2.

[2]) Vgl. ad Att. VII 21, 1: zu der von ihm mit Lentulus angesetzten Beratung in Capua am 5. Februar kommt er überhaupt nicht; ferner 20, 1.

[3]) ad Att. X 12, 3. 13, 2. 15, 2.

sicherte, mit Pompejus leben und sterben zu wollen, betrieb die
ihm übertragene Aushebung in Campanien und an der Seeküste
ganz lässig, schrieb an Pompejus Briefe voll absichtlicher Miß-
verständnisse und boshafter Sticheleien¹) und war im Herzen
nur zu froh, als er behaupten konnte, ihm sei der Weg nach
Brundisium durch Caesars Truppen verlegt, so daß er den Befehl, mit den ausgehobenen Mannschaften zu Pompejus zu
kommen, nicht ausführen könne. Als er dann im Sommer 49
schließlich doch noch zu ihm ging, lehnte er jede aktive Tätigkeit ab²), verletzte dagegen jedermann durch die boshaften
Witze, mit denen er alles tadelte, was geschah, so daß man
schließlich froh war, daß er krank in Epirus liegen blieb
und an dem Zug, der nach Pharsalos führte, nicht teilnehmen konnte³). Die energischeren unter den Führern der
Optimaten dagegen machten, statt die ausgehobenen Mannschaften möglichst rasch zu Pompejus zu führen, wie dieser
befohlen hatte, immer wieder den Versuch, die hoffnungslosen
Positionen zu halten und dadurch Pompejus zu zwingen, in
Italien zu bleiben und ihnen Hilfe zu bringen, und waren

---

¹) ad Att. VIII 11 B. D, und Pompejus' Briefe VIII 6. 11 A. C. Vgl.
weiter Äußerungen wie VII 24 (10. Februar) *non dubito, quin Gnaeus
in fuga sit; modo effugiut. a consilio fugiendi, ut tu censes, absum;*
ferner VIII 7. 8. 11 usw.

²) ad Att. XI 4, Juli 48 nach dem Sieg bei Dyrrhachium: *nullas
habeo (res) litteris dignas, quippe cui nec quae acciderunt nec quae
aguntur ullo modo probantur ... ipse fugi adhuc omne munus,
eo magis, quod ita nihil poterat agi, ut mihi et meis rebus
aptum esset.*

³) Plut. Cic. 38 f.; seine Krankheit auch ad Att. XI 4, 2. Boshafte
Witze: Macrob. II 3, 7 ff. — Während der Belagerung von Dyrrhachium
(Pompeio circumvallato nunc denique) schrieb Dolabella an ihn,
natürlich im Auftrag Caesars, den Brief fam. IX 9, um ihn für den
Fall, daß Pompejus hier besiegt werde *(si forte Pompeius pulsus his
quoque locis rursus alias regiones petere cogatur)* oder sein Heil
auf der Flotte suche *(si iam ille evitaverit hoc periculum et se ab-
diderit in classem),* zum Rücktritt in die Neutralität zu veranlassen:
er möge dann nach Athen *vel in quamvis quietam civitatem* gehn,
Caesar werde ihm alles bewilligen.

entrüstet, wenn er, mit vollem Recht, sich nicht darauf einließ. Durch dies Verhalten bewirkten sie lediglich, daß die von ihnen zusammengebrachten Mannschaften Caesar in die Hände fielen und von ihm in seine Legionen eingereiht wurden, und daß Pompejus statt der großen Armee, die er hätte ansammeln können, außer den beiden Caesar abgenommenen Legionen nur drei aus italischen Rekruten gebildete Legionen aus Brundisium über See führen konnte[1]).

Trotzdem war die Lage keineswegs hoffnungslos, auch dann nicht, als Caesar wider alles Erwarten in einem kurzen Feldzug das Heer in Spanien besiegt und zur Kapitulation gezwungen hatte. Pompejus hatte aus Italien immer noch ebensoviele Legionen fortgeführt, wie die, mit denen Sulla den Krieg gegen die Italien und den ganzen Westen beherrschende Demokratie begonnen hatte; wie diesem, standen auch ihm, nur in weit größerem Umfang, die reichen materiellen Mittel des gesamten Orients zur Verfügung, und überdies beherrschte er, anders als Sulla, die See vollständig. Er hatte jetzt eine Frist gewonnen, in der er die Rekruten militärisch schulen und aus den östlichen Provinzen eine gewaltige Truppenmacht zusammenbringen konnte. So blieb die Entscheidung bis zuletzt völlig ungewiß: an Zahl waren Pompejus' Streitkräfte denen, die Caesar über das Adriatische Meer geführt hatte, weitaus überlegen, und wenn sie ihm auch an Kriegstüchtigkeit im offenen Feld nicht gewachsen waren, so zeigten die besonnenen Operationen des Pompejus und Caesars Niederlage vor Dyrrhachium doch, was sich mit einer defensiven Kriegsführung erreichen ließ.

Einigkeit herrschte im Lager des Pompejus freilich nur in dem Haß gegen Caesar und seine Anhänger, der sich nach dem Siege bei Dyrrhachium in der Abschlachtung der Gefangenen durch Labienus unter Hohnreden[2]) und in eifrigen Streitig-

---

[1]) Caesar civ. III 4. Appian II 49, 201; vgl. Plut. Pomp. 63. Caesar civ. I 25, 2 (zusammen 50 Cohorten).

[2]) Caesar civ. III 71.

keiten über die antizipierte Verteilung der Siegespreise, die
Ämter Caesars und seiner Anhänger und die Bestrafung der
Gegner und der Lauen entlud¹). Die äußeren Formen der
Korrektheit wahrte man. Man erklärte Thessalonike für den
offiziellen Sitz der Regierung, wo Senat und Volk sich versammeln und die an zweihundert Senatoren, die sich hier
zusammenfanden, rechtsgültige Beschlüsse fassen konnten, und
erwarb auch für den Staat einen Platz, um auf römischem
Boden die Auspicien einholen zu können. Aber Consulwahlen vorzunehmen war rechtlich unmöglich, weil den bisherigen Consuln die für die Berufung der Centuriatcomitien
erforderliche Kommandogewalt infolge der unterlassenen Einholung der lex curiata fehlte²). So beschloß der Senat auf
Antrag des Consuls Lentulus, jetzt, wo es keine Consuln mehr
gab, dem Pompejus für das nächste Jahr an ihrer Stelle
die Oberleitung zu übertragen³), wie das Cato schon vor

---

¹) Caesar civ. III 82 f. = Plut. Caes. 42. Pomp. 67. Cicero ad Att.
XI 6, 5 f, und an M. Marius fam. VII 3, 2 *extra ducem paucosque praeterea
(de principibus loquor), reliquos primum in ipso bello rapacis, deinde in oratione ita crudelis, ut ipsam victoriam horrerem; maximum autem aes alienum amplissimorum virorum. quid quaeris?
nihil boni praeter causam.*

²) Dio 41, 43. Militärisches imperium, das sie berechtigte, in die
Provinzen zu gehn und dort zu operieren, besaßen die Consuln nach
Ciceros Angabe ad Att. VIII 14, 3 allerdings: *sed memento, praeter
Appium* (den Censor) *neminem esse fere, qui non ius habeat transeundi; nam aut cum imperio sunt, ut Pompeius, ut Scipio, Sufenas,
Fannius, Voconius, Sestius, ipsi consules, quibus more maiorum concessum est vel omnis adire provincias, aut legati sunt eorum.* Aber
offenbar hat Cicero bei dieser Bemerkung das staatsrechtliche Bedenken,
das in der Unterlassung der *lex curiata* lag, nicht berücksichtigt; es
ist ja auch in Thessalonike erst im letzten Moment zum Bewußtsein
gekommen.

³) Lucan V 1—48, d. i. Livius; v. 46 *Magnum iubete esse ducem;*
der Senat stimmt zu *et Magno fatum patriaeque suumque imposuit.*
Caesar civ. III 16, 4 erklärte Libo dem Caesar bei den Verhandlungen
in Oricum Anfang 48, er könne nichts entscheiden, *propterea quod de
consilii sententia summam belli rerumque omnium Pompeio permiserint.* Vgl. oben S. 308.

einem Jahr gefordert hatte; unter ihm führten dann die bisherigen Beamten die Geschäfte als Proconsuln, Propraetoren, Proquaestoren weiter¹). Pompejus erkannte nach der Vereinigung mit Scipio, der die Legionen aus Syrien herbeiführte, im Juli 48 diesen als Oberfeldherrn und sich gleichstehend an und wahrte so den Schein republikanischer Kollegialität²). Aber im übrigen herrschte auf beiden Seiten das tiefste Mißtrauen: die Republikaner hatten Pompejus in dem durchaus berechtigten Verdacht, daß er nicht für den Staat, sondern nur für die eigene Herrschaft kämpfe³); Domitius höhnte über den neuen Agamemnon, den König der Könige⁴); Favonius, wie er ihn im Januar 49 wegen seiner unzulänglichen Vorbereitungen insultiert hatte, spottete jetzt, er ziehe den Krieg in die Länge, weil er ihm die Feigen von Tusculum nicht gönne⁵). Nicht minder tief war Pompejus' Miß-

---

¹) Dio 41, 43.
²) Caesar civ. III 82.
³) Cicero an Marcellus IV 9, 2: Pompejus würde es als Sieger nicht viel anders machen, als jetzt Caesar. *an qui in bello suo et certorum hominum minime prudentium consilio uteretur, eum magis communem censemus in victoria futurum fuisse, quam incertis in rebus fuisset?* Vgl. schon ad Att. VIII 11, 2 (28. Februar 49) *dominatio quaesita ab utroque est, non id actum, beata et honesta civitas ut sit;* dem von Cicero in der Schrift über den Staat gezeichneten Ideal habe er nie entsprochen. IX 10, 6 (18. März) *hoc turpe* (die Flucht) *Gnaeus noster biennio ante cogitavit* [als er M. Marcellus im Stich läßt]; *ita sullaturit animus eius et proscripturit iam diu.* X 7 (April) *regnandi contentio est, in qua pulsus et modestior rex et probior et integrior et is, qui nisi vincit, nomen populi Romani deleatur necesse est; sin autem vincit, Sullano more exemploque vincet.* Bekannt ist Livius' treffende, Caesars Äußerung civ. I 4 (S. 306, 4) fortbildende Charakteristik, die bei Dio 41, 54, 1 Πομπήιος μὲν οὐδενὸς ἀνθρώπων δεύτερος, Καῖσαρ δὲ καὶ πρῶτος πάντων εἶναι ἐπεθύμει = Lucan I 125 *nec quemquam iam ferre potest Caesarve priorem Pompeiusve parem* = Florus II 13, 15 *nec ille ferebat parem, nec hic superiorem* erhalten ist.
⁴) Plut. Pomp. 67 = App. II 67, 278.
⁵) Plut. Pomp. 67.

trauen gegen seine Verbündeten, vor allem gegen ihr geistiges
Oberhaupt Cato, einen der wenigen, die sich bemühten, eine
ehrenhafte Haltung der Partei zu erzwingen: er hat durchgesetzt, daß die in Thessalonike tagende Versammlung des Senats
den Beschluß faßte, keine untertänige Stadt zu plündern
und außer im Gefecht keinen römischen Bürger zu töten,
und hat selbst auch wirklich danach gehandelt und das unvermeidliche Blutvergießen aufrichtig beklagt[1]). Auch war er
keineswegs rigoros gegen die Lauen und Unentschiedenen;
vielmehr tadelte er Cicero, daß er seine ursprüngliche Haltung
aufgegeben habe und ins Lager des Pompejus gekommen sei;
er würde dem Vaterland und seinen Freunden viel mehr
haben nützen können, wenn er seine Mittelstellung beibehalten
hätte, statt daß er sich jetzt ohne hinlänglichen Anlaß Caesar zum Feinde gemacht habe[2]). Um so mehr fürchtete Pompejus, Cato werde ihm nach dem Siege entgegentreten und
ihn zwingen, sich den Gesetzen zu unterwerfen und seiner
Gewalt zu entkleiden. Daher suchte er ihn nach Möglichkeit fernzuhalten, übertrug nicht ihm, sondern dem unfähigen
Consular Bibulus das Kommando über die Flotte, und ließ
ihn nach dem Sieg bei Dyrrhachium dort mit fünfzehn
Kohorten zur Bewachung des Lagers und der Kriegskasse
zurück[3]).

Diese inneren Gegensätze haben die Entscheidung herbeigeführt. Nach dem Siege von Dyrrhachium waren die Häupter
der Republikaner so entrüstet über Pompejus' zögerndes Verhalten, und verlangten so ungestüm, daß er jetzt ein
Ende mache, daß er gegen seine bessere Einsicht nachgab;
einzig Cato stimmte Pompejus zu, man müsse eine Schlacht
vermeiden, dieser aus richtigen strategischen Erwägungen,
jener um das Bürgerblut zu schonen[4]). Auch Afranius' Vor-

---

[1]) Plut. Cato 53 = Pomp. 65, vgl. Cato 54 = Caes. 41.
[2]) Plut. Cic. 38.
[3]) Plut. Cato 54. 55 = Pomp. 67 (hier wird Pompejus' Motiv mit ἔνιοί φασι eingeführt).
[4]) Plut. Caes. 41.

schlag, jetzt nach Italien zu gehn, wurde verworfen; Pompejus selbst wollte nicht den Anschein erwecken, als gehe er wieder, wie in Italien, Caesar aus dem Wege, und überdies Scipios Heer, mit dem er sich damals noch nicht vereinigt hatte, nicht einem Angriff Caesars preisgeben[1]). Aber indem er, gegen seine bessere Einsicht, Caesar nach Thessalien folgte und unmittelbar an ihn heranrückte, gab er die strategische Überlegenheit, die er gewonnen hatte, freiwillig preis und kam Caesars Wünschen entgegen. Caesars Zug nach Thessalien war ein Verzweiflungsausweg gewesen; seine Verpflegung war hier auf die Dauer äußerst schwierig, und Pompejus hätte versuchen können, ihm alle Verbindungen abzuschneiden und ihn dann entweder zu erdrücken oder auszuhungern. Dadurch, daß er aufs neue mit ihm in enge Fühlung trat, verlor er die Bewegungsfreiheit, die er bis dahin besaß. Eine Schlacht konnte Caesar allerdings nicht erzwingen, wenn Pompejus sie ihm nicht dadurch bot, daß er von den Höhen, auf denen er stand, in die Ebene hinabrückte; aber ebensowenig konnte Pompejus jetzt noch ohne Kampf wieder abrücken. Er hatte sich freiwillig in dieselbe Lage begeben, wie das römische Heer bei Cannae, und war wieder von Caesars Bewegungen abhängig. Als Caesar schon die Hoffnung aufgegeben hatte, ihn mürbe zu machen, und nach Norden in Gegenden abrücken wollte, die ihm eine bessere Verproviantierung boten, tat er, verführt durch

---

[1]) Plut. Pomp. 66 f. = Caes. 40 f. Appian II 65. 66 f. Kürzer Dio 41, 52. Vellejus II 52. Vgl. Cicero an Marius VII 3, 2: *desperans victoriam primum coepi suadere pacem, cuius fueram semper auctor; deinde, cum ab ea sententia Pompeius valde abhorreret, suadere institui, ut bellum duceret; hoc interdum probabat et in ea sententia videbatur fore et fuisset fortasse, nisi quadam ex pugna* [bei Dyrrhachium] *coepisset suis militibus confidere. ex eo tempore vir summus nullus imperator fuit: signa tirone et collecticio exercitu cum legionibus robustissimis contulit, victus turpissime amissis etiam castris solus fugit.* Das Urteil ist vollkommen zutreffend.

das Drängen seiner Umgebung und Labienus' Versicherung, daß die Veteranen Caesars bereits so gut wie bereits aufgerieben seien[1]), den letzten verhängnisvollen Schritt und bot die Schlacht, eine Gelegenheit, die Caesar sofort mit voller Siegeszuversicht ergriff.

Mit der Niederlage brach die Koalition auseinander. Sobald er sah, daß die Schlacht verloren sei, verließ Pompejus das Schlachtfeld, ohne sich um die Armee und ihre Rettung weiter zu kümmern: er empfand, daß seine Rolle ausgespielt sei. Von seinen Verbündeten begleiteten ihn nur der Proconsul Lentulus Crus sowie Lentulus Spinther (Consul 57) und Favonius, der jetzt, im Gegensatz zu seinem bisherigen Verhalten, dem Gefallenen die größte Ehrfurcht bewies und ihn persönlich bediente[2]). Auch Cato war entschlossen, ihm die Treue zu halten, und versuchte ihm von Dyrrhachium aus über Korkyra zu folgen; als er nach Kyrenaika gelangt war, erhielt er die Kunde von Pompejus' Tode[3]). Da konnte er sich dem Drängen der Republikaner nicht mehr entziehn, das Kommando zu übernehmen, und führte ihre Streitkräfte durch das Syrtengebiet in die afrikanische Provinz.

Caesar aber hat auch jetzt noch an seinem leitenden Gedanken festgehalten. Nach dem Siege wandte er sich nicht gegen die Republikaner, sondern setzte so eilig wie möglich dem Pompejus nach, deutlich in der Absicht, nicht ihn unschädlich zu machen — denn über irgendwelche Macht, die ihm hätte gefährlich werden können, gebot Pompejus nicht

---

[1]) Caesar civ. III 86 *Pompeius quoque, ut postea cognitum est, suorum omnium hortatu statuerat proelio decertare*. Weiteres Detail bei Appian II 66 f. Plut. Pomp. 68 = Caes. 42. — Labienus Caes. III 87.

[2]) Plut. Pomp. 73. Vellejus II 53; vgl. Caesar III 102, 7.

[3]) Plut. Cato 65 f. Lucan IX 19 f. *ille* (Cato). *ubi pendebant casus dubiumque manebat, quem dominum mundi facerent civilia bella, oderat et Magnum, quamvis comes isset in arma, auspiciis raptus patriae ductuque senatus; at post Thessalicas clades iam pectore toto Pompeianus erat.*

mehr —, sondern seiner habhaft zu werden, um durch die
Wiederherstellung der Verbindung mit dem bisherigen Princeps, der nun sein willenloses Werkzeug werden mußte, den
Bürgerkrieg zu beenden und die Republik zu beherrschen.
Diesen Plan hat die Ermordung des Pompejus durch die
Aegypter vereitelt.

Caesars Monarchie

Caesar bei den neueren Historikern

Über die Persönlichkeit und das Werk Caesars gehn die Anschauungen weit auseinander. NIEBUHR hat in seinen Vorträgen als Grundzug seines Wesens neben der urwüchsigen, auf allen Gebieten zur unmittelbaren Wirkung gelangenden Begabung, die sich geltend machen will, Offenheit und Herzlichkeit, das „Bedürfnis vieler Freunde" und die „Freiheit von Scheelsucht und Neid" hingestellt: „schlechterdings war er kein Intrigant, sondern er war die offenste Seele von der Welt, und gerade darum vernachlässigte er vieles: manche Gewalttätigkeit, die er beging, ist bloß Folge von früherer Unvorsichtigkeit, Hingebung und Offenheit". „Caesar war ein dämonischer Mensch, der mit reißender Leidenschaftlichkeit vorwärts ging, dabei aber immer wohlwollend und liebenswürdig"; dadurch habe er sich „in höchst unglückliche Verhältnisse verwickelt", so sei er durch seine ungeheure Verschwendung „nicht für seinen Luxus, sondern für das Volk" in Abhängigkeit von den Reichen, namentlich von Crassus geraten. Diese Charakteristik wird wohl kaum irgendwo Zustimmung finden, wie denn überhaupt NIEBUHRs Darstellung dieser ganzen Epoche, in auffallendem Kontrast zu seiner Behandlung der älteren Zeit, einen überraschenden Mangel an politischem Urteil zeigt und über die wichtigsten Momente ganz flüchtig hinweggeht; so wird z. B. die Koalition von 59 und die herrschende Stellung, die Pompejus dadurch erhielt, überhaupt nicht erwähnt, das Abkommen von Luca nur nachträglich ganz beiläufig berührt. So wird man hier immer wieder an die Art erinnert, wie Herodot Geschichte erzählt: ein Erfassen der entscheidenden Triebkräfte des geschichtlichen Prozesses wird nicht versucht, die maßgebenden Faktoren, die den Zusammenhang der Entwicklung bestimmen, sind nirgends herausgearbeitet. Im Mittelpunkt der Darstellung steht für NIEBUHR durchweg Cicero, den er enthusiastisch verehrt und maßlos überschätzt. Caesars Ziel ist die Gewinnung einer Provinz und die Eroberung Galliens, bei der er „aus unseligem Ehrgeiz" gewissenlos und frevelhaft handelt. Beim Ablauf seiner Statthalterschaft „war sein Verhältnis zur Republik so unglücklich, daß es nicht in menschlicher Macht stand, es auf eine heilbare und erfreuliche Weise zu ändern". Er konnte sich in den bevorstehenden Rücktritt in einfache bürgerliche Verhältnisse noch weniger finden, wie seinerzeit Scipio. „Alles, was er auf gesetzlichem Wege hätte erreichen können, war ein zweites Consulat, was aber unter den damaligen Verhältnissen nichts als eine bloße Ehre war, denn was hätte er mit sich und der Republik anfangen sollen?" Nach seinem Siege „blieben für Caesar eigentlich weder in Italien noch in den Provinzen Einrichtungen zu machen übrig; seit fünfzehn Jahren an die ungeheuerste Tätigkeit gewöhnt, war er wie in einem Zustand von Müßiggang, wenn er sich nicht nach außen wenden konnte"; so plante er den Feldzug gegen die Parther und die Geten. „Auch für den Augenblick unternahm er manches, so wild, daß man kaum begreift, wie er es während der fünf Monate, die er noch lebte, hat vollenden können. „Es ist aber besonders merkwürdig, daß bei allen seinen Maßregeln keine Spur sich findet, daß er daran dachte, die Verfassung auf irgend eine Weise zu modifizieren und der Anarchie ein Ende zu machen, denn alle seine Anordnungen sind doch im Grunde unwesentlich ... Caesar scheint es sich garnicht gedacht zu haben, wie er da abhelfen wollte."

Ein weit tiefergreifendes politisches Verständnis zeigt HEEREN in seinem vortrefflichen und noch durch kein andres ersetzten Handbuch der Geschichte der Staaten des Altertums (2. Aufl. 1810), in dem die entscheidenden Momente der Entwicklung zum großen Teil bereits richtig herausgehoben sind. Über Caesar urteilt er: „So gewiß es ist, daß Caesar nicht wie Sulla die Republik unterjochte, um sie wiederherzustellen, so unmöglich ist es, zu bestimmen, was die letzten Entwürfe des kinderlosen Usurpators waren, der in seiner ganzen Laufbahn bis zu dem letzten Ziel durch kein anderes Motiv als durch eine Herrschsucht, die unmittelbar aus dem Gefühl seiner überlegenen Kräfte entsprang und sich jedes Mittel zu ihrer Befriedigung erlaubte, geleitet und getrieben zu sein scheint. Allein sein Versuch, das Diadem zu erhalten, scheint es doch außer Zweifel zu setzen, daß er eine förmliche Monarchie einführen wollte." „Noch fehlt es an einer würdigen Biographie des Mannes, der in den neueren Zeiten eben so übermäßig gepriesen, als Alexander herabgesetzt worden ist. Als Feldherrn und Eroberer waren beide gleich groß — und klein; als Mensch ragt in seiner besseren Zeit, die Caesar nie hatte, der Macedonier hervor; von den großen politischen Ideen, die sich bei Alexander entwickelten, kennen wir bei Caesar keine, der wie kein andrer die Herrschaft zu erringen, aber weniger sie zu befestigen verstand."

Für DRUMANN sind Ehrgeiz („Ruhmsucht") und Herrschsucht die entscheidenden Triebfedern Caesars, die ihn den Plan eines Umsturzes der Republik fassen lassen, den er von Anfang an systematisch verfolgt[1]). So hat er auch den Bürgerkrieg bewußt erstrebt und herbeigeführt; sein Endziel war die Aufrichtung der absoluten Monarchie, das Mittel die Beschaffung von Heer und Geld. Auch der Bund mit Pompejus und Crassus war ihm nur ein Mittel, durch das er sie seinen Zwecken dienstbar machte, während jene „nur Wünsche, aber keinen Plan für das Leben hatten", ebenso die Eroberung Galliens, die er als Vorbereitung für den Bürgerkrieg und die Erreichung der Alleinherrschaft unternahm. Als er diese gewonnen hat und seine „Ruhmsucht und sein Ehrgeiz befriedigt waren, konnte das Große und Edle, das Unvergleichliche in ihm, durch jene Leidenschaften bisher verdunkelt und gehemmt, in vollem Glanze sich entwickeln", bis er jäh mitten aus der großartigsten Tätigkeit herausgerissen wurde.

---

[1]) Schon unter Sulla im Jahre 82 (III² 128): „Seinem Scharfblick entging es nicht, daß die Republik sich überlebt hatte; er beschloß eine Partei durch die andere zu stürzen, um dann über beide zu gebieten. Diesen Plan entwarf er schon jetzt, und folgerecht führte er ihn auch aus; jede Seite seiner Geschichte bezeugt es."

Diese so weit auseinandergehenden Auffassungen, denen sich leicht weitere Belege aus allen Literaturen¹) anreihen ließen, genügen zum Erweise, wie wenig der Satz MOMMSENS den Tatsachen entspricht, eine Persönlichkeit wie Caesar könne „wohl flacher oder tiefer, aber nicht eigentlich verschieden aufgefaßt werden; jedem nicht ganz verkehrten Forscher ist das hohe Bild mit denselben wesentlichen Zügen erschienen, und doch ist dasselbe anschaulich wiederzugeben noch keinem gelungen"

Einen gewaltigen Fortschritt bezeichnet dann MOMMSENS Römische Geschichte. Er ist der erste, und ist im Grunde der einzige geblieben, der eine lebendige und farbenprächtige Geschichte der Revolutionszeit wirklich als politischer Historiker geschrieben hat, der die Zersetzung der Republik und die Herausbildung der neuen Staatsgestaltung innerlich zu begreifen und anschaulich zu machen versucht, der daher den wirksamen Kräften überall nachgeht, sie im einzelnen herauszuarbeiten und klarzulegen unternimmt und so in das Chaos Ordnung bringt. Die Einwirkung seiner Darstellung ist unermeßlich: alle Nachfolgenden, auch wenn sie ihn energisch bekämpfen und sich dagegen sträuben, sind doch durchweg von ihm abhängig, seine Periodisierung, die von ihm geschaffenen Termini und Schlagwörter sind, vielfach halb unbewußt, von ihnen übernommen und dauernder Besitz der Geschichtswissenschaft geworden.

Aber so fördernd das geniale Werk gewirkt hat, so wenig sind die Gebrechen zu verkennen, die ihm als Geschichtswerk anhaften. Wie überall, so steht MOMMSEN auch hier unter der Herrschaft einer politischen Tendenz, die nicht aus seinem Gegenstande, sondern aus der Gegenwart des Schriftstellers, aus den politischen Kämpfen seiner eigenen Zeit erwachsen ist: es ist vielleicht die bedeutendste Manifestation, welche der radikale Liberalismus von 1848 in der großen Literatur gefunden hat. Neben der scharfen Betonung der nationalen Idee, welche ihn zu der völlig verkehrten Auffassung geführt hat, die Unterwerfung Italiens durch Rom und die Aufrichtung des italischen

---

¹) Über Shakespeare s. unten.

Bundes sei die Herstellung einer latent bereits vorhandenen Nationalität, eine „Einigung Italiens", und die dann, in charakteristischem Umschlag der Idee, zu der Verherrlichung der Welteroberung und im fünften Bande zur Forderung einer fortschreitenden Expansion ins Unbegrenzte, gegen Parther, Germanen, Britannen, geführt hat, steht als dominierendes Moment der Haß gegen das „Junkertum", mit andern Worten: gegen die geschichtliche Gestaltung des preußischen Staats, wie sie sich in der Reaktionszeit aufs neue, die entgegenstehenden Tendenzen gewaltsam niederhaltend, durchsetzte, ein Haß, der MOMMSENS ganzes Empfinden und Handeln beherrschte und, nach den Kämpfen gegen Bismarck, kurz vor seinem Lebensende noch einmal gewaltsam hervorbrach; daß die Entwicklung so ganz andre Wege gegangen ist, hat in sein Denken und sein Leben ein stark hervortretendes Moment der Tragik eingefügt. Der Haß gegen das Junkertum setzt sich um in der älteren Geschichte Roms in Haß gegen die Patricier, in der Revolutionszeit in Haß gegen den Senat und die Optimaten[1]). Die Verkommenheit und staatsmännische Impotenz dieser Elemente wird in drastischen Farben geschildert, ihre Gegner dagegen, auch wenn sie eben so korrupt sind wie jene und die größten Verbrechen begehn, mit Sympathie behandelt und entschuldigt, die Ideale der römischen Demokratie verherrlicht, die Verfechter der großen Traditionen der aristokratischen Republik mit geringschätziger Ironie geschildert. Diese Darstellung gipfelt dann in der Darstellung Caesars. Er ist der vollendete Staatsmann, in einem Maße, wie ihn die Geschichte nie wieder hervorgebracht hat. Sein Ziel ist die Wiederherstellung des uralten Königtums und durch dasselbe die Regeneration des römischen Volkes und

---

[1]) Diese Tendenz MOMMSENS hat auch sein Staatsrecht vielfach verhängnisvoll beeinflußt. — Seine Schrift „Die Rechtsfrage zwischen Caesar und dem Senat" (1857, = Ges. Schr. IV 92 ff.) ist ein glänzendes Advokatenplädoyer für Caesar, aber eben so parteiisch und sachlich unhaltbar wie so manche Reden des Cicero oder Demosthenes. Die Konstruktion über den Beginn des Imperienjahrs am 1. März, auf die sie aufgebaut ist, hat er selbst später stillschweigend fallen lassen.

die Durchführung der großen, diesem von der Geschichte gestellten Aufgaben; zugleich ist er von Jugend auf erfüllt von den Idealen der Demokratie und hat an ihnen festgehalten als Demagoge und Verschwörer, als erobernder Feldherr, als unumschränkter Monarch; so bedürfen seine Handlungen, mögen sie dem populären Urteil auch noch so bedenklich erscheinen, kaum je der Entschuldigung, ja nicht einmal der Rechtfertigung: es versteht sich von selbst, daß er dem Gegner gegenüber, sei es im Innern der Rivale oder der bestehende Staat, sei es der äußere Feind, immer im Rechte ist.

So ist MOMMSEN, der liberale Doktrinär und Märtyrer von 1848, der jahrzehntelang Bismarck bekämpft und in seinen großen Schöpfungen, in der inneren, wirtschaftlichen, politischen und sozialen Regeneration des deutschen Volkes immer nur kleinliche Motive, Korruption und systematische Vergiftung des deutschen Volkscharakters zu sehn vermochte, der Verherrlicher der schrankenlosesten absoluten Gewalt geworden, die nach dem von ihm verherrlichten Ideal den Namen des Caesarismus erhalten hat. Caesars Wirken und sein Staatsbau ist das großartigste und genialste Werk, welches die Weltgeschichte kennt: „so wirkte und schaffte er", schließt das Kapitel über die alte Republik und die neue Monarchie, „wie nie ein Sterblicher vor ihm und nach ihm, und als Wirkender und Schaffender lebt er noch nach Jahrtausenden im Gedächtnis der Nationen, der erste und doch auch der einzige Imperator Caesar".

Wie man nun auch sonst über diese Auffassung denken mag — und sie ist im einzelnen wie im ganzen in der wissenschaftlichen Diskussion der nächsten Jahrzehnte von den verschiedensten Seiten her angegriffen und mit mehr oder weniger Erfolg bekämpft worden[1]) —, offenkundig ist, daß sie an zwei funda-

---

[1]) Eine Aufzählung und Kritik dieser verschiedenen, teils an MOMMSEN anschließenden, teils ihn bekämpfenden Auffassungen des Problems, von denen ich nur die Arbeiten von NISSEN, IHNE, O. E. SCHMIDT, v. MESS, die Bearbeitung der Feldzüge durch VEITH, und die nüchterne Materialsammlung LANGES nenne, um von Napoleons III. Caesar ganz zu schweigen, erscheint an dieser Stelle und für unsere Zwecke nicht erforderlich.

mentalen Gebrechen leidet. Einmal hat Mommsen, als er die
Römische Geschichte schrieb, das Principat des Augustus noch
nicht gekannt und gewürdigt — das Verständnis desselben, das
er uns alsdann erschlossen hat, ist vielleicht die großartigste
seiner Leistungen —, und daher erscheint ihm Caesars Staatsbau als die Grundlage des Kaisertums, seine Herrschaft gegen
alle Geschichte nicht als eine mit seiner Ermordung zusammen-
brechende Episode in dem Ringen um die neue Staatsgestaltung,
sondern als der Abschluß der bisherigen Entwicklung und das
Ende der römischen Republik[1]). Das hat ihn zugleich gehindert,
die Bedeutung des Pompejus und seiner Ziele richtig zu erfassen,
und ihn zu einer völlig verkehrten, seitdem unzählige Male nach-
gesprochenen, Beurteilung der Ermordung Caesars und der neuen
republikanischen Erhebung geführt. Sodann aber hat er Caesar
nicht nur als eine Idealgestalt, ja als „das Vollkommene" schlechthin geschildert, sondern ihn geradezu in eine übermenschliche
Sphäre gerückt. Von Anfang an steht sein Ziel ihm klar vor
Augen[2]), und unentwegt hat er es dreißig Jahre lang verfolgt,
wenn er auch, durch die Erfahrung belehrt, die Wege wechselt
und die Eroberung Galliens ihm aus einem Mittel wieder zum
Selbstzweck wird; um sie durchzuführen, hat er, gegen seine
eigenen Interessen, dem Pompejus im Jahre 56 auf der Konferenz
von Luca eine der seinen gleichartige Stellung verschafft und
damit, wenn man ihn lediglich vom Standpunkte der inneren
Politik aus betrachtet, „einen argen politischen Fehler" begangen:
„allein der Ehrgeiz des seltenen Mannes beschränkte sich nicht
auf das niedrige Ziel der Krone" Aber sein Hauptziel, die Gewinnung der unumschränkten Alleinherrschaft und den Neu-

---

Durchaus ablehnend gegen MOMMSEN verhält sich auch K. W. NITZSCH
in seinen als „Geschichte der römischen Republik" veröffentlichten Vorträgen, die eine sachlich weit zutreffendere Auffassung vertreten.

[1]) Eben darin liegt, weit mehr als in äußeren Momenten, der entscheidende Grund, weshalb er sein Werk nicht fortgeführt und den
vierten Band nie geschrieben hat: von seinem Caesar führt zu Augustus
kein Weg.

[2]) MOMMSEN schließt sich auch darin an DRUMANN an, nur daß er
dieses Ziel ganz anders beurteilt.

bau des Staats auf Grund der demokratischen Ideale, hat er darüber nie aus den Augen verloren, und als die Zeit gekommen war, den Bürgerkrieg bewußt herbeigeführt; und völlig klar stehn ihm seit langem nicht nur die Grundzüge, sondern selbst die Einzelheiten dieses Neubaus vor Augen.

Eine derartige Konstruktion widerspricht den Grundbedingungen des menschlichen Daseins und der historischen Wirksamkeit und erschließt nicht das Verständnis, sondern versperrt es: es ist, als ob man dem Major und Brigadegeneral Buonaparte, dem Genossen der Robespierres, bereits den Gedanken der Aufrichtung des Kaiserreichs als Verwirklichung der demokratischen Ideale der Revolution und womöglich gar der Verfassung von 1815, dem Abgeordneten Bismarck ein auch nur in den Grundlinien faßbares Bild der Wege, die zur Gründung des Deutschen Reichs geführt haben, oder seiner großen wirtschaftlichen und sozialen Gesetzgebung zuschreiben wollte — obwohl natürlich die Gedanken, die dahin geführt haben, auch damals schon in ihrer Seele lagen und, wo der Anlaß sich bot, blitzartig aufleuchten konnten.

In noch weit höherem Maße als diese ist Caesar in seiner Wirksamkeit von den gegebenen, fortwährend wechselnden Bedingungen des Moments bestimmt; diese richtig zu erfassen, von den Möglichkeiten, die sie umschließen, die höchste erreichbare mit sicherem Blick zu ergreifen und festzuhalten und dann, wenn er Herr der Situation geworden ist, die so gegebene Freiheit zu schöpferischem Neubau zu benutzen, dabei trotz aller tiefgreifenden Umgestaltung doch nie die Schranken überschreitend, welche auch dem stärksten Willen unüberwindbar gesetzt sind — darin besteht die Tätigkeit des wahren Staatsmanns. Ein Mensch dagegen, wie MOMMSENS Caesar, hat überhaupt niemals existiert: darauf, und nicht, wie MOMMSEN glaubt, auf der idealen Vollendung seiner Erscheinung beruht es, daß im Gegensatz zu den lebensvollen Porträts, welche er sonst so vielfach gezeichnet hat, sein Caesar ein Schemen ohne Fleisch und Blut geblieben ist.

Ich füge hier noch einige Bemerkungen über FERREROS Grandezza e Decadenza di Roma (1904 ff.) ein; in der vorigen

Auflage hatte ich dies Werk nicht berücksichtigt, da es trotz
glänzender Darstellung doch im wesentlichen den Charakter
einer dilettantischen, von einem gewandten Pamphletisten verfaßten Arbeit trägt. Allerdings hat sich der Verfasser in das
Quellenmaterial der Ciceronischen und Augusteischen Zeit in
anerkennenswerter Weise hineingearbeitet, und sich bemüht,
sowohl die wirtschaftlichen und sozialen Grundlagen der großen
Krisis, wie, im Gegensatz zu MOMMSEN und so vielen anderen,
die ständige Wechselwirkung zwischen innerer und äußerer
Politik darzulegen. Diese Darstellung enthält zwar viele neue
und blendende Aperçus, aber doch nur wenig, was einer Prüfung
standhält. So wird auch das Bild, das er von Caesar und seiner
Politik entwirft, kaum irgendwie Zustimmung finden können.
Die Reaktion gegen die Auffassung, die Caesar von Anfang an
eine klare Anschauung des schließlich von ihm erreichten End-
ziels und ein bewußtes Streben nach demselben zuschreibt, schlägt
bei FERRERO in das Gegenteil um: Caesar ist ihm kein Staatsmann,
sondern ein genialer Abenteurer, der die kühnsten Pläne faßt,
aber fast regelmäßig fehlgreift, ein Spielball der Ereignisse, dem
dann doch, teils durch die Gunst der Umstände, teils durch seine
rasche Entschlußkraft, schließlich, nach fortwährenden Mißerfolgen, der Sieg zufällt. In seinen Plänen schwankt er ständig:
im Grunde ist er, wie bei NIEBUHR, eine harmlose Natur, mit
vielseitigen geistigen Interessen, aber in seiner Laufbahn kommt
er nur langsam vorwärts. — FERRERO verkennt ganz, daß er
nach der bestehenden Verfassung garnicht früher in die höheren
Ämter und zu einer führenden Stellung gelangen konnte —;
zu Anfang ist sein Ziel eine Versöhnung zwischen Aristokratie
und Demokratie nach den Lehren des Aristoteles, durch die
Schulden, die er machen muß (über die FERRERO die Angaben der
Überlieferung möglichst zu reduzieren sucht, ebenso wie die
über seine Liebschaften), wird er gezwungen, sich mit Crassus
zu verbinden, während er gleichzeitig die „Freundschaft" mit
Pompejus aufrecht erhalten will, und wird so in die Laufbahn
des Demagogen gedrängt. Als Consul versucht er eine Neu-
schaffung einer gemäßigten Demokratie nach dem Vorbild des

Perikles, wird dann aber durch die Opposition der Konservativen und den Zwang der Verhältnisse zu der Machtpolitik und der Eroberung Galliens gedrängt, um sich das verscherzte Ansehn bei den oberen Klassen wiederzugewinnen; an Ciceros Verbannung und Catos Entfernung ist er unschuldig. Mit Recht ist auch FERRERO der Ansicht, daß er den Bürgerkrieg zu vermeiden gesucht hat und seine Anerbietungen ernst gemeint waren; aber auch hier begeht Caesar Fehler auf Fehler. Nach dem Siege ist seine Stellung nicht stark, sondern schwach, er hat es im Grunde mit allen verdorben, zu einem Wiederaufbau des Staats ist er unfähig. Seine organisatorischen Maßnahmen sind daher im Grunde bedeutungslos und werden nur ganz flüchtig behandelt; der einzige Gedanke, der ihn beseelt, ist die Eroberung Persiens, dadurch hofft er, freilich völlig phantastisch, eine gesicherte Stellung gewinnen und eine neue Zeit herbeiführen zu können.

Man wird das geistvolle Buch mit Interesse lesen; aber als ein geschichtlich zutreffendes Bild der Zeit und des Mannes vermag ich es nicht anzuerkennen.

Persönlichkeit und Ziele Caesars

Um Caesars Laufbahn und Persönlichkeit richtig zu beurteilen, ist vor allem scharf im Auge zu behalten, daß zu seiner Zeit eine legitime, von der Gesamtheit des römischen Volks anerkannte Verfassung überhaupt nicht mehr existierte. Allerdings war die Herrschaft des Senats von Sulla wieder aufgerichtet, aber in Strömen von Blut; und sie bestand nur durch Gewalt. Zahlreiche Römer, nicht nur ehrgeizige Streber, sondern oft gerade ehrliche Männer, die sich wirklich von ihrer Überzeugung leiten ließen, bestritten der wiederhergestellten Staatsordnung jedes Recht und schauten auf Sulla und sein Werk mit ingrimmigem Haß — Gesinnungen, wie sie uns in der Rhetorik an Herennius, und in der folgenden Generation in Sallusts Schriften lebendig entgegentreten[1]). Diese Gesinnung konnte

---

[1]) Auch bei Cicero wirken diese Empfindungen noch in der Zeit, als er seine demokratischen Neigungen längst abgestreift hat, in der

durch das Mißregiment des folgenden Jahrzehnts nur noch gesteigert werden, ein Mißregiment, das weniger auf der Unfähigkeit der führenden Aristokraten beruht — denn unter ihnen waren nicht wenige hervorragend tüchtige Männer, wie Catulus, die beiden Lucullus, auch Metellus Pius —, als in dem Wesen des aristokratischen Regiments, das, lediglich auf dem Stadtstaat basiert, den Aufgaben des Weltregiments in keiner Weise gewachsen war. Entscheidend war vor allem die Überlastung des Senats mit zahllosen Geschäften (darunter auch seinem Anteil an der Rechtsprechung, die fortdauernd zahlreiche Senatoren in Anspruch nahm), und die Unmöglichkeit, daß die republikanischen Beamten sich in der kurzen Frist eines Jahres, während deren sie sich in die ihnen zugewiesene Tätigkeit einarbeiten sollten, von seltenen Ausnahmen abgesehn[1]), mehr als eine oberflächliche Kenntnis ihres Ressorts erwerben und eine nachhaltige Wirkung ausüben konnten, und daß die jährlich wechselnden, von der Wiederwahl ausgeschlossenen Consuln wirklich die zielbewußte Leitung der äußeren und inneren Politik über-

---

bewundernden Verehrung nach, mit der er von Marius und Sulpicius redet. Sie wurzeln in den Traditionen seiner Familie, die ihn mit seinen Sympathien und Interessen auf die Seite der Ritterschaft wies, mit der er die Verbindung immer festgehalten hat, und in der Landsmannschaft mit Marius; das Gegengewicht bildeten die Beziehungen, in die der junge Mann mit den Scaevolas, Crassus, Antonius und anderen Koryphäen der Nobilität getreten war.

[1]) Eine solche Ausnahme bildet Catos Verwaltung der Quaestur, die bei Plutarch in den sehr lehrreichen Kapiteln 16 ff. eingehend geschildert wird. Er hat sich denn auch nachher noch dauernd um diesen Zweig der Verwaltung gekümmert (c. 18 fin.). In der Regel dagegen waren die Quaestoren willenlose Werkzeuge in den Händen der Subalternen und Bürobeamten: τῶν ὑπηρετῶν καὶ γραμματέων, οἳ διὰ χειρὸς ἀεὶ τὰ δημόσια γράμματα καὶ τοὺς νόμους ἔχοντες, εἶτα νέους ἄρχοντας παραλαμβάνοντες δι' ἀπειρίαν καὶ ἄγνοιαν ἀτεχνῶς διδασκάλων ἑτέρων καὶ παιδαγωγῶν δεομένους οὐχ ὑφίεντο τῆς ἐξουσίας ἐκείνοις, ἀλλ' ἦσαν ἄρχοντες αὐτοί. Unsere Bürokratie bietet ja dazu zahlreiche Parallelen, vor allem im Bereich der Militärverwaltung, wo diese Gebrechen im Kriege ganz verhängnisvoll gewirkt haben, aber auch sonst oft genug, und zwar nicht nur bei befristeten Wahlämtern, bei denen sie fast unvermeidlich sind.

nehmen und etwa gar, wenn ihnen nicht wie den beiden Lucullus oder Caesar eine hervorragende militärische Begabung angeboren war, einen schweren Krieg erfolgreich führen konnten. Eben darum eröffnete sich den Intriganten schlimmster Sorte und dem Ehrgeiz der Individuen und damit einem wüsten Koterietreiben, das alle gesunden Bestrebungen überwucherte, aufs neue der weiteste Spielraum.

Aber zur Bildung einer wirklichen Opposition, zur Wiederaufnahme des Versuchs der Gracchen, das Senatsregiment durch eine Demokratie nach athenischem Muster zu ersetzen, haben diese Stimmungen nicht geführt. Der Popularpartei war durch Sulla das Rückgrat gebrochen; den Kapitalisten der Ritterschaft, die damals und dann nochmals unter Marius und Cinna den Versuch gemacht hatten, unter dem Namen der Demokratie die Regierung zu übernehmen, waren alle politischen Gelüste gründlich ausgetrieben, und sie beschränkten sich fortan darauf, ihren materiellen Interessen nachzugehn. Dem dritten Stande aber und vor allem dem Proletariat, das, durch Gaius Gracchus vorübergehend mit den Kapitalisten verkoppelt, unter Saturninus' Führung in erbittertem Kampf mit diesen nach der Herrschaft gestrebt hatte, fehlte, so stark es durch Sullas Maßregeln, vor allem in Etrurien, angewachsen war, alle Kraft zu einer erfolgreichen politischen Aktion: in der Erhebung des Lepidus und Marcus Brutus im Jahre 77 war seine Ohnmacht deutlich zutage getreten, gegen die von ihm drohenden Gefahren scharten sich alle Besitzenden um den Senat und die bestehende Regierung. Der Versuch des Sertorius endlich, von Spanien aus in offenem Kriege den Senat zu stürzen und die Demokratie wieder aufzurichten, war von Anfang an zum Scheitern verurteilt, so ernstliche Schwierigkeiten er der Regierung bereitet hat; die Basis, von der er ausging, war viel zu klein, um den Sieg erringen zu können.

So blieb als ernsthafter Gegner des Senats nur die Einzelpersönlichkeit und das Ringen um den beherrschenden Einfluß im Staat. Seit Pompejus und Crassus im Jahre 70 das demokratische Programm acceptiert und die Grundlagen der sullanischen Verfassung umgestoßen hatten, ist diesem Treiben vollends Tor und Tür geöffnet und in der Hauptstadt die Anarchie in Permanenz erklärt. Aber MOMMSENS Formulierung, daß damit die Demokratie ans Regiment gekommen sei, ist eine völlig irreführende Formulierung der fortan bestehenden Lage[1]). Vielmehr ist der Senat nach wie vor der offizielle Regent des römischen Staats; aber er muß sich jeden von den mächtigen Männern und ihrem Anhang ausgehenden Eingriff gefallen lassen, und ist viel zu schwach, um das Treiben der von ihnen geförderten anarchistischen Streber niederzuhalten. Nur wenn diese Bestrebungen über die Agitationen und Tumulte in der Hauptstadt hinausgreifen und wirklich einen Umsturz durch offene Schilderhebung versuchen, wie unter Catilina, gelingt es ihm, ihrer, sogar ohne große Mühe, Herr zu werden, da alsdann die besitzenden Klassen momentan ihre Opposition aufgeben und sich ihm zur Verfügung stellen; sobald aber die augenblickliche Gefahr beseitigt ist, beginnt das wüste Treiben von neuem.

In diesen Verhältnissen ist Caesar emporgekommen. Auch er lebte von Jugend auf[2]) in den Anschauungen der Demokratie, mit denen er durch seines Vaters Schwester Julia, die Gemahlin des Marius, und dann durch seine eigene Gemahlin Cornelia, die Tochter Cinnas, die er wahrscheinlich im Jahre 84, kurz vor dessen Ermordung, heimführte[3]), aufs engste verbunden war. Mit Mühe entging er, mehr noch dank einflußreichen Protektoren als durch seine Jugend, den Proskriptionen Sullas, obwohl er sich geweigert hatte, der Cornelia den Scheidebrief zu schicken. Dem demokratischen Programm ist er auch in der Folgezeit treu geblieben, und wir haben keinen Grund zu der Annahme, daß es für ihn nichts als Phrase gewesen sei. Aber das Entscheidende war, daß er nicht nur die Henker seiner Verwandten und Ge-

---

[1]) Bei MOMMSEN spielt, wie oft hervorgehoben ist, „die Demokratie" in der Darstellung dieser Zeit, in den Jahren 70—60, eine große, in den Tatsachen in keiner Weise begründete Rolle, um alsdann, sobald Caesar zur Macht gelangt, in der Versenkung zu verschwinden.

[2]) Über Caesars Geburtsjahr s. oben S. 59, 2.

[3]) Zum Datum vgl. GROEBE bei DRUMANN III ² 684, 3.

sinnungsgenossen haßte, sondern die Unfähigkeit der Optimaten und des Senatsregiments vollkommen durchschaute und sie daher gründlich verachtete: dieses Gefühl beherrscht seine ganze Laufbahn von seinem ersten selbständigen Auftreten in der Politik bis zum Schluß, und hat nicht wenig zur Herbeiführung der Endkatastrophe beigetragen. Die Scheinlegitimität, die den Senat umgab, war ihm lediglich ein Trugbild, das seine Augen nicht blendete; und die Jahrhunderte alten Traditionen der Republik, die Pompejus so gut wie nachher Augustus immer geachtet hat, weil sie ihre ideelle Kraft empfanden, konnten Caesar, da sie morsch geworden waren, nicht mehr imponieren, wenn er sie auch, wo es ihm paßte, wie bei dem Eintreten für die Heiligkeit der tribunicischen Gewalt, als Aushängeschild für die Gängelung der Massen benutzte.

So war auch für ihn die Bahn frei für die rücksichtslose Entfaltung seines persönlichen Ehrgeizes, und nur um so freier, da er den Dingen offen und ohne jedes Vorurteil ins Gesicht sah; irgend ein Gesetz, das ihn binden und ihm Schranken setzen könnte, gab es für ihn nicht. Eben darum trat er als Verkünder der demokratischen Grundsätze auf: wer für sich Raum gewinnen wollte, machte naturgemäß Opposition. In dieser Beziehung erinnert er an die englischen Staatsmänner des achtzehnten und auch noch des neunzehnten Jahrhunderts, denen gleichfalls der Glaube an die Grundsätze, die sie in tönenden Worten verkündigen, nicht ganz abgestritten werden kann, bei denen aber durchaus die Hauptsache ist, daß sie dadurch im Ringen der Parteien zur Macht zu gelangen und diese dann rücksichtslos auszunutzen streben, unbekümmert darum, ob sie im Besitz der Herrschaft ihrem Programm ins Gesicht schlagen. Indessen Caesars Ehrgeiz war nicht, wie der so vieler anderen, damit befriedigt, daß er sich einen geachteten Platz in den Reihen der Nobilität eroberte und dann im Genuß der gewonnenen Stellung ausruhte; für ihn war jeder Erfolg nur die Vorstufe zu neuen und höheren Zielen. Wie weit ihn das führen könne, vermochte er so wenig zu sagen wie irgend ein andrer, auch wenn er einmal davon träumen mochte, daß er ein neuer Alexander werden könne[1]): das mußte dem Moment und den Fügungen der Tyche überlassen bleiben.

Aber wenn Caesar das demokratische Programm zu benutzen und die Menge damit zu ködern verstand, so war er in Wirklichkeit nichts weniger als ein Bewunderer der Volksherrschaft, die er vielmehr als Monarch geringschätzig beiseite schob, sondern ein Aristokrat durch und durch. So wenig seine Familie, trotz des Patriciats, bisher irgendwelche Rolle gespielt hatte — keiner seiner Vorfahren hatte es bis zum Consulat gebracht[2]) —, so stolz war er auf seinen Adel, auf die Abstammung von Aeneas und Venus: „Meine Tante Julia", sagte er im Jahre 68 in der Leichenrede, die er auf sie hielt, „stammt von Mutterseite von den Königen, von seiten des Vaters von den unsterblichen Göttern ab. Denn von Ancus Marcius stammen die Marcier, das Geschlecht ihrer Mutter; von Venus die Julier, zu denen unsere Familie gehört. So ist in unserem Geschlecht die Unverletzlichkeit (*sanctitas*) der Könige, die unter den Menschen das größte Ansehn haben, verbunden mit der Ehrfurcht (*caeremonia*) vor den Göttern, in deren Gewalt die Könige selbst sind"[3]). Das ist der echte Caesar, der hier zu Worte kommt. In dem Streben nach

---

[1]) Die Tradition versetzt den Seufzer, daß er in einem Alter, wo Alexander bereits die Welt erobert hatte, noch nichts geleistet habe, in seine Quaestur 68 nach Gades, wo er im Herculestempel eine Statue Alexanders sieht: Sueton 7. Dio 37, 52, 2; bei Plutarch Caes. 11 wird die Szene, der die bekannte Äußerung im Alpendorf vorangeht, in die Statthalterschaft 61 verlegt und durch die Lektüre der Geschichte Alexanders hervorgerufen. Ihre Authentizität steht dahin, aber die Gedanken Caesars gibt sie richtig wieder. — Angeschlossen ist ein Traum, er habe seiner Mutter beigewohnt (Sueton 7. Dio 41, 24, 2), was, wie schon bei Hippias (Herod. VI 107), auf die Gewinnung der Herrschaft gedeutet wird. Bei Plutarch Caes. 32 wird dieser Traum erst in den Ausbruch des Bürgerkriegs versetzt.

[2]) Die Consuln Sextus Caesar 157, sein Enkel Lucius Caesar 90, Censor 89, dessen gleichnamiger Sohn Consul 65 gehören der älteren, keineswegs demokratisch gesinnten Linie der Familie an. Genauer kennen wir den Stammbaum nicht, der von DRUMANN III ² 114 gegebene ist ganz problematisch.

[3]) Sueton 6.

dominierendem Einfluß sieht er sein angeborenes Recht, in den Rivalen, die ihm den Weg versperren, in echt aristokratischer Auffassung seine persönlichen Feinde — es ist keineswegs nur stilistische, auf den Effekt berechnete Phrase, wenn er dieses Moment, die Intrigen seiner Feinde (*inimici*), die seine berechtigten Ansprüche nicht gelten lassen wollen, als Ursache des Bürgerkriegs so scharf betont[1]). Wie die Adelsgeschlechter in Rom, so stehn die Römer in der Völkerwelt; ihr Anspruch auf Herrschaft ist selbstverständlich, jeder Widerstand Verschwörung und Rebellion; und wenn er für seine Landsleute Sympathie hat und sie zu schonen sucht, auch wenn sie gegen ihn die Waffen getragen haben, so ist gegen die Ausländer jedes Mittel erlaubt, wie sein Auftreten in Gallien durchweg und in ärgster Weise sein Verfahren gegen die Usipeter und Tenkterer beweist.

Die Rechtfertigung seines Auftretens, vor allem geschichtlich, aber auch sittlich, soweit solchen Gestalten gegenüber überhaupt, zumal inmitten einer permanenten Revolution, von sittlichen Gesichtspunkten die Rede sein kann, liegt in dem Bewußtsein seiner Kraft, in dem Gefühl, Großes leisten und schaffen zu können, weit mehr als irgend einer der andern, welche sich nur zu oft ohne jeden inneren Beruf an die Aufgaben des Staats herandrängen. Caesar dagegen ist, das hat MOMMSEN mit vollem Recht scharf betont, der geborene Staatsmann, und staatsmännische Gesichtspunkte beherrschen all sein Tun, wenn er auch daneben noch Zeit behielt für zahllose Liebesabenteuer und für manche ernste und heitere literarische Arbeit, Gedichte und Tragödien sowie eine Sammlung geistvoller und witziger Aussprüche, so gut wie eine Schrift über Sternkunde und das Werk *de analogia* über den korrekten lateinischen Sprach-

---

[1]) I 3, 4. 4, 4 (oben S. 306, 4). 9, 2. 32, 2 ff. Ebenso an Oppius und Balbus bei Cic. ad Att. IX 7 c (oben S. 306, 4). Hierher gehört auch, daß er bell. Gall. I 12, 7 bemerkt, durch die *sive casu sive deorum immortalium consilio* (!) herbeigeführte Bestrafung der Tiguriner für die Niederlage des L. Cassius im Jahre 107 *Caesar non solum publicas, sed etiam privatas iniurias ultus est*, da damals auch der Großvater seines Schwiegervaters L. Piso gefallen sei.

gebrauch. Eine vollkräftige, kerngesunde Natur war er keineswegs, trotz oder vielleicht infolge seiner überschäumenden Lebenslust. Er litt, wie bekannt, an der Epilepsie[1]), und Catull, der ihn im Hause seines Vaters in Verona verkehren sah, bezeichnet ihn im Jahre 54 als Krankheitsanfällen ausgesetzt[2]). Aber mit gewaltiger Willensenergie warf er, der Lebemann aus dem wüsten Treiben der Hauptstadt, dem nach seiner äußeren Erscheinung und seinem stutzerhaften Auftreten selbst ein so scharfer Beobachter wie Cicero seine verwegenen Umsturzpläne kaum zutrauen mochte[3]), dies ganze Treiben weg, sobald ernsthafte Aufgaben an ihn herantraten, und zwang Körper und Geist zu angestrengtester unermüdlicher Arbeit und nie ermattender Ertragung aller Strapazen. Damit verbindet sich, wie bei allen derartigen Naturen, ein unbegrenztes Vertrauen auf seinen Genius und auf seinen Stern. Er ist sicher, daß er auch in der schwierigsten Lage immer einen Ausweg finden wird, der zum Ziel führt, daß nichts ihn überraschen und verwirren kann, und so weiß er das Geschick in seinen Dienst zu zwingen und nicht nur das böse Omen, sondern auch eine Lage, in der jeder andre verzweifeln würde, zu seinen Gunsten zu wenden. Eben dieser tiefe Einblick in die das menschliche Leben beherrschenden Kräfte, das intuitive Erfassen der Situation des Moments, die unverhüllt in völliger Klarheit vor seinem Auge steht, gibt ihm die Fähigkeit des raschen und sicheren Entschlusses, der die Gefahren überwindet und den Sieg an seine Fahnen heftet. Wohl sind auch ihm manche Unternehmungen

---

[1]) Nach Plutarch Caes. 17 hätte die Epilepsie Caesar zuerst in Corduba befallen, nach Dio 43, 32, 6 vor der Schlacht bei Munda bei der Belagerung von Corduba Anfang 45. Aber dem steht, außer der Äußerung Catulls (Anm. 2), gegenüber, daß nach einer Überlieferung bei Plutarch 53 er schon am Tage der Schlacht bei Thapsus einen Anfall gehabt haben soll, der ihn hinderte, am Kampf teilzunehmen. [Vielleicht ist daher bei Plut. 17 Caesars Aufenthalt in Corduba J. 49, bell. civ. II 21, 5, gemeint.]

[2]) Catull 57 über Caesar und seinen Günstling Mamurra: *morbosi pariter, gemelli utrique uno in lectulo, eruditulii ambo, non hic quam ille magis vorax adulter, rivales socici puellularum*. Vgl. Sueton Caes. 73.

[3]) Plut. Caes. 4, vgl. Sueton 45.

mißglückt, die Feldzüge nach Britannien, die Angriffe auf
Gergovia und auf Dyrrhachium, die Versuche, mit Pompejus
nochmals zu einem Abkommen zu gelangen; aber von den
phantastischen Plänen und Entwürfen, in denen Napoleon sich
zu ergehn liebte und die ihn schließlich zu einer Überspannung
seiner Ziele und zum Untergang geführt haben, findet sich bei
ihm nichts. Wohl aber weiß er, daß über allem menschlichen
Tun unberechenbar die Macht des Zufalls, der Tyche, schwebt,
die aller menschlichen Voraussicht spottet[1]); und eben darum
setzt er, wenn die Situation es erfordert, sich selbst rücksichtslos,
ja tollkühn aufs Spiel. Das ist nicht der aus Naivität und
Blasiertheit seltsam gemischte Glaube an sein Glück, mit dem
Sulla sich zu umgeben liebte — obwohl auch seinen Taten und
Erfolgen in Wirklichkeit viel mehr verständige Überlegung und
Berechnung zugrunde liegt, als er in seinen Memoiren zugab —,
sondern das klare Bewußtsein, daß das Geschick jederzeit auch
die sicherste Berechnung durchkreuzen kann, daß aber kühnes
Wagen und tatkräftige Entschlossenheit es viel eher unter den
eigenen Willen zwingt, als ängstliches Zögern und schwach-
mütige Halbheit.

Moralische Bedenken freilich kennt Caesar so wenig wie nur
die skrupellosesten der politischen Spieler seiner Zeit; wer solchen
Anwandlungen zugänglich ist, kann in revolutionären Zeiten
niemals etwas erreichen, sondern ist wie Cato — Cicero hatte
ein viel weiteres Gewissen — zu ehrlicher, aber unfruchtbarer
Negation verurteilt. Wo die Staatsräson es verlangte, ist auch
Caesar vor keinem Verbrechen zurückgescheut, und gar manche
schmutzigen Handlungen beflecken seine Laufbahn; am häß-
lichsten ist wohl die Verwendung und Beseitigung des Vettius
in seinem Consulat (S. 84 ff.). Noch drastischer zeigt sein Verhalten gegen Clodius, wie vollständig die politische Berechnung
jedes andre Gefühl beherrschte: seiner Frau schickt Caesar den

---

[1]) bell. civ. III 68: *sed fortuna, quae plurimum potest cum in
reliquis rebus tum praecipue in bello, parvis momentis magnas
rerum commutationes efficit;* vgl. III 70. 72, 4, ferner z. B. c. 27.
bell. Gall. VI 42.

Scheidebrief, als sie auf dem Ehebruch mit Clodius ertappt ist, aber zugleich verhüllt er das mit einer geschickten Phrase, um Clodius selbst zu decken und als politisches Werkzeug zu verwenden. Mit Recht gefeiert ist die Milde, mit der er im Bürgerkrieg seine Gegner behandelt und alle Erwartungen, es stehe ein blutiges Strafgericht bevor, unbeirrt durch so manche Enttäuschungen, die ihm die Begnadigten bereiteten, vollkommen widerlegt hat. Aber sentimentale Empfindungen gegen die Besiegten lagen ihm ganz fern, und wo es zweckdienlich schien, hat er ganz unbedenklich furchtbare Strafgerichte verhängt, über die Feinde in Gallien und Spanien wie über meuternde Soldaten (unten S. 416); auch die Hinrichtung des Vercingetorix ist von Hochherzigkeit weit entfernt. So ist Curios Äußerung, der ihn gut kannte, im April 49 nicht unrichtig, nicht aus Neigung und Naturanlage sei er nicht grausam, sondern lediglich aus Politik[1]). Indessen gemeine Rachsucht war ihm völlig fremd, und sein Verhalten im Bürgerkriege zeigt in der Tat eine großartige Auffassung. „Wir wollen versuchen," schreibt er Anfang März 49, „ob wir auf diese Weise (durch Milde) die allgemeine Zuneigung wiedergewinnen und den Sieg dauernd sichern können, da die übrigen durch ihre Grausamkeit dem Haß nicht entgehn und den Sieg nicht dauernd behaupten konnten, ausgenommen den einzigen Sulla, den ich nicht nachahmen werde. Vielmehr soll dies eine neue Methode des Sieges sein, uns durch Barmherzigkeit und Großmut zu befestigen. Wie das geschehn kann, darüber kommt mir mancherlei in den Sinn, und vieles weitere wird sich noch finden lassen. Auch dieses Schreiben an seine Agenten Oppius und Balbus[2]) ist durchaus berechnet und zur Verbreitung und Propaganda bestimmt; aber zugleich

---

[1]) Cicero ad Att. X 4, 8 *ipsum non voluntate aut natura non esse crudelem, sed quod popularem ⟨putaret⟩ esse clementiam; quodsi populi studium amisisset, crudelem fore.*

[2]) Cic. ad Att. IX 7 C. Vgl. Caesars Brief an Cicero ib. IX 16 A: *neque illud me movet, quod ii, qui a me dimissi sunt, discessisse dicuntur, ut mihi rursus bellum inferrent; nihil enim malo, quam et me mei similem esse et illos sui.*

zeigt es, in bezeichnendem Gegensatz gegen das Toben und die Blutgier des Pompejus und der Optimaten, eine Hoheit und Freiheit des Geistes, wie sie nur ganz wenigen auch unter den großen geschichtlichen Persönlichkeiten gegeben ist. Überhaupt ist das das Große an Caesar, daß nichts Kleinliches in ihm ist, daß er nichts nachträgt — denn der erbitterte Haß, mit dem er Cato im Leben und nach dem Tode verfolgt, hat zugleich politische Bedeutung —, daß seine Seele eine Schwungkraft besitzt, die ihn immer höher trägt und die Gebrechen immer mehr zurücktreten läßt, je größer die Aufgaben werden, vor die er gestellt ist. Daher besitzt er denn auch die gewinnende Leutseligkeit, die ohne zu schmeicheln sich einschmeichelt, und ein Gefühl für die Bedürfnisse und Empfindungen der Andern, das sich, wo nicht die Staatsräson dazwischen kam, oft, gerade in den kleinen Zügen des Alltagslebens, als wahrhaftes Wohlwollen äußerte. Dieser Zauber seiner Persönlichkeit sicherte ihm bei allen Verhandlungen von Anfang an die Überlegenheit; er hat nicht wenig dazu beigetragen, die besiegten Gallier mit ihrem Schicksal zu versöhnen, er schuf bei seinen Truppen die vollste Anhänglichkeit und Aufopferungsfähigkeit und hat ihm bei seinen Gehilfen und Untergebenen viele Herzen gewonnen, die in wahrer Hingebung im Leben wie nach dem Tode ihm die Treue gewahrt haben, auch wenn sie seine Ziele keineswegs billigten[1]).

Aus den Anfängen seiner Laufbahn, der ganzen Entwicklungszeit und dem frühen Mannesalter bis in die Dreißiger hinein, sind uns, wie durchweg bei den großen Gestalten des Altertums, nur einige wenige Episoden bekannt. Er hat in Asien Kriegsdienste geleistet und dabei durch sein keckes Vorgehn gegen die Seeräuber, in deren Hände er gefallen war, die Aufmerksamkeit auf sich gelenkt; er hat, wie andre Anfänger auch, durch Anklagen gegen angesehene Aristokraten, den Cn. Dolabella und C. Antonius, sich einen Namen gemacht, auch wenn er ihre

---

[1]) Vgl. den schönen Brief des Matius an Cicero vom August 44 fam. XI 28 und ebenso den vorhergehenden Ciceros an ihn, besonders § 8.

Verurteilung nicht erreichte; er ist, zum Militärtribunen gewählt, im Jahre 70 für die Wiederherstellung der tribunicischen Gewalt eingetreten, ebenso für das Gesetz des Tribunen Plautius, welches den zu Sertorius geflüchteten Teilnehmern am Aufstand des Lepidus die Rückkehr gestattete[1]); er hat als Quaestor 68 bei der Leichenrede auf seine Tante gewagt, die verpönte Wachsmaske des Marius zu zeigen[2]), und ein paar Jahre später als Aedil 65 die Siegeszeichen des Marius wiederhergestellt[3]), außerdem durch glänzende Spiele und Bauten die Gunst des Stadtvolks gemehrt und zugleich den Grund zu der riesigen Schuldenlast gelegt, die ihn in den nächsten Jahren drückte. Wie er gleichzeitig mit Crassus in Verbindung trat, der in ihm ein brauchbares Werkzeug für seine Pläne erkannte, und beide sich in die politische Agitation und die Verschwörungen stürzten, um ihre Zukunft gegen die von Pompejus' Übermacht drohenden Gefahren zu sichern, wie sie aber vor dem letzten Schritt jedesmal zurückscheuten und daher nichts erreichen konnten, ist früher schon erzählt worden. Die Wahl zum Pontifex maximus hat Caesar gegen die Häupter der Aristokratie durchgesetzt und dadurch seine materielle Not etwas gelindert; im übrigen aber war er politisch noch immer ein Anfänger, den die Woge des Parteikampfs jederzeit hinwegspülen konnte. Aber nach dem Scheitern der catilinarischen Verschwörung trat er als Praetor mit geschickter Wendung auf die Seite des Pompejus, und in seinem Consulat erschien er als dessen befähigtster Adjutant, der ihm verschaffte, was seine bisherigen Werkzeuge vergeblich für ihn begehrt hatten.

Zugleich aber erwies Caesar durch seine Gesetzgebung die Befähigung zu umfassender, schöpferischer Wirksamkeit im Staatsleben; und daneben verschaffte er sich auf Jahre hinaus eine

---

[1] Sueton 5. Gellius XIII 3, 5.
[2] Plut. Caes. 5. In demselben Jahre starb seine Gemahlin Cornelia, die Mutter der Julia, der er gleichfalls die Leichenrede hielt; darauf heiratete er Pompeja, die Tochter des Q. Pompejus Rufus, Consul 88 zusammen mit Sulla.
[3] Sueton 11. Plut. Caes. 6 u. a.

gesicherte Stellung, in der er eine Tätigkeit entfaltete, die weit über das hinausging, was ihm bei der Koalition als Aufgabe zugewiesen war. Innerlich verschob sich dadurch die Grundlage des Bündnisses mit den beiden Rivalen; er war ihre Stütze, aus der zweiten rückte er, der jüngste der drei, tatsächlich an die erste Stelle. Indessen die Absicht, es von hier aus zum Entscheidungskampf um die Herrschaft zu treiben, lag ihm noch völlig fern, wenn auch die Möglichkeit, daß die Dinge ihn dahin führen könnten, ihm schon damals neben gar manchen andern gelegentlich aufgetaucht sein mag; und noch weit ferner lag ihm der ungeheure Gedanke, daß er einen Kampf zugleich gegen Pompejus und gegen die legitime Republik werde führen müssen, geschweige denn, daß er ihn absichtlich hätte herbeiführen wollen oder gar die Gewinnung der Alleinherrschaft in Gestalt der absoluten Monarchie sich als Ziel gesetzt hätte. Wie die Zukunft sich gestalten werde, konnte er so wenig voraussehn, wie irgend ein andrer; aber das waren Zukunftssorgen, deren Behandlung sich aus den Bedingungen des Moments ergeben mußte. Für die Gegenwart kam es lediglich darauf an, sich auf möglichst lange Zeit eine Machtstellung zu sichern und alsdann in gefesteter Position neben den Rivalen ebenbürtig zu behaupten. Dem diente die Eroberung Galliens, die Gewinnung eines nur von ihm abhängigen Heeres und Reichs im Gegensatz zu dem Regiment der Republik. Erwachsen ist diese Eroberung aus dem Machtstreben, und diesem hat sie und haben die reichen Mittel, die er hier gewann und rücksichtslos ausnutzte, in erster Linie gedient. Aber allerdings hat Caesar diese wie jede andre Aufgabe, die er erfaßte, im großen Stile ausgeführt; und so hat er hier zugleich eine große historische Mission erfüllt und ein gewaltiges Werk geschaffen, das die weltgeschichtliche Entwicklung bis auf den heutigen Tag, bis auf den Kampf zwischen Deutschland und Frankreich, in dem wir gegenwärtig stehn, beherrscht hat.

Um sich zu behaupten, mußte Caesar die republikanische Opposition daheim terrorisieren und niederhalten, und daher die Stellung seiner Verbündeten, wo sie aus eigener Kraft dazu nicht imstande waren, nach Möglichkeit stärken; es wäre politischer Selbstmord gewesen, hätte er, wie MOMMSEN fordert, im Jahre 56 den Pompejus fallen lassen. Wie dann durch den Tod des Crassus und vor allem durch das immer stärker und erfolgreicher hervortretende Streben des Pompejus nach dem Principat die Koalition sich lockerte, wie sie bei den Händeln des Jahres 52 unter der Einwirkung des großen gallischen Aufstandes nur mit Mühe äußerlich aufrecht erhalten wurde, tatsächlich aber durch die Allianz zwischen Pompejus und dem Senat bereits gesprengt war und wie der Konflikt von da an langsam, aber stetig fortschreitend sich bis zur letzten Krisis steigerte, braucht nicht nochmals erzählt zu werden. Durch die gesetzgeberischen Maßnahmen des Pompejus war Caesar der Rechtsboden, auf den er seine Ansprüche stützte, entzogen. Der Versuch Curios, durch den Antrag, beiden Machthabern die Niederlegung ihrer Stellung zu befehlen, die Koalition zu sprengen und Pompejus aufs neue zum Bunde mit Caesar zu drängen, führte zwar schließlich zur Annahme des Antrags, bewirkte aber das Gegenteil: die Häupter der republikanischen Partei entschlossen sich, unter Führung des vorsitzenden Consuls und der beiden Consuln des nächsten Jahres, trotzdem einseitig gegen Caesar mit Zwangsmaßregeln vorzugehn, und Pompejus nahm ihren Auftrag an: er war durch den immer heftiger und persönlicher werdenden Streit aufs äußerste gereizt, und er erkannte, daß er einen politischen Selbstmord begehn und das nach jahrzehntelangen Kämpfen im Jahre 52 glücklich erreichte Ziel, als Oberhaupt und Schirmherr der Republik und des Senats anerkannt zu sein, definitiv und für alle Zukunft preisgeben würde, wenn er sich noch einmal mit Caesar verbände. Darauf führten die letzten Verhandlungen und Vermittlungsversuche rasch zur definitiven Entscheidung in Rom; und Caesar antwortete, indem er sein Heer über die Grenze seiner Provinz führte und den Bürgerkrieg eröffnete[1]).

---

[1]) Seit seinem Consulat hatte Caesar, da er selbst keinen Sohn hatte, wie Tubero berichtet (Sueton Caes. 83), den Pompejus zum Erben eingesetzt und daran bis zum Ausbruch des Bürgerkriegs festgehalten. Dann hat er sein Testament natürlich kassiert, es aber zugleich den

Die Ansicht, daß Caesar den Bruch gewollt habe und die von ihm ergriffenen Vorschläge und Maßnahmen lediglich dem Zweck dienen sollten, den Bürgerkrieg herbeizuführen, wird durch sein Verhalten vollkommen widerlegt. Viel klarer als seine modernen Beurteiler empfand er, trotz aller Genialität und trotz der Kriegserfahrung seiner Veteranen, das Ungeheure der Aufgabe, gestützt auf die Machtmittel der Cisalpina und des neu-eroberten Galliens den Kampf gegen die Republik aufzunehmen, die über die gesamte übrige Mittelmeerwelt gebot. Die Konzessionen, zu denen er in den Verhandlungen bereit war, die noch weiter nachgebenden Bedingungen, die er nach der Besetzung von Ariminum anbot, die immer wieder erneuten Versuche, zu Friedensverhandlungen zu gelangen, zeigen deutlich, daß er jeden andern Ausweg vorgezogen hätte. Daran änderte sich auch dadurch nichts, daß er mit seiner schlagfertigen Armee Italien zu überrennen und die Sammlung der feindlichen Heeresmacht zu zersprengen imstande war und diesen momentanen Vorteil mit der vollen Energie seiner Kriegführung in genialer Weise ausnutzte; vielmehr war ihm trotzdem weder die Sprengung der feindlichen Koalition gelungen, noch war es ihm möglich, Pompejus mit dem geretteten Rest seiner Armee den Abzug aus Italien zu verwehren. Damit war der Riesenkampf, dem er entgehn zu können gehofft hatte, erst recht eröffnet; und bis zuletzt schwankte trotz all seiner Siege das Zünglein an der Wage, bis Pompejus sich verleiten ließ, ihm die Feldschlacht zu bieten und ihn dadurch aus einer fast schon verzweifelt gewordenen Lage zu befreien.

Es ist nicht anders: der Krieg ist Caesar aufgezwungen worden, ihm blieb kein andrer Ausweg, als ihn aufzunehmen, wenn er nicht auf seine Zukunft verzichten und sich wehrlos den Gegnern ausliefern wollte. Er wußte und hat es oft ausgesprochen, „daß es schwerer sein werde, ihn aus der ersten Stelle im Staat in

---

Soldaten in einer Versammlung vorgelesen, um ihnen seine wohlwollende Gesinnung gegen Pompejus zu zeigen und diesem allein die Ursache des Bruchs zuzuschreiben.

die zweite, als aus dieser in die unterste hinabzustoßen"[1]), daß er daher sich zur Wehr setzen müsse, solange er noch die Macht habe. Den Erwägungen, die ihn vor dem Überschreiten des Rubikon einen Augenblick stocken ließen, entsprechen die Worte, die er auf dem Schlachtfeld von Pharsalos beim Anblick der feindlichen Leichenhaufen zu Asinius Pollio gesprochen hat: „Das haben sie gewollt; nach so gewaltigen Taten wäre ich, Gaius Caesar, vom Gericht verurteilt worden, wenn ich nicht bei der Armee meine Zuflucht gesucht hätte"[2]). Das ist ein andrer und echterer Caesar, als der, dessen Bild die Neueren gezeichnet haben.

Caesars Machtmittel und Anhänger

Für den Krieg standen Caesar die Kräfte der Cisalpina, wie schon bisher, im vollsten Umfang zur Verfügung[3]). Das Poland hatte damals bereits, dank der römischen Kolonisation, die von der Natur vorgezeichnete beherrschende Stellung in Italien gewonnen, die es seitdem bis auf den heutigen Tag behauptet hat; Rom, der offizielle Mittelpunkt der Halbinsel, trat ihm gegenüber bereits in den Hintergrund, wie es denn auch im geistigen Leben eben in dieser Zeit durch das Neuland über-

---

[1]) Sueton Caes. 29 *iudicans, quod saepe ex eo auditum ferunt, difficilius se principem civitatis a primo ordine in secundum quam ex secundo in novissimum detrudi.*

[2]) Sueton Caes. 30: *Asinius Pollio Pharsalica acie caesos profligatosque adversarios prospicientem haec eum ad verbum dixisse referens: „hoc voluerunt; tantis rebus gestis Gaius Caesar condemnatus essem, nisi ab exercitu auxilium petissem".* Dagegen behauptet Plutarch Caes. 46, Pollio habe die von Caesar lateinisch gesprochenen Worte griechisch aufgezeichnet; da hat er wohl die griechische Quelle mißverstanden, die er benutzte und die hier den Pollio zitierte.

[3]) Ein berühmtes Beispiel ihrer Hingebung an die Sache Caesars bot bekanntlich eine Schar aus Opitergium in Venetien, die bei den unglücklichen Kämpfen an der illyrischen Küste im Sommer 49 sich unter Führung des Tribunen Voltejus lieber selbst den Tod gab, statt sich zu ergeben: Liv. epit. 110 = Lucan IV 462 ff. Florus II 13, 33 (Dio 41. 40. 2).

flügelt wurde; ja man kann die Unterwerfung Galliens und den Bürgerkrieg geradezu als die Eroberung der Mittelmeerwelt durch die Cisalpina bezeichnen. Dazu kamen die materiellen Mittel der Narbonensis und des eben unterworfenen Galliens, aus dem, wie schon erwähnt, Caesar seit dem Jahre 52 auch Truppen zur Verstärkung seiner Armee und sogar eine eigene Legion entnahm, ebenso wie er aus den Germanen Reiter und leichte Truppen anwarb. Für den Bürgerkrieg mußte er die Veteranenlegionen, die bisher das Land in Unterwürfigkeit gehalten hatten, aus Gallien fortziehn; es ist einer der erstaunlichsten Beweise für Caesars staatsmännische Fähigkeiten, daß es ihm gelungen war, in den letzten beiden Jahren durch eine kluge Verbindung von Strenge und Milde die Besiegten und vor allem den gallischen Adel so weit mit ihrem Schicksal zu versöhnen, daß es in den Jahren, wo der gefürchtete Sieger selbst nicht eingreifen konnte und die Aussichten auf Wiedergewinnung der Unabhängigkeit größer erscheinen mußten als je vorher, zu keinem größeren Aufstand gekommen ist; eine Erhebung der Bellovaken im Jahre 46 hat der fähige Statthalter Decimus Brutus, dem Caesar nach der Eroberung von Massilia die Provinz übertragen hatte[1]. wie es scheint ohne große Mühe, niedergeworfen[2].

Seine Soldaten hatte Caesar durch seine Erfolge und die großen Versprechungen, die er ihnen machte, vollständig an sich gefesselt. Ebenso hielten die Offiziere, die er durchweg selbst ausgebildet und reich belohnt hatte, ihm die Treue mit Ausnahme des bewährtesten unter allen, des Titus Labienus, des alten Genossen Caesars in der demokratischen Agitation, der als Tribun im Jahre 63 den Rabirius angeklagt und Caesar durch sein die Volkswahl wieder einführendes Gesetz die Wahl zum Pontifex maximus ermöglicht hatte. Gerade der Umstand, daß sein alter Genosse ihm so gewaltig über den Kopf gewachsen war und daß sich ihm, wenn er zur Gegenpartei übertrat, bei

---

[1]) Appian II 48, 197, vgl. 111, 465.
[2]) Liv. ep. 114 *Brutus legatus Caesaris in Gallia Bellovacos rebellantes proelio vicit*, gleichzeitig mit der Schlacht bei Thapsus.

dieser die größten Aussichten eröffneten, wird ihn verführt haben, den Lockungen der Senatspartei[1]) Gehör zu geben. Auch die übrigen, die zum Teil aus sehr vornehmen Geschlechtern stammten, gehörten keineswegs alle an sich zur Partei; manche waren offenbar politisch indifferent, aber sie blieben bei der Fahne, zu der ihr Weg sie geführt hatte[2]).

Bei der römischen Nation dagegen, in dem gesunden Teil der Bevölkerung Italiens, konnte Caesar im Kampf gegen die Republik kaum irgendwo auf Sympathien hoffen, nur auf stillschweigende Unterwerfung unter den Sieger. Um so eifriger stand das Gesindel auf seiner Seite, das vornehme wie das geringe. All die ruinierten Existenzen, deren Zahl die politischen Prozesse der letzten Jahre und die Maßregeln der amtierenden Censoren (S. 239) noch wesentlich vermehrt hatten, strömten in sein Lager, mochten sie bisher schon unter demokratischer Flagge gekämpft haben, sei es aus wirklicher Überzeugung, wie Sallust, sei es, weil sie durch die Opposition Karriere zu machen suchten, wie Titus Munatius Plancus[3]) und so viele andre der Genossen des Clodius, oder mochten sie bisher eifrige Optimaten gewesen sein, die sich hatten erkaufen lassen, wie Curio, oder berechneten, daß die Aussichten auf Caesars Seite die besseren seien, wie M. Caelius Rufus und Ciceros Schwiegersohn Dolabella[4]) oder der junge Hortensius (S. 292); auch Ciceros junger Neffe Quintus,

---

[1]) Vgl. Hirtius bell. Gall. VIII 52.

[2]) Von den Legaten aus früherer Zeit ist Q. Cicero, der im Jahre 51 mit seinem Bruder nach Cilicien ging, diesem auch im Bürgerkrieg gefolgt (ad Att. IX 11. 4. 6, 4 u. a.; sein Sohn versuchte dagegen mit Caesar anzuknüpfen X 4, 5 f. 7, 3), was er nach der Niederlage bitter bereute und dem Bruder vorwarf (XI 5. 4); er eilte dann, mit seinem Sohn, mit Caesar seinen Frieden zu machen, und dieser gewährte ihm Pardon (XI 6, 7. 7, 7. 10. 1. 12, 1 ff. usw.). — Lucius Caesar cos. 64, der 52 bis Anfang 49 sein Legat war (oben S. 296), ist dann zwar in Rom geblieben, hielt sich aber zu den Caesarianern und wurde im Jahre 47 von Antonius zum *praefectus urbi* bestellt (Dio 42. 30. 2), während sein gleichnamiger Sohn, der Unterhändler im Januar 49, zur Gegenpartei überging und in Africa ein Kommando übernahm.

[3]) Sein Bruder Lucius war schon im Jahre 54 Legat Caesars.

[4]) Über seine Schulden s. Cicero an Caelius II 16. 5.

der Sohn des ehemaligen Legaten Caesars, zeigte gleichartige
Gelüste (S. 347, 2). Unter diesen Leuten waren manche sehr
brauchbar, und Caesar hat sie mit Erfolg verwendet; aber fast
alle erwarteten eine gründliche Umwälzung nach Art des Marius
und Cinna, mit Blutvergießen, Schuldentilgung und umfassenden
Konfiskationen, die ihnen Reichtum und Ehrenstellen bringen
und unter ihren persönlichen Gegnern von Grund aus aufräumen
sollte[1]).

Die nächsten Aufgaben.
Sallusts erste Schrift an Caesar

Da alle Versuche gescheitert waren, mit Pompejus und dem
Senat zu einem Abkommen zu gelangen, mußte Caesar die Ordnung Italiens und die Leitung des von seiner legitimen Regierung
verlassenen Staats in die eigne Hand nehmen und sich über den
Weg klar werden, den er beschreiten wollte. Vor allem galt es, eben
die korrupten Elemente, die er benutzen mußte, zugleich energisch
im Zaum zu halten und die allgemeine Erwartung gründlich zu
widerlegen, daß er diese νεκυία, wie Cicero sagt, die aus der
Unterwelt des Exils wiedererstandenen Abenteurer, auf Italien
loslassen und die Schreckensszenen des vorigen Bürgerkriegs erneuern werde. Weder den Weg des Marius durfte er gehn, noch
den Sullas; beide waren Parteihäupter, die einseitig für eine
der beiden Interessengruppen kämpften, Caesar dagegen focht,
trotz des demokratischen Programms, das er, um den Schein
zu wahren, auf seine Fahne geschrieben hatte, nicht für eine
Partei, sondern für seine persönliche Stellung, und wollte das
Regiment auch ferner eben so unumschränkt allein in Händen
halten, wie er es in Gallien geübt hatte.

Die nächste und dringendste Aufgabe war, eine Legitimierung
für seine neue Stellung zu gewinnen. Der Versuch, den Consul
Lentulus auf seine Seite zu ziehn, war mißlungen (S. 267 ff.); so
wandte er sich an diejenigen Senatoren, welche teils aus Ängst-
lichkeit, teils aus Mißtrauen gegen Pompejus und Abscheu vor

---

[1]) Vgl. Sallust an Caesar I 2, 5 (unten S. 585).

dem Bürgerkrieg in Italien geblieben waren; wenn sie seine Anhänger verstärkten, hoffte er, einen Beschluß des Rumpfsenats in Rom zu seinen Gunsten herbeiführen zu können. Nach dem Abzug des Pompejus und der Besetzung von Brundisium ließ er in den Städten Italiens bekannt machen, daß er die Anwesenheit der Senatoren zu der Sitzung am 1. April verlange[1]). Vor allem setzte er die Bemühungen fort (oben S. 306), Cicero durch Oppius und Balbus zu gewinnen, und schrieb ihm selbst mehrere schmeichlerische Briefe, in denen er ihn als Imperator bezeichnete, also seinen Anspruch auf den ersehnten Triumph anerkannte[2]). Aber weder diese Schmeicheleien, noch die in ihnen versteckten Drohungen erreichten ihr Ziel: bei der Zusammenkunft in Formiae am 28. März kam der Gegensatz und damit der innere Widerspruch in Caesars Forderungen deutlich zum Ausdruck. Cicero erklärte, wenn er in den Senat kommen solle, werde er gegen den geplanten Feldzug nach Spanien sprechen und Pompejus' Lage beklagen. Da blieb Caesar nichts übrig, als offen auszusprechen, daß er das nicht wolle, und die Unterredung mit der Bitte abzubrechen, Cicero möge sich die Sache weiter überlegen: „wenn er sich ihm versage, müsse er die Leute nehmen, die er bekommen könne, und werde zu jedem Mittel greifen müssen"[3]).

---

[1]) Cic. ad Att. IX 17 *senatum enim Kalendis (Apr.) velle se frequentem adesse etiam Formiis proscribi iussit.* In den anderen Städten ist das natürlich ebenso geschehn.

[2]) ad Att. VIII 15 A schreibt Balbus ihm (Cicero hat den Brief am 3. März erhalten), er hoffe, wenn der Consul Lentulus gewonnen sei (oben S. 268, A.), werde der Senat *auctore te, illo referente* den Frieden vermitteln; ferner IX 7 A B. Caesar selbst schreibt IX 6 A auf dem Marsch nach Brundisium Anfang März, er hoffe Cicero vor Rom zu sehn, *ut tuo consilio, gratia, dignitate, ope omnium rerum uti possim;* Ciceros Antwort ib. 11 A. Nach dem Fall von Brundisium schreibt er IX 16 A Ende März *tu velim mihi ad urbem praesto sis, ut tuis consiliis atque opibus, ut consuevi, in omnibus rebus utar;* er hofft, daß Dolabella das bewirken wird. Dazu kam die Einwirkung anderer Mittelsmänner (IX 14. 15. 17. fam. XI 27, 3; vgl. O. E. Schmidt, Ciceros Briefw. 160 f.). In derselben Weise wird Caesar natürlich auch auf andere eingewirkt haben.

[3]) ad Att. IX 18: *si sibi consiliis nostris uti non liceret, usurum, quorum posset, ad omniaque esse descensurum.* Dem entspricht

Er mußte zulassen, daß Cicero fernblieb, und sich damit begnügen, daß von Consularen, abgesehen von seinem Schwiegervater Piso, nur der alte, gänzlich unbedeutende Volcacius Tullus (cos. 66) und der ängstliche Servius Sulpicius Rufus (cos. 51) in der von den Tribunen Antonius und Q. Cassius Longinus berufenen Senatssitzung erschienen[1]). Aber erreichen konnte er nichts; selbst Servius Sulpicius redete nur vom Frieden und der Vermeidung des spanischen Feldzugs[2]). Es wurde zwar beschlossen, Gesandte an Pompejus zu schicken, aber sie gingen nicht ab, weil sie fürchten mußten, von diesem als Feinde behandelt zu werden[3]). Die dreitägigen Verhandlungen verliefen resultatlos. Caesar mußte weiter aus eigener, usurpierter Machtbefugnis handeln; denn mit gefälschten Senatsbeschlüssen zu operieren, wie Curio ihm nahelegte, verschmähte er mit Recht[4]). Er gab seinen

---

Caesars Äußerung im Senat   I 32, 7 *sin timore defugiant, illis se oneri non futurum et per se rempublicam administraturum.*

[1]) Tullus' Kollege M. Lepidus (vgl. ad Att. VII 12, 4. 23, 1), den Cicero VIII 1, 3. 9, 3. 15, 2, vgl. IX 10, 7 neben ihm nennt, als entschlossen, nach Rom zurückzukehren, scheint trotz IX 1, 2 an der Sitzung nicht teilgenommen zu haben. Auch C. Marcellus, der Consul des Jahres 50, blieb in Italien, kam aber nicht nach Rom (vgl. Cic. Att. IX 1. 4. X 13, 2. 15, 2). Tullus und Servius Sulpicius (vgl. Att. VIII 1, 3) beklagen sich bei Caesar, daß er ihnen nicht erlaubt hat, wie Cicero abwesend zu sein: ad Att. X 3a. Piso: Dio 41, 16, 4. Andre Optimaten, wie die Praetoren Sosius und Rutilius Lupus, kehrten in großer Zahl nach Rom zurück: ad Att. IX 1, 2. IX 12, 3 (20. März): während Pompejus fliehen muß, *nos vivimus, et stat urbs ista, praetores ius dicunt, aediles ludos parant, viri boni usuras perscribunt, ego ipse sedeo!*

[2]) Siehe Ciceros Briefwechsel mit ihm fam. IV 1. 2.

[3]) Dios Angabe 41, 15, 4, daß, als Piso auf den Antrag zurückkam, der Senat das mißbilligte, gehört, wie Plut. Caes. 37 zeigt, in den Anfang des nächsten Jahres, wo Isauricus, der College Caesars im Consulat, den Antrag zu Fall brachte (S. 367).

[4]) Cicero (ad Att. X 4, 9) fragt den Curio: „*quid isti*", inquam, „*sex tui fasces? si a senatu, cur laureati? si ab ipso, cur sex?*" „*cupivi,*" inquit „*ex senatus consulto surrepto; nam aliter ⟨non⟩ poterat. at ille impendio nunc magis odit senatum: a me,* inquit, *omnia proficiscentur.*" „*cur autem sex?*" „*quia XII nolui, nam licebat.*" Wenn er, in Erfüllung einer alten demokratischen Forderung,

Offizieren, soweit sie ein selbständiges Kommando übernehmen sollten, propraetorisches Imperium, ebenso dem Tribunen M. Antonius, dem er die Aufsicht über Italien übertrug[1]), während Lepidus als Praetor die städtischen Geschäfte leitete. Dazu kam dann der berühmte Konflikt mit dem Tribunen L. Metellus, der den Staatsschatz, dessen Caesar sich bemächtigen wollte, mit seinem Leibe deckte und gewaltsam beiseite geschoben werden mußte; es fehlte wenig, daß Caesar ihn hätte niederhauen lassen[2]). Er erklärte, es falle ihm schwerer, diese Drohung auszusprechen als auszuführen. Darauf gab Metellus nach[3]). Im übrigen redete er mit voller Zuversicht, er betrachte den Pompejus und seinen ganzen Anhang als bereits in seinen Händen[4]).

Aber durch dies Auftreten verlor er den Schein eines Vorkämpfers für die Volksrechte und das Tribunat, in dessen

---

den Söhnen der von Sulla Proskribierten die Bewerbung um die Ämter gestattete (Dio 41, 18), so wird er das als ein für den römischen Bürger unverlierbares Recht betrachtet haben, dessen Anerkennung keinen Gesetzgebungsakt erforderte.

[1]) Antonius bezeichnet sich in dem Brief an Cicero ad Att. X 8 a als *trib. pl. pro pr.*; daher die *lictores laureati* Cic. Phil. II 58, wie MOMMSEN richtig gesehn hat.

[2]) So hat Curio dem Cicero erzählt. der zugleich erkennen läßt, daß die Erschlagung des Tribunen und ein darauf folgendes Gemetzel dem revolutionären Anhang Caesars sehr willkommen gewesen wäre (Cic. ad Att. X 4, 8: *plane iracundia elatum voluisse Caesarem occidi Metellum tribunum pl.; propius factum esse nihil; quod si esset factum, caedem magnam futuram fuisse; permultos hortatores esse caedis*). Die übrigen Berichte schwächen die Scene meist ab, mit Ausnahme Lucans. Sehr möglich ist MOMMSENS Annahme, Röm. Forsch. II 506, daß in Lucans Darstellung III 141 ff., Cotta, vielleicht ein anderer Tribun, habe dem Metellus vorgestellt. durch freiwilliges Nachgeben könne wenigstens der Schatten der Freiheit gerettet werden, und ihn so zum Zurückweichen bestimmt, dadurch sei seine Erschlagung verhindert worden. ein (auf Livius zurückgehender) tatsächlicher Kern enthalten ist, obwohl alle anderen Berichte davon nichts erzählen.

[3]) Plut. Caes. 35 = Pomp. 62.

[4]) Plut. comp. Pomp. et Ages 3: er sagt zu Metellus, ὅτι κἀκεῖνον (Pomp.) αἰχμάλωτον αὑτοῦ νομίζει καὶ τοὺς ἄλλους ἅπαντας.

Namen er den Krieg begonnen hatte. So ist es begreiflich, daß er in eine sehr gereizte Stimmung geriet — sie zittert in seiner Darstellung im Bürgerkrieg noch nach — und aus seinem mit Verachtung gepaarten Haß gegen den Senat gar kein Hehl mehr machte[1]); er mußte sogar die Absicht aufgeben, eine Ansprache an das Volk zu halten, sondern ging voll Erbitterung zur Armee ab[2]). So war der Glaube weit verbreitet, daß er, wenn er siegreich zurückkehre, sein wahres Wesen enthüllen und dem Morden und dem sozialen Umsturz seinen Lauf lassen werde[3]).

Aber Caesar hat sich bezwungen und gute Miene zum bösen Spiel gemacht. Schon gleich nach den Senatssitzungen, noch von Rom aus, schrieb er an Cicero einen liebenswürdigen Brief, daß er ihm seine Abwesenheit nicht nachtrage, sondern zum Besten auslege[4]); und bald darauf, am 16. April, als er gehört

---

[1]) Übereinstimmend mit Curios Äußerungen (vgl. oben S. 350, 4) schreibt Caelius Mitte April an Cicero (fam. VIII 16 = Att. X 9 a): *si existimas, eandem rationem fore Caesaris in dimittendis adversariis et condicionibus ferendis, erras; nihil nisi atrox et saevum cogitat atque etiam loquitur; iratus senatui exiit; his intercessionibus plane incitatus est; non mehercules erit deprecationi locus.* Zu dieser Färbung hat freilich der offenbar von Caesar gegebene Auftrag mitgewirkt, Cicero vom Verlassen Italiens abzuschrecken, s. unten.

[2]) Curio erzählt dem Cicero (Att. X 4, 8): *eum (Caesarem) perturbatum, quod intellegeret se apud ipsam plebem offendisse de aerario; itaque ei cum certissimum fuisset, antequam proficisceretur contionem habere, ausum non esse vehementerque animo perturbato profectum.* Dios Angabe 41, 16, er habe zum Volk *extra pomerium* in derselben Weise gesprochen wie im Senat, und ihm große Geschenke in Aussicht gestellt [ebenso Vellejus II 50, 2], ist also falsch; Caesar civ. I 33 berichtet denn auch nichts davon. — Cicero erwartet daher ad Att. X 8, 6 (2. Mai), daß er sich nicht lange werde behaupten können, da er in 6—7 Tagen sogar die Zuneigung des Pöbels verscherzt habe.

[3]) So z. B. Cicero Att. X 8, 2 *nam caedem video, si vicerit, et impetum in privatorum pecunias et exulum reditum et tabulas novas et turpissimorum honores et regnum.* Die letzteren Erwartungen haben sich erfüllt, aber die beiden ersten nicht.

[4]) Cic. Att. X 3 a *Caesar mihi ignoscit per litteras quod non venerim, seseque in optimam partem id accipere dicit.* Als Folie, um

hat, Cicero plane nun doch noch Italien zu verlassen und zu Pompejus zu gehn, mahnt er ihm freundschaftlich ab, mit der äußerst charakteristischen Bemerkung: „Was ziemt einem tüchtigen und ruhigen Mann und Bürger mehr, als sich von den bürgerlichen Streitigkeiten fernzuhalten? Du wirst . nichts Sichereres und Ehrenhafteres finden, als dem ganzen Zwist fern zu bleiben"[1]). Darin tritt, in schroffem Gegensatz zu der in dem bekannten Gesetz Solons präzis formulierten Auffassung republikanischer Bürgerpflicht[2]), in bezeichnender Weise die Anschauung der neuen absoluten Monarchie hervor, die die Bürger zu passiven Untertanen herabdrückt, welche die Streitigkeiten der Machthaber und ihrer Armeen nichts angehn. Gleichzeitig freilich ließ Caesar ihn durch Antonius und in sehr nachdrücklicher Weise durch Caelius mahnen[3]), und als er doch bei seiner Absicht bleibt, muß Antonius ihm mitteilen, daß Caesar ihm befohlen hat, niemanden ohne seine Erlaubnis aus Italien fortgehn zu lassen, und daß er den speziellen Befehl hat, Cicero zu bewachen[4]). Trotzdem hat Cicero bekanntlich bald darauf, am 7. Juni, Italien verlassen[5]).

Die gewaltigen Geldsummen, die Caesar dem Staatsschatz entnahm — 15 000 Gold-, 30 000 Silberbarren, dazu 30 Millionen

seine Rücksicht auf Cicero in möglichst helles Licht zu setzen, teilt er ihm mit, daß Tullus und Servius Sulpicius (oben S. 350) ihm böse sind, daß er ihnen nicht das gleiche gewährt habe.

[1]) ad Att. X 8 b.

[2]) In dem Brief an Atticus X 1, 2 (3. April), wenige Tage nach dem Gespräch mit Caesar, ist Cicero gestimmt, dies solonische Gesetz nicht zu befolgen *(ego vero Solonis legem neglegam ... et hinc abero et illim).*

[3]) Att. X 8 a, und Caelius' Brief X 9 a oben S. 352, 1.

[4]) Att. X 10, 2. 12, 1. vgl. 13, 2. 15, 3.

[5]) Auch Oppius hat ihm auf seine Anfrage, ob er in Italien bleiben oder zu Pompejus gehn solle, durch die Antwort *ut consulerem dignitati meae* klar zu verstehn gegeben, daß der Anschluß an Pompejus für ihn ein Gebot der politischen Ehre sei: *ex quo quid sentias intellexi, et sum admiratus fidem tuam et in consilio dando religionem, quod cum aliud malle amicissimum tuum putares, antiquius tibi officium meum quam illius voluntas fuit* (fam. XI 29, 1. Juni 44).

Sestertien gemünzten Geldes[1]) und was sich daselbst an Naturprodukten vorfand, die sich in Gold umsetzen ließen[2]) —, deckten für den Augenblick wenigstens die Bedürfnisse des Feldzugs. Schon vorher hatte er Sorge getragen, eine der dringendsten Aufgaben zu erledigen, die Regelung der Stellung der Transpadaner. Durch das auf uns gekommene Bruchstück eines daran anschließenden Ausführungsgesetzes wissen wir, daß bereits am 11. März 49 durch ein von dem Praetor Lucius Roscius Fabatus, den wir schon als Anhänger Caesars kennen gelernt haben, eingebrachtes Gesetz ihnen das Bürgerrecht verliehen worden ist[3]). Wenn, wie nicht zu bezweifeln, bei der Einbringung die gesetzlich vorgeschriebene Frist des Trinundinum eingehalten worden ist, hat Roscius das Gesetz spätestens am 23. Februar promulgiert, also zu der Zeit der Kapitulation von Corfinium, als Pompejus sich nach Brundisium zurückzog. Deutlich erkennt man, wie dringend notwendig es Caesar erachtete, nicht nur sein den Transpadanern gegebenes Versprechen zu erfüllen, sondern damit zugleich den Hader über diese Frage (S. 248 ff.) aus der Welt zu schaffen und vor allem eine unanfechtbare rechtliche Grundlage für seine großenteils aus den Transpadanern ausgehobene

---

[1]) Plin. 33, 56 *primo introitu urbis civili bello suo*. Livius (Oros. VI 15, 5) gibt 4135 Pfund Gold, fast 900 000 Pfund Silber; letzteres wären 75 600 000 Sestertien.

[2]) Darunter 1500 Pfund Silphium aus Kyrenaika. Plin. 19, 40 *Caesarem dictatorem initio belli civilis inter aurum argentumque protulisse ex aerario laserpici pondo MD*.

[3]) Die *lex seive illud pl. sc. est, quod L. Roscius a. d. V eid. Mart. populum plebemve rogavit* kennen wir seit 1880 durch das Bruchstück einer Broncetafel aus Ateste CIL. I² 600. s. Mommsen, ein zweites Bruchstück des rubrischen Gesetzes, Hermes 16, 24 ff. = Ges. Schr. I 175 ff.; Bruns-Gradenwitz, fontes iuris ant. Romani⁷ p. 101. Roscius war im Jahre 49 praetor (Caesar civ. I 3, 6. 8, 4). Das Gesetz, dem das Bruchstück angehört, stammt offenbar aus demselben Jahr. In der vielumstrittenen Frage, ob dies Ausführungsgesetz mit der *lex Rubria* CIL. I 115 (I² 592). Bruns-Gradenwitz, fontes p. 97 ff. identisch ist, enthalte ich mich jedes Urteils. — Dio 41, 36, 4 setzt die Verleihung des Bürgerrechts an die Transpadaner erst in Caesars Dictatur im Dezember; damals sind jedenfalls weitere Ausführungsbestimmungen erlassen worden.

Armee zu gewinnen: erst jetzt konnten die Veteranen seiner Legionen wirklich als römische Bürger gelten.

Dem Antonius ist es gelungen, in Italien, dessen Städte er sorgsam überwachte und inspizierte[1]), die Ordnung aufrecht zu erhalten. Als dann Caesar den spanischen Krieg siegreich beendet hatte, wurde er durch den Praetor Lepidus auf Grund einer ihm durch ein Gesetz erteilten Vollmacht zum Dictator ernannt — den ursprünglichen Plan, dem Praetor das ihm verfassungsmäßig nicht zustehende Recht zur Ernennung eines Dictators oder Leitung der Consulwahlen durch ein Gutachten der Augurn zu begründen, bei dem Cicero mitwirken sollte[2]), hatte man fallen lassen müssen.

Je größer die Erfolge waren, die Caesar mit einer auch die kühnsten Erwartungen übertreffenden Schnelligkeit gewonnen hatte, um so dringender wurde die Aufgabe, in den inneren Verhältnissen Ordnung zu schaffen und dadurch das Errungene sicher zu stellen. Die Bürgerschaft Italiens, die sich gefügt hatte, vornehm und gering, war voll banger Erwartung, ob sich nicht jetzt der wahre Charakter seiner Herrschaft enthüllen, ob er nicht die bisher geübte Milde beiseite werfen und schalten werde wie Marius und Cinna. Die zahlreichen Exulanten, die zu ihm geströmt waren, verlangten die Aufhebung ihrer Verurteilung und die Wiedereinsetzung in ihre Rechte. Aber damit waren

---

[1]) Cic. Phil. II 57. Über seinen dort drastisch geschilderten Aufzug vgl. Att. X 10. 5. 16, 5. An einzelnen Unruhen wird es nicht gefehlt haben; so erhält Cicero am 11. Mai von den Centurionen dreier in Pompeji liegenden Cohorten das Anerbieten, sie wollten ihm die Stadt übergeben. Daß er sich dem entzog, war selbstverständlich und nur zu billigen (Att. X 16, 4).

[2]) ad Att. IX 9, 3. 15. 2. Appians Bericht über Caesars Ernennung zum Dictator II 48 καὶ αὐτὸν ὁ δῆμος πεφρικὼς ᾑρεῖτο δικτάτορα, οὔτε τι τῆς βουλῆς ψηφιζομένης οὔτε προχειροτονοῦντος ἄρχοντος ist staatsrechtlich inkorrekt, und vollends die Entstellung bei Plutarch Caes. 37 αἱρεθεὶς δικτάτωρ ὑπὸ τῆς βουλῆς. Das Richtige gibt Dio 41, 36 ἐν ὁδῷ δὲ ἔτι ὄντος αὐτοῦ Μᾶρκος Αἰμίλιος Λέπιδος ... τῷ τε δήμῳ συνεβούλευσε στρατηγῶν, δικτάτορα τὸν Καίσαρα προχειρίσασθαι, καὶ εὐθὺς εἶπεν αὐτὸν κατὰ τὰ πάτρια; vgl. Caesar civ. II 21; in Massilia *legem de dictatore latam seseque dictatorem dictum a M. Lepido praetore cognovit.*

ihre Erwartungen noch in keiner Weise befriedigt; sie hofften auf ein gründliches Gemetzel, Vermögenskonfiskationen und reiche Beute und vor allem die Tilgung ihrer gewaltigen Schuldenlast; eben der Glaube, daß er das gewähren werde, hatte so viele ruinierte, sittlich verkommene Existenzen in das Lager Caesars geführt[1]). Im Lager des Pompejus sah es bekanntlich nicht viel anders aus; auch hier verband sich der durch die Niederlagen nur noch gesteigerte Rache- und Blutdurst mit dem Begehren, die Schulden los zu werden[2]).

Die gewaltige, durch Luxus und maßlosen Ehrgeiz immer mächtiger anwachsende Schuldenlast vor allem der Aristokratie und der hauptstädtischen Bevölkerung und die dadurch herbeigeführte Unsicherheit des Geldmarkts war zwar nicht die Ursache, wohl aber ein bezeichnendes Symptom der vollen Zersetzung der Bürgerschaft und des Staats. Trotzdem hielt sich der Zinsfuß in Rom bei einigermaßen genügender Sicherheit in auffallend mäßigen Grenzen; der normale Satz betrug auch in den Zeiten der Anarchie nicht mehr als 4%. Das erklärt sich dadurch, daß ihm die schonungslose Ausbeutung der Provinzen gegenüberstand; hier war die Erpressung von Wucherzinsen in den abhängigen Gemeinden und Staaten — bekanntlich bis zu 48%, wie bei der Anleihe von Salamis auf Cypern bei M. Brutus — ganz gewöhnlich. Wiederholt waren ehrbare Statthalter dagegen eingeschritten, wie Lucullus in Asien, der das Zinsmaximum auf 12% herabsetzte und den Zinseszins einschränkte[3]); analoge Bestimmungen erließ Cicero in Cilicien[4]). Durch ein Gesetz des Consuls Gabinius waren im Jahr 58 die von den Gesandtschaften der untertänigen Städte in Rom aufgenommenen Anleihen für ungültig erklärt und unter Strafe gestellt worden[5]): im Jahre 51 war ein Senatsbeschluß ergangen, der, wie es scheint,

---

[1]) Außer Ciceros Briefen s. vor allem Sallust ad Caes. I 2. 4 (Beilage II).
[2]) Cicero an Marius VII 3 (S. 313, 2) und sonst; Sallust ad Caes. I 2, 7.
[3]) Plut. Luc. 20.
[4]) ad Att. V 21, 11.
[5]) ad Att. V 21, 12. VI 2, 7.

den Zinseszins oder den Zuschlag der Zinsen zum Kapital für die Provinzen untersagte[1]). Jetzt aber schuf der Ausbruch des Bürgerkriegs und der Auszug der Aristokratie in Rom und Italien ganz unhaltbare Zustände; alle Zahlungen stockten, niemand konnte zu seinem Gelde gelangen oder eine Anleihe aufnehmen[2]), wer Metall besaß, hielt es ängstlich aus dem Umlauf zurück — und dem stand die Begehrlichkeit der Gefolgschaft des Siegers gegenüber. Hier war ein Eingreifen dringend geboten.

Während Caesar Spanien unterwarf und dann die Belagerung von Massilia zu Ende führte, richtete Sallust, den er mit dem Kommando einer Legion betraut und zur Unterstützung des Gaius Antonius, des Bruders des Tribunen, nach Illyrien entsandt hatte[3]), ein Sendschreiben an Caesar[4]), in dem er ihn aufforderte,

---

[1]) ad Att. V 21. 13 (Dezember 51): *senatus consultum modo factum . in creditorum causa, ut centesimae* (der Zins von 1 % monatlich) *perpetuo faenore ducerentur*. In der vielumstrittenen Frage, wie die für uns sehr dunkle Stelle zu deuten ist (vgl. BILLETER, Gesch. des Zinsfußes im Altertum 169 ff. MOMMSEN, Der Zinswucher des M. Brutus, Hermes 34. 145 = Ges. Schr. III 215 ff. und die dort angeführte Literatur), wage ich keine Entscheidung; ganz unsicher ist auch, ob das Gesetz allgemein für alle Provinzen erlassen war.

[2]) Dio 41, 37, 2: die Schuldner konnten nicht zahlen, auch wenn sie wollten, οὔτε γὰρ ἀποδόσθαι τι οὔτε ἐπιδανείσασθαι ῥᾴδιον αὐτοῖς ἐγίγνετο.

[3]) Oros. VI 15, 8 (d. i. Livius) *Basilus et Sallustius cum singulis legionibus, quibus praeerant, similiter et Antonius omnes pariter adversus Octavium et Libonem profecti et victi sunt;* ebenso werden die Flotten des Dolabella und Hortensius besiegt, Antonius muß schließlich kapitulieren. Die Darstellung dieser Vorgänge ist bekanntlich im zweiten Buch des bellum civile ausgefallen. Basilus wird auch von Lucan IV 426 und Florus II 13, 32 erwähnt (vgl. Liv. ep. 110; Dio 41, 40 und Appian II 47, 191, vgl. 41, 166 erwähnen nur ganz kurz die Niederlagen des Dolabella und Antonius, ebenso Sueton Caes. 36). Sallust nur von Orosius; es liegt aber kein Grund vor, die Angabe zu bezweifeln. Sallust hatte durch die Ausstoßung aus dem Senat sein Bürgerrecht natürlich nicht verloren, konnte daher von Caesar ohne weiteres als Legat verwendet werden. — Dolabellas Flottenkommando im *Adrianum mare* erwähnt auch Cicero ad Att. X 7, 2 im April 49.

[4]) Die zweite der beiden auf uns gekommenen Broschüren. Über Echtheit, Charakter und Abfassungszeit derselben s. Beilage II.

„inmitten der militärischen Operationen, der Treffen und Siege" seine Aufmerksamkeit doch auch den Aufgaben des Staats — oder, wie er sagt, den *negotia urbana* zuzuwenden. „Wenn Du weiter nichts im Sinn hast, als Dich gegen den Angriff Deiner Gegner zu wehren und gegen den feindlichen Consul (Lentulus) die Dir vom Volk bewilligten Privilegien aufrecht zu erhalten, so denkst Du, was Deiner geistigen und sittlichen Überlegenheit unwürdig ist[1]. Lebt aber in Dir noch der Sinn, mit dem Du von Anfang an die Koterie der Nobilität bedrängt und der römischen Plebs aus schwerer Knechtschaft die Freiheit wiedergewonnen hast, als Praetor die Waffen Deiner Gegner ohne Waffen zersprengt hast, daheim und im Felde so große Taten vollbracht hast, daß selbst Deine Feinde über nichts andres zu klagen wagen, als über Deine Größe, so nimm auch das an, was ich Dir über die Gesamtlage des Staats (*de summa republica*) vortragen will." Immer wieder kommt er auf diese Mahnung zurück: „Wieder und wieder mußt Du Deine Gedanken darauf richten, wie Du die Verhältnisse festigen und sichern kannst"[2]. „Ich bitte und mahne Dich, daß Du, der ruhmreichste Feldherr, nachdem Du die gallische Nation unterworfen hast, nicht zulassen darfst, daß des römischen Volkes gewaltiges und unbesiegtes Reich an Altersschwäche dahinsieche und durch schwere Nachlässigkeit auseinanderfalle. Fürwahr, wenn das geschehn sollte, kann weder Nacht noch Tag Dir die Sorge abnehmen, sondern von Schlaflosigkeit heimgesucht, von den Furien gepeinigt und rasend würdest Du mit verstörten Sinnen umherirren"[3]. Er schließt mit dem Appell, den Vaterland und Vorfahren, wenn sie reden könnten, an ihn richten würden: „Als Lohn für all das, was wir Dir bei der Geburt gegeben haben, den größten Staat der Welt als Heimat, in dieser Haus und Familie von höchstem Ansehn, gute Erziehung, ehrbaren Reich-

---

[1] *indigna virtute tua cogitas* II 2, 3.
[2] II 4, 4.
[3] II 12, 5 ff. *profecto, si id accidat, neque tibi nox neque dies curam animi sedaverit, quin insomnis exercitus furibundus atque amens alienata mente feraris.*

tum, alle Auszeichnungen daheim und Belohnungen im Krieg, fordern wir von Dir nichts Böses oder eine Schandtat, sondern daß Du die zerstörte Freiheit wiederherstellst. Der Ruhm, den Du bisher gewonnen hast, hat in dem vieler andrer tapferer Männer seinesgleichen; wenn Du aber die Stadt mit ihrem ruhmreichen Namen und gewaltigen Reich, die fast schon am Rande des Untergangs steht, wiederherstellst, wer kann ruhmvoller, wer größer sein? Sollte es jetzt durch Krankheit oder eine Schicksalsfügung für dieses Reich anders kommen, wer kann zweifeln, daß das die Verwüstung, Kriege, Bluttaten über den ganzen Erdkreis bringen würde" — eine Prophezeiung, die sich buchstäblich erfüllt hat. „Wenn Du aber unsern Bitten nachgibst, wird nach Wiederherstellung des Staats Dein Ruhm alle Sterblichen weit überragen und bei Dir, und bei Dir allein, der Tod noch ruhmvoller sein als das Leben. Denn die Lebenden sucht mitunter das Schicksal, oft der Neid heim; ist aber das Leben erloschen, so fallen die Neider weg, und der wahre Wert (*virtus*) wächst immer höher hinauf." „Ich habe," so schließt er, „was mir als das Nützlichste und Dir Dienlichste erschien, mit so wenig Worten wie möglich niedergeschrieben. Im übrigen flehe ich zu den unsterblichen Göttern, daß, wie Du auch verfahren mögest, es Dir und dem Staate günstig ausfallen möge."

Die Bürgerschaft, so führt er aus, zerfällt seit alters in zwei Teile, Senat und Volk (*in patres et plebem*); jener hatte vormals das größte Ansehn, dieses weitaus die größte Macht. „Aber als die Korruption um sich griff und die ärmere Bevölkerung, von ihrem Grundbesitz vertrieben, beschäftigungslos und ohne festen Wohnsitz leben mußte, begann sie, nach fremder Habe zu begehren und ihre Freiheit und damit den Staat käuflich zu machen. So ist das Volk, das offiziell der Herr war und allen Völkerschaften gebot, allmählich herabgesunken und hat an Stelle der Herrschaft der Gesamtheit sich die persönliche Knechtschaft jedes einzelnen beschert. Diese Menge, die einmal insgesamt schlechten Sitten verfallen ist, sodann aber sich in verschiedene Lebensformen und Beschäftigungen aufgelöst hat" — statt der Einheit der alten Bauernschaft — „und jeder inneren Übereinstimmung ermangelt, scheint mir wenigstens wenig geeignet, die Staatsleitung zu übernehmen"[1]). Er fordert daher die Aufnahme von Neubürgern, „wodurch, wie ich hoffe, alle wieder zur Freiheit werden aufgerüttelt werden, da die Neubürger sorgen müssen, ihre Freiheit zu behaupten, die andern, aus der Knechtschaft herauszukommen" — in erster Linie ist natürlich an die Transpadaner gedacht, aber auch an die sonstigen Ausländer, vor allem die in Caesars Heer. „Werden diese Neubürger vermischt mit den Altbürgern in Kolonien angesiedelt, so wird sowohl für die Aushebung eine größere Volksmenge zur Verfügung stehn, als auch die Plebs, die jetzt wieder durch eine heilsame Tätigkeit gefesselt ist, aufhören, den Staat zu schädigen"[2]). „Ich weiß sehr wohl," fährt er dann fort, „wie wild die Vornehmen werden und welchen Sturm sie erregen werden mit der Behauptung, dadurch werde alles von Grund auf aufgerüttelt und die Altbürger in Knechtschaft hinabgestoßen" — wie das bei den Verhandlungen über das Bürgerrecht der Italiker seit der Gracchenzeit geschehen war — „es werde an Stelle des Freistaats eine Königsherrschaft treten, wenn durch das Geschenk eines Einzelnen eine ungeheure Menge zum Bürgerrecht gelange. Aber ich denke bei mir so: der begeht eine schlechte Handlung, der zum Nachteil des Staats sich Gunst zu gewinnen sucht; aber wo, was dem Staat zum Heil gereicht, auch persönlichen Vorteil bringt, da ist es ein Beweis von Schlaffheit und Feigheit, wenn man sich bedenkt, das in Angriff zu nehmen." An dem Beispiel des Marcus Drusus führt er aus, wie die Koterie der Optimaten ihn, der im Interesse der Nobilität vorging, zu Fall gebracht habe, als sie sahen, daß ihm durch seine Anträge über das Bürgerrecht der

---

[1]) II 5, 6 *haec igitur multitudo primum malis moribus inbuta, deinde in artis vitasque varias dispalata, nullomodo inter se congruens, parum mihi idonea videtur ad capessendam rempublicam.*

[2]) II 5, 6 *ceterum additis novis civibus magna me spes tenet, fore ut omnes expergiscantur ad libertatem: quippe cum illis libertatis retinendae, tum his servitutis amittendae cura orietur. hos ego censeo permixtos cum veteribus novos in coloniis constituas; ita et res militaris opulentior erit et plebs bonis negotiis impedita malum publicum facere desinet.*

Italiker neue gewaltige Macht zufließen werde: „Da jeder von ihnen sich seiner schlechten und unzuverlässigen Gesinnung bewußt war, beurteilten sie den Drusus nach sich selbst. Um so mehr mußt Du Sorge tragen, daß Du über treue Freunde und vielfache Schutzmittel verfügst."

Man sieht, wie die aristokratische Theorie in Ciceros Schrift über den Staat muß auch die der Demokratie große Abstriche von ihrem idealen Programm vornehmen und den realen Verhältnissen gewaltige Konzessionen machen. Eine wirkliche Volksherrschaft ist eben so unmöglich geworden wie ein wahrhaft kollegiales Regiment der Nobilität; über beiden erhebt sich übermächtig und für die Durchführung der Aufgaben des Staats unentbehrlich die Einzelpersönlichkeit, so verschieden auch die Auffassung ist, nach der ihre Stellung gestaltet wird.

Zugleich erkennt Sallust die völlige Zersetzung des römischen, d. i. des italischen Volkes, ganz unumwunden an. Es ist nicht mehr imstande, seine Weltstellung zu behaupten: wenn es bleibt, wie es ist, muß es zugrunde gehn und Roms Schicksalsstunde hat geschlagen[1]). Nur durch umfassende Zuführung neuen, kräftigen Bluts aus den Untertanen kann es innerlich regeneriert[2]) und gerettet und damit die drohende Katastrophe abgewendet werden.

Auf die Einzelvorschläge, die Sallust über die Gestaltung des Senats, der Gerichte, der Wahlen macht, brauchen wir an dieser Stelle noch nicht einzugehn. Im Mittelpunkt seiner Gedanken und Forderungen steht die Wiederherstellung der alten Zucht und Sitte, von deren Verfall, ganz wie in seinen historischen Schriften oder wie bei Polybios, mit dessen Theorie sich die Ideen Sallusts überhaupt aufs engste berühren, der Niedergang des Staats hergeleitet wird; und dieser Verfall beruht wieder auf der Macht, die das Geld gewonnen hat. „Denn wo die Gier nach Reichtum Eingang gefunden hat, ist weder die Zucht noch die

---

[1]) Vgl. I 5, 2 f., s. unten S. 391.
[2]) II 7, 2 *ubi eos* (die Neubürger) *in civitatem adduxeris. quoniam quidem renovata plebs erit*, cet. II 10. 1 *nunc quoniam, sicuti mihi videor, de plebe renovanda corrigendaque satis disserui.*

erworbene Berufsbildung noch irgend ein Charakter stark genug¹), zu verhindern, daß nicht der Geist früher oder später, aber schließlich dennoch der Versuchung erliegt" Viele Staaten und Königreiche sind so zugrunde gegangen, die begründet wurden, als sie arm, aber tüchtig waren²). „Denn wo ein tüchtiger Mann sieht, daß ein schlechterer durch seinen Reichtum mehr Ruhm und Popularität gewonnen hat, schwankt er zuerst und wälzt die Gedanken in seiner Brust hin und her; allmählich aber besiegt der Ruhm die Ehre, der Wohlstand die Tüchtigkeit, und so fällt seine Gesinnung von dem Wahren zur Genußsucht ab; denn der Ruhm wird durch betriebsamen Fleiß genährt, fällt jener weg (führt jene Tätigkeit nicht zu Ansehn), so ist die Tugend an sich bitter und rauh. So werden, wo der Reichtum in Ansehn steht, alle guten Eigenschaften gering geschätzt, Treue, Rechtschaffenheit, Scham, Keuschheit; denn der Weg zur Tugend ist steil, Geld aber kann man erstreben auf welchem Wege man will, man gewinnt ebensogut durch schlechte wie durch gute Mittel."

Die Grundforderung, die Sallust stellt, ist daher, die Macht des Geldes zu brechen: „Daher schaffe vor allem das Ansehn des Geldes aus der Welt"³): „bei weitem das größte Gut wirst Du dem Vaterland für seine Bürger, Dir für Deine Kinder, ja überhaupt dem gesamten Menschengeschlecht schaffen, wenn Du die Gier nach Geld überhaupt aufhebst oder wenigstens soweit einschränkst, wie die Verhältnisse es gestatten, auf andre Weise läßt sich der Staat sowohl wie die eigenen Angelegenheiten weder im Frieden noch im Kriege regieren." Durch eine andre Gestaltung der Wahlen und der Besetzung der Gerichte — wir kommen darauf zurück — glaubt er das erreichen zu können. „So tritt neben das Geld die Würdigkeit, und jeder wird streben, den andern durch Tüchtigkeit zu überholen. Das halte ich für

---

¹) II 7, 4 *neque disciplina neque artes bonae neque ingenium ullum satis pollet.* Das hat Sallust bekanntlich an sich selbst erfahren.

²) *imperia . . quae per virtutem inopes ceperant.* Vgl. schon den Abschluß des Werks Herodots IX 122.

³) II 7, 10 *ergo in primis auctoritatem pecuniae demito.*

ein großes Heilmittel gegen den Reichtum; denn nach dem Nutzen, den es bringt, wird alles gepriesen und erstrebt. Durch den Lohn, den sie einbringt, wird die Schlechtigkeit gefördert; nimmt man den Lohn weg, so ist kein Mensch ohne Entgelt schlecht. Die Habgier ist ja eine wilde, brutale, unerträgliche Bestie; wo sie hindringt, verwüstet sie Stadt und Land, Heiligtümer und Wohnungen, wirft göttliche und menschliche Dinge durcheinander, weder Heer noch Mauern können hindern, daß sie mit ihrer Gewalt durchdringt; sie raubt allen Sterblichen Ruf, Ehrbarkeit, Kinder, Heimat und Eltern. Aber wenn Du die Ehrung des Geldes beseitigst, wird diese gewaltige Macht der Habgier durch gute Sitten leicht besiegt werden. Freilich, obwohl alle Welt, gut und schlecht, weiß, daß es sich so verhält, wirst Du mit der Koterie der Nobilität einen nicht geringen Kampf darüber zu bestehn haben. Kannst Du deren Intrigen entgehn, so wird alles andre glatt verlaufen. Diese Leute aber würden, wenn ihre männlichen Eigenschaften dazu ausreichten[1]), lieber mit den Tüchtigen wetteifern, statt sie zu beneiden; da aber Trägheit und Kraftlosigkeit, Stumpfsein und Schlaffheit sie beherrscht, toben und neiden sie und erachten den guten Ruf andrer eine Schande für sich selbst."

Es sind unausführbare Gedanken und utopische Phantasien, die Sallust als Mittel für eine radikale Reform und Rückbildung zu den gesunden Zuständen der Vorzeit vorträgt; auch er steht unter der Einwirkung der Grundanschauung, welche die gesamte politische Theorie des Altertums seit Sokrates beherrscht und in Plato ihren vollendetsten Ausdruck gefunden hat, daß eine richtige Gesetzgebung die gesamten Lebensformen von Grund aus umgestalten und die geschichtlich gegebenen Bedingungen des Daseins sowie der Gestaltung der Gesellschaft aufheben könne — eine Vorstellung, die ja auch in der Neuzeit und in der Gegenwart in Theorie und Praxis eine gewaltige Rolle spielt. Aber eben darum ist seine Schrift ein nur um so wertvolleres

---

[1]) II 8, 7 *si viritute satis valerent.* — *viritus* bildet er, um den eigentlichen Begriff der *virtus* klarer hervortreten zu lassen.

Zeugnis für die innere Zersetzung der Grundlagen, auf die der Staat der Republik aufgebaut war. An Stelle der Gleichheit der Lebensformen und Anschauungen und der dadurch geschaffenen inneren Homogenität der Bürgerschaft war die individualistische Auflösung getreten, welche die Republik innerlich längst aufgehoben hatte und jetzt den Zusammenbruch des ausgehöhlten und morsch gewordenen Gebäudes herbeiführte. Und doch haftete an diesen Trümmern eine gewaltige Tradition von tiefem sittlichem Wert: unmöglich konnte man dies Ideal der Vergangenheit einfach beiseite stoßen, immer wieder erwächst aus der Tiefe des Herzens das Streben, es zu retten, den alten Bau wiederherzustellen.

Caesars Maßregeln im Jahre 49

Auch Caesar hat später in seiner Sittengesetzgebung solchen Illusionen nachgegeben; aber in den eigentlich politischen Fragen lagen sie ihm ganz fern, hier war er der praktische Staatsmann, der mit scharfem Blick die realen Kräfte und Bedingungen erkannte und nur mit ihnen rechnete. Schwerlich wird ihm Sallusts Schrift großen Eindruck gemacht haben, mochte er sie auch freundlich aufnehmen. Aber auch wenn er ihren Gedanken innerlich näher gestanden hätte, war es doch in der damaligen Lage völlig ausgeschlossen, daß er sich, wie Sallust forderte, jetzt bereits dem Umbau des Staats zugewendet hätte. Wie die Dinge sich im Innern schließlich gestalten würden, ließ sich noch in keiner Weise absehn, ja schwerlich hat ihm damals schon eine bestimmte Anschauung über die Stellung vorgeschwebt, die er selbst in Zukunft einnehmen wollte; dachte er doch immer noch sehr ernstlich daran, den Krieg durch ein Abkommen mit Pompejus zu beenden. Dadurch wäre die absolute Monarchie, die er nach dem vollen Siege begründete, natürlich ausgeschlossen gewesen; offenbar sind die Gedanken, die er dann durchgeführt hat, in ihm erst allmählich aus der Gestaltung erwachsen, zu der die Entwicklung geführt hat. Zunächst war seine Aufgabe, den Krieg möglichst rasch mit derselben Energie wie bisher weiter zu führen und zu beenden.

Aber allerdings lag auch im Innern eine Reihe dringender Aufgaben vor, die nicht länger unerledigt bleiben konnten. Vor allem galt es, dem Staat wieder ordnungsmäßige Beamte zu bestellen. So trat er, als er nach Bändigung und Bestrafung eines Aufruhrs der neunten Legion in Placentia zu Anfang Dezember (jul. Oktober) nach Rom zurückkehrte, die ihm übertragene Dictatur an, ohne einen Magister equitum zu ernennen, und leitete die Wahlen, bei denen er selbst mit P. Servilius Isauricus zum Consul gewählt und die übrigen Magistraturen mit seinen Anhängern besetzt wurden. Die Verteilung der Ämter unter die Praetoren bestimmte er selbst, statt sie, wie herkömmlich, dem Los zu überlassen[1]); ebenso bestellte er die Statthalter für die in seinem Besitz befindlichen Provinzen[2]). Mehrere gesetzgeberische Maßregeln wurden bereits vor seiner Ankunft in Rom von den Tribunen und Praetoren eingebracht und unter seiner Leitung angenommen, so Ausführungsbestimmungen für die Regelung der Rechtsstellung und Rechtssprechung in der Cisalpina[3]), und vor allem die Restitution der unter der Herrschaft des Pompejus Verurteilten[4]), darunter auch des Gabinius, den Pompejus nicht hatte schützen können und der jetzt in Caesars Dienste trat; dagegen blieb sein alter Gegner

---

[1]) Dio 42, 22, 2.
[2]) Appian II 48, 197.
[3]) Vgl. oben S. 354.
[4]) Caesar civ. III 1 *itemque praetoribus tribunisque plebis rogationes ad populum ferentibus, nonnullos ambitus Pompeia lege damnatos in integrum restituit*. Den Antrag mußten die Praetoren und Tribunen stellen, weil Caesar selbst keine Zeit hatte, das *Trinundinum* einzuhalten. Die Annahme bewirkt er selbst, und tut sich nicht wenig darauf zugute, daß er vorher von ihren Diensten keinen Gebrauch gemacht habe, also völlig korrekt verfahren sei. Cicero Phil. II 56. 98 sagt von Antonius: *restituebat multos calamitosos* und macht ihm zum Vorwurf, daß er trotzdem seinen Oheim Gaius nicht zurückberufen habe (aus Cicero entlehnt in der Rede bei Dio 45, 47. 46, 15). Mithin fällt das Gesetz noch in Antonius' Tribunat, vor den 10. Dezember: andere Verbannte mögen dann durch praetorische Spezialgesetze zurückberufen sein. — Die Historiker schreiben diese Gesetze natürlich Caesar selbst zu (Dio 41, 36. Appian II 48. Plut. Caes. 37).

Milo natürlich im Exil, aber auch Sextus Clodius, einer der
ärgsten Unruhestifter[1]), und ebenso um des demokratischen Prinzips
willen Gaius Antonius, der Besieger Catilinas; erst ein paar
Jahre später gewährte Caesar ihnen die Rückkehr[2]).

Weit größere Schwierigkeiten machte die Regulierung der
Geldverhältnisse und der Schulden. Die Zustände waren ganz
unhaltbar geworden, und die Tribunen hatten bereits ohne viel
Erfolg durch Herabsetzung der Zinsen zu helfen gesucht[3]).
Hier mußte Caesar eingreifen. Daß die Gedanken Sallusts unausführbar
waren, leuchtete ein; aber ebenso lehnte Caesar
einen Schuldenerlaß und eine allgemeine soziale Umwälzung ab,
wie sie die Radikalen forderten. Er beschränkte sich darauf,
kraft seiner magistratischen Amtsgewalt die Bestellung von
Schiedsrichtern zu verordnen[4]), welche den Wert des unbeweglichen
und beweglichen Vermögens nach dem Stande vor Ausbruch
des Bürgerkriegs abschätzen und so die Gläubiger in
billiger Weise befriedigen sollten; außerdem bestimmte er
mit Berufung auf ältere Gesetze, daß niemand mehr als fünf-

---

[1]) Cic. Att. XIV 13. 6. 13 A. 14, 2.

[2]) Cic. Phil. II 98. Strabo X 2, 13. Bekanntlich hatte übrigens
Caesar diesen C. Antonius im Jahre 76 wegen seiner Erpressungen in
Griechenland verklagt: es mag also eine persönliche Feindschaft hinzugekommen
sein.

[3]) Dio 41, 37, 2: infolge der Schulden und der Geldnot πολλὰ μὲν
ἄπιστα, πολλὰ δὲ καὶ δολερὰ πρὸς ἀλλήλους ἔπραττον ἐμετριάσθη μὲν
καὶ πρὸ τούτου πρὸς δημάρχων τινῶν τὰ κατὰ τοὺς τόκους.

[4]) *constituit ut arbitri darentur; per eos fierent aestimationes
possessionum et rerum, quanti quaeque earum ante bellum fuisset,
atque hae creditoribus traderentur* Caes. civ. III 1. „Die Bestellung
der *arbitri* erfolgte", schreibt E. SECKEL mir, „durch die zuständigen
Jurisdictionsbeamten, den *praetor urbanus* u. s. w., nicht durch Caesar
selbst. Zu der Verordnung war er befugt, sie ist ein Dienstbefehl,
den er kraft seiner *maior potestas* den *magistratus minore
potestate* erteilt." Über den Inhalt der Verordnung stimmen Dio 41, 37
und App. II 48 mit Caesar überein (Plut. Caes. 37 begnügt sich mit
der allgemeinen Wendung σεισαχθείᾳ τινὶ τόκων ἐκούφιζε τοὺς χρεωφειλέτας),
nur daß Dio c. 38 noch die weitere Anordnung über die Flüssigmachung
des Geldes hinzufügt. Die bei Sueton 42 mit der Maßregel des Jahres 49
verbundenen Anordnungen gehören in eine spätere Zeit.

zehntausend Denare in Bargeld aufspeichern, sondern das übrige in Umlauf bringen müsse[1]), lehnte aber die Forderung, die Durchführung dieser Maßregel dadurch zu erzwingen, daß die Sklaven darüber unter Gewährung einer Prämie zur Anzeige zugelassen würden, mit Entrüstung ab. So erwies er, daß er nicht gesonnen war, als Parteimann zu herrschen, sondern über den Parteien stehend ein gerechtes, die Ansprüche beider Seiten in billiger Weise ausgleichendes Regiment begründen wollte. Der in Rom durch die Sperrung der überseeischen Zufuhr durch die pompejanische Flotte drohenden Teuerung suchte er durch eine Getreideverteilung an die Plebs abzuhelfen[2]); den Versuch seines Schwiegervaters Piso dagegen, gestützt auf die Stimmung des Volks im Senat noch einmal die Entsendung einer Versöhnungsgesandtschaft an Pompejus anzuregen, ließ er durch den designierten Consul Isauricus zu Fall bringen[3]).

Alle diese Dinge, und ebenso die vorweggenommene Feier des latinischen Festes, hat Caesar in elf Tagen erledigt. Dann ging er, ohne den Antritt seines Consulats abzuwarten, etwa Mitte Dezember (Oktober) zur Armee; die letzten Gelder des Staatsschatzes und der eingeschmolzenen Weihegeschenke auf dem Kapitol nahm er mit[4]), um wenigstens die dringendsten finanziellen Bedürfnisse decken zu können. Auch Antonius begleitete ihn als Legat; das Regiment in Rom und Italien übernahm jetzt ordnungsgemäß der Consul Servilius Isauricus, der Sohn seines Rivalen bei der Bewerbung um die Stellung des Pontifex maximus, der sich jedoch ganz an ihn angeschlossen hatte und auf den er sich verlassen konnte.

---

[1]) Dio 41, 38. Tac. ann. VI 16: Im Jahre 33 werden zahlreiche Anklagen erhoben *in eos, qui pecunias faenore auctitabant adversus legem dictatoris Caesaris, qua de modo credendi possidendique intra Italiam cavetur*. Es ist sehr wahrscheinlich, daß Caesar die im Jahre 49 erlassene Verordnung später seiner Gesetzgebung erneuert hat.

[2]) Nur bei Appian II 48 erwähnt: τῷ δήμῳ λιμώττοντι σῖτον ἐπέδωκε.

[3]) Plut. Caes. 37 (s. oben S. 350, 3), vgl. Appian II 48 ὁ δὲ δῆμος εἵπετο (bei Caesars Weggang) παρακαλῶν συμβῆναι Πομπηίῳ.

[4]) Dio 41, 39.

Wirren in Rom während Caesars Abwesenheit

Die von Caesar ergriffenen Maßregeln haben, eben weil sie einen verständigen Mittelweg innehielten, keine Partei befriedigt. Die Gläubiger waren allerdings froh, daß sie ihr Kapital behielten; um so enttäuschter war die Masse der Schuldner und des anarchischen Pöbels[1]). So konnte M. Caelius, jetzt einer der Praetoren, den Gedanken fassen, in Italien eine Gegenrevolution zu erregen. So liederlich und gewissenlos er war, so wenig wohl fühlte er sich in seiner jetzigen Umgebung, nach seinem Empfinden stand er durchaus auf seiten der Nobilität[2]); überdies empfand er es bei seinen ungemessenen Ansprüchen als eine schwere Kränkung, daß Caesar die städtische Praetur nicht ihm, sondern dem Trebonius, einem seiner tüchtigsten Offiziere, verliehen hatte[3]). Zunächst versuchte er, die auf Caesars Anordnungen beruhende Rechtsprechung des Trebonius in Schuldsachen zu hindern; dann brachte er ein Gesetz ein, das ein Moratorium auf sechs Jahre in Aussicht nahm und überdies die Wohnungsmiete erließ[4]). Aber seine vor keiner Gewalttätigkeit zurückschreckende Agitation wurde in der Hauptstadt durch den Consul Isauricus unterdrückt, der Senat erließ den üblichen Beschluß, der ihn zum Einschreiten aufforderte, und suspendierte

---

[1]) Caelius schreibt an Cicero Anfang 48 in dem Brief VIII 17, in dem er seine Pläne andeutet: *quod si timor vestrae crudelitatis non esset, eiecti iam pridem hinc essemus. nam hic nunc praeter faeneratores paucos nec homo nec ordo quisquam est nisi Pompeianus. equidem iam effeci, ut maxime plebs et, qui antea noster fuit, populus vester esset. cur hoc? inquis. immo reliqua exspectate: vos invitos vincere coegero.*

[2]) S. den Brief VIII 17, wo er bedauert, daß er sich durch den Haß gegen Appius Claudius und die Freundschaft mit Curio zum Anschluß *in hanc perditam causam* habe verleiten lassen; *nam mihi sentio bonam mentem iracundia et amore ablatam — neque haec dico, quod diffidam huic causae, sed crede mihi, perire satius est quam hos videre.* Der Inhalt des Briefs ist von DRUMANN II² 354 merkwürdig falsch wiedergegeben.

[3]) Dio 42, 22.

[4]) Caesar civ. III 20. Dio 42, 22.

Caelius von seinem Amt; und als dieser dann in Italien einen Aufstand zu erregen suchte und sich zu dem Zweck mit dem aus seinem Exil herbeigekommenen Milo verband, fanden beide durch Caesars Truppen den Tod.

Bald darauf, am 9. August (7. Juni 48 julianisch), fiel bei Pharsalos die Entscheidung. Daß die Bevölkerung Italiens sich, so wenig sie auf Caesars Seite stand, auch in den entscheidungsschweren Monaten, als seine Sache fast verzweifelt zu stehn schien, seiner Herrschaft gefügt hatte und der Versuch der Gegenrevolution gescheitert war, beruhte wesentlich darauf, daß die Optimaten und Pompejaner aus ihren Rachegelüsten kein Hehl machten und von ihnen, wenn sie siegten, ein furchtbares Blutgericht und ein gründlicher Umsturz der Besitzverhältnisse wie unter Sulla mit Sicherheit in Aussicht stand, in schärfstem Kontrast zu Caesars wohlberechneter Milde. Nach dem Siege schickte Caesar den Antonius mit mehreren Legionen nach Italien, um es gegen einen Angriff der flüchtigen Republikaner zu sichern. Antonius ist etwa Ende Oktober (August) in Brundisium gelandet, kurz nachdem Cicero hier eingetroffen war. Dieser war nach der Schlacht nach Korkyra geflüchtet, hatte den Oberbefehl, den Cato ihm als dem ältesten der Consulare anbot, entsetzt abgelehnt und kein Hehl daraus gemacht, daß er jetzt seinen Frieden mit Caesar machen wolle. Der junge Gnaeus Pompejus und andere Heißsporne der Partei wollten ihn daher als Verräter umbringen; nur mit Mühe rettete ihm Cato das Leben und ermöglichte ihm die Flucht nach Brundisium[1]). Hier hat ihn Antonius verschont, obwohl er von Caesar noch nicht

---

[1]) Plut. Cic. 39 = Cato 54. Eine Andeutung dieser Vorgänge findet sich in den Briefen an Terentia XIV 12 und an Atticus XIV 5, sowie pro Marc. 15. Er rechtfertigt sein Verhalten mit dem Blutdurst der Partei und der Abneigung, die *barbarae gentes* in den römischen Kampf hineinzuziehn (Att. IX 6, 2. 7, 3). Nachher kommen ihm dann die Skrupel über seinen Abfall und Übergang zu Caesar, nicht aus Gewissensbedenken, sondern weil er den Verlust seines Renommees und das Prekäre seiner Lage empfindet, falls die Republikaner doch noch in Afrika siegen (Att. XI 7. 8, 10).

begnadigt war¹). In Rom dauerte es lange, bis man sichere Kunde von Caesars Sieg erhielt — zumal da Caesar sich scheute, einen offiziellen Bericht über die Schlacht zu senden²) — und seine Tragweite völlig übersah; erst die Nachricht von Pompejus' Tod in Aegypten (28. September 25. Juli) machte allen Zweifeln ein Ende³). Darauf wurde, kaum früher als gegen Ende November⁴), Caesar auf Grund eines Gesetzes vom Consul Isauricus zum Dictator auf unbestimmte Zeit⁵) ernannt und ebenso, gegen das Staatsrecht, nach dem der Dictator ihn zu ernennen hat, Antonius zum Magister equitum bestellt; daher machte die Opposition, die sich an Caesar nicht heranwagen konnte, hier den Versuch, Einspruch zu erheben, die Augurn erklärten, das Reiterführeramt dürfe nicht länger als sechs Monate bekleidet werden, natürlich ohne Erfolg⁶). Die Bestellung der andern Beamten, mit Ausnahme der Tribunen und plebejischen Aedilen, wurde auf Caesars Rückkehr vertagt⁷). Im

---

¹) Cic. Phil. II 59 (vgl. 5) von Antonius: *victor e Thessalia Brundisium cum legionibus revertisti. ibi me non occidisti: magnum beneficium! potuisse enim fateor.* Zur Chronologie s. O. E. SCHMIDT, Briefwechsel Ciceros 199 ff. 211.

²) Cic. Phil. XIV 23. Dio 42, 18, 1.

³) Dio 42, 17 ff.

⁴) Cicero schreibt über Pompejus' Tod an Atticus am 27. November, hat also die Nachricht kurz vorher erhalten. O. E. SCHMIDT S. 211 f. setzt Caesars Ernennung viel zu früh, auf Mitte September, an.

⁵) Dios Angabe 42, 20, 3, er sei auf ein Jahr zum Dictator ernannt (ebenso Plut. Caes. 51), ist bekanntlich falsch; die Münzen mit der Legende cos. tert. dict. iter. bewiesen, daß Caesars zweite Dictatur vom Ende 48 bis in sein drittes Consulat Anfang 46 gedauert hat. In dem Schreiben an die Sidonier (Juni 47) Jos. Ant. XIV 190 nennt sich Caesar αὐτοκράτωρ καὶ ἀρχιερεὺς δικτάτωρ τὸ δεύτερον, vgl. 192. 202.

⁶) Dio 42, 21. Daher behauptet Cicero Phil. II 62, er sei *Caesare ignaro, cum esset ille Alexandreae, beneficio amicorum eius* zum mag. eq. bestellt. Offiziell ist das richtig; tatsächlich hat Caesar natürlich die Anordnung vorher getroffen, die jetzt in Rom nach seinen Weisungen ausgeführt wird. Sachlich ist daher Plutarchs Angabe Anton. 7 nicht unrichtig μετὰ τὴν νίκην (Καῖσαρ) δικτάτωρ ἀναγορευθεὶς αὐτὸς μὲν ἐδίωκε Πομπήϊον, Ἀντώνιον δὲ ἵππαρχον ἑλόμενος εἰς Ῥώμην ἔπεμψεν.

⁷) Dio 42, 20, 4. 27, 1; vgl. die Fasten.

übrigen bemühte man sich, alle möglichen Ehren und Rechte auf Caesar zu häufen, in der Absicht, wie Dio sagt, dadurch wenigstens den Schein zu wahren, als ob man noch aus eigenem Willen als Bürger handeln könne: ihm wurde das Consulat auf fünf Jahre zuerkannt — das hat er nicht angenommen —, ferner ein Sitz auf der Tribunenbank. Das gegen Caesar gerichtete Gesetz vom Jahre 52, das ein fünfjähriges Intervall zwischen dem städtischen Amt und der Statthalterschaft eingeführt hatte, wurde aufgehoben, die Vergebung der praetorischen Provinzen wie schon im vorigen Jahr Caesar überlassen[1]). Weiter wurde ihm die Entscheidung über Krieg und Frieden ohne Befragung des Volks übertragen, und vor allem das Schicksal seiner Gegner, über das er tatsächlich bereits nach eigenem Ermessen entschied, auch rechtlich allein in seine Hand gelegt. Die Statuen des Sulla und Pompejus an den Rostren waren schon vorher umgestürzt worden[2]).

Vom November (= September) 48 an hat Antonius bis zu Caesars Eintreffen in Rom Ende September (= Juli) 47 neun Monate lang unumschränkt in Italien geschaltet. Mit dem Schwerte umgürtet, im Purpurgewand, erschien er auch in der Stadt und leitete die Sitzungen des Senats wie die Götterfeste des Volks[3]). Mit der Einsetzung der Dictatur herrschte eben Kriegsrecht auch in der Hauptstadt, und da der Dictator ab-

---

[1]) Dio 42, 20. 4. Die Consularprovinzen sind dagegen nach seiner Angabe unter die Consuln, d. i. Caesar und Isauricus, verlost worden. So mag diesem damals die Provinz Asia zugewiesen worden sein, die er im Jahre 46 verwaltet, während im Jahre 47 hier noch Caesars Legat Cn. Domitius Calvinus Statthalter ist und am Kriege gegen Pharnakes teilnimmt. Allerdings sollten gesetzlich die Consularprovinzen schon vor der Consulwahl bezeichnet werden; das wird aber 49 kaum geschehn sein, und kam für die eventuellen Consuln von 47 nicht in Betracht, da ja keine gewählt wurden.

[2]) Genaue, chronologisch bestimmte Angaben über die Beschlüsse für Caesar verdanken wir hier wie später fast allein Dio, dessen Angaben sich da, wo wir sie kontrollieren können, fast immer als richtig erweisen.

[3]) Dio 42.

wesend war, ging seine volle Macht auf den Magister equitum
über. An Strafurteilen fehlte es nicht; vor allem suchte Antonius
Caesars Anordnung über die Herausgabe des baren Geldes
energisch durchzuführen, und die dadurch veranlaßten Konfiskationen, sowie die Einziehung des Vermögens verurteilter
Gegner schafften die dringend nötigen Mittel für den entleerten
Staatsschatz und die Zahlungen an die Soldaten[1]). Die Städte
Italiens wurden durch Garnisonen und Veteranenansiedlungen
gesichert und von Antonius inspiziert[2]). Dabei erregte er allgemeines Ärgernis durch das Gefolge von Dirnen und Possenreißern, mit dem er wie früher umherzog, und durch seine wüsten
Trinkgelage; daß er sich selbst auch sonst nicht vergaß und
durch Erpressungen und Mordtaten seinem verschleuderten Vermögen aufhalf, wird kaum zu bezweifeln sein[3]).

Auf die, natürlich irrtümliche, Kunde, daß Cato und L. Metellus, der Tribun des Jahres 49, nach Rom gekommen seien,
erhielt er Ende November von Caesar die bestimmte Weisung,
daß er das nicht dulden und überhaupt niemanden nach Italien
lassen dürfe, dem Caesar nicht selbst die Erlaubnis gegeben
habe[4]). Selbstverständlich mußte er diesen Befehl auch dem
Cicero mitteilen; als dieser nachwies, daß Caesar dem Dolabella,
Ciceros Schwiegersohn, der nach der Schlacht von Pharsalos
nach Rom gegangen war und sich für 47 zum Tribun hatte wählen

---

[1]) Cic. Phil. II 62 *in urbe auri, argenti maximeque vini foeda
direptio.* Die Konfiskation des Weins ist natürlich eine Bosheit Ciceros;
die des Goldes und Silbers erklärt sich durch Caesars Verordnung.

[2]) Cic. l. c. *Italiae rursus percursatio eadem comite mima; in
oppida militum crudelis et misera deductio.*

[3]) Cic. l. c. *quid ego istius decreta, quid rapinas, quid hereditatum possessiones datas, quid ereptas proferam?* Daran schließt
sich die Scene, daß er nach einem Gelage bei einer Amtshandlung auf
dem Tribunal vor allem Volk gebrochen habe. Danach Plut. Anton. 9.
Dio 41, 27 καὶ γὰρ ἁρπαγαὶ καὶ ὕβρεις καὶ σφαγαὶ πολλαὶ ἐγένοντο, was
vielleicht übertrieben ist.

[4]) Cic. Att. XI 7 (17. Dezember): die Anweisung stand offenbar in
dem Brief, den Caesars Freigelassener Diochares aus Alexandria überbrachte, der um den 27. November in Rom eintraf (Att. XI 6, 7).

lassen, gesagt habe, er solle Cicero auffordern, baldmöglichst nach Italien zu gehn, nahm er in dem Edikt, durch das er die Anordnung publizierte, Cicero und ebenso den pompejanischen Flottenführer D. Laelius, der nach Pharsalos den Angriff auf den Hafen von Brundisium aufgegeben hatte[1]) und sich jetzt wie so viele andere unterwarf, mit Namensnennung aus[2]). Cicero ist darüber sehr böse, da er sich dadurch bei den Pompejanern und Republikanern schwer kompromittiert fühlte[3]); aber wie hätte Antonius anders handeln können? Auch die Hoffnung, daß die am 10. Dezember antretenden neuen Tribunen (d. i. Dolabella) die Sache mildern könnten, erfüllte sich nicht; vielmehr scheinen sie das Edikt durch ein Gesetz bestätigt zu haben[4]).

In Rom ist die erste Hälfte des Jahres mit den Unruhen erfüllt, welche Dolabella als Tribun erregte. Dieser hochadlige Lump glaubte die Gelegenheit, wo die Zukunft noch völlig im Dunkel lag, benutzen zu können, um eine selbständige politische Rolle zu spielen und dadurch zugleich seine drückende Schuldenlast los zu werden. Als berufener Vertreter der Plebs, zu der er übergetreten war und die ihn gewählt hatte, erneuerte er die Agitation für die Erleichterung der Schulden; die Unverletzlichkeit des Tribunen gab ihm eine festere Stellung als dem Caelius die Praetur. Seine Kollegen C. Asinius Pollio[5]) und vor allem

---

[1]) Caesar civ. III 100.
[2]) Cic. l. c. *tum ille edixit ita, ut me exciperet et Laelium nominatim, quod sane nollem; poterat enim sine nomine res ipsa excipi.* Bis dahin hatte Cicero gehofft, durch die Vermittlung des Oppius und Balbus ohne Schwierigkeit in seine im Frühjahr 49 eingenommene Stellung zurückkehren und auch seine Ansprüche auf den Triumph aufrecht erhalten zu können (Att. XI 6, 3. 7, 1. 1); durch Antonius' neue Stellung wurde die Sachlage wesentlich verschoben.
[3]) Att. XI 7, 2 f. 9, 1. 14. 1. 15. 1. 2.
[4]) Att. XI 9, 1 (3. Januar 47) *quid autem me iuvat, quod ante initum tribunatum veni, si ipsum quod veni nihil iuvat? iam quid sperem ab eo* (Antonio), *qui mihi amicus numquam fuit, cum iam lege sim confectus et oppressus?* Ob dies Gesetz mit dem von Dio 42, 20, 1 erwähnten identisch ist, das Caesar das Recht gewährte mit den Pompejanern πάνθ' ὅτι ποτ' ἂν ἐθελήσῃ δράσαι, steht dahin.
[5]) Nur Plut. Anton. 9 genannt. Über Trebellius auch Cic. Phil. VI 11. X 22.

L. Trebellius traten ihm entgegen, und noch einmal wurde Rom
der Schauplatz erbitterter Kämpfe zwischen den Tribunen und
wüsten anarchischen Treibens. Beide Teile bewaffneten sich,
und bald kam es in üblicher Weise zu Blutvergießen. Antonius
versuchte, gestützt auf den Senat, der alle gesetzgeberischen
Maßregeln vor Caesars Ankunft untersagte, die Unruhen zu
unterdrücken; er verbot das Waffentragen in der Stadt und
ließ sich und den übrigen Tribunen durch ein S. C. ultimum das
Recht geben, Truppen nach Rom zu legen. Zu Anfang hatte er
zwischen beiden Parteien eine Mittelstellung einnehmen wollen,
und gegen Trebellius den Vorwurf erhoben, er ziehe die Truppen
auf seine Seite, greife also in die Militärgewalt ein; ein Verhältnis, das Dolabella mit Antonius' Frau — der Tochter seines
Oheims C. Antonius — anknüpfte, trieb ihn dann auf die Seite
des Trebellius[1]). Militärunruhen zwangen ihn, Rom zu verlassen;
er bestellte seinen mütterlichen Oheim L. Caesar (cos. 64, vgl.
S. 295) zum Praefectus urbi. Der alte Mann besaß keine Autorität,
und die Unruhen gingen weiter[2]), bis etwa Anfang Mai[3]) die Nachricht vom Falle Alexandrias (27. März = 15. Januar) und der
Beendigung des ägyptischen Kriegs nach Rom kam und die Tribunen zur Besinnung brachte. Als indessen Caesar noch immer
nicht nach Rom kam und gar in den Krieg gegen Pharnakes zog,
begannen sie von neuem die heftigsten Streitigkeiten, bei denen

---

[1]) In der zweiten Philippica 99, in der Cicero Sympathie für C. Antonius und Achtung vor Dolabella heuchelt, stellt er diese Beschuldigung natürlich als unbegründet hin: *frequentissimo senatu Kalendis
Januariis* (des Jahres 44), *sedente patruo, hanc tibi cum Dolabella
causam odii dicere ausus es, quod ab eo sorori* (d. Cousine) *et
uxori tuae stuprum esse oblatum comperisses.* Antonius hat seine
Frau deshalb verstoßen, Plut. Anton. 9. Die Schwenkung in Antonius'
Verhalten berichtet auch Dio 42, 29. 31, der aber diesen Grund nicht
erwähnt, sondern den Anlaß in der wachsenden Popularität Dolabellas
findet.

[2]) Vgl. Cic. Att. XI 12, 4 (8. März): *cum videas accessisse ad superiores aegritudines praeclaras generi actiones.* Ähnlich 14, 2. 15, 3
(14. Mai).

[3]) Siehe O. E. Schmidt S. 222 f.

das Blutvergießen und die Brandstiftungen sich wiederholten, ja der Tempel der Vesta durch die Feuersbrunst bedroht wurde. Dolabella promulgierte jetzt seine Gesetze über die Schuldentilgung und den Erlaß der Miete, die offenbar die Anträge des Caelius wiederholten, und verpflichtete sich, sie bis zu einem bestimmten Termin durchzubringen[1]); da Caesars Ankunft jetzt bald erwartet werden mußte, hielt er sich, wie Dio sagt, für verloren, und wollte wenigstens etwas Großes getan haben und nicht ruhmlos zugrunde gehn. Antonius, der inzwischen längst nach Rom zurückgekehrt war, ließ sich aufs neue durch den Senat absolute Vollmacht geben, zog noch weitere Truppen nach Rom, und als der Pöbel sich auf dem Forum verschanzte und zum Kampf rüstete, brach er bei Tagesanbruch vom Kapitol aus ein. Es kam zu einem großen Gemetzel, wie in der Zeit der Gracchen und des Saturninus; achthundert Bürger sollen erschlagen sein. Die Tafeln mit den Gesetzesanträgen wurden zertrümmert, mehrere der Unruhestifter vom tarpejischen Felsen herabgestürzt[2]). Dolabella selbst blieb unangetastet und setzte trotzdem seine Agitation weiter fort, während Antonius das Forum besetzt hielt.

Diese Vorgänge waren nicht geeignet, Antonius' Stellung zu heben. Es kam hinzu, daß sein liederliches Leben und seine Gewalttätigkeiten die Besorgnis erregen mußten, Caesar selbst werde es noch ärger treiben. Gerade in den Kreisen der friedlichen Bürger und besseren Elemente, die sich Caesar gefügt hatten, erzeugten sie eine gedrückte Stimmung, die durch

---

[1]) Dio 42, 32 τοὺς νόμους, τόν τε περὶ τῶν χρεῶν καὶ τὸν περὶ τῶν ἐνοικίων, ἐν ῥητῇ τινὶ ἡμέρᾳ θήσειν ὑπέσχετο. Cicero spricht am 9. Juli von den *tabulae novae* seines Schwiegersohns und denkt ernstlich an die Scheidung seiner Tochter (Att. XI 23, 3). Danach scheint es, daß Dolabella seine Gesetze wirklich erst jetzt eingebracht und vorher lediglich im allgemeinen für die Schuldner agitiert hat.

[2]) Dio 42. 32. Plut. Anton. 9. Liv. epit. 113 *inductis a M. Antonio mag. eq. in urbem militibus octingenti e plebe caesi sunt.* Appian civ. II 92 sagt nur (Καῖσαρ) πυθόμενος ἐν Ῥώμῃ στάσιν εἶναι καὶ Ἀντώνιον τὸν ἵππαρχον αὐτοῦ τὴν ἀγορὰν στρατιᾷ φυλάσσειν, πάντα μεθεὶς ἐς Ῥώμην ἠπείγετο.

die anwachsende Macht der Republikaner in Afrika, sowie durch den Aufstand des Q. Cassius Longinus in Spanien noch gesteigert wurde; man mußte darauf gefaßt sein, daß die Republikaner aus Afrika eher nach Italien kommen würden, als Caesar aus dem Orient[1]). So begreift es sich, daß den in Italien liegenden Soldaten der Kamm schwoll, zumal sie für die reichen ihnen versprochenen Belohnungen noch immer auf die Zukunft vertröstet wurden. Schon am 19. Januar schreibt Cicero von der unzuverlässigen Stimmung der in Campanien liegenden Legionen[2]), und wir sahen, wie Antonius deshalb mitten in den Wirren aus Rom fortgehn mußte. Als Mitte August (Anfang Juni) M. Gallius eintraf, um die Legionen nach Sicilien zu führen[3]) — Caesar wollte von Griechenland aus unmittelbar dorthin und weiter nach Afrika gehn —, brach der Militäraufstand aus; P. Sulla und Messalla, die ihnen den Befehl überbrachten, wurden von der zwölften Legion mit Steinwürfen empfangen; sie und ebenso die zehnte Legion erklärten, nicht marschieren zu wollen, ehe sie ihre Belohnung erhalten hätten. Dem Sulla und Messalla blieb nichts übrig, als eilends zu Caesar zu gehn und ihm klar zu machen, daß er notwendig zunächst nach Italien kommen müsse[4]).

---

[1]) Cic. Att. XI 15, 1 (14. Mai); ferner 10. 2. 12. 16. 1. 18, 1. 25, 3.

[2]) Zu den *Africanae res* hinzu *accedit Hispania et alienata Italia, legionum nec vis eadem nec voluntas, urbanae res perditae* (Att. XI 10, 2).

[3]) Cic. Att. XI 20 erwähnt sein Eintreffen am 15. August (3. Juni) *M. Gallius Q. f. venit ut legiones in Siciliam traduceret; eo protinus iturum Caesarem Patris.*

[4]) Cic. Att. XI 21, 2 (25. August = 13. Juni): *legio XII, ad quam primum Sulla venit, lapidibus egisse hominem dicitur; nullam putant se commoturam. illum (Caesarem) arbitrabantur protinus Patris in Siciliam* (sc. *iturum*); *sed si hoc ita est, huc veniat necesse est.* Kurz danach 22, 2: *Sulla, ut opinor, cras erit hic* (in Brundisium) *cum Messalla; currunt ad illum pulsi a militibus, qui se negant usquam* (sc. *ituros*), *nisi acceperint* (die Auszahlung). *ergo ille huc veniet, quod non putabant, tarde quidem Pharnaces autem, quoquomodo aget, adferet moram.*

Caesars Rückkehr im Sommer 47

Inzwischen hatte Caesar gegen alle Erwartung den Krieg gegen Pharnakes bereits beendet, durch den Sieg bei Zela am 2. August (21. Mai), und eilte, nach rascher Ordnung der asiatischen Verhältnisse, über Griechenland nach Italien. Den Plan, geradeswegs nach Sicilien zu gehn, hatte er natürlich aufgeben müssen; etwa am 24. September (11. Juli) landete er in Tarent[1]). Cicero hatte währenddessen bange Monate in Brundisium verlebt, hin und her schwankend zwischen der Angst vor Caesar und der vor einem Siege der Republikaner, voll Sorge um seinen durch sein Verhalten schwer gefährdeten Ruf, dazu geplagt durch Geldnöte und das daraus erwachsende Zerwürfnis mit seiner Gattin, das skandalöse öffentliche und private Treiben seines Schwiegersohns, dem den Scheidebrief zu schicken er doch nicht wagte, und durch den offenen Zwist mit seinem Bruder und Neffen, die ihm wegen seines Übertritts zu Pompejus schwere Vorwürfe machten und die Gnade des Siegers aufgesucht und gefunden hatten. Auch er selbst hatte Anfang März an diesen geschrieben[2]) und durch seinen Freund C. Cassius, als dieser zu Caesar übergetreten war[3]), und ebenso durch andre eine Vermittlung herbeizuführen versucht. Aber Caesar wußte viel zu gut, welchen Wert es für ihn haben würde, Cicero auf seine Seite zu ziehn: er wollte ihn mürbe machen, aber nicht strafen. Einen freundlichen Brief Caesars vom 11. Februar, den Atticus ihm Ende Mai zuschickte, hielt er allerdings für gefälscht[4]); aber am 12. August erhielt er endlich ein lange erwartetes Schreiben, das die Klärung brachte. Caesar gewährte ihm nicht nur volle Verzeihung, sondern erkannte ihn als Imperator an[5]). Ein Brief

---

[1]) Für das Datum s. O. E. Schmidt S. 226.
[2]) Att. XI 12, 2.
[3]) fam. XV 15; vgl. Att. XI 13, 1. 15, 2.
[4]) Att. XI 16, 1. 17. vgl. O. E. Schmidt S. 222 ff.
[5]) An Terentia fam. XIV 23, und über den Inhalt pro Ligar. 7 *(Caesar) ad me ex Aegypto litteras misit, ut essem idem qui fuissem; qui cum ipse imperator in toto imperio populi Romani unus*

des Brutus aus Asien, der ihm Mut zusprach, stärkte sein Vertrauen noch weiter[1]). Als Caesar in Tarent gelandet war, ging er ihm entgegen; Caesar stieg sofort ab und nahm ihn eine weite Strecke mit sich[2]). Er mochte hoffen, ihn jetzt wirklich für sich gewonnen zu haben: Cicero hätte das höchste Ziel seines Ehrgeizes, den Triumph, erreichen können, wenn er sich willenlos gefügt hätte[3]).

In Rom hörten auf die Kunde, daß Caesar komme, die Unruhen natürlich auf; er allein hatte jetzt zu entscheiden. Die Forderung einer Schuldentilgung lehnte er auch diesmal nachdrücklich ab: auch er selbst müsse, da er sein Vermögen im Dienste des Staats zugesetzt habe, Gelder aufnehmen[4]). Aber er erkannte an, daß die Notlage ein weiteres Entgegenkommen erheische; so verordnete er, über die Verfügungen von 49 hinausgehend, daß von dem nach dem Stande vor dem Kriege eingeschätzten Vermögen, aus dem die Schuldner ihre Verpflichtungen decken sollten, die seither gezahlten oder angewiesenen Zinsen abgezogen werden dürften; dadurch verloren die Gläubiger etwa ein Viertel der ausstehenden Forderungen[5]). Außerdem

---

esset, esse me alterum passus est. C. Pansa bringt ihm die Botschaft die *fasces laureati* zu behalten. *quoad tenendos putari.* Ferner pro Deiot. 38 *iubes eum (Deiotarum) bene sperare et bono esse animo, quod scio te non frustra scribere solere; memini enim isdem fere verbis ad me te scribere meque tuis litteris bene sperare non frustra esse iussum;* vgl. weiter O. E. SCHMIDT S. 228 ff.

[1]) Cic. Brut. 11. 330.
[2]) Plut. Cic. 39.
[3]) Vgl. S. 377, 5. Cicero hat die Lictoren, mit denen er bis dahin herumzog, wohl bei der Rückkehr nach Rom entlassen. Sie kosteten zuviel, und hätten ihm auch das Betreten der Stadt und seines Hauses unmöglich gemacht.
[4]) Dio 42, 50, 3 f.
[5]) Sueton Caes. 42. Dio 42, 51 erwähnt die Schuldenordnung von 47. die von der des Jahres 49 zu scheiden ist, gibt aber das von Sueton bewahrte Detail nicht. Ferner Cic. de off. 11 84, S. 379, 2. Eine Anspielung darauf findet sich in dem Brief an Atticus XII 23, 3 vom März 45: *Si Castricius pro mancipiis pecuniam accipere volet eamque ita* [so TYRELL für *ei*] *solvi, ut nunc solvitur, certe nihil*

wurden die Wohnungsmieten in Rom bis auf 2000, in Italien sogar bis auf 500 Sestertien auf ein Jahr erlassen[1]). Natürlich fühlten sich die Kapitalisten durch diese Maßregeln geschädigt, wenn sie sich auch fügen mußten: „Als Sieger," schreibt Cicero nach Caesars Ermordung[2]), „hat er die Absichten, die er als Genosse Catilinas im Jahre 63 gehegt hatte, durchgeführt, obwohl er selbst kein persönliches Interesse mehr daran hatte; so groß war in ihm die Lust zu sündigen, daß eben dies Sündigen ihn ergötzte, auch wenn ein Anlaß dazu fehlte."

Von Strafgerichten über die Ruhestörer sah Caesar auch diesmal ab, ja er nahm den Dolabella gegen dessen eigene Erwartung nicht nur gnädig auf, sondern hat ihn alsbald wieder zu einem seiner Vertrauten gemacht und seine Laufbahn nach Kräften gefördert. Es scheint, daß Dolabella, trotz all seiner Verkommenheit, doch nicht ohne Begabung war, und daß Caesar in ihm einen Ersatz für den freilich ungleich höher stehenden Curio zu finden glaubte; hatte er es doch in seiner Jugend auch kaum anders getrieben. Dagegen hat er den Antonius fallen lassen. Zwar scheint er sein Amt noch bis ins nächste Jahr hinein behalten zu haben, obwohl wir von irgendwelcher Tätigkeit in demselben nichts mehr erfahren. Aber er wurde völlig kalt gestellt, bei der weiteren Ämterverteilung demonstrativ übergangen, und durfte, anders als sein begünstigter Gegner, Caesar weder nach

---

est commodius. Auch Ciceros Äußerung an Paetus im Sommer 46 fam. IX 16, 7 *nunc, cum tam aequo animo bona perdas* wird wohl mit Recht auf die Verluste bezogen, die Paetus dadurch erlitten hat. Zahlung einer Schuld durch Abtretung eines nach seinem ursprünglichen Wert abgeschätzten Grundstücks Cic. fam. XIII 8. 2 *(a M. Laberio C. Albinius praedia in aestimationem accepit)*.

[1]) Dio 42, 51 τὸ ἐνοίκιον, ὅσον ἐς πεντακοσίας δραχμὰς (2000 sest.) ἦν ἐνιαυτοῦ ἑνός, ἀφείς. Sueton Caes. 38 *annuam etiam habitationem Romae usque ad bina milia nummum, in Italia non ultra quingenos sestertios remisit*.

[2]) de off. II 84 *at vero hic nunc victor, tum quidem victus, quae cogitarat, ea perfecit, cum eius iam nihil interesset; tanta in eo peccandi libido fuit, ut hoc ipsum eum delectaret peccare, etiam si causa non esset*.

Afrika noch nach Spanien begleiten. Mit all den schönen Hoffnungen, mit denen er sich getragen hatte — er hatte sich eingebildet, Caesar werde ihn im Testament adoptieren und zum Erben einsetzen¹) —, war es vorbei, und als Antonius bei der Auktion das Haus des Pompejus erstand und mit der Zahlung des Kaufpreises zögerte, ging Caesar ganz energisch gegen ihn vor; so kam es zu vollem, offenkundigem Bruch²). Das Motiv wird nicht angegeben. An dem wüsten Treiben des Antonius hat Caesar schwerlich viel Anstoß genommen; wohl aber dürfen wir vermuten, daß er mit der Art, wie er die städtischen Unruhen behandelt hatte, nicht zufrieden war, vor allem aber ihm zum Vorwurf machte, daß er es nicht verstanden hatte, die Soldaten im Zaum zu halten.

Weitere gesetzgeberische Maßregeln von Bedeutung hat Caesar in den zweieinhalb Monaten, die er in Italien geblieben ist, nicht eingeführt. Wohl aber nahm er, vor allem, um seinen Anhängern eine amtliche Stellung zu verschaffen und sie für die Statthalterschaften verwenden zu können, die Wahlen noch für den Rest des laufenden Jahres und für das folgende vor, und ließ zugleich die Zahl der Praetoren vom nächsten Jahr an von acht auf zehn erhöhen und den Kollegien der Pontifices, Augurn und Quindecemvirn eine weitere Stelle hinzufügen — damals wird auch er zum Augur cooptiert worden sein, wodurch ihm ein weiterer entscheidender Einfluß auf die staatsrechtlich nicht unwichtige Behandlung der sakralen Vorschriften ermöglicht wurde. Unter

---

¹) Cic. Phil. II 71 *testamento, ut dicebas, filius*. Bei Nikolaos Dam. vit. Caes. 21 fin. wird diese Notiz in einer Tradition (ἕτερος λόγος) ins Jahr 44 versetzt und als Motiv für das Angebot des Diadems bei den Lupercalien benutzt: ἐκείνῳ μὲν, ὥς γε ᾤετο, χαρίζεσθαι βουλόμενος. αὐτῷ δὲ ἐλπίδα μνώμενος, εἰ γένοιτο ποιητὸς υἱός.
²) Cic. Phil. II 64 ff. Plut. Anton. 10. Bei Plut. Caes. 51 ἦν δὲ αὐτοῦ διαβολὴ καὶ ἡ Δολαβέλλα μανία καὶ ἡ Ἀμα[ν]τίου φιλαργυρία καὶ μεθύων Ἀντώνιος καὶ [Κορφίνιος] τὴν Πομπηίου σκευωρούμενος οἰκίαν καὶ μετοικοδομῶν ὡς ἱκανὴν οὐκ οὖσαν steckt in Κορφίνιος eine meines Wissens noch nicht gehobene Corruptel. Das Auftreten des Amatius als angeblichen Nachkommens des Marius fällt ins Jahr 45, s. Cic. Att. XII 49. Nic. Dam. vit. Caes. 14.

andern ist damals der von seiner verunglückten Expedition nach
Illyrien (S. 357, 3) zurückgekehrte Sallust durch die Ernennung
zum Praetor wieder in den Senat aufgenommen worden[1]). Weiter
wurde der Senat durch Aufnahme von Rittern und Centurionen
ergänzt. Zu Consuln ließ Caesar für den Rest des Jahres zwei
seiner bewährtesten Anhänger, Fufius Calenus und Vatinius,
wählen[2]), während für das Jahr 46 er selbst das Consulat übernahm, zusammen mit Lepidus[3]), der jetzt in die Rolle des
Antonius trat, so wenig brauchbar er sich auch gerade zuletzt
wieder als Statthalter in Spanien gezeigt hatte. Strafurteile
über die Besiegten unterblieben auch diesmal, vielmehr hatten
nicht wenige derer, die sich ihm im Orient unterworfen hatten,
jetzt nach Rom zurückkehren können, so auch Servius Sulpicius
Rufus und die Schar Republikaner, die sich in Griechenland

---

[1]) Dio 41, 52, 2. In der Antwort auf Sallusts Invektive gegen Cicero
wird § 17 f. mit Unrecht behauptet, daß er *a victore, qui exsules re-
duxit* [zu denen Sallust **nicht** gehört], *in senatum per quaesturam
reductus est;* nachher sei er dann Praetor geworden.

[2]) GROEBE bei DRUMANN III 509, 9 führt mit Recht die Tessera CIL
I 735 (I² 939), nach der beide schon am 16. November im Amt waren, gegen
die herrschende Ansicht an, daß sie nur wenige Tage im Amt gewesen
seien, die sich auf Dio 42, 55, 4 (ὕπατοι ἐπ' ἐξόδῳ αὐτοῦ ἀποδειχθέντες)
und Ciceros Witz bei Macrob. II 3, 5 stützt: *magnum ostentum anno
Vatinii factum est, quod illo consule nec bruma nec ver nec uestas
nec autumnus fuit,* eine Behauptung, die für die *bruma* auch dann
zutreffend bleibt, wenn er schon etwa am 1. November (17. August) das
Consulat antrat, da der 1. Januar (14. Oktober) lange vor die Winter-
sonnenwende fiel: eine Übertreibung liegt dagegen in *autumnus*. Übrigens folgt aus bell. Afr. 10, 1 keineswegs, daß Vatinius Caesar nach
Afrika begleitet hat; die Consuln blieben vielmehr zweifellos in Rom
und gingen dann im Frühjahr in ihre Provinzen. — Wenn am 13. Dezember dieses Jahres nicht die Consuln, sondern der Praetor L. Valerius L. f. die Senatssitzung im templum Concordiae hält, in der ein
Beschluß für die Juden gefaßt wird (Jos. Ant. XIV 8, 5, 145, vgl.
MOMMSEN, Ges. Schr. IV 146 ff. und jetzt TÄUBLER, Imperium Romanum
I 160. 163 ff.), so müssen die Consuln aus irgendeinem unbekannten
Grunde von Rom abwesend gewesen sein.

[3]) Tessera vom 1. Februar *C. Caes. M. Lep.* CIL. I 736 (I² 940); vom
13. November *C. Jul. M. Aem.* ib. 737 (I² 941).

gesammelt und dort Caesars Entscheidung abgewartet hatte[1]). Wohl aber wurden die Rechte der begnadigten Gegner durch ein von Hirtius, einem der für 46 ernannten Praetoren, eingebrachtes Gesetz beschränkt[2]). Die Besitzungen der Gefallenen, so das Haus des Pompejus, wurden öffentlich versteigert; und diejenigen, welche wie Antonius glaubten, der Zahlung des Kaufpreises entgehn zu können, wie einst unter Sulla, sahen sich bitter enttäuscht. Caesar brauchte dringend Geld, und sah sich genötigt, zur weiteren Füllung seiner Kasse „freiwillige" Anleihen von Städten und reichen Privatleuten in großem Umfang zu erheben[3]).

Die schwierigste Aufgabe war die Bändigung der Militärrevolte. Als Caesar den Praetor Sallust mit großen Versprechungen, tausend Denare für den Mann — Geld konnte er nicht zahlen —, zu ihnen nach Campanien schickte, entging dieser nur mit Mühe dem Tode; andre Abgesandte, darunter zwei gewesene Praetoren, wurden erschlagen[4]). Wie die Legionen dann nach Rom zogen und auf dem Marsfelde lagerten, und wie es Caesar gelang, durch ein psychologisches Meisterstück die Meuterer völlig umzustimmen und zu unbedingtem Gehorsam zurückzuführen, ist allbekannt.

Um den 1. Dezember 47 hat Caesar Rom verlassen; am 17. Dezember (1. Oktober) traf er in Lilybaeum ein, am 25. (9. Oktober) ging er nach Afrika in See[5]). Von Vorgängen in Rom in der Zeit seiner Abwesenheit hören wir nichts; in das

---

[1]) Cic. Att. XI 7, 4. 14, 1. 15, 1. 16, 1 f. 25, 2. fam. XV 15, 2. XIII 29, 2.

[2]) Cic. Phil. XIII 32 aus einem Brief des Antonius an seine Gegner (März 43): *neminem Pompeianum, qui vivat, teneri lege Hirtia dictitatis*. Genaueres über dies Gesetz wissen wir nicht, ebensowenig, ob die *rogatio Hirtia* in dem Fragment CIL I 627 (I² 604) hierhergehört. Daß Hirtius im Jahre 46 Praetor war, zeigt eine Goldmünze mit den Legenden *C. Caesar cos. ter.* und *A. Hirtius pr.* (COHEN, monnaies de l'empire I p. 7 no. 2).

[3]) Dio 42, 50.

[4]) Dio 42, 53. Appian II 92.

[5]) bell. Afr. 1. 2.

Schwanken der Stimmung, wie es die wechselnden Nachrichten vom Kriegsschauplatz erzeugten, gewährt Ciceros Korrespondenz aus dieser Zeit einigen Einblick. Mit Caesars Vertretern in Rom, Balbus, Oppius, Hirtius u. a., behielt er Fühlung, letzterem und dem nach der Schlacht bei Thapsus heimgekehrten Dolabella gab er im Juli 46 auf dem Tusculanum rhetorischen Unterricht, und Atticus diente ihm nach wie vor als Mittelsmann; im übrigen zog er sich ganz auf die literarische Tätigkeit zurück. Enge Fühlung suchte er mit Brutus, der ihn durch seinen Brief aus Asien aus der verzweifelten Stimmung in Brundisium aufgerüttelt hatte. Mehr und mehr klammerten sich seine Hoffnungen für die Zukunft an diesen, namentlich seitdem er in seiner Cicero gewidmeten Schrift *de virtute*, die Anfang des Jahres 46 erschienen sein muß, sich trotz des Anschlusses an Caesar zu den römischen Idealen bekannt und den M. Marcellus verherrlicht hatte; er hatte diesen im Exil in Mytilene aufgesucht, während Caesar, wie Brutus berichtete, an ihm vorbeigefahren war, weil er sich beschämt fühlte, einen solchen Mann im Unglück zu sehn[1]). Seitdem drängte Cicero sich ihm, der dann im Juni (April) 46 als Statthalter nach der Cisalpina ging[2]), geradezu auf, und schrieb für ihn ein Werk nach dem andern, zunächst die Geschichte der römischen Beredsamkeit *(Brutus)*, dann den *Orator*. Namentlich im *Brutus* macht er aus seiner Stimmung, aus seiner Trauer über den Untergang der Republik und der Sorge um die Zukunft kein Hehl[3]); auch Brutus' Urteil über Marcellus hat er in seine Schrift aufgenommen[4]). An ihn schließt sich, noch vor dem *Orator*, die Abfassung des *Cato*, der in ihrer Tendenz durchaus gegen Caesar gerichteten Lobschrift

---

[1]) Cic. de fin. I 8. Tusc. V 1. Seneca cons. ad Helviam 8. 4. 9. 5—10.

[2]) Vgl. Orator 34.

[3]) *equidem doleo … in hunc rei publicae noctem incidisse*, Brut. 330; *sileamus de istis, ne augeamus dolorem, nam et praeteritorum recordatio est acerba et acerbior exspectatio reliquorum* 266.

[4]) Brut. 250.

auf den Heros der Republik[1]). Ein anschauliches Bild der Lage
kurz vor Caesars Rückkehr, etwa Anfang Juli 46, gewährt ein
Brief Ciceros an den in Neapel lebenden Paetus (fam. IX. 16).
Mit Caesars Agenten steht er gut, von Caesar selbst hat er nichts
zu fürchten, „außer das, wo der Rechtsboden einmal verlassen
ist, alles unsicher ist und man für die Zukunft, die in eines Andern
Willen, um nicht zu sagen Willkür liegt, keine Garantie übernehmen kann." Er sucht alles zu vermeiden, was bei den Machthabern Anstoß erregen kann; bedenklich sind nur die vielen
Witzworte, die von Cicero kolportiert werden, und über die an
Caesar mit den übrigen Akten auf seinen Befehl genau berichtet
wird; und Caesar ist ein Kenner[2]), der zu beurteilen versteht,
ob ein solches Wort wirklich von Cicero stammt. „So bleibt
nur übrig, daß ich nichts leichtfertig gegen die Machthaber sage
oder tue, was denn auch dem Verhalten eines wahren Weisen
entspricht." Im übrigen tröstet er sich mit den griechischen
Weisen, die in Athen oder Syrakus eine Königsherrschaft ertragen und sich dabei ihre Selbständigkeit und innere Freiheit
gewahrt haben[3]).

Beendigung des Bürgerkriegs. Caesars Triumphe

Auf die Kunde von dem Siege bei Thapsus (6. April = 7. Februar 46) beschloß der Senat eine lange Reihe weiterer Ehrungen

---

[1]) Vgl. Att. XII 4, Mitte Juni (O. E. SCHMIDT S. 240 ff.) *sed de Catone* πρόβλημα 'Αρχιμήδειον *est; non adsequor, quod tui convivae*
(Balbus usw.) *non modo libenter, sed etiam aequo animo legere possint* etc.

[2]) Wie Cicero bemerkt, hat Caesar selbst *volumina* ἀποφθεγμάτων
verfaßt; es sind die *dicta collectanea* bei Sueton Caes. 56, die später,
wie andere Jugendarbeiten Caesars *(Laudes Herculis* und eine Tra-
gödie *Oedipus)*, von Augustus unterdrückt worden sind. — Eine Sammlung von Ciceros *facetiae* hat kurz vorher sein Freund Trebonius, damals ein eifriger Caesarianer, verfaßt und ihm Ende 47 zugesandt, fam.
XV 21; später sind sie bekanntlich von Tiro gesammelt worden (Macrob.
II 1, 12), auf den die Auszüge bei Macrob. II 3. VII 3 zurückgehn.

[3]) fam. IX 16, vgl. 18 und aus derselben Zeit VII 3 an Marius,
VII 33 an Volumnius, u. a.

für Caesar, ein vierzigtägiges Siegesfest, einen dauernden Ehrensitz auf der Sella curulis, die Einsetzung seines Namens statt des Catulus in der Weihinschrift des capitolinischen Tempels (vgl. S. 40), einen Siegeswagen und eine eherne Statue im Juppitertempel, der die Weltkugel zu Füßen lag, wie die Athener im Jahre 290 den Gott Demetrios malten[1]); die Weihinschrift, die Caesar später tilgen ließ, sollte ihn als Halbgott bezeichnen[2]). Bedeutsamer war, daß ihm, außer der Besetzung der Ämter, von neuem die Dictatur, und zwar jetzt als Jahramt auf zehn Jahre, mit 72 Lictoren, je 24 für die beiden früheren und die jetzt neu übernommene, und daneben die Aufsicht über die Sitten (*praefectura morum*), also die Kontrolle des Privatlebens der gesamten Bürgerschaft, auf drei Jahre übertragen wurde. Seitdem hat Caesar die Dictatur als Jahramt, neben dem Consulat, übernommen, und datiert dies Jahr fortan als seine dritte Dictatur; zum Magister equitum bestellte er an Stelle des Antonius den Lepidus[3]).

Am 25. Juli (26. Mai) traf Caesar in Rom ein[4]), an der Spitze seiner siegreichen Armee, die jetzt der Belohnung und Entlassung entgegensah, mit unermeßlichen Geldsummen, wie sie die Beute und die Ehrengeschenke und goldenen Kränze ergaben, die er von allen Seiten empfangen hatte[5]). Mit dem Sieg über die Republikaner in Afrika war der Bürgerkrieg zu Ende — daß

---

[1]) Duris fr. 31. = Plut. Demetr. 41.
[2]) Dio 43, 14, 6. 21, 2; wie lautet ἡμίθεος lateinisch?
[3]) Dio 43, 14. Über Caesars dritte Dictatur, die Dio 43, 1 fälschlich schon am 1. Januar beginnen läßt, s. GANTER, Die Dictaturen Caesars, Z. f. Numism. XIX 1895, 183 ff., der die Fragen endgültig gelöst hat. vgl. oben S. 370, 5.
[4]) bell. Afr 98.
[5]) Nach Appian betrugen die beim Triumph vorgeführten Summen 65000 Talente = 390 Millionen Drachmen oder Denare (in unserem Gelde etwa 350 Millionen Mark), dazu 2822 goldene Kränze im Gewicht von 20414 Pfund (etwa 6800 kg), nach dem damaligen niedrigen Goldwert (Sueton Caes. 54) gleich rund 15 $1/3$ Mill. Denaren. Vellejus II 56 gibt als Gesamtbetrag der Beutegelder einschließlich der spanischen weit über 600 Mill. Sestertien (150 Mill. Denare).

Pompejus' Söhne den Versuch machten, sich in Spanien noch wieder eine Macht zu gründen, und daß seit Anfang des Jahres Caecilius Bassus in Syrien einen Aufstand erregt hatte, konnte einstweilen als irrelevant gelten. Catos Selbstmord erschien aller Welt als ein Symbol für den Tod der Republik; der römische Staat und sein gesamter Machtbereich lag fortan willenlos dem Sieger zu Füßen. So konnte Caesar jetzt, als Abschluß der Kriege, im September seine vier Triumphe feiern, über Gallien, Aegypten, Pontus und Numidien. Daran schlossen sich ungeheure Geschenke sowohl an die Soldaten wie an das Stadtvolk, die die früher gemachten Versprechungen noch übertrafen, für jeden Soldaten außer den Landanweisungen für die Veteranen 5000 Denare, für die Centurionen das Doppelte, die höheren Offiziere das Vierfache, für jeden Bürger der Hauptstadt 100 Denare, dazu Getreide und Öl; weiter eine Bewirtung des Volkes, Wettrennen, Schauspiele u. ä., und gigantische Gladiatorenspiele, bei denen ganze Armeen zu Fuß und zu Roß nebst vierzig Elefanten gegeneinander kämpften, Tierhetzen und eine Seeschlacht, als nachträgliche Leichenfeier für seine im Jahre 54 gestorbene Tochter Julia, die Gemahlin des Pompejus. Die Kämpfer waren Verbrecher und Gefangene; die Beteiligung von Senatoren, die dabei ihre Fechtkunst zeigen wollten, untersagte er; Rittern wurde es gestattet[1]). Das Blutvergießen und die Verschwendung waren so ungeheuer, daß es selbst den Römern zuviel wurde[2]). Auch sonst kam mancherlei dabei vor, was An-

---

[1]) Dio 43, 23, 5 καί τινες καί τῶν ἱππέων οὐχ ὅτι τῶν ἄλλων, ἀλλὰ καὶ ἐστρατηγηκότος τινὸς ἀνδρὸς υἱὸς ἐμονομάχησαν. καὶ βουλευτής δέ τις Φολούιος Σετῖνος ἠθέλησε μὲν ὁπλομαχῆσαι, ἐκωλύθη δέ· ἐκεῖνο μὲν γὰρ ἀπηγόρευσε ὁ Καῖσαρ μήποτε συμβῆναι, τοὺς δ' ἱππέας περιεῖδε μαχομένους. Dieser Fulvius Setinus ist wohl identisch mit Furius Leptinus bei Sueton Caes. 39, den er zugleich als den Sohn eines Praetoriers bezeichnet und von dem er behauptet, daß er ebenso wie ein ehemaliger Senator Calpenus (der also wohl von den Censoren des Jahres 50 aus dem Senat gestoßen war) gekämpft habe: *munere in foro depugnavit Furius Leptinus stirpe praetoria et Q. Calpenus, senator quondam actorque causarum.* Wer von den beiden recht hat, ist nicht zu sagen.

[2]) Dio 43, 24.

stoß erregte, so daß, wenn auch über die besiegten Bürger kein Triumph gefeiert ward, doch die Szenen aus dem Kriege in Afrika, der Selbstmord des Cato und des Metellus Scipio u. ä., neben den Vorgängen in Aegypten im Bilde vorgeführt wurden. Besonders schmerzlich empfand man, daß Caesar ganz gegen die römische Sitte den Wunsch aussprach, der Mimendichter D. Laberius möge bei seinen Spielen auf der Bühne auftreten, was ihm seine Ritterwürde nicht erlaubte, und sich mit dem von Caesar protegierten Publilius Syrus messen, ein Wunsch, dem Laberius sich nicht entziehen zu können bekannte[1]). Caesar hat dem Publilius den Sieg zuerkannt, aber dem Laberius den Ritterring, den er durch sein Auftreten auf der Bühne verloren hatte, zurückgegeben, so daß er wieder auf den Ritterbänken Platz nehmen konnte, und ihn mit 500000 Sestertien belohnt[2]). So unbedeutend der Vorgang an sich war, so tiefen Eindruck hat er gemacht: er führte den Römern das Wesen der Monarchie und die Notwendigkeit, sich den Launen des Einen zu fügen, drastisch vor Augen. Das bezeugen ebensowohl Ciceros Äußerungen[3]), wie der Nachhall des Vorgangs in der Literatur der Kaiserzeit.

[1]) In seinem Prolog bei Macrob. II 7, 3 (aus dem verlorenen Bericht bei Gellius VIII 15 übernommen) sagt Laberius, *viri excellentis mente clemente edita summissa placide blandiloquens oratio* habe ihn auf seine alten Tage dazu gezwungen; *et enim ipsi di negare cui nihil potuerunt, hominem me denegare quis posset pati?* Er rächt sich durch die bekannten Verse *porro Quirites libertatem perdimus* und *necesse est multos timeat quem multi timent* (Macrob. l. c. Seneca de ira II 11, 3).

[2]) Macrob. l. c. (Vgl. die Nachahmung durch den jüngeren Balbus in Gades im Jahre 43. Asinius Pollio Cic. fam. X 32, 2). Daran schließen die bekannten Anekdoten von den Bosheiten, die Cicero und Laberius miteinander austauschen: Seneca controv. VII 3, 9. Macrob. II 3, 10 = VII 3, 8. Die Begünstigung des Publilius durch Caesar erwähnt auch Gellius XVII 14.

[3]) Cicero schreibt an Cornificius fam. XII 18, 2 *equidem sic iam obdurui, ut ludis Caesaris nostri animo aequissimo videam T. Plancum* (seinen alten, von Caesar zurückgeführten Feind aus den milonischen Händeln), *audirem Laberii et Publi(li)i poemata.* Wie tief der Vorfall auf ihn gewirkt hat, geht daraus hervor, daß er, wie RIBBECK, scen. lat. II p. 360 erkannt hat, den Eingang des Prologs des Laberius: *necessi-*

Mit den Spielen war die Einweihung des Forum Julium mit
seinen Wandelhallen verbunden, zu dem Caesar schon nach den
clodischen Händeln den Grund gelegt hatte[1]), als es galt, der
Alleinherrschaft des Pompejus durch populäre Agitation und
reiche Spenden und Versprechungen entgegenzuwirken. Die
Ergänzung dazu bildete auf der andern Seite des alten Markt-
platzes die für die Gerichtsverhandlungen bestimmte Basilica
Julia. Dazu kam dann weiter der Bau eines großen Theaters
zwischen Capitol und Tiber, das erst Augustus vollendet und
zum Andenken an Marcellus benannt hat. Den Mittelpunkt des
Forum Julium bildete der Tempel der Ahnmutter des Herrschers,
der Venus Genetrix, den er vor der Schlacht bei Pharsalos gelobt
hatte; er wurde inmitten der Festlichkeiten am 26. September
geweiht. Auch sonst hat es Caesar an Rücksicht auf den Kult
nicht fehlen lassen, wie er denn auf seine sakrale Stellung einen
besonderen Nachdruck legte: auf seinen Münzen erscheinen die
Abzeichen des Pontifex maximus und des Augurs mindestens
eben so häufig, wie die Anspielungen auf seine Siege. Als er nach
dem gallischen Triumph durch die Reihen der als Lichthalter
verwendeten Elefanten zum Capitol hinaufstieg, um dem Juppiter
den gelobten Dank abzustatten, hat er nach altem Brauch die
Treppe auf den Knien liegend erstiegen[2]).

Sallusts zweite Schrift an Caesar

Die Triumphe und die anschließenden Feste sind erst in den
letzten Septembertagen gefeiert worden, wahrscheinlich vom

---

tas quo me detrusit paene extremis sensibus? de off. 1 114 verwendet hat: *sin aliquando necessitas nos ad ea detru-
serit, quae nostri ingenii non erunt.* — Bei Sueton Caes. 39: *Ludis
Decimus Laberius eques Romanus mimum suum egit, donatusque
quingentis sestertiis et anulo aureo, sessum in quattuordecim e
scaena per orchestram transiit* liegt die Spitze in der Fassung der
Erzählung, die er als allbekannt (daher *mimum suum*) voraussetzt.

[1]) Sueton Caes. 26.
[2]) Dio 43, 21, 2; ebenso später Kaiser Claudius Dio 60, 23, 1. Der
Brauch ist bekanntlich jetzt auf die Laterantreppe übertragen. Sueton
Caes. 37 erwähnt nur die Elefanten.

23. September bis 3. Oktober des damaligen Kalenders¹), zwei Monate nach Caesars Rückkehr; die Vorbereitungen erforderten eben geraume Zeit. Sie bilden den Abschluß der Vergangenheit, werfen auch gelegentlich auf die Persönlichkeit des Siegers ein charakteristisches Licht; aber etwas Neues und für die Dauer Bedeutsames konnten sie nicht bringen.

Inzwischen aber war, eben durch die Beendigung des Kriegs, die bisher vertagte Frage nach der Umgestaltung des Staats brennend geworden. Der Sieger konnte sich ihrer Beantwortung garnicht entziehn; auch wenn er, so wenig das von ihm zu erwarten war, die Dinge hätte gehn lassen wie bisher und sich lediglich auf gelegentliches Eingreifen beschränkt hätte, würde die Verantwortung für diesen Zustand ausschließlich auf ihm gelastet haben.

Gleich nach dem Siege, wie es scheint noch in Afrika, wo ihm die Statthalterschaft der neuen, aus dem Königreich Numidien gebildeten Provinz übertragen wurde²), hat sich Sallust nochmals an Caesar gewandt. Aufs neue mahnt er aufs dringendste, sich der großen Aufgabe zu widmen: „daher, um Gottes willen, nimm die Staatsleitung in die Hand und bahne Dir, wie Du gewohnt bist, den Weg durch alle Schwierigkeiten; denn so liegen die Dinge, daß entweder Du heilen kannst oder aber Alle die Bemühung darum aufgeben müssen"³). „Freilich ist die Aufgabe, das durch die Waffen Gewonnene nun einzu-

---

¹) Nach dem Kalender der Augusteischen Zeit sind die *ludi Victoriae Caesaris* später vom 20.—30. Juli gefeiert worden; da das für Caesar selbst im Jahre 46 unmöglich ist und für die damit verbundene Weihung des Tempels der Venus genetrix der 25. oder 26. September gleichfalls inschriftlich feststeht, ist Mommsens Annahme (CIL. I² 322 f., vgl. O. E. Schmidt S. 253 f.) wohl zweifellos zutreffend, daß die Daten nach der Kalenderregulierung umgerechnet sind. So fiel das Fest dann zugleich in den Monat, der Caesars Geburt seinen neuen Namen verdankte.

²) bell. Afr. 97 1. Dio 43, 9. App. II 100, 415; vgl. Beilage II.

³) I 6, 3 *quare capesse, per deos, rempublicam, et omnia aspera uti soles pervade; namque aut tu mederi potes, aut omittenda est cura omnibus.*

richten, für Dich schwerer als für alle vor Dir, weil Du den Krieg milder geführt hast als andre den Frieden; und dazu fordern die Sieger ihre Beute, die Besiegten aber sind Bürger. Zwischen diesen Schwierigkeiten mußt Du einen Ausweg finden und den Staat für die Zukunft festigen nicht nur durch Waffengewalt und nicht gegen Feinde, sondern, was unendlich viel schwieriger ist, durch die guten Mittel des Friedens." Da müssen alle nach Kräften mit ihrem Rat zu helfen suchen; denn „nach meiner Auffassung hängt von der Art, wie Du den Sieg ausgestaltest, alles andre ab"[1]).

Im Gegensatz zu Sulla und Pompejus und den Optimaten, welche nach seiner Auffassung in den Jahren ihrer Herrschaft seit 55 Rom (in Abwehr der Anarchisten und Clodianer) mit den brutalsten Mordtaten und Massakres angefüllt haben, soll Caesar fortfahren, Milde und Gnade zu üben; dadurch wird er die Stimmung für sich gewinnen und seiner Machtstellung Dauer verleihn. Freilich werden manche seiner Anhänger behaupten, daß dieser Rat von zu großer Nachsicht gegen die Besiegten eingegeben sei und den Sieg schände[2]); aber diesen Stimmen soll er nicht folgen. „Sie kommen von eben den Leuten, welche durch Luxus und Verbrechen befleckt und tief verschuldet sind, und durch die falsche Behauptung der Feinde, es handle sich lediglich darum, die Republik in die eigenen Hände zu bringen, in Hoffnung auf Raub und Mord in Dein Lager gelockt sind[3]); als sie sahn, daß Du weder die Schulden aufhobst, noch die Bürger wie Feinde behandeltest, sind sie zu Pompejus geströmt, nur die sind geblieben, welche sich vor ihren Gläubigern in Deinem Lager bergen wollten, während andre aus demselben Grunde massenhaft zu Pompejus gingen. Und dieser korrupte Anhang mahnt Dich jetzt, es ebenso zu machen, wie die Gegner beabichtigten,

---

[1]) I 1, 7 ff.

[2]) I 3, 4 *haud scio, an qui me his dictis corruptorem victoriae tuae nimisque in victos bona voluntate praedicent.*

[3]) I 2, 5 *maledictis inciquorum occupandae reipublicae in spem adducti homines, quibus omnia probro ac luxuria polluta erant, concurrere in castra tua.*

als habe es sich darum gehandelt, in wessen Namen von Euch beiden das Unrecht begangen werden solle, und als ob der Staat von Dir nicht befreit und wiederhergestellt, sondern erobert sei[1]), damit dies verächtliche Gesindel seinen Lüsten frönen und den Sieg schänden könne.

„Die meisten Machthaber sind der irrigen Meinung, ihre Stellung werde um so gefestigter sein, je nichtsnutziger ihre Untertanen seien. Gerade im Gegenteil ziemt es sich, wenn man selbst tüchtig und energisch ist, so tüchtige Untertanen zu haben wie möglich; denn gerade je schlechter jemand ist, um so weniger fügt er sich einem überlegenen Leiter"[2]). Jetzt aber handelt es sich um die Zukunft, ja um die Existenz des römischen Staats. „Denn wie alles, was entstanden ist, auch zugrunde gehn muß, so droht dies Schicksal auch der Stadt Rom, die sich durch die Kämpfe der Bürger gegeneinander aufreiben wird, so daß sie blutleer und erschöpft einem fremden König oder Volk zur Beute werden wird, während andernfalls diese ihre weltbeherrschende Stellung nicht erschüttert oder gar vernichtet werden kann, auch wenn der ganze Erdkreis und alle Völker sich zusammenscharen. So gilt es, das Gut der Eintracht zu stärken und das Übel der Zwietracht zu vertreiben"[3]).

Das Mittel dafür, das Sallust empfiehlt, ist dasselbe, das er schon in der vorigen Schrift angeraten hat. „Das wird sich erreichen lassen, wenn Du die Ungebundenheit des Aufwandes und der Erpressungen aufhebst, nicht dadurch, daß Du die alten Ordnungen wieder ins Leben zu rufen suchst, die bei der eingetretenen sittlichen Korruption schon längst zum Gespött geworden sind" — also nicht durch Sitten- und Luxusgesetze, wie es die Nobilität und zuletzt noch die Censoren Appius und Piso immer von neuem ohne jeden Erfolg versucht hatten — „sondern wenn Du gesetzlich bestimmst, daß für einen jeden

---

[1]) I 4, 3 *ad quae te idem illi hortantur; et scilicet id certatum esse, utrius vestrum arbitrio iniuriae fierent, neque receptam sed captam a te rempublicam.*

[2]) I 1, 5 f.

[3]) I 5, 2 f.

sein Vermögen die Grenze seiner Ausgaben bildet"¹), d. h. daß niemand mehr ausgeben darf, als er als Eigentum besitzt. „Daher muß für die Zukunft der Geldverleiher beseitigt werden; dann sind wir darauf angewiesen, uns nach unsern Mitteln zu richten"²). Was er verlangt, ist nichts Geringeres, als die vollständige Aufhebung des Geldgeschäfts; alle Darlehn sollen gesetzlich verboten und dadurch unmöglich gemacht werden — also, dürfen wir hinzufügen, eben der Weg abgeschnitten werden, auf dem Caesar selbst zu seiner Machtstellung gelangt ist und dann sich den gewaltigen Anhang gewonnen hat. „Das ist der wahre und einfache Weg, daß man das Amt für das Volk, nicht für den Gläubiger verwaltet und seine geistige Bedeutung dem Staat durch Mehrung, nicht durch Minderung (der Staatseinkünfte) erweist" „Ich weiß wohl, wie hart das zu Anfang erscheinen wird, zumal für die, welche des Glaubens waren, sie würden als Sieger freier und ungebundener, nicht beengter leben können. Aber wenn Du statt für ihre Lust vielmehr für ihr Heil Sorge tragen willst, wirst Du für sie und für uns und für die Bundesgenossen (Untertanen) einen dauerhaften Frieden schaffen; wenn aber die jungen Leute es weiter treiben können wie bisher, ist zu fürchten, daß der herrliche Ruf, den Du gewonnen hast, binnen kurzem zugleich mit dem römischen Staat" — *cum urbe Roma*, wie er sagt — „zusammenbricht"³). „Daher," so schließt dieser Abschnitt mit dem schon angeführten Satz, „bei den Göttern, nimm Dich des Staats an!"

Von seinem Radikalmittel erwartet Sallust eine Regeneration des römischen Volks und vor allem eine gründliche Besserung der heranwachsenden Generation. „Es fordert ja niemand von

---

¹) I 5, 4 *id ita eveniet, si sumptuum et rapinarum licentiam dempseris, non ad vetera instituta revocans, quae iam pridem corruptis moribus ludibrio sunt, sed si suam quoique rem familiarem finem sumptuum statueris.*

²) I 5, 7. *quare tollendus est fenerator in posterum, uti suas quisque res curemus. ea vera atque simplex via est, magistratum populo, non creditori gerere, et magnitudinem animi in addendo, non demendo reipublicae ostendere.*

³) I 6. 1 f.

Dir grausame Strafen oder harte Urteilssprüche, durch die die
Bürgerschaft mehr verwüstet als gebessert wird, sondern daß
Du schlechte Sitten und Lüste von der Jugend fernhältst"[1]).
Gerade die Größe der Aufgabe gibt mir das Vertrauen, daß Du
Dich ihr zuwenden wirst. „Also Du mußt sorgen, daß die Plebs,
die ja nun einmal durch die Spenden und die staatliche Getreideverteilung korrumpiert ist, eine Beschäftigung hat, der sie nachgehn kann, und dadurch abgehalten wird, dem Staat zu schaden;
die Jugend aber soll nach Rechtschaffenheit und Tätigkeit, nicht
nach Ausgaben und Reichtum streben. Das wird eintreten,
wenn Du dem Gelde, der Wurzel aller Verderbnis, den Wert und
das Ansehn nimmst"[2]). An diese nochmalige Wiederholung seines
Hauptsatzes schließt die aus der Geschichte entnommene Lehre,
daß alle Sieger den Reichtum verachtet, die Besiegten ihn erstrebt haben. Vollends verächtlich ist der Luxus, der sich im
Prassen, in den Genüssen der Tafel und der Wollust, in Bauten
und prunkhaften Einrichtungen sättigen will — das wird ganz
wie in seinen Geschichtswerken ausgeführt[3]). „Aber das und
alle sonstigen Übel werden zugleich mit der Ehrung des Geldes
verschwinden, wenn weder die Ämter, noch was die Menge sonst
begehrt, käuflich sein wird"[4]). Mit einer Rechtfertigung, daß
er sich mit seinen Gedanken nicht zurückgehalten, sondern her-
vorgewagt habe, und dem Wunsche, „daß, was Du auch für

---

[1]) I 6, 4.
[2]) I 7, 1 f.
[3]) In der Praxis hat Sallust bekanntlich, wie seine Villa in Rom
lehrt, auch diesen schönen Grundsatz recht wenig befolgt. Darin wie
in manchem anderen erinnert er lebhaft an seinen Antipoden Cicero,
vgl. dessen gleichartige Äußerungen gegen den Bauluxus de off. I 138 ff.,
zu denen sein eigenes Verhalten in schroffem Widerspruch steht. Nur
zu wahr ist, was Nepos an Cicero schreibt (bei Lactant. inst. III 15, 10):
*tantum abest, ut ego magistram esse putem vitae philosophiam
beataeque vitae perfectricem, ut nullis magis existimem opus esse
magistros vivendi, quam plerisque, qui in ea disputanda versantur:
video enim magnam partem eorum, qui in schola de pudore et
continentia praecipiunt argutissime, eosdem in omnium libidinum
cupiditatibus vivere.*
[4]) I 8, 3.

richtig halten mögest, die Götter billigen und zu gutem Ausgang gelangen lassen mögen", schließt die Schrift.

Auf die Einzelvorschläge, welche er in der ersten Broschüre gemacht hat, kommt er höchstens in Andeutungen zurück. Dort war er auf die Gestaltung des Staats, die er erstrebte, näher eingegangen. Von der Vermehrung der Bürgerschaft durch Aufnahme zahlreicher Neubürger und Kolonialgründungen war oben schon die Rede; das wird in der jüngeren Schrift ergänzt durch die Sätze: „Ferner mußt Du Vorsorge treffen, wie Italien und die Provinzen besser gesichert werden"; denn, wie er vorher bemerkt, die schwelgerische und entnervte Gesellschaft ist psychisch so degeneriert, daß sie zu nichts mehr zu brauchen ist[1]); und „eben diese legen alles wüst, indem sie ihren eigenen Wohnsitz verlassen und fremde widerrechtlich in Besitz nehmen"[2]). „Ferner sorge dafür, daß nicht wie bisher der Kriegsdienst ungerecht und ungleich gehandhabt wird, indem einige dreißig Jahre, andre dagegen überhaupt nicht dienen. Ferner wird es billig sein, das Getreide, das früher eine Belohnung für die Feigheit war" — indem es unter die nicht zum Kriegsdienst herangezogene hauptstädtische Bevölkerung verteilt wurde —, „unter die Municipien und Kolonien an diejenigen zu verteilen, die nach Ablegung ihrer Dienstzeit in ihre Heimat zurückkehren."

Diese Vorschläge decken sich wenigstens zum Teil mit dem, was Caesar ausgeführt hat. Er hat der Bürgerschaft große Massen von Neubürgern zugeführt, Kolonien gegründet und die kräftige Bevölkerung der Landgemeinden im stärksten Maße zum Heeresdienst herangezogen. Für seine Veteranen hat er nicht durch Getreideverteilung, sondern durch reiche Geldmittel und Landanweisungen gesorgt. Die hauptstädtische Getreideverteilung hat er eingeschränkt und in eine Armenversorgung umgewandelt. Einen radikalen Eingriff in das Geldgeschäft und

---

[1]) I 8, 2 *ubi animum, quem dominari decebat, servitio* (durch ihre Lüste) *oppressere, nequiquam eo postea hebeti atque claudo pro exercito uti volunt.*

[2]) I 8, 5 *nam idem omnia vastant, suas deserendo domos et per iniuriam alienas occupando.*

die Verschuldung dagegen hat er wie im Jahre 49 so auch nachher abgelehnt, geschweige denn, daß er auf den idealistischen Gedanken einer Aufhebung der Darlehn eingegangen wäre; sondern er hat sich begnügt, durch vermittelnde Maßregeln den Notstand zu lindern und den Geldverkehr zu regulieren. Eben darum ist er, da er doch den Versuch machen wollte, dem Sittenverfall entgegenzuwirken, ebenso wie Pompejus zu dem alten, von Sallust mit Recht verworfenen Mittel der Luxusgesetze zurückgekehrt, das, wie Sallust voraussagt, natürlich auch jetzt wirkungslos blieb. In diesen Dingen ist ihm dann das Principat des Augustus gefolgt, sowohl in der Sittengesetzgebung und der Armenversorgung wie in der Versorgung der Veteranen, so andre Wege Augustus auch in der Bürgerrechtspolitik und der dem römischen Volk zugewiesenen Stellung eingeschlagen hat.

Völlig ablehnend dagegen hat sich Caesar gegen Sallusts Vorschläge für die Neugestaltung der Verfassung verhalten. Von der Aufrichtung einer wirklichen Demokratie nach athenischem Muster, einer Leitung des Staats durch die Volksversammlung, will, wie wir gesehn haben, auch Sallust nichts wissen, da das Volk viel zu degeneriert und daher unfähig ist, diese Aufgabe zu erfüllen: es soll seinen privaten Beschäftigungen im Erwerbsleben nachgehn und dadurch verhindert werden, Unfug zu treiben[1]). Aber eben so entschieden hält er an dem Grundgedanken der bisherigen Verfassung fest, an dem freien Selbstregiment der Republik; nur soll dessen Entartung beseitigt, die Regierung wieder für ihre wahren Aufgaben fähig gemacht werden. Auch das glaubt er durch die Aufhebung der Macht des Geldes erreichen zu können. „Weder ein Consul, noch ein Praetor soll auf Grund seines Wohlstandes, sondern auf Grund seiner Würdigkeit gewählt werden; darüber kann das Volk leicht ein Urteil gewinnen[2]). Für die Wahlen gefällt mir ein Gesetz

---

[1]) II 5, 6 ff. I 7, 2 *uti plebs largitionibus et publico frumento corrupta habeat negotia sua, quibus ab malo publico detineatur.*

[2]) II 7, 10 *neque praetor neque consul ex opulentia, verum ex dignitate creetur. sed de magistratu facile populi iudicium fit.* Vgl. I 8, 3.

nicht schlecht, das Gaius Gracchus in seinem Tribunat beantragt hat, daß die Reihenfolge der Centurien aus allen fünf Klassen durcheinander durch das Los bestimmt werden soll" — daß also das Vorstimmrecht der Reichen in der ersten Klasse und den Rittercenturien, das das Stimmrecht der übrigen Bevölkerung tatsächlich illusorisch machte, aufgehoben werden soll. „So wird Würdigkeit und Geld ausgeglichen, und jeder wird sich beeilen, dem andern durch Tüchtigkeit den Rang abzulaufen; das halte ich für eine kräftige Medizin gegen den Reichtum"[1]. In Wirklichkeit wäre es höchstens eine kleine homöopathische Dosis gewesen; die Frage, ob die Volksmassen, die er selbst als völlig korrupt geschildert hat, die geringste Neigung haben werden, dem richtigen Urteil zu folgen, selbst angenommen, daß sie sich das bilden können, wird beiseite gelassen, die geheimen Einflüsse der Drahtzieher, welche überall und zu allen Zeiten die Entscheidungen der Massen beherrschen und im damaligen Rom mindestens eben so durchgebildet und unangreifbar geworden waren, wie jetzt in Amerika, werden überhaupt nicht berührt.

Für die Bestellung der Richter fordert Sallust die Heranziehung der ganzen ersten Klasse; denn „daß die Richter von wenigen bestellt werden" — wie unter Pompejus — „ist Königsherrschaft (Tyrannis, *regnum*), daß sie auf Grund ihres Geldes ausgewählt werden, unsittlich. Auch die Rhodier und ähnliche Staaten haben niemals Grund gehabt, ihre Einrichtung der Gerichte zu bereuen, wo reich und arm untereinander, wie der Zufall es fügt, über die größten wie über die kleinsten Prozesse entscheidet"[2]. Es ist für die römischen Verhältnisse ungemein

---

[1] II 8, 1 f. *ita coaequatur dignitate pecunia, virtute anteire alius alium properabit. haec ego magna remedia contra divitias statuo.*

[2] II 7, 11 f. Auch Cicero de rep. III 48 zieht Rhodos (vgl. S. 241, 2) als Beispiel einer gut geordneten Demokratie heran: „dort sind dieselben Leute alle sowohl Angehörige der Volksgemeinde *(de plebe)* wie des Rats, und üben abwechselnd in bestimmten Monaten die eine oder die andere Funktion; in beiden erhalten sie Diäten, und so sitzen dieselben Leute

bezeichnend, daß Sallust hier garnicht daran denkt, über die
erste Klasse in die Masse des Volks hinabzugreifen, und die
Parallele aus Rhodos ist daher so unangebracht wie möglich;
durch die Heranziehung des höheren Mittelstandes, der
Vermögen bis zu 25000 Sestertien, glaubt er die Gerichte bereits
demokratisiert und den Einfluß des Geldes ausgeschaltet zu
haben, die unteren Schichten kommen für ihn, wie für Rom
überhaupt, im Gegensatz zu den griechischen Staaten, politisch
garnicht mehr in Betracht.

Am eingehendsten behandelt er den Senat; denn in einem gesunden
Staat haben die Höhergestellten auch ein tieferes Interesse
an dem Staat[1]), und es muß, wie ehemals in Rom, „das niedere
Volk dem Senat wie der Körper dem Geist gehorchen und seine
Beschlüsse ausführen; es gehört sich, daß die Senatoren durch
ihre Einsicht die Macht haben, das Volk seine Verschmitztheit
nicht nötig hat"[2]). Das ist nun freilich durch die einreißende
Korruption zerstört, durch die Schuld der Nobilität, und so hat
der Senat seine feste Haltung verloren: „unterdrückt durch die
Willkür eines Andern schwanken sie hin und her, beschließen
bald so bald so; wie Eifersucht auf die Machthaber oder deren
Einfluß sie treibt, schätzen sie Vorteil und Nachteil des Staats
ein. Weil es nun schwierig ist, daß alle in demselben Ansehn
stehn, da jene von ihren Vorfahren Ruhm, Würde, Klientelschaft
ererbt haben, die übrige Menge aber meist aus fremden Emporkömmlingen
besteht[3]), so mache ihre Abstimmung frei von
Furcht; alsdann, wenn es verborgen bleibt, liegt jeder sich selbst

---

sowohl im Theater (in der Volksversammlung) wie im Rathaus und
sprechen Recht in Kapitalprozessen (als Volksgemeinde?) und in
allen anderen Rechtshändeln (als Rat)" Der Rest ist leider
verloren.

[1]) II 10, 4 *equidem ego sic apud animum meum statuo: cuicumque
in sua civitate amplior inlustriorque locus quam aliis est,
ei magnam curam esse reipublicae.*

[2]) II 10, 6 *igitur ubi plebs senatui sicuti corpus animo oboedit
eiusque consulta exsequitur, patres consilio valere decet, populo supervacanea
est calliditas.*

[3]) II 11, 4 *quoniam   cetera multitudo pleraque insiticia sit*

mehr am Herzen als das Ansehn eines Andern"[1]). Zwei Mittel sind es, die er vorschlägt: geheime Abstimmung und Vermehrung der Zahl der Senatoren[2]). Durch das letztere wird zugleich erreicht, daß nicht, wie bisher bei der Überlastung der Senatoren durch ihre richterliche Tätigkeit und die privaten Geschäfte, die sie für sich selbst und für ihre Freunde zu erledigen haben, viele bei der Beratung der staatlichen Angelegenheiten fern bleiben. Das war noch gesteigert durch die Überhebung der Machthaber: „was einige wenige vornehme Leute mit ein paar Anhängern, die ihre Koterie bildeten, nach Belieben billigten oder verwarfen, was ihnen gefiel, das taten sie, wie es ihnen beliebte. Dem wird ein Ende gemacht werden, wenn die Zahl vermehrt und geheim abgestimmt wird; dann müssen jene ihre Anmaßung aufgeben, wo sie fortan denen zu gehorchen haben, denen sie vorher schonungslos ihre Befehle erteilten"[3]).

Man sieht, wie völlig fern Sallust eine radikale Demokratie liegt, wie mächtig auch auf dieser Seite die Traditionen sind, aus denen der römische Staat mit seinen Einrichtungen erwachsen ist; der Gedanke einer tiefer einschneidenden Änderung kommt für ihn überhaupt nicht in Betracht. Hier ist daher Caesar ganz andre Wege gegangen. Die einzige seiner Maßregeln, die zu Sallusts Vorschlägen stimmt, ist die Vermehrung der Zahl der Senatoren; aber zu ihr hat Caesar gegriffen nicht um die Stellung des Senats zu heben, wie Sallust verlangt, sondern um ihn vollends herabzudrücken.

Die tiefste Wurzel des Gegensatzes, der hier vorliegt, ist, daß auch Sallust, ganz wie Cicero, durchaus auf dem Boden des

---

[1]) II 11, 3 *sententias eorum a metu libera: ita in occulto sibi quisque alterius potentia carior est.*

[2]) II 11, 5 *si numero auctus (senatus) per tabellam sententiam feret.*

[3]) II 11, 6 f. *homines nobiles cum paucis senatoriis, quos additamenta factionis habent, quaecumque libuit probare, reprehendere, decernere, ea, uti lubido tulit, fecere. verum ubi numero senatorum aucto per tabellam sententiae dicentur, ne illi superbiam suam dimittent, ubi iis oboediendum erit, quibus antea crudelissime imperitabant.*

Stadtstaats steht: unwillkürlich schieben sich ihm für den Staat als damit identisch die *urbs Roma* und die *res urbanae* unter, das übrige Italien ist nur eine Erweiterung oder ein Anhang der Hauptstadt. Für Caesar dagegen steht das weltumfassende Reich im Vordergrund: dessen zweckmäßige Gestaltung ist ihm das Wesentliche, Rom und Italien sind nur ein Glied innerhalb des *imperium Romanum*.

Caesar und die Parteien. Ciceros Dankrede für Marcellus' Begnadigung

Wie Caesar Sallusts erneutes Andrängen aufgenommen hat, wissen wir nicht[1]); über seine Absichten hat er sich zunächst überhaupt nicht geäußert. Aber bald darauf traten dieselben Probleme auch von der entgegengesetzten Seite unmittelbar an ihn heran.

Die weitverbreitete Besorgnis, mit der man in Italien Caesars Rückkehr entgegensah, jetzt, nach dem Siege werde er sein wahres Antlitz enthüllen und seiner wie seines Gefolges Blutdurst und Habgier freien Lauf lassen, erwies sich alsbald als grundlos. Zwar gingen die Auktionen der eingezogenen Güter weiter fort[2]), füllten seine Kassen und kamen zugleich seinen Anhängern zugute; aber statt der gefürchteten Strafgerichte fuhr Caesar fort, den Gegnern Begnadigung und Rückkehr nach Rom zu gewähren. Ein Gesetz, das die Rechte gewisser Kategorien der Pompejaner einschränkte, wurde von Caesars Ge-

---

[1]) Über den Angriff Varros in seiner Schrift *Pius aut de pace* auf Sallust (oben S. 216, 2) s. u. S. 582, 2 die Bemerkung von E. NORDEN.

[2]) Cic. fam. IV 13, 2 (Sommer 46) an Nigidius Figulus klagt über die *naufragia et bonorum direptiones* seiner alten Freunde; ferner ad Att. XII 2, 3. Phil. VIII 9. Vgl. de off. II 27 f. 83 und I 43 *(quare L. Sullae, C Caesaris pecuniarum translatio a iustis dominis ad alienos non debet liberalis videri: nihil est enim liberale, quod non idem iustum)*, ferner seine Bosheiten beim Tode des P. Sulla (des alten Catilinariers und Klienten Ciceros), eines eifrigen Aufkäufers bei diesen Auktionen, Ende Dezember 46: fam. IX 10, 3. XV 17, 2 *(Caesarem putant moleste laturum, verentem ne hasta refrixisset).* 19, 3. de off. II 29.

hilfen Hirtius, der jetzt die Praetur bekleidete, eingebracht (oben S. 382). Aber von Pompejus selbst redete Caesar nie anders als mit Achtung¹); die geheime Korrespondenz, die im Zelt des Pompejus und in Afrika in dem des Scipio in seine Hände fiel, hat er ungelesen verbrannt, und in Reden an Senat und Volk wiederholte er die Versicherung, daß er seine versöhnliche Politik fortsetzen werde²). So durfte Cicero hoffen, daß er binnen kurzem die Begnadigung noch für manche seiner alten Freunde erreichen werde, sogar für den eifrigen Pompejaner T. Ampius Balbus, den die Caesarianer die Trompete des Bürgerkriegs nannten, und für A. Caecina aus Volaterrae, den Darsteller der etruskischen Blitzlehre. Caecina hatte Caesar durch eine Schmähschrift schwer beleidigt; das suchte er jetzt durch ein Buch *Querelae* wieder gut zu machen, in dem er seine Lage und seine Reue schilderte, war aber voll Sorge, ob er den richtigen Ton getroffen habe³). Gegen derartige Beleidigungen war Caesar, trotz der Nachsicht, die er unter ganz andern Umständen z. B. dem Catull gezeigt hatte, doch, wie wir gesehn haben (S. 85. 94. 173), recht empfindlich, wie er denn auf die Spottgedichte, welche die Soldaten bei seinem Triumph über sein Verhältnis zu Nikomedes gesungen hatten, in einer Rede vor dem Volk geantwortet hat⁴). Maß gehalten hat er auch hier; aber alles, was Cicero mit seinen Bemühungen um Caecina erreichen konnte, war, daß ihm Ende 46

---

¹) Cicero an Caecina VI 6, 10.
²) Dio 43, 15 ff. Plin. 7. 94.
³) Verwendung Ciceros für Nigidius Figulus fam. IV 13 (derselbe stirbt nach Hieron. chron. im Jahre 45 im Exil); für Trebianus VI 10 f. (die Begnadigung wird durch Dolabella erreicht); Rückberufung des T. Ampius Balbus, für den vor allem Pansa und Tillius Cimber, der spätere Caesarmörder, eintraten VI 12; Ampius war damals mit der Abfassung einer Schrift *in virorum fortium factis memoriae prodendis* beschäftigt, aus der Sueton Caes. 77 Äußerungen aus Caesars letzter Zeit mit feindlicher Tendenz anführt. — Briefwechsel mit Caecina fam. VI 6. 8. 9. 7. 5, dazu XIII 66; der erste Brief (6) ist nach der Begnadigung des Marcellus geschrieben.
⁴) Dio 43, 20, 4, vgl. Sueton Caes. 75 *acerbe loquentibus satis habuit pro contione denuntiare ne perseverarent*. (Die Spottlieder Sueton Caes. 49.)

durch Balbus und Oppius der Aufenthalt auf Sicilien gestattet wurde[1]).

Auch Cicero hatte, so unangenehm es ihm war, dem Druck der Lage nachgeben und von seinen Landsitzen nach Rom zurückkehren müssen, um Caesar zu begrüßen und an den Senatssitzungen teilzunehmen. Aber er hielt sich vollständig zurück; für die Betätigung seines Talents in der Debatte und vor Gericht war kein Raum; machten ihm doch die Heißsporne seiner Partei schon Vorwürfe, daß er, in seinen Reden der eifrigste Verfechter der Republik, sich viel zu demütig unterworfen, daß er sich nicht wie Cato freiwillig den Tod gegeben habe[2]). Seine Lage und Auffassung im August schildern anschaulich seine Briefe an Paetus: „Des Morgens begrüße ich in meinem Hause viele brave Männer in Trauer, und andrerseits die frohgestimmten Sieger, die mir übrigens eifrig alle Rücksicht und Liebe erweisen; wenn das vorbei ist, stürze ich mich in die Korrespondenz, oder schreibe oder lese; die Trauer um das Vaterland habe ich schwerer und länger durchgetragen als eine Mutter um den einzigen Sohn"[3]). „Jetzt ist es schon seit fast vier Jahren ein Geschenk, auf das wir kein Anrecht haben, daß wir leben (*de lucro vivimus*), falls

---

[1]) Cic. fam. VI 8; bei der letzten allgemeinen Amnestie Anfang 44 wird auch ihm die Rückkehr gewährt worden sein. Sueton sagt Caes. 75 *Auli Caecinae criminosissimo libro et Pitholai carminibus maledicentissimis laceratam existimationem suam civili animo tulit.* L. Voltacilius Pitholaus ist der aus Sueton de rhet. 3 (= de gramm. 27 REIFFERSCHEID p. 124, mit falscher Namensform; Hieron. chron. unter 81 v. Chr.) bekannte Lehrer des Pompejus und erste Freigelassene, der Geschichte geschrieben hat. Daß er auf seine alten Tage noch die Feder zu Schmähgedichten gegen Caesar ergriff, ist sehr begreiflich. Macrobius II 2, 13 zitiert ihn für ein Witzwort über Caninius Rebilus' Eintagsconsulat, das er VII 3, 10 dem Cicero zuschreibt (S. 460, 1).

[2]) An M. Marius fam. VII 3, 6: ich schreibe Dir so ausführlich, *ut haberes quid diceres, si quando in vituperatores meos incidisses; sunt enim qui, cum meus interitus nihil fuerit reipublicae profuturus, criminis loco putent esse, quod vivam; quibus ego certo scio non videri satis multos perisse;* vgl. § 4 *mortem mihi cur consciscerem, causa non visa est; cur optarem, multae causae.*

[3]) fam. IX 20, 3.

es Geschenk und Leben heißen kann, den Staat zu überleben. Was geschehn wird, glaube auch ich zu wissen, nämlich das, was die wollen, die die Macht haben; die Macht haben werden aber immer die Waffen. So müssen wir mit dem zufrieden sein, was uns gewährt wird, wer das nicht ertragen kann, hätte sterben müssen... Ich kann nicht den nicht lieben, durch dessen Wohltat mir mein Besitz erhalten ist; falls der wirklich wünscht, daß eine Staatsverfassung bestehe (esse rempublicam), wie er sie vielleicht will und wie alle sie wünschen müssen, so gibt es doch kein Mittel, das ins Werk zu setzen; dazu hat er sich zu sehr mit so vielen verstrickt. Wisse, daß nicht nur ich, der ich zu seinen Beratungen keinen Zutritt habe, sondern auch der Princeps selbst nicht weiß, was werden wird; denn wir sind seine Sklaven, er der der Umstände; so kann weder er wissen, was die Umstände verlangen werden, noch wir, was er denkt"[1]). Natürlich schwanken seine Stimmungen; in einem andern Brief aus dieser Zeit, durch den er einem Verbannten Hoffnung machen will, schreibt er[2]): „Der Machthaber scheint mir täglich mehr zu einem billigen und der Natur entsprechenden Verhalten hinüberzugleiten; und Deine Angelegenheit muß ja mit dem Staat, der doch nicht immer zu Boden liegen kann, notwendig wieder aufleben, auch kommen täglich mildere und freisinnigere Maßregeln vor, als wir befürchten mußten."

Durch sein Verhalten hat Caesar deutlich gezeigt, daß eine Ausnutzung des Sieges im Parteiinteresse keineswegs sein Ziel war, sondern daß er, über den Parteien stehend, eine Aussöhnung der Gegensätze und die wirkliche Beendigung des inneren Haders erstrebte; er erklärte, wer nicht wider ihn sei, den betrachte er als zu sich gehörig[3]). Durch dieses Verhalten verletzte er die schlechten

---

[1]) fam. IX 17; in ep. 19 bezeichnet er Balbus und seine Genossen als *reges*. Ähnlich VII 28 an Curius: *doleo ita rem communem esse dilapsam, ut ne spes quidem melius aliquando fore relinquatur reliquam spem nullam video*.

[2]) An Trebianus fam. VI 10, 5.

[3]) Cic. pro Lig. 33 *te enim dicere audiebamus, nos omnes adversarios putare nisi qui nobiscum essent, te omnis, qui contra te non essent, tuos*.

Elemente seines Anhangs aufs tiefste, vor allem die wüsten, tief verschuldeten Gesellen, die, auf Beute und Bluttaten erpicht, sich an ihn gedrängt hatten[1]), und die er, so sehr er sie durchschaute und im Zaume hielt, doch einstweilen hatte benutzen müssen. So begreift es sich, daß sich in diesen Kreisen Verschwörungen bildeten und man damit umging, den Machthaber, der als Parteichef eine so schwere Enttäuschung bereitete, aus dem Wege zu räumen. Caesar hat von diesen Komplotten Kunde erhalten — er wurde von der politischen Polizei vortrefflich bedient —, aber es auch hier verschmäht, zu Vorsichtsmaßregeln oder Bestrafungen zu schreiten. Er begnügte sich, im Senat Mitteilung von dem geplanten Attentat zu machen, mit deutlichem Hinweis darauf, daß es ihm aus seiner nächsten Umgebung drohe[2]). Wie völlig er damals mit Antonius zerfallen war, haben wir gesehn; so ist es sehr glaublich, daß man schon damals angenommen hat, daß die Angabe in erster Linie auf diesen ziele[3]). Im übrigen aber erklärte er, „er habe lange genug gelebt für seine Ansprüche an das Leben wie für den Ruhm"[4]).

---

[1]) Cic. pro Lig. 15 *si in tanta tua fortuna lenitas tanta non esset, quam tu per te, per te inquam, obtines — intellego quid loquar —, acerbissimo luctu redundaret ista victoria. quam multi enim essent de victoribus qui te crudelem esse vellent, cum etiam de victis reperiantur! quam multi, qui cum a te ignosci nemini vellent, impedirent clementiam tuam, cum hi, quibus ipsis ignovisti* (wie Tubero, der Ankläger des Ligarius), *nolint te esse in alios misericordem!*

[2]) Cic. pro Marcello 21 ff. *nunc venio ad gravissimam querellam et atrocissimam suspicionem tuam . sed quisnam est iste tam demens? de tuisne? an ex eo numero, qui una tecum fuerunt?* Vgl. Sueton Caes. 75 *detectas coniurationes conventusque nocturnos non ultra arguit, quam ut edicto ostenderet esse sibi notas.*

[3]) Cic. Phil. II 74 *his ipsis temporibus* (nach dem Konflikt über den Kaufpreis für das Haus des Pompejus, also im Jahre 46) *domi Caesaris percussor ab isto (Antonio) missus deprehensus dicebatur esse cum sica: de quo Caesar in senatu aperte in te invehens questus est.*

[4]) Cic. Marc. 25 *itaque illam tuam praeclarissimam et sapientissimam vocem invitus audivi: „satis diu vel naturae vixi vel*

Je weniger Caesar sich auf seinen Anhang verlassen konnte, um so mehr suchte er Fühlung mit den anständigen und konservativen Elementen des Staats, den bisherigen Republikanern. Im weitesten Umfang verwendete er die bisherigen Gegner, die seit der Schlacht von Pharsalos seine Gnade gesucht hatten, vor allem für die Provinzialverwaltung. Nach wie vor hatte er den Wunsch, Cicero, den Wortführer dieser Partei, für sich zu gewinnen und seinen Namen für seine Ziele benutzen zu können; und wenn er ihm auch das Recht freien Zutritts bisher nicht gewährt hatte[1]), so suchte er doch sowohl persönlich wie vor allem durch seine Vertrauten auf ihn einzuwirken. Daß Cato, der unbeugsame Verfechter der republikanischen Traditionen, sich der Begnadigung entzogen und durch seinen Tod die Unversöhnbarkeit der Gegensätze aller Welt zum Bewußtsein gebracht hatte, hat er aufs bitterste empfunden. Um so mehr lag ihm daran, den nächst Cato weitaus bedeutendsten und geachtetsten seiner prinzipiellen Gegner, Marcus Marcellus, der als Consul im Jahre 51 den Kampf gegen ihn im Namen der Republik hatte eröffnen wollen, zu einem Gnadengesuch zu veranlassen; und der Forderung, dafür als Mittelsmann zu dienen, konnte Cicero sich nicht entziehn. So schrieb er ihm zunächst eine allgemeine Mahnung, „wenn es wieder irgend eine staatliche Gestaltung geben sollte" (*si sit aliqua res publica*), dürfe er in dieser nicht fehlen, andernfalls sei er in Rom doch am besten aufgehoben. „Aber glaube mir, auch er, der alle Macht in Händen hat, ist dem Talent günstig gesinnt; des Adels aber und der Würdenträger nimmt er sich an (*amplectitur*), soweit es die Sachlage und sein Interesse irgend zuläßt"[2]). Kurze Zeit darauf folgte ein zweiter,

---

gloriae" saepe enim venit ad aures meas, te idem istud nimis crebro dicere, tibi satis te vixisse. Vgl. Sueton Caes. 86, er habe oft gesagt *non tam sua quam reipublicae interesse, uti salvus esset: se iam pridem potentiae gloriaeque abunde adeptum; rem publicam, si quid sibi eveniret, neque quietam fore et aliquanto deteriore condicione civilia bella subituram.*

[1]) fam. IV 7, 6.
[2]) fam. IV 8.

ausführlicher motivierter Brief, in dem er das deutlich ausspricht: „Dir fehlt zur völligen Restitution Deiner Stellung nichts als der eigene Wille; nur darum hat der Machthaber Dir seine Wohltat noch nicht erwiesen." Daran schließt sich die versteckte Drohung, er sei in Mytilene oder Rhodos doch ebensogut in seiner Gewalt, wie in Rom, laufe dort aber eher Gefahr als hier; überdies sei andernfalls die Konfiskation seines Vermögens zu erwarten[1]). Wenige Tage später wiederholt Cicero diese Argumente nochmals aufs dringendste. „Der Notwendigkeit, wie sie die Lage der Zeit bringt, muß man gehorchen; sagen, was Du denkst, wirst Du freilich vielleicht nicht dürfen, wohl aber schweigen. Denn alles liegt in den Händen eines Einzigen, und dieser folgt auch den Ratschlägen seiner Vertrauten nicht, sondern nur seinen eigenen; aber das würde nicht viel anders sein, wenn der den Staat beherrschte, dem wir uns angeschlossen hatten. Wenn es einen großen Sinn zeigt, den Sieger nicht um Gnade anzuflehn, so bedenke, ob es nicht Übermut ist, sein freundliches Entgegenkommen (*liberalitatem*) zu verschmähn. Vor allem aber, wenn Dir das Leben dort behaglicher ist, so mußt Du doch daran denken, ob es nicht weniger sicher ist: groß ist der Spielraum der Schwerter (*magna est licentia gladiorum*), aber im Auslande haben sie weniger Scheu vor einem Verbrechen"[2]).

Diese Worte waren deutlich genug. Ob Marcellus ihnen nachgegeben haben würde, wissen wir nicht; denn die Bemühungen seiner Anhänger und vor allem seines Vetters Gaius Marcellus, des Consuls vom Jahre 50 und Gemahls der Octavia, einer Großnichte Caesars, führten rascher zum Ziele. In einer Senatssitzung gegen die Mitte des September[3]), jedenfalls noch einige Zeit vor Caesars Triumphen und Spielen, brachte L. Piso, Caesars Schwiegervater, die Sache zur Sprache; Gaius Marcellus warf sich Caesar zu Füßen, der ganze Senat erhob sich und unter-

---

[1]) fam. IV 7.
[2]) fam. IV 9.
[3]) O. E. Schmidt S. 251 f. Zur Zeit der *ludi Caesaris* war Ciceros günstige Auffassung der Lage schon wieder geschwunden.

stützte seine Bitte. Da hat Caesar seine Beschwerden über die Erbitterung, mit der Marcellus ihm entgegengetreten war, noch einmal ausgesprochen[1]), dann aber erklärt, daß er den Bitten des Senats nachgebe und ihn in seine frühere Stellung wieder einsetze. Dies großmütige Verhalten hat einen gewaltigen Eindruck gemacht; man betrachtete es als die Ankündigung einer besseren Zeit. Cicero brach sein bisher beachtetes Schweigen und hielt eine feurige Dankrede; und an seinen alten Freund Servius Sulpicius, jetzt Proconsul von Achaia, schrieb er eine enthusiastische Schilderung des Hergangs[2]). Marcellus dagegen hat die Begnadigung sehr kühl aufgenommen, so daß es eines neuen Mahnbriefs Ciceros bedurfte[3]). Erst im Frühjahr 45 trat er die Heimreise an; auf derselben ist er dann am 27. Mai in Athen in einem hitzigen Wortwechsel von einem Mann, der bei ihm Geld borgen wollte, erschlagen worden[4]).

Die Dankrede für die Begnadigung des Marcellus, oder vielmehr die Broschüre, die Cicero in dieser Form unmittelbar darauf veröffentlichte, ist ein sehr interessantes Dokument aus der Übergangszeit[5]). Wir sehn, wie in Cicero die Hoffnung aufblitzt, der Sieger könne wirklich der berufene Leiter des republikanischen Staats, der wahre *princeps civitatis* werden, dessen

---

[1]) *commemoratis praesertim offensionibus* Cic. Marc. 3. *Caesar accusata acerbitate Marcelli, sic enim appellabat* fam. IV 4, 3.

[2]) fam. IV 4.

[3]) fam. IV 11. 10.

[4]) Servius Sulpicius, der ihn bestattet hat, an Cicero fam. IV 12; vgl. ad Att. XIII 10. 22, 2. Brutus versichert hier, daß Caesar, auf den natürlich ein Verdacht fallen mußte, unschuldig sei, und Cicero stimmt dem zu. Marcellus' Tod war ja auch durchaus gegen Caesars Interesse, dessen Stellung es nur gehoben hätte, wenn er sich in die neue Ordnung fügte; auch gab der Mörder sich sogleich selbst den Tod. Livius per. 115 = Val. Max. IX 11. 4 hat den Hergang ganz wie Servius Sulpicius erzählt.

[5]) Bekanntlich hat F. A. WOLF es fertig gebracht, sie für unecht zu erklären, wie ja auch noch manche andere ciceronische Reden; über derartige traurige Verirrungen der Philologie, die im neunzehnten Jahrhundert unter den antiken Autoren aufs ärgste gewütet hat, braucht man jetzt kein Wort mehr zu verlieren.

Bild er in seinen Büchern vom Staat gezeichnet hatte. Durch diesen hochherzigen Akt hat Caesar sich selbst übertroffen und einen noch weit unvergänglicheren Ruhm erworben, als durch all seine Siege: er hat damit die Autorität des Senats wiederhergestellt[1]) und alle von ihm begnadigten Gegner von dem auf ihnen lastenden Druck befreit; dadurch hat er auch Cicero die Zunge gelöst[2]). Aber damit hat Caesar zugleich eine Verpflichtung übernommen, der er sich garnicht entziehn kann. Wie bei Sallust schließt sich an den Dank die Mahnung, nun, nach Beendigung des Bürgerkriegs, an das zweite, noch größere Werk zu gehn, an den Wiederaufbau des Staats. „Das ist die Tätigkeit, die noch aussteht, und dafür hast Du Dich zu mühen", sagt er ganz wie Sallust, „daß Du die Verfassung des Staats ordnest"[3]). Auch die Aufgaben, um die es sich handelt, sind bei beiden die gleichen: „die Ordnung der Gerichte, die Herstellung des Kredits, die Unterdrückung der Ausschweifungen, die Mehrung des Nachwuchses, die Fesselung alles dessen, was jetzt zerfallen ist und bereits völlig zerfließt, durch strenge Gesetzgebung"[4]) — kurz, die sittliche Regeneration des Staats und des Volks, wie sie Caesar in der Tat in seiner Gesetzgebung unmittelbar darauf in Angriff genommen und Augustus durchzuführen versucht hat.

Mit allem Nachdruck weist Cicero Caesars Wort zurück, er habe lange genug gelebt, so viel Ehre es ihm auch mache. Aufs

---

[1]) § 3 *intellectum est   te auctoritatem huius ordinis dignitatemque reipublicae tuis vel doloribus vel suspicionibus anteferre.*
10 *parietes, me dius fidius, ut mihi videtur, huius curiae tibi gratias agere gestiunt, quod brevi tempore futura sit illa auctoritas in his maiorum suorum et suis sedibus.*

[2]) § 13 durch Marcellus' Begnadigung auf die Bitten des Senats *me et mihi et item reipublicae nullo deprecante, reliquos amplissimos viros et sibi ipsos et patriae reddidit.* § 2 *non illius solum, sed etiam meam vocem et auctoritatem et vobis et reipublicae conservatam ac restitutam puto.*

[3]) § 27 *hic restat actus, in hoc elaborandum est, ut rempublicam constituas.*

[4]) § 23 *constituenda iudicia, revocanda fides, comprimendae libidines, propaganda suboles, omnia, quae dilapsa iam diffluxerunt, severis legibus vincienda sunt.*

dringendste mahnt er, Schutzmaßregeln gegen die Attentate, von denen er geredet hatte, zu ergreifen: die Senatoren selbst werden ihn mit ihren Leibern schützen, denn auf ihm allein beruht jetzt die Zukunft des Staats und das Heil aller[1]). Nicht nur dem Staat, sondern auch dem eigenen Ruhm ist er es schuldig, Hand an das Werk zu legen. „Wenn das der Ausgang Deiner Taten sein soll, daß Du nach Besiegung Deiner Gegner den Staat in dem Zustand zurückläßt, in dem er sich jetzt befindet, wirst Du mehr Bewunderung als wahren Ruhm hinterlassen Wenn diese Stadt nicht durch Deine Maßnahmen und Einrichtungen gefestigt wird, wird Dein Name bei der Nachwelt unstet hin und her schwanken. Dann wird unter den Nachgeborenen ein großer Zwiespalt der Meinungen sein, ebenso wie er bei uns bestanden hat; die einen werden Deine Taten in den Himmel erheben, die andern werden etwas, und zwar das Größte, daran vermissen, wenn Du nicht den Brand des Bürgerkriegs durch die Rettung des Vaterlands ausgelöscht hast. Nimm daher auch auf die Richter Rücksicht, die nach vielen Jahrhunderten über Dich urteilen werden, und zwar vielleicht unparteiischer als wir, da sie ohne Liebe und Begehrlichkeit, sowie ohne Haß und Neid urteilen werden"[2]) — Worte von hohem Schwung und großer Auffassung, die sich als völlig zutreffend erwiesen haben, da Caesar eben die hier gestellte Aufgabe nicht erfüllt hat.

Die Überschwenglichkeit, mit der Cicero redet, war durch die Umstände geboten; aber es wäre sehr verkehrt, in ihr lediglich berechnete Nachgiebigkeit gegen den Machthaber zu sehn. Nicht nur an den Caesarianer Servilius Isauricus, damals Proconsul von Asien, äußert er in einem Empfehlungsbrief: „Ich

---

[1]) § 22. Wer ist so unerfahren, *qui non intellegat, tua salute contineri suam et ex unius tua vita pendere omnia? doleoque, cum respublica immortalis esse debeat, eam in unius mortalis anima consistere. si vero ad humanos casus incertosque motus valetudinis sceleris etiam accedit insidiarumque consensio, quem deum, si cupiat, posse opitulari reipublicae credamus?* Ganz gleichartig äußert sich Sallust II 13, 6. I 6, 3 f. (oben S. 359. 389).

[2]) §§ 26. 29. Vgl. bei Sallust den Appell der Vorfahren an Caesar II 13 (S. 358 f.)

glaube hoffen zu dürfen, daß Caesar sich bemühen wird und schon bemüht, daß wir eine Art von Verfassungsstaat erhalten"[1]), sondern auch an Servius Sulpicius, damals Statthalter von Achaia, dem gegenüber er aus seiner wahren Gesinnung kein Hehl macht, schreibt er nach Erzählung des Hergangs: „Frage nicht weiter! Dieser Tag ist mir so schön erschienen, daß ich gewissermaßen eine Erscheinung der wieder erstehenden Republik zu sehn glaubte"[2]). Meine Abicht, dauernd zu schweigen, „hat Caesars Seelengröße und das rühmliche Verhalten des Senats gebrochen". Allerdings ist er von wirklichem Vertrauen noch weit entfernt: er fürchtet, sich durch seine Erklärung für die Zukunft die Bewegungsfreiheit (*otium*) geraubt zu haben, aber er sei „wenigstens dem Anstoß entgangen, daß Caesar, wenn ich dauernd schwieg, hätte glauben können, ich halte das Bestehende nicht für eine Staatsverfassung", und hofft, seine öffentliche Betätigung in engen Grenzen halten zu können[3]). Er preist Servius glücklich, daß er die Dinge in Rom, abgesehn von dieser einen Szene, nicht zu sehn braucht und „daß Du wagen kannst, zu schreiben, was Dich schmerzt, wo wir nicht einmal das in Sicherheit tun können" — aber er setzt hinzu, „nicht durch Schuld des Siegers, der die Mäßigung selbst ist, sondern durch die des Sieges selbst, der in Bürgerkriegen immer ausschweifend ist."

Ciceros Rede *pro Marcello* ist das Gegenstück zu Sallusts Sendschreiben. Es ist sehr lehrreich, zu sehn, wie nahe sich beide, vom entgegengesetzten Standpunkt aus, in ihrer Auffassung kommen, so daß ihre Ziele so gut wie identisch sind. Eine wirkliche Demokratie, die Herrschaft des souveränen Demos,

---

[1]) fam. XIII 68 *sperare tamen videor, Caesari, collegae nostro* (als Augur), *fore curae et esse, ut habeamus aliquam rempublicam.*

[2]) fam. IV 4, 3 *noli quaerere: ita mihi pulcher hic dies visus est, ut speciem aliquam viderer videre quasi reviviscentis reipublicae.*

[3]) *sed tamen, quoniam effugi eius offensionem, qui fortasse arbitraretur, me hanc rempublicam non putare, si perpetuo tacerem, modice hoc faciam aut etiam intra modum, ut et illius voluntati et meis studiis serviam.*

ist für beide völlig ausgeschlossen; die dringendste Aufgabe ist die Regeneration des römischen Volks durch eine sittliche und soziale Gesetzgebung; aber den römischen Staat können sie sich nur in der Form der Senatsherrschaft denken, der Senat ist für beide so gut wie für Pompejus und nachher für das Principat des Augustus der allein ernsthaft in Betracht kommende Repräsentant des *populus Romanus*.

Caesars Gesetzgebung im Jahre 46

Caesar hat die von ihm geforderte Gesetzgebung sogleich in Angriff genommen. Auch er will von einer Demokratie nichts wissen und steht ihr innerlich noch ferner als seine beiden Ratgeber: über die geheiligten Rechte des Volks und seiner Repräsentanten, der Tribunen, hat er sich, obwohl er ihnen den Vorwand für die Eröffnung des Kriegs entnommen hatte, wie im Jahre 49 gegen Metellus, so nachher bei der Gestaltung der Wahlen und beim Einschreiten gegen die Opposition mit souveräner Geringschätzung hinweggesetzt; weder Sallust noch Cicero konnten ein solches Vorgehn billigen[1]). Aber ebensowenig denkt Caesar an eine Wiederherstellung des Senatsregiments und an ein harmonisches Zusammenwirken als der führende Staatsmann, der Princeps, mit dem souveränen Senat; vielmehr ist sein Ziel die volle Erhaltung der durch den Krieg gewonnenen Stellung, die Aufrichtung der absoluten Monarchie und daher die Herabdrückung des Senats zu einem lediglich von ihm abhängigen Staatsrat, zu einem willenlosen Organ, das seine Befehle ausführt. Von einer Wiederherstellung der Republik, wenn auch nur der Form nach, wie sie Cicero gehofft hatte und Sallust als selbstverständlich betrachtete, ist bei ihm keine Rede,

---

[1]) Bekanntlich hält Cicero in dem Entwurf der Staatsverfassung in den Büchern *de legibus* an allen Institutionen des bestehenden Staats fest und verteidigt III 19 ff. das Tribunat und seine Wiederherstellung durch Pompejus gegen die Angriffe seines Bruders und des Atticus, wenn er auch zugibt, daß die Gebrechen offenkundig und die Entscheidung unsicher sei.

im schroffsten Gegensatz zu der Staatsgestaltung, die sein Erbe Augustus geschaffen hat.

So ist denn der aufdämmernde Hoffnungsschimmer alsbald erloschen. Schon die ärgerlichen Szenen bei den Triumphen und Spielen brachten, wenige Tage nach der Begnadigung des Marcellus, den Gegensatz lebendig zum Bewußtsein[1]). Noch deutlicher trat die rein monarchische Tendenz in seiner gesamten administrativen und gesetzgeberischen Tätigkeit und vor allem in der geringschätzigen Behandlung des Senats hervor, die Caesar, auch wenn er ihn formell benutzte und, wie Dio berichtet, seine Gesetze vorher mit angesehenen Senatoren und gelegentlich mit dem ganzen Senat beriet[2]), überall mit voller Absicht hervorkehrte. „Glaubst Du", schreibt Cicero im Spätherbst 46 an Paetus, der gefordert hat, er solle sich am politischen Leben ernsthaft beteiligen, „daß es eine weniger große Menge von Senatsbeschlüssen geben würde, wenn ich in Neapel wäre? Während ich in Rom bin und auf dem Forum tätig bin, werden die Senatsbeschlüsse bei Caesar redigiert; und wenn es ihm in den Sinn kommt, wird mein Name als Zeuge der Abfassung darunter gesetzt, und ich höre früher, daß ein Senatsbeschluß nach Armenien und Syrien gelangt ist, der auf meinen Antrag gefaßt sein soll, als ich erfahre, daß von dem Gegenstand überhaupt irgendwie die Rede gewesen ist. Glaube ja nicht, daß ich scherze; wisse vielmehr, daß ich schon Dankbriefe von Königen am Ende der Welt erhalten habe, weil ich für sie den Königstitel beantragt hätte, während ich nicht nur nichts davon wußte, daß sie diesen Titel erhalten haben, sondern daß sie überhaupt auf der Welt wären"[3]) So kehrt er denn alsbald wieder zu seinem alten Vorsatz zurück, auf alle politische Tätigkeit zu verzichten und in philosophischen Studien Zuflucht zu suchen. Bis Caesar nach Spanien abging, mußte er allerdings in Rom bleiben und

---

[1]) Vgl. Ciceros Brief an Cornificius XII 18 oben S. 387, 3.

[2]) Dio 43, 27 οὔτ' ἰδιογνωμῶν οὔτ' ἰδιοβουλῶν ἔπραττεν (die Gesetzgebung), ἀλλὰ πάντα δὴ πάντως τοῖς πρώτοις τῆς βουλῆς. ἔστι δ' ὅτε καὶ πάσῃ αὐτῇ ἐπεκοίνου.

[3]) fam. IX 15.

hat hier unter andrem am 26. November (24. September) „die
ganzen Demütigungen und Mühsale auf sich genommen, die es
kostet, zu Caesar zu gelangen", um sich bei ihm für Ligarius zu
verwenden[1]), und kurz darauf auf dem Markt vor Caesars Richterstuhl die Rede für diesen gehalten, die seine Begnadigung erwirkte[2]). Sobald aber Caesar Rom verlassen hatte, zog er sich
auf seine Güter zurück; zum Werkzeug der neuen Monarchie,
wie Caesar gehofft haben mochte, wollte er sich nicht hergeben.

Inzwischen hat Caesar sich in der Tat, wenn auch in ganz
andrem Sinne, mit der vollen Energie seiner Persönlichkeit der
von Cicero bezeichneten Aufgabe zugewandt. In den rund fünf
Monaten, die er im Jahre 46 in Rom verweilte — von Ende
Juli (Ende Mai) bis zum Anfang des Intercalaris posterior (Anfang November) —, hat er neben den zahlreichen daneben sich
drängenden Geschäften, den Festfeiern und Bauten und der Vorbereitung des spanischen Feldzugs, ähnlich wie Napoleon nach
dem Staatsstreich des 18. Brumaire, eine ganz intensive Tätigkeit auf dem Gebiet der Verwaltung und vor allem der Gesetzgebung entwickelt, deren Umfang geradezu in Erstaunen setzt
und von seiner Arbeitskraft wie von der Raschheit und Sicherheit seiner Entschlüsse den höchsten Begriff gibt; sie steht in
dieser Beziehung seinen Leistungen als Feldherr völlig ebenbürtig
zur Seite, wie man auch sonst über ihren inneren Wert denken mag.

---

[1]) fam. VI 14.
[2]) Über den Prozeß des Ligarius hat Plutarch Cic. 39 die hübsche
Überlieferung bewahrt, Caesar habe gesagt: „Was steht im Wege, einmal nach langer Zeit wieder Cicero reden zu hören, da ja das Urteil
seit langem feststeht, daß Ligarius ein Bösewicht und Feind ist?";
dann aber habe die Rede, die mit großem Geschick die Tatsachen der
Anklage zugibt, wenn sie auch sie abzuschwächen sucht, und sich ganz
an Caesars überall bezeigte Milde wendet und wie bei Marcellus um
Gnade bittet, ihn aufs tiefste getroffen und die Begnadigung erzwungen.
Über die große Wirkung der durch Atticus publizierten Ligariana, die
Balbus und Oppius an Caesar nach Spanien schicken, weil sie ihnen
mirifice gefällt, s. Att. XIII 12, 2. 19, 2. 20, 2 (ferner für eine nachträgliche Korrektur zu § 33, die in die handschriftliche Überlieferung
nicht aufgenommen ist, Att. XIII 44, 3).

Hierher gehören schon die Landanweisungen an die entlassenen Veteranen, die zu den überreichen ihnen ausgezahlten Geldsummen hinzukamen; entsprechend dem seit Marius' Heerreform der Republik aufgezwungenen und auch vom Principat des Augustus festgehaltenen Grundsatz, der dem Staat schon so viele schwere Krisen gebracht hatte und noch bringen sollte, sollten die ausgedienten Soldaten in Bauern umgewandelt und so zugleich der verfallenen italischen Landwirtschaft wieder aufgeholfen werden. Formell halten sich die neuen Landanweisungen im Rahmen der von Caesar als Consul erlassenen Ackergesetze. Eingriffe in die Besitzverhältnisse wurden, wie bei der Schuldenregulierung, nach Möglichkeit vermieden; statt einzelne Gemeinden herauszugreifen und die bisherigen Besitzer mit oder ohne Entschädigung aus ihrem Besitz zu vertreiben, wie es Sulla getan hatte und nachher in noch weit brutalerer Weise die Triumvirn vorgingen, verteilte er die Ansiedler über ganz Italien und ließ überall außer dem Staatsland[1]) und den ihm selbst gehörenden Besitzungen nur solche Bezirke der Feldmark für die Assignationen einziehn und aufkaufen, die entweder brach lagen oder doch von den Eigentümern ohne schwere Schädigung hergegeben werden konnten. Das entspricht Sallusts Vorschlägen; dadurch wurde zugleich erreicht, daß die Veteranen in die bestehenden Gemeinden eingegliedert wurden und keine geschlossenen Ansiedlungen bildeten, die dem Staat hätten gefährlich werden können[2]). Die beiden Motive sind im Grunde

---

[1]) Auch Tempelgut wurde zu dem Zwecke verkauft, Dio 43, 47, 4. vgl. Brutus' Rede bei Appian II 140, 586: Sulla und Caesar τὴν ᾽Ιταλίαν πολέμου νόμῳ καὶ λῃστηρίου νόμῳ τήν τε γῆν ἀφῃροῦντο καὶ οἰκίας καὶ τάφους καὶ ἱερά. Bei der Ansiedlung von Kolonisten in Capua werden wenige Monate vor Caesars Ermordung *vetustissima sepulcra* zerstört: Sueton Caes. 82. Die *lex Iulia* über die Landanweisungen an die Veteranen erwähnt auch Cic. Phil. V 53.

[2]) Sueton Caes. 38 *adsignavit (veteranis) et agros, sed non continuos, ne quis possessorum expelleretur.* Appian II 94. in der Rede an die Soldaten bei dem Militäraufstand im Herbst 47: δώσω δὲ καὶ γῆν ἅπασιν ἐκτελεσθέντων τῶν πολέμων, οὐ καθάπερ Σύλλας ἀφαιρούμενος ἑτέρων ἣν ἔχουσι καὶ τοῖς ἀφαιρεθεῖσι τοὺς λαβόντας συνοικίζων καὶ τῶν

identisch[1]); es handelt sich um die Überführung in die geordneten Verhältnisse des neuen Staatsbaus unter möglichster Schonung der bestehenden Rechtsordnung. So wurden denn auch die sullanischen Landanweisungen und Verkäufe ausdrücklich als gültig anerkannt, um nicht durch ihre Einziehung bei einer zukünftigen Umwälzung auch die Caesars zu gefährden[2]). Die Bestimmung des Gesetzes vom Jahre 59, daß das zugewiesene Land zwanzig Jahre lang nicht veräußert werden darf (S. 61), gilt auch für die neuen Assignationen[3]). Mit der Ausführung beauftragte Caesar Kommissare, die wie ehemals die Adjutanten des Pompejus und seine mit selbständigem Kommando betrauten Generäle den Titel *legati pro praetore*[4]) und in der Entscheidung der Einzelfragen innerhalb der ihnen von Caesar zugewiesenen Kompetenz recht bedeutende Machtbefugnisse erhielten, wenn auch der Herrscher jederzeit mit einem entscheidenden Wort eingreifen konnte[5]). Die grund-

---

ἀλλήλοις ἐς ἀεὶ πολεμίους, ἀλλὰ τὴν τοῦ δήμου γῆν ἐπινέμων καὶ τὴν ἐμαυτοῦ, καὶ τὰ δέοντα προςωνούμενος. Ebenso Dio 42, 54, der die Ausführung ungenau gleich an den Militäraufstand anschließt: χώραν ἔκ τε τῆς δημοσίας καὶ ἐκ τῆς ἑαυτοῦ δὴ πᾶσί σφισιν ἔνειμεν, ἄλλους ἄλλῃ καὶ πάνυ πόρρω ἀπ' ἀλλήλων ἀπαρτήσας, ὥστε μήτε τοῖς ὁμοχώροις σφᾶς φοβεροὺς μήτ' πρὸς νεωτερισμὸν ἑτοίμους, καθ' ἓν πού συνοικοῦντας, γενέσθαι.

[1]) Das hat z. B. DRUMANN III[2] 554 verkannt, wenn er als Motiv der Maßregel anführt: „weniger, weil man sonst Grundbesitzer hätte verdrängen müssen, wie Sueton glaubt, als um die neuen zu trennen und Meutereien zu verhüten."

[2]) Cic. fam. XIII 8, 2.

[3]) Appian III 2, 5. 7. 24. Nach Caesars Ermordung wird sie von den Praetoren Cassius und Brutus aufgehoben.

[4]) So im Jahre 45 Q. Valerius Orca Cic. fam. XIII 4. 5.

[5]) fam. XIII 7 schreibt Cicero an den Ackerkommissar Cluvius, bei dem er sich für die Erhaltung der einträglichen Güter verwendet, welche die campanische Gemeinde Atella in Gallia cisalpina besaß: *non sum nescius et quae temporum ratio et quae tua potestas sit, tibique negotium datum esse a C. Caesare, non iudicium, praeclare intellego;* aber Cluvius hat ähnliche Bitten von Regium berücksichtigt, und im übrigen hofft Cicero, *C. Caesari nos causam municipii probaturos.* In ähnlicher Weise verwendet er sich XIII 4 und 5 bei Orca für Volaterrae und für den dort liegenden Besitz des C. Curtius, den Caesar in

legenden Anordnungen hat Caesar wahrscheinlich schon im Herbst 47 erlassen[1]); nach seiner Rückkehr aus Afrika finden wir Ende August 46, noch vor den Triumphen, die Kommissare in voller Tätigkeit und unter andrem mit der Vermessung der Feldmark von Veji[2]) und Capena beschäftigt; Cicero ist nicht ohne Sorge, daß man ihm auch sein Landgut bei Tusculum nehmen könnte[3]). Diese Tätigkeit hat sich in den beiden folgenden Jahren ununterbrochen weiter fortgesetzt[4]) und war auch bei seiner Ermordung noch bei weitem nicht abgeschlossen, zumal natürlich nach dem spanischen Feldzug noch wieder neue Veteranen hinzukamen[5]). So wurden die Mannschaften der siebenten und achten Legion in Campanien angesiedelt, speziell in Casilinum und Calatia[6]). Vielfache Härten waren bei der Ausführung unvermeidlich; aber im allgemeinen scheint wirklich außerordentlich schonend verfahren zu sein.

---

den Senat aufgenommen hat, und XIII 8 bei M. Rutilius für ein Gut des Senators C. Albinius unter Hinweis auf die Momente, aus denen sich eine dem Gesuche günstige Auffassung Caesars erschließen läßt.

[1]) Vgl. Dio und Appian S. 413, 2.
[2]) Vgl. S. 66, 2.
[3]) fam. IX 17 an Paetus.
[4]) Vgl. Cic. ad fam. XIII 4—8 (oben S. 414. 5) aus dem Jahre 45.
[5]) Appian civ. II 119, 501: Nach Caesars Ermordung fürchten die Mörder die zahlreichen Veteranen in Rom, τοὺς μὲν ἄρτι τῆς στρατείας ἀφειμένους καὶ ἐς κληρουχίας διατεταγμένους, τοὺς δὲ προαπῳκισμένους μέν, ἐς δὲ παραπομπὴν τοῦ Καίσαρος ἐξιόντος ἀφιγμένους. Vgl. c. 120, 507, wonach τὸ πλῆθος τῶν ἀποστρατευομένων versammelt ist κοινῇ ἐς κληρουχίας οἴκους ἀλλοτρίας τε γῆς καὶ ἀλλοτρίων οἴκων ἐξιόν; ferner Antonius' Rede im Senat 133, 557 und Brutus' Rede an das Volk c. 140 f., worin er den Veteranen die Erhaltung ihres zugewiesenen Besitzes zusichert und zugleich den früheren Besitzern eine Entschädigung aus der Staatskasse verheißt (vgl. III 2, 5). Am 17. März ist derselbe auch durch einen besonderen Senatsbeschluß, neben der Bestätigung der *Acta Caesaris*, garantiert worden, c. 135, 565, vgl. Dio 44, 34. Cic. Phil. I 6.
[6]) Nic. Dam. Caes. 31. und dazu Cic. Att. XVI 8. Phil. II 102. Appian III 40. Vellejus II 61. Ferner gehört hierher die Angabe im *Liber coloniarum* Röm. Feldmesser p. 239: *Volturnum, muro ductum, colonia iussu imp. Caesaris deducta.* Vgl. weiter oben S. 64 sowie S. 413, 1.

Wenn Caesar die Ansprüche der Soldaten in weitgehendstem Umfang, noch über die gegebenen Versprechungen hinaus, befriedigte, so war er nicht gewillt, ihnen irgendwelche Unbotmäßigkeit nachzusehn, sondern hielt die Disziplin unerbittlich aufrecht[1]). Auch bei dem Militäraufstand von 49 hat er die Rädelsführer der neunten Legion dezimieren und zwölf von ihnen hinrichten lassen; und bei dem Aufstand von 47 sorgte er, trotz der offiziellen Begnadigung, dafür, daß die Schuldigsten nachträglich den Untergang fanden. Als jetzt infolge der ununterbrochenen Festlichkeiten und der bei ihnen getriebenen Verschwendung, die die Begehrlichkeit reizte, in der Hauptstadt Soldatenunruhen ausbrachen, ist Caesar energisch eingeschritten: einen der Rädelsführer hat er mit eigener Hand gepackt und dem Henker übergeben, zwei andre wurden auf dem Marsfeld unter Assistenz der Pontifices und des Flamen Martialis in sakralen Formen nach dem widerlichen Ritus der Opferung des Oktoberrosses geschlachtet, ihre Häupter an der Regia, dem Hause des Pontifex maximus, in dem Caesar wohnte, aufgesteckt[2]). Die Zeremonie war als Sühneritus gedacht; als Wiederbelebung und Steigerung alter abergläubischer Bräuche ist sie ein Gegenstück zu der ostentativen Ersteigung des Capitols auf den Knien (oben S. 388), und erscheint um so häßlicher, da Caesar in Wirklichkeit aller Religion völlig kühl gegenüberstand und sie nur als ein Werkzeug für politische Zwecke betrachtete.

Wie Caesar die Soldaten im Zaum hielt, hat er auch der hauptstädtischen Bevölkerung, nachdem sie in den Triumphgeschenken und den anschließenden Festen ihren reich bemessenen Anteil an der Beute erhalten hatte, die Zügel angelegt. Er ermittelte zunächst den Bestand der Einwohnerschaft Roms durch Hauslisten, welche die Eigentümer der Mietshäuser auszufüllen hatten, und reduzierte dann die Zahl der Getreideempfänger, die seit den Maßnahmen des Pompejus für die Ge-

---

[1]) *delicta (militum) neque observabat omnia neque pro modo exsequebatur; sed desertorum ac seditiosorum et inquisitor et punitor acerrimus, connivebat in ceteris*, Sueton Caes. 67.

[2]) Dio 43, 24.

treideversorgung Roms gewaltig, bis auf 320 000 Köpfe, angewachsen war, auf 150 000 feste Stellen, weniger als die Hälfte; die durch Todesfall freigewordenen Stellen wurden fortan alljährlich durch einen Praetor[1]) unter die Aspiranten verlost[2]). Seit dem Jahre 44 wurden für die Getreideverteilung zwei neue plebejische Aedilen, die Aediles Ceriales, bestellt[3]). Dadurch wurde die bisherige Verpflegung der in die Hauptstadt sich zusammendrängenden erwerbslosen Bevölkerung auf Staatskosten in eine geregelte Armenversorgung umgewandelt. Für die Ausscheidenden war eine Versorgung durch Land in den Kolonien in Aussicht genommen (unten S. 495). Zugleich hob Caesar die von Clodius im Jahre 58 geschaffenen Vereine auf, in denen unter der Form religiös-sozialer Genossenschaften ganz wie in den amerikanischen Großstädten die gesamte hauptstädtische Bevölkerung organisiert war und den Drahtziehern des politischen Getriebes für ihre persönlichen Zwecke willenlos und dienstbereit zur Verfügung stand, dort in Amerika für die Beherrschung der Wahlen, in Rom zugleich für die Aufrechterhaltung der permanenten Anarchie mit ihren Straßenschlachten und der Terrorisierung des Senats und der Volksversammlungen. Solange Caesar zur Macht emporstrebte, hatte er dieses Treiben eifrig gefördert — wahrlich nicht, weil er „sogar jetzt noch den großartigen Traum eines freien Gemeinwesens im Sinne trug"[4]) —, und im Jahre 47

---

[1]) Wie Asconius in Cornel. p. 59 lehrt, wurden Praetoren schon früher (im Jahre 66) zur *publici frumenti cura* herangezogen.

[2]) Sueton Caes. 41. Dio 43, 21, 4. Vgl. *lex Iulia municipalis* cp. 6. Bei Livius epit. 115 *recensum egit, quo censa sunt civium capita CL* erscheint die Maßregel durch kurze Fassung der Epitome in schiefer Beleuchtung. und die Quelle Appians II 102, 425 und Plutarchs Caes. 55 hat daraus in der Tat einen Rückgang der Bevölkerung auf die Hälfte durch den Bürgerkrieg gemacht. eine Auffassung, die auch Dio 43, 25 vertritt: ἐπειδὴ δεινὴ ὀλιγανθρωπία διὰ τὸ τῶν ἀπολωλότων πλῆθος, ὡς ἔκ τε τῶν ἀπογραφῶν (καὶ γὰρ ἐκείνας τά τε ἄλλα ὥσπερ τις τιμητής ἐποίησε) καὶ ἐκ τῆς ὄψεως αὐτῆς ἠλέγχετο, ἣν, πολυπαιδίας ἆθλα ἐπέθηκεν, im Widerspruch mit seiner eigenen Angabe 43, 21, die den Vorgang richtig darstellt.

[3]) Dio 43, 51, 3. Pomponius Dig. I 2, 2, 32.

[4]) Mommsen, Röm. Gesch. III⁷ 333.

hatte die Anarchie unter Dolabella noch einmal ihre Orgien feiern
können; jetzt, wo er Monarch geworden war, machte er dem
Unfug energisch ein Ende. Alle derartigen Vereine, mit Ausnahme der altüberlieferten Zünfte, wurden aufgehoben[1]), Zu-
sammenrottungen des Pöbels nicht mehr geduldet, religiöse Kultvereine durch ein Edikt verboten[2]).

Aber nicht nur mit den extremen Tendenzen der Anarchie
hat Caesar aufgeräumt, sondern überhaupt das demokratische
Programm, in dessen Namen er in den Bürgerkrieg gezogen war,
als Herrscher vollständig verleugnet. Caesars Monarchie ist
ebensowenig wie das Principat des Augustus eine Erfüllung der
Ideale der Gracchen, wie MOMMSEN meint, sei es auch nur in
abgeschwächter Gestalt, sondern vielmehr ihr diametrales Gegenteil. Beide Staatsmänner betrachteten die Massen als völlig
unfähig zur Teilnahme sowohl am Regiment — das hat auch
Sallust anerkannt — wie an der Verwaltung eines lebenskräftigen Staats; nur die oberen, durch ein großes Vermögen von
der Menge abgesonderten Stände erschienen ihnen dazu befähigt.
Schon in der Regulierung der Schuldennot tritt die Rücksicht
hervor, die Caesar auf diese genommen hat. Nicht eine Aufhebung der Macht des Geldes, wie Sallust forderte, sondern eine
Steigerung seiner Bedeutung, eine unverhüllte Plutokratie, die
den Mantel demokratischer Phrasen, mit dem sie sich bisher
deckte, abgeworfen hat, ist das Ergebnis seiner Staatsgestaltung wie der des Augustus. Nichts ist dafür bezeichnender,
als daß er bei der Besetzung der Richterstellen nicht etwa, wie
Sallust gefordert hatte, den dritten Stand in weiterem Umfang

---

[1]) *cuncta collegia praeter antiquitus constituta distraxit*, Sueton
Caes. 42.

[2]) Erlaß des Proconsuls von Asia (der Eingang der Urkunde ist bekanntlich corrupt überliefert) an die Gemeinde Parion bei Jos. Ant.
XIV 10, 8, 215. der den Juden ihre Kultversammlungen und Kultmahle
gestattet: καὶ γὰρ Γάιος Καῖσαρ ὁ ἡμέτερος στρατηγὸς ὕπατος ἐν τῷ δια-
τάγματι κωλύων θιάσους συνάγεσθαι κατὰ πόλιν μόνους τούτους
οὐκ ἐκώλυσεν οὔτε χρήματα συνεισφέρειν οὔτε σύνδειπνα ποιεῖν. ὁμοίως δὲ
κἀγὼ τοὺς ἄλλους θιάσους κωλύων τούτοις μόνοις ἐπιτρέπω κτλ.

heranzog, sondern im Gegenteil seinen Vertretern, den Aerartribunen, die ihnen seit dem Jahre 70 gewährte Beteiligung durch ein Centuriatgesetz nehmen und die drei Richterdecurien lediglich durch Männer vom Senatoren- und Rittercensus besetzen ließ[1]). Diese Ordnung hat bekanntlich Augustus beibehalten, nur daß dieser, weil die Senatoren und Ritter für die Bedürfnisse nicht ausreichten, für leichtere Zivilprozesse noch eine vierte Decurie bildete, für die nur der halbe Rittercensus (200 000 Sestertien) gefordert wurde[2]).

Daß die Caesar übertragene Dictatur ebenso wie die Sullas und wie später die Amtsgewalt der Triumvirn ausdrücklich mit der gesetzgebenden Gewalt, *reipublicae constituendae*, ausgestattet war, ist zwar nicht ausdrücklich überliefert, aber kaum zu bezweifeln[3]); trotzdem hat er, wie Sulla, alle gesetzlichen Anordnungen auf legitimem Wege, unter Beobachtung des Trinundinums, durch die Comitien annehmen lassen, und zwar vom Populus durch die Centurien, nicht von der Plebs durch die Tribus, um ihnen dauernde und unanfechtbare Gültigkeit zu

---

[1]) Dio 43, 23 τὰ δικαστήρια τοῖς τε βουλευταῖς καὶ τοῖς ἱππεῦσι μόνοις ἐπέτρεψεν, ὅπως τὸ καθαρώτατον ὅτι μάλιστα ἀεὶ δικάζοι· πρότερον γὰρ καὶ ἐκ τοῦ ὁμίλου τινὲς συνδιεγίγνωσκον αὐτοῖς. Sueton Caes. 41 *iudicia ad duo genera iudicum redegit, equestris ordinis ac senatorii; tribunos aerarios, quod erat tertium, sustulit.* Cic. Phil. I 19 f. 24, wonach Caesar das Gesetz *ad populum centuriatis comitiis tulit*. Antonius will auf Grund einer angeblichen Verfügung in Caesars Nachlaß in der dritten Decurie auch Centurionen zulassen, und zwar ohne Census; dagegen wendet Cicero ein, daß der Nachweis des Census auch vom Richter gefordert war, umgekehrt aber die Richterstelle auch den Centurionen offen stand, wenn sie das entsprechende Vermögen besaßen; jetzt aber verlange Antonius, *ut et res in tertia decuria iudicent, qui libere iudicare non audeant.*

[2]) Sueton Aug. 32; dafür hat er im Jahre 4 v. Chr. in Italien einen Census derer, die dies Vermögen besaßen, aufgenommen (Dio 55, 13, 4).

[3]) In den capitolinischen Fasten ist die rechte Seite der Tafel, welche den betreffenden Zusatz enthielt, verloren; aber genauere Bestimmungen über die Kompetenz können den Gesetzen, auf die Caesars Ernennung begründet war, nicht gefehlt haben. Vgl. MOMMSEN, Staatsrecht II 684.

verleihen¹). Weiter war ihm nach dem Siege von Thapsus (oben
S. 385) neben der, in ihren äußeren Ehren noch weiter gesteigerten,
dritten Dictatur zwar nicht die Censur, wohl aber die Zusammenfassung der censorischen Machtbefugnisse unter dem Titel der
Aufsicht über die Sitten (cura morum) und damit die Kontrolle
über die Lebensführung eines jeden Bürgers und das Recht des
Eingriffs in sein Privatleben auf drei Jahre zuerkannt worden²);
und auch von diesem Recht hat er sogleich umfassenden Gebrauch gemacht. Vor allem wurde der bis zum Übermaß entwickelte Tafelluxus der vornehmen Herrn stark eingeschränkt
und durch ein Aufwandgesetz genau festgesetzt, wieviel fortan
für eine Mahlzeit ausgegeben werden dürfe; Polizeibeamte kon-
trollierten die Delikatessenläden, von Soldaten begleitete Lictoren
inspizierten die Küchen, um die über die erlaubte Grenze hinaus-
gehenden Gerichte zu konfiszieren³). Ein andres Gesetz schränkte

---

¹) Cic. Phil. I 17 ff. 24. 25.
²) Dio 43, 14 τῶν τε τρόπων τῶν ἑκάστου ἐπιστάτην (οὕτω γάρ πως
ὠνομάσθη ὥσπερ οὐκ ἀξίας αὐτοῦ τῆς τοῦ τιμητοῦ προσρήσεως οὔσης) ἐς τρία
αὐτὸν ἔτη καὶ δικτάτωρα ἐς δέκα ἐφεξῆς εἵλοντο. Sueton c. 76 erwähnt in
seiner Liste der *honores* Caesars auch *praefecturam morum*. MOMMSEN,
Staatsrecht II 685 hat die Zuverlässigkeit der Angabe bestritten, obwohl
sie durch das gleichzeitige Zeugnis Ciceros fam. IX 15, *noster hic
praefectus moribus* aufs beste bestätigt wird: das Amt des kon-
stituierenden Dictators lasse „für eine zweite Ausnahmestellung neben
sich keinen Raum". Darin tritt, wie so häufig bei MOMMSEN, der Doktrinarismus der juristischen Begriffsbildung hervor, der den in einer
Institution liegenden Gedanken bis in seine äußersten Konsequenzen
verfolgt, ein Verfahren, das gerade auf staatsrechtlichem Gebiete am
wenigsten zulässig ist und notwendig zu Mißgriffen führen muß. Daß
dem Augustus in den Jahren 19, 18 und 11 dasselbe Amt angeboten
wurde, erfordert geradezu das Praecedens aus caesarischer Zeit; παρὰ
τὰ πάτρια ἔθη war es natürlich trotzdem, so gut wie die sullanische und
caesarische Dictatur, und wurde daher ebenso wie diese von Augustus
abgelehnt.
³) Dio 43, 25 τὰ ἀναλώματα τῶν τε ἐχόντων ἐπὶ πλεῖστον ὑπ' ἀσωτίας
ἐξηγμένα οὐκ ἐν νόμῳ μόνον ἐμετρίασεν, ἀλλὰ καὶ τῷ ἔργῳ ἰσχυρῶς ἐν φυλακῇ
ἐποιήσατο. Sueton Caes. 43 *legem praecipue sumptuariam exercuit,
dispositis circa macellum custodibus, qui obsonia contra vetitum
retinerent deportarentque ad se, submissis nonnunquam lictoribus*

den Bauluxus ein und legte eine Steuer auf die Verwendung von Säulen und auf üppige Grabmäler: für den Betrag, der die erlaubte Grenze überschritt, war die gleiche Summe an die Staatskasse zu zahlen[1]). Weiter wurde der Gebrauch von Sänften und der Kleiderluxus, der Schmuck mit Perlen und Muscheln stark beschnitten und unverheirateten und kinderlosen Frauen unter 45 Jahren überhaupt verboten[2]).

Mit diesen Gesetzen hat Caesar den Weg eingeschlagen, vor dem Sallust ihn gewarnt hatte; und der Erfolg ist denn auch gewesen, daß sie wirkungslos blieben: nachdem der erste Eifer verrauscht und der Sittenmeister nach Spanien gegangen war, schliefen die Zwangsmaßregeln ein[3]). Dies Ergebnis war unvermeidlich und von Sallust vorausgesehn; es war der Grundirrtum der antiken Theorie, der in weitem Umfang auch die Praxis beherrschte, man könne durch eine richtig gedachte und konsequent durchgeführte Gesetzgebung eine radikale Umwandlung der geschichtlich entwickelten Lebensformen erzwingen und so den

---

atque militibus, qui, si qua custodes fefellissent, iam adposita e tricliniis auferrent. Von dieser *lex sumptuaria* ist in Ciceros Korrespondenz seit dem Herbst 46 mehrfach die Rede: fam. IX 15, 5. 26, 4. Att. XII 7, 1; Cicero versichert, daß er für seine Mahlzeiten, auch wenn er Gäste habe, weit weniger ausgebe, als das Gesetz, *si ulla nunc lex est* (IX 26, 4), gestatte.

[1]) Cic. Att. XIII 6, 1 (bei den für Tullia im Frühjahr 45 geplanten Bauten): *Columnarium* (die Säulensteuer) *vide ne nullum debeamus; quamquam mihi videor audisse a Camillo, commutatam esse legem.* XII 35, 2 *antequam a te proxime discessi, numquam mihi venit in mentem, quo plus insumptum in monumentum esset quam nescio quid, quod lege conceditur, tantumdem populo dandum esse;* vgl. 36, 1 *sepulcri similitudinem effugere non tam propter poenam legis studeo* cet.

[2]) Sueton Caes. 43 *lecticarum usum, item conchyliatae vestis et margaritarum, nisi certis personis et aetatibus perque certos dies, ademit.* Hieron. chron. ao 46: *prohibitae lecticis margaritisque uti, quae nec viros nec liberos haberent et minores essent annis XLV.*

[3]) Anfang Juni 45 schreibt Cicero an Atticus XIII 7, er erfahre, Caesar wolle nach der Rückkehr aus Spanien in Rom bleiben, *ne se absente leges suae neglegerentur, sicut esset neglecta sumptuaria.*

Charakter eines Gemeinwesens von Grund aus umwandeln. Diese Auffassung, die auch Caesars Gesetzgebung beherrschte, ist, das muß stark betont werden, durchaus aristokratisch: das unerreichte Muster, dem man nacheiferte, war das Sparta der Lykurglegende, und in Rom hat die Aristokratie seit des alten Catos Zeiten ein Luxus- und Speisegesetz nach dem andern erlassen. An sie reiht Caesar sich an; so unangenehm seine Gesetze die einzelnen vornehmen Herrn treffen mochten, die Tendenz ist die Hebung der höheren Stände, der *ordines* des Senats und der Ritterschaft.

Der gleichen Absicht diente der Versuch, den seit der Mitte des zweiten Jahrhunderts nicht nur zum Stillstand gekommenen, sondern ständig zurückgehenden Bestand der bürgerlichen Bevölkerung durch Prämien für Kinderreichtum zu heben[1]), wie er schon als Consul die Ackeranweisungen in Campanien nur für Bürger bestimmt hatte, die drei Kinder hatten (S. 64). Über die jetzt erlassenen Bestimmungen erfahren wir nichts Genaueres; aber es ist klar, daß diese Maßregel ebenso wie die weit umfassenderen des Augustus nur auf die oberen Stände berechnet sein konnte. Wirkungsvoller war, daß kein Bürger, der nicht im Militärdienst stand, vom 20. bis zum 40. Jahre länger als drei Jahre von Italien abwesend sein dürfe, und daß den Senatorensöhnen, wenn sie nicht dem Gefolge eines Beamten angehörten, überhaupt verboten wurde, Italien zu verlassen[2]). Davon, daß Caesar, wie später Augustus, auch die Ritterschaft weiter hätte kräftigen und für die Zwecke der Reichsverwaltung über ihren Dienst als Richter hinaus organisieren wollen, findet sich in der Überlieferung nichts; denn daß er bei seinen Festspielen auch die ritterliche Jugend im Trojaspiel paradieren ließ, wie früher Sulla[3]), besagt dafür nichts. Wohl aber suchte er dem weiteren Anwachsen der Sklavenschaft entgegenzuwirken: er bestimmte, daß von den in der Weidewirtschaft des Großgrundbesitzes beschäftigten Hirten mindestens ein Drittel Freigeborene, und zwar

---

[1]) Dio 43, 25, 3 πολυπαιδίας ἆθλα ἐπέθηκεν.
[2]) Sueton Caes. 42.
[3]) Dio 43, 23, 6. Sueton 39.

erwachsene Männer, sein müßten[1]). Wie weit sich diese Anordnung hat wirklich erzwingen lassen, vermögen wir nicht zu erkennen.

Daran schließt weiter eine Reihe tief einschneidender Kriminalgesetze[2]), *de vi* und *de maiestate*, welche die Strafen verschärften und unter andrem, um den Unfug einzuschränken, daß die Schuldigen freiwillig ins Exil gehn und hier ihr Vermögen ungestört genießen konnten, bestimmten, daß beim Nächstenmord *(parricidium)* das gesamte Vermögen, in andern Fällen die Hälfte eingezogen wurde[3]). Die Provocation an das Volk gegen den Spruch der Geschworenen blieb auch fernerhin ausgeschlossen, wie es dem Wesen der Quaestionengerichte entsprach, in denen die Geschworenen Vertreter des Volks, nicht etwa Beamte sind, und wie es auch Sulla bestimmt hatte.

Auch persönlich hat Caesar, ebenso wie später die Kaiser, eifrig an der Rechtsprechung teilgenommen[4]), auf Grund der

---

[1]) Sueton 42 *neve ii, qui pecuariam facerent, minus tertia parte puberum ingenuorum inter pastores haberent*.

[2]) In der Polemik gegen Antonius, der durch die aus Caesars Nachlaß, aus seinen *chirographa*, vorgebrachten Gesetze die wirklichen *leges Caesaris* aufhob, Phil. I 16 ff., erwähnt Cicero unter den *leges multae et praeclarae* außer dem über die Provinzialstatthalter auch *omnes iudiciariae leges Caesaris*, darunter das über die Gerichtsverfassung (§§ 19 und 24, oben S. 76) und § 22 die *leges Caesaris, quae iubent ei, qui de vi, itemque ei, qui maiestatis damnatus sit, aqua et igni interdici*; dadurch daß Antonius jetzt hier die Provocation an das Volk freigeben will, *acta Caesaris rescinduntur* (vgl. § 21). Wie weit im einzelnen die später geltenden Rechtssätze auf Caesar, wie weit auf Augustus zurückgehn, ist bekanntlich ganz unsicher: vgl. MOMMSEN, Strafrecht 128 f.

[3]) Sueton Caes. 42 *poenas facinorum auxit; et cum locupletes eo facilius scelere se obligarent, quod integris patrimoniis exulabant, parricidas, ut Cicero scribit* (die Stelle ist nicht erhalten), *bonis omnibus, reliquos dimidia parte multavit*. MOMMSEN, Strafrecht 1009, bezieht darauf wohl mit Recht Ciceros Bemerkung ad Brut. I 15, 11, daß die gerichtliche Verurteilung die Einziehung des Vermögens zur Folge habe [das Zitat ist bei MOMMSEN verschrieben].

[4]) Sueton 43 *ius laboriosisisme ac severissime dixit*.

magistratischen Allgewalt, die dem Dictator zustand[1]), und durch sein Beispiel eine strenge Durchführung der Gesetze zu fördern gesucht. Die vollständige oder teilweise Restitution der in den letzten Jahren unter der Herrschaft des Pompejus wegen bürgerlicher Unruhen oder Wahlbestechung Verurteilten oder von den Censoren des Jahres 50 aus dem Senat Gestoßenen, die er aus politischen Gründen nach seinem Siege herbeiführte[2]), gehörte jetzt der Vergangenheit an und entsprach seinem Verhalten als Monarch in keiner Weise. Als Beispiele führt Sueton an, daß er die wegen Repetunden Verurteilten auch aus dem Senat entfernte, und daß er die Ehe, die ein Mann praetorischen Ranges mit einer zwei Tage vorher geschiedenen Frau schloß, wieder auflöste, obwohl gegen sie kein weiterer Vorwurf vorlag[3]).

Wie man sieht, entspricht die Gesetzgebung Caesars vom Jahre 46 durchaus dem Programm, welches Cicero in der Marcellusrede aufstellte: *constituenda iudicia, revocanda fides, comprimendae libidines, propaganda suboles, omnia, quae dilapsa iam diffluxerunt, severis legibus vincienda sunt.* Die gleiche Tendenz der sittlichen Neukräftigung der höheren Stände und der Wiederbelebung der wirtschaftlich und sozial verfallenen italischen Nationalität liegt der gesamten Gesetzgebung des Augustus zugrunde, die daher in weitem Umfang die Gesetze Caesars wieder aufnimmt und weiter ausbildet. Nur um so stärker tritt der

---

[1]) Daneben stand ihm die ihm schon im Jahre 48 zugewiesene Entscheidung über das Schicksal der Besiegten zu, auf der der Prozeß des Ligarius beruht, und die Entscheidung über die ausländischen Vasallen, wie im Prozeß des Dejotarus.

[2]) Sueton 41 *nudatos opere censorio aut sententia iudicum de ambitu condemnatos restituit.* Dio 43, 27 ὅτι δὲ δὴ τῶν φευγόντων ἐκ δικαστηρίου πολλοὺς διὰ δημάρχων δή τινων κατήγαγε, καὶ ὅτι τοῖς δεκασμοῦ ἐπ' ἀρχῆς ἀποδείξει· ἁλοῦσιν ἐν τῇ Ἰταλίᾳ διαιτᾶσθαι ἐπέτρεψεν, ἔτι τε ἐς τὴν βουλὴν αὖθις οὐκ ἀξίους τινὰς αὐτῆς ἐγκατέλεξε, πολλὰ καὶ παντοδαπὰ ἐθρυλεῖτο. Vgl. oben S. 365.

[3]) Sueton 43. Daß bei Caesars Rechtsprechung Entscheidungen vorkamen, die als parteiisch angefochten wurden, war unvermeidlich; so Dio 43, 47, 4 εὐθυνομένους ἐπὶ δώροις τινὰς καὶ ἐξελεγχομένους γε ἀπέλυσεν, ὥστε καὶ αἰτίαν δωροδοκίας ἔχειν. Nachprüfen können wir natürlich nicht.

Unterschied hervor sowohl in der Behandlung der Verfassungsfragen, der Stellung des Herrschers wie des Senats, wie in der später zu besprechenden Stellung, welche dem römischen Volk innerhalb des Reichs zugedacht war.

Zu den besprochenen Gesetzen kommt, in Ergänzung des großen Repetundengesetzes aus seinem Consulat, eine Reihe weiterer über die Reichsverwaltung, vor allem die Ordnung der Statthalterschaften. Das Gesetz vom Jahre 52, welches ein fünfjähriges Intervall zwischen dem städtischen Amt und der Provinzverwaltung vorschrieb, konnte Caesar nicht anerkennen (vgl. S. 371), so verständig und heilsam es war — Augustus hat es bekanntlich wieder eingeführt —, weil es gegen ihn gerichtet war. Vor allem aber war es notwendig, zu verhindern, daß jemand nach dem von ihm selbst gegebenen Beispiel sich eine Provinz auf längere Zeit verschaffe und dadurch eine selbständige Macht gründe. So bestimmte das neue Gesetz, daß fortan die Consuln zwei Jahre, die Praetorier ein Jahr ihre Provinz verwalten sollten, eine Verlängerung der Amtsdauer aber niemals bewilligt werden dürfe[1]) — eine Bestimmung, die natürlich nichts genützt hat: bekanntlich haben nach Caesars Ermordung Antonius und Dolabella sich ihre Provinzen durch Volksbeschluß auf fünf Jahre übertragen lassen. Die Vergebung der Statthalterposten behielt, wie schon erwähnt, Caesar selbst in der Hand, statt nach republikanischer Ordnung das Los entscheiden zu lassen. Des weiteren gehört hierher die Wiedereinführung der im Jahre 60 aufgehobenen (S. 50) Zölle für die Einfuhr überseeischer Waren in Italien[2]), die bekannte Neuregulierung des Kalenders, für die im Herbst 46 zwischen November und Dezember zwei Schaltmonate eingelegt wurden[3]), und vor allem der Entwurf eines umfassenden Municipalgesetzes, das die Bestimmungen über Verfassung und Verwaltung der Bürgerstädte Italiens und des Reichs übersichtlich zusammenfaßte und modifizierte, aber auch

---

[1]) Dio 43, 25, 3. Cic. Phil. I 19, 24. III 38. V 7. VIII 28.
[2]) Sueton Caes. 43 *peregrinarum mercium portoria instituit*.
[3]) Sueton Caes. 40. Dio 43, 26 u. a.

die Regelung der kommunalen und Polizeiverwaltung von Rom
selbst enthielt, speziell die Bestimmungen über die Getreideverteilung, die Instandhaltung der Straßen und den Verkehr in der
Stadt, und so die Reichshauptstadt wenigstens in dieser Beziehung mit den übrigen Bürgerstädten auf gleiche Linie stellte[1]).
Auch hier tritt die Tendenz hervor, die Qualität der regierenden
Kreise zu heben. Die Stellung der Stadträte (*decuriones*) ist
lebenslänglich, wie die der Senatoren in Rom; aber nicht nur
wer wegen Verbrechen verurteilt ist oder sei es wegen Verarmung oder böswillig seine Schulden nicht zahlt, wer einen
schimpflichen Lebenswandel geführt hat, wer wegen militärischer
Vergehn aus dem Heere ausgestoßen ist u. ä., darf im Stadtrat
nicht sitzen, sondern ebensowenig, wer das einträgliche Gewerbe eines öffentlichen Ausrufers (Auktionators, *praeconium*)
oder des Leichenbestatters betreibt, so lange er diesem Beruf
angehört. Von Bewerbern über dreißig Jahren wird überdies
verlangt, daß sie nachweisen, daß sie drei Jahre oder als solche
gerechnete Jahrteile zu Pferde oder sechs Jahre zu Fuß in
einer Legion gedient haben, wenn sie nicht durch ein besonderes Privileg davon dispensiert sind. Mit der Ausarbeitung
dieses Gesetzes waren Caesars Vertrauensmänner beschäftigt,
während er in Spanien Krieg führte[2]); eingeführt ist es dann

---

[1]) Von der *lex Iulia municipalis* ist bekanntlich ein großes Bruchstück erhalten; zu Anfang haben vermutlich noch manche weitere Bestimmungen über die Verwaltung von Rom gestanden. Die Kontroverse über die Datierung des Gesetzes hat zuletzt G. MUTTELSEE, Unters. über die lex Iulia mun., Diss. Freiburg 1913, verständig besprochen.

[2]) Cicero schreibt an Lepta im Januar 45 fam. VI 18 *simul atque accepi a Selenco tuo litteras, statim quaesivi a Balbo per codicillos, quid esset in lege: rescripsit, eos qui facerent praeconium vetari esse in decurionibus, qui fuissent, non vetari.* Dazu stimmt das Gesetz § 23; andrerseits zeigt die Erwähnung des Quinctilis § 24, daß es nicht später fallen kann als ins Jahr 45. Cicero fügt die sehr bezeichnende Bemerkung hinzu, daß es doch ein Skandal gewesen wäre, wenn man die *qui aliquando praeconium fecissent*, in den Municipien nicht in den Rat lassen wollte, wo in Rom Leute, die noch jetzt die Eingeweideschau betreiben *(qui hodie haruspicinam facerent)*, in den Senat aufgenommen würden.

im Sommer 45. Auch die Pläne für eine umfassende Erweiterung der Stadt Rom, Verlegung des Tiberbetts an die Hügel im Westen, Bebauung des Marsfeldes und Ersetzung desselben durch den Campus Vaticanus, wurden damals bearbeitet, unter Heranziehung eines athenischen Architekten, und das betreffende Gesetz Anfang Juli 45, vor Caesars Rückkehr, promulgiert[1]). An seiner Annahme kann kein Zweifel sein; aber zur Ausführung ist es, wie so viele andre Pläne, nicht gekommen.

Rom während des spanischen Kriegs. Caesar und Cicero. Die Schriften über Cato

Neben der gesetzgeberischen Tätigkeit geht ununterbrochen die Reichsverwaltung einher, die ständig ein Eingreifen des Herrschers erforderte, so für das Heerwesen und für die Stellung der Vasallen und der abhängigen Gemeinden in Ost und West[2]).

Aus dieser angespannten Tätigkeit wurde Caesar durch die über Erwarten rasche Entwicklung herausgerissen, welche der Aufstand in Spanien unter Führung der Söhne des Pompejus nahm. Die Kräfte der dortigen Statthalter und Heere reichten für seine Bewältigung nicht aus[3]): so mußte Caesar sich ent-

---

[1]) Cic. Att. XIII 20 *de urbe augenda quid sit promulgatum, non intellexi: id sane scire velim.* Das weitere Detail 33, 4. wo Cicero vor einem dadurch betroffenen Ankauf gewarnt wird. *nam ista lex perferretur, volt enim Caesar*; 35, 1. Vgl. Sueton Caes. 44.

[2]) Genauere Kunde haben wir nur von den Verfügungen für die Juden s. unten S. 496. die sich durch seine ganze Regierung hinziehn: hier hat Josephus Ant. XIV 10 die Dokumente bewahrt; vgl. TÄUBLER, Imperium Romanum I 160 ff. Inschriftlich erhalten ist ein Erlaß an die Mytilenaeer aus dem Ende des Jahres 46: IG. XII 2, 35. DITTENBERGER, Sylloge³ II no. 764. Eine Verfügung über den Betrieb der Schleifsteingruben auf Kreta und den Export der Schleifsteine: Dig. XXXIX 4, 15.

[3]) Die Niederwerfung des schon seit Anfang des Jahres, vor der Schlacht bei Thapsus (Liv. epit. 114; nach Rom kam genauere Kunde davon erst im September = Juli), in Syrien ausgebrochenen Aufstandes des Caecilius Bassus überließ er dagegen den asiatischen Statthaltern, die freilich damit bis zu Caesars Ermordung nicht fertig wurden.

schließen, nachdem er etwas über fünf Monate in Rom verweilt hatte, zu Anfang des zweiten Schaltmonats (jul. November)[1]) selbst nach Spanien zu gehn, um ein Ende zu machen.

Vorher war es nötig, die Staatsleitung für die Zeit seiner Abwesenheit zu ordnen; und dabei trat der wahre Charakter der neuen Monarchie noch unverhüllter zutage. Caesar bekleidete damals außer der dritten, bis in den Frühling des Jahres 45 laufenden Jahresdictatur[2]) sein drittes Consulat; Lepidus stand ihm als Consul und Magister equitum zur Seite. Wahlen für die Ämter des nächsten Jahres ließ er überhaupt nicht vornehmen, abgesehn von den Tribunen und Aedilen der Plebs, deren Stellen nach alter, unverbrüchlicher Satzung rechtzeitig besetzt werden mußten; erst von Spanien aus[3]) gab er dem Lepidus die Weisung, Wahlcomitien zu berufen, in denen Caesar für 45 zum alleinigen Consul ernannt wurde[4]) — für diese Stellung mochte er sich auf das Vorbild des Pompejus im Jahre 52 be-

---

[1]) O. E. Schmidt, S. 422, setzt seinen Abgang aus Rom etwa auf den 5. November julianisch.

[2]) Völlig korrekt bezeichnet ihn daher, worauf Mommsen hingewiesen hat, das bellum Hispanicum als *dictator tertio, designatus dictator quarto*. Ebenso in der Inschrift von Mytilene JG. XII 2, 35 b Zl. 7 [Γάιος Ἰούλιος Καῖσαρ αὐτοκράτ]ωρ δικτάτωρ τρίτον, καθ[εστάμενος τὸ τέταρτον].

[3]) In Rom glaubte man zunächst, Caesar werde nach seinem Abgang noch Wahlen vornehmen lassen oder die Beamten selbst ernennen. *Scribe quaeso*, schreibt Cicero vom Tusculanum aus an Atticus XII 8 etwa um die Mitte des zweiten Intercalaris (O. E. Schmidt S. 261 ff.), *quid referat Celer* (der also von Caesar zurückkommt) *egisse Caesarem cum candidatis, utrum ipse in Fenicularium* (das „Fenchelfeld" in Nordspanien) *an in Martium Campum cogitet. et scire sane velim, numquid necesse sit comitiis esse Romae*.

[4]) Dio 43, 33 ἐδικτατόρευε δὲ δὴ τότε (als er in Spanien stand) καὶ ὕπατος ὀψέ ποτε καὶ ἐπ' ἐξόδῳ τοῦ ἔτους ἀπεδείχθη. τοῦ Λεπίδου ἐν τῇ ἱππαρχίᾳ τὸν δῆμον ἐς τοῦτο συναγαγόντος· ἱππάρχησε γὰρ καὶ τότε αὐτὸς ἐνιαυτόν, ἑαυτὸν ἐν τῇ ὑπατείᾳ ἐπειπὼν ἵππαρχον παρὰ τὰ πάτρια. Das letztere soll wohl besagen, daß er, obwohl er Consul war und als solcher die Comitien hätte berufen müssen, sich bei dem Akt als *mag. eq.* bezeichnete. Als *cos. sine conlega* für 45 erscheint Caesar auch in den Fasti Capitol., Amerini und Colotiani.

rufen. So war Rom, wie im Jahre 47, auch im Jahre 45 ohne regelrechte Beamte; wie damals Antonius, so blieb jetzt der Magister equitum Lepidus als alleiniger Inhaber der höchsten Gewalt in Rom zurück. Indessen Caesar hielt ihn offenbar an sich für diese Stellung wenig geeignet; auch mochten die Erfahrungen, die er im Jahre 47 mit Antonius gemacht hatte, abschreckend wirken. So bestellte er als seine Stellvertreter eine Anzahl von Vertrauensmännern, für die er den Titel des Praefectus urbi, des vom Consul bei dem latinischen Fest oder sonst bei Abwesenheit aller Oberbeamten[1]) ernannten Stellvertreters für die hauptstädtische Verwaltung, hervorsuchte. Gegen alle bisherige Ordnung betraute er aber damit nicht einen einzelnen, sondern ein Collegium von sechs oder wahrscheinlich acht Personen, die die Geschäfte unter sich teilten. Sie hatten vor allem die Rechtsprechung an Stelle der Praetoren zu leiten; zwei andre übernahmen an Stelle der Quaestoren die Verwaltung des Ärars[2]), einer von diesen besorgte zugleich im Juli an Stelle des sonst dafür zuständigen Praetor urbanus die Abhaltung der Apollinarisspiele[3]). Äußerlich traten diese Präfecten mit den Abzeichen der vollen Amtsgewalt auf, Lictoren, Purpurtracht und sella curulis; als dagegen Einsprache erhoben wurde, beriefen sie sich auf das Gesetz, das Caesar das Recht gewährte, Beamte mit Amtsinsignien zu ernennen (wie den Curio schon im Jahre 49, oben S. 350, 4)[4]). Auch trug einer von ihnen kein Bedenken, während

---

[1]) So bestellte Antonius als *mag. eq.* im Jahre 47, als er zu den aufständischen Legionen ging, einen *praef. urbi* (oben S. 374). was allerdings sonst auch nie vorgekommen war.

[2]) Sueton 76 *ita ut medio tempore comitia nulla habuerit praeter tribunorum et aedilium plebis, praefectosque pro praetoribus constituerit, qui absente se res urbanas administrarent.* Dio 43, 28 ἐξεστράτευσε τὴν πόλιν τῷ τε Λεπίδῳ καὶ πολιανόμοις τισὶν ὀκτώ, ὥς τισι δοκεῖ, ἢ ἕξ, ὡς μᾶλλον πεπίστευται, ἐπιτρέψας. Die Differenz wird sich dadurch erklären, daß die beiden Vertreter der Quaestoren von manchen nicht mitgezählt wurden.

[3]) Dio 43, 48, 3; die Leitung der Megalesien im April übernahmen dagegen an Stelle der curulischen die plebejischen Aedilen.

[4]) Dio 43, 48, 2.

seiner Abwesenheit beim latinischen Fest sein Amt weiter auf einen andern zu delegieren, was dann dieser Stellvertreter des Stellvertreters am nächsten Tage wiederholte, Maßnahmen, die allen Grundsätzen des Staatsrechts ins Gesicht schlugen[1]).

Bedeutende Persönlichkeiten waren auch diese Präfecten nicht[2]), und die von Caesar ihnen zugewiesene Kompetenz ging nicht über die Erledigung der laufenden Geschäfte hinaus. Die wirklichen Regenten des Staats waren Caesars bewährte Vertrauensmänner und Kabinettssekretäre C. Oppius und L. Cornelius Balbus, der Bankier aus Gades; sie kannten seinen Willen und hatten Vollmacht, in den wichtigsten Dingen die Entscheidung zu geben[3]). „In allen Angelegenheiten habe ich gesehn," schreibt Cicero Ende 46 an Caecina (oben S. 400) — und sein Briefwechsel bestätigt das durchweg — „daß das von Caesar als gültig anerkannt wird, was Balbus und Oppius in seiner Abwesenheit verfügt haben"[4]). Es war die vollentwickelte Kabinettsregierung[5]);

---

[1]) Dio 43. 48. 4 πολίαρχός τέ τις ἐν ταῖς ἀνοχαῖς καταστὰς ἕτερον αὐτὸς τῆς ὑστεραίας ἀνθείλετο καὶ ἐκεῖνος ἄλλον· ὃ μήτε πρότερον μηθ᾽ ὕστερόν ποτε ἐγένετο.

[2]) Durch die Münzen kennen wir zwei von ihnen, L. Plancus und C. Clovius, die beide auf dem Avers Caesar als *dict. tert.* bezeichnen, also Ende 46 oder Anfang 45 geprägt haben. Unbegründet ist die Annahme, daß auch Sestius zu ihnen gehört habe, den Cicero Att. XIII 2, 2 (vgl. 7, 1) ironisch als *noster parochus publicus* bezeichnet („Lieferant"; demnach hat er wohl irgendwelche Lieferungen übernommen; im Jahre 62 hofft Cicero nach fam. V 6 offenbar, bei ihm eine Anleihe machen zu können) und der damals mit Ariarathes, dem Sohn des kappadokischen Königs Ariobarzanes verhandelte, der, wie Cicero höhnt, „von Caesar irgendein Königreich kaufen will", um seinen Schulden aufzuhelfen.

[3]) Neben ihnen standen Männer wie A. Hirtius, dessen Stellung als Leiter der Kanzlei M. STRACK Bonner Jahrbücher 118, 1909, 139 ff. dargelegt hat, ferner Pansa u. a. Hirtius war während des afrikanischen Kriegs in Italien (oben S. 382), ging aber jetzt mit Caesar nach Spanien.

[4]) fam. VI 8 *omnibus rebus perspexeram, quae Balbus et Oppius absente Caesare egissent, ea solere illi rata esse.* Vgl. z. B. Att. XII 29, 2.

[5]) Richtig bezeichnet Tacitus Ann. XII 60 ihre Stellung, wo er von der Entwicklung der Gerichtsbarkeit der Procuratoren redet: *C. Oppius*

die die überlieferten staatsrechtlichen Formen kaum noch irgendwo
beachtete.

Dem Fortgang des spanischen Kriegs stand man in Rom
ziemlich indifferent gegenüber. Pompejus hatte niemals große
persönliche Sympathien erweckt; durch den Ausgang des Bürgerkriegs und den innern Zwist, der während seines ganzen Verlaufs
zwischen den Koalierten bestand, waren sie vollends geschwunden;
und deutlich empfand man, daß es sich hier nicht um Wiederherstellung der Republik, sondern um einen dynastischen Kampf
der Prätendenten gegen den Sieger handelte. Am treffendsten
bezeichnet Cassius in einem Brief aus dem Januar 45 die Stimmung, ein eifriger Republikaner, der im Frühjahr 47 seinen
Frieden mit Caesar gemacht und von ihm eine Legatenstelle
erhalten hatte[1]: „Schreib mir, was in den beiden Spanien vor-
geht. Ich will des Todes sein, wenn ich nicht in Sorgen bin, und
ich will lieber den alten milden Herrn behalten als einen neuen
grausamen erproben. Du weißt, wie albern Gnaeus ist, und wie
er Grausamkeit für Tugend hält, und Du weißt auch, wie er
glaubt, daß wir uns immer über ihn lustig gemacht hätten; so
fürchte ich, er wird sich für unsern Spott nach Bauernart mit
dem Schwert revanchieren wollen"[2].

Cicero hatte in Rom bleiben müssen, so lange Caesar dort
war; die folgenden Monate hat er größtenteils auf seinen Gütern
zugebracht. Alle Hoffnung auf eine Besserung der Lage hat er
völlig aufgegeben. „Wenn die Würde darin besteht, daß man

---

*et Cornelius Balbus primi Caesaris opibus potuere condiciones pacis
et arbitria belli tractare.* Über die Chiffreschrift, die Caesar in der
Korrespondenz mit ihnen verwendete, s. Gell. XVII 9. Sueton 56.

[1] fam. VI 6, 10. Nach seinem Übertritt zu Caesar hatte Cicero ihm im
August (Anfang Juni) 47 von Brundisium aus geschrieben, mit der Absicht,
daß auch er bei Caesar ein gutes Wort für ihn einlegen solle, fam. XV 15.

[2] fam. XV 19, 4. Ähnlich schreibt Cicero im Januar 45 an Torquatus, der im Exil in Athen lebt, fam. VI 4, 1: *illa in dies singulos
magis magisque opinio hominum confirmatur, etiamsi inter causas
armorum aliquantum intersit, tamen inter victorias non multum
interfuturum. alteros propemodum iam sumus experti; de altero
nemo est quin cogitet, quam sit metuendus iratus victor armatus.*

über den Staat die richtige Ansicht hat und die Gutgesinnten
diese billigen, so behaupte ich meine Würde," schreibt er dem
auf Korkyra im Exil lebenden Cn. Plancius[1]), der ihm gratulierte,
weil er gehört hatte, Cicero „habe seine frühere Würde wieder-
erlangt"; „wenn sie aber darin besteht, daß man seinen Ansichten praktische Geltung verschaffen oder sie wenigstens in
freier Rede verteidigen kann, so ist mir auch nicht eine Spur
von Würde übrig geblieben. Es kann sich für uns nur noch darum
handeln, das was zum Teil schon vorhanden ist, zum Teil bevor-
steht, mit Gelassenheit zu ertragen; das ist freilich in einem
Kriege dieser Art nicht leicht, dessen Ausgang, wenn die eine
Partei (Pompejus' Söhne) siegt, ein Blutbad, im andren Fall die
Knechtschaft sicher in Aussicht stellt"[2]). Außer politischen beschäftigen ihn häusliche Sorgen, die Auseinandersetzung mit
Terentia nach der Scheidung, die unselige, zur Aufbesserung
seiner zerrütteten Vermögensverhältnisse geschlossene Ehe mit
Publilia[3]), dann die Trauer um den Tod der Tullia (März 45),
die ihn in dieser Lage völlig niederwirft und zu den sinnlosesten

---

[1]) fam. IV 14. O. E. SCHMIDT S. 238 setzt den Brief, der zugleich
Plancius' Glückwunsch zu der Scheidung von Terentia und der Ehe mit
Publilia beantwortet, in den Anfang des Jahres 46. Der Krieg, auf den
Cicero anspielt, ist aber offenbar der spanische Krieg, und die angeb-
liche Restitution Ciceros die Änderung seiner Lage durch die Rede für
Marcellus. Mithin gehört der Brief in den Winter 46/5. So auch
TYRELL und PURSER IV p. 421.

[2]) Ähnlich die folgenden Briefe VI 2—4, ferner im April 45 an
Toranius fam. VI 21, an Luccejus V 13. an Servius Sulpicius IV 6, 2.
Vgl. auch das Fragment eines Briefs an Axius [codd. *ad Actium*] aus
der Zeit der spanischen Kriege (Seneca de brev. vit. 5, 2): *quid agam
hic quaeris. moror in Tusculano meo semiliber.*

[3]) Die Notlage, in die ihn diese junge Frau mit ihren Verwandten
und vor allem die Schwiegermutter brachte, schildert drastisch ad
Att. XII 32 (vgl. 34, 1). Bekanntlich blieb ihm nichts übrig, als
bald darauf die skandalöse Ehe aufzulösen und die schöne Mitgift
wieder herauszugeben. Vgl. Plut. Cic. 41; die dort angeführte boshafte, aber durchaus zutreffende Äußerung des Antonius darüber ist
bei Dio 46, 18, 3 in der Rede des Fufius Calenus gegen Cicero benutzt.

Projekten für ihre Vergötterung verlockt. Aber in seiner politischen Haltung ist er fest und ehrenhaft geblieben. Einen Augenblick faßt er den Gedanken, daß sein Sohn zu Caesars Heer nach Spanien gehen könne, wie es sein damals mit dem Oheim völlig zerfallener Neffe Quintus getan hatte; aber alsbald entschied er sich, obwohl der Sohn gern nach Spanien gegangen wäre, ihn vielmehr zum Studium nach Athen zu schicken: mit Recht „würde man ihn tadeln, ob es nicht genug sei, die eine Seite verlassen zu haben, daß er nun sogar für die entgegengesetzte kämpfen wolle"[1]). Aber dem immer wiederholten Drängen des Oppius und Balbus und andrer Caesarianer, das ihm Atticus übermittelte, er solle sich in Rom zeigen und im Senat und vor Gericht an den Geschäften teilnehmen[2]), leistete er keine Folge[3]); dagegen veröffentlichte er gleich nach Caesars Fortgang aus Rom seine im vorhergehenden Sommer vollendete Lobschrift auf Cato. Daß diese Schrift nicht auf uns gekommen ist, ist sehr zu bedauern; es wäre interessant und auch für die Zeitgeschichte lehrreich zu sehn, wie er sich mit dem „archimedischen Problem" abgefunden hat, von dem er im Juni 46, kurz nach dem Eintreffen der Kunde von Catos Selbstmord, an Atticus schreibt[4]): „Ich kann es nicht erreichen, etwas zu schreiben, was Deine Tischgenossen (Balbus, Oppius usw.) nicht nur gern, sondern auch nur mit Gleichmut lesen können; ja sogar, wollte ich seine Anträge, seine ganze Tendenz und politische Auffassung und Tätigkeit übergehn und lediglich seine Würde und Festigkeit loben, so würde ihnen das ein verhaßter Ohrenschmaus sein. Aber in Wahrheit kann dieser Mann überhaupt nicht gelobt werden, wenn man nicht ausführt, daß er, was jetzt

---

[1]) Att. XII 7, vgl. 8. 24, 1. 32, 2.
[2]) Att. XII 21, 3. 23, 1, 27, 3. 28, 2. In gleichem Sinne schreibt Luccejus fam. V 14; Ciceros ablehnende Antwort V 15.
[3]) Zwei aus dieser Zeit stammende Empfehlungsbriefe Ciceros an Caesar sind fam. XIII 15. 16 erhalten, der eine in charakteristischer Weise vollgestopft mit Zitaten aus Homer und Euripides.
[4]) Att. XII 4, von O. E. Schmidt S. 242 ff. auf den 13. Juni gesetzt.

eingetreten ist, vorausgesehn und zu hindern gesucht hat, und daß er, um es nicht eingetreten zu sehn, das Leben verlassen hat: was von diesen Dingen kann man aber einem Aledius (einem der untergeordneten Werkzeuge Caesars) schmackhaft machen?" Wir wissen, daß Cicero durchaus in dem hier angedeuteten Sinne geschrieben hat; das einzige wörtliche Zitat, das auf uns gekommen ist, lautet: „Ihm war beschieden, wovon sonst meist das Gegenteil einzutreten pflegt, daß alles an ihm in Wirklichkeit größer erschien als im Gerücht, und daß, was sonst nicht oft vorkommt, die Erwartung durch die Kenntnisnahme, die Augen durch die Ohren besiegt wurden"[1]). Daß er mit seiner Schrift Anstoß erregen mußte, wußte er; so hat er sich in dem unmittelbar nachher veröffentlichten *Orator* dadurch zu decken gesucht, daß er die Veranlassung auf die Bitte des M. Brutus zurückführte, den Caesar protegierte und dem er im Sommer 46 die Verwaltung der wichtigen Provinz Gallia cisalpina übertragen hatte: „Ich hätte den *Cato* niemals geschrieben, aus Furcht vor der der Tugend feindlichen Zeitlage, hätte ich es nicht für Unrecht gehalten, Deinen Mahnungen, die sein mir teures Gedächtnis wachriefen, nicht zu folgen. Aber ich bezeuge, daß ich nur auf Deine Bitte, nach anfänglicher Weigerung, gewagt habe, das zu schreiben; denn ich wünsche, daß die Beschuldigung uns gemeinsam treffe, damit, falls ich eine so schwere Inquisition nicht tragen kann, Dir die Schuld zufällt, mir die ungebührliche Last *(iniustum onus)* auferlegt, mir, sie übernommen zu haben; dabei wird Dich dann für den Irrtum unserer Beurteilung der Lage das Lob entschädigen, das aus dem Dir zugewiesenen Anteil entspringt"[2]).

Ciceros *Cato* hat Sensation gemacht. Rasch hintereinander folgten mehrere Schriften gleicher Tendenz, von M. Brutus im

---

[1]) Macrob. VI 2, 33.
[2]) Cic. Orator 35. Vgl. Caecina an Cicero fam. VI 7, 4 (vgl. oben S. 400): *auges etiam tu mihi timorem, qui in oratore tuo caves tibi per Brutum et ad excusationem socium quaeris: ubi hoc omnium patronus facit, quid me, veterem tuum, nunc omnium clientem sentire oportet?*

März 45¹), von M. Fadius Gallus im Hochsommer²); ob auch die von Plutarch zitierte Schrift des Munatius, eines vertrauten Genossen des Cato³), in diese Zeit oder erst nach Caesars Ermordung anzusetzen ist, wissen wir nicht. Noch stärker war die Wirkung auf der Gegenseite. Caesar lag es allerdings ganz fern, gewaltsam vorzugehn und etwa die Schrift zu unterdrücken oder ihren Verfasser zu verfolgen; wohl aber antwortete er ihm als Schriftsteller mit einer Gegenschrift in zwei Büchern, den *Anticatones*, die er um die Zeit der Schlacht bei Munda (17. März) verfaßt hat⁴). Als Vorläufer derselben diente eine Schrift des Hirtius, der in Caesars Gefolge nach Spanien gegangen war; sie traf schon am 9. Mai bei Cicero ein⁵), mit dem Hirtius ja in freundschaftlichen Beziehungen stand; im vorigen Sommer hatte er bei ihm mit Dolabella zusammen rhetorischen Unterricht genommen. „Wie Caesars Angriff gegen meine Lobschrift ausfallen wird", schreibt Cicero an Atticus, „habe ich aus dem Buch ersehn, das Hirtius mir geschickt hat, in dem er Catos Laster sammelt, aber mir dabei die größten Lobsprüche erteilt." Cicero bittet Atticus, das Buch in seinem Verlagsgeschäft vervielfältigen zu lassen; er wünsche ihm weite Verbreitung, „damit durch den Tadel jener Leute Catos Lob nur gemehrt wird"⁶). Von Caesars Schrift wissen wir, daß er die zu Catos Lob angeführten Tat-

---

¹) Cic. Att. XII 21. Eine (nicht veröffentlichte) Gegenschrift hat Octavian verfaßt, *rescripta Bruto de Catone*: Sueton Aug. 85.

²) fam. VII 24, 25. vgl. O. E. SCHMIDT S. 354 f.

³) Plut. Cato min. 25. 37 vgl. c. 9. 27. 31. Plutarch kennt die Schrift durch die Schrift des Thrasea, der Munatius vielfach benutzt hat; es war offenbar eine wirkliche Biographie, nicht ein ἐγκώμιον. Nach der Erzählung bei Plut. 36 f. über den Konflikt zwischen Cato und Munatius auf Cypern, den Caesar ausgenutzt hat, während Munatius eine unparteiische Darstellung gab, ist es wohl am wahrscheinlichsten, daß Munatius nach Caesar geschrieben und ihn berichtigt hat.

⁴) Sueton Caes. 56. Bekannt ist Livius' Urteil fr. 45 WEISSENBORN: *(Catonis) gloriae neque profuit quisquam laudando nec vituperando nocuit, cum utrumque summis praediti fecerint ingeniis.*

⁵) Att. XII 40, 1. Das Datum nach O. E. SCHMIDT S. 282.

⁶) Att. XII 40, 1. 41, 4. 44, 1. 45, 3. 47, 3.

sachen teils bestritt, teils erklärte, sie seien anders zu beurteilen oder überhaupt nicht ruhmwürdig, sondern unrechtmäßig oder moralisch anstößig¹). Schon im Jahre 55 hatte Caesar auf Catos Angriffe und seine Forderung, ihn den Germanen auszuliefern, mit einer erbitterten Schmähschrift geantwortet (oben S. 173); diese Schrift und ebenso die des Pompejaners Metellus Scipio gegen Cato hat er offenbar jetzt verwertet. Die nicht wenigen Fälle, in denen Catos Verhalten durch den starren Rigorismus seines Tugendbegriffs oder gar durch die praktische Befolgung der stoischen Paradoxen, die sich bei ihm mit der Verherrlichung der alten Traditionen Roms verband, bei den Zeitgenossen Kopfschütteln und Anstoß erregt hatte, wurden natürlich weidlich ausgenutzt: in diesen Dingen war Caesars Naturell und Auffassung in der Tat der diametrale Gegensatz zu Cato, und dieser mußte ihm völlig unverständlich erscheinen. So zählte er die Fälle auf, wo er die natürliche Rücksicht auf seine Angehörigen und Vertrauten kühl beiseite gesetzt habe, die Abweisung seines alten Jugendfreundes Munatius, als er bei der Einziehung der Schätze des Königs Ptolemaeos auf Cypern mit seinem Mißtrauen bis an die äußerste Grenze ging²), sein

---

¹) Cic. Top. 94: *aut negari potest, id factum esse quod laudetur, aut non eo nomine adficiendum quo laudator adfecerit, aut omnino non esse laudabile, quod non recte, non iure factum sit; quibus omnibus generibus usus est nimis impudenter Caesar contra Catonem meum.*

²) Plut. Cato min. 36 διὸ τοῖς τε ἄλλοις φίλοις ὡς ἀπιστῶν προσέκρουσε, τὸν συνηθέστατον ἁπάντων Μουνάτιον εἰς ὀργὴν ὀλίγου δεῖν ἀνήκεστον γενομένην ἐνέβαλεν, ὥστε καὶ Καίσαρι γράφοντι λόγον κατὰ τοῦ Κάτωνος πικροτάτην τοῦτο τὸ μέρος τῆς κατηγορίας διατριβὴν παρασχεῖν. Über Munatius' eigene Darstellung s. S. 485 Anm. 3. L. Piotrowicz, de Q. Caecilii Metelli Pii Scipionis in M. Porcium Uticensem invectiva. Eos XVIII 2, 1912, 129 ff. hat gezeigt, daß Caesar hier wie offenbar auch sonst eine Broschüre des Metellus Scipio (Plut. Cato 7. 57) gegen Cato benutzt, die wahrscheinlich im Jahre 56 oder 55 im Interesse der Machthaber bei dem Kampf um das zweite Consulat des Pompejus und Crassus verfaßt ist. Der Zwist war dadurch entstanden, daß Scipio seine verstoßene Braut Lepida, als Cato sie heiraten wollte, dann doch diesem abspenstig machte und heimführte; Cato rächte sich mit scharfen Jamben. In seiner Schrift griff Scipio vor allem die Verkäufe der cyprischen

Verhalten gegen seine sehr andersartige, dem Genußleben ergebene Stiefschwester Servilia, die geschiedene Gattin des Lucullus[1]). „Mit Ausnahme dieses einen, den die Natur anders gebildet hat, als alle andern, hält ein jeder die Seinen teuer", lautet ein erhaltener Satz[2]). Geldgier war seine Haupttriebfeder; dadurch erklärt sich nach Caesar die allerdings höchst wunderliche, auf altrömischen Rechtsanschauungen beruhende Überlassung seiner Frau Marcia an Hortensius (S. 219) und die Wiederaufnahme der Ehe nach dessen Tode[3]). Auch dem Wein war er ergeben — während Caesar bekanntlich darin sehr mäßig war[4]) —; aber wenn er nachts trunken nach Hause kam, schämten sich die, welche ihm begegneten, als hätten nicht sie den Cato,

---

Kostbarkeiten in öffentlicher Auktion für schweres, durch Cato zum Besten des Staatsschatzes nach Möglichkeit in die Höhe getriebenes Geld an, s. Plin. 8, 196. 29, 96, wo nach dem Autorenverzeichnis im ersten Buch Scipio die Quelle ist: die spanischen Fliegen, die er verkaufte, seien Gift (daher bei Seneca in einer kindischen Controverse VI 4 *venenum Cato vendidit*); auch daß er eine Statue des Zeno nicht verkaufte, sondern für sich behielt, Plin. 34, 92, führt PIOTROWICZ mit Recht auf Scipios Schrift zurück; ebendaher wird stammen, daß er *unum ex tribunatu militum philosophum, alterum ex Cypria legatione deportavit*, im Gegensatz zu dem Verhalten seines Urahnen. Plin. VII 113.

[1]) Plut. 54, nachdem erzählt ist, daß Cato im Bürgerkrieg für sie und ihren Sohn gesorgt hat: ἀλλ᾽ ὅ γε Καῖσαρ οὐδὲ τῶν ἐπ᾽ ἐκείνῃ βλασφημιῶν τοῦ Κάτωνος ἐφείσατο. Er warf ihm schwerlich unerlaubten Umgang mit ihr vor, wie man meist interpretiert, sondern vielmehr ihre Vernachlässigung.

[2]) *Caesar in Anticatone priore: uno enim excepto, quem alius modi atque omnis natura finxit, suos quisque habet caros* (Priscian).

[3]) Plut. Cato 52: εἰς ὃ δὴ μάλιστα λοιδορούμενος ὁ Καῖσαρ τῷ Κάτωνι φιλοπλουτίαν προφέρει καὶ μισθαρνίαν ἐπὶ τῷ γάμῳ. Auch die Angabe c. 11, jemand habe sich nicht entblödet zu schreiben (ἦν ὁ γράψας), Cato habe die Asche seines Bruders durchgesiebt, um aus ihr das mitverbrannte Gold herauszuholen, bezieht sich offenbar auf Caesar, wie die weitere Bemerkung οὕτως οὐ τῷ ξίφει μόνον, ἀλλὰ καὶ τῷ γραφείῳ τὸ ἀνυπεύθυνον καὶ τὸ ἀνυπόδικον ἐπίστευσεν beweist.

[4]) Sueton Caes. 53 *vini parcissimum ne inimici quidem negaverunt*. Vgl. Catos bekanntes Wort *unum ex omnibus Caesarem ad evertendam rempublicam sobrium accessisse*, Sueton Caes. 53. Quintilian VIII 29.

sondern dieser sie abgefaßt¹). Aber bei Cato fügte sich nun einmal jeder „der Anmaßung, Frechheit und Herrschsucht des Einen"²).

Über Cicero äußerte sich Caesar mit ausgesuchter Höflichkeit: er entschuldigte sich, daß er, ein Soldat, den Wettkampf mit dem unvergleichlichen Stilisten wage³), pries sein Verdienst um die Ausbreitung des römischen Genius als alle kriegerischen Triumphe überstrahlend⁴), verglich seine Beredsamkeit und seine politische Haltung mit der des Perikles und Theramenes⁵). Nach Tullias Tode hat er ihm den üblichen Kondolenzbrief geschickt⁶). Aber er begehrte eine Sühne, ein μείλιγμα, für den Cato⁷); und so wird Cicero zu Anfang Mai von Caesars Vertrauensmännern und von Atticus, der hier wie immer als Vermittler dient, gedrängt, eine Schrift an Caesar über die Staatsgestaltung zu richten, also eine Ausführung der Andeutungen in der Marcellusrede, nach dem Muster der Schriften des Aristoteles und Theopomp an Alexander.

---

¹) Plin. ep. III 12 *(Caesar) describit eos, quibus (Cato) obvium fuerat, cum caput ebrii retexissent, erubuisse; deinde adicit „putares non ab illis Catonem, sed illos a Catone deprehensos"*. Vgl. S. 219. 3.

²) Gellius IV 16. 8 als Beispiel des Dativs der vierten Deklination auf u: *Caesar in Anticatone „unius"* inquit *„arrogantiae, superbiae dominatuque"*.

³) Plut. Caes. 3 παραιτεῖται, μὴ στρατιωτικοῦ λόγον ἀνδρὸς ἀντεξετάζειν πρὸς δεινότητα ῥήτορος εὐφυοῦς καὶ σχολὴν ἐπὶ τοῦτο πολλὴν ἄγοντος.

⁴) Plinius nat. hist. VII 117 in der Apostrophe an Cicero: *ut dictator Caesar hostis quondam tuus de te scripsit, omnium triumphorum laurea maior, quando plus est, ingenii Romani terminos in tantum propagasse quam imperii.*

⁵) Plut. Cic. 39: Im *Anticato* hat Caesar τόν τε λόγον αὐτοῦ (Κικέρωνος) καὶ τὸν βίον ὡς μάλιστα τῷ Περικλέους ἐοικότα καὶ Θηραμένους ἐπαινεῖ.

⁶) Att. XIII 20, 1 (vgl. 22, 5) aus Hispalis am 30. April, bei Cicero im Juli eingetroffen.

⁷) Att. XIII 27 schreibt Cicero nach der Ablehnung seiner Schrift durch Caesars Vertraute, er wolle den Plan aufgeben. *praesertim cum illud occurrat, illum (Caesarem), cum antea nihil scripserim, existimaturum, me nisi toto bello confecto nihil scripturum fuisse; atque etiam vereor, ne putet me hoc quasi Catonis* μείλιγμα *esse voluisse.* Natürlich ist der Gedanke, den Cicero hier abweist, eben das gewesen, was Caesar und seine Agenten wünschten.

Er ist denn auch am 9. Mai[1]) an die Ausarbeitung gegangen: „Den συμβουλευτικός habe ich wiederholt versucht, aber ich kann nichts finden, obwohl ich sowohl Ἀριστοτέλους wie Θεοπόμπου πρὸς Ἀλέξανδρον bei mir habe. Aber worin besteht die Ähnlichkeit? Jene schrieben, was für sie ehrenvoll und einer guten Aufnahme bei Alexander gewiß war. Kannst Du etwas der Art finden? Mir wenigstens kommt nichts in den Sinn." Ein paar Tage darauf, am 14. Mai[2]), ist er trotzdem mit der Arbeit fertig — Atticus hat inzwischen aufs neue gedrängt —: „Gestern habe ich auch den Brief an Caesar fertig gebracht: denn Du wünschtest das. Ihn zu schreiben, war wohl nicht so schlimm, wenn man es für notwendig hielt; aber so, wie er jetzt ist, ist es wirklich nicht nötig, ihn zu schicken. Indessen darüber magst Du entscheiden; ich werde Dir aber ein Exemplar schicken, vielleicht von Lanuvium aus (wohin Cicero an den nächsten Tagen gehn wollte), falls ich nicht etwa nach Rom gehe; das wirst Du morgen erfahren." Man sieht, wie wenig wohl sich Cicero bei der erzwungenen Aufgabe fühlte, und wie unsicher er war, ob er den richtigen Ton getroffen habe: denn seine Überzeugungen zu verleugnen und einfach als Caesarianer zu schreiben, hatte er sich jetzt so wenig wie früher überwinden können. An Schmeicheleien fehlte es nicht, aber dabei kamen die Phrasen, die ihm sonst so reichlich zu Gebote standen, nicht in Fluß, und so empfand er selbst, daß die ganze Schrift verfehlt sei und bei Caesar nichts erreichen könne, wohl aber bei den Männern, auf deren Urteil er Gewicht legte, berechtigten Anstoß erregen

---

[1]) Att. XII 40. nach O. E. Schmidts Chronologie: συμβουλευτικὸν *saepe conor: nihil reperio, et quidem mecum habeo et* Ἀριστοτέλους *et* Θεοπόμπου πρὸς Ἀλέξανδρον. *sed quid simile? illi et quae ipsis honesta essent scribebant et grata Alexandro. ecquid tu eius modi reperis? mihi quidem nihil in mentem venit.*

[2]) Att. XIII 26, von Schiche und O. E. Schmidt S. 282 f. 285 mit Recht hierher gesetzt: *heri etiam effeci epistolam ad Caesarem: tibi enim placebat. quam non fuit malum scribi, si forte opus esse putares; ut quidem nunc est, nihil sane est necesse mittere. sed id quidem, ut tibi videbitur. mittam tamen ad te exemplum fortasse Lanuvio, nisi forte Romam? sed cras scies.*

müsse[1]). Er hatte sich bemüht, in der Art, wie es Theophrast in dem πολιτικὸν πρὸς τοὺς καιρούς getan hatte, den Umständen Rechnung zu tragen, ohne dabei etwas zu sagen, was ein wahrhaft guter Bürger nicht sagen darf[2]), und so „aus dem rohen Eichenholz etwas herausgeschnitzt, was allenfalls wie ein Bildwerk aussehn konnte"[3]). Atticus äußert sich natürlich zustimmend; aber Cicero wünscht, was wohl auch Atticus geraten hat, daß er die Broschüre zunächst Caesars Vertretern, d. i. Oppius und Balbus, zur Begutachtung vorlege, ehe sie jenem zugeschickt wird[4]). Diese aber erklärten offen, so könne der Brief nicht abgehn, und verlangten die Änderung so zahlreicher Stellen, daß die ganze Schrift dadurch hinfällig wurde[5]). Nach ihrer Absicht sollte Cicero dem Caesar eben das, was dieser

---

[1]) Att. XIII 27 (nach der Ablehnung der Schrift): *quod enim aliud argumentum epistolae nostrae nisi* κολακεία *fuit? an si ea quae optima putarem suadere voluissem, oratio mihi defuisset? totis igitur litteris nihil opus est: ubi enim* ἐπίτευγμα *magnum nullum fieri possit,* ἀπότευγμα *vel non magnum molestum futurum sit, quid opus est* παρακινδυνεύειν? Es folgen die oben S. 438 Anm. 7 angeführten Worte. — Auch die Parallele des Aristoteles, so schreibt er am nächsten Tage (XIII 28), war nicht zutreffend, da der junge Alexander in der Tat sich den Weg weisen lassen wollte, der zu ewigem Ruhm führte; und doch ist auch er alsbald als König entartet. Das „πρόβλημα Ἀρχιμήδειον" war in der Tat unlösbar.

[2]) Att. XII 51, 2 *nihil est in ea, nisi optimi civis, sed ita optimi, ut tempora, quibus parere omnes* πολιτικοί *praecipiunt.*

[3]) XIII 28, 2.

[4]) XII 51 *epistolam ad Caesarem mitti video tibi placere ... sed scito, ita nobis esse visum, ut isti ante legerent: tu igitur id curabis. sed nisi plane iis intelleges placere, mittenda non est. id autem utrum illi sentiant anne simulent, tu intelleges; mihi simulatio pro repudiatione fuerit.* τοῦτο δὲ μηλώσῃ („sondiere"). XII 52, 2 und XIII 1, 3 erwartet er die Entscheidung.

[5]) Att. XIII 27 (nach O. E. Schmidt am 25. Mai): *epistolam ad Caesarem nobis vero rectissime placuit, ut isti ante legerent; aliter enim fuissemus et in hos inofficiosi et in nosmet ipsos, si illum offensuri fuissemus, paene periculosi. isti autem ingenue; mihique gratum, quod quid sentirent non reticuerunt; illud vero vel optime, quod ita multa mutari volunt, ut mihi de integro scribendi causa non sit.*

plante, als Ratschläge erteilen. So mißbilligten sie es auch, daß Cicero es diesem anheimgestellt hatte, ob er gegen die Parther ziehen wolle, aber darauf hingewiesen hatte, daß die Ordnung des Staats und die Durchführung der neuen Gesetze zunächst eine längere Anwesenheit des Regenten in Rom fordere; Caesar beabsichtigte zwar auch, wie ein kurz darauf eingetroffenes Schreiben lehrte, zunächst die Ordnung in Rom durchzuführen, wollte dann aber so bald wie möglich den parthischen Feldzug beginnen; und das hätte Cicero raten sollen, „als ob Caesar nichts tun werde, als nach dessen Rat"[1]). Cicero fühlt sich erlöst; er empfindet deutlich, wie arg er sich nach allen Seiten hin kompromittiert haben würde[2]). Als Atticus nochmals drängt, schreibt er freilich, die Schmach, die er damit auf sich nähme, würde ihn doch nicht abhalten, obwohl sie es sollte; aber die Gedanken kämen ihm nicht[3]). Sein besseres Selbst sträubte sich eben mit Erfolg gegen die schimpfliche Nachgiebigkeit, und so erklärt er

---

[1]) XIII 27 (im Anschluß an das vorige): *quamquam de Parthico bello quid spectare debui, nisi quod illum velle arbitrabar?* XIII 31, 3 *id ipsum, quod isti aiunt illum scribere, se nisi constitutis rebus non iturum in Parthos, idem ego suadebam in illa epistola: utrum liberet, facere posse auctore me. hoc enim ille exspectat videlicet neque est facturus quicquam nisi de meo consilio.* XIII 7 *Sestius venisse a Caesare narrabat litteras; hoc scribere, sibi certum esse Romae manere, causamque eam ascribere, quae erat in epistola nostra, ne se absente leges suae neglegerentur, sicut esset neglecta sumptuaria.*

[2]) XIII 27 *quid quaeris? valde me paenitebat, nec mihi in hac quidem re quicquam magis ut vellem accidere potuit, quam quod* σπουδή *nostra non est probata.*

[3]) XIII 28: *de epistola ad Caesarem, iurato mihi crede, non possum. nec me turpitudo deterret, etsi maxime debebat: quam enim turpis est adsentatio, cum vivere ipsum turpe sit nobis! sed, ut coepi, non me hoc turpe deterret; ac vellem quidem — essem enim qui esse debebam —, sed in mentem nihil venit* Caesar würde sich *his nostris moderatis epistolis* niemals freuen können; *ille vero potius non scripta desideret, quam scripta non probet. postremo ut volet. abiit illud, quod tum me stimulabat, cum tibi dabam* πρόβλημα Ἀρχιμήδειον. *multo mehercule magis nunc opto casum illum quem tum timebam, vel quem libebit.*

die Sache für definitiv erledigt¹). In den nächsten Tagen hat er
dann noch an die Abfassung eines politischen Dialogs gedacht,
den ein in Olympia oder sonst irgendwo sich zusammenfindender
πολιτικὸς σύλλογος römischer Gesandter des Jahres 146 halten
sollte, und sich dazu die Werke Dikaearchs kommen lassen²
Doch auch diesen Gedanken hat er alsbald fallen lassen; er warf
sich wieder ganz in die philosophische Schriftstellerei und vollendete jetzt, nach dem *Hortensius*, die Bücher *de finibus* und
die *Academica*.

Indessen Caesar war mit Ciceros Verhalten keineswegs befriedigt; er beharrte auf seinem Ansinnen. Als Vorbereitung
schrieb er im Juli an Balbus einen zur Mitteilung an Cicero bestimmten Brief mit großen Lobsprüchen über dessen *Cato*;
durch die wiederholte Lektüre desselben habe er einen reicheren
Wortschatz gewonnen, während er sich bei der Lesung von
Brutus' Schrift beredt vorgekommen sei³) — im übrigen trotz
aller Berechnung ein gewiß zutreffendes Kompliment. Cicero
begnügte sich, Caesar durch Oppius und Balbus wissen zu lassen,
er habe dessen Schrift gegen Cato gelesen und sie habe ihm sehr
gut gefallen⁴). Indessen schon vor Eintreffen jenes Briefes hatte
Brutus, ehe er Caesar entgegenreiste, ihn ermahnt, etwas an
diesen zu schreiben; aber er hatte, trotz anfänglicher Zusage,
keine Lust⁵). Jetzt aber kam Mitte August durch Atticus die

---

¹) XIII 31, 3 *de epistola ad Caesarem* νέκρωσι obsecro ab-
iciamus ista et semiliberi saltem simus: quod adsequemur et ta-
cendo et latendo.

²) Att. XIII 30, 31, 2. 32, 2 f. 33, 2; vgl. O. E. Schmidt S. 874 f.

³) Cicero schreibt an Atticus am 13. August (XIII 46): *legi epistolam*
(Caesars an Balbus): *multa de meo Catone, quem saepissime legendo
se dicit copiosorem factum, Bruti Catone lecto se sibi visum disertum.*

⁴) Att. XIII 50 *cum mihi Balbus . dixisset, se et Oppium scrip-
sisse ad Caesarem, me legisse libros contra Catonem et vehementer
probasse.*

⁵) Att. XIII 44 (21. Juli) *Brutus apud me fuit, cui quidem valde
placebat me aliquid ad Caesarem. adnueram, sed pompa* (bei den
ludi Victoriae Caesaris am 20. Juli, s. unten S. 448) *deterret*. Aus
der Antwort darauf ist bei Quintilian III 8, 42 ein Bruchstück erhalten:

dringende Mahnung, er müsse an Caesar ein ausführliches
Schreiben aufsetzen, und ihm blieb nichts übrig, als zu gehorchen. Der Brief, der nicht über die Staatsgestaltung,
sondern über Caesars *Cato* handelte, fand Oppius' und Balbus'
Billigung und wurde von ihnen an Dolabella geschickt, der
inzwischen verwundet aus Spanien zurückgekehrt war und ihn
befördern sollte[1]); denn mit seinem ehemaligen Schwiegersohn
stand Cicero nach wie vor offiziell in intimem Verkehr, eins der
drastischsten Bilder aus der Zersetzung und inneren Verlogenheit
der Beziehungen innerhalb der sittlich völlig morschen Aristokratie[2]). An Atticus hat er den Brief nicht geschickt, wie er
sagt, infolge eines Versehens, nicht aus Scham: „denn ich habe
wahrlich nicht anders geschrieben, als ich à mon égal schreiben
würde; denn ich denke wirklich gut von jenen Büchern, wie ich
Dir mündlich gesagt habe. So habe ich ohne flatterie und
doch zugleich so geschrieben, daß ich glaube, er wird nichts
lieber lesen"[3]). Trotzdem ist es wohl unzweifelhaft, daß ihn, wie

---

Cicero scribit ad Brutum, praepositis plurimis, quae honeste suaderi Caesari possint: simne bonus vir, si haec suadeam? minime: suasoris enim finis est utilitas eius, cui quisque suadet. at recta sunt. quis negat? sed non est semper rectis in suadendo locus (fr. 6 bei PURSER).

[1]) Att. XIII 50 *admonitus quibusdam tuis litteris, ut ad Caesarem uberiores litteras mittere instituerem conscripsi de iis ipsis libris epistolam Caesari, quae deferretur ad Dolabellam; sed eius exemplum misi ad Oppium et Balbum scripsique ad eos, ut tum deferri ad Dolabellam iuberent meas litteras, si ipsi exemplum probassent. ita mihi rescripserunt, nihil umquam se legisse melius epistolamque meam iusserunt dari Dolabellae.* O. E. SCHMIDTS kühne Kombination über den Brief XIII 47 u. S. 346 ff., den er fälschlich auf diese Vorgänge deutet, halte ich für verfehlt.

[2]) Vgl. Ciceros Brief fam. IX 11, in dem er ihm Tullias Tod mitteilt, ungefähr das moralisch Verwerflichste, was Cicero geschrieben hat.

[3]) Att. XIII 51 *ad Caesarem quam misi epistolam, eius exemplum fugit me tum tibi mittere, nec id fuit, quod suspicaris, ut me puderet tui,* † *ne ridicule* ÷ *micyllus, nec mehercule scripsi aliter ac si πρὸς ἴσον ὁμοίονque scriberem; bene enim existimo de illis libris, ut tibi coram. itaque scripsi et ἀκολακεύτως et tamen sic, ut nihil eum existimem lecturum libentius.*

ehemals im Jahre 56 bei der παλινῳδία *de provinciis consularibus*[1]), ein Gefühl der Scham an der Zusendung an Atticus gehindert hat. Wenigstens der Schmach einer Veröffentlichung des Schreibens scheint er entgangen zu sein.

Gleichzeitig ist ein sehr charakteristischer Warnungsbrief an Fadius Gallus, den Verfasser einer Lobschrift auf Cato (S. 435), vor verfänglichen Äußerungen: „Du scheinst zu fürchten, unser Lachen könne leicht ein sardanisches Lachen werden, das grimme Lachen der Todesopfer über den eigenen Untergang. Aber höre, Hände weg! Der Meister ist schneller da, als wir dachten; ich fürchte, die Cato als Held preisen, können leicht in die Hölle fahren"[2]).

Caesars Rückkehr aus Spanien. Ehrungen und Attentatspläne. Cicero und Brutus

Inzwischen waren in schwer umstrittenem Kampf die Pompejaner in Spanien vernichtet, über die auf ihrer Seite stehen-

---

[1]) Att. IV 5, 1, oben S. 147.

[2]) Der Text fam. VII 25 gilt für corrupt; *quod autem me mones, valde gratum est, idque ut semper facias rogo; videris enim vereri, nisi † istum † habuerimus, rideamus* γέλωτα σαρδάνιον. *sed heus tu, manum de tabula! magister adest citius quam putaramus; vereor ne in Catomum* (s. Laberius bei Gell. 16, 7, 4) *Catoninos.* Aber sind nicht die angefochtenen Worte, denen man durch die verschiedensten Vorschläge zu helfen gesucht hat, einfach zu übersetzen: „Du scheinst zu fürchten, wenn jener, von dem Du redest" — nämlich Caesars Günstling, der Flötenspieler Tigellius, mit dem sich Cicero, wie der vorhergehende Brief VII 24 sowie XIII 49 ff. lehrt, überworfen hatte — „nicht auf unserer Seite stehe, könnte es uns schlecht bekommen" (nämlich wegen der Schriften über Cato). Das hat, meint Cicero, nichts zu bedeuten, aber jetzt kommt der Meister, d. i. Caesar, und wie es uns da gehn wird, läßt sich nicht sagen. Der Schluß des Briefs spricht mit höchster Anerkennung von der Fassung eines Abschnitts in Gallus' Brief, der mit *cetera labuntur* beginnt, und sagt ihm als tiefstes Geheimnis, nur sie beide könnten so schreiben: *praeter duo nos loquitur isto modo nemo: bene malene videro, sed quicquid est, nostrum est;* er solle also diesen Stil weiter pflegen. Politische Bedeutung hat das nicht.

den Städte ein hartes und blutiges Strafgericht verhängt; noch unerschütterlicher als vorher war Caesars Allmacht begründet. In Rom beeilte man sich, auf die Kunde von dem Siege die unvermeidlichen Konsequenzen zu ziehn und weitere Ehren und Rechte auf den Sieger zu häufen. Der Senat bestimmte, daß die Palilien (21. April), der Geburtstag der Stadt Rom, an dessen Vorabend die Siegeskunde von Munda eingetroffen war, fortan zu seinen Ehren mit Wettrennen im Circus gefeiert werden sollten[1]), und ordnete ein fünfzigtägiges Dankfest an[2]) — die vierzig Tage, mit denen der Sieg in Afrika verherrlicht war, mußten natürlich noch überboten werden. Ihm selbst wurde, als dem ewigen und unüberwindlichen Sieger, der Ehrentitel des Siegers, Imperator, dauernd als Eigenname (*praenomen*) zuerkannt, der sich auf seine Nachkommen vererben sollte[3]); als äußeres Abzeichen erhielt er das Recht, immer das Triumphalgewand und den Lorbeerkranz zu tragen[4]). Zugleich wurde seine Militärhoheit in vollem Umfang festgestellt: alle Heere des Staats standen unter seinem Oberbefehl, Siege konnten nur unter seinen

---

[1]) Dio 43, 42. 3. 45, 6, 4. Vgl. Cic. Att. XIV 14, 1. 19, 3.

[2]) Dio 43. 42. 2 καὶ προσέτι (außer den Triumphen) καὶ ἱερομηνίαι ἐπὶ πεντήκοντα ἡμέρας ἤχθησαν.

[3]) Dio 43, 44, 2 τό τε τοῦ αὐτοκράτορος ὄνομα ... καθάπαξ τοῦτο δὴ τὸ καὶ νῦν τοῖς τὸ κράτος ἀεὶ ἔχουσι διδόμενον ἐκείνῳ τότε πρώτῳ τε καὶ πρῶτον ὥσπερ τι κύριον προσέθεσαν. καὶ τοσαύτη γε ὑπερβολὴ κολακείας ἐχρήσαντο, ὥστε καὶ τοὺς παῖδας τούς τε ἐγγόνους αὐτοῦ οὕτω καλεῖσθαι ψηφίσασθαι, μήτε τέκνον τι αὐτοῦ ἔχοντος καὶ γέροντος ἤδη ὄντος. Sueton Caes. 76 nennt unter den von ihm angenommenen Ehren *insuper praenomen Imperatoris*. Caesar hat den Vornamen Imperator bekanntlich nicht geführt, wohl aber hat Augustus ihn als ererbt in Anspruch genommen (Dio 52, 40. 2. 41, 4), und zwar schon vom Jahre 40 an (MOMMSEN, Staatsrecht II 2, 744; auf seinen Münzen vom Jahre 38 an). An der Tatsache des Senatsbeschlusses ist daher nicht zu zweifeln, obwohl Caesar von ihm keinen Gebrauch gemacht hat (vgl. Dio 43, 46: von den ihm zuerkannten Ehren ὁ Καῖσαρ τοῖς μὲν χρῆσθαι ἤρξατο, τοῖς δὲ ἔμελλεν εἰ καὶ τὰ μάλιστα τινὰ αὐτῶν παρήκατο).

[4]) Dio 43, 43, 1. Sueton 45, wonach dieser wie alle Ehrenbeschlüsse vom Volk bestätigt worden ist *(ex omnibus decretis sibi a senatu populoque honoribus non aliud aut recepit aut usurpavit libentius quam ius laureae coronae perpetuae gestandae).*

Auspicien erfochten werden, und ihm allein stand daher das Siegesfest und der Triumph zu, auch wenn er am Kampf nicht teilgenommen hatte[1]). Auch die politische Leitung des Staats sollte fortan dauernd in seinen Händen liegen: zu der Dictatur auf zehn Jahre wurde ihm ein zehnjähriges Consulat und das Recht, alle Ämter, auch die der Plebs, ohne Befragung des Volks zu besetzen, zuerkannt — das hat er abgelehnt[2]) —, ferner die freie und alleinige Verfügung über die Staatskasse[3]). Damit hängt zusammen, daß fortan Caesars Kopf mit dem Lorbeerkranz auf die von den Münzmeistern geprägten Münzen gesetzt wird, ihm also das Bildnisrecht zuerkannt sein muß[4]); bis dahin hatte er sich begnügt, seine Amtstitel und die Abzeichen seines Oberpriestertums und Augurats, sowie den Kopf der Venus, der Victoria oder der Juno, der Pax (des im Jahre 46 errungenen Friedens) und bei den zur Zeit seiner Triumphe geprägten Münzen Trophäen und gefesselte Gallier als Repräsentanten der besiegten Nation — in einem der Köpfe hat man bekanntlich, schwerlich mit Recht, ein Porträt des Vercingetorix gesucht — auf seine Münzen zu setzen; jetzt trat auch hier sein tatsächliches Königtum[5]) unverhüllt hervor. Aber offiziell wurde die absolute

---

[1]) Dio 43, 44, 6 ἱερομηνίαν (= *supplicationem*) τε ἐξαίρετον, ὁσάκις ἂν νίκη τέ τις συμβῇ καὶ θυσίαι ἐπ' αὐτῇ γίγνωνται, κἂν μήτε συστρατεύσαντι μήθ' ὅλως ἐπικοινώσαντι τῶν καταπραχθέντων ἔδοσαν. c. 45, 2: στρατιώτας τε μόνον ἔχειν.

[2]) Dio 46, 45 τάς τε γὰρ ἀρχὰς αὐτῷ καὶ τὰς τοῦ πλήθους ἀνέθεσαν, καὶ ὕπατον αὐτὸν ἐπὶ δέκα ἔτη, ὥσπερ καὶ δικτάτωρα πρότερον, προσχειρίσαντο. 47, 1 τὴν ἀπόδειξιν αὐτῶν (der Magistrate) ὁ Καῖσαρ οὐκ ἐδέξατο.

[3]) Dio 43, 44, 2 καὶ τὰ δημόσια χρήματα μόνον διοικεῖν ἐκέλευσαν.

[4]) Die Chronologie der Münzen dieser Zeit hat GANTER, Z. f. Num. XIX 1895, 183 ff. vortrefflich klargelegt. Die Zahl der bisherigen *IIIviri aere argento auro flando feriundo* war im Jahre 46 auf vier vermehrt worden; seit dem Anfang des Sommers 45 prägen sie mit Caesars Kopf und zunächst der Legende *Caesar dict. quart.*, dann *Caesar imp.*, worauf im Februar 44 *dict. perpetuo* und *parens patriae* folgt.

[5]) Als *rex* bezeichnet Cicero den Caesar am 2. August Att. XIII 37, wo er aus Anlaß der Beschuldigungen, die sein Neffe Quintus bei Caesar gegen ihn und den eigenen Vater vorgebracht und gegen die Hirtius ihn verteidigt hat *(alienissimos nos esse a Caesare, fidem nobis ha-*

Monarchie, die man so aufrichtete, als Begründung der wahren Freiheit, der Sieg in Spanien als ihre Sicherung proklamiert und daher der Libertas ein Staatsstempel beschlossen und Caesar als „Befreier" bezeichnet und dieser Beschluß in die Akten eingetragen[1]).

Daneben geht die weitere Annäherung des Herrschers an die Götter des Staats einher. Im Mai wird beschlossen, daß ihm als dem *deus invictus* eine Statue im Tempel des Quirinus, des vergötterten Romulus — diese Auffassung des alten Gottes war damals längst allgemein angenommen — und daher zugleich der eigentlichen Verkörperung des römischen Staats, aufgestellt werden sollte[2]); hier auf dem Quirinal sollte zugleich, so scheint es, die Amtswohnung liegen, die ihm zuerkannt wurde[3]). Eine andre Statue wurde denen der sieben (oder vielmehr acht) Könige — und des Befreiers L. Brutus! — auf dem Capitol angereiht[4]).

---

bendam non esse, me vero etiam cavendum), an Atticus schreibt: φοβερὸν ἂν ἦν, *nisi viderem, scire regem, me animi nihil habere.*

[1]) Dio 43, 44 ἐπὶ τῇ νίκῃ ... προσέτι αὐτόν τε ἐλευθερωτὴν καὶ ἐς τὰ γραμματεῖα ἀνέγραφον καὶ νεὼν ἐλευθερίας δημοσίᾳ ἐψηφίσαντο.

[2]) Dio 43, 45, 3 ἄλλην τέ τινα εἰκόνα ἐς τὸν τοῦ Κυρίνου ναόν, θεῷ ἀνικήτῳ ἐπιγράψαντες, ... ἀνέθεσαν. Cic. Att. XII 45, 3 (17. Mai) *eum σύνναον Quirini malo quam Salutis.* XIII 28, 3 (26. Mai) *Quirini contubernalem.*

[3]) Dio 43, 44, 6 ταῦτά τε οὖν (den Imperatornamen) τότε τῷ Καίσαρι καὶ οἰκίαν, ὥστε ἐν τῷ δημοσίῳ οἰκεῖν ἔδοσαν. Diese Wohnung (die nach einem späteren Beschluß mit einem Giebel geschmückt werden sollte, S. 513) kann nicht mit der Regia identisch sein, die Caesar als *Pontifex maximus* schon seit dem Jahre 63 bewohnte (Sueton 46 *habitavit primo in Subura modicis aedibus; post autem pontificatum maximum in Sacra via domo publica);* sie wird nicht fertig geworden sein und daher sonst nicht erwähnt. Daß sie auf dem Quirinal, offenbar in nächster Nähe des Tempels, liegen sollte, ergibt sich aus Cic. Att. XII 47, 3 *(domum tuam pluris video futuram vicino Caesare,* vgl. 45, 3 *de Caesare vicino scripseram ad te, quia cognoram ex tuis litteris,* woran sich die A. 2 angeführte Bemerkung anschließt), wo Cicero den Atticus, der auf dem Quirinal wohnte (Nepos Att. 13), als zukünftigen Nachbar Caesars bezeichnet.

[4]) Dio 93, 44, 3 καὶ ἄλλην ἐς τὸ Καπιτώλιον παρὰ τοὺς βασιλεύσαντάς ποτε ἐν τῇ Ῥώμῃ ἀνέθεσαν; mit Recht weist er dabei auf die Statue des Brutus hin. Sueton 76: *statuam inter reges.*

Bei den Festspielen sollte seine Statue aus Elfenbein, wie die Götterbilder des Phidias, neben denen der übrigen Götter in Prozession aufziehn, wie man alsbald hinzufügte, auf dem Siegeswagen[1]). Zum ersten Male erschien sie bei der nach dem vorjährigen Beschluß als Jahresfest eingeführten Feier der *ludi Victoriae Caesaris* vom 20. bis 30. Juli (oben S. 389); da erregte diese allem römischen Empfinden ins Gesicht schlagende Vergötterung doch allgemeines Entsetzen, und bewirkte, daß auch die Caesar begleitende Victoria mit Schweigen empfangen ward[2]). Aber solche Stimmungen hatten keine Bedeutung mehr. Man mußte sich eben fügen, und als Lepidus an Cicero die Aufforderung richtete, am 1. August in den Senat zu kommen — was da verhandelt werden sollte, wissen wir nicht —, „das werde ihm und Caesar außerordentlich willkommen sein"[3]), blieb ihm nichts übrig, als zu gehorchen. Eifrig erkundigt er sich immer wieder, wenn Caesar nach Rom kommen wird, um nur ja rechtzeitig zu seiner Begrüßung erscheinen zu können.

Bei dieser Entwicklung ist es begreiflich genug, daß der Gedanke, sich des Herrschers gewaltsam zu entledigen, erneut auftauchte. So hat C. Trebonius, einer der tüchtigsten Offiziere Caesars und wie im Jahre 55, wo er als Tribun das Gesetz über die Pompejus und Crassus zuzuweisenden Provinzen einbrachte, so im Jahre 48 als Praetor im Konflikt mit Caelius (S. 368) und dann als Statthalter des jenseitigen Spaniens ein eifriger Verfechter seiner Interessen, erwogen, ihn auf dem Wege durch Südfrankreich zu ermorden; offenbar kam, als er sah, zu welchem Ergebnis die von ihm geförderte Politik führte, die republikanische

---

[1]) Dio 43. 45, 2 καὶ τότε μὲν ἀνδριάντα αὐτοῦ ἐλεφάντινον, ὕστερον δὲ καὶ ἅρμα ὅλον ἐν ταῖς ἱπποδρομίαις μετὰ τῶν θείων ἀγαλμάτων πέμπεσθαι ἔγνωσαν. Vgl. Cic. Att. XIII 28, 3 (am 26. Mai): *hunc de pompa, Quirini contubernalem.*

[2]) Cic. Att. XIII 44 (von O. E. Schmidt S. 329 richtig datiert und gedeutet): *o suavis tuas litteras! etsi acerba pompa — populum vero praeclarum, quod propter malum vicinum* (d. i. Caesar) *ne Victoriae quidem ploditur.* Der Eindruck davon hielt Cicero ab, auf Brutus' Drängen an Caesar zu schreiben (*sed pompa deterret*, oben S. 442).

[3]) Att. XIII 47 b.

Gesinnung bei ihm zum Durchbruch. Er hat in Narbo den Antonius, der Caesar entgegengereist war[1]), daraufhin sondiert. Nach seinem Bruch mit Caesar, im vorigen Jahr, hatte man diesem ja bereits derartige Absichten zugetraut (S. 403). Jetzt aber verhielt Antonius sich ablehnend, und so ließ Trebonius den Gedanken fallen[2]). Andrerseits hat Antonius ebensowenig Caesar Mitteilung davon gemacht und ihn gewarnt. Sein Verhalten war also dasselbe, wie das des Philotas, als ihm die Verschwörung des Dimnos gegen Alexander mitgeteilt wurde: die Hand wollte er zu der Tat nicht bieten, aber es wäre ihm ganz recht gewesen, wenn sie ohne sein Zutun geschehn wäre.

Auch Cicero hat damals bereits mit diesem Gedanken gespielt: auf die Kunde von der Aufstellung der Statue Caesars im Quirinustempel schreibt er am 17. Mai: „Ich sehe ihn lieber als Kultgenossen des Quirinus, als der Salus"[3]), die auf dem Quirinal gleichfalls einen Tempel hatte, d. h. ich wünsche ihm, wie das der Consul C. Piso im Jahre 67 bei der Lex Gabinia dem Pompejus gedroht hatte[4]), das Schicksal des vergötterten Romulus, der nach der allgemein angenommenen Auffassung der rationalistischen Annalistik von den Senatoren zerrissen worden war, weil er zum Tyrannen entartete — eine Hoffnung, die sich in weniger als Jahresfrist buchstäblich erfüllt hat[5]). So weit war

---

[1]) In den spanischen Feldzug hat Caesar ihn so wenig mitgenommen, wie vorher nach Afrika. Auf der Reise machte er einen plötzlichen Abstecher zurück nach Rom, der großes Aufsehen erregte (Cic. Att. XII 18a, 1. 19, 2. 20. Mitte März 45); der Grund aber waren private Geschäfte, die er zugleich benutzte, um seiner Frau Fulvia, der Witwe des Clodius und Curio, die er vor kurzem geheiratet hatte, eine freudige Überraschung zu bereiten (Cic. Phil. II 76 ff. = Plut. Anton. 10, letzterer mit falscher Motivierung).

[2]) Cic. Phil. II 34. Plut. Anton. 13.

[3]) Att. XII 45, 3 *eum σύνναον Quirini malo quam Salutis.*

[4]) Plut. Pomp. 25.

[5]) Nach Appian II 114, 476 war diese Erwägung für die Verschworenen bei der Wahl der Curie zum Schauplatz ihrer Tat ausschlaggebend, ὡς τῶν βουλευτῶν, εἰ καὶ μὴ προμάθοιεν, προθύμως ὅτε ἴδοιεν τὸ ἔργον συνεπιληψομένων, ὃ καὶ περὶ Ῥωμύλον τυραννικὸν ἐκ βασιλικοῦ γενόμενον ἐλέγετο

er von der Stimmung der Marcellusrede zurückgekommen. Seine Hoffnungen klammerten sich immer mehr an Marcus Brutus, der durch seine Abstammung von dem Begründer der Republik und von Mutters Seite von dem Tyrannenmörder Servilius Ahala, der den Sp. Maelius, als er sich zum König machen wollte, auf offenem Markt niedergestoßen hatte, wenn irgend einer für die Tat prädestiniert erschien. Brutus war ein überzeugter Republikaner und gehörte schon durch seine Herkunft der demokratischen Partei, d. i. der Partei der Ritterschaft an; sein Vater hatte im Jahre 77 als Genosse des Lepidus den Aufstand im Polande organisiert und Pompejus hatte ihn nach der Gefangennahme hinrichten lassen. Als notorischer Gegner des Pompejus war er im Jahre 59 zuerst unter die angeblichen Attentäter auf diesen eingereiht worden (S. 85); später hat er gegen den Plan geschrieben, Pompejus zum Dictator zu machen, und ist im Jahre 52 eifrig für Milo eingetreten (S. 224, 4. 235). Um so größeres Aufsehn machte es, daß er beim Ausbruch des Bürgerkriegs, den ererbten Haß seiner Bürgerpflicht opfernd, ins Lager des Pompejus gegangen war[1]. Nach Pharsalos hat er dann allerdings, wie so viele andre, seinen Frieden mit Caesar gemacht, der diesem infolge des Verhältnisses, in dem er seit langen Jahren mit Brutus' Mutter Servilia (die dann den D. Junius Silanus, Consul 62 geheiratet hatte) stand, besonders willkommen war[2]. Aber

---

συμβῆναι, δόξειν τε τὸ ἔργον, ὥσπερ ἐκεῖνο καὶ τόδε ἐν βουλευτηρίῳ γενόμενον, οὐ κατ' ἐπιβουλὴν ἀλλ' ὑπὲρ τῆς πόλεως πεπρᾶχθαι.

[1] Bis dahin hatte er Pompejus den Gruß verweigert. Plut. Brut. 4 = Pomp. 64. Vgl. Cic. ad Att. XI 4, aus Pompejus' Lager: *Brutus amicus; in causa versatur acriter.*

[2] Sueton Caes. 50. Plut. Brut. 5. Durch den von Plutarch Cato 24 Brut. 5 berichteten Vorgang bei der Verhandlung über die Catilinarier wurde es stadtbekannt. Es setzte sich, wie Sueton berichtet, in Caesars Consulat und Monarchie fort, wo Caesar ihr, die damals längst verwitwet war, aus der Beute großen Landbesitz gegen geringe Zahlung zuwandte; vgl. Cic. ad Att. XIV 21, 3 (11. Mai 44), der es als ὑποσόλοικον bezeichnet, *Pontii Neapolitanum a matre tyrannoctoni possideri.* Dafür soll sie ihm ihre Tochter Junia Tertia, die Gemahlin des Cassius, zuge-

Brutus folgte darin nur den Traditionen seines Zweiges des junischen Geschlechts, dessen Angehörige, im Gegensatz zu den Decimi Bruti (Albini), den Nachkommen des Callaicus, alle der demokratischen Partei angehört und für sie das Leben gelassen hatten[1]); durch seinen Schwager Lepidus, den Gemahl seiner Stiefschwester Junia, war er noch weiter mit der Partei verbunden. Von Caesar wurde er begünstigt und erhielt für das Jahr 46, obwohl er noch nicht Praetor gewesen war, die Statthalterschaft des cisalpinischen Galliens. Aber aus seiner Gesinnung machte er kein Hehl, gab ihr vielmehr sowohl in der Schrift *de virtute*,

---

führt haben, worüber Cicero spottete: *quo melius emptum sciatis, tertia deducta* („damit alle Welt weiß, daß es wirklich gekauft ist, ist ein Drittel abgezogen", oder aber „ist Tertia ihm zugeführt"; Sueton Caes. 50 = Macrob. II 2, 5). Daran knüpft dann die nur bei Plut. Brut. 5 und Appian II 112, 468 vorliegende Fabel an, Brutus sei Caesars Sohn gewesen, die weder zu den Daten von Caesars Leben [sein Verhältnis zu Servilia fällt in weit spätere Zeit, als sie schon nicht mehr jung war], noch zu denen über Brutus stimmt, mag dieser nun, nach Cic. Brut. 324. im Jahre 85, oder, nach Vellejus II 72, im Jahre 78 geboren sein [bei Liv. epit. 124 ist die Zahl nicht erhalten]; über diese Frage vermag ich zu einer Entscheidung nicht zu gelangen (s. BYNUM, Das Leben des Brutus bis auf Caesars Ermordung, Halle 1897; GROEBE, Hermes 42, 1907, 304 ff. und bei DRUMANN IV² 21 f. (für 85); SEECK, Rhein. Mus. 56, 1901, 631 ff. und Hermes 42, 1907, 505 ff. (für 78). Daß er um 53 Quaestor (de vir. ill. 52) war, beweist nichts, da es für die Quaestur keine feste Altersgrenze gab (vgl. S. 577, 4); daß ihn aber Caesar für das Jahr 44 zum Praetor ernannt habe, ehe er das gesetzliche Alter erreicht hatte, ist wenig wahrscheinlich; bei Dolabella, den er mit 35 Jahren [so wird die Zahl 25 bei Appian II 129, 539 (vgl. III 88, 361) zu korrigieren sein] zum Consul machte, lagen die Dinge anders, als bei dem begnadigten Gegner Brutus. — Den Ausruf Caesars bei der Ermordung καὶ σὺ τέκνον geben übrigens bekanntlich gerade Plutarch und Appian nicht; er findet sich nur, als unverbürgte (und gewiß nicht historische) Erzählung einiger, bei Sueton Caes. 82 und Dio 44, 19, 5.

[1]) Außer dem Vater des Caesarmörders, Volkstribun 83, von Pompejus hingerichtet 77 (Liv. epit. 90), der gleichnamige Praetor des Jahres 88, der sich 82, von Pompejus eingeschlossen, bei Lilybaeum tötete (Liv. ep. 89), und L. Brutus Damasippus, einer der fanatischsten Marianer, Praetor 82, nach der Schlacht am collinischen Tor von Sulla hingerichtet.

mit der enthusiastischen Schilderung des M. Marcellus (oben S. 383), wie in seiner Lobschrift auf Cato, den Stiefbruder seiner Mutter, offenen Ausdruck. Daß er Catos Selbstmord mißbilligte, da man hinnehmen müsse, was das Schicksal verhänge[1]), konnte zugleich als eine Rechtfertigung seines eigenen Verhaltens gelten. Nach der Rückkehr aus seiner Provinz gestaltete er diese Beziehungen noch enger: er schied sich von seiner Gemahlin Claudia, der Tochter des Appius Claudius (Censor im Jahre 50), und heiratete Catos Tochter Porcia, die Witwe des Bibulus[2]).

Cicero fühlte sich offenbar auch persönlich zu Brutus hingezogen: seine in sich geschlossene Persönlichkeit, sein sicheres Auftreten, der philosophische Doktrinarismus, mit dem er alle Fragen beurteilte — er vertrat bekanntlich in der Hauptsache die Lehren der älteren Akademie, zu denen dann, unter der Einwirkung Catos, eine stoische Beimischung kam —, die Festigkeit des Willens, die er überall bezeigte und ostentativ zur Schau trug[3]), das alles wirkte auf ihn um so stärker, da es so ganz das Gegenteil seiner eignen, stetig schwankenden und ängstlich abwägenden Persönlichkeit war, die nur schwer zu einem bestimmten Entschluß zu gelangen, noch schwerer ihn festzuhalten und

---

[1]) Bei Plut. Brut. 40 sagt Brutus bei Philippi zu Cassius: ᾐτιασάμην Κάτωνα διαχρησάμενον ἑαυτόν, ὡς οὐχ ὅσιον οὐδ' ἀνδρὸς ἔργον ὑποχωρεῖν τῷ δαίμονι καὶ μὴ δέχεσθαι τὸ συμπῖπτον ἀδεῶς, ἀλλ' ἀποδιδράσκειν; jetzt aber habe er seine Ansicht geändert. Jene Auffassung hat er gewiß in seiner Schrift vorgetragen.

[2]) Die Scheidung von Claudia, mit der er noch vermählt war, als Cicero den *Brutus* schrieb (267. 324), fand Mitte Juni 45 statt (Cic. Att. XIII 9, 2. 10. 3). Die Mutter Servilia war mit der neuen Ehe wenig einverstanden (Att. XIII 22, 4, vgl. 16, 2).

[3]) Caesar sagte von ihm: „Es kommt viel darauf an, was er will, aber das was er will, will er mit Energie" *(magni refert, hic quid velit, at quicquid volt, valde volt)*; das habe er erkannt, als er Ende August (d. i. Mitte Juni) 47 vor ihm in Nicaea für Dejotaros redete, da habe er sehr heftig und freimütig gesprochen (Cic. Att. XIV 1, 2; die Rede wird im Brutus 21 erwähnt und war veröffentlicht, Tac. dial. 21). Bei Plutarch Brut. 6 (wo an Stelle des Dejotaros versehentlich ὁ τῶν Λιβύων βασιλεύς genannt wird) ist Caesars Äußerung entstellt in οὗτος ὁ νεανίας οὐκ οἶδα μὲν ὃ βούλεται, πᾶν δ' ὃ βούλεται, σφόδρα βούλεται.

durchzuführen vermochte. So hat er sich ihm geradezu aufgedrängt: er widmet ihm eine rhetorische und philosophische Schrift nach der andern, er will ihn nach seinen in einer langen Praxis ausgebildeten Anschauungen zum vollendeten Redner und damit zum führenden Staatsmann der nächsten Generation erziehn, er nimmt es hin, wenn Brutus das sehr kühl und überlegen aufnimmt und ihm offen ausspricht, daß er seine rhetorischen Lehren nicht für richtig halte und sie nicht befolgen könne[1]) — in der Tat war es für einen Mann von Brutus' Naturell ganz unmöglich, in Ciceros Stil zu reden und zu schreiben, und Cicero hat das auch anerkannt, als Brutus ihn nach Caesars Ermordung aufforderte, seine am 15. März an das Volk gehaltene Rede für die Veröffentlichung zu korrigieren[2]) —, ja er verzieh

---

[1]) Cic. Att. XIV 20, 3 (11. Mai 44) *quin etiam cum ipsius (Bruti) precibus paene adductus scripsissem ad eum de optimo genere dicendi* (d. i. den Orator), *non modo mihi, sed etiam tibi scripsit, sibi illud, quod mihi placeret, non probari.*

[2]) Cic. Att. XV 1 b, 2 (18. Mai): *Brutus noster misit ad me orationem suam habitam in contione Capitolina petivitque a me, ut eam ne ambitiose corrigerem antequam ederet. est autem oratio scripta elegantissime sententiis, verbis ut nihil possit ultra: ego tamen, si illam causam habuissem, scripsissem ardentius.* ὑπόθεσις *vides quae sit et persona dicentis. itaque eam corrigere non potui. quo enim in genere Brutus noster esse velit et quod iudicium habet de optimo genere dicendi, id ita consecutus est in ea oratione, ut elegantius esse nihil possit; sed ego secutus sum aliud, sive hoc recte sive non recte.* Er bittet dann Atticus um sein Urteil, fürchtet aber, dieser werde *hyperatticus in iudicando* sein; *sed si recordabere* Δημοσθένους *fulmina, tum intelleges posse et* ἀττικώτατα *et gravissime dici.* Atticus stimmt zu (XV 3, 2), wünscht aber doch, Cicero möge etwas schreiben *quasi a Bruto habita oratione*, obwohl dieser seine schon herausgegeben habe. *qui tandem convenit? an sic, ut in tyrannum iure optimo caesum? multa dicentur, multa scribentur a nobis, sed alio modo et tempore.* Einige Tage vorher, am 11. Mai, hat sich Cicero bereits eingehend ausgesprochen (Att. XIV 20, 3): Es gibt keinen Dichter und keinen Redner, der sich nicht selbst für den besten hält, und das gilt auch von Brutus. *de quo etiam experti sumus nuper in edicto* [es ist das Att. XIV 20, 4. fam. XI 2, 1 erwähnte Edikt, durch das Brutus und Cassius ihre Anhänger in den Municipien zu passivem Verhalten ermahnten]; *scripseram rogatu tuo: meum mihi pla-*

ihm schließlich sogar, daß er sich in seinem *Cato* sehr von oben herab, in einer Ciceros Eitelkeit aufs tiefste verletzenden Weise, bei der er überdies die Tatsachen falsch darstellte, über dessen Tätigkeit bei der Unterdrückung und Bestrafung der Catilinarier geäußert hatte[1]).

Auf die politischen Hintergedanken Ciceros einzugehn war freilich Brutus zunächst garnicht geneigt[2]). Offenbar war er

---

cebat, illi suum. Plutarch Brut. 2 verwendet zur Charakteristik seines Stils die griechischen Briefe des Brutus, die nebst den von einem „König Mithridates" (etwa aus der kommagenischen Dynastie?) verfaßten Antworten auf uns gekommen sind und deren Echtheit Rühl, Rhein. Mus. 70, 1915, 316 ff. erwiesen hat. Sie sind in der Tat äußerst charakteristisch für die kühle Art des Brutus, der durchweg in echt sophistischer Weise mit philosophischen Argumenten operiert und dabei die Gedanken in möglichst knapper Formulierung zusammenfügt; sie erinnern an die Art, wie Agesilaos und andere Spartaner zu argumentieren liebten. Sich logisch scharf auszudrücken verstand Brutus; aber seinen Worten fehlte, wie Cicero mit Recht empfindet, jede Wärme und daher die Überzeugungskraft und die Wirkung. Shakespeare hat in der Rede des Brutus vor Caesars Leichenfeier seine Art und seinen Stil, auf Grund der Andeutungen Plutarchs, ganz vorzüglich getroffen.

[1]) Atticus hatte ihm darüber Vorstellungen gemacht; aber Brutus' Antwort befriedigte Cicero garnicht: *legi Bruti epistolam eamque tibi remisi*, schreibt er am 17. März an Atticus (XII 21). *sane non prudenter rescriptam ad ea, quae requisieras: sed ipse viderit. quamquam illud turpiter ignorat* — es folgt die Darlegung der Vorgänge bei der entscheidenden Senatsverhandlung am 5. Dezember 63. *me autem hic laudat, quod rettulerim, non quod patefecerim, ⟨quod⟩ cohortatus sim, quod denique antequam consulerem ipse indicaverim   hoc autem se etiam tribuere multum mihi putat, quod scripserit „optimum consulem". quis enim ieiunius dixit inimicus? ad cetera vero tibi quemadmodum rescripsit! tantum rogat, de senatus consulto ut corrigas. hoc quidem fecisset, etiam si ⟨a lib⟩rario admonitus esset. sed haec iterum ipse viderit.* Trotzdem widmet er ihm kurz darauf sein Werk *de finibus* (dem dann die Tusculanen und *de deorum natura* folgen) und denkt daran, ihn und Cato in den *Academica* auftreten zu lassen. Anfang August verfaßt er eine *laudatio* auf die damals gestorbene Porcia, Schwester Catos und Witwe des L. Domitius Ahenobarbus (Att. XIII 37,   48, 2), ebenso wie Varro und ein sonst nicht bekannter Ollius (Lollius?).

[2]) So große Verdienste O. E. Schmidt um die Chronologie und Interpretation des ciceronischen Briefwechsels dieser Zeit sich erworben hat,

der Ansicht, daß die Zeit des absoluten Regiments nur eine durch den Zwang der Lage geschaffene vorübergehende Notwendigkeit sei, wie ehemals das womöglich noch despotischere und zugleich weit blutigere Regiment des Cinna und Carbo, und daß Caesar nach voller Beendigung der Bürgerkriege den Staat in republikanische Formen zurückführen werde. Daß Caesar selbst für ihn entschiedene Sympathie zeigte — obwohl das Verhältnis beider von der späteren Tradition stark übertrieben und romantisch ausgestattet ist —, hat diese Stimmung noch verstärkt. So hat Brutus in einem Brief an Cicero Caesar gegen den Verdacht verteidigt, Marcellus' Ermordung veranlaßt zu haben[1]);

---

so seltsam ist die Ansicht, die er sich, um Ciceros Verhalten durchweg verteidigen zu können, von Brutus gebildet hat, wohl das wunderlichste Zerrbild unter den vielen, die von diesem entworfen sind (vgl. außer seiner Schrift über Ciceros Briefwechsel seinen Vortrag über Brutus: Verhandl. der Görlitzer Philologenvers. 1889). Er meint, Brutus sei ein geheimer Agent Caesars gewesen, der Cicero in die Falle locken sollte, sein Cato sei in erster Linie bestimmt gewesen, Cicero herabzuwürdigen; zum Mörder Caesars sei er geworden, weil seine Hoffnung, von diesem adoptiert zu werden, sich nicht erfüllte! Gegen SCHMIDT ist die von mir veranlaßte Schrift von ERNEST T. BYNUM, Das Leben des M. Junius Brutus bis auf Caesars Ermordung, Halle 1897, gerichtet. Brutus' Zinswucher auf Cypern ist gewiß nicht schön; aber er ist echt römisch-republikanisch, ein Recht, das dem vornehmen Römer zusteht. Um ihn moralisch richtig zu beurteilen, muß man die Art vergleichen, mit der viele im Privatleben sehr human auftretende Geschäftsmänner in allen modernen Nationen ihre Geschäftsinteressen rücksichtslos verfolgen und ihre ausstehenden Kapitalien oder Zinsen ausnutzen und beitreiben, ohne sich darum zu kümmern, was das auf die Betroffenen für Wirkung hat, zumal erst, wenn es sich um Anleihen ausländischer und vor allem orientalischer Staaten handelt. Im übrigen steht dieser Zinswucher mit Brutus' Verfahren in Asien 43, das seine Briefe (S. 454, A.) so anschaulich illustrieren, in vollem Einklang.

[1]) Att. XIII 10, 3 (ca. 20. Juni); Cicero hält das für völlig überflüssig, da die Schuldlosigkeit Caesars klar sei, und begreift den Brief nicht: *Brutus per litteras purgat Caesarem de interitu Marcelli, in quem, ne si insidiis quidem ille interfectus esset, caderet ulla suspicio; nunc vero cum de Magio* (sein Selbstmord) *constet, nonne furor eius causam omnem sustinet? plane quid sit non intellego explanabis igitur. quamquam nihil habeo, quod dubitem* — und

im Juli ermahnt er Cicero, an Caesar zu schreiben¹), und sucht durch Atticus auf ihn einzuwirken, daß er sich nicht weiter in seine philosophische Schriftstellerei vergrabe, sondern nach Rom gehe²). Er selbst reiste Caesar mit frohen Hoffnungen nach Gallien entgegen, und die Aufnahme, die er hier fand, bekräftigte seine Auffassung: er meldete nach Rom, daß Caesar sich fortan den *boni viri*, den aristokratischen Republikanern, anschließen werde. Den Anlaß dazu hat, wie man mit Recht vermutet hat, gegeben, daß Caesar erklärte, er werde jetzt wieder Wahlen vornehmen lassen, somit das absolutistische Regiment nicht weiter fortführen. Cicero ist durch diese Auffassung tief enttäuscht: „So also meldet Brutus," schreibt er an Atticus, „jener wolle zu den *boni viri*? Das wäre eine frohe Botschaft! Aber wo will er die finden? es sei denn, daß er sich aufhängt Wo bleibt da aber Dein Kunstwerk, das ich in Brutus' Parthenon gesehn habe, der auf Ahala und Brutus zurückgehende Stammbaum?"³)

Dieser Hinweis in einem ganz vertraulichen Brief nimmt eine Äußerung wieder auf, die Cicero nach der Aussage des Vettius schon in Caesars erstem Consulat getan haben soll (oben S. 86). Sie redet deutlich genug. Wer diese Worte und die über Caesar und

dann fällt ihm ein, daß sich das Motiv des Magius sehr wohl vermuten lasse (oben S. 406, 4).

¹) Att. XIII 44, s. oben S. 442. 5.
²) Att. XIII 39, 2 (Anfang August): *Romam, ut censes, veniam, sed invitus; valde enim in scribendo haereo. Brutus, inquis, eadem. scilicet. sed nisi hoc esset, res me ista non cogeret.*
³) Att. XIII 40 (gegen Mitte August): *itane nuntiat Brutus, illum ad bonos viros?* εὐαγγέλια. *sed ubi eos? nisi forte se suspendit.* † *hic autem ut fultum est* †. *ubi igitur* φιλοτέχνημα *tuum, quod vidi in Parthenone, Ahalam et Brutum?* — Atticus hat bekanntlich auf Brutus' Bitte eine besondere Schrift über den Stammbaum seiner Familie verfaßt (Nepos Att. 18), die ihn natürlich auf den Begründer der Republik zurückführte. Die Gegner bestritten das mit Recht mit dem Hinweis darauf, daß dieser seine Söhne hingerichtet und keine Nachkommen hinterlassen habe (Dion. Hal. V 13. Dio 44. 12, 1); Posidonios hat dann noch einen dritten, sonst unbekannten Sohn des alten L. Brutus erfunden (Plut. Brut. 1), und ebenso wird sich Atticus beholfen haben.

Quirinus in ihrer Tragweite richtig würdigt und berücksichtigt, daß Cicero nach seiner ganzen Art sich im Gespräch noch viel unzweideutiger ausgesprochen haben wird, zumal als während des Winters die Aufrichtung der Monarchie immer weiter vorschritt, und daneben in Betracht zieht, daß er, nach dem Tode so vieler bedeutsamer Männer, bei Freund und Feind und darum auch bei Caesar selbst[1]) immer mehr als der letzte hervorragende Repräsentant der alten republikanischen Zeit galt und daß deshalb nicht wenige ehrenhafte Männer es ihm verargt haben, daß er seinem Schmerz, bei dem der Tod der Tochter mit dem Falle der Republik zusammenwirkte, so völlig nachgab und sich ganz in die philosophische Schriftstellerei stürzte, statt sich im öffentlichen Leben zu betätigen[2]), der wird zugeben müssen, daß es nicht unberechtigt war, wenn Antonius ihn am 19. September 44 als den intellektuellen Urheber der Ermordung Caesars bezeichnete, so wenig er jemals an der Tat teilgenommen haben würde und so recht die Verschworenen daher taten, ihn nicht ins Geheimnis zu ziehn.

Bei der Rückkehr nach Rom hat Caesar in der Narbonensis einen Teil seiner Veteranen angesiedelt (S. 487). Unterwegs schloß sich ihm Decimus Brutus an, der bisher das jenseitige Gallien verwaltet hatte, im cisalpinischen Gallien überzeugte er sich von der trefflichen Verwaltung des M. Brutus

---

[1]) Vgl. Cic. Att. XIV 17, 6 (3. Mai 44) *ego autem — credas mihi velim — minore periculo existimo contra illas nefarias partes vivo tyranno dici potuisse quam mortuo; ille enim nescio quo pacto ferebat me quidem mirabiliter.* Vgl. XV 4, 3.

[2]) z. B. Cic. Att. XII 21, 5. 23, 1. 28, 2. 38, 3. 40, 2. Mit vollem Recht verteidigt sich Cicero dagegen: *si qui me fractum esse animo et debilitatum putant, sciant, quid litterarum et cuius generis conficiam, credo .. existiment me reprehendendum non esse,* daß ich vielmehr, weil ich den Trost gesucht habe, *quae maxime liberalis sit doctoque homine dignissima,* Lob verdiene (XII 38, 3). An seine Freundin Caerellia schreibt er (Quintil. VI 3, 112): *haec aut animo Catonis ferenda sunt aut Ciceronis stomacho.* Daß ein Urteil wie das Mommsens über Ciceros philosophische Schriften sachlich und persönlich von Grund aus verkehrt ist, ist jetzt wohl allgemein anerkannt.

im letzten Jahr — sein Nachfolger war jetzt der recht tüchtige und humane C. Vibius Pansa. Den Antonius nahm er, nach zweijähriger Pause, aufs neue zu Gnaden an, ja er gab ihm auf seinem Wagen den Ehrenplatz an seiner Seite, während Decimus Brutus und sein junger Großneffe Octavius im nächsten Wagen folgten¹); er mochte ihn jetzt für hinlänglich gedemütigt halten, um sein Talent wieder verwenden zu können, und dachte ihn zugleich als Gegengewicht gegen Dolabella zu benutzen, den um seinetwillen fallen zu lassen ihm ganz fern lag. Etwa Anfang September traf er in Rom ein²); kurz darauf feierte er seinen Triumph, an den sich eine, weil sie zuerst ziemlich dürftig ausgefallen war, nochmals wiederholte Bewirtung des Volkes anschloß³). Den republikanischen Ordnungen glaubte er dadurch Rechnung zu tragen, daß er auch den Statthaltern der beiden Spanien, Q. Fabius Maximus und Q. Pedius, in deren Provinzen der Krieg geführt war, den Triumph gewährte, obwohl sie nicht unter eigenen, sondern unter Caesars Auspicien gekämpft und tatsächlich zur Entscheidung nicht viel beigetragen hatten⁴). Beim Volk freilich erregte es schweren Anstoß, daß er jetzt offen über besiegte Bürger triumphierte⁵): und der Tribun Pontius Aquila gab dem allgemeinen Gefühl Ausdruck, als er, wie Caesar auf dem Triumphwagen an der Tribunenbank vorbeifuhr, zu seiner Entrüstung nicht vor ihm aufstand⁶).

---

¹) Plut. Anton. 11. vgl. Cic. Phil. II 78. Vellejus II 59, 3. Über M. Brutus Brut. 6; über Caesars Art zu reisen s. auch Plut. Caes. 17, Sueton 57.

²) Vellejus II 56 sagt, er sei *mense Octobri* nach Rom zurückgekehrt; aber schon am 13. September hat er *in Lavicano suo*, einem Gut südöstlich von Rom, sein Testament gemacht (Sueton Caes. 83), und am 13. Oktober triumphiert Fabius Maximus. natürlich später als Caesar. Vellejus' Angabe ist daher ungenau.

³) Dio 43. 42. Liv. 116. Sueton Caes. 38. Plin. 14. 97.

⁴) Dio 43, 42; vgl. Quintil. VI 3, 61. Act. triumph. *Q. Fabius Q. f. Q. n. Maximus cos. ex Hispania III Idus Octob.: Q. Pedius M. f. procos. ex Hispania Idib. Dec.* Die Daten für Caesars Triumphe sind nicht erhalten.

⁵) Plut. Caes. 56.

⁶) Sueton Caes. 78: Caesars späteres Verhalten gegen den ihm die Ehrenbeschlüsse überbringenden Senat (S. 517) *tanto intolerabilius est*

Die republikanischen Ämter hat Caesar in der Tat wieder besetzen lassen: er legte sein alleiniges Consulat nieder und ließ für den Rest des Jahres zu Consuln den Q. Fabius Maximus, noch vor dessen Triumph, und den C. Trebonius wählen[1]), von dessen wahrer Gesinnung er offenbar keine Ahnung hatte. Die allem Herkommen widersprechende Neuerung, die in der durch kein berechtigtes Motiv veranlaßten Niederlegung des Consulats inmitten des Amtsjahrs und der Bestellung eines Nachfolgers für den Rest des Jahres lag, empfand man sehr deutlich. „Als der Dreimonatsconsul Fabius Maximus das Theater betrat und der Lictor, wie es Brauch ist, Achtung proklamierte, rief alle Welt, er sei kein Consul"[2]). Noch deutlicher zeigte sich, daß das Einlenken in die verfassungsmäßigen Bahnen nur ein wesenloser Schein war, als zu Ende des Jahres Fabius Maximus starb. „Auf den 31. Dezember waren auf dem Marsfelde Comitien für die Quaestorenwahlen angesetzt; um die zweite Morgenstunde, als der Amtssessel des Q. Maximus, von dem jene Leute be-

---

risum, quod ipse triumphanti et subsellia tribunicia praetervehenti sibi unum e collegio Pontium Aquilam non assurrexisse adeo indignatus sit, ut proclamaverit: „repete ergo a me Aquila rempublicam tribunus!" et nec destituit per continuos dies quicquam cuiquam nisi sub exceptione polliceri, *„si tamen per Pontium Aquilam licuerit".* DRUMANNS Bemerkung III² 638 „Einer solchen Unbesonnenheit, einer so schnöden Verhöhnung der Römer war Caesar nicht fähig; die bedenklichen Reden sind ihm von einem Feinde, etwa von Tanusius Geminus angedichtet, oder man hörte sie doch nicht bei den Triumphen, nicht öffentlich von ihm." ist sehr naiv. Dagegen nimmt er wohl mit Recht an, daß sein Gut bei Neapel (Cic. ad Att. XIV 21, 3, oben S. 450, 2) nicht wegen dieses Verhaltens, sondern früher konfisziert ist, weil er auf seiten des Pompejus gestanden hatte. — Pontius Aquila gehörte später zu den Verschworenen und fiel bei Mutina.

[1]) Dio 43. 46. Fast. cons. Bekanntlich sind Suetons Angaben Caes. 76 über Caesars drittes und viertes Consulat ungenau; der Satz *utroque anno binos consules substituit sibi in ternos novissimos menses* gilt nur für sein viertes Consulat 45, nicht für drittes 46.

[2]) Sueton Caes. 80. Auch Cicero in der gleich angeführten Stelle fam. VII 30 erkennt Fabius nicht als Consul an *(sella Q. Maximi, quem illi consulem esse dicebant).*

haupteten, er sei Consul, aufgestellt war, kam die Kunde, er sei gestorben, und der Stuhl wurde fortgenommen. Er aber (Caesar), der für Tributcomitien Auspicien eingeholt hatte, hielt jetzt Centuriatcomitien ab; um die siebente Stunde proklamierte er einen Consul, der bis zum 1. Januar amtieren sollte, d. h. bis zum nächsten Morgen; und so wisse, daß unter dem Consulat des Caninius Rebilus niemand zu Mittag gegessen hat. Aber auch kein Verbrechen ist unter ihm vorgekommen; denn er war von so wunderbarer Wachsamkeit, daß er in seinem ganzen Consulat keinen Schlaf gesehen hat"¹). Es war nicht möglich, das höchste Amt des Staats ärger zu verhöhnen, als es durch diese Szene geschah²); und wohl begreifen wir, daß Cicero seiner Schilderung und seinen Bosheiten hinzufügt: „Das erscheint Dir lächerlich, denn Du bist nicht dabei gewesen; würdest Du das sehn, so würdest Du die Tränen nicht halten können."

Die Verleihung des Consulats auf kurze Frist hat Caesar beibehalten und dann bekanntlich die Triumvirn und Augustus übernommen. Für das Jahr 44 ließ er sich das fünfte Consulat übertragen, zusammen mit Antonius; zu seinem Nachfolger, wenn er im Frühjahr in den Partherkrieg abgehn würde, bestimmte er den angeblich erst 25 Jahre alten³) Dolabella, dem er auch sonst die höchsten Ehren erwies: so führte er am 19. Dezember 45, als er in Puteoli war, sein militärisches Gefolge in Parade an Dolabellas Villa vorüber, wie sonst bei niemand anders⁴). Aber

---

¹) Cicero an Curius fam. VII 30. Ciceros Witz berichten auch Dio 43, 46. 4 und Macrob. II 3, 6 und VII 3, 10 neben anderen, darunter den, daß Rom jetzt nicht nur *flamines Diales* sondern auch *consules Diales* habe, der II 2, 13 richtiger dem M. Voltacilius Pitholaus (oben S. 401, 1) zugeschrieben wird. Ein weiterer Witz Ciceros Plut. Caes. 58 (variiert Macrob. VII 3. 10). Den Hergang berichten auch Sueton Caes. 76, Plin. VII 181.

²) Eine ähnliche Komödie hat Vitellius aufgeführt, Tac. Hist. III 37, während Nero ein gleiches abgelehnt hat (Sueton Nero 15).

³) Appian civ. II 129. 539. Wahrscheinlich ist die Zahl in 35 zu korrigieren. oben S. 451, A.

⁴) Cic. Att. XIII 52 *Dolabellae villam cum praeteriret, omnis armatorum copia dextra sinistra ad equum nec alibi usquam.*

daß sein Zank mit Antonius sich fortsetzte, war ihm nur recht: er duldete, daß Antonius am 1. Januar im Senat, als Caesar mitteilte, Dolabella solle sein Nachfolger werden, erklärte, er werde das als Augur verhindern, und sich beide die ärgsten Insulten an den Kopf warfen[1]). Als dann die Wahlversammlung berufen wurde, hat Antonius in der Tat im letzten Moment, nachdem die Wahlhandlung schon fast beendet war, auf Grund eines angeblichen Götterzeichens Einspruch erhoben und die Vollendung der Wahl unmöglich gemacht[2]). Hier, wo es ihm vielleicht im Moment lästig, aber im Grunde ganz willkommen war, duldete Caesar die Betätigung der „Freiheiten" des römischen Volks.

Auch für die übrigen Ämter fanden jetzt die Wahlen statt. Die Zahl der Quaestoren wurde auf 40, die der plebejischen Aedilen seit dem Jahre 44 auf 4 (oben S. 417), die der im Jahre 47 auf 10 vermehrten Praetoren (S. 380) auf 14, und vom Jahre 44 ab noch weiter auf 16 erhöht[3]). Das entsprach der damaligen Zahl der Provinzen[4]). Die Statthalterschaften vergab Caesar nach wie vor nach eignem Ermessen, ohne Heranziehung des Loses[5]); die ihm übertragene Ernennung der Beamten dagegen hatte er abgelehnt (S. 446). Dafür brachte der Tribun L. Antonius, der jüngste Bruder des Marcus, vermutlich gleich nach seinem

---

[1]) Cic. Phil. II 79 ff. 99.
[2]) Cic. Phil. II 82, wo man zugleich sieht, daß die Wahl eine Form war: die Auslosung der *praerogativa*, die Abstimmung der ersten Klasse, der *suffragia*, die Berufung der zweiten Klasse *omnia sunt citius facta quam dixi*. Offenbar nahm außer ein paar offiziellen Vertretern, wie seit langem bei den Curiatcomitien, niemand daran teil. Der Hergang auch Plut. Anton. 11. Auch in der Senatssitzung am 15. März beabsichtigte Antonius nach Cic. Phil. II 88 den Einspruch zu wiederholen; vgl. auch Phil. I 31. Dolabellas Übernahme des Consulats nach Caesars Ermordung beruhte also lediglich auf dessen Willenserklärung und war gesetzlich unberechtigt.
[3]) Dio 43, 47, 2. 49, 1. 51, 3. Sueton Caes. 41.
[4]) Mommsen, Ges. Schriften IV 171 (Hermes 28, 601): die Gesamtzahl war seit dem Hinzutreten von *Gallia comata, Africa nova, Illyricum* und *Achaia* 18, 2 consularische und 16 praetorische.
[5]) Dio 43, 47, 1.

Amtsantritt am 10. Dezember 45 ein Gesetz ein, daß Caesar fortan mit Ausnahme der Consuln, für die die alte Wahlfreiheit formell beibehalten wurde, die Hälfte der Beamten ernennen solle — er verwendete dazu Empfehlungsschreiben an die Tribus, welche die Namen der Kandidaten enthielten, die zu befolgen die Stimmkörper gesetzlich gebunden waren[1]) — ein Recht, das das Principat bekanntlich erst ganz allmählich, vielleicht erst von Tiberius an, und nur in sehr viel beschränkterem Umfang wieder aufgenommen hat[2]). Daß auch die dem Volk freigelassenen Stellen im wesentlichen nach seinen Wünschen besetzt wurden, bedarf keiner Bemerkung. Die Zahl der Priesterstellen war schon im Jahre 47 vermehrt worden[3]). Die so neu geschaffenen und vom Herrscher vergebenen Amtsstellen reichten freilich noch bei weitem nicht aus, die Ansprüche und die noch viel größere Begehrlichkeit der Anhänger vor allem nach consularischen Ehren

---

[1]) Cic. Phil. VII 16 sagt ironisch von den dem L. Antonius zuerkannten Ehrungen (vgl. VI 12): *est enim patronus quinque et triginta tribuum, quarum sua lege, qua cum Caesare magistratus partitus est, suffragium sustulit; patronus centuriarum equitum Romanorum, quas item sine suffragio esse voluit.* Dio 43, 51, 3 ᾑρεῖτο γὰρ τῷ μὲν λόγῳ τοὺς ἡμίσεις (τῶν ἀρχόντων) ὁ Καῖσαρ ἐν νόμῳ τινὶ τοῦτο ποιησάμενος, ἔργῳ δὲ πάντας. Eutrop. IV 25 *cum ergo et honores ex sua voluntate praestaret, qui a populo antea deferebantur.* Sueton Caes. 41 *comitia cum populo partitus est, ut exceptis consulatus conpetitoribus de cetero numero candidatorum pro parte dimidia quos populus vellet pronuntiarentur, pro parte altera quos ipse edidisset. et edebat per libellos circum tribum missos scriptura brevi:* „*Caesar dictator illi tribui. commendo vobis illum et illum, ut vestro suffragio suam dignitatem teneat.*"

[2]) Tiberius beschränkte die Zahl der vom Kaiser ernannten Kandidaten für die Praetur gleich zu Anfang auf vier, und lehnte ein weitergehendes Recht ab (Tac. ann. I 15). Von den Quaestoren ernannte der Princeps nach Mommsens Vermutung nur zwei. Erst seit Nero ist das kaiserliche Commendationsrecht weiter ausgedehnt und auch auf das Consulat erstreckt worden.

[3]) S. 380. Davon handelte die *lex Iulia de sacerdotiis*, die Cicero ad Brut. I 5, 3 erwähnt; sie gestattete unter anderm auch die Wahl nicht Anwesender.

zu befriedigen[1]); daher hat Caesar, außer der zugleich diesem Zweck dienenden tatsächlichen Befristung des Consulats auf wenige Monate, die er nach der Rückkehr aus Spanien eingeführt hatte, dazu gegriffen, gewesenen Praetoren, im ganzen zehn, Rang und Abzeichen der Consulare zu verleihen[2]); auch dies Mittel hat das Principat erst im Lauf seiner Entwicklung, seit Übernahme der Censur durch Claudius, für die Erteilung des consularischen Ranges sogar erst seit Macrinus wieder eingeführt.

Noch schärfer als in dieser Behandlung der republikanischen Ämter tritt der Gegensatz zwischen der caesarischen Monarchie und dem augusteischen Principat in der Behandlung des Senats hervor. Während Augustus (und ebenso Tiberius) den Senat durchaus als den eigentlichen Souverän und Regenten des römischen Staats anerkannte, in dem er nicht mehr sein wollte, als das erste und einflußreichste seiner Mitglieder, und daher die dringend notwendige Reinigung des Senats von unlauteren Elementen nur mit der äußersten Behutsamkeit und möglichster Schonung seiner vom Princeps unabhängigen Stellung vornahm[3]), hat Caesar auf den Reichsrat, der nun einmal als überkommenes Organ der Verwaltung unentbehrlich war, mit gründlicher Verachtung herabgesehn und ihn dementsprechend behandelt. Trotz der oben erwähnten gesetzlichen Maßregeln, welche die sittliche Haltung der höheren Stände heben sollten, hat er kein Bedenken getragen, große Massen der zweifelhaftesten Elemente in den Senat aufzunehmen, „ohne irgendwelchen Unterschied, auch wenn einer Soldat oder Sohn eines Freigelassenen war", darunter zahlreiche Ausländer, namentlich Spanier und Gallier, die eben erst, nach der Unterwerfung durch Caesar, das Bürgerrecht erhalten hatten und daher kaum Lateinisch konnten und von

---

[1]) Vgl. z. B. Cic. Att. XII 49 (Mai 45), wo er entsetzt ist, daß der eifrige Caesarianer M. Curtius (Postumus, z. B. Att. IX 2 a, 3) daran denken kann, Consul zu werden.

[2]) Sueton 76 *decem praetoriis viris consularia ornamenta tribuit*. Dio 43, 47, 3 πολλοὺς δὲ καὶ ἐς τοὺς εὐπατρίδας τούς τε ὑπατευκότας ἢ καὶ ἀρχήν τινα ἄρξαντας ἐγκατέλεξεν.

[3]) S. meinen Aufsatz über Augustus, Kleine Schriften S. 475.

Rom nichts wußten¹). Auch wenig ehrenhaft geltende Gewerbe, wie die Eingeweideschau, standen der Aufnahme nicht in Wege²). Die Zahl der Senatoren wurde so auf neunhundert gebracht³), und die Körperschaft in ein geschmeidiges Werkzeug umgewandelt, in dem die Träger der altrömischen Traditionen in der Masse verschwanden; aber die Schmach empfand man und gab der Empfindung durch Spottgedichte und Maueranschläge Ausdruck.⁴)

Ein weiteres Spezialgesetz, von dem Tribunen L. Cassius, dem Bruder des Caesarmörders, eingebracht, übertrug Caesar das alte Königsrecht der Patricierernennung, von dem er eifrig Gebrauch machte⁵); unter anderen hat er seinem Großneffen C. Octavius das Patriciat verliehen⁶). Dies Recht, durch das

---

¹) Dio 43, 47. 3 προσέτι παμπληθεὶς ἐπὶ τὴν γερουσίαν μηδὲν διακρίνων μήτ' εἴ τις στρατιώτης μήτ' εἴ τις ἀπελευθέρου παῖς ἦν ἐσέγραψεν, ὥστε καὶ ἐνακοσίους τὸ κεφάλαιον αὐτῶν γενέσθαι. Sueton 76 *civitate donatos, et quosdam e semibarbaris Gallorum, recepit in curiam*. Ein Beispiel ist Decidius Saxa, *quem nobis Caesar ex ultima Celtiberia tribunum plebis dedit*, Cic. Phil. XI 12. XIII 27. Aus Italien stammt z. B. C. Curtius, der bei Volaterrae ein Gut hatte: *hoc autem tempore eum Caesar in senatum legit, quem ordinem ille ista possessione amissa vix tueri potest*, weshalb Cic. fam. XIII 5 sich für ihn verwendet. Dem P. Mallius, der Cicero bittet, er möge sich bei Caesar dafür verwenden, daß sein Stiefvater in den Stadtrat von Pompei aufgenommen werde, antwortet er: *Romae, si vis, habebit; Pompeis difficile est* (Macrob. II 3, 11; vgl. auch die Bemerkung zu Laberius II 3, 10 = VII 3, 8).

²) Cicero fam. VI 18, 1, oben S. 426, 2.

³) Dio 43, 47, 3; vgl. Cicero div. II 23 Caesar ist ermordet *in eo senatu, quem maiore ex parte ipse cooptasset, tot centurionibus suis inspectantibus*.

⁴) Sueton Caes. 80 *peregrinis in senatum allectis libellus propositus est: „bonum factum: ne quis senatori novo curiam monstrare velit". et illa vulgo canebantur:*
   Gallos Caesar in triumphum ducit, idem in curiam.
   Galli braccas deposuerunt, latum clavum sumpserunt.

⁵) Tac. ann. XI 25 *patriciae familiae quas dictator Caesar lege Cassia et princeps Augustus legi Saenia sublegere*. Sueton Caes. 41 *patricios adlegit*. Dio 43, 47, 3 πολλοὺς... ἐς τοὺς εὐπατρίδας... ἐγκατέλεξεν. L. Cassius war im Jahre 44 Tribun, Cic. Phil. III 23.

⁶) Sueton Aug. 2. Dio 45, 2, 7. Nic. Dam. vit. Caes. 15 incorrect: nach der Rückkehr mit Caesar aus Spanien διατρίβων ἐν τῇ πόλει ὑπὸ τῆς βουλῆς (!) ἀποδείκνυται εἶναι τῶν πατρικίων.

für die Monarchie ein neuer Hofadel gebildet wurde, ist bekanntlich im Jahre 29, als er noch absoluter Herrscher war, auch dem Octavian übertragen worden[1]) und dann seit Claudius' Censur mit dem Principat verbunden.

So traten die Grundlinien der neuen Monarchie immer deutlicher hervor.

Caesars Ziele. Die absolute Monarchie

Nach einer weitverbreiteten Ansicht wäre Caesar in seinen letzten Jahren entartet: seine Erfolge hätten ihn schwindlig gemacht und ihm den Sinn für die Wirklichkeit getrübt, die wüsten Schmeicheleien, die er, unter dem Scheine, sie abzulehnen, dennoch erst recht forderte, hätten ihn vollends verdorben, so daß er glaubte, wie er alle Menschen weitaus überrage, so auch jeder Despotenlaune nachgeben und sich alles erlauben zu dürfen. Die Krankheiten und Schwindelanfälle, an denen er litt, hätten seine Reizbarkeit und daneben seine Unbedachtsamkeit und Willensschwäche noch gesteigert. So sei er seiner großen Aufgabe nicht gewachsen gewesen, sondern in immer größere Abhängigkeit von seiner wüsten Umgebung geraten, er habe sich planlos von den Dingen treiben lassen und sei, während er sich mit grandiosen, aber phantastischen Entwürfen trug, in Wirklichkeit nicht mehr fähig gewesen, noch etwas zu leisten.

Dieser Auffassung, die namentlich H. NISSEN und O. E. SCHMIDT nachdrücklich vertreten haben und die ja vielfach, so bei NISSEN selbst, auch das Urteil über Alexander beherrscht[2]), ent-

---

[1]) Mon. anc. 2, 1. Dio 52, 42, 5.

[2]) „Sicher ist," sagt NISSEN, „daß kein Mensch die Sittlichkeit der antiken Welt so tief und so nachhaltig geschädigt hat, wie der Ammonssohn"; dem entspricht seine Auffassung Caesars, und O. E. SCHMIDT. Ciceros Briefwechsel 66 f. stimmt dem zu. Auch über Bismarck kann man ja nicht selten dasselbe Urteil hören — ich erinnere nur an das Zerrbild, das HANS DELBRÜCK von seiner letzten Zeit entworfen hat und leidenschaftlich verficht —; und Cromwell, Napoleon und andere Große teilen sein Schicksal. MOMMSEN sprach über Bismarck genau wie NISSEN über Alexander.

spricht im wesentlichen das Bild, das Shakespeare von Caesar gezeichnet hat, eine der großartigsten Schöpfungen seines Genius — und hier, bei dem psychologischen Problem, hat der Dichter, der sich ganz in die Welt der Biographien hineingelebt hat, vollen Anspruch, gehört zu werden. Er zeichnet Caesar als einen innerlich angefressenen, an maßloser Überhebung rettungslos erkrankten Gewaltherrscher, der sich für ein übermenschliches, göttergleiches Wesen hält, während er von körperlichen Gebrechen aller Art heimgesucht ist, der glaubt, über alle Schmeichelei erhaben zu sein, und dem Schmeichler, der das ausnutzt, erst recht anheimfällt, der prahlt, unerschütterlich und der Furcht unzugänglich zu sein, und sich und den andern vortäuschen möchte, daß er sich durch schlimme Vorzeichen nicht bestimmen läßt, sondern nur tut, was sie fordern, weil er es so will, der nicht wagt, die Hände nach dem Diadem, das er begehrt, auszustrecken, sondern in kläglicher Weise um die Volksgunst buhlt, und als das mißlungen ist, verschüchtert und mürrisch zurückkehrt und bekennt, daß er Leute wie Cassius fürchten würde, wenn er überhaupt Furcht kennte[1]).

---

[1]) Ein genialer Zug, der zeigt, wie bewußt Shakespeare sein Bild gestaltet hat, ist, daß er Caesars körperliche Gebrechen nicht nur stark betont, sondern durch Hinzufügung der Taubheit auf dem linken Ohr noch gesteigert hat; davon berichtet die Überlieferung nichts, höchstens daß Plut. Caes. 17 τὴν κεφαλὴν νοσώδης einen Anhalt bot. Daß Caesar bei ihm mit Vorliebe von sich in der dritten Person redet, ist wohl aus seiner Kenntnis der Schriften Caesars entnommen, aber gleichfalls sehr charakteristisch verwendet: Caesar sucht dadurch sich selbst gewissermaßen zu objektivieren, er staunt sich selbst als ein höheres Wesen an. Wie sehr sich Shakespeare in diese Zeit eingelebt hat, erkennt man erst recht, wenn man damit vergleicht, wie völlig fremd ihm im Timon die griechische Welt geblieben ist, obwohl er hier Plutarchs Alkibiades benutzt hat. — Caesars körperliches Leiden ist in seinen letzten Jahren gewachsen, Sueton 45: *tempore extremo repente animo linqui atque etiam per somnum exterreri solebat; comitiali quoque morbo bis inter res agendas correptus est.* Nach Nic. Dam. 23 wollten ihn die Ärzte am 15. März nicht in den Senat lassen διὰ νόσον σκοτώδη ἑκάστοτε συμβαίνουσαν αὐτῷ καὶ τότε προσπεσοῦσαν; vgl. Sueton 81 *ob infirmam valetudinem diu cunctatus.* Appian II 110, 459 zählt unter den Gründen,

Wir besitzen eine Äußerung Caesars, die für diese Auffassung spricht, die Rede, die er nach dem Siege von Munda in Hispalis an die Spanier gehalten und die der biedere Verfasser des *bellum Hispaniense* offenbar inhaltlich getreu aufgezeichnet hat: er hält den Spaniern seine Verdienste um sie und ihre immer erneuten Aufstände und Verbrechen vor. „Und in diesem Kriege glaubtet ihr den Sieg davontragen zu können? Wußtet ihr denn garnicht, daß auch wenn ich unterging, das römische Volk Legionen hat, die nicht nur euch Widerstand leisten, sondern sogar das Himmelsgewölbe zertrümmern können?"[1]) Das ist in der Tat dieselbe Denkweise, die Shakespeare in den letzten Worten Caesars bei Abweisung des Bittgesuchs der Verschworenen mit gewaltigster Wirkung zum Ausdruck kommen läßt. Und wohl können wir begreifen, daß Caesar nach seinen unerhörten Erfolgen von solchen Stimmungen erfaßt wurde. Hatte er doch erreicht, was nie weder vor ihm noch nach ihm einem Menschen beschieden war: nach fünf, bereits durch einen längeren Friedenszustand unterbrochenen Kriegsjahren lag die ganze Welt willenlos zu seinen Füßen, es gab niemanden mehr, der ihm noch hätte Widerstand leisten können[2]). Auch Napoleon hat niemals auch nur einen Moment die gesicherte Machtstellung besessen, die Caesar dauernd ein-

---

weshalb er gegen die Geten und Parther ziehen will, auf εἴτε νόσημα τοῦ σώματος θεραπεύων, ἐπιληψίαν καὶ σπασμὸν αἰφνίδιον ἐμπίπτοντα αὐτῷ μάλιστα κατὰ τὰς ἀργίας.

[1]) bell. Hisp. 42. 7: *in quo vos victores existimabatis? an me deleto non animadvertebatis habere legiones populum Romanum, quae non solum vobis obsistere, sed etiam caelum diruere possent? quarum laudibus et virtute*... Damit bricht das Erhaltene unglücklicher weise ab. — Sueton 55 erwähnt zwei Reden, die Caesar vor der Schlacht an die Soldaten gehalten haben soll *(apud milites in Hispania)*, die aber Augustus kaum für echt hielt.

[2]) Der flüchtig im Gebiet der Laeetaner (Dio 45, 10, mit der oft vorkommenden Verschreibung in Λακητανία; Strabo III 4, 10. wo sie weiter in Ἰακκητανοί entstellt sind; Florus II 13, 87 nennt statt dessen *Celtiberia*) zwischen Ebro und Pyrenaeen umherirrende Sextus Pompejus und Caecilius Bassus in Syrien kamen ernstlich wirklich nicht in Betracht.

nahm; und ebensowenig kann ihm Alexander verglichen werden, der im jugendlichen Alter, im Grunde noch am Anfang seiner Laufbahn, hinweggerafft wurde mitten aus den großartigsten, durchaus ideal gedachten Aufgaben einer sich in der Vollkraft der Jugend fühlenden Welt. An Ideale glaubte auch Octavian, als nach der Einnahme Alexandrias sein Wille die Welt beherrschte: er hat ein langes Leben hingebend der Aufgabe gewidmet, sie zu verwirklichen, und sie durchgeführt, indem er der gealterten Welt die Verfassung des Principats gab und die römische Nation in der Muße des Friedens zu neuem Leben erweckte und zur Bewahrung der herrschenden Stellung fähig machte. Aber Caesar glaubte nicht an Ideale, oder wenn er es einmal getan haben sollte, so waren sie ihm längst vor der harten Wirklichkeit in nichts zerstoben: der Kampf, den er geführt hatte, war wie der Napoleons ein Kampf um die persönliche Machtstellung, um die Gewinnung des Raums für die umfassende Betätigung seiner Herrschergaben. Ein höheres Ziel, bei dem der handelnde Mensch als Werkzeug in der Idee aufgeht und vor ihr verschwindet, stand nicht dahinter, mochte es nun in mystischen religiösen Ideen halb unbewußt wirken, wie bei Cromwell, oder lebendig befruchtend vor der Seele stehn, wie bei Alexander und bei Bismarck.

In der Tat gab es für Caesar, bei seiner Denkweise, keine andre Wahl: er hatte die Macht und mußte sie festhalten. Der Vollender und Typus des Römertums, als der er so oft aufgefaßt wird, ist er keineswegs; vielmehr war er nach allen Richtungen darüber hinausgewachsen, und steht Rom innerlich jetzt so fremd gegenüber, wie nur Napoleon sowohl seiner heimischen Nationalität wie seinem Adoptivvaterlande. Aber er wußte auch, daß er damit den Boden des Rechts in noch ganz andrer Weise verließ, als bisher schon, und hat das offen ausgesprochen. Cicero bezeugt uns, daß er die Worte des Eteokles in Euripides' Phoenissen ständig im Munde führte: „Wenn es gilt, Unrecht zu tun, so ist es am ruhmvollsten um des Königtums willen; in allem andern muß man die göttlichen Gebote achten"[1]). Zu-

---

[1]) Cicero de off. III 82 (daraus Sueton Caes. 30); vgl. I 26 *temeritas C. Caesaris, qui omnia iura divina et humana pervertit*

gleich jedoch wußte er, was dem Staat bevorstand, wenn er ihn nicht fest in der Hand behalten würde: „Nicht sowohl sein eigenes Interesse sei es," sagte er, „sondern das des Staats, daß er erhalten bleibe; er habe schon lange Macht und Ruhm im Überfluß gewonnen; aber wenn ihm etwas zustoße, werde der Friede im Staat nicht mehr bestehn und die Bürgerkriege unter wesentlich schlimmeren Bedingungen wieder ausbrechen"[1]).

Man begreift wohl, daß er übersättigt war. Aber zur Entartung und etwa zu blasierter Genußsucht hat diese Stimmung nicht geführt, sei es auch nur zu dem Streben, die unumschränkte Herrschermacht voll auszukosten. Vielmehr hat er sich die staunenswerte Elastizität seines Geistes erhalten, und auch das lebendige Interesse für alles, was an ihn herantrat. Es offenbart sich ebensowohl in seiner allumfassenden Tätigkeit wie in seinen schlagfertigen und geistvollen Äußerungen und hat ohne Zweifel den Schriften gegen Cato so wenig gefehlt, wie dem, im übrigen mit sehr bewußter politischer Berechnung und ganz unbedenklicher Entstellung der Tatsachen geschriebenen Werk über den Bürgerkrieg, das er in den letzten Monaten seines Lebens geschrieben haben wird[2]) und unvollendet hinterließ.

propter eum, quem sibi opinionis errore finxerat, principatum. Den Versen der Phoenissen (524 f.) εἴπερ γὰρ ἀδικεῖν χρή, τυραννίδος πέρι κάλλιστον ἀδικεῖν, τἆλλα δ' εὐσεβεῖν χρεών unmittelbar voran geht v. 520 ἄρχειν παρόν μοι, τῷδε (dem Bruder) δουλεύσω ποτέ;

[1]) Sueton 86, oben S. 404 A. Livius urteilte über Caesar *in incerto esse, utrum illum magis nasci reipublicae profuerit an non nasci* (Seneca nat. quaest. V 18). Ganz hübsch wird Caesars Tätigkeit bei Orosius VI 17, 1, natürlich nach Livius, in den Satz zusammengefaßt, er sei ermordet worden, *dum reipublicae statum contra exempla maiorum clementer instaurat.*

[2]) Eine Angabe über die Abfassungszeit des *bellum civile* besitzen wir nicht; aber vor dem Ende des spanischen Feldzugs wird Caesar schwerlich die Zeit dafür gehabt haben, so schnell und leicht er arbeitete (Hirtius bell. Gall. VIII 1, 6). Die Arbeit ist durch den Tod abgebrochen worden, der unglückliche Krieg in Illyrien im J. 49, das Seitenstück zu Curios Feldzug in Africa, ist zweiten Buch, in das er hätte eingefügt werden müssen, nicht mehr zur Darstellung gelangt; für die Fortsetzung lagen nur die Rohmaterialien vor, die für das

Aber gerade darin zeigt sich am deutlichsten der adlige Kern, der unverwüstlich in ihm steckte, daß er die gesättigte Stimmung lebendig und schwer empfand und unverhüllt aussprach. Ihm hatte das Leben alles gewährt, was es von Herrlichem zu bieten vermag; aber er hatte es als schal erfunden, der Preis lohnte die Mühe nicht, die es gekostet hatte, ihn zu erringen. Wie er schon im Jahre 46 ausgesprochen hatte, er habe genug gelebt, und alle Mittel zur persönlichen Sicherung verschmähte, so lehnte er Anfang 44 nicht nur das Anerbieten des Senats ab, ihm eine Leibwache aus Senatoren und Rittern zu bilden, sondern auch das seiner Anhänger, seinen Schutz zu übernehmen[1]); vielmehr entließ er die Garde aus spanischen Cohorten, die bis dahin zu seiner Bewachung diente[2]): er wolle, sagte er, nicht in ewiger Furcht leben[3]). Eben so ablehnend verhielt er sich bei Anzeigen

---

bellum Alexandrinum in Überarbeitung, für die beiden anderen Kriege in ihrer ursprünglichen Gestalt in das Corpus der Geschichte seiner Feldzüge aufgenommen sind: vgl. Sueton Caes. 56.

[1]) Dio 44, 6, 1 φρουρά τε ἐκ τῶν ἱππέων καὶ ἐκ τῶν βουλευτῶν ἐδόθη. Plut. Caes. 57 τῶν δὲ φίλων ἀξιούντων αὐτὸν δορυφορεῖσθαι καὶ πολλῶν ἐπὶ τοῦτο παρεχόντων ἑαυτοὺς οὐχ ὑπέμεινεν. Nic. Dam. 22 fin.

[2]) Sueton Caes. 86 *sunt qui putent, confisum eum novissimo illo senatus consulto ac iure iurando etiam custodias Hispanorum cum gladiis adinspectantium se removisse* = Dio 44. 7, 4 τοῦ Καίσαρος. θαρσήσαντος ὡς οὐκ ἄν ποτε οὔθ' ὑπ' ἐκείνων [dem Senat] τοιαῦτά γε ψηφιζομένων οὔθ' ὑπ' ἄλλου τινὸς δι' αὐτοὺς ἐπιβουλευθησόμενον κἀκ τούτου οὐδὲ σωματοφύλαξιν ἔτι χρησαμένου· τῷ γὰρ δὴ λόγῳ τὸ πρός τε τῶν βουλευτῶν καὶ πρὸς τῶν ἱππέων τηρεῖσθαι προέμενος καὶ τὴν ἐκ τοῦ πρὶν φρουρὰν προσκατέλυσεν. 45, 15, 2. bei s. Ermordung, καίπερ μηδεμιᾷ ἔτι φρουρᾷ χρωμένου. Appian II 107. 444 σπεῖραι δ' ὅσαι στρατηγίδες αὐτὸν ἐκ τῶν πολέμων ἔτι ἐσωματοφυλάκουν, ἀπέστη τῆς φυλακῆς καὶ μετὰ τῆς δημοσίας ὑπηρεσίας ἐπεφαίνετο μόνος. Cic. Phil. V 17 *unus M. Antonius in hac urbe post conditam urbem palam secum habuit armatos*, was weder die Könige noch die Usurpatoren Cinna, Sulla, Caesar getan haben; *non possum adfirmare nullis telis eos stipatos fuisse; hoc dico: nec multis et occultis.*

[3]) Appian II 109. 455 πυθομένων δ' ἐκείνων (τῶν φίλων), εἰ συγχωρεῖ πάλιν αὐτὸν σωματοφυλακεῖν τὰς Ἰβηρικὰς σπείρας, 'οὐδὲν ἀτυχέστερον' ἔφη 'διηνεκοῦς φυλακῆς· ἔστι γὰρ ἀεὶ δεδιότος' = Plut. Caes. 57 (oben Anm. 1), εἰπὼν ὡς βέλτιόν ἐστιν ἅπαξ ἀποθανεῖν ἢ ἀεὶ προσδοκᾶν. Sueton Caes. 86

von Verschwörungen und verdächtigen Äußerungen[1]). Den klugen Rat des Pansa und Hirtius zu befolgen, er müsse die Herrscherstellung, die er durch Waffengewalt gewonnen habe, durch Waffengewalt behaupten[2]), also sich mit militärischen Schutzmaßregeln umgeben, widersprach seinem Naturell. Bekannt ist, daß er sich einen raschen und unerwarteten Tod wünschte[3]), und nicht unbegründet ist Suetons Angabe: „Manche der Seinen haben nach seinem Tode den Verdacht geschöpft, er habe nicht länger leben wollen und es sei ihm gleichgültig gewesen, daß seine Gesundheit nicht mehr fest war, und daher habe er auch die warnenden Vorzeichen und die Meldungen seiner Freunde vernachlässigt"[4]).

Aber so lange er lebte, mußte er tätig sein und schaffen. So hat er sich mit rastloser Energie dem weiteren Ausbau des Staats zugewandt. Wie in der Gesetzgebung des vorigen Jahres verfuhr er auch hier, im Gegensatz zu der bedächtigen, lange und sorgsam abwägenden Weise seines Großneffen[5]), mit derselben, auf

---

alii e diverso opinantur, insidias undique imminentis subire semel quam cavere (maluisse). Anders und noch ruhmvoller gefaßt bei Vellejus II 57: *ille dictitans mori se quam timeri malle, dum clementiam quam praestiterat exspectat*

[1]) Sueton Caes. 75, s. oben S. 403, 2. Dio 44, 15, 2, die Verschwörung wäre beinahe verraten worden, καίτοι τοῦ Καίσαρος μήτε λόγον τινὰ περὶ τοιούτου τινὸς προσδεχομένου καὶ πάνυ ἰσχυρῶς τοὺς ἐσαγγέλλοντάς τοιουτότροπον κολάζοντος. Versuch eines Sklaven, ihn zu vergiften, den er nur *simplici morte* bestraft: Sueton 74.

[2]) Vellejus II 57 *laudandum experientia consilium est Pansae atque Hirtii, qui semper praedixerant Caesari, ut principatum armis quaesitum armis teneret.*

[3]) Sueton 87. Plut. Caes. 63 = App. II 115, 479, bei einem Diner bei Lepidus am Abend vor seiner Ermordung.

[4]) Sueton 86 *suspicionem Caesar quibusdam suorum reliquit, neque voluisse se diutius vivere neque curasse quod valetudine minus prospera uteretur* cet.

[5]) Es ist zu beachten, daß die Zeit, in der Octavian als absoluter Herrscher an der Spitze des Römerreichs stand, von der Einnahme Alexandrias am 1. August 30 oder vielmehr schon vom Sommer 32 an bis zum 13. Januar 27, länger ist als die gesamte Regierungszeit Caesars;

dem Gebiet der inneren Politik als Überstürzung erscheinenden Eile, die er im Felde betätigt hatte und der er seine Siege verdankte. Aber der oft erhobene Vorwurf, er habe nur nach den Bedürfnissen des Moments gehandelt und keinen organischen Bau aufgeführt, und darum auch nichts Bleibendes geschaffen, trifft ihn in keiner Weise[1]); vielmehr stand die Gestaltung, die er dem Staat geben wollte, vollkommen klar vor seinen Augen, und er hat sie vollständig konsequent in dem Umfang durchgeführt, in dem es in dem kurzen ihm noch beschiedenen Zeitraum überhaupt irgend möglich war. Der Neubau war in allem Wesentlichen fertig, als er ermordet wurde; ihn dauerhaft zu machen, so daß die Menschen ihn als gegeben und unabänderlich hinnahmen und sich in ihn einlebten, fehlte nur die Zeit, und die hat ihm der Dolch der Republikaner geraubt. Jener Vorwurf ist denn auch im Grunde lediglich ein mißverständlicher Ausdruck für die Tatsache, daß in einer absoluten Monarchie wohl ausführende Gesetze und Verwaltungsmaßregeln möglich sind, daß aber eine Verfassung ihrem Begriff widerspricht und daher wohl von Sulla und Augustus, aber nicht von Caesar gegeben werden konnte.

Die Welteroberung

Die Monarchie Caesars ist ihrer Idee nach die Wiederaufnahme und volle Durchführung der Weltmonarchie Alexanders: die Welteroberung, im vollsten Sinne des Worts, ist ihre Voraussetzung und ihre Rechtfertigung. Sie ist zugleich das Ziel, auf das nicht sowohl die Entwicklung der römischen Macht, als vielmehr die gesamte Kulturentwicklung der antiken Welt seit Jahrhunderten hingedrängt hatte und die doch nie zur Wirklichkeit geworden war. Wie die Entwicklung des Orients in dem großen

---

und dabei waren diese Jahre für Octavian nur die Vorbereitungszeit für die Inangriffnahme seines eigentlichen Lebenswerks.

[1]) S. oben S. 321 ff. Nach dieser Seite ist MOMMSENS Darstellung völlig im Rechte, so sehr sie sonst in der Gesamtauffassung in die Irre geht.

Kulturstaat der Achämeniden, dem „Königtum der Länder", ihren Abschluß gefunden hatte, so erschien die Erhebung der griechischen Kultur zur Weltkultur und der Zusammenschluß der ganzen Oikumene unter ihrer Herrschaft zur Einheit eines universellen Kulturstaats als der naturgemäße Abschluß der griechischen Entwicklung. Rom aber und Italien war mit vollem Bewußtsein in diese Kultur eingetreten und wäre ganz in sie aufgegangen, wenn Augustus nicht gerade hier entscheidend eingegriffen und dem zwar hellenisierten, aber doch seiner selbständigen Eigenart sich bewußten Römertum noch einmal Raum verschafft hätte. Inzwischen aber waren weite Gebiete, die im Jahre 168 tatsächlich der Suprematie Roms unterstellt waren, durch die Schuld des republikanischen Mißregiments seiner Oberleitung entzogen worden und damit zugleich der hellenistisch-abendländischen Kultur verloren gegangen; die orientalische Reaktion hatte eingesetzt und alles Land östlich vom Euphrat von der Mittelmeerwelt losgerissen, ja sie hatte mächtig nach Syrien, Palästina, Aegypten, sogar weithin in Kleinasien um sich gegriffen. Die erste ernstliche Gegenwirkung hatte, nach dem Scheitern des Lucullus, Pompejus durchgeführt, und wenigstens das westliche Asien geordnet und der römischen Herrschaft unterstellt. In derselben Weise hatte Caesar im Westen Gallien bis an den Rhein dem Römertum und der Kultur gewonnen, während andre Unternehmungen, wie die der Statthalter Makedoniens in Thrakien, nicht zum Ziele geführt, die des Crassus mit einer schimpflichen Niederlage geendet hatte. Auch im Westen freilich war die römische Herrschaft überall noch nicht zum Abschluß gekommen, in Spanien, in den Alpenländern und Illyrien waren noch überall weite Gebiete unbotmäßig. Caesars Unternehmungen gegen Britannien und die Germanen waren resultatlos ausgegangen; aber das waren Aufgaben, deren Lösung Caesar unbedenklich der Zukunft überlassen konnte, wo sie bei der Organisation, die er dem Reich und dem Heerwesen geben wollte, ohne große Anstrengung durchgeführt werden konnten — nur die weitere Unterwerfung Illyriens, das Caesar als gesonderte Provinz konstituierte, hat unter seinem Regiment der Statthalter

Vatinius (cos. 47) seit 46 in Angriff genommen. Weit wichtiger war zunächst die endliche Ordnung der ganz verfahrenen Verhältnisse auf dem Rumpf der Balkanhalbinsel, dem Hinterland Makedoniens bis zur Donau, und die Zurückdrängung der Geten und Daker, die im Norden derselben unter König Byrebistas ein mächtiges, nach allen Seiten um sich greifendes Reich gebildet hatten; sodann aber der Rachekrieg gegen die Parther und die Wiedergewinnung der Osthälfte des Reichs Alexanders mit seinen zahllosen, unter den Seleukiden mächtig aufblühenden, jetzt aber dem Verfall überantworteten Griechenstädten für die Mittelmeerwelt und die abendländische Kultur. Diese großen Unternehmungen durchzuführen war in der Tat eine Aufgabe, die eine zielbewußte Verwendung der Gesamtkräfte des Reichs unter genialer Leitung erforderte und Caesars würdig war. So hat er schon gleich nach dem Siege bei Munda zu erkennen gegeben, daß er nach dem Abschluß der Neuordnung des Staats in den Partherkrieg ziehen wolle[1]). Die Volksstimmung kam dem durchaus entgegen, wie sie ja später das gleiche auch von Octavian erwartete: jetzt oder nie war die Gelegenheit, die Schmach von Karrhae zu rächen. So wurde zu Anfang des Jahres 44 der Partherkrieg einmütig beschlossen und die dafür erforderlichen Mittel bewilligt[2]).

Die Vorbereitungen traf Caesar mit der gewohnten Umsicht und Sorgfalt[3]). Von dem Kriegsschauplatz verschaffte er sich

---

[1]) Cic. Att. XIII 27. 31, 3, vgl. oben S. 440 f. Nach der Leichenrede des Antonius bei Dio 45, 46, 3 wollte Caesar schon nach dem Sieg über Pompejus und Pharnakes gegen die Parther ziehn, wenn der afrikanische Krieg nicht dazwischen gekommen wäre; ebenso Appian III 77, 312, nach dem Caesar deshalb die Legion, die sich unter Caecilius Bassus empörte, in Syrien gelassen hatte.

[2]) Dio 43, 51 πράττοντος δὲ αὐτοῦ ταῦτα ἐπιθυμία τε πᾶσι τοῖς Ῥωμαίοις ὁμοίως ἐσῆλθε τιμωρῆσαι τῷ τε Κράσσῳ καὶ τοῖς σὺν αὐτῷ φθαρεῖσι, καὶ ἐλπὶς τότε, εἴπερ ποτέ, τοὺς Πάρθους καταστρέψασθαι. τόν τε οὖν πόλεμον τῷ Καίσαρι ὁμοθυμαδὸν ἐψηφίσαντο καὶ τὴν παρασκευὴν αὐτοῦ πολλὴν ἐποιοῦντο.

[3]) Vgl. Sueton 58 *in obeundis expeditionibus dubium cautior an audentior.*

ein klares Bild, die Grundzüge des Feldzugsplans wurden genau festgelegt, drei Jahre dafür in Aussicht genommen[1]). Zunächst sollten die Geten und Daker besiegt und jedenfalls über die Donau zurückgeworfen werden, dann wollte er von Kleinarmenien aus, also gedeckt durch das Gebirge, nicht wie Crassus durch die mesopotamische Steppe, wo die Legionen dem Angriff der parthischen berittenen Schützen ausgesetzt waren, in das Partherreich einbrechen, und hier eine Feldschlacht vermeiden, bis er selbst und seine Truppen ihre Kampfweise kennen gelernt hätten[2]). Den Abschluß mochte dann ein Zug durch die Kaukasuspässe, bis zu denen Pompejus vorgedrungen war, längs des Kaspischen Meeres, das damals bekanntlich für eine Bucht des nordischen Ozeans galt, in die Steppen Osteuropas bilden, der ihn in den Rücken der Germanen geführt und auch deren Unterwerfung ermöglicht hätte; alsdann „wäre das römische Weltreich rings vom Ozean" und im Süden von der afrikanischen Wüste — „umschlossen"[3]).

---

[1]) Dio 43, 51, 2.
[2]) Sueton 44: Caesar plante, *Dacos, qui se in Pontum et Thraciam effuderant, coercere, mox Parthis inferre bellum per Armeniam minorem, nec nisi ante expertos adgredi proelio.* Vgl. KROMAYER, Hermes 31. 81, der zeigt, daß Antonius bei seinem Partherkrieg Caesars Plan befolgt hat. Über den Getenkrieg s. Strabo. VII 3, 5 Βυρεβίστας ἦρχε τῶν Γετῶν (vgl. DITTENBERGER. Sylloge 342, 3. Aufl. 762), ἐφ' ὃν ἤδη παρεσκευάσατο Καῖσαρ ὁ θεὸς στρατεύειν, vgl. § 11. Appian civ. III 25. 93. Erwähnt werden die geplanten Kriege auch Appian civ. II 110. 459. Illyr. 13. Sueton Aug. 7. Vellejus II 59.
[3]) Plut. Caes. 58: Nach Besiegung der Parther plante Caesar παρὰ τὴν Κασπίαν θάλασσαν καὶ τὸν Καύκασον ἐκπεριελθόντι τὸν Πόντον εἰς τὴν Σκυθικὴν ἐμβαλεῖν, καὶ τὰ περίχωρα Γερμανοῖς καὶ Γερμανίαν αὐτὴν ἐπιδραμόντι διὰ Κελτῶν ἐπανελθεῖν εἰς 'Ιταλίαν, καὶ συνάψαι τὸν κύκλον τοῦτον τῆς ἡγεμονίας τῷ πανταχόθεν Ὠκεανῷ περιορισθείσης. Ähnlich Nic. Dam. 20 διανοουμένου ἐλαύνειν πρὸς ἕω ἐπὶ τὰ Πάρθων ἀρχεῖα καὶ Ἰνδῶν, ἂν κἀκείνων ὑπηκόων γενομένων εἰς μίαν ἀρχὴν κεφαλαιωθείη γῆς πάσης καὶ θαλάττης τὰ κράτη. Wie weit diese Pläne sich hätten ausführen lassen, ist eine andere Frage, wie bei Alexander; aber Caesars Gedanken gibt dieser Bericht gewiß richtig wieder.

Caesars Armee

Für diese Kriege hatte Caesar ein Heer von 16 Legionen mit 10000 Reitern bestimmt[1]), also rund 100000 Mann. Sechs dieser Legionen, nebst den zugehörigen leichten Truppen und dem Troß, schickte er noch im Winter über das Adriatische Meer nach Apollonia[2]); die Gelder für den Partherkrieg wurden nach Asien gesandt[3]). Andre Legionen, so die legio V. Alaudae, waren auf dem Marsch in Italien begriffen und sollten den Feldherrn selbst begleiten[4]). Für den Getenkrieg erschien offenbar schon eine geringere Truppenzahl ausreichend[5]); die volle Stärke von 16 Legionen sollte dann durch Heranziehung der 6 Legionen aus Syrien, Cilicien und Bithynien erreicht werden, die zunächst zur Niederwerfung des Aufstands des Caecilius Bassus in Syrien bestimmt waren, der sich mit seinen Truppen in die Stadt Apamea geworfen hatte[6]).

Diese Feldarmee umfaßte zugleich die Besatzungen der asiatischen Provinzen und Makedoniens. Der Gesamtbestand der unter Caesars Oberbefehl stehenden Truppen war natürlich viel größer, da nur die völlig befriedeten Provinzen Sicilia, Achaia, Asia, Africa, Cyrene, Creta keine stehende Besatzung

---

[1]) Appian II 110. 460. Angaben über die Stärke der Legionen fehlen leider ganz.

[2]) Appian III 24. 92; vgl. Dio 45. 9.   Nic. Dam. Caes. 16.

[3]) Nic. Dam. 20.

[4]) Cic. Phil. 1 20. ad Att. XVI 8, 2 u. a. Eine andere Legion lag am 15. März auf der Tiberinsel unter dem Kommando des mag. eq. Lepidus (Appian II 118, 496, vgl. Dio 44, 19, 2); auch diese war wohl für Caesars Armee, nicht etwa für Lepidus' Provinzen bestimmt.

[5]) Daß die Truppenmacht des Dakerreichs unter Byrebistas auf 200000 Mann geschätzt wird, steht dem nicht im Wege, sondern entspricht durchaus dem von Caesar gegebenen Zahlenverhältnis in den gallischen Kriegen. Als dann, um die Zeit von Caesars Ermordung, Byrebistas gestürzt wurde und sein Reich zusammenbrach, schrumpfte die Zahl des Aufgebots auf 40000 Mann zusammen (Strabo VII 3, 12. 13).

[6]) Appian III 77 f. = IV 58. Cassius an Cicero fam. XII 11. Bassus hatte zu der Legion, die sich mit ihm empört hatte, noch eine zweite ausgehoben.

erforderten, während sie in den übrigen und vor allem im Westen
überall zur Aufrechterhaltung der römischen Herrschaft unentbehrlich war. Auch hierin ist Caesar weit über das Maß der
Republik hinausgegangen und hat an Stelle des Zufalls und
Schwankens, die damals auch in diesen Dingen herrschten, eine
feste Ordnung gesetzt, die sich aus den im Bürgerkriege zunächst
zur Sicherung der eroberten Gebiete ergriffenen Maßregeln ergab. Diesem Zweck dienten in erster Linie die äußerst umfangreichen Aushebungen, welche er damals ununterbrochen vornahm[1]), während er den Krieg gegen Pompejus bekanntlich fast
ausschließlich mit den erprobten Veteranenlegionen geführt hat;
im afrikanischen Krieg mußte er dann zur Hälfte, im spanischen
in noch größerem Umfang neugebildete Truppen verwenden —
eben darum wäre er bei Munda beinahe den Feinden erlegen.
Im Jahre 44 standen in den beiden Spanien 4 Legionen, in Gallia
Narbonensis und Comata 5, in der Cisalpina 2, von denen eine
im Jahre 45 neu ausgehoben war[2]), in Illyricum 4, in Africa nova
(Numidien) 3, ferner ursprünglich 3, später 4 in Aegypten als
Besatzung zur Sicherung der Herrschaft der Kleopatra[3]), und
wahrscheinlich eine in Sardinien[4]). Das ergibt zusammen mit

[1]) So ließ er in Spanien vier Legionen zurück, zwei von Varro übernommene pompejanische und zwei kurz vorher in Italien neu ausgehobene (bell. civ. II 21, 4. Alex. 53, 5). Nach Massilia legte er zwei Legionen (civ. II 22, 6). Dazu kam dann der Ersatz für die aus Gallien fortgezogenen Veteranenlegionen, usw.

[2]) Plancus an Cicero X 24, 3.

[3]) Sueton Caes. 76. bell. Alex. 33, 3. Appian III 78, 318 = IV 59, 256. Cassius an Cicero XII 11. 12.

[4]) Caesar civ. I 30, 2. Mit Recht folgert DOMASZEWSKI (s. S. 478, I) S. 177 aus den Worten des D. Brutus (3. Juni 43) ad fam. XI 26 *deliberant* (im Senat), *utrum traiciunt legiones ex Africa necne et ex Sardinia*, daß damals auch auf Sardinien mindestens eine Legion stand. Dagegen nimmt er mit Unrecht an, daß auch in Africa vetus, wo im Jahre 44 Cornificius Statthalter war, eine Legion gestanden habe; diese Provinz hatte offenbar so wenig Besatzung wie Achaia und Asia, sondern ihren Schutz übernahmen die drei Legionen in Numidien (Appian III 85, 351). In Ciceros Korrespondenz mit Cornificius (fam. XII 28. 2. 30, 4. 6), den er im Jahre 43 auf seiten des Senats festhielt, ist denn

den 16 Legionen der Feldarmee einen Bestand von 38 oder 39 Legionen[1]), also einschließlich der Legionsreiterei nahezu eine Viertelmillion. Dazu kommen dann die leichten, aus den Untertanen genommenen Truppen, der Troß, und die Mannschaft der Flotte. Um aber die militärischen Leistungen dieser Zeit voll zu würdigen, sind, außer den sechs in Afrika und Illyrien im Jahre 49 zugrunde gegangenen Legionen, noch die neun Veteranenlegionen aus dem gallischen Kriege hinzuzurechnen, die nach Beendigung des Bürgerkriegs aufgelöst und mit Landbesitz ausgestattet wurden[2]), und die Massen der sonst entlassenen Veteranen. Bei Caesars Tode wimmelte ganz Italien von diesen Veteranen, deren Besorgnis um das ihnen zugewiesene Land ein Hauptferment der Gärung der folgenden Monate bildete; aus ihnen hat dann Octavian im Oktober 44 die Truppen angeworben, mit denen er die Insurrektion gegen den Consul Antonius unternahm.

---

auch nie von unter ihm stehenden Legionen die Rede, sondern nur von der Beschaffung von Geldmitteln, die er zur Bildung von Truppen, offenbar aus den in der Provinz ansässigen Bürgern (und Nichtbürgern), verwendet hatte und verwenden wollte *(de sumptu, quem te in rem militarem facere et fecisse dicis, nihil sane possum tibi opitulari* 30, 4. Nach einem Senatsbeschluß vom Juni 43 sollte ihm T. Sextius, der von Caesar eingesetzte Statthalter von Africa nova, eine Legion übergeben, App. III 85, 351, vgl. GANTER, Provinzialverwaltung der Triumvirn S. 15 f.); mit diesen Truppen hat er sich dann gegen T. Sextius zur Wehr gesetzt (Appian IV 53 ff. Dio 48, 21 f., vgl. c. 17, 6 u. a.).

[1]) Die Entwicklung der Armee Caesars und ihren Bestand bei seinem Tode haben MOMMSEN, Das Militärsystem Caesars, Hist. Z. 38, 1877 = Ges. Schr. IV 156 ff. und, im einzelnen mehrfach zutreffender, v. DOMASZEWSKI. Die Heere der Bürgerkriege in den Jahren 49 bis 42, Neue Heidelberger Jahrb. IV 1894, 157 ff. zu ermitteln gesucht; vgl. auch GROEBE bei DRUMANN III[2] 702 ff. Für die Zeit von Caesars Tode kommt MOMMSEN auf 32, DOMASZEWSKI auf 37 Legionen; volle Sicherheit ist nicht zu erreichen.

[2]) DOMASZEWSKI S. 165 f. 175 f., sowie Tierbilder der Signa, Arch. epigr. Mitt. XV 184 ff. — Die von Pompejus aus Italien gezogenen und weiter in den Provinzen gebildeten Legionen kommen dagegen hier im wesentlichen nur durch ihre allerdings recht beträchtlichen Verluste in Betracht, da Caesar die besiegten Mannschaften größtenteils in sein Heer eingestellt hat.

Die militärischen Anforderungen, welche durch diese Truppenzahl dauernd gestellt waren, gingen weit über das Maß dessen hinaus, was die Bevölkerung Italiens aufbringen konnte. Der Census von 69 hatte 910 000 erwachsene Bürger ergeben. Seitdem waren allerdings die Transpadaner hinzugekommen; aber diese waren bereits von Caesar für die gallischen Kriege und dann für die Aushebungen der Jahre 50 und 49 aufs stärkste in Anspruch genommen[1]), und ihnen steht gegenüber, daß die Bevölkerungsvermehrung im übrigen Italien längst zum Stillstand gekommen und rückläufig geworden war, soweit die Bürgerrechtsverleihungen und die massenhaften Freilassungen nicht die Lücken ausfüllten[2]), und daß die Massen des hauptstädtischen Proletariats militärisch nicht verwendbar waren. Auf mehr als rund eine Million erwachsener Männer, vom vollendeten siebzehnten Jahr an, werden wir daher die bürgerliche Bevölkerung Italiens in der Zeit Caesars keinesfalls ansetzen dürfen. In der Notlage eines Kampfes um die Existenz, wie in der Zeit Hannibals oder wie gegenwärtig in Deutschland, mag ein Volk wohl ein Viertel der erwachsenen Männer, ja noch mehr, zwei Fünftel bis zur Hälfte, jahrelang ins Feld stellen[3]); aber auf die Dauer, als stehender Einrichtung, kann kein Volk einer derartigen Anforderung genügen, wenn es nicht physisch und wirtschaftlich zugrunde gehn soll[4]).

Somit ergibt sich, daß Caesar für seine Armee die untertänige, nicht römische Bevölkerung nicht nur in beschränktem Umfang für die leichten Truppen (Schleuderer und Schützen) und vor

---

[1]) Vgl. DOMASZEWSKI S. 161 ff.

[2]) Ganz gleichartig sind gegenwärtig die Zustände in dem Hauptteil der nordamerikanischen Union, vor allem in Neuengland und dem übrigen Osten, in charakteristischem Gegensatz zu den französischen Kanadiern, die sich stark vermehren; aber in der Union bewirkt nur die Einwanderung und daneben die Vermehrung der Neger ein ständiges Anwachsen der Bevölkerung.

[3]) Vgl. über die militärischen Leistungen Roms im hannibalischen Kriege meinen Aufsatz Ber. Berl. Ak. 1915, 948 ff.

[4]) Vgl. Sueton Caes. 79, bei dem Plan, die Residenz nach Alexandria oder Ilion zu verlegen: *exhausta Italia dilectibus*.

allem für die Reiterei¹) verwendet, sondern gegen den fundamentalen Grundsatz der Republik, daß in den Legionen nur römische Bürger dienen können, in großer Zahl in seine Legionen eingestellt haben muß. Das hat er denn auch bereits für die gallischen Kriege getan. Schon daß er, gegen das Staatsrecht, die Transpadaner als Bürger behandelte und aushob, gehört hierher. Im Jahre 52 erschienen dann zur Deckung der Narbonensis 22 Cohorten, die er in der Provinz selbst hat ausheben lassen²); aus ihnen ist vermutlich die ganz aus Galliern bestehende legio V. Alaudae hervorgegangen, deren Soldaten er dann als Herrscher das Bürgerrecht verlieh³). Mitte Februar 49 trafen außer der achten Legion und dreihundert vom König von Noricum gestellten Reitern auch „22 Cohorten aus den neuen Aushebungen in Gallien" bei ihm ein⁴), gewiß nicht nur aus der Transpadana, sondern auch aus dem jenseitigen Gallien⁵). Auch Pompejus mußte bei der Verstärkung seines Heers nicht nur die Bürger aus den östlichen Provinzen, sondern auch die Untertanen in Massen heranziehn⁶); und ebenso bestand von den beiden Legionen des Varro in Hispania ulterior, die dann Caesar über-

---

¹) Caesars Reiterei bestand bekanntlich durchweg aus Auxilien, Galliern, Germanen und Spaniern.
²) bell. Gall. VII 65, 1.
³) Sueton 24, vgl. DOMASZEWSKI S. 162. GROEBE bei DRUMANN III² 708. Der Tribun L. Antonius verlangte dann in dem Richtergesetz, das er im Sommer 44 einbrachte, unter Zustimmung seines Bruders Marcus, daß zu der von ihm aus den Centurionen neu gebildeten dritten Richterdecurie (oben S. 413, 1) auch diese Legion herangezogen werde: *addo etiam*, läßt Cicero ihn sagen, *iudices manipularis ex legione Alaudarum: aliter enim nostri negant, posse se salvos esse* (Cic. Phil. I 20, vgl. V 12. XIII 3. 37).
⁴) Caesar civ. I 18, 5; mit den 22 Cohorten des Jahres 52 sind sie schwerlich identisch.
⁵) Allerdings sagt Labienus civ. III 87, 4 von Caesars Truppen im Jahre 48: *hae copiae ex delectibus horum annorum in citeriore Gallia sunt refectae, et plerique sunt ex coloniis Transpadanis*.
⁶) vgl. Caesar civ. III 4. 31.

nahm, die eine aus Nichtbürgern[1]). Nach der Kapitulation von Ilerda hat Caesar in Spanien große Aushebungen vorgenommen, teils für die Auffüllung seiner Legionen, teils für „etwa dreißig *cohortes alariae*"[2]), d. i. Truppen von Nichtbürgern (*auxilia*). Zur Abwehr des Pharnakes bildete sein Legat Domitius Calvinus eine legio Pontica *ex tumultuariis militibus*[3]). Wenn wir genauere Kunde besäßen und diese Dinge nicht möglichst verschleiert würden, würde die Tatsache noch deutlicher hervortreten, daß ein beträchtlicher Teil der Armee Caesars aus Untertanen bestanden hat, die beim Eintritt in die Legionen zu Bürgern gemacht wurden. In noch weit größerem Umfang haben dann nach Caesars Ermordung sowohl die Triumvirn und ihre Generäle wie die Republikaner im Osten und dann Sextus Pompejus ihre Massenheere in dieser Weise gebildet; und Antonius sah sich, da ihm Octavian den Nachschub italischer Rekruten sperrte[4]), immer mehr auf Aushebungen in den orientalischen Provinzen angewiesen, aus denen seine Legionen denn auch größtenteils entnommen waren[5]).

Und nun zeigt sich auch, daß der Unterschied zwischen der Armee des Principats und der Caesars lange nicht so groß gewesen ist, wie wir bisher geglaubt haben. Augustus hat nach der Beendigung der Bürgerkriege den Bestand des Heeres bekanntlich auf 22, ja vielleicht auf 18 Legionen reduziert und dann beim pannonischen Aufstand im Jahre 6 n. Chr. auf 26 erhöht; damit war das Maximum dessen erreicht, was das Reich bei der bestehenden militärischen und finanziellen Organisation

---

[1]) *legio vernacula* civ. II 20. 4. bell. Alex. 53, 5; die andere stand schon so lange dort, daß sie ganz mit Spanien verwachsen war.

[2]) civ. II 18, 1, vgl. 20, 4. *duae vernaculae legiones* gehn später zu Cn. Pompejus dem Sohn über; eine andere bildet dieser *ex coloniis,* weitere aus flüchtigen Sklaven, bell. Hisp. 7, 5, vgl. 13, 1 f.

[3]) bell. Alex. 34, 5.

[4]) S. Kromayer, Hermes 33, 1898, 20 ff.

[5]) Vgl. Seeck, Die Zusammensetzung der Kaiserlegionen, Rhein. Mus. 48, 1893 S. 608 f. über die aegyptischen Legionen des Antonius auf Grund der Inschrift aus Koptos Ephem. epigr. V 5 = Dessau 2483. gegen Mommsen, Hermes 19, 4 ff. = Ges. Schr. VI 23.

aufbringen konnte, und als in der Varusschlacht drei Legionen vernichtet wurden, konnten mit großer Anstrengung und durch Zwangskonskription auch unter dem hauptstädtischen Proletariat nur zwei von ihnen durch Neubildungen ersetzt werden. Diese 25 Legionen ergeben eine Zahl von rund 125000 bis 150000 Mann bürgerlicher Truppen. Dazu kommen aber, abgesehn von den Praetorianern und den cohortes urbanae, die aus den Untertanen ausgehobenen Auxilien, deren Mannschaftsbestand insgesamt der der Legionen nahezu gleichkam[1]). Somit erhalten wir auch für die gesamte Militärmacht des Principats, wie für die Caesars, einen Bestand von rund 250000 bis 300000 Mann. Das bestätigt zugleich das oben gewonnene Ergebnis. Der Unterschied besteht nicht in der Stärke der Truppenmacht, sondern in dem fundamentalen Gegensatz der Verfassung des Principats und der caesarischen Monarchie; während die letztere Bürger und Nichtbürger möglichst annäherte und gleichmäßig behandelte, hat Augustus den Unterschied zwischen beiden streng festgehalten und so die Herrscherstellung der römisch-italischen Nation gewahrt oder vielmehr wiederherzustellen versucht. Das bedingte allerdings, daß er die militärischen Kräfte der Untertanen nur in beschränktem Umfange und nur zu den Truppen zweiten Ranges, den Auxilien, heranziehen konnte. Caesar dagegen würde zweifellos die Niederlage des Varus in derselben Weise, wie die Vernichtung von anderthalb Legionen durch Ambiorix, mit einer umfassenden Neubildung von Legionen beantwortet und jetzt die Unterwerfung Germaniens erst recht durchgeführt haben.

Die Entwicklung des Principats hat dann allerdings, wie überall, so auch auf diesem Gebiet allmählich und von den Mitlebenden kaum bemerkt zu demselben Ergebnis geführt, das Caesar vorwegnehmen wollte. Im zweiten Jahrhundert ist der rechtliche Unterschied zwischen Legionen und Auxilien tatsächlich illusorisch geworden: auch die Legionen werden aus den Untertanen genommen und bei Eintritt in den Dienst durch einen fiktiven Akt zu römischen Bürgern gestempelt, wie die

---

[1]) Tac. Ann. IV 5.

Auxilien beim Austritt aus dem Dienst. Dieser Gedanke, Italien (und die Kulturländer überhaupt) vollständig vom Kriegsdienst zu entlasten und damit zu entwaffnen, lag Caesar natürlich ganz fern und wäre damals überhaupt noch unfaßbar gewesen. Denn damals war die Bevölkerung Italiens noch die militärisch brauchbarste und angesehenste der gesamten Welt, wie im vierten Jahrhundert und weit bis ins dritte hinein die Bevölkerung Griechenlands[1]); auf italische Rekruten als Stamm der Armee konnte daher niemand verzichten, der ein Heer bilden und Krieg führen wollte.

Das Reich. Kolonien, Latiner und Bürger

Die Tendenz, Bürger und Nichtbürger auf gleiche Linie zu stellen und das Reich zu nivellieren, beherrscht die gesamte Staatsgestaltung Caesars. Vor dem absoluten Herrscher verschwinden die rechtlichen Unterschiede der Beherrschten in der homogenen Untertänigkeit, und er sucht sie alle in gleicher Weise seinen Zwecken und denen des einheitlichen Reichs dienstbar zu machen. Daher hat Caesar, auch hierin in scharfem Gegensatz gegen Augustus, das Bürgerrecht freigebig verliehen, sowohl an einzelne[2]) wie an ganze Kategorien und zahlreiche Gemeinden. So hat er alle Ärzte und die Vertreter der übrigen wissenschaftlichen Berufe — es ist vor allem an die Lehrer der Grammatik und Rhetorik und der technischen Disziplinen zu denken —, die in Rom ansässig waren oder dorthin übersiedeln wollten, mit dem Bürgerrecht beschenkt[3]). In Spanien hat Gades, die Heimat seines Kabinettsministers Balbus und der Sitz einer sehr betrieb-

---

[1]) Im dritten Jahrhundert treten ihr dann die Kelten als vielbegehrte Konkurrenten zur Seite — ähnlich wie bei Caesar die Gallier und Germanen —; im Westen waren keltische Söldner schon von Dionys neben den Griechen und den kräftigen oskischen Truppen verwendet worden.

[2]) So z. B. *Saxa nescio quis, quem nobis Caesar ex ultima Celtiberia tribunum plebis dedit*, Cic. Phil. XI 12 = XIII 27; *Petraeum et Menedemum, civitate donatos et hospites Caesaris* Phil. XIII 33.

[3]) Sueton 42. Dem Peripatetiker Kratippos, der in Athen blieb, verschaffte Cicero von Caesar das Bürgerrecht, Plut. Cic. 24.

samen und wohlhabenden Kaufmannschaft, schon im Jahre 49 von ihm das Bürgerrecht erhalten, was er später durch die Comitien bestätigen ließ¹). Dem folgten zahlreiche Verleihungen nach der Schlacht bei Munda im Jahre 45: „während er in den Städten, die zum Feinde gehalten hatten, Geld eintrieb und den einen ihr Gebiet beschnitt, den andern den Tribut erhöhte, gab er den zu ihm Neigenden Landbesitz und Steuerfreiheit, und einigen das Bürgerrecht, andern die Stellung einer römischen Kolonie, jedoch nie umsonst"²) — er hat es eben immer vortrefflich verstanden, ohne zu große Gewaltsamkeit Geld zu machen. Zu der ersten Kategorie gehört Hispalis (Sevilla), dessen Bewohner die von ihnen selbst nach der Schlacht bei Munda erbetene Besatzung überfielen und niedermachten; dafür wurden sie selbst bei einem Ausfall überfallen und in Masse zusammengehauen³). Als Strafe nahm Caesar der Stadt das Gebiet am rechten Ufer des Baetis und besiedelte es unter dem Namen Osset *quod cognominatur Julia Constantia;* auch das verödete Hispalis selbst wird eine Verstärkung der Bevölkerung erhalten haben und wurde jetzt Kolonie mit dem Beinamen Romulensis oder Romula⁴). Auch Corduba, Gründung des Consuls Marcellus

---

¹) Liv. ep. 110 *Gaditanis civitatem dedit.* Dio 41, 24. Im bellum civile II 2, 1 erwähnt er das nicht, sondern nur die Belohnungen, welche er auf dem Landtag in Corduba erteilt habe, sowie die Rückgängigmachung der Gelderhebungen und Strafen Varros und die Rückgabe des Tempelvermögens an den Hercules von Gades. Über die Erweiterung der Stadt durch den jüngeren Balbus (Strabo III 5, 3) s. KAHRSTEDT, Archäol. Anzeiger 1912, 217 ff.

²) Dio 43, 39, 5.

³) bell. Hisp. 35 f. Dio 43, 89.

⁴) Strabo III 2, 1 nennt Hispalis nächst Gades und Corduba die bedeutendste Stadt, καὶ αὐτὴ ἄποικος 'Ρωμαίων· νυνὶ δὲ τὸ μὲν ἐμπόριον συμμένει, τῇ τιμῇ δὲ καὶ τῷ ἐποικῆσαι νεωστὶ τοὺς Καίσαρος στρατιώτας ἡ Βαῖτις [wohl verschrieben, vielleicht für Osset] ὑπερέχει, καίπερ οὐ συνοικουμένη λαμπρῶς. Dadurch erklärt sich Plin. III 11 *a laeva* (des Baetis) *Hispal colonia cognomine Romulensis, ex adverso oppidum Osset, quod cognominatur Iulia Constantia.* Ferner Isidorus, etymol. XV 1, 71 *Hispalim Caesar Iulius condidit, quam ex suo et Romae urbis vocabulo Iuliam Romulam nuncupavit.* Osset kommt sonst nicht

152 und die älteste römische Kolonie im Baetisgebiet[1]), hatte an den Pompejanern noch nach der Niederlage festgehalten, und als die eine Partei sich ergeben wollte, steckte die andre die Stadt in Brand; da drangen Caesars Soldaten ein und richteten ein gewaltiges Blutbad an — das bellum Hispaniense nennt 22 000 Erschlagene, ungerechnet die außerhalb der Stadt Umgekommenen[2]). Der Rest mußte sich durch große Geldzahlungen freikaufen[3]); die Stadt heißt später, ob seit Caesar, ist nicht sicher, colonia Patricia[4]). Zu den Städten, welche am eifrigsten auf seiten der Söhne des Pompejus ausgehalten hatten, gehörte Urso[5]); daher hat Caesar auch dieser Stadt einen Teil ihres Gebiets genommen und für Kolonisten bestimmt, die nach dem Namen der neuen Ansiedlung Colonia Genetiva Julia Urbanorum[6]) aus der stadtrömischen Bevölkerung entnommen waren. Die Gründung war noch nicht perfekt, als Caesar ermordet wurde; das Statut, das er für sie hatte ausarbeiten lassen, ist dann von Antonius aus seinem Nachlaß mit mancherlei Änderungen und Flüchtigkeiten publiziert worden[7]) und uns großenteils inschriftlich erhalten.

Zu den Städten, die Caesar treu geblieben waren, gehörte Ulia[8]); wenn es daher fortan den Namen Fidentia[9]) trägt, offenbar

---

vor; Hispalis heißt inschriftlich sowohl *Romula* wie *civitas Romulensium*. — Ähnlich mag es sich erklären, wenn neben Astigi vetus, einer freien Stadt, die Kolonie Astigi erscheint (Plin. III 12).

[1]) Strabo III 2, 1.
[2]) bell. Hisp. 34. Dio 43, 39. App. II 105.
[3]) Dio 43, 39, 2 τοὺς δὲ λοιποὺς ἐξηργυρίσατο; ebenso Hispalis.
[4]) Plin. III 10 und in Inschriften sowie auf Münzen.
[5]) bell. Hisp. 22. 26. 28. 41.
[6]) Plin. III 12 *Urso quae Genua* [verschrieben für *Genetiva*] *Urbanorum;* in dem Gesetz immer nur *Col. Gen. Iul.* Neben den *coloni* stehn im Gesetz die *incolae*, d. i. die Altbürger von Urso, sowie die *hospites atventoresque*, die dauernd oder vorübergehend dort anwesenden Fremden (cap. 126).
[7]) Das hat Fabricius, Zum Stadtrecht von Urso, Hermes 35, 1900 S. 205 ff. scharfsinnig erwiesen und damit eine vielfach behandelte Kontroverse erledigt.
[8]) bell. Alex. 61. Hisp. 3 f. Dio 43, 31, 4.
[9]) Plin. III 10 *Iulia* (Schreibfehler für *Ulia*) *quae Fidentia*, vgl. Dessau 9081.

als Kolonie, wird das als eine Belohnung zu deuten sein. Das gleiche gilt von Ucubi, das Gnaeus Pompejus hatte niederbrennen lassen[1]), und das jetzt den Namen Claritas Julia erhielt[2]). Bei andern Städten, wie Asido, *quae Caesarina* und den Kolonien Hasta, *quae Regia*, sowie Iptuci, *quae Virtus Julia*, vielleicht auch Illiturgi, *quod Forum Julium dicitur*[3]), ist nicht zu entscheiden, welcher der beiden Kategorien sie angehören, zum Teil auch, ob ihr in dem Beinamen zum Ausdruck kommendes Bürgerrecht auf Caesar zurückgeht und ob in ihr Kolonisten angesiedelt sind[4]); aber zweifellos stammen von ihm weit mehr derartige Verleihungen und Ansiedlungen, als wir nachweisen können[5]). In Lusitanien stammt von ihm die *colonia Norbensis Caesarina cognomine*, vielleicht auch die Kolonie Scallabis, *quae Praesidium Julium vocatur*, sowie das Bürgerrecht von Olisipo (Lissabon), *municipium civium Romanorum Olisipo Felicitas Julia cognominatum*[6]), und das latinische Recht von Ebora, *quod idem Liberalitas Julia*[7]). In Hispania citerior geht auf Caesar wohl sicher die Erhebung von Tarraco zur Kolonie zurück[8]): ferner das latinische Recht von Castulo, *qui Caesari(ni) juvenales appellantur*[9]). Auch nach Emporiae hat er im Jahre 45 eine Bürger-

---

[1]) bell. Hisp. 27.
[2]) Plin. III 12; ebenso inschriftlich.
[3]) Plin. III 10—12. Die meisten dieser Namen sind auch inschriftlich vertreten.
[4]) Für weiteres über die hier erwähnten Städte Spaniens und der Narbonensis ist vor allem auf die Vorbemerkungen zu den einzelnen Städten im CIL. zu verweisen; von Älteren namentlich A. W. Zumpt, Comment. epigr. I 1850. p. 310 ff.
[5]) So z. B. *Urgia cognominata Castrum Iulium item Caesaris Salutariensis* Plin. III 15, und andere dort genannte Orte.
[6]) Plin. IV 117, ebenso inschriftlich.
[7]) Plin. IV 118, inschriftlich später *municipium Eborum*. Dessau 6900.
[8]) Inschriftlich und auf Münzen *Colonia Iulia Victrix Triumphalis Tarraco*; vgl. bell. civ. II 21, 5, wonach Caesar im Sommer 49 hier die Gesandten der Provinz empfängt und abreist *privatim ac publice quibusdam civitatibus habitis honoribus*.
[9]) Plin. III 25: inschriftlich später *municipes Castulonenses* CIL. II 3270, Dessau 5513.

kolonie geführt, die zu der alten Doppelstadt der Griechen und
Indiketen hinzukam und alsbald mit ihr verschmolz[1]).

In der Narbonensis hat Caesar nach Beendigung des Bürgerkriegs bei der Rückkehr aus Spanien im Jahre 45 einen Teil seiner
Veteranen mit Land ausgestattet und die Kolonien nach den Legionen, denen sie angehörten, benannt. Zur Verfügung stand dafür
das umfangreiche Gebiet im Bereich der Rhonemündungen und
an den Seealpen, das er im Jahre 49 den Massalioten abgenommen
hatte[2]). Hier wurde in Arelate die sechste Legion angesiedelt,
außerdem wurde die alte, schon im Jahre 118 gegründete Bürgerkolonie Narbo Martius durch die Mannschaften der zehnten
Legion verstärkt[3]). Beide Legionen waren durch die Kriege

---

[1]) Liv. 34, 9. Über die Topographie s. FRICKENHAUS. Bonner Jahrb. 118, 17 ff.

[2]) Nach Caesar civ. I 35, 4 sagen die Massalioten, daß Pompejus ihnen *agros Volcarum Arecomicorum et Helviorum publice concesserit, Caesar bello victos Sallyas adtribuerit vectigaliaque auxerit*; vgl. Plin. III. 33 *Agatha quondam Massiliensium et regio Volcarum Tectosagum [!] atque ubi Rhoda Rhodiorum fuit.* Caesar nimmt ihnen teils im Jahre 49 teils ὕστερον ihr ganzes Gebiet ab (Dio 41, 25. 8. Oros. VI 15. 7. Flor. II 13, 25 *omnia ablata*). Im März 43 macht Antonius der Senatspartei unter anderem zum Vorwurf. *Massiliensibus iure belli adempta reddituros vos pollicemini* (Cic. Phil. 13, 32), ebenso daß sie *veteranorum colonias deductas lege et senatusconsulto sustulistis*, wozu MOMMSEN Cic. de off. II 27 f. (unten S. 500, 1) vergleicht.

[3]) Diese Vorgänge hat KROMAYER. Die Militärkolonien Octavians und Caesars in Gallia Narbonensis, Hermes 31. 1896, 1 ff. aufgeklärt und die auf MOMMSENS Annahmen fußende Darstellung von HERZOG, Galliae Narbon. prov. historia. 1864. p. 79 ff. (danach HIRSCHFELD im CIL. XII) berichtigt. Die beiden Kolonien erscheinen bei Plinius III 32 als *Narbo Martius Decumanorum colonia* und 36 *colonia Arelate Sextanorum;* ebenso Mela II Die Ansicht MOMMSENS, Röm. Gesch. III⁷ 553, daß diese Kolonien nur zu Ehren der betreffenden Legionen benannt, nicht von ihnen besiedelt seien (ebenso HERZOG), entbehrt jeder Begründung. Daß die zehnte Legion bei Munda mitkämpfte (bell. Hisp. 31, 4). beweist gleichfalls nichts dagegen, da sie nach dem spanischen Feldzug zweifellos aufgelöst ist; überdies hatte sie damals nur noch einen sehr schwachen Bestand *(etsi erant pauci)*. Der Ansiedlung in Narbo entspricht es, daß nachher im Jahre 43 die Veteranen der zehnten Legion, als diese wieder aufgeboten wird, in der

fast ganz aufgerieben; gegen die zehnte Legion hegte Caesar
überdies seit dem Militäraufstand im Jahre 47 (oben S. 376)
einen unversöhnlichen Groll[1]), der es erklärt, daß diese ehemals
so bevorzugte Truppe nicht in Italien, sondern in der Provinz
angesiedelt wurde. Einem glücklichen Zufall verdanken wir die
Nachricht, daß Tiberius Nero, im Alexandrinischen Krieg Quaestor Caesars, der Vater des späteren Kaisers, mit der Organisation dieser Kolonien betraut war[2]). Zwischen den Rhone-
städten Arelate und Arausio im Osten und Baeterrae weit im
Westen, nahe bei Narbo, lag das große Gebiet der arekomi-
schen Volker mit dem Vorort Nemausus, dem 24 Ortschaften
unterstellt waren; dies hat von Caesar das Recht einer latinischen Kolonie erhalten[3]). Ebenso ist den übrigen Städten und
Völkerschaften der Provinz, darunter Tolosa, Ruscino, den Allo-
brogern mit der Hauptstadt Vienna (die durch Augustus römisches Bürgerrecht erhält), Antipolis, Avenio, Cabellio usw.,
von Caesar latinisches Recht verliehen worden[4]); nur die Ge-

---

Armee des Lepidus stehn (fam. X 11, 2. Appian III 83. 849). — Die
vollen Namen *Colonia Iulia Paterna Arelate* und *Colonia Iulia
Paterna Narbo Martius* zeigen, daß sie von Caesar begründet sind,
im Gegensatz zu den benachbarten *coloniae Baeterrae Septimanorum,
Arausio Secundanorum, Forum Iuli Octavanorum* Plin. III 55 f.
Mela II 5, mit vollem Namen *Colonia Firma Iulia Secundanorum
Arausio* und *Colonia V(ictrix?) Iulia Septimanorum Baeterrae;*
KROMAYER zeigt, daß diese von Octavian nach Beendigung des Kriegs
gegen S. Pompejus angelegt sind, vgl. Dio 49, 34, 4; *Forum Iuli* er-
hält durch Augustus, der es zum Reichshafen erhob, den Beinamen
Pacata oder *Pacensis* und *Classica* (Plin. III 35), wahrscheinlich im
Jahre 30. Caesar selbst hat seine siebente und achte Legion in Cam-
panien angesiedelt (oben S. 415).

[1]) Appian II 94, 896, vgl. bell. Afr. 54.
[2]) Sueton Tib. 4 *ad deducendas in Galliam colonias, in quis
Narbo et Arelate erant, missus est.*
[3]) Strabo IV 1, 12 (auch bei Plinius latinisch); vgl. HERZOG p. 85.
Da es schon vor Augustus Münzen mit der Anschrift *Col. Nem.* geprägt hat, muß sein latinisches Recht auf Caesar zurückgehn.
[4]) S. die Liste der latinischen Städte bei Plin. III 36 f., sowie vorher
Ruscino Latinorum, 35 *oppidum Latinum Antipolis*. Daß diese Stellung
älter ist als Augustus, also auf Caesar zurückgehn muß, hat HERZOG gezeigt.

birgsstämme blieben untertan, die Vocontier in besonders privilegierter Stellung als Föderierte.

So rückte durch Caesar die Narbonensis in die Stellung ein, die bis auf ihn die Transpadana eingenommen hatte. Überhaupt ist die Verleihung des latinischen Rechts an romanisierte Städte und Landschaften als Vorstufe für die Aufnahme der bisherigen Untertanen in das volle Bürgerrecht von ihm zwar nicht geschaffen worden — das hat Pompejus Strabo im Jahre 89 durch sein Gesetz über die Transpadaner getan —, wohl aber systematisch weiter ausgebaut; und darin sind ihm bekanntlich Augustus und die spätern Kaiser gefolgt. Auch an mehrere spanische Gemeinden hat Caesar, wie wir gesehn haben, latinisches Recht verliehn. Vor allem aber hatte Sicilien, die älteste der römischen Provinzen, längst völlig befriedet und im weitesten Umfang romanisiert — zugleich aber auch durch das Eindringen des italischen Großgrundbesitzes und der Weidewirtschaft verödet und seiner Rolle als Kornkammer Roms entkleidet[1] —, Anspruch auf Berücksichtigung. Caesar hat den Städten Syrakus, Katana und Kentoripa durch neue Ansiedler aufgeholfen; ebenso wurde Panormos römische Kolonie[2]. Dann hat er ein Gesetz abfassen lassen, welches der ganzen Insel das latinische Recht gewährte; der Entwurf fand sich in seinem Nachlaß und erhielt wie alle seine Verfügungen Gesetzeskraft,

---

Siehe Strabo VI 2. 6, 7 und überhaupt seine gesamte Schilderung der Insel. Aus diesem Grunde, und nicht etwa, wie MOMMSEN, Röm. Gesch. III [7] 507 Anm. meint, wegen der Verleihung der Latinität und des daraus folgenden Wegfalls des Zehntens, nennt Varro de re rust. II praef. 3 Sicilien nicht mehr unter den Provinzen, aus denen das Brotkorn bezogen wird, sondern nur Africa und Sardinien. In der Kaiserzeit kam dann Aegypten hinzu.

[2] Strabo VI 2, 4 fin. ταύτην τὴν πόλιν (Syrakus) ἀνέλαβεν ὁ Καῖσαρ καὶ τὴν Κατάνην (vgl. 2, 3 med. Κατάνη οἰκήτορας δέδεκται Ῥωμαίους), ὡς δ' αὔτως Κεντόριπα, συμβαλομένην πολλὰ πρὸς τὴν Πομπηίου κατάλυσιν — die Stadt hat ihm offenbar reichliche Geldmittel gegeben. § 5 Πάνορμος δὲ καὶ Ῥωμαίων ἔχει κατοικίαν. Vgl. CIL. X 7286 (DESSAU 2938) *col. Panhormit.* Vielleicht geht die Stellung von Panormos als Kolonie wie die von Syrakus auf Augustus zurück (Dio 54, 7, 1).

Antonius aber hat, durch große Geldsummen bestochen, das
Geschenk in die Bewilligung des vollen Bürgerrechts umgewandelt[1]).

Auch die alte afrikanische Provinz, der schmale Küstenstreifen
des den Karthagern bis zuletzt verbliebenen Gebiets, war bereits
stark romanisiert, vor allem die jetzige Hauptstadt Utica.
Caesar hatte sich derselben schon in seinem Consulat angenommen
und, wie scheint, ihr bereits damals durch ein Gesetz die
Latinität verliehn, weshalb sie im Bürgerkrieg mit ihren Sympathien durchaus auf seiner Seite stand[2]). Als Monarch hat
Caesar dann die Absicht des Gaius Gracchus, die ihm den Tod
gebracht hat, wieder aufgenommen, Karthago als römische Bürgerkolonie wieder herzustellen; außer Veteranen sollten auch Bürger
angesiedelt werden[3]). Auch diesmal kam der Tod dazwischen,

---

[1]) Cic. ad Att. XIV 12 *scis quam diligam Siculos ... multa illis
Caesar, neque me invito, etsi Latinitas non erat ferenda, verum
tamen — ecce autem Antonius accepta grandi pecunia fixit legem
a dictatore comitiis latam, qua Siculi cives Romani: cuius rei vivo
illo nulla mentio*. Diodor XIII 35, 3: die Gesetze des Diokles von
Syrakus (d. i. sein Rechtsbuch) bestanden μέχρι ὅτου πάντες οἱ Σικελιῶται
τῆς Ῥωμαίων πολιτείας ἠξιώθησαν.

[2]) bell. civ. II 36 bei Curios Feldzug 49: *Uticenses pro quibusdam Caesaris in se beneficiis illi amicissimi*; bell. Afr. 87, 3 *Cato,
quod in Uticensibus propter beneficium legis Iuliae parum
suis partibus praesidii esse existimaverat, plebem inermem oppido
eiecerat ... senatum autem custodia tenebat*. Diese *lex Iulia*, die
natürlich in Caesars Consulat fallen muß, kann. wie auch allgemein
angenommen wird, kaum etwas anderes enthalten haben als die Verleihung der Latinität. Bürgerrecht erhält Utica dann schon im Jahre 36
durch Augustus (Dio 49, 16).

[3]) Dio 43, 50, 3. Appian Lib. 136. Solin 27, 11, die alle das
Datum 44 v. Chr. geben. Plut. Caes. 57. Strabo XVII 3, 15 Καίσαρος
τοῦ θεοῦ πέμψαντος ἐποίκους Ῥωμαίων τοὺς προαιρουμένους καὶ τῶν στρατιωτῶν τινας. Der Name ist *Colonia Iulia Concordia Carthago*, Dessau 9469. Die Konstruktionen Kornemanns, Die caesarische Kolonie Karthago, Philol. LX 1901. 402 ff., der eine großzügige, auf demokratischem
Liberalismus basierte Kolonialpolitik Caesars nachweisen will und annimmt, daß Karthago ein großes Territorium mit zahlreichen abhängigen
Ortschaften erhalten habe, als „wahres Abbild hellenistischer Stadt-

vollendet wurde die Kolonie erst durch Augustus im Jahre 29.
Auch mehrere andere Orte, wie Clupea und Curubis, sind
durch Caesar, der nach der Schlacht bei Thapsus einen Teil
der Truppen, die im vorigen Jahr gemeutert hatten, in Africa
ansiedelte, Bürgerkolonien geworden[1]).

In Numidien hatte schon im zweiten Jahrhundert in der
Hauptstadt Cirta eine bedeutende Niederlassung bestanden[2]),
die durch Jugurtha vernichtet, aber nach dessen Besiegung
gewiß wieder aufgelebt ist. Im afrikanischen Kriege hatte dann
der Freibeuter P. Sittius, der alte Catilinarier (S. 17), verbündet
mit dem Maurenkönig Bocchus, mit seinen Scharen energisch
zugunsten Caesars eingegriffen und ihm durch einen Angriff auf
Jubas Reich Luft geschafft, und dabei Cirta und zwei gaetulische
Ortschaften eingenommen[3]). Zum Lohn überließ ihm Caesar
Cirta und teilte das Gebiet des Numiderhäuptlings Arabion,
des Sohns eines Massinissa, zwischen ihm und Bocchus[4]). Sittius
siedelte seine Freischaren hier an, und dadurch wird Cirta als
Colonia Sittianorum eine römische Stadt[5]), der die Küsten-
städte Chullu und Rusicade sowie im Binnenlande Mileu als
Bürgerstädte zugehören und von der zahlreiche Binnenorte
(*castella*) in Abhängigkeit stehn. Unmittelbar nach Caesars

---

staaten". sind von W. Barthel in der vortrefflichen Dissertation Zur
Gesch. der röm. Städte in Africa, Greifswald 1904, widerlegt worden.
Er zeigt S. 20, daß daneben eine punische Stadt entstand, die im
Jahre 28 von Augustus offiziell als Freistadt gegründet wurde und
später römisches Bürgerrecht erhielt.

[1]) Barthel S. 24 f. 29. Dio 43, 14, 1. Über Curubis s. CIL. I² 780. 788
(Dessau 5319. 5320).

[2]) Sallust Jug. 21. 26. Micipsa hatte auch zahlreiche Griechen
hierher gezogen (Strabo XVII 3, 13).

[3]) bell. Afr. 25, 2. Dio 43, 3. Ungenau Appian II 96, 402. Über
seine weitere Beteiligung am Kriege s. bell. Afr. 36. 48. 93. 95 f. Dio
43, 12, 2.

[4]) Appian IV 54.

[5]) Mela I 6. Plin. V 22. Zahlreiche Bewohner von Cirta tragen
daher den Namen Sittius (CIL. VIII 7737—7779). Weiteres über die
Stellung Cirtas und der zugehörigen Orte bei Mommsen, Hermes I
46 ff. = Ges. Schr. V 470 ff. und Barthel S. 23 ff. 41.

Ermordung ist dann Arabion, der nach Spanien geflüchtet war, zurückgekehrt, hat Sittius umgebracht und die Sittianer für sich gewonnen, und eine Zeitlang in dem neuen Bürgerkrieg in Afrika als Parteigänger eine Rolle gespielt, bis er im Kampfe den Tod fand[1]). In der Folgezeit heißt Cirta Colonia Julia Juvenalis Honoris et Virtutis oder kurz Cirta Julia[2]). Im übrigen wurde die neue Provinz dem Sallust zur Ausplünderung überlassen[3]).

In der griechischen Osthälfte des Reichs fehlten die Vorbedingungen für die Erteilung des latinischen Rechts; und auch zur Gründung von Kolonien, die zugleich als Stützpunkte des römischen Westens dienen konnten, bot sich nur selten die Möglichkeit. In Asien sind nur drei Kolonien Caesars bekannt, drei Handelsstädte an der Propontis und dem Schwarzen Meer: Apamea, Colonia Julia Concordia[4]), Heraklea am Pontos, und Sinope. Die Colonia Julia Felix Sinope[5]) wurde im Jahre 45 gegründet und den Ansiedlern ein Teil des Gebiets in Stadt und Land zugewiesen[6]). Heraklea, im mithridatischen Kriege durch Cotta aufs schwerste heimgesucht, hatte sich schon unter Caesars Consulat bemüht, die Freiheit wiederzuerlangen, und

---

[1]) Appian IV 54 (= 83); 55 f. Das Datum ergibt sich aus Cicero ad Att. XV 17, 1 (14. Juni 44): *Arabioni de Sittio nihil irascor.*

[2]) CIL. VIII 6857 (Dessau 7041). Ptolem. IV 3, 28. VIII 14, 8.

[3]) Dio 43, 9. [Cic.] in Sall. 19.

[4]) Strabo XII 4, 3 οἱ δ' Ἀπαμεῖς ἀποικίαν ἐδέξαντο Ῥωμαίων, während das benachbarte Prusias (Kios) πολιτευσάμενοι πρὸς Ῥωμαίους εὐνοϊκῶς Freistadt wurde (etwa auch durch Caesar?). Plin. V 149 *colonia Apamena*. Der Name der Kolonie inschriftlich (Dessau 314) und auf Münzen, wo in der Regel noch der Beiname *Augusta* hinzutritt. Wie Mommsen bemerkt (Res gestae Divi Aug. 120), lehrt das mon. anc. cep. 28, daß Augustus in der Provinz Bithynia et Pontus keine Kolonien gegründet hat, die dortigen Kolonien also von Caesar stammen müssen. Augustus hat aber offenbar die Privilegien von Apamea vermehrt, daher der Beiname.

[5]) So in Inschriften und auf Münzen, deren Aera das Datum der Gründung ergibt. Als Kolonie auch Plin. VI 6.

[6]) Strabo XII 3, 11 νυνὶ δὲ καὶ Ῥωμαίων ἀποικίαν δέδεκται, καὶ μέρος τῆς πόλεως καὶ τῆς χώρας ἐκείνων ἐστί.

sein Gesandter Brithagoras hatte ihn mit seinem Sohn Propylos unablässig heimgesucht, bis er im Jahre 47 vor Erfüllung seines Wunsches starb[1]). Dann hat Caesar, wohl gleichzeitig mit der Kolonisierung Sinopes, auch hierher Kolonisten geschickt, denen in der stark entvölkerten Stadt[2]) ein Quartier nebst einem Teil des Landgebiets zugewiesen wurde[3]). Antonius unterstellte dieses einem galatischen Dynasten Adiatorix, der kurz vor der Schlacht bei Actium die römischen Ansiedler bei Nacht überfiel und niedermetzelte. Adiatorix wurde dann von Augustus nach seinem Triumph hingerichtet, die Kolonie aber nicht wiederhergestellt[4]).

In Europa hat Caesar, auch hier dem Gaius Gracchus folgend, den Wiederaufbau Korinths in Angriff genommen; die Ansiedler der Kolonie Laus Julia Corinthus wurden größtenteils aus römischen Freigelassenen genommen, meist wohl griechischen oder orientalischen Ursprungs[5]), wie denn die rasch aufblühende Stadt trotz des offiziellen römischen Charakters niemals, wie etwa Karthago in Afrika, wirklich eine römische Stadt werden konnte; in seiner neuen Gestalt wurde Korinth eine internationale

---

[1]) Memnon hist. Her. 60. Die Daten ergeben sich daraus, daß Brithagoras den Caesar, auch als er von Rom abwesend ist, überallhin begleitet und dann δωδεκαετίας τὴν παρεδρίαν διαμετρούσης καὶ περὶ τῆς εἰς Ῥώμης ἐπανόδου τοῦ Καίσαρος διανοουμένου an Altersschwäche stirbt. Auch Laodikea (doch wohl L. am Lykos) schickt seinen Gesandten Andron *de libertate patriae* zu Caesar, dem Cicero sagt: ἐὰν ἐπιτύχῃς, καὶ περὶ ἡμῶν πρέσβευσον Macrob. Il 3, 12. Über die Freiheit von Knidos s. unten S. 507.

[2]) Memnon c. 60 gibt an, daß bei der Wiederherstellung der Stadt, nach der Ausplünderung durch Cotta, durch Brithagoras (um 65 v. Chr.) mit Mühe 8000 Einwohner einschließlich der Sklaven zusammengebracht wurden; in den folgenden Jahren sei dann die Stadt wieder gewachsen.

[3]) Strabo XII 3, 6 ἐδέξατο δ' ἀποικίαν Ῥωμαίων ἐπὶ μέρει τῆς πόλεως καὶ τῆς χώρας.

[4]) Strabo l. c. Memnon wird diese Dinge eingehend im 17. Buch erzählt haben, das aber dem Photios nicht mehr vorgelegen hat.

[5]) Strabo VIII 6, 23 ἡ Κόρινθος ἀνελήφθη πάλιν ὑπὸ Καίσαρος τοῦ θεοῦ διὰ τὴν εὐφυίαν, ἐποίκους πέμψαντος τοῦ ἀπελευθερικοῦ γένους πλείστους. Erwähnt bei Dio 43, 50, 4. Plut. Caes. 57. Mela II 3. Pausan. II 1, 2. 3, 1. Appian Lib. 136. Der Name auf Münzen.

Industrie- und Handelsstadt mit herrschender griechischer Färbung. Ergänzt werden sollte die Gründung durch die Durchstechung des Isthmus¹), ein Plan, den schon Periander gehegt und Demetrios Poliorketes wieder aufgenommen hatte, dessen Durchführung aber Caesar so wenig beschieden war wie allen seinen Vorgängern und Nachfolgern im Altertum. — Sonst kennen wir nur noch die Kolonie, die in Buthrotum in der Mitte der epirotischen Küste, Korkyra gegenüber, begründet werden sollte; der Stadt, die mit ihren Geldzahlungen im Rückstande war, sollte dafür ihr Gebiet abgenommen werden. Als dann Cicero im Interesse des Atticus, der hier große Besitzungen hatte, sich für sie verwendete, zeigte sich Caesar zum Entgegenkommen bereit, wenn die Buthrotier zahlten; Atticus legte die Summe aus, und Caesar gewährte auf den von andren Senatoren unterstützten Vortrag Ciceros den Buthrotiern ein Dekret, das sie freigab. Trotzdem aber gingen die Vorbereitungen weiter, die Kolonisten sammelten sich zum Abgang; einer der für das Jahr 43 designierten Praetoren, Lucius Plancus (Plotius)²), wurde mit der Ausführung beauftragt. Auf die Remonstrationen Ciceros erklärte Caesar, er und Atticus möchten ganz ruhig sein; er wolle nur einstweilen das Aufsehn und die Beunruhigung in Rom vermeiden, wenn die Ansiedler übers Meer gegangen seien, werde er ihnen schriftlich ein andres Gebiet zuweisen. Ob es ihm damit ernst war, läßt sich nicht mehr erkennen; bei seiner Ermordung war die Sache jedenfalls noch in der Schwebe. Im folgenden Jahre ist lange darüber verhandelt worden; die Kolonie aber wurde wirklich begründet und heißt nach ihm Colonia Julia

---

¹) Plin. IV 10. Sueton 44. Dio 44, 5. 1. Plut. Caes. 58.
²) Bei Cic. ad Att. XVI 16 A ist *L. Planco praet. des.* [bei den folgenden Briefen fehlt der Vorname] nicht L. Plancus, der älteste der Brüder, Stadtpraefect 46, Statthalter von Gallia comata 44. zum Consul für 42 designiert, sondern sein Bruder Gaius, der nach der Adoption L. Plotius Plancus hieß, wie MOMMSEN bei BORGHESI, Oeuvres I 203, 2 erkannt hat. Bei DRUMANN IV² 232 ist das übersehen, und der Name fälschlich, nach Manutius' Vorgang, in *Gnaeus* korrigiert.

Buthrotum, daneben auch Colonia Augusta; sie wird durch Octavian bestätigt und verstärkt worden sein[1]).

Es ist lediglich Zufall, daß wir von einigen dieser Kolonien etwas mehr erfahren und so ein Bild von den Hergängen bei ihrer Gründung gewinnen können; es wird noch manche gegeben haben, von denen keine Kunde auf uns gekommen ist[2]), ebenso wie bei der Verleihung des latinischen Rechts und andrer Privilegien. Außer den Veteranen hat Caesar, wie Sueton berichtet, insgesamt 80000 Bürger in die überseeischen Kolonien übertührt[3]): es war vor allem das hauptstädtische Proletariat, einschließlich zahlreicher Freigelassenen (so in Urso S. 485 und in Korinth S. 493). So suchte er ihm, während er die Getreideversorgung einschränkte (S. 416 f.), eine ausreichende und dem Staate Nutzen bringende Existenz zu verschaffen, während er zugleich die Hauptstadt von den turbulenten Müßiggängern befreite[4]). Außerdem wurde dadurch die Verschmelzung zwischen

---

[1]) Den Hergang berichten die Briefe Ciceros an Plancus und Capito. ad Att. XVI 16 A. C; zahlreiche Erwähnungen in den sonstigen Briefen an Atticus aus dem Jahre 44. Buthrotum Kolonie: Plin. IV 4. Strabo VII 7, 5. Der Name auf Münzen. — Vielleicht geht auch die Kolonie Byllis (CIL. III 600. Dessau 2724; *colonia Bullidensis* Plin. IV 35) schon auf Caesar zurück.

[2]) Vgl. im allgemeinen Dio 43, 50, 3 im Anschluß an Karthago und Korinth: πολλὰς καὶ ἄλλας ἐν τῇ Ἰταλίᾳ καὶ ἔξω πόλεις τὰς μὲν ἀνῳκοδόμησε, τὰς δὲ καὶ ἐκ καινῆς κατεστήσατο. — Wenn Plinius V 128 die Insel Pharos bei Alexandria als *colonia Caesaris dictatoris* bezeichnet, so ist *colonia* hier in demselben Sinne zu verstehen, wie bei den ursprünglichen römischen Bürgerkolonien *(col. maritimae)* und den persischen und lagidischen Militärkolonien in Aegypten: die Legionen, die Caesar als Garnison hinlegte, sind hier dauernd stationiert und daher zugleich angesiedelt.

[3]) Sueton 42 *octoginta civium milibus in transmarinas colonias distributis;* dadurch ist Rom *exhausta*, er sorgt für die *frequentia* der Stadt durch die Anordnungen, welche die besitzenden Klassen in ihr festhalten (oben S. 422).

[4]) Die Legende bei Appian Lib. 136 führt die Gründung Karthagos darauf zurück, daß Caesar dort im Traum στρατὸν πολὺν κλαίοντα sieht, und daher aus Rom die ἄποροι hinschickt, die Land begehren.

Bürgern und Untertanen, das Hinübergreifen der italischen Nation in das Reich, gewaltig gefördert.

Eine heikle Aufgabe der Politik bildete, wie in der Neuzeit so auch damals schon, die Regelung der Stellung der Juden, die sich nicht nur in Massen über die ganze hellenistische Welt verbreitet hatten, sondern auch in Rom im Geschäftsleben sowohl wie unter dem turbulenten Gesindel schon seit geraumer Zeit eine beträchtliche Rolle spielten[1]). Caesar hat sich, im Gegensatz zu Pompejus und der Senatspolitik, wie dem jüdischen Kirchenstaat von Jerusalem, so auch den Juden der Diaspora gegenüber sehr wohlwollend erwiesen und sie offenbar als betriebsame und anstellige Geschäftsleute gewürdigt und zu benutzen verstanden. Er hat die Absonderlichkeiten ihrer Religion und ihrer Sitten unter seinen Schutz gestellt und ihre Kultvereine nebst den dafür erhobenen Beisteuern als rechtlich anerkannt und von seinem gegen die Bildung von Vereinen erlassenen Verbot eximiert (S. 418, 2); ebenso blieben sie von der Heranziehung zum Kriegsdienst befreit, und die Statthalter und Gemeinden wurden angewiesen, sie am Sabbat unbehelligt zu lassen[2]). Diese Politik ist bekanntlich von Augustus und Agrippa fortgesetzt und weiter ausgestaltet worden. So begreift es sich sehr gut, daß Caesars Ermordung ganz besonders von den Juden beklagt worden ist und sie in Rom viele Nächte hindurch eine Trauerfeier um ihn begingen[3]).

Die Hauptstadt. Kulturaufgaben

Über dem Reich wurde Italien und die Hauptstadt in keiner Weise vernachlässigt. Auch hier nahm Caesar Pläne von gewaltigem Umfang in Angriff, die ebenso wie der Isthmuskanal die Nachwelt bis zur Gegenwart beschäftigt haben und zum Teil

---

[1]) Siehe Cicero pro Flacco 66 ff. Philo leg. ad Gaium 281 ff.
[2]) S. die Urkunden bei Josephus Ant. XIV 10 (vgl. S. 427, 2).
[3]) Sueton Caes. 84 *in summo publico luctu exterarum gentium multitudo circulatim suo quaeque more lamentata est, praecipueque Iudaei, qui etiam noctibus continuis bustum frequentarunt.*

noch in keiner Weise gelöst sind. So den Versuch, die pomptinischen Sümpfe trocken zu legen¹), ferner die Trockenlegung des Fuciner Sees durch einen Stollen in den einschließenden Bergen²), wodurch das Ackerland seiner Ufer vor den verheerenden Überschwemmungen durch den schwankenden Wasserstand geschützt und zugleich in dem Seebecken ein neues reiches Kulturland gewonnen werden sollte; das ist bekanntlich, nach einem mißglückten Versuch des Claudius, im Jahre 1875 ausgeführt worden. Vom Adriatischen Meer sollte über den Kamm des Apennin eine große Heerstraße zum Tiber angelegt werden³). Diesen Fluß selbst sowie den Anio wollte er regulieren und von Rom aus durch die Ebene von Latium und das pomptinische Sumpfgebiet nach Tarracina einen großen Kanal bauen, zugleich den Unterlauf des Stroms eindämmen und statt der schlechten Rhede von Ostia einen neuen großen Seehafen anlegen; die Vorarbeiten dazu waren bereits in Angriff genommen. Wenigstens der neue bequeme Hafen ist dann bekanntlich von Claudius durch die Anlage des Portus Augusti geschaffen worden⁴).

In Rom selbst ging die Bautätigkeit (S. 427) ununterbrochen weiter, und weitere Entwürfe schlossen sich an. An den Fuß des Tarpejischen Felsens sollte, wie in Athen an die Akropolis, ein gewaltiges Theater anlehnen⁵), an die Stelle der im Jahre 52 bei Clodius' Leichenfeier niedergebrannten, von Faustus Sulla wieder aufgebauten Curia Hostilia ein Tempel der Felicitas treten — den Namen dieser Gottheit, die ihn so sichtbar begünstigte, hatte Caesar in der Schlacht bei Thapsus als Parole

---

¹) Sueton 44. Cic. Phil. V Dio 44, 5, 1. Nach Caesars Ermordung läßt Antonius bereits das zu gewinnende Land durch seinen Bruder, den Tribunen Lucius, zur Verteilung anweisen, Dio 45, 9, 1.

²) Sueton Caes. 44. Claudius hat das Werk wieder aufgenommen, aber ohne bedeutenden Erfolg, Tac. ann. XII 56 f. Dio 60, 11, 5. Plin. 36, 124. Sueton Claud. 20.

³) Sueton 44.

⁴) Plut. Caes. 58. Sueton Claud. 30 (vgl. Dio 60, 11).

⁵) Sueton 44. Dio 43, 49, 2.

ausgegeben¹) —, während für die Senatssitzungen fortan, wenn sie nicht außerhalb des Pomeriums im Theater des Pompejus stattfinden mußten, eine neue Curia Julia an dem von Caesar erbauten Forum Julium bestimmt war²), ein Bau, der erst von Augustus vollendet worden ist. Auf dem Marsfeld sollte dem Kriegsgotte, dem Stammvater und Schirmer des römischen Volks, ein Tempel ohnegleichen errichtet werden³). Die Stadt sollte erweitert, das ganze Marsfeld bebaut werden — das war um so nötiger, da zahlreiche Quartiere der inneren Stadt den Neubauten zum Opfer fielen; das Tiberbett sollte schon vom Pons Mulvius an an die jenseitigen Höhen des Mons Vaticanus verlegt werden, die dadurch geschaffene weite Fläche des Campus Vaticanus die Rolle des bisherigen Marsfeldes übernehmen⁴). Auch das Pomerium, die geheiligte Furche, welche die Stadt des Staatsrechts aus der Feldmark aushebt und die Grenze des Stadtfriedens und der Tribunengewalt bildet, hat Caesar verschoben⁵).

Auch sonst umfaßten Caesars Gedanken alle Gebiete der materiellen wie der geistigen Interessen. Die unübersehbare Fülle der römischen Gesetze, die zahlreichen Spezialgesetze einerseits, welche jahraus jahrein erlassen wurden, andrerseits die für die Rechtsprechung maßgebenden Weisungen, welche die Practoren in ihren Edikten gaben, und durch die das formell noch immer

---

¹) bell. Afr. 83. Dio 44, 5, 2. Der Tempel wurde von Lepidus erbaut; darauf bezieht sich Cicero ad Att. XIII 42, 3 (Ende Dezember 45) *orat Lepidus, ut veniam; opinor augures velle habere ad templum effandum*. Vgl. Ciceros Äußerung über Caesars *felicitas* in dem Brief an Nepos (fr. 4) bei Ammian 21, 16, 13.
²) Dio 44, 5. 44, 49, 2.
³) Sueton 44.
⁴) Cic. ad Att. XIII 33, 4 (Juli 45), vgl. XIII 20. 35, 1 (oben S. 421, 1).
⁵) Dio 43, 50, 1. 44, 49, 2. Gellius XIII 14, 4: den Aventin haben auch Sulla und *divus Iulius, cum pomerium proferret*, außerhalb desselben gelassen. Schwerlich ist mit Mommsen, Staatsrecht II ² 717, 1, daraus, daß Tacitus Ann. 12, 23 und Seneca de brev. vitae 14 Caesar nicht unter denen nennen, die das Pomerium erweitert haben, zu folgern, daß er es nicht getan hat.

als geltend betrachtete Recht der zwölf Tafeln tatsächlich fast durchweg obsolet geworden war, dazu die Konkurrenz des für die Bürger geltenden formalen Rechts mit dem vom Praetor *inter cives et peregrinos* entwickelten Recht, das auf dem Grundsatz der Billigkeit und von Treu und Glauben beruhte, hatten im Rechtsleben einen Zustand geschaffen, wie er gegenwärtig in England und in noch höherem Maße in den Vereinigten Staaten besteht. Schon Pompejus hatte geplant, hier Ordnung und Übersichtlichkeit zu schaffen (oben S. 240); Caesar hat den Gedanken aufgenommen, er wollte ein handliches bürgerliches Gesetzbuch schaffen, „das aus der unermeßlichen und wirren Fülle der Gesetze das Beste und Unentbehrliche in einigen wenigen Büchern zusammenfaßte"[1]). Als Vorarbeiten dazu dienten die Arbeiten des Aulus Ofilius, der zahlreiche Werke über alle Teile des Zivilrechts verfaßte und als erster das praetorische Edikt sorgfältig bearbeitete[2]); neben ihm war in gleicher Richtung Gaius Trebatius tätig, der auch das Sakralrecht eingehend behandelt hat[3]). Aber dem Plan ist es gegangen wie so vielen gleichartigen in der Neuzeit; ausgeführt ist er erst nach Jahrhunderten und nach mehreren vorläufigen Ansätzen von der absoluten Monarchie unter Justinian.

Dem geistigen Leben sollte eine große öffentliche Bibliothek dienen, mit deren Zusammenstellung der bedeutendste Gelehrte Roms, Marcus Varro, beauftragt wurde[4]). Der Plan knüpft an an das Werk des ersten Ptolemaeos und seines Ministers aus der Schule des Peripatos, des Demetrios von Phaleron; aber zu der in Alexandria gesammelten griechischen Literatur — die dortige Bibliothek ist übrigens bekanntlich in den Kämpfen Caesars in

---

[1]) Sueton 44.
[2]) Pomponius Dig. I 2, 44, als *Caesari familiarissimus* bezeichnet.
[3]) ib. 45. Trebatius kennen wir genauer aus Ciceros Briefen an ihn (er hat ihn im Jahre 54 an Caesar nach Gallien empfohlen) sowie aus Horaz Sat. II 1. Sein oft citiertes Werk *de religionibus* (neun Bücher) war, wie die Fragmente zeigen, sakralrechtlichen Inhalts.
[4]) Sueton 44 *bibliothecas Graecas Latinasque quas maximas posset publicare, data Marco Varroni cura comparandarum ac digerendarum*. Ebenso Isidor etym. VI 5, 1.

Alexandria in Flammen aufgegangen und dadurch unermeßliche
Literaturschätze unwiederbringlich vernichtet.¹) — trat jetzt
ebenbürtig die römische hinzu. In diesem Gedanken gelangt
zugleich das Gefühl zum Ausdruck, daß man am Ende einer
Entwicklung stehe und die neue jetzt beginnende Epoche der
Weltgeschichte die Vergangenheit als abgeschlossen betrachten
und in ihrer Totalität überblicken und studieren müsse. Derselbe
Gedanke liegt der Bibliotheksgründung des Ptolemaeos zugrunde
und tritt noch klarer in dem ersten derartigen Unternehmen hervor, das die Weltgeschichte kennt, in der großartigen Bibliothek
des Assyrerkönigs Assurbanipal.

Die Finanzen

Alle diese Maßnahmen erforderten gewaltige Geldmittel. Es
würde sehr lehrreich sein, wenn wir in das Finanzwesen Caesars
einen Einblick gewinnen könnten; aber hier versagen die Quellen
so gut wie ganz; denn daß er die gewaltigen Goldmassen, die
er aus der Beute und aus dem Staatsschatz (S. 353 f.) in den Verkehr brachte, zur Einführung einer Goldmünze, des Aureus,
im Wert von 100 Sestertien, benutzte, hilft wenig weiter. Daß
er auch auf diesem Gebiet die Interessen des Gesamtreichs und
daher das Wohl der Untertanen, nicht, wie die Republik, ihre
Aussaugung durch die Aristokratie und die Geldleute des
herrschenden Volkes im Auge hatte²), geht daraus hervor, daß er

---

¹) Livius bei Seneca de tranq. an. 9, 5 und Orosius VI 15, 31. Gellius VII 17, 3. Ammian XXII 16, 13. Als Gesamtzahl der Bibliothek
geben Gellius, Ammian und Isidor. etym. VI 3, 5 700 000 volumina, als
verbrannt Livius 400 000. Die spätere alexandrinische Bibliothek, in der
Didymos Chalkenteros und seine Genossen arbeiteten, war bekanntlich
die frühere pergamenische, die Antonius der Kleopatra zum Geschenk
gemacht hat (Plut. Anton. 58).

²) Cicero de off. II 27 muß anerkennen, daß die Herrschaft des
Senats und der Nobilität über die Untertanen, die ursprünglich *patrocinium orbis terrae verius quam imperium* gewesen sei, allmählich
immer mehr und seit Sulla vollständig verloren gegangen sei; *desitum
est enim videri quicquam in socios iniquum, cum exstitisset in civis*

in der Provinz Asia, als er auf dem Feldzuge gegen Pharnakes im Sommer 47 von Tarsos aus die Verhältnisse des Orients ordnete[1]), den von Gaius Gracchus eingeführten und an die Kapitalisten des Ritterstandes verpachteten Zehnten, diese furchtbare Geißel der Provinz, aufhob und durch feste Steuersätze ersetzte, deren Erhebung den Gemeinden selbst überlassen wurde[2]); in demselben Sinne hatte er schon als Consul durch sein Repetundengesetz wie durch die Herabsetzung der Pachtsummen (S. 75) gewirkt. In Sicilien fiel der Zehnte, wenn nicht vorher, so durch die Verleihung des latinischen Rechts von selbst weg; in den übrigen Provinzen war er überhaupt nicht eingeführt. Daß er die Zölle auf die in Italien (Rom) aus den Provinzen eingeführten Waren wiederhergestellt hat, ist schon erwähnt (S. 425).

Aber zur Bestreitung der Ausgaben reichten die regulären Einnahmen in keiner Weise aus, auch ganz abgesehn von den Riesensummen, die die Triumphalgeschenke nebst den Spielen und Bauten und daneben die Belohnung seiner Anhänger erforderten, zumal bisher in jedem Jahre ein schwerer Krieg zu führen war und jetzt erst recht ein Feldzug von größten Dimensionen bevorstand. Caesar wußte, und hat es ausgesprochen, daß seine wie jede kräftige Herrschaft auf zwei Stützen ruhte,

---

tanta crudelitas. Aber seine Behauptung, Caesar habe es noch schlimmer gemacht, indem er *victoria etiam foediore non singulorum civium bona publicaret, sed universas provincias regionesque uno calamitatis iure comprehenderet*, was er durch die Behandlung Massilias illustriert, ist für das äußere Regiment eben so übertrieben wie für das innere. trotz der Plünderung Numidiens durch Sallust.

[1]) bell. Alex. 66, 2 f.

[2]) Dio 42, 6, 3 über Caesars Auftreten im Osten nach Pharsalos: außer der Gelderhebung ἄλλο μηδὲν μηδένα λυπῶν, ἀλλὰ καὶ εὐεργετῶν πάντας ὅσα ἐνεδέχετο. τοὺς γοῦν τελώνας πικρότατά σφισι χρωμένους ἀπαλλάξας ἐς φόρου συντέλειαν τὸ συμβαῖνον ἐκ τῶν τελῶν κατεστήσατο. Appian V 4. 19 in der Rede des Antonius an den Landtag von Asia 41 v. Chr., im Anschluß an Caesars Maßregeln als Consul: τὰς δ' ὕβρεις (der *publicani*) ἔπαυσεν· ὑμῖν γὰρ τοὺς φόρους ἐπέτρεψεν ἀγείρειν παρὰ τῶν γεωργούντων.

der Armee und dem Geld, und daß beide sich gegenseitig bedingten und erhielten[1]). Einen beträchtlichen Teil der Ausgaben deckte, wie früher in Gallien, die Siegesbeute sowie der im Jahre 49 gründlich ausgeleerte Staatsschatz, einen weiteren die Konfiskation und die fortgehenden Auktionen der Besitzungen der besiegten Gegner, soweit sie nicht begnadigt waren (S. 381 f. 399 f.). Aber Caesar war ein Finanzkünstler ersten Ranges; wie er schon als Propraetor im jenseitigen Spanien verstanden hat, sich große Geldsummen ohne schweren Druck zu beschaffen (S. 56), so hat er nachher als Proconsul in Gallien, und dann im Bürgerkriege und als Monarch seine Kunst im größten Stile geübt. Er war, wo nicht die Politik ein Strafgericht forderte, immer bereit, Milde zu üben und Verzeihung zu gewähren, wenn man nur zahlte; darin aber stellte er um so höhere Forderungen. So hat er von den Besiegten und von den Gemeinden, die nach der Entscheidung sich nicht sogleich ergaben, oder die sonst sich vergangen hatten, überall gewaltige Summen erhoben, in Spanien, in Asien und Aegypten, in Afrika[2]). Hier hat er in Zama den Besitz des Königs Juba verkauft, das Vermögen der Römer, die in dessen Dienste getreten waren, eingezogen, ebenso das aller Offiziere und Unteroffiziere des feindlichen Heeres; Thapsus mußte eine Kontribution von 2 Millionen Sestertien, der zugehörige Gerichtsbezirk (*conventus*) 3 Millionen, Hadrumetum 3 Millionen, der Bezirk 5 Millionen zahlen, zusammen 11 Millionen (rund 2½ Millionen Mark); „dafür schützte er die Städte und ihren Besitz gegen Plünderung und jede Gewalttat". In Utica gab er den Mitgliedern des von den Republikanern aus den römischen Kaufleuten und Bankiers gebildeten Rats der Dreihundert ihr

---

[1]) Dio 42, 49, 4 τὸ δὲ συμπᾶν εἰπεῖν, χρηματοποιὸς ἀνὴρ ἐγένετο. δύο τε εἶναι λέγων τὰ τὰς δυναστείας παρασκευάζοντα καὶ φυλάσσοντα καὶ ἐπαύξοντα, στρατιώτας καὶ χρήματα, καὶ ταῦτα δι' ἀλλήλων συνεστηκέναι· τῇ τε γὰρ τροφῇ τὰ στρατεύματα συνέχεσθαι, καὶ ἐκείνην ἐκ τῶν ὅπλων συλλέγεσθαι· κἂν θάτερον ὁποτερονοῦν αὐτῶν ἐνδεὲς ᾖ, καὶ τὸ ἕτερον συγκαταλυθήσεσθαι.

[2]) Dio 41, 24 im Jahre 49 in Spanien ἐλύπησεν οὐδένα οὐδὲν πλὴν χρημάτων ἐκλογῆς, ταῦτα γὰρ παμπληθῆ ἐσέπραξεν: ebenso 48 (42, 6, 3) und 47 (42, 49) in Asien, 45 in Spanien (44, 39, 4) u. a.

verfallenes Vermögen gegen eine auf drei Jahre verteilte Zahlung von 100 Millionen Sestertien (rund 22 Millionen Mark) zurück. Leptis wurde eine jährliche Abgabe von 3 Millionen Oel, Thapsus wegen der Armut der Gemeinde eine Getreidelieferung auferlegt. Ebenso mußte Sulci auf Sardinien, weil es die feindliche Flotte aufgenommen und unterstützt hatte, 10 Millionen zahlen und der Jahreszehnte wurde um den achten Teil des Ertrags (12½ %) erhöht, außerdem das Vermögen der Häupter der Gegenpartei eingezogen[1]). Diese uns glücklicherweise erhaltenen Angaben geben einen Begriff von der Art, wie er durchweg verfuhr. Auch Tempelvermögen hat er mehrfach eingezogen, so 47 in Tyros, 45 in Gades[2]). Einen extremen Fall bietet Megara, das nach der Schlacht bei Pharsalos im Widerstand bis aufs äußerste ausharrte und von Fufius Calenus erstürmt werden mußte. Die Bürger, die dem Gemetzel entronnen waren, wurden als Sklaven verkauft; aber „damit die Stadt nicht ganz und gar vernichtet werde", verkaufte er sie, offenbar nach Caesars Weisung, teils an ihre Angehörigen, teils um ganz geringe Summen, damit sie freigegeben werden könnten — eine andre Art, wo sie selbst nichts mehr besaßen, doch noch Geld aufzubringen[3]). Wie er in Spanien im Jahre 45 freigebig Privilegien für Geld erteilte, haben wir schon gesehn. Außerdem aber hat er es immer verstanden, für sich Stimmung zu machen und mit mehr oder weniger Zwang freiwillige Beiträge und Vorschüsse zu erhalten, sowohl von Privaten wie von Gemeinden und Dynasten, und daneben in üblicher Weise die dem Sieger bewilligten goldenen Kränze von beträchtlichem Wert. Die Vorteile, die der Anschluß an

---

[1]) bell. Afr. 90. 97 f. Appians Angabe II 100, 416 τῶν τριαχοσίων ὅσους εὗρε διέφθειρεν ist jedenfalls stark übertrieben.

[2]) Dio 42, 49, 2. Auf den angeführten Tatsachen beruht das Urteil bei Sueton 54 *postea vero evidentissimis rapinis ac sacrilegis et onera bellorum civilium et triumphorum ac munerum sustinuit impendia*.

[3]) Dio 42, 14, 4. Über das Blutbad, welches ausbrechende Löwen, die C. Cassius hier für seine Aedilität verwahrte, anrichteten, Plut. Brut. 8. Athen dagegen wurde „um seiner Toten willen" verschont, Dio 42, 14. 2. Appian II 88, 368.

ihn bot, waren eben so groß, daß man ihm bereitwillig große Opfer brachte; man wußte, daß man ihm trauen konnte.

So hat Caesar es fertig gebracht, nicht nur seine Ausgaben zu decken, sondern im Tempel der Ops einen Staatsschatz von 700 Millionen Sestertien (rund 155 Millionen Mark) zu hinterlassen[1]). Dazu kam sein riesiges Privatvermögen, dessen Bestand allein an barem Gelde auf 25 Millionen Denare (100 Millionen Sestertien = rund 22 Millionen Mark) geschätzt wurde[2]).

Caesars Gehilfen

Es ist in der Tat eine staunenswerte Tätigkeit und Energie, die Caesar in den wenigen Monaten seiner Herrschaft entfaltet hat; sie widerlegt so gründlich wie möglich den Vorwurf, daß seine Kräfte oder die Klarheit seines Geistes getrübt gewesen seien oder daß er ohne bestimmtes Ziel in den Tag hinein gelebt habe und in trübselige Abhängigkeit von seiner Umgebung geraten sei. Er wußte sehr genau, was er tat und was er erstrebte, und er war und blieb der Herr. Durchführen freilich konnte er sein Werk nur durch Verwendung zahlreicher Gehilfen, und da mußte er nehmen, was er vorfand, auch so problematische Leute wie früher Vatinius und Mamurra aus Formiae, zeitweilig Leiter seines Geniekorps (*praefectus fabrum*, wie ehemals Balbus, S. 60), der dann zu allgemeiner Entrüstung die gewaltigen Summen, die ihm aus der gallischen Beute zugeflossen waren, in einem luxuriösen, mit Marmorsäulen geschmückten und mit Marmorplatten ausgelegten Stadthause und in ausgedehntem Grundbesitz anlegte und in einem wüsten Lebenswandel verpraßte. Caesar ließ sich das Gerede nicht anfechten; er trug seine Hinneigung zu dem Liebling offen zur Schau, und Mamurra wird in der Tat bei aller Frivolität keine unbegabte Persönlichkeit

---

[1]) Cicero Phil. II 93. V 11. VIII 26. XII 12. XIII 12. Vellejus II 60, 4.

[2]) Plut. Cic. 43; Anton. 15 auf 4000 Talente (24 Mill. Denare) abgerundet. Auch App. III 17, 63, wo Octavian erklärt, das gemünzte Geld würde zur Verteilung an 300 000 Bürger reichen (75 Denare auf den Kopf), ergibt 22 ½ Mill.

gewesen sein¹). Gleichartig war das Verhältnis zu Curio, M. Antonius und seinen Brüdern, Lepidus, Dolabella, den Brüdern Lucius und Titus Plancus u. a. Aber daneben stehn manche tüchtige und ihm wirklich ergebene Persönlichkeiten, deren Arbeitskraft und Intelligenz er voll auszunutzen verstand, und deren im stillen sich abspielender Tätigkeit die Einzelgestaltung und der Ausbau seines Werkes zugewiesen war. Unter ihnen stehn Aulus Hirtius und Gaius Oppius in erster Linie, deren Vertrauensstellung zu Caesar zugleich den Charakter intimer gegenseitiger Zuneigung trug. Oppius hat bekanntlich eine Biographie Caesars geschrieben, die auch auf die rein persönlichen Züge näher einging²) und offenbar in der auf uns gekommenen Überlieferung mehrfach zugrunde liegt; Hirtius hat die Ergänzung und Fortführung der von Caesar begonnenen Darstellung seiner Taten in Angriff genommen. Ferner der gewandte Geschäftsmann Balbus³) nebst seinem gleichnamigen Neffen, der

---

[1]) Über Mamurra s. außer den bekannten Gedichten Catulls 29. 41. 43. 57. 94. 105. 114. 115 Cicero ad Att. VII 7, 6 *Labieni divitiae et Mamurrae et Balbi horti et Tusculanum*, sowie Nepos bei Plin. 36. 48 mit der Angabe über sein Haus.

[2]) Die aus seiner Schrift entnommenen Züge bei Plut. Caes. 17 und Sueton 53. 72 (denn auch die Angabe über die Rücksichtnahme Caesars auf ihn bei einer Erkrankung im Winter auf der Reise geht offenbar auf Oppius selbst zurück) stammen ersichtlich aus derselben Mittelquelle; solche Berührungen zwischen Plutarch und Sueton finden sich gelegentlich auch sonst und geben einen Einblick in Umfang und Gestalt der an Caesar anknüpfenden Literatur. Aus Oppius' Schrift stammt auch die Notiz über Marius' Ertragen von Schmerzen bei einer Operation Plin. 11, 252, ohne Angabe der Quelle benutzt bei Plut. Mar. 6; ferner ein scharfer Ausfall über Pompejus' Grausamkeit im Jahre 81 bei Plut. Pomp. 10. woran die (gleichfalls der Quelle entnommene) Bemerkung anknüpft ἀλλ' Ὀππίῳ μέν, ὅταν περὶ τῶν Καίσαρος πολεμίων ἢ φίλων διαλέγηται, σφόδρα δεῖ πιστεύειν μετ' εὐλαβείας. — Für Oppius' und Matius' Persönlichkeit s. ad fam. XI 27—29.

[3]) Auf die Angabe des Sidonius Apollinaris epist. IX 14. 7, der unter den Werken über Caesar, die er wegen ihres Stils bewundert. auch *Balbi ephemeridem* aufzählt, ist garkein Verlaß und die Vermutung, daß er Caesars *Commentarii* fälschlich dem Balbus zuschreibe. wohl zutreffend. Das von Sueton Caes. 81 aus *Cornelius Balbus, fa-*

freilich, als er in den Jahren 44 und 43 als Quaestor im jenseitigen Spanien unter Asinius Pollio sich selbst überlassen war, vom Größenwahn befallen in wüstem Treiben Caesar nachäffte[1]); sodann der treue Gaius Matius, Gaius Pansa, die Juristen Aulus Ofilius und Gaius Trebatius (oben S. 499) u. a., schließlich untergeordnete Persönlichkeiten, die gelegentlich in Ciceros Briefwechsel auftauchen, wie Aledius und Caesars Geheimsekretär Faberius, der es verstand, seine Stellung zu einträglichen Geschäften zu benutzen[2]). Diese Vertrauensmänner und Kabinetsräte hatten nicht nur die politischen Korrespondenzen[3]) und persönlichen Verhandlungen mit Freund und Feind zu führen, die Geldgeschäfte zu besorgen, die Verdächtigen möglichst unauffällig zu überwachen und über alles, was vorfiel, an Caesar zu berichten (vgl. oben S. 384) — ein ganzes Heer von untergeordneten Organen und Agenten muß für alle diese Aufgaben verwandt worden sein —, sondern zugleich die Gesetze und die Verwaltungsmaßregeln auszuarbeiten. Für die Einbringung der Gesetze an die Comitien bediente sich Caesar dann, wenn er nicht selbst hervortreten wollte, der gerade vorhandenen Beamten: so im Jahre 46 des Hirtius als Practor (S. 382), im Jahre 44 des Lucius Cassius (S. 464) und Lucius Antonius (S. 461 f.) als Tribunen. Besäßen wir für Rom auch nur so viel urkundliches Material, wie uns für Athen aus der zweiten Hälfte des fünften Jahrhunderts erhalten ist, oder wäre Caesars Korrespondenz mit

---

miliarissimus Caesaris angeführte Vorzeichen der Ermordung Caesars braucht nicht aus einem Geschichtswerk entnommen zu sein.

[1]) Pollio an Cicero X 32. Unter Augustus hat es dann bekanntlich auch der jüngere Balbus noch zum Consulat gebracht.

[2]) Über seine Geldgeschäfte mit Cicero s. O. E. Schmidt, Ciceros Briefw. S. 289 ff. = Comment. Fleckeisen 223 ff. Nach Caesars Ermordung wurde er das willfährige Werkzeug des Antonius für seine Fälschungen. Appian III 5, 16, vgl. Cic. ad Att. XIV 18. XV 13, 3. Auf dem Aventin baute er sich ein prächtiges Haus: Vitruv VII 9. 2.

[3]) Bekannt ist die außerordentliche Raschheit und Sicherheit, mit der Caesar arbeitete, so daß er mehrere Briefe, bis zu sieben, gleichzeitig diktieren oder daneben zugleich andere Geschäfte erledigen konnte (Plin. VII 91. Plut. Caes. 17; vgl. Hirtius bell. Gall. VIII praef.).

Oppius und Balbus und andern Vertrauten, die ebenso wie sein Briefwechsel mit Cicero erhalten und veröffentlicht war[1]), auf uns gekommen, so würden wir in diese Dinge einen viel lebendigeren Einblick erhalten.

Neben diesen Bürgern hat Caesar, wie jeder römische Staatsmann, die Angehörigen seines Haushalts, Sklaven und Freigelassene, deren er natürlich gewaltige Massen besaß[2]), in weitestem Umfang auch für die Staatsgeschäfte verwendet, so vor allem für die Münze und die Steuererhebung in den Provinzen. Besondre Entrüstung erregte, daß er den Legionen in Alexandria, die im übrigen offenbar stark orientalisiert waren, den Sohn eines seiner Freigelassenen, Rufinus, zum Kommandanten gab[3]). Auch angesehene Griechen hat er verwendet, so den Theopompos von Knidos, einen Sammler der Mythen, dem zuliebe er den Knidiern die Freiheit schenkte[4]), wie früher Pompejus den Mytilenaeern um des Theophanes willen. In diesen Dingen ist das Principat dem Vorbild Caesars gefolgt; aber in Abhängigkeit von diesen Leuten, wie Pompejus und so mancher der Kaiser, ist Caesar nie geraten, und wenn er es gern sah, daß seine Frei-

---

[1]) Sueton Caes. 56 *extant et (epistulae) ad Ciceronem, item ad familiares domesticis de rebus*, worauf die Mitteilung über die darin verwendete Geheimschrift folgt (D für A usw.). Gellius XVII 9 *libri sunt epistularum C. Caesaris ad C. Oppium et Balbum Cornelium, qui rebus eius absentis curabant*, gleichfalls mit Bemerkungen über die darin vorkommenden *litterae singulariae sine coagmentis syllabarum, quas tu putas positas incondite*; über ihre Lesung habe der Grammatiker Probus in einer Schrift gehandelt.

[2]) Daß er für brauchbare und gebildete Sklaven *(servitia rectiora politioraque)* gelegentlich so große Summen zahlte, daß er den Preis nicht in seine Rechnungen eintragen ließ, erwähnt Sueton 47.

[3]) Sueton 76. (Natürlich wird Rufinus, wie früher Mamurra, als sein *exsoletus* bezeichnet.) Ein Freigelassener Caesars, Demetrius, ist unter Antonius Statthalter von Cypern geworden (Dio 48, 40, 6).

[4]) Plut. Caes. 48. Strabo XIV 2, 15 ἄνδρες ἀξιόλογοι Κνίδιοι . . καθ' ἡμᾶς Θεόπομπος, ὁ Καίσαρος τοῦ θεοῦ φίλος τῶν μέγα δυναμένων, καὶ υἱὸς Ἀρτεμίδωρος. Erwähnt bei Cicero ad Att. XIII 7, 1. Als nach Caesars Ermordung Trebonius Statthalter von Asia wurde, flüchtete er *nudus* nach Alexandria: Cic. Phil. XIII

gelassenen zu Reichtum gelangten[1]), so hielt er unter seinem
Gesinde strenge Disziplin und duldete so wenig wie Augustus
anmaßende Überhebung[2]).

Die Begründung des Gottkönigtums Caesars

Es blieb, ehe Caesar den Feldzug gegen die Geten und Parther
antreten konnte, die Krönung des Gebäudes, die offizielle Einführung der tatsächlich bereits nach allen Richtungen begründeten
Monarchie als dauernder, rechtlich anerkannter Verfassung des
römischen Reichs. Es gehört zu den kaum begreiflichen Dingen,
denen wir in geschichtlichen Urteilen nicht selten begegnen, daß
Napoleon, der doch sehr wohl wußte, weshalb ihm das lebenslängliche Consulat nicht genügen konnte und weshalb er sich
zum Kaiser krönen ließ, ausgeführt hat, Caesar habe nicht nach
der Königswürde gestrebt, weil ihm das Wesen der Macht genügt
habe und auf den Titel nichts ankomme, und daß MOMMSEN
derselben Ansicht zuneigt und behauptet, die Frage sei von
untergeordneter Bedeutung[3]). In Wirklichkeit gehört gerade
bei der Monarchie der Titel ganz untrennbar zum Wesen der
Macht, weil er erst dem Übergangsstadium ein Ende macht
und die neue Staatsgestaltung als definitiv hinstellt: durch die
Zuerkennung der Königswürde wird der freilich im letzten Grunde
immer hoffnungslose, aber doch ganz unabweisbare Versuch gemacht, die Usurpation zu legitimieren und gesetzlich zu begründen.
Caesars Absichten und die Schritte, die er zu dem letzten Ziel
getan hat, liegen denn auch so deutlich vor Augen, wie nur
irgend etwas in seiner Geschichte.

Das Königtum, das er erstrebte, war nicht, wie MOMMSEN
meint, das römische Wahlkönigtum, wie es die Stadtchronik ge-

---

[1]) App. III 94, 391.
[2]) Sueton 48 *domesticam disciplinam in parvis ac maioribus
rebus diligenter adeo severeque rexit, ut pistorem alium quam
sibi panem convivis subiacientem compedibus vinxerit, libertum
gratissimum ob adulteratam equitis Romani uxorem, quamvis nullo
querente, capitali poena adfecerit.*
[3]) Röm. Gesch. III [7] 484.

staltet hatte, wenn er auch seine Statue neben die der Könige stellen ließ (S. 447). Schärfer betonte er, mit Berufung auf seine Abstammung von Julus, dem Sohne des Aeneas, das im Nebel des Mythus schimmernde erbliche Königtum von Alba, dessen sei es schon von der Tradition gestaltete, sei es für diesen Zweck konstruierte Tracht er annahm, ein weites Purpurgewand und hohe rote Schuhe[1]). Aber sein Reich umfaßte nicht einen kleinen Stadtbezirk, sondern die gesamte einheitliche Kulturwelt, und sein Vorgänger und Vorbild ist das Gottkönigtum der hellenistischen Weltmonarchie, wie es Alexander geschaffen hatte und wie es dann in dem asiatischen Großreich des Antigonos und der Seleukiden, und in andrer, noch schärfer ausgeprägter Gestalt im Lagidenreich voll ausgebildet war.

Wie die Idee des Gottkönigtums aus den politischen Theorien der griechischen Welt erwachsen ist und die Aufgabe, den freien Rechtsstaat der Stadtrepublik in den von dem einheitlichen Willen des Herrschers geleiteten Gesamtstaat des Weltreichs einzufügen, mit innerer Notwendigkeit immer wieder auf diese Lösung hinführte, haben wir hier nicht zu verfolgen[2]). Von den hellenistischen Staaten ist sie auf die neuen Weltherrscher, die Römer, übertragen worden; der Stadt Rom werden in den griechischen Städten Spiele gestiftet und gelegentlich Tempel erbaut, und mehrfach haben in den asiatischen Provinzen die Statthalter göttliche Ehren erhalten. So ist es nur natürlich, daß Caesar, „der Sproß des Mars und der Venus", gleich nach seinem Siege im Jahre 48 durch einen gemeinsamen Beschluß „der Städte, Gemeinden und Völkerschaften (d. i. Landbezirke) von Asia" als „in die Erscheinung getretener Gott und Heiland des gesamten Menschengeschlechts" gefeiert wird[3]), ganz wie

---

[1]) Dio 43, 43, 2: τῇ τε γὰρ ἐσθῆτι χαυνοτέρᾳ ἐν πᾶσιν ἐνηβρύνετο καὶ τῇ ὑποδέσει καὶ μετὰ ταῦτα ἐνίοτε καὶ ὑψηλῇ καὶ ἐρυθροχρόῳ κατὰ τοὺς βασιλέας τοὺς ἐν τῇ Ἄλβῃ ποτὲ γενομένους, ὡς καὶ προσήκων σφίσι διὰ τὸν Ἰουλον, ἐχρῆτο. Calenus in der Rede bei Dio 46, 17, 5. Vgl. Festus p. 142 s. v. *mulleus*.

[2]) Eingehender habe ich diese Entwicklung in dem Aufsatz über Alexander in meinen Kleinen Schriften S. 302 ff. klargelegt.

[3]) CIG. 2957, DITTENBERGER, Sylloge ² 347. ³ 760 τὸν ἀπὸ Ἄρεως καὶ Ἀφροδείτης θεὸν Ἐπιφανῆ καὶ κοινὸν τοῦ ἀνθρωπίνου βίου σωτῆρα — man

nachher Augustus. Aber während dieser innerhalb der römisch-italischen Welt die göttlichen Ehren beharrlich ablehnte und seine Nachfolger, soweit sie die Verfassung des Principats aufrecht erhielten, ihm darin folgten, hat Caesar diese Stellung gerade in Rom selbst und innerhalb des herrschenden Volkes begehrt, wie Alexander sie von den griechischen Republiken forderte.

Schritt für Schritt hat Caesar seine Erhebung zu voller Göttlichkeit gefördert. Den göttlichen Ursprung seines Geschlechts, den er mit manchen andern teilte[1]), hat Caesar von Jugend auf betont[2]); jetzt suchte er darauf einen Vorrang und den Anspruch auf die Herrscherstellung zu begründen. Den Namen seiner Ahnmutter Venus Victrix gab er als Parole in der Entscheidungsschlacht von Pharsalus wie später bei Munda[3]), und der Tempel, den er ihr damals gelobt und im Jahre 46 bei seinen Siegesfesten geweiht hat[4]), galt der Erzeugerin seines Geschlechts, der Venus Genetrix, die dadurch in die Staatsreligion eingefügt wurde. Erst damals ist die Gestalt des Julus, des Eponymen des Geschlechts, hervorgeholt und versucht worden, sie in die rezipierte Geschichte einzureihn, was nur durch Gewaltsamkeit möglich war, sei es, daß man ihn zum Bruder oder Sohn des Askanios

---

würde vielleicht noch besser „Heiland der gesamten Kulturwelt" übersetzen. Caesars Titel sind hier pont. max., dict.. cos. II. — Ebenso in Karthaia auf Keos CIG. 2369. IG. XII 5, 557 (vgl. 556) ὁ δῆμος ὁ Καρθαιέων τὸν θεὸν καὶ αὐτοκράτορα καὶ σωτῆρα τῆς οἰκουμένης Γάιον Ἰούλιον Καίσαρα Γαίου Καίσαρος υἱὸν ἀνέθηκεν. In Pergamon, gleichfalls aus dem Jahre 48, heißt er τῶν Ἑλλήνων ἁπάντων σωτῆρα καὶ εὐεργέτην, Mitt. Athen. Inst. 33, 1908, 410 no. 44.

[1]) Aimylos, der Eponym der Aemilier, soll entweder ein Beiname des Mamercus, Sohn des Pythagoras, oder ein Sohn des Aeneas sein: Festus p. 23 *Aemiliam*, vgl. Plut. Aem. Paul. 2. Der Stammbaum des Antonius wurde auf Anton, Sohn des Hercules, zurückgeführt, Plut. Ant. 4.

[2]) Oben S. 331. Dio 41, 34, 2 läßt ihn zu den meuterischen Soldaten in Placentia sagen ἢ τί μὲν ἀπό τε τοῦ Αἰνείου καὶ ἀπὸ τοῦ Ἰούλου γέγονα; so hat er ohne Zweifel wirklich geredet.

[3]) Appian II 76, 319. 104, 430.

[4]) Appian II 68, 287. 102, 424. Da das von Arkesilaos gearbeitete Kultbild nicht rechtzeitig fertig wurde, wurde zunächst das Modell aufgestellt, Plin. 35, 156.

machte, sei es, daß man ihn einfach mit diesem identifizierte[1]). Eine weitere Schwierigkeit machte, daß nach der Überlieferung das albanische Königshaus und Romulus (wenn er nicht, nach der älteren Fassung, einfach der Enkel des Aeneas war) nicht von Julus, sondern von Silvius abstammten; man half sich dadurch, daß Julus mit der Uebertragung des Oberpriestertums abgefunden sei, datierte also die von Caesar im Jahre 63 gewonnene Würde in die Urzeit zurück[2]). Um des Aeneas und Julus willen hat Caesar beim Übergang über den Hellespont im Sommer 48 den Iliern ihre Freiheit und Privilegien bestätigt und ihr Gebiet erweitert[3]).

Auf seine Stellung als Oberhaupt der römischen Staatsreligion hat Caesar immer besonderes Gewicht gelegt und sie daher auf seinen Münzen mit Vorliebe betont[4]), bis er nach Verleihung

---

[1]) Das soll nach Servius ad Aen. I 267 Caesar selbst getan haben: an ein Zitat aus Cato (der natürlich von Iulus noch nichts wußte) fügt er die Bemerkung *occiso Mezentio, sicut I. Caesar* (die pleniores codd. haben *L. Caesar*; es ist aber doch wohl der Dictator gemeint) *scribit Iulum coeptum vocari*; weiter wird der Name auch mit Ilos gleichgesetzt. Über die Schwierigkeiten, die die Einreihung des Iulus in den Stammbaum des Aeneas machte, und Wesen und Tendenz der verschiedenen Auswege s. NORDEN, Vergils Aeneis im Lichte ihrer Zeit, Neue Jahrbb. IV 1901, S. 257 ff. 276 ff. Nach Strabo XIII 1, 27 ist Iulus τῶν ἀπογόνων εἰς τῶν ἀπὸ Αἰνείου.

[2]) Diodor VII 5, 8 VOGEL (der vielleicht auf Kastor zurückgeht), aus dem armenischen Eusebius (S. 188 KARST): Silvios wird zum König gewählt, „Iulios aber, verlustig gegangen des Fürstentums, wurde in das Hohenpriestertum eingesetzt und war wie ein zweiter König; von welchem her, sagen sie, noch bis auf heute bestehe zu Rom das julische Geschlecht". Noch drastischer Dion. Hal. I 70, 4 Ἰούλῳ δὲ ἀντὶ τῆς βασιλείας ἱερά τις ἐξουσία προσετέθη καὶ τιμὴ τῷ τε ἀκινδύνῳ προὔχουσα τῆς μοναρχίας καὶ τῇ ῥαστώνῃ τοῦ βίου, ἣν ἔτι καὶ ἐς ἐμὲ τὸ ἐξ αὐτοῦ γένος ἐκαρποῦτο (!!), Ἰούλιοι κληθέντες ἀπ᾽ ἐκείνου.

[3]) Strabo XIII 1, 27; vgl. Lucan iX 959 ff.

[4]) Einmal findet sich auf dem Revers die Figur des Aeneas, der seinen Vater und das Palladium rettet; auf der Vorderseite sehr oft der Venuskopf, aber auch andere Götter, wie Janus, Ceres, Victoria. Daneben die Trophäen und andere Anspielungen auf seine Siege. — Für die Münzen genügt der Verweis auf die bekannten Werke von COHEN und BABELON.

des Bildnisrechts seinen Kopf im Lorbeerkranz und mitunter in der Tracht des Pontifex maximus, mit hinaufgezogener, das Hinterhaupt verhüllender Toga, auf die Vorderseite, die Statue der Venus mit der Victoria auf der Hand auf die Rückseite setzte. Wie sehr das Ansehn des Herrschers bei der Menge durch die sakrale Würde gehoben wurde, hat er sehr wohl gewußt. Aber nichts weist darauf hin, daß er in der feinen Weise, wie nachher Augustus, die neue Staatsgestaltung mit einer Wiederbelebung und klug erwogenen Anpassung der altrömischen Religion verbunden habe; denn daß ihm, als dem *pontifex maximus*, Varro seine antiquarisch-theologischen *Libri rerum divinarum* widmete[1]), eine halb rationalistische, halb von einem verschwommenen religiös-philosophischen Mystizismus beherrschten Systematik der römischen Staatsreligion, und ebenso Granius Flaccus sein Buch *de indigitamentis*[2]), kann, selbst wenn Caesar diese Schriften veranlaßt haben sollte, höchstens beweisen, daß er daran dachte, auch in den gänzlich verfallenen Staatskultus wieder Ordnung zu bringen. Aber gerade das, worauf es ihm allein ankam, die Einführung des Herrscherkultus, kam in diesen Büchern überhaupt nicht vor.

Die Vorstufen, die Götterstatue im Tempel des Quirinus und seine Elfenbeinstatue auf dem Siegeswagen im Festaufzug der Götterbilder[3]), haben wir bereits kennen gelernt (S. 447 f.). Jetzt,

---

[1]) Lactant. inst. I 6, 7. Augustin civ. dei VII 35. In dem von Augustin III 4 bewahrten Fragment *Varro utile esse civitatibus dicit, ut se viri fortes, etiam falsum sit, diis genitos esse credant, ut eo modo animus humanus velut divinae stirpis fiduciam gerens res magnas adgrediendas praesumat audacius, agat vehementius, et ob hoc impleat ipsa securitate felicius* vermag ich nicht mit AGAHD (Jahrb. cl. Phil. Suppl. 24, 154) und REITZENSTEIN (Zwei religionsgesch. Fragen 99) eine Anspielung auf Caesar und sein Gottkönigtum zu sehn. Auch galt Caesar ja keineswegs als *diis genitus* wie Alexander und Scipio; nur sein Geschlecht ging, wie zahlreiche andere auch, auf eine Gottheit zurück.

[2]) Censorin. 3, 2.

[3]) Gleichartig ist, daß Philipp von Makedonien bei der Hochzeitsfeier in Aegae 336 sein Bild als dreizehntes dem der Zwölf Götter anreihen

zu Anfang des Jahres 44, folgte die volle Durchführung in einer
langen Serie von Senatsbeschlüssen. In allen Tempeln Roms und
der Städte des Reichs sollte seine Statue aufgestellt und ihm an
seinem Geburtstag von Staats wegen geopfert werden[1]). Der
Consul Antonius selbst beantragte, dem Monat Quintilis, in
dem er am 12. geboren war, fortan den Namen Julius zu geben[2]);
ferner, daß den Circusspielen der ludi Romani ein fünfter Tag
(der 19. September) für Caesar hinzuzufügen[3]) und die Siege
Caesars jährlich durch ein Fest, alle vier Jahre durch feierliche Gelübde für ihn zu begehn seien[4]). Auch eine durchs Los bestimmte
Tribus sollte fortan seinen Namen tragen[5]). In die Eidesformel
wird der Schwur beim Genius Caesars aufgenommen[6]) Dann
folgte der letzte Schritt: Caesar wird als Juppiter Julius geradezu
unter die Staatsgötter aufgenommen und ihm, wie den großen
Göttern Juppiter, Mars und Quirinus, ein Flamen Julianus bestellt — dieses Priestertum hat Antonius übernommen[7]) —

---

ließ, Diod. 16. 92. Vgl. zu diesen Vorstellungen WEINREICH, Lykische
Zwölfgötterreliefs, Ber. Heidelb. Ak. 1913, S. 11 f. WISSOWA, Hermes
52, 1917, 100 f.

[1]) Dio 45, 4, 2. Florus II 13, 91 *circa templa imagines.*

[2]) Censorin. 22, 16. Macrob. I 12, 34. Hieron. chron. ao. 45; ferner
Dio 45, 5, 2. Appian II 106, 443. Vgl. Cic. ad Att. XVI 1, 1. 4. 1.

[3]) Cic. Phil. II 110. Dio 45, 6, 2.

[4]) App. II 106, 442 τὴν πόλιν ἀνὰ ἔτος ἕκαστον, αἷς αὐτὸς ἡμέραις ἐν
παρατάξεσιν ἐνίκα, ἱερέας δὲ καὶ ἱερείας ἀνὰ πενταετὲς εὐχὰς δημοσίας ὑπὲρ
αὐτοῦ τίθεσθαι. Dio 45, 6, 1 εὔχεσθαι ὑπὲρ αὐτοῦ δημοσίᾳ κατ' ἔτος ἕκαστον § 2 κἀκ τούτου καὶ πεντετηρίδα οἱ ὡς ἥρωι ἐνόμισαν. Diese
Festtage sind denn auch in den inschriftlich erhaltenen Kalenderfasten
durchweg verzeichnet (17. März Munda; 27. März Alexandria; 6. April
Thapsus; 12. Juli Geburtstag; 2. August Ilerda und Zela; 9. August
Pharsalus), s. die Übersicht bei WISSOWA, Religion und Kultus der
Römer ² S. 445 und 568 ff.

[5]) Dio 45, 5, 2.

[6]) Dio 45, 6, 1 τὴν Τύχην αὐτοῦ ὀμνύναι.

[7]) Dio 44. 6, 4 καὶ τέλος Δία τε αὐτὸν ἀντικρὺς Ἰούλιον προσηγόρευσαν
καὶ ναὸν αὐτῷ τῇ τ' Ἐπιεικείᾳ αὐτοῦ τεμενισθῆναι ἔγνωσαν, ἱερέα σφίσι τὸν
Ἀντώνιον ὥσπερ τινὰ Διάλιον *(Flamen Dialis)* προχειρισάμενοι. Cic. Phil.
II 110. *est ergo flamen, ut Iovi, ut Marti, ut Quirino, sic divo Iulio
M. Antonius?* (Cicero macht ihm zum Vorwurf, daß er sich noch nicht

ferner zu den Luperci Quinctiales und Fabiani ein drittes Kollegium der Luperci Julii hinzugefügt[1]). Als Gott erhält Caesar ferner das Polster (*pulvinar*) für das Göttermahl, und auf sein Haus (vgl. S. 447), doch wohl die Regia, die Amtswohnung des Pontifex maximus, wird ein Giebel gesetzt wie auf die Tempel, als Abzeichen, daß hier ein Gott wohne[2]). Im übrigen wurde, wie von Juppiter seine Eigenschaften, wie Fides und Victoria, sich als gesonderte Gottheiten ablösen und wie überhaupt die Verehrung abstrakter Begriffe dem damaligen Stande der Religion und Ethik entsprach, so dem Caesar seine Clementia, die göttliche Milde, die er fortdauernd bewies, als seine sinnfälligste und heilbringendste Eigenschaft zur Seite gestellt und ihr ein Tempel errichtet, in dem Caesar mit ihr zusammen verehrt werden sollte[3]). Diesen Tempel, der indessen wohl niemals fertig geworden ist, hat Caesar auf Münzen mit der Beischrift *Clementiae Caesaris* abbilden lassen.

---

hat inaugurieren lassen). XIII 41. 47. — Als Gott, und zwar als *deus Caesar*, nicht wie später als *Divus Iulius*, bezeichnet ihn in dieser Zeit ein Ratsherr von Nola, der durch ihn zu seinem Amt ernannt war: CIL. X 1271, Dessau 6343 (CIL. I² 1611) *M. Salvio Q. f. Venusto decurioni /be/neficio Dei Caesaris.*

[1]) Dio 44, 6, 2. 45, 80, 2. Cic. Phil. XIII 31.

[2]) Cic. Phil. II 110 zählt als Caesar bewilligt auf *ut haberet pulvinar, simulacrum, fastigium, flaminem,* Sueton 76 *tensam et ferculum* (Prozessionswagen und Tragbahre für das Götterbild) *circensi pompa, templa, aras, simulacra iuxta deos, pulvinar, flaminem, lupercos, appellationem mensis a suo nomine.* Das *fastigium in domo* erwähnt auch Florus II 13, 91, sowie Plutarch Caes. 63 aus Livius (ἀλλὰ ἦν γάρ τι τῇ Καίσαρος οἰκίᾳ προσκείμενον οἷον ἐπὶ κόσμῳ καὶ σεμνότητι τῆς βουλῆς ψηφισαμένης ἀκρωτήριον), der unter den Vorzeichen der Ermordung berichtete, daß Calpurnia es im Traum einstürzen sah (= Obseq. 67).

[3]) Dio 44, 6, 4 (oben S. 513, 7). Appian II 106. 443. Plut. Caes. 57. — Bei Cicero ad Att. XIV 22, 1 (14. Mai 44) sagen die Caesarianer: *clementiam illi malo fuisse, qua si usus non esset, nihil tale ei accidere potuisse.* — Nach seiner Ermordung und den anschließenden Wirren erfolgte die definitive Aufnahme Caesars unter die Staatsgötter als *Divus Iulius* bekanntlich durch die Triumvirn zu Anfang des Jahres 42 (Dio 47, 18, 4).

Amnestie. Ausbau der monarchischen Stellung

Von dieser Milde gab Caesar jetzt einen neuen Beweis, indem er eine allgemeine Amnestie erließ, die allen noch nicht begnadigten politischen Gegnern, soweit sie nicht wegen eines Verbrechens verurteilt waren, die Rückkehr nach Rom gewährte. Zugleich ließ er die umgestürzten Statuen des Pompejus und des Sulla wieder aufrichten[1]) — so die des Pompejus in der von ihm erbauten Curia bei seinem Theater, zu deren Füßen Caesar ermordet wurde —, ein Akt, von dem Cicero sagte, daß er dadurch zugleich seine eigenen Statuen dauernd festige[2]). Damit war der Bürgerkrieg definitiv abgeschlossen; eben deshalb entließ Caesar seine bisherige Leibwache und lehnte die Bewachung ab, welche die Senatoren ihm aus ihrer Mitte anboten (oben S. 470); auf eine Münze ließ er den Kopf der Friedensgöttin setzen, mit der Beischrift *Paxs*[3]). Der Senat beschloß zum Dank für die durchgeführte Versöhnung der Parteien die Errichtung eines Tempels der „neubegründeten Eintracht", der Concordia nova, der jährlich ein Fest gefeiert werden sollte[4]).

Neben der religiösen Begründung der monarchischen Stellung geht ihr politischer Ausbau einher. Zu dem Bildnisrecht in der Münzprägung kam jetzt ein erhöhter goldner Sitz in der Curie und wo er vor der Öffentlichkeit erschien, z. B. bei der Rechtsprechung; nur bei den Festen sollte er, wie schon im Jahre 48 beschlossen war, zwischen den Tribunen auf der Tribunenbank sitzen[5]). Zugleich wurde er für unverletzlich wie die Tribunen,

---

[1]) Dio 43, 49, 1. 50. Appian II 107, 448. Plut. Caes. 57. Sueton 75 *denique tempore extremo etiam quibus nondum ignoverat cunctis in Italiam redire permisit magistratusque et imperia capere; sed et statuas Luci Sullae atque Pompei a plebe disiectas reposuit; ac si qua posthac aut cogitarentur gravius adversus se aut dicerentur, inhibere maluit quam vindicare.*
[2]) Plut. Cic. 40 = Caes. 57.
[3]) Bei BABELON, monnaies de la republique II 23 no. 39 u. a.
[4]) Dio 44, 4, 5.
[5]) Dio 44, 4, 2. 6, 1. 17, 3. 57, 15. 6. Florus II 13, 91 *suggestus in curia*; Sueton 76 *suggestum in orchestra, sedem auream in curia et pro tribunali.* Appian II 106, 442. Cicero div. I 119 (= Plin. 11, 186; ebenso Val. Max. I 6, 13), vgl. II 37, wonach das Opfertier ohne Herz, das in der Regel auf die Iden des März versetzt wird, *paulo*

jeder Angriff auf ihn in Tat oder Wort für eine Majestätsbeleidigung erklärt, ganz wie bei diesen¹) — es ist die persönliche Seite der tribunicischen Gewalt des Principats, welche auch dem Monarchen zuerkannt ist. Dagegen fehlt bei Caesar die Bedeutung, welche diese durch Augustus gewann, dem sie in ihrer allumfassenden, schillernden Unbestimmtheit die Möglichkeit gewährt, die Leitung des Staats auch im Innern ganz in seine Hand zu nehmen; denn Caesar besaß diese Leitung bereits unverhüllt kraft der übrigen ihm übertragenen Rechte und Ämter.

Hinzu kam eine Reihe weiterer Ehrungen, wie sie die geschäftige Schmeichelei nur ersinnen konnte — manche andre Beschlüsse der Art, die ihm nicht paßten, hat Caesar abgelehnt²) —: lorbeerbekränzte Fasces, das Recht, in den Tempel des Juppiter Feretrius *spolia opima* zu weihen, obwohl er keinen feindlichen Feldherrn eigenhändig erlegt hatte. Statuen an den Rostren, der Rednerbühne, mit dem Graskranz, weil er den Bürgern das Leben gerettet, und dem Eichenkranz, weil er Rom von der drohenden Belagerung befreit habe, triumphierenden Einzug in Rom in Form der *Ovatio* bei der Rückkehr vom latinischen Fest, schließlich ein Grab innerhalb des Pomeriums³).

Weit bedeutsamer war, weil von staatsrechtlicher Wirkung, daß alle seine Amtshandlungen für dauernd gültig erklärt wurden und die Beamten sich beim Amtsantritt zu ihrer Anerkennung und Beobachtung eidlich verpflichten mußten⁴). Zugleich wurde ihm die Dictatur nebst der *praefectura morum* jetzt auf Lebenszeit zuerkannt, und ihm daneben der Titel eines Vaters des Vaterlands verliehn, den er auf die Münzen setzen sollte⁵).

---

ante interitum Caesaris (im Februar) gefunden wurde, *cum immolaret illo die, quo primum in sella aurea sedit et cum purpurea veste processit* (s. unten S. 526, 2). Vgl. auch Sueton 77.

[1] Liv. ep. 116. Dio 44, 5, 3. Appian II 106, 442.
[2] Dio 44, 3, 2. 4. 7, 2. Sueton 76.
[3] Dio 44, 5, 3. 5. 7, 1. Der Eichenkranz auch App. II 106, 441. *statua loricata* auf seinem Forum Plin. 34. 18.
[4] Dio 44, 6, 3. Appian II 106, 442.
[5] Liv. 116. Dio 44, 4. 4. Plut. Caes. 57 δικτάτορα αὐτὸν ἀπέδειξαν διὰ βίου· τοῦτο δ' ἦν ὁμολογουμένη τυραννίς, τῷ ἀνυπευθύνῳ τῆς μοναρχίας

Alle diese Beschlüsse wurden im Senat mit überwältigender Majorität angenommen; nur einige wenige, wie der Praetor Gaius Cassius, haben dagegen gestimmt — Caesar, seinem ständigen Verhalten getreu, hat ihnen das nicht nachgetragen[1]). Cicero dagegen wagte nicht, sich dem Zwange zu entziehn, und hat die ersten, noch gemäßigten Anträge selbst eingebracht[2]). Dann aber überboten sich die Schmeichler; und die Vertreter Caesars taten natürlich alles, um zu erreichen, was ihr Herr begehrte, wenn auch der Gedanke, für ihn die Königswürde zu beantragen, den Stimmungen so wenig entsprach, daß Caesar selbst einen derartigen Antrag unter Hinweis auf den nach der Verjagung des Tarquinius darauf gelegten Fluch untersagte[3]). Aber Brutus hatte nicht unrecht, wenn er später dem Cicero vorhielt, die nachgiebige Schwäche und die verzweifelte Stimmung, die er wie alle Republikaner gezeigt hätten, habe Caesar geradezu verlockt, nach dem Königtum zu streben[4]).

τὸ ἀκατάπαυστον προσλαβούσης. App. II 106, 442. Sueton 76. *parens patriae* auch Cic. Phil. XIII 23. 25. Inschrift von Brundisium CIL. I² 789 DESSAU 71: *C. Iulio Caesari pont. max. patri patriae.*

[1]) Dio 44, 8, 1.
[2]) Plut. Caes. 57 = Cic. 40. bestätigt durch Cicero Phil. XIII 40 f., wo Antonius dem Cicero vorwirft, er betrüge den Hirtius und Octavian *eisdem ornamentis, quibus deceptum Caesarem gloriatus est.* Cicero kann die Tatsache nicht leugnen; aber er behauptet, die Schuld an Caesars Ermordung trage Antonius selbst durch sein Auftreten an den Lupercalien. — Es ist sehr zu bedauern, daß Ciceros Korrespondenz für den Anfang des Jahres 44 völlig versagt; wir würden andernfalls die Vorgänge noch genauer verfolgen können.
[3]) Appian II 107, 444.
[4]) Brutus an Cicero I 16, 8 *ista vero imbecillitas et desperatio, cuius culpa non magis in te residet, quam in omnibus aliis, et Caesarem in cupiditatem regni impulit et Antonio post interitum illius persuasit, ut interfecti locum occupare conaretur*; jetzt bezeugst Du sie gegen Octavius. — Nach Caesars Ermordung hat die offiziöse Geschichtschreibung seiner Anhänger es versucht, die Schuld auf die Antragsteller abzuwälzen, teils lediglich aus maßloser Streberei und Schmeichelei, teils in böswilliger Absicht, um ihn verhaßt zu machen und zu verderben; so Nikolaos Dam. 20, der Caesar als ἁπλοῦς τὸ ἦθος καὶ ἄπειρος πολιτικῆς τέχνης διὰ τὰς ἐκδήμους στρατείας darstellt, der sich

In der Tat war für Caesar alles, was ihm bewilligt wurde, unzureichend. Wie für Napoleon das lebenslängliche Consulat, so war für ihn die lebenslängliche Dictatur nur die Vorstufe für die offen anerkannte Monarchie. Wie er seine Stellung auffaßte, wurde aller Welt deutlich, als der Senat in feierlichem Zuge, unter Vortritt des Consuls Antonius und der übrigen Beamten mit ihren Lictoren, ihn aufsuchte, um ihm die neuen Ehrenbeschlüsse zu überbringen[1]), die dann auf silbernen Tafeln mit goldenen Buchstaben eingegraben und zu Füßen des capitolinischen Juppiter aufgestellt werden sollten[2]). Er selbst saß auf seinem goldenen Stuhl beim Tempel der Venus Genetrix; und als der Senat erschien, stand er nicht auf, sondern nahm die Ehren, darunter die lebenslängliche Dictatur, sitzend in Empfang. Das machte ungeheures Aufsehn und schuf eine tiefgreifende Erbitterung, und so wurde zu seiner Entschuldigung behauptet, er sei unwohl gewesen, oder er habe, mit den Bauten beschäftigt, das Nahen des Senats nicht bemerkt[3]). Diese Absurditäten bedürfen keiner Widerlegung; eben so verkehrt aber ist es, in seinem Verhalten eine Anwandlung von Sultanslaune zu sehn. Vielmehr hat Caesar den Anlaß benutzt, um seine Stellung zum Senat ganz deutlich zu manifestieren: der göttliche Monarch empfängt in der öffentlichen Staatsaktion seinen Staatsrat sitzend, wenn dieser ihm seine Huldigung darbringt. Viel eher glaublich ist die Erzählung, daß er habe aufstehn wollen, aber

---

daher leicht betören läßt (!); ebenso Plut. Caes. 57, nach dem die μισοῦντες mit den Schmeichlern zusammenwirken, um ihn dann angreifen zu können, ähnlich Dio 44, 3, 1: die Senatoren überbieten sich in Anträgen, ἔπειτα ἐπ' αὐταῖς ἐκείναις καὶ ἐμέμφοντο καὶ διέβαλλον ὡς ἡδέως τε σφᾶς λαμβάνοντα καὶ ὀγκηρότερον ἀπ' αὐτῶν ζῶντα; 7. 2. 9, 1.

[1]) Die Szene wird geschildert von Liv. 116. Dio 44, 8. Plut. Caes. 60. Appian II 107, 445 f. Sueton 78. Nic. Dam. 22.

[2]) Dio 44, 7, 1.

[3]) Letzteres erzählt Nic. Dam. 22 ganz naiv; nach Dio 44, 8, 3 wird Diarrhöe, nach Plut. Caes. 60 ein drohender Anfall der Epilepsie als Entschuldigung angegeben. Plutarch selbst verlegt dann die Szene, wie Caesar seinen Hals zum Abschneiden bietet, vom Lupercalienfest fälschlich hierher. Für das Datum s. S. 526, 2.

Balbus, der Minister, der seine Gedanken am besten kannte, ihn zurückgehalten habe[1]), oder daß Trebatius, der leutselige Jurist, ihn gemahnt habe, aufzustehn, er aber diesen unfreundlich angeblickt habe[2]). Jedenfalls wußte Caesar auch hier genau, was er tat. Aber es ist natürlich, daß der Senat sein Verhalten nur als eine schwere Beleidigung ansehn konnte.

Im persönlichen Verkehr hat Caesar sich, soweit es möglich war, wie bisher leutselig und unbefangen gegeben; allerdings war er so überlastet, daß auch die angesehensten Männer oft stundenlang warten mußten, wenn sie ihn sprechen wollten — er selbst hat einmal bemerkt, „er könne nicht zweifeln, daß alle Welt ihn hassen müsse; wenn Cicero im Vorzimmer sitzen und warten müsse, bis es ihm genehm sei, ihn vorzulassen, könne er ihm unmöglich wohlgesinnt sein, und doch sei dieser, wenn irgend jemand, noch leicht zu behandeln"[3]) —; und er hat es in vielen Fällen vorgezogen, auch in Rom selbst die Besprechungen schriftlich zu erledigen, so daß er Herr seiner Zeit blieb[4]). Aber das Gefühl des Zwanges ließ sich auch dann nicht vermeiden, wenn er zu Gast war, denn er war der Herr. Sehr anschaulich schildert Cicero den Besuch, den er ihm auf seiner Villa bei Puteoli am 19. Dezember 45 machte: sein militärisches und ziviles Gefolge einschließlich der Freigelassenen und Sklaven belief sich auf 2000 Mann, die alle bewirtet werden mußten. Caesar selbst verweilte zunächst bei Philippus, dem Gemahl seiner Nichte Atia, ließ niemand vor, und erledigte mit Balbus Rechnungen und Geschäfte. Dann machte er eine Strandpromenade, nahm ein Bad, entschied eine Angelegenheit, die Mamurra betraf, ließ sich salben, ruhte, und präparierte sich auf das Diner durch ein

---

[1]) Sueton 78 = Plut. Caes. 60.
[2]) Sueton 78.
[3]) Cic. ad Att. XIV 1, 2 *ego dubitem, quin summo in odio sim, cum M. Cicero sedeat nec suo commodo me convenire possit? atqui, si quisquam est facilis, hic est; tamen non dubito, quin me male oderit;* oder 2, 2 in anderer Fassung *ego nunc tam sim stultus, ut hunc ipsum facilem hominem putem mihi esse amicum, cum tam diu sedens meum commodum exspectet?*
[4]) Plut. Caes. 17, offenbar aus Oppius.

Brechmittel¹). Die Mahlzeit, trefflich gekocht, verlief unter angeregtem Gespräch ganz angenehm. „Aber der Gast war keiner, zu dem man sagt: bitte, komm doch auf dem Rückweg wieder zu mir. Einmal ist es genug. In der Unterhaltung kam nichts Wichtiges (Politisches) vor, dagegen viele philologische Fragen. Indessen er war vergnügt und zufrieden." Als er an der Villa Dolabellas, des designierten Consuls, vorbeikam, ließ er seine Truppe in Parade marschieren, eine Ehre, die er keinem andern erwies²).

Wie er für ein Gespräch den Gegenstand bestimmte, verlangte er auch sonst die Rücksichtnahme, die dem Herrscher gebührt. Es ist durchaus glaublich, daß seine Aeußerungen authentisch sind, die Sueton aus einer Schrift des Titus Ampius (oben S. 400) anführt: „Die Republik ist ein Nichts, nur ein Name ohne Körper und Gestalt. Sulla war ein Kindskopf, daß er die Dictatur niedergelegt hat. Die Menschen müßten sich allmählich gewöhnen, mit großer Rücksicht mit ihm zu sprechen, und was er sage, als Gesetz hinzunehmen"³).

Wenn das Weltreich, das er plante, durch die Besiegung der Parther und der Geten voll aufgerichtet war, rückte Rom in derselben Weise aus der zentralen Stellung, die es bisher einnahm, wie die griechische Welt und Athen sie durch die Eroberungen Alexanders verlor. Der Schwerpunkt verschob sich dann in das Ostbecken des Mittelmeers, und die Notwendigkeit wurde unumgänglich, die Welthauptstadt hierhin zu verlegen. Auch diese Konsequenz hat Caesar ziehn wollen; sie bot zugleich den gewaltigen Vorteil, daß er dadurch von dem Druck frei wurde, den Rom mit seinen republikanischen Einrichtungen und Tra-

---

¹) Diese häßliche römische Sitte hat Caesar auch sonst befolgt (pro Dejot. 21, *cum vomere post cenam te velle dixisses*). obwohl er im allgemeinen mäßig war.

²) Cic. ad Att. XIII 52.

³) Sueton 77. — Daß er im übrigen sich in private Beziehungen nicht einmischte und nichts dagegen hatte, daß man den Verkehr mit Leuten fortsetzte, *quos ipse non diligebat*, bezeugt Matius an Cicero XI 28, 7.

ditionen trotz allem noch immer auf ihn ausübte. Das weitverbreitete Gerücht, daß er seine Residenz nach Alexandria oder Ilion verlegen und Rom durch Vertrauensmänner regieren lassen wolle, ist zweifellos durchaus zutreffend[1]), denn es liegt in der Natur der Dinge, und wir müßten diesen Plan vermuten, auch wenn er nicht bezeugt wäre. Auch an Augustus ist diese Frage herangetreten, als die Welt zu seinen Füßen lag; dadurch, daß er sich entschied, nicht ein Weltreich zu gründen wie Caesar, sondern die Herrschaft Roms und darum die Republik wieder herzustellen, ist auch diese Frage zunächst entschieden worden[2]). Aber die Entwicklung hat schließlich bei der Begründung der absoluten Monarchie durch Diocletian doch zu der Verlegung der Hauptstadt in den Osten geführt[3]), obwohl das Reich hier nicht erweitert worden war; so hat Caesar auch hier das Ergebnis vorwegnehmen wollen, zu dem dann die Entwicklung langsam in drei Jahrhunderten geführt hat.

Die direkte Anknüpfung an Alexander hatte Caesar seit langem ins Auge gefaßt. Es ist nicht nur ein Liebesverhältnis gewesen, das Caesar im Jahre 48 mit Kleopatra angeknüpft hat — das hätte schwerlich jahrelang vorgehalten —: sondern die Königin war die letzte Erbin Alexanders und das ägyptische zugleich das letzte, wenigstens dem Namen nach noch selbständige Königreich der Kulturwelt[4]). So hatte die Verbindung

---

[1]) Sueton 79 *quin etiam varia fama percrebruit, migraturum Alexandream vel Ilium, translatis simul opibus imperii exhaustaque Italia dilectibus, et procuratione urbis amicis permissa.* Nic. Dam. 20 οἱ μὲν γὰρ ἔφασκον, βασίλειον ἑαυτῷ ἐγνωκέναι συμπάσης γῆς καὶ θαλάττης Αἴγυπτον ἀποδεικνύναι οἱ δ' ἐν Ἰλίῳ τοῦτο ἔφασαν αὐτὸν μέλλειν καθίστασθαι.

[2]) Horaz carm. III 3, vgl. Kleine Schriften S. 467 f. 472.

[3]) Constantin hat bekanntlich das neue Rom zuerst in der Tat in Ilion schaffen wollen.

[4]) Daß Caesar nach der Einnahme Alexandrias (27. März 47 = 15. Januar jul.) noch etwa 2 ½ Monate in Aegypten blieb (JUDEICH, Caesar im Orient S. 112) und die Zeit zu der Fahrt nilaufwärts zusammen mit Kleopatra benutzte (Sueton 52. App. II 90, 379), erklärt sich wohl daraus, daß er für den Feldzug gegen Pharnakes den Eintritt des Sommers

mit ihr eine weit höhere Bedeutung; und eben darum ließ Caesar sie im Jahre 46, nachdem sie ihm einen Sohn geboren hatte, nach Rom kommen[1]), wies ihr eine Wohnung in seinen Gärten jenseits des Tiber an[2]), und stellte ihre Statue im Tempel der Venus Genetrix neben dem Kultbild der Göttin auf[3]). Seine ganze Regierung hindurch ist sie in Rom geblieben; erst Mitte April 44 ist sie nach Aegypten zurückgekehrt[4]).

Zum Wesen der Monarchie gehört die Erblichkeit; und hier schwebte über dem römischen Weltreich dasselbe Verhängnis, das das Reich Alexanders zerstört hat, daß der Herrscher keinen Sohn hatte. Der Gedanke daran hat Caesar sehr ernstlich beschäftigt. Daran, seinen Sohn von Kleopatra zu legitimieren, konnte er einstweilen nicht denken, wenn er auch aus seiner Vaterschaft kein Hehl machte[5]); aber Rom hätte ihn unter den gegenwärtigen Verhältnissen niemals anerkannt, ganz abgesehn davon, daß das römische Recht eine Legitimierung eines unehelichen Kindes nicht kannte und auch die Arro-

---

abwarten wollte. Daß, wie Sueton angibt, die ihn begleitenden Truppen sich weigerten, ihm dabei zu folgen *(cum Cleopatra paene Aethiopia tenus Aegyptum penetravit, nisi exercitus sequi recusasset)*, ist sehr glaublich; sein Verhältnis zu der Königin widersprach allen römischen Anschauungen.

[1]) Dio 43. 27, 3. Hieron. chron. ao. 46: *Cleopatra regio comitatu urbem ingressa.* Sueton 52.

[2]) Cic. ad Att. XV 15, 2 *superbiam autem ipsius reginae, cum esset trans Tiberim in hortis, commemorare sine magno dolore non possum.*

[3]) Appian II 102, 424, vgl. Dio 51, 22, 3.

[4]) Cic. ad Att. XIV 8 (14. April 44) *reginae fuga mihi non molesta est*; erwähnt auch 20, 2. XV 1 a, 5. 4, 4. 15, 2. 17, 2. Suetons Angabe Caes. 52, Caesar selbst habe sie *nonnisi maximis honoribus praemiisque auctam remisit,* ist also ungenau.

[5]) Nic. Dam. 20 bestreitet diese Behauptung mit Berufung auf Caesars Testament, das ihn nicht erwähnt. Das ist Augustus' Auffassung, und offiziell zutreffend; sachlich wird wohl Antonius' Behauptung in einem Schreiben an den Senat (Sueton Caes. 52) richtig sein, Caesar habe ihn anerkannt, Matius und Oppius könnten das bezeugen; aber Oppius bestritt in einer Schrift dem Octavian zuliebe, daß Caesarion Caesars Sohn sei.

gation eines Unmündigen unzulässig war[1]); überdies konnte er unmöglich ein dreijähriges Kind beim Abgang in den Krieg als Erben zurücklassen. So hat er, als er nach der Rückkehr aus Spanien am 13. September 45 auf seinem Gut bei Labici sein Testament machte, sich schließlich entschlossen, den nächsten Verwandten, seinen achtzehnjährigen Großneffen Octavius zum Erben einzusetzen und zugleich zu adoptieren — die Adoption war am Schluß des Testaments nachgetragen[2]). Das bedeutete tatsächlich, wenn auch nicht rechtlich, zugleich die Ernennung zum Nachfolger im Reichsregiment. Caesar hatte den Knaben allmählich hervorgezogen und ihm allerlei Ehrenstellen übertragen; am spanischen Feldzug hatte er wegen Krankheit nicht teilnehmen können, sondern war erst nach dem Siege dort eingetroffen. Nach der Rückkehr verlieh Caesar ihm den patricischen Adel[3]) und schickte ihn dann nach Apollonia in Illyrien, um dort seine Studien zu vollenden. Im Frühjahr sollte er ihn dann auf dem Kriegszuge begleiten, und zwar mit der Würde eines Magister equitum; denn Lepidus sollte diese bei Caesars Weggang niederlegen und die Verwaltung des diesseitigen Spaniens nebst der Narbonensis übernehmen[4]). Alsdann mochte Octavius sich unter

---

[1]) Darauf hat mich SECKEL hingewiesen (Gaius I 102. Gellius V 19, 10).
[2]) Sueton 83 *(in ima cera);* vgl. Nic. Dam. 13.
[3]) Sueton Aug. 2. Dio 45, 2. 6.
[4]) Dio 43, 51. 7 ff., nach dem er an Lepidus' Stelle zwei mag. eq. treten lassen will (δύο ἀντ' αὐτοῦ [codd. αὐτῶν] ἑτέρους, ἰδίᾳ γε ἑκάτερον, ἱππαρχῆσαι ἐποίησε, und vorher τούς τε ἱππαρχήσαντας ἄλλον τέ τινα καὶ τὸν Ὀκτάουιον προεχειρίσατο). Eine solche Neuerung wäre Caesar sehr wohl zuzutrauen; Octavius hätte dann bei der Armee, der andre Rom das Amt versehn. Aber in den Trümmern der capitolinischen Fasten für 44 (CIL. I² p. 28) ist erhalten *ut qum M. Lepidus paludatus [exisset]*, was MOMMSEN gewiß richtig dahin ergänzt, daß Octavius alsdann zu seinem Nachfolger designiert war und nicht antrat. Dann folgt *Cn. Domitius M. f. M. n. Calvinus* (der Consul von als Tribun 59 Caesars Gegner, später Legat Caesars bei Pharsalus, Krieg gegen Pharnakes und in Africa) *[mag. eq.] in insequentem ann/um designatus] erat, non iniit.* Wenn diese Angabe richtig und nicht in Octavians Interesse gefälscht ist, hat Dio ein Versehn begangen. — Appian III 9, 30 Ὀκτάουιος ... ἵππαρχος μὲν αὐτοῦ Καίσαρος γεγένητο

Caesars Leitung weiter ausbilden und für die Übernahme der Nachfolge erzogen werden. Sollte er indessen vor seinem Oheim hinweggerafft werden, so blieb nichts übrig, als dem Zufall freien Spielraum zu lassen: für diesen Fall hat Caesar sein Vermögen unter eine Anzahl Erben verteilt, darunter Decimus Brutus, den bewährten Statthalter Galliens während des Bürgerkriegs, in den letzten Monaten des Jahres 45 Praetor, dem er für das Jahr 44 die cisalpinische Provinz und für das Jahr 42 das Consulat zugewiesen hatte[1]).

Indessen die Adoption war immer nur ein Notbehelf; und die fundamentale Verschiedenheit der Charaktere läßt es fraglich erscheinen, ob Caesar für Octavius große Zuneigung empfunden und ihn innerlich als den geeigneten Nachfolger betrachtet hat. Die Möglichkeit war immer noch vorhanden, daß Caesar, wenn das Geschick günstig blieb, noch einen Sohn zeugte und heranzog. Caesar hat diesen Gedanken sehr ernstlich erwogen und in seinem Testament die Vormünder für diesen eventuellen Sohn bestellt, unter ihnen Antonius, Decimus Brutus und mehrere andre seiner Mörder[2]); auch die Angabe wird richtig sein, daß in den Senatsbeschlüssen zu seinen Ehren auch bestimmt war, die Stellung des Pontifex maximus solle sich auf seinen even-

---

πρὸς ἓν ἔτος setzt die Führung des Amts fälschlich an Stelle der Designation. — Wenn die Angabe Plin. VII 147 über Augustus richtig ist: *repulsa in magisterio equitum apud avunculum et contra petitionem eius praelatus Lepidus*, so ist seine Ernennung schon für das Jahr 45/4 erwogen, aber von Caesar abgelehnt worden.

[1]) Sueton 83. Zur Erbschaft war Octavius für drei Viertel, für den Rest die beiden Söhne seiner älteren Schwester, Lucius Pinarius und Quintus Pedius berufen (vgl. Plin. 35, 21. Ebenso Appian III 22. 82. 23, 89). Außerdem vermachte er bekanntlich der stadtrömischen Plebs *viritim* 300 Sestertien sowie seinen Garten jenseits des Tiber. [Liv. epit. 116. Octavius sei *heres ex parte dimidia institutus*, ist falsch.]

[2]) Sueton 83. Dio 44, 35 [wo Antonius, Decimus Brutus u. a. flüchtig als zu Vormündern des Octavius bestellt bezeichnet werden]. D. Brutus auch Appian II 143, 597 [der ihn hier und 166, 611 zugleich adoptiert werden läßt!]. Plut. Caes. 64; Antonius als *secundus heres* auch Flor. II 45, 1.

tuellen Sohn oder Adoptivsohn vererben[1]); so war die sakrale Würde, die ihm von dem Urahnen Julus her zustand (S. 511), also seinen Vorfahren mit Unrecht vorenthalten war, dauernd mit seinem Hause verbunden.

Von Calpurnia freilich konnte er einen Nachkommen nicht mehr erwarten; aber den Weg wiesen auch hier die makedonisch-hellenistischen Monarchien, in denen der König oft genug mehrere Gemahlinnen hatte und dann aus seinen Söhnen einen als Nachfolger bestimmt hatte. So ließ er ein Gesetz entwerfen, das ihm gestattete, beliebig viele Frauen zum Zweck der Kinderzeugung heimzuführen; der Tribun Helvius Cinna war beauftragt, den Antrag einzubringen, sobald Caesar Rom verlassen habe[2]). Wenn das bewilligt war, stand es ihm frei, auch Kleopatra zu seiner Gemahlin zu erheben und seinen Sohn von ihr durch ein Gesetz legitimieren zu lassen [3]). Das ist der Weg, den nachher in

---

[1]) Dio 44, 5, 3 τὸν δὲ δὴ υἱόν, ἄν τινα γεννήσῃ ἢ καὶ ἐσποιήσηται, ἀρχιερέα ἀποδειχθῆναι ἐψηφίσαντο. Ein derartiger Beschluß liegt so in der Richtung von Caesars Politik, daß kein Grund vorliegt, die Angabe als Fälschung im Interesse des Augustus zu betrachten. Dieser hat bekanntlich Lepidus' Pontificat als illegitim betrachtet, wie es denn auch erschlichen war.

[2]) Sueton 52: *Helvius Cinna tr. pl. plerisque confessus est, habuisse se scriptam paratamque legem, quam Caesar ferre iussisset, cum ipse abesset, ut uxores liberorum quaerendorum causa quas et quot vellet ducere liceret.* Sueton, der die Angabe unter die Geschichten von Caesars geschlechtlichen Ausschweifungen einreiht, hat den Sinn des Antrags so wenig verstanden, wie Dio 44, 7, 3 ἀμέλει καὶ γυναιξὶν ὅσαις ἂν ἐθελήσῃ συνεῖναι οἱ ἐτόλμησάν τινες ἐπιτρέψαι, ὅτι πολλαῖς καὶ τότε ἔτι, καίπερ πεντηκοντούτης ὤν, ἐχρήσατο. Auf den Antrag zielen die bei Gellius XVI 7. 12 erhaltenen Verse des Laberius:

Duas uxores? hoc hercle plus negoti est, inquit cocio:
sex aediles viderat.

„Zwei Frauen willst du haben? Da gibt's wahrhaftig mehr zu tun, sagt der Mittelsmann: sechs Aedilen dagegen [die Caesar eingeführt hatte, oben S. 461] hatte er schon gesehn." — Helvius Cinna, ein Werkzeug Caesars, ist derselbe, der bei Caesars Leichenfeier irrtümlich als Mörder zerrissen wurde.

[3]) In seinem Testament hatte er ihn selbstverständlich unter dem bisherigen Recht nicht berücksichtigen können.

Nachahmung Caesars Antonius gegangen ist, der Kleopatra neben Octavia zu seiner rechtmäßigen Gattin erhob¹), freilich ohne dazu durch ein Gesetz die rechtliche Basis zu besitzen. Antonius hat denn auch den Caesarion als Sohn Caesars anerkannt. Eben darum konnte Octavian ihn nicht dulden; während er die Kinder der Kleopatra von Antonius aufzog, ja halbwegs als Mitglieder seiner Familie behandelte, hat er den Knaben, der ihm als Rivale und berechtigterer Erbe Caesars entgegengestellt wurde, umbringen lassen, als er in seine Hände fiel.

In Ausführung der Senatsbeschlüsse hat Caesar, wahrscheinlich am 14. Februar²), die vierte Jahresdictatur niedergelegt und die lebenslängliche angetreten³). Seitdem erscheint der Titel *dict. perpetuo* meist, und gelegentlich statt dessen *parens patriae* auf seinen Münzen. Aber schon vorher hatte er die ersten Schritte zur Erlangung der Königswürde getan. Mit dem Senat war dafür zunächst nichts zu machen; so sollte die Volksstimme die Forderung erheben. Denn wie Pompejus und später Augustus wollte auch Caesar gezwungen sein, die Last, die sein Herz begehrte, auf sich zu nehmen. Als er am 26. Januar vom latinischen Fest im feierlichen Zuge der Ovation in Rom einritt, war seine Statue an den Rostren mit einem lorbeerbekränzten Diadem geschmückt, und aus der Menge wurde er als König (*Rex*) angerufen. Scheinbar unwillig und die Anrede mißverstehend antwortete er, mit mißglücktem Witz, wie er ihm sonst kaum je entschlüpfte: „Ich heiße nicht Rex, sondern Caesar." Das

---

¹) S. seinen Brief bei Sueton Aug. 69. Vgl. KROMAYER, Hermes 33, 1898, S. 35 ff.

²) Nach Val. Max. VIII 11, 2 (vgl. I 6, 13) warnt der Haruspex Spurinna infolge eines schlechten Vorzeichens Caesar vor den nächsten dreißig Tagen, von denen die Iden des März der letzte ist. Das geschah aber nach Cicero de div. I 119, der es genau wissen konnte, an dem Tage, an dem Caesar zuerst im Purpurgewand auf dem goldenen Stuhle saß (vgl. oben S. 515. 5), also unmittelbar nach der Szene mit dem Senat, in der ihm auch die lebenslängliche Dictatur übertragen wurde. — Daß er am 26. Januar *ovans ex monte Albano* noch *Dict. IIII* war, lehren die Triumphalfasten.

³) So in den Fasten CIL. I² p. 28. 61. 64.

Diadem wurde von der Statue durch die Tribunen C. Epidius Marcellus und L. Caesetius Flavus entfernt, und sie schritten gegen die Urheber des Skandals ein und setzten sie unter allgemeiner Zustimmung gefangen. Da hielt Caesar mit seiner wahren Gesinnung nicht mehr zurück: er versuchte zunächst, den Vater des Caesetius, einen römischen Ritter, zu bestimmen, seinem Sohn die Niederlegung des Tribunats zu befehlen[1]), und als der sich weigerte, verklagte er beide Tribunen in einer Senatssitzung im Tempel der Concordia, sie suchten durch die Beschuldigung, er strebe nach dem Königtum, beim Volk Haß gegen ihn zu erregen, sie seien des Todes schuldig. So weit wollte er allerdings nicht gehn; aber er veranlaßte ihren Kollegen Helvius Cinna, ihre Absetzung zu beantragen (vgl. S. 530, 2) — die Comitien mußten natürlich gehorchen —, und stieß sie dann kraft seiner sittenrichterlichen Gewalt aus dem Senat[2]).

Wenig später, am 15. Februar bei den Lupercalien, wiederholte sich derselbe Vorgang, diesmal in formellerer Weise. Der Consul Antonius, der als Lupercus Julianus den altherkömmlichen nackten Wettlauf hielt, trat an Caesar, der in seinem königlichen Prunkgewand auf dem tags vorher bewilligten goldenen Thron saß, heran, und überreichte ihm in feierlicher

---

[1]) Val. Max. V 7, 2.
[2]) Der Hergang (erwähnt auch Cic. Phil. XIII 31) wird, mit mancherlei Variationen in Einzelheiten, berichtet von Liv. ep. 116. Dio 44, 10. Appian II 108. Plut. Caes. 61 (Anton. 12 hat Plutarch den Vorgang fälschlich an die Lupercalienszene angeschlossen). Vellejus II 68, 4 f. Nic. Dam. 20; bei letzterem wird der Zuruf des Volks, der Caesar als König begrüßt, absichtlich hinter die Absetzung der beiden Tribunen gestellt, und Caesar antwortet, dieser Forderung könne er nicht nachgeben, βούλεσθαι γὰρ ⟨μᾶλλον⟩ τὴν ὕπατον ἀρχὴν ἔχειν νομίμως ἢ βασιλείαν παρανόμως. Die Absetzung durch Cinna (vgl. Dio 46, 49, 2) und die Ausstoßung aus dem Senat durch Caesar (*censoria nota*, Vell.) sind zwei verschiedene Akte. Nach Nikolaos 22 wären sie verbannt und dann durch ein von Caesar gebilligtes Gesetz des Praetors Cornelius Cinna zurückberufen worden; das kann, trotz Appian III 122, 514, der ihre Rückberufung aus dem freiwilligen Exil durch Cassius am 16. März gefordert werden läßt, doch richtig sein. — Nach Vellejus klagt Caesar, *esse sibi miserrimum, quod aut natura sua ei excedendum foret aut minuenda dignitas.*

Rede ein Diadem mit den Worten: „Dies sendet dir das römische Volk durch mich." Die naive Auffassung, als habe Antonius auf eigne Faust gehandelt, bedarf auch hier keiner Widerlegung. Aber die erwartete Zustimmung der Menge blieb aus: so lehnte Caesar das mehrfach wiederholte Angebot ab, ja er riß sich das Gewand vom Hals und bot jedem, der Lust habe zuzustoßen, seine Kehle dar[1]); das Diadem ließ er zum Juppiter aufs Capitol bringen, denn dieser allein sei der König der Römer, und zugleich in die Akten eintragen, daß er die ihm vom Volk durch den Consul angebotene Königswürde nicht angenommen habe (vgl. S. 517)[2]).

Es war klar, daß auf diesem Wege ohne offene Gewaltsamkeit nicht zum Ziel zu gelangen war. Da griff er zu einem andern

---

[1]) Diesen Zug bietet Plutarch Anton. 12; im Caes. 60 hat er ihn an die Szene mit dem Senat verschoben und läßt ihn sein Verhalten später mit der drohenden Epilepsie entschuldigen. Das hat Shakespeare für seine großartige Ausgestaltung der Szene benutzt.

[2]) Den Hergang erzählen im wesentlichen identisch Liv. 116. Dio 44, 11. Appian II 109. Plut. Caes. 60 = Anton. 12, Vellejus II 56, 4. Erwähnt bei Cic. Phil. II 84 ff. III 12. V 38. XIII 17. 31. 40. Nic. Dam. 21 läßt das Diadem zuerst durch einen Licinius auf den *suggestus* gelegt werden; das Volk fordert, daß Lepidus es Caesar aufsetze, als der zögert, legt es ihm Cassius, der Caesarmörder, begleitet von Casca, auf die Knie — das ist handgreifliche Verleumdung —, dann greift Antonius ein. Die Volksstimmung ist nach dieser Darstellung natürlich ganz überwiegend für die Annahme des Königtums, aber Antonius hat aus eigenem Antrieb gehandelt, und Caesar bleibt fest. Nach einem ἕτερος λόγος hofft Antonius, in dem Glauben, Caesar dadurch einen Gefallen zu tun, so seine Adoption zu erreichen (vgl. oben S. 380). Nach der Rede Octavians an Antonius bei Appian III 17, 60, vgl. 19, 72 hätte Caesar diese Adoption ernstlich erwogen; aber er habe gefürchtet, Antonius, der Nachkomme des Herakles (oben S. 510, 1), würde es als eine Degradation betrachten, ein Aeneade zu werden. — In der Rede des Fufius Calenus bei Dio 46, 17. 19, 4 hat umgekehrt Antonius dem Caesar das Diadem angeboten, um ihn zur Vernunft zu bringen und zu zwingen, seine monarchischen Aspirationen aufzugeben. So absurd das ist, so zeigt es doch, in welchem Licht die Partei des Antonius unter dem Druck der öffentlichen Meinung ihren Führer erscheinen lassen möchte; es entspricht der Aufhebung der Dictatur durch Antonius.

Mittel: in den sibyllinischen Büchern entdeckte der Quindecemvir Lucius Cotta (der Consul des Jahres 65) den Spruch, die Parther könnten nur von einem König besiegt werden[1]). Dieser göttlichen Weisung mußte der fromme Senat sich ebenso fügen, wie zwölf Jahre zuvor der über die Intervention in Aegypten. Dafür war Caesar bereit, auch seinerseits einen Schritt entgegenzukommen und dadurch zugleich an seinen feierlich gegebenen Erklärungen formell festzuhalten: Rom und Italien sollten von dem Königreich eximiert bleiben, der Königstitel nur für die Untertanenländer gültig sein[2]).

Auch diese Angabe ist bestritten worden. Man hat nicht beachtet, daß sie vollständig der Gestaltung entspricht, welche Alexander, und dann Antigonos und die Seleukiden seit Antiochos II. ihrem Weltreich gegeben haben: auch hier blieben die Griechenstädte frei, unter eigener Verwaltung und eigenem Recht; aus dem Machtbereich des Königs waren sie ausgeschieden, und seine Beamten hatten in ihnen nichts zu befehlen. Dafür aber erkannten sie ihn als Gott an, und waren

---

[1]) Sueton 79, als *fama: proximo senatu Lucium Cottam quindecimvirum sententiam dicturum, ut, quoniam libris fatalibus contineretur, Parthos nisi a rege non posse vinci, Caesar rex appellaretur.* Ebenso Dio 44, 15, 3 (λόγου γάρ τινος εἴτ' οὖν ἀληθοῦς εἴτε καὶ ψευδοῦς, οἷα που φιλεῖ λογοποιεῖσθαι, διελθόντος). Appian 110 = Plut. Caes. 60. Daß das Gerücht durchaus begründet war. bezeugt so deutlich wie nur möglich Cicero de div. II 110 (geschrieben im Sommer 44): *Sibyllae versus, quorum interpres nuper falsa quadam hominum fama in senatu dicturus putabatur eum, quem re vera regem habebamus, appellandum quoque esse regem, si salvi esse vellemus.* Unbegreiflicherweise folgert Mommsen. Röm. Gesch. III [7] 485 aus dieser Stelle, das Gerücht sei wirklich falsch gewesen; als ob Cicero anders hätte reden können! Zur Ausführung ist der Plan ja nicht mehr gekommen, also ließ er sich ableugnen. Aber Mommsen hat ganz übersehn, daß Cicero unmittelbar darauf den Spruch als echt behandelt: *hoc si est in libris, in quem hominem et in quod tempus est?* und den Zweifel geradezu zurücknimmt: *cum antistitibus agamus, ut quidvis potius ex illis libris quam regem proferant, quem Romae posthac nec di nec homines esse patientur.*

[2]) Diese Angabe haben nur Appian II 110, 461 und Plutarch Caes. 64 aus der gemeinsamen Quelle bewahrt.

daher verpflichtet, seine Willenserklärungen als Gottgebot anzunehmen und zu befolgen wie ein Orakel. Wie auf diese Weise die freien Rechtsstaaten der Griechenwelt in die Universalmonarchie eingefügt waren, würde fortan Rom und Italien innerhalb der Monarchie Caesars als Freistaat gestanden haben, nur daß Caesar hier noch unmittelbarer hätte eingreifen können, da er nicht nur Gott, sondern auch Magistrat Roms war. So hätte sich alsdann die Gestaltung der Welt in ihr Gegenteil verkehrt, wie im Reich Alexanders: aus dem weltbeherrschenden Volk wären die Römer, während ihre Heere die Welt eroberten, ein von der allgemeinen Reichsordnung eximiertes Glied der Weltmonarchie geworden.

Die Opposition und die Verschwörung

Durch diese Vorgänge, die sich in rascher Folge abspielten, wurde, trotz aller feierlichen Erklärungen, die Mißstimmung über Caesars Regiment gewaltig gesteigert. Nicht nur die Anhänger des Senats, die sich ihm gefügt hatten, sahen alle Hoffnungen schwinden, sondern ebenso die Demokraten, welche die Gedanken Sallusts geteilt hatten; gerade die ehrlichen unter seinen Anhängern, soweit sie nicht überzeugte Monarchisten waren, mußten sich am meisten enttäuscht fühlen. Wo sich ein Anlaß bietet, kommt diese Stimmung zum Ausdruck. Caesetius und Marullus werden bejubelt und als neue Brutus gepriesen, die wie dieser den Tyrannen gestürzt haben[1]). Sie selbst haben ein Edikt angeschlagen, in dem sie über die Unterdrückung der Redefreiheit Klage führten[2]). Als kurz darauf die Consulwahlen

---

[1]) Plut. Caes. 61: Caesar habe daher in seiner Anklage im Senat beide wiederholt als *bruti et Cymaei*, d. i. als Dummköpfe und Schildbürger nach Art der Bewohner von Kyme (Strabo XIII 3, 6, wegen ἀναισθησία verhöhnt) bezeichnet: τὸν δῆμον ἐφυβρίζων πολλάκις Βρούτους καὶ Κυμαίους ἀπεκάλει τοὺς ἄνδρας.

[2]) Dio 45, 10, 2, nach dem erst dies Edikt Caesar den Anlaß zu ihrer Absetzung gibt, während er vorher nur seinen vollen Unwillen ausgesprochen habe.

stattfanden, wurden mehrfach Stimmen für sie abgegeben¹). An der Statue des Lucius Brutus bei den Königen auf dem Capitol fand man die Inschrift: „Daß Du doch lebtest!" und an der Caesars die Verse: „Brutus ist, weil er die Könige verjagt hat, der erste Consul geworden, dieser ist, weil er die Consuln verjagt hat, zuletzt König geworden"²). Auf Marcus Brutus, den Nachkommen des Begründers der Republik und des Servilius Ahala (vgl. S. 456), jetzt Praetor urbanus, richteten sich unwillkürlich die Augen; Worte wie „Brutus, du schläfst" oder „Du bist kein Brutus" fanden sich wiederholt auf seinem Tribunal³). Wir besitzen Kunde von einer interessanten Broschüre, in der diese Stimmung Ausdruck gefunden hat⁴). Ihr Verfasser benutzt die Traditionen von dem Prozeß des Lucius Scipio Asiaticus: er ist verhaftet und soll ins Gefängnis abgeführt werden, da trifft sein Bruder, Publius Africanus, aus Etrurien ein, stößt den Büttel weg, und entreißt ihn den Händen der Tribunen. Da hält Tiberius Gracchus, selbst Tribun, eine Rede, in der er klagt, die tribunicische Gewalt sei so durch einen Privatmann aufgehoben. Früher sei Scipio ganz anders aufgetreten, er habe dem Volk zum Vorwurf gemacht, daß es ihn zum lebenslänglichen Consul und Dictator machen wolle, er habe verhindert, daß ihm Statuen auf dem Comitium, den Rostren, der Curie, dem Capitol, in der Cella Juppiters gesetzt würden, daß man beschließe, seine Wachsmaske im Triumphalgewand im Juppitertempel zu verehren und von dort zu holen⁵). Jetzt aber

---

[1]) Sueton 80. Dio 45, 11. 4.
[2]) Sueton 80. Dio 45, 12. Plut. Brut. 9. Die Verse lauten:
   Brutus, quia reges eiecit, consul primus factus est;
   Hic, quia consules eiecit, rex postremo factus est.
[3]) Dio 45, 12. Plut. Brut. 9 = Caes. 62.
[4]) Livius 38, 56, 5. 8—13; Wesen und Tendenz der Broschüre hat MOMMSEN, Röm. Forschungen II 502 ff. erkannt. Es war eine selbständige Schrift in Redeform, nicht etwa eine Einlage in Annalen.
[5]) Das ist der einzige Zug, der für Scipio wenigstens insoweit zutrifft, daß seine Wachsmaske wirklich in späterer Zeit hier verwahrt und für die Leichenfeiern von hier geholt wurde (Val. Max. VIII 15, 2. Appian Iber. 23; vgl. Ber. Berl. Ak. 1917, 1076): aber MOMMSEN weist

sei er degeneriert und habe alle Mäßigung vergessen; ihm selbst aber, dem Redner, bleibe nichts übrig, als selbst gegen die Gefangensetzung des Lucius Scipio zu intercedieren, denn es sei erträglicher, daß die tribunicische Gewalt und die Staatsverfassung von einem Tribunen als von einem amtlosen Manne gebrochen werde. Daß alle diese Dinge in der Zeit Scipios ganz unmöglich sind, ist klar; wohl aber treffen sie sämtlich auf Caesar zu. Somit ist unter der Maske des Scipio in Wirklichkeit Caesar gemeint; die Schrift stammt aus den Kreisen seiner Anhänger, von einem Manne, der seine Leistungen denen Scipios gleichstellt, aber sein späteres Auftreten nur um so schmerzlicher empfindet und ihm in der Rolle, die er Scipio spielen läßt, vorhält, wie er sich den Anträgen auf seine übermenschlichen Ehren und verfassungswidrigen Ämter gegenüber hätte verhalten sollen. Dem rechtlichen Bürger bleibt nichts übrig, als seine Entartung zu bedauern und sich der Gewalt zu fügen, ja sie unter den Formen des Rechts zu verhüllen, damit wenigstens der Anschein gewahrt werde, als bestehe der Staat noch[1]). Die Broschüre muß im Februar 44, nach der Übertragung der lebenslänglichen Dictatur — oder vielleicht im Januar während der Verhandlungen darüber, um womöglich noch Caesars Ablehnung zu erwirken? —, geschrieben sein, jedenfalls kurz vor Caesars Ermordung[2]).

Andre gingen weiter. Aus den geschilderten Vorgängen und Entwürfen ist mit innerer Notwendigkeit die Verschwörung erwachsen, der Caesar zum Opfer gefallen ist.

Dieser einfache Zusammenhang, der den alten Historikern, Livius, Dio, Plutarch, Sueton, völlig klar ist, ist von den modernen deutschen Darstellern meist gänzlich verdunkelt worden. Für DRU-

---

mit Recht darauf hin, daß auch Caesars Statue für die Festaufzüge aus dem Juppitertempel geholt wurde.

[1]) Vgl. Dios gleichartige Äußerung 42, 20, 1 f., oben S. 371.

[2]) MOMMSEN will sie schon ins Jahr 49 setzen, weil sich das gewaltsame Auftreten Scipios gegen die Tribunen deutlich auf den Konflikt Caesars mit L. Metellus im April 49 bezieht (vgl. S. 351). Aber damals konnte weder von der lebenslänglichen Dictatur noch gar von den sonstigen hier aufgezählten Ehren die Rede sein; sie muß wesentlich später fallen.

MANN steht es fest, daß die Verschwörung „nicht dem Könige galt, sondern Caesar", niedrige Motive sind der wahre Anlaß, die Losung Freiheit und Republik nur ein Vorwand; die Tat sei nicht nur politisch ein Unglück von den verderblichsten Folgen, sondern sittlich ein Verbrechen. Noch weiter geht MOMMSEN; nicht nur, daß er von Caesar und seiner Staatsgestaltung ein Idealbild zeichnet, welches unter den damaligen Römern kein einziger als zutreffend hätte anerkennen können, sondern er verlangt auch, daß man die durch die Entwicklung notwendig gewordene Monarchie als legitim habe anerkennen sollen, und kehrt so das Verhältnis zwischen der Republik und dem Usurpator geradezu um; die „sogenannten Befreier", wie er ständig sagt, haben unter dem Deckmantel republikanischer Phrasen nur niedere persönliche Ziele und die Aufrichtung ihrer eignen Herrschaft statt der Caesars erstrebt, die Person des Brutus verfolgt er geradezu mit erbittertem Haß. Das hat dann ganz verhängnisvoll auf die Späteren gewirkt und die seltsamsten Zerrbilder von Brutus geschaffen, von denen die Darstellung O. E. SCHMIDTS[1]) und als Gegenbild dazu die von Ed. SCHWARTZ[2]) als Probe dienen mögen, der zwar Brutus' Persönlichkeit und Motive weit richtiger auffaßt, als SCHMIDT, aber seine Politik und Strategie und darum auch sein Verhältnis zu Cicero eben so falsch beurteilt hat.

Und doch liegen die Dinge einfach genug. Brutus' Stellung und Auffassung haben wir bereits kennen gelernt. Seine republikanische Überzeugung hatte ihn, im Gegensatz zu den Traditionen seiner Familie, ins Lager des Pompejus geführt; aber diese Traditionen ermöglichten es ihm, mit Caesar seinen Frieden zu machen und unter ihm hohe Stellungen einzunehmen, ohne seine Gesinnung zu verleugnen. Zugleich überbrückte das gemeinsame republikanische Gefühl in der Opposition gegen die werdende Monarchie den alten Gegensatz der Parteien; so wurde Cato, der Stiefbruder seiner Mutter, sein Ideal, er schrieb die Lobschrift auf ihn, heiratete seine Tochter, und wies Ciceros un-

---

[1]) Oben S. 454, 2.
[2]) Hermes 33, 1898, 235 ff.

unterbrochenes Werben wenigstens nicht zurück. Aber noch im Sommer 45 hoffte er, Caesars monarchisches Schalten sei nur ein unvermeidliches Übergangsstadium gewesen, er werde jetzt nach dem Siege die Verfassung wieder aufrichten (S. 456); um so tiefer war die Enttäuschung, als er nun so ganz andre Wege einschlug.

Damit war aber für einen Mann von Brutus' Gesinnung und Haltung der Weg gewiesen, und daran konnte auch das Wohlwollen nichts ändern, das Caesar ihm fortwährend bezeugte — für Caesar war offenbar weit weniger eine aus seinem Verhältnis zu Brutus' Mutter stammende Zuneigung wirksam, als das Streben, gerade einen Mann von dieser Haltung in seinen Diensten zu haben; in seinem Testament hat er ihn nicht berücksichtigt. Wenn Caesar nach dem Königtum strebte, stellte er sich außerhalb des Gesetzes; und damit war jeder Römer nicht nur berechtigt, sondern verpflichtet, an ihm das Urteil zu vollziehn, das er sich selbst gesprochen hatte, und mit jedem erreichbaren Mittel die Usurpation zu verhindern. Gerade Brutus war durch die Tradition seiner Familie in doppelter Weise, von Vaters- wie von Muttersseite her[1]), dazu prädestiniert. Von allen Seiten wurde ihm diese Anschauung entgegengetragen; wenn sich ihm Genossen für die Tat anboten, konnte er garnicht anders, als darauf eingehn.

Dieselben Gedanken traten auch bei andern hervor. Es ist nur natürlich, daß dabei persönliche Momente mitwirkten: solange man die Wirkung der Monarchie nicht am eigenen Leibe erfuhr oder gar vom Herrscher Vorteile erhielt, mochte man sie

---

[1]) Dabei ist ganz gleichgültig, wie es sich mit der umstrittenen Abstammung von dem sagenhaften Begründer der Republik tatsächlich verhielt (oben S. 456, 3); für Brutus selbst stand die Abstammung zweifellos fest, und für die Masse der Römer auch, und allein auf diesen Glauben kommt es an. Eben um dieser Stellung willen wird Brutus nicht nur in Plutarchs Biographie in den Mittelpunkt der Verschwörung gestellt, sondern von Dio 44, 14 geradezu als ihr Anstifter betrachtet; auch bei Livius stand er im Vordergrund (ep. 116 *ex his causis conspiratione in eum facta, cuius capita fuerunt M. Brutus et C. Cassius, et ex Caesaris partibus Dec. Brutus et C. Trebonius*).

ertragen, sobald er die eigenen Interessen verletzte, trat das Gefühl, daß man wider alles Recht einen Herrn habe, nur um so stärker hervor, und der Eidschwur mahnte, durch den die Vorfahren alle künftigen Generationen gebunden hatten, nie wieder einen König in Rom zu dulden. Gerade bei Cassius, dem eigentlichen Anstifter und Organisator der Verschwörung[1]), wird das Motiv stark hervorgehoben, daß er sich dadurch gekränkt fühlte, daß Caesar seinem Schwager Brutus, obwohl er der jüngere war, die vornehmere städtische Praetur verliehn und ihn mit der Fremdenpraetur abgefunden hatte[2]). Aber, wie schon Plutarch hervorhebt[3]), es ist ganz unberechtigt, ihm deshalb einen Vorwurf zu machen. Wir kennen ihn und seine Gesinnung genügend aus seinen Briefen an Cicero: er war ein stolzer Republikaner[4]), „der letzte Römer", trotz seines Bekenntnisses zum Epikureismus von starker, oft heftig hervorbrechender Leidenschaft; schon als Knabe hatte er dem Faustus Sulla eine Ohrfeige gegeben, als dieser die Gewaltherrschaft seines Vaters pries, und Pompejus hatte damals vermitteln müssen[5]). Im Bürgerkrieg hatte er, im Jahre 49 Tribun, mit einer Flotte gegen Sicilien operiert und sich dann, nach Pompejus' Tode,

[1]) Bei Plutarch sammelt er die Verschworenen und zieht auf ihren Wunsch auch den Brutus heran, mit dem er bis dahin um der Praetur willen und schon vorher aus privaten Gründen (ἐξ αἰτιῶν προτέρων ἡσυχῇ διαφερομένους, Plut. Brut. 7) zerfallen war; das Gespräch, durch das er ihn gewinnt, wird c. 10 = App. II 113 ausführlich mitgeteilt. Das geht doch wohl auf Brutus' Freund, den Rhetor Empylos zurück, der κατελέλοιπε μικρὸν μέν, οὐ φαῦλον δὲ σύγγραμμα περὶ τῆς Καίσαρος ἀναιρέσεως, ὁ Βροῦτος ἐπιγέγραπται. Das schließt natürlich nicht aus, daß Brutus auch selbst schon dem ihm so vielfach entgegengetragenen Gedanken näher getreten war. Die bekannte Szene mit Porcia (Plut. Brut. 13 = Dio 44, 13, Val. Max. III 2, 15. Polyaen VIII 50) stammt dagegen aus dem βιβλίδιον μικρὸν ἀπομνημονευμάτων Βρούτου des Bibulus, ihres Sohns aus erster Ehe (Plut. Brut. 13. 23).

[2]) Vellejus II 56, 3. Plut. Brut. 7 = Caes. 62 = App. II 112, 446 f.
[3]) Plut. Brut. 9.
[4]) Vgl. Cic. Phil. II 26 *C. Cassius in ea familia natus, quae non modo dominatum, sed ne potentiam quidem cuiusdam ferre potuit.* Auf welche Vorgänge oder Traditionen sich das bezieht, wissen wir nicht.
[5]) Plut. Brut. 9. Val. Max. III 1, 3.

im Osten dem Caesar ergeben¹); als aber Caesar beim Feldzug gegen Pharnakes von Antiochia nach Tarsus fuhr²), wollte er die Gelegenheit benutzen, ihn bei der Landung zu beseitigen, konnte indessen, da Caesar am entgegengesetzten Ufer landete, den Plan nicht ausführen³). Dann hat er sich den Verhältnissen gefügt und mit philosophischen Fragen beschäftigt⁴) (vgl. oben S. 431), bis die Krisis eintrat. Daß er zu Anfang des Jahres 44 im Senat, wo er als Praetor gezwungen war, sich zu äußern, gegen Caesars Ehrungen gestimmt hat, wurde schon erwähnt (oben S. 517); aus seiner Gesinnung hat er also kein Hehl gemacht.

Für die Verschwörung bezeichnend ist, daß ein großer, wenn nicht der größere Teil der Teilnehmer aus alten Anhängern Caesars bestand⁵). So L. Tillius Cimber, einer der Vertrauten Caesars (S. 400, 3)⁶), Servius Galba, Caesars Legat im Jahre 56

---

¹) Dio 42. 13, 1. 6; vgl. Cic. ad Att. XI 13, 1. 15. 2. Daß die Angabe Appians II 88 und 111. 464, Gaius Cassius habe sich Caesar im Hellespont ergeben, auf einer Verwechslung mit einem sonst nicht bekannten Lucius Cassius beruht, den Dio 42, 6. 2 und Sueton Caes. 63 nennen, hat GROEBE bei DRUMANN II ² 543 f. erwiesen.

²) bell. Alex. 66, 1: Von Syrien aus *ipse eadem classe, qua venerat, proficiscitur in Ciliciam.*

³) Cic. Phil. II 26 *Cassius   hanc rem in Cilicia ad ostium fluminis Cydni confecisset, si ille ad eam ripam, quam constituerat, non ad contrariam navis appulisset.* Mit Unrecht ist die Angabe von Neueren bezweifelt worden; ob Cassius die Tat ausgeführt haben würde, ist allerdings zweifelhaft.

⁴) S. die Briefe fam. XV 18. 17. 16. 19.

⁵) Der Gegenpartei gehörten außer Brutus und Cassius von bekannten Persönlichkeiten noch Cn. Domitius, der Sohn des Consuls des Jahres 54 an, den Cicero daher in der Liste der Hauptverschworenen Phil. II 26 ff. aufführt. Es ist seltsam, aber bezeichnend, daß DRUMANN III ² 35 seine Teilnahme diesem authentischen Zeugnis gegenüber leugnet, weil er später von den Triumvirn zu Gnaden aufgenommen und daher seine Teilnahme offiziell bestritten wurde (Sueton Nero 3. Appian V 62, 261, vgl. 59. 247). Die anderen Pompejaner, wie Ligarius und Pontius Aquila (S. 458). treten den Caesarianern gegenüber an Bedeutung ganz zurück.

⁶) Von ihm sagt Cicero Phil. II 27: *quem ego magis fecisse illam rem sum admiratus, quam facturum putavi, admiratus autem ob eam causam, quod immemor beneficiorum, memor patriae fecit.*

und sein Kandidat für das Consulat im Jahr 49 (S. 267), L. Minucius Basilus, gleichfalls Caesars Legat und im Jahre 45 Praetor[1]); die beiden Brüder Publius und Gaius Casca[2]), von denen jener für das Jahr 43 zum Tribunen gewählt war. Noch wichtiger war der Beitritt des Trebonius, der schon im Sommer 45 denselben Gedanken erwogen hatte (S. 448 f.), dann aber von Caesar für den Rest des Jahres zum Consul gemacht war, und vor allem der des Decimus Brutus, der von allen Beteiligten Caesar weitaus am nächsten stand (S. 524) und den Verschworenen durch seine militärische Erfahrung, sowie durch die Gladiatorenschar, die er zur Verfügung hatte, einen besonders willkommenen Rückhalt bot[3]).

Bei manchen der Verschworenen mögen rein selbstsüchtige Motive das Maßgebende gewesen sein, wie von Basilus berichtet wird, Caesar habe ihn dadurch in der Praetur schwer gekränkt, daß er ihm statt einer Statthalterschaft Geld gab[4]). Galba war mit Caesar in Konflikt geraten infolge einer Bürgschaft, die er für Pompejus geleistet hatte, und die nun, nach der Konfiskation von dessen Vermögen, verfallen war, und hatte Caesar deshalb in einer Gerichtssitzung interpelliert, worauf dieser dem Gläubiger

---

[1]) Dio 43, 47, 5, s. S. 537, 4. Cicero hat ihm gleich nach der Tat das fam. VI 15 erhaltene Billet geschrieben: *tibi gratulor; mihi gaudeo; te amo; tua tueor; a te amari et quid agas quidque agatur certior fieri volo.*

[2]) Cic. Phil. II 27 genannt.

[3]) Vellejus II 58. Plut. Brut. 12. Nic. Dam. 26. Als τῶν αὐτῷ Καίσαρι φιλτάτων bezeichnet ihn Appian II 111, 464 — natürlich waren die Gegner daher auf ihn ganz besonders erbittert, vgl. Cic. Phil. X 15 —, ebenso Nikolaos Dam. 19. der ihn daher vor allen andern nennt und daran den durch und durch tendenziösen, ganz falschen Satz knüpft, alle seien vorher Gegner Caesars gewesen und von ihm begnadigt worden. — Vgl. über ihn die Dissertation von BONDURANT, D. Iunius Brutus Albinus, Chicago 1907.

[4]) Dio 43, 47, 5. dessen Satz, er sei berühmt geworden. ὅτι προπηλακισθεὶς ἐν τῇ στρατηγίᾳ ὑπ' αὐτοῦ ἀπεκαρτέρησε aber jedenfalls nicht richtig ist. Appian III 98, 409 berichtet, daß er im Jahre 43 von seinen Sklaven umgebracht wurde, als er einige zur Strafe zu Eunuchen machen wollte; eine erfreuliche Persönlichkeit scheint er also nicht gewesen zu sein. Ebenso hat Livius erzählt, wie Oros. VI 18, 7 zeigt.

das Geld aus seiner Privatkasse auszahlen ließ[1]). Aber weder bei Trebonius[2]) noch bei Decimus Brutus liegt zu einer solchen Annahme irgend ein Anlaß vor. Sie erhielten von Caesar alles, was sie nur begehren konnten — Trebonius jetzt als Proconsul die Provinz Asia, Decimus Brutus die Cisalpina und dann das Consulat —, die Ermordung besserte in keinem Fall ihre Laufbahn, sondern gefährdete sie: nur ideale Beweggründe können sie geleitet haben, wie denn auf Decimus Brutus ohne Zweifel ebenso wie auf seinen Namensvetter die Abstammung vom Vertreiber der Tarquinier eingewirkt hat[3]).

Oft genug sind den Verschworenen der Mangel an Einsicht und die verderblichen Folgen zum Vorwurf gemacht worden die ihre Tat über Rom und die ganze Welt gebracht hat. Das ist auch nicht unbegründet. Aber nur zu leicht vergißt man dabei, daß oft gerade die unheilvollsten Taten aus den reinsten Motiven hervorgegangen sind, da eine idealistische Gesinnung das Verständnis der realen Mächte und der Bedingungen geschichtlichen Schaffens eher hemmt als fördert.

Andre allerdings dachten anders: Favonius lehnte die Teilnahme ab, denn schlimmer als eine ungesetzliche Monarchie sei ein Bürgerkrieg[4]). Nachher als die Tat geschehn war, hat er sich natürlich den Republikanern mit Eifer angeschlossen; aber er sah, was bevorstand: wollte man das Leben unter der Monarchie nicht ertragen, so mußte man wie Cato freiwillig in den Tod gehn, aber nicht den vergeblichen Versuch wagen, die gefallene Entscheidung rückgängig zu machen.

---

[1]) Val. Max. VI 2, 11, vgl. Cicero an Lepta fam. VI 18, 3 (Anfang 45).

[2]) Cicero sagt Phil. II 27 *an C. Trebonio ego persuasi? cui ne suadere quidem ausus essem; qua re etiam maiorem ei republica gratiam debet, qui libertatem populi Romani unius amicitiae praeposuit depulsorque dominatus quam particeps esse maluit.*

[3]) Cic. Phil. II 26. Nach Plut. Brut. 12 wird er, nach einer erfolglosen Sondierung durch Cassius und Labeo, von M. Brutus sofort gewonnen.

[4]) Plut. Brut. 12, wo als Gegenbild zu ihm der Epikureer Statilius genannt ist, der erklärt, ein verständiger Weiser dürfe sich durch schlechte und unverständige Leute nicht aus der Ruhe bringen lassen. Beiden tritt Labeo nachdrücklich entgegen.

Welche Gesinnung die Verschworenen beherrschte, zeigt die Ablehnung des Eides[1]) und die Tatsache, daß sich unter etwa sechzig Teilnehmern[2]) kein Verräter fand, und klarer noch die Verhandlung über die Frage, ob außer Caesar noch andre fallen sollten, vor allem Antonius, da man auf Trebonius' Bericht über den Vorgang im Sommer 45 den Gedanken aufgab, auch ihn zur Teilnahme aufzufordern[3]). Es ist dem Brutus wie von Cicero, so seitdem immer wieder vorgeworfen worden, daß er das verhindert und so das Werk nur halb vollbracht, sich selbst den Untergang bereitet habe. Aber Caesar war auf manifester Tat ertappt und vogelfrei, jeder andre dagegen nicht; mochte er noch so viel begangen haben, dagegen gab es rechtlich nur die Klage und das Urteil der Gerichte. Gerade daß alle politischen Erwägungen und Klugheitsrücksichten zurückstehn mußten, hebt ihre Tat: die Verschworenen hätten ihr Werk geschändet, wenn sie auch Antonius umgebracht hätten.

Caesars Ermordung

Daß seinem Leben Gefahr drohe, wußte Caesar sehr wohl, er kannte die Römer gut genug, um zu wissen, wie sie über sein Verhalten denken mußten. Auch daß er gegen Cassius und Brutus Verdacht schöpfte, ist glaubwürdig überliefert: denen, die ihn vor Antonius und Dolabella warnten, die eben damals wieder in erbittertem Hader lagen (oben S. 461), antwortete er, diese Leute, die das Leben in vollen Zügen genössen, fürchte er nicht, wohl aber die blassen und mageren Gestalten, wie eben den Cassius und Brutus[4]). Vorsichtsmaßregeln verschmähte

---

[1]) Plut. Brut. 12. App. II 114. 475.
[2]) Sueton Caes. 80.
[3]) Plut. Anton. 13. Brut. 18. 20. App. II 114. 478. Vell. II 58. Daß man auch Lepidus' Ermordung erwogen habe, sagt Dio 44, 19; ἐγένοντο δ' ἐν αὐτοῖς λόγοι, ὡς χρὴ καὶ ἄλλους ἀναιρεῖσθαι, dem Brutus entgegentritt, Nic. Dam. 25. Über Antonius schreibt Brutus am 15. Mai 43 an Cicero (ep. ad Brut. I 4, 2): *illud quidem non muto, quod ei, quem me occidere res non coegit, neque crudeliter quicquam eripui neque dissolute quicquam remisi.*
[4]) Plut. Caes. 62 = Brut. 8. Anton. 11.

er hier wie überall; aber es ist sehr glaublich, daß er das
Zerwürfnis zwischen beiden in dem Streit um die Practur absichtlich schürte[1]), ebenso wie das zwischen Antonius und Dolabella. Als er vor Brutus gewarnt wurde, soll er geantwortet
haben, dieser könne doch ruhig seinen Tod abwarten; alsdann,
das ist der Sinn dieser Äußerung, sei ihm eine leitende Stellung
im Staat gewiß[2]). Indessen wies er alle weiteren Warnungen
ab, so gut wie die Schutzwachen, die man ihm bot (oben S. 470):
er wolle nicht in ständiger Furcht leben. Innerlich hatte er sich
längst gänzlich von Rom losgelöst; nur noch wenige Tage, so
konnte er die Stadt verlassen, und schwerlich wäre er, wenn er
den Osten erobert hätte, je wieder in sie zurückgekehrt, es sei
denn auf wenige Tage, um noch einmal einen Triumph zu feiern[3]).

Alle Vorbereitungen waren getroffen. Etwa Ende Februar
hielt er die Wahlcomitien ab, in denen die Consuln gleich für
die Jahre 43 und 42 nach seinen Wünschen gewählt, die Praetoren
und sonstigen Beamten für das laufende Jahr bestellt wurden;
ebenso hat er die Provinzen für das Jahr 44 vergeben[4]). Am
18. März beabsichtigte er, zur Armee nach Macedonien abzugehn[5]);

---

[1]) Plut. Brut. 7 οἱ δὲ Καίσαρος ἔργον γενέσθαι τὴν φιλονεικίαν ταύτην,
ἑκατέρῳ κρύφα δι' ἐλπίδων ἐνδιδόντος ἑαυτόν. Dem entspricht es, daß er zwar
Cassius' größere Ansprüche (infolge seiner Leistungen in Syrien nach
Crassus' Tod) anerkannte, aber dennoch dem Brutus den Vorrang gab.

[2]) Plut. Caes. 52 = Brut. 8. O. E. SCHMIDT hat die Erzählung vollständig mißgedeutet, wenn er meint, Caesar habe dem Brutus dadurch
Hoffnung auf seine Nachfolge gemacht (vgl. oben S. 454, 2).

[3]) Cicero schreibt am 23. Mai 44 an Atticus (XV, 4, 3): *me Idus
Martiae non delectant* (s. S. 542. 5): *ille enim numquam revertisset*,
was doch wohl nicht nur die Möglichkeit einer Katastrophe, sondern
auch die seines dauernden Aufenthalts im Osten andeutet.

[4]) Über die Provinzen und ihre Statthalter unter Caesar s. die eingehende Untersuchung von STERNKOPF, Hermes 47, 1912, 321 ff., der
nachweist, daß Caesar darüber für das Jahr 43 noch keine Anordnungen
getroffen hat. Im übrigen s. Dio 43, 51, nach dem er beabsichtigte, die
Ämter auf alle drei Jahre des Feldzugs im voraus zu besetzen, das aber
auch bei den Consuln und Tribunen nur für das zweite Jahr ausführte.

[5]) App. II 111. 462 ἐξιέναι δ'αὐτὸν μέλλοντα πρὸ τετάρτης ἡμέρας οἱ
ἐχθροὶ κατέκανον; ebenso 114, 476.

auf den vierten Tag vorher, den 15. März, war die Senatssitzung angesetzt, in der der Antrag auf die Verleihung des Königstitels auf Grund des Sibyllenorakels gestellt werden sollte[1]).
Eben das hat die Verschworenen gezwungen zu handeln. Sie hatten zunächst verschiedene Pläne erwogen: Caesar bei den Vorbereitungen zu den Wahlen zu ermorden, wenn er noch vor Tagesanbruch (um die Auspicien richtig einzuholen) die Brücke über den Bach Petronia auf dem Marsfeld überschritte; oder auf der Via sacra, wo er sich gleichfalls im Gedränge der engen Straße leicht von seinem Gefolge abschneiden ließ; oder beim Eintritt ins Theater[2]). Keiner dieser Pläne kam zur Ausführung; unentschlossen zögerte man so lange, daß die Gefahr der Entdeckung immer dringender wurde[3]). Da ließ die Ansetzung der Senatssitzung auf den 15. März keine Wahl mehr: es war der letzte Moment, der noch zur Verfügung stand, und mit Recht hob Cassius hervor, daß er und Brutus als Praetoren alsdann gezwungen sein würden, sich über die Ernennung zum König zu

---

[1]) Officiell stand nach Cic. Phil. II 88 die Frage der Besetzung seines Consulats durch Dolabella und der von Antonius dagegen erhobene Einspruch (oben S. 461) zur Verhandlung: *auspicia, de quibus Idibus Martiis fuit in senatu Caesar acturus.*

[2]) Diese Pläne berichten übereinstimmend Sueton 80 *qui primum cunctati, utrumne in Campo per comitia tribus ad suffragia vocantem partibus divisis e ponte deicerent atque exceptum trucidarent, an in Sacra via, vel in aditu theatri adorirentur, postquam senatus Idibus Martiis in Pompei curiam edictus est, facile tempus et locum praetulerunt;* und Nic. Dam. 23 τινὲς μὲν οὖν εἰσέφερον, διὰ τῆς Ἱερᾶς καλουμένης ὁδοῦ ἰόντι ἐγχειρεῖν· ἐφοίτα γὰρ πολλάκις ἐκείνῃ (da lag seine Amtswohnung, die Regia)· ἄλλοι δ᾽ ἐν ταῖς ἀρχαιρεσίαις, ἐν αἷς ἔδει καθίστανται ἐν τῷ πρὸ τῆς πόλεως πεδίῳ τὰς ἀρχὰς διιέναι τινὰ γέφυραν, διακληρώμενοι τὸ ἔργον, ὅπως οἱ μὲν ὤσειαν αὐτὸν ἀπὸ τῆς γεφύρας, οἱ δὲ ἐπιδραμόντες κτείνειαν· ἄλλοι δέ, ὅταν θέαι μονομάχων ἄγωνται (die an Stelle des Theaters bei Sueton treten); dann entscheidet man sich für den Senat. Den Plan auf dem Marsfeld hat M. DEUTSCH, The plot to murder Caesar on the bridge, Univ. of California Publications in class. Phil. II 1916, 267 ff. sehr hübsch erklärt, durch Heranziehung der *Petronia amnis, quam magistratus auspicato transeunt, cum in Campo quid agere volunt* (Festus p. 250, vgl. MOMMSEN, Staatsrecht I[3] 98, 6).

[3]) Dio 44. 15. 1.

äußern, und weder schweigen noch dagegen sprechen könnten, also ihre Überzeugung verleugnen müßten, wenn sie nicht vorher handelten¹). So wurde der Entschluß gefaßt; man konnte sich dabei zugleich auf das von der jüngeren Annalistik geschaffene Vorbild der Urväter berufen, die in der Curie den Romulus zerrissen, als er zum Tyrannen geworden war²).

Den Verlauf der Tat an den Iden des März zu erzählen, ist nicht erforderlich. Die Verschworenen waren der Überzeugung, daß mit der Beseitigung des Usurpators die legitime Republik wieder hergestellt sei und von selbst wieder in Funktion treten werde³). Brutus hat dem dadurch einen bezeichnenden Ausdruck gegeben, daß er, als Caesar am Boden lag und der verstörte Senat auseinanderstob, den blutigen Dolch hoch emporhebend Ciceros Namen ausrief und ihm gratulierte, daß die Freiheit wiedergewonnen sei⁴). Zur Mitwirkung hatten sie Cicero nicht aufgefordert, sie wußten, daß er kein Mann der Tat war⁵). Aber er hatte jetzt die Stellung gewonnen, daß die Republik in ihm verkörpert schien, er überragte alle andern Senatoren weitaus an Ansehn und geistiger Bedeutung; und niemand konnte zweifeln, daß die Tat seiner Gesinnung entsprach. Er hat sie denn auch sofort verherrlicht⁶) und sich eifrig bemüht, den

---

¹) Dio 44, 15, 4. In der Version bei Plut. Brut. 10 = Appian II 113, 470 ff. ist daraus ein längeres Gespräch zwischen Cassius und Brutus gemacht, durch das dieser für die Beteiligung an der Verschwörung gewonnen wird. vgl. S. 535, 1.

²) Appian II 114, 476, oben S. 449, 5.

³) Sehr deutlich geben Brutus und Cassius ihrer Anschauung in dem Brief an Antonius vom 4. August 44 (ad fam. XI 3) Ausdruck: *neque est Antonio postulandum, ut eis imperet, quorum opera liber est ... nos in hac sententia sumus, ut te cupiamus in libera republica magnum atque honestum esse ... tu etiam atque etiam vide, quid suscipias, quid sustinere possis, neque quam diu vixerit Caesar, sed quam non diu regnavit, fac cogites.*

⁴) Cic. Phil. II 28, aus Antonius' Anklagerede gegen Cicero: *Caesare interfecto, inquit, statim cruentum alte extollens Brutus pugionem Ciceronem nominatim exclamavit atque ei recuperatam libertatem est gratulatus.* Den Ruf erwähnt auch Dio 44, 20, 4.

⁵) Plut. Brut. 12.

⁶) Gelegentlich freilich kommen, in der verzweifelten Lage der folgenden Monate, auch andere Stimmungen zum Ausdruck. So ent-

Mördern ihre Stellung im Staate zu sichern oder wenigstens zu erhalten; und so töricht es ist, wenn er später sein Bedauern ausspricht, daß man ihn nicht zugezogen habe — er würde, behauptet er, die Verschonung des Antonius hintertrieben haben —, so hat doch Antonius nicht unrecht gehabt, wenn er ihn als den intellektuellen Urheber der Tat bezeichnete (vgl. S. 457).

Die Erwartung der Befreier hat sich bekanntlich nicht erfüllt. Die realen Mächte, die sie in ihrem Idealismus nicht in Rechnung gestellt hatten, machten sich sogleich mit ganzer Wucht geltend; auf sie gestützt, erhob sich in dem Consul, dessen Verschonung Brutus durchgesetzt hatte, ein neuer Usurpator, und ihm zur Seite trat als sein Rivale der Adoptivsohn Caesars. Im Kampf gegen beide sollte die wiederhergestellte Republik sich durchsetzen. Sie hat versagt. Cicero schloß den Bund mit dem legitimen Erben Caesars gegen den illegitimen, in der Hoffnung, ihn in der Hand behalten, ausnützen, und dann beiseite werfen zu können: aber tatsächlich setzte er sich und der Republik dadurch den Herrn, Octavian war nicht nur der gewandtere, sondern vor allem der stärkere, und durch das Bündnis mit ihm hatte die Republik selbst ihn, der in offener Rebellion sich sein Heer geschaffen hatte, als eine selbständige und berechtigte Macht anerkannt. Das hat Brutus dem Cicero wiederholt vorgehalten, als dieser, von leidenschaftlichem Haß gegen Antonius und seine Brüder verblendet, im Kampf gegen diese jede Versöhnung unmöglich machte[1]) und dadurch nur in immer stärkere

---

schlüpfen ihm am 23. Mai 44 zu seinem eigenen Erstaunen in einem Brief an Atticus die Worte: *licet enim de me ut libet existimes (velim quidem quam optime), si haec ita manent, ut videntur, — feres quod dicam —, me Idus Martiae non delectant. ille enim numquam revertisset; nos timor confirmare eius acta non coegisset; aut ... ita gratiosi eramus apud illum, quem di mortuum perduint!, ut nostrae aetati, quoniam interfecto domino liberi non sumus, non fuerit dominus ille fugiendus. rubeo, mihi crede; sed iam scripseram: delere nolui* (ad Att. XV 4, 3).

[1]) Cicero verlangt daher, Brutus solle den gefangenen Guius Antonius hinrichten lassen (ad Brut. II 5. 5. I 2, 5. 3, 4, vgl. Plut. Brut. 26). während Brutus ihn verschonte, in der Hoffnung, noch zu

Abhängigkeit von Octavian geriet[1]). Ganz unausführbar war dann Ciceros Forderung, Brutus solle mit seinem Heer nach Italien kommen; Brutus wäre damit lediglich blindlings ins Verderben gerannt und hätte die letzte Aussicht, die sich der Republik noch bot, leichtfertig preisgegeben; er hatte vollkommen recht, wenn er der Ansicht war, daß die Republik in seinem Lager sei und, wo die Lage in Rom hoffnungslos geworden war, jeder Republikaner Rom verlassen und wie im Jahre 49 zu Pompejus, so jetzt zu der Armee kommen müsse, die er und Cassius noch einmal im Orient aufbrachten[2]).

Aber diesmal blieb wie Cicero so auch die große Masse der Senatoren und ihres Anhangs in Rom. Als dann die Katastrophe hereinbrach, als Octavians Truppen Anfang August 43, statt gegen Antonius und Lepidus, vielmehr gegen Rom vorrückten, um dem Erben Caesars das Consulat zu verschaffen, da hat der Senat schmählich versagt. Solange sie noch keine unmittelbare Lebensgefahr bedrohte, blieben die Senatoren fest und wiesen Octavians Forderungen zurück oder gewährten wenigstens nur halbe Concessionen; sobald es bitterer Ernst wurde, versagte

---

einem Ausgleich gelangen zu können (I 4, 2; nach I 3, 5 hat er an Cicero geschrieben *acrius prohibenda bella civilia esse, quam in superatos iracundiam exercendam*, wogegen Cicero sich mit aller Leidenschaft wendet).

[1]) In dem Brief I 16, in dem Brutus sich nach langem Zögern, gegen Cicero deutlich ausspricht (noch offener redet er in dem gleichzeitigen, zur Mitteilung an Cicero bestimmten Brief an Atticus I 17), sagt er mit vollem Recht: *deinde quod pulcherrime fecisti ac facis in Antonio vide ne convertatur a laude maximi animi ad opinionem formidinis; nam si Octavius tibi placet, a quo de nostra salute petendum sit, non dominum fugisse, sed amiciorem dominum quaesisse videberis.*

[2]) Ed. Schwartz, Hermes 33, 1898 S. 218 f. 240. 243 f. hat die militärische Lage vollkommen verkannt und ist daher zu einer ganz schiefen Beurteilung des Brutus gelangt, wenn er ihm daraus einen Vorwurf macht und meint, nicht staatsmännische Erwägung, sondern „die Wut des eigensinnigen Fanatismus, des gekränkten Stolzes" habe ihn zurückgehalten, „für die, welche sich vor dem Sohne Caesars so schmachvoll erniedrigt hatten, auch nur einen Mann zu opfern".

ihr Mut und sie unterwarfen sich allen Geboten der Armee und ihres Führers. Als dann das Gerücht sich verbreitete, zwei Legionen Octavians hätten sich für den Senat erklärt, flackerte der Mut noch einmal auf: noch einmal wurden, trotz des schon geschlossenen Abkommens, Maßregeln ergriffen, um den Widerstand zu organisieren, die Senatoren versammelten sich bei Nacht, Cicero begrüßte sie an der Tür der Curie. Dann aber erfuhr man, daß das Gerücht falsch war, und da stob alles auseinander, Cicero flüchtete in seiner Sänfte[1]). Vielleicht wäre Octavian doch noch vor dem Äußersten zurückgeschreckt, wenn der Senat fest geblieben wäre — er wußte indessen, so gut wie Napoleon am 19. Brumaire, daß er das nicht zu befürchten brauchte. Der Senat aber hat, wo alles verloren war, die Gelegenheit nicht ergriffen, wenigstens in Ehren unterzugehn, wie ehemals die Väter, welche, wie die Chronik berichtet, die hereinbrechenden Gallier auf ihren Sitzen furchtlos erwarteten[2]). Auch Cicero hat versucht, seinen Frieden mit Octavian zu machen, und ihm einen kläglichen Brief geschrieben, in dem er sich bedankt, daß er, jetzt als Consul der Vorsitzende des Senats, ihm das Geschehene verzeihe und, wie seinem Stiefvater Philippus, die Erlaubnis gewähre, den Verhandlungen fernzubleiben[3]); und er hat

---

[1]) Appian III 93.

[2]) Die Worte, die Cicero Phil. III 35 ausspricht: *quod si iam, quod di omen avertant!, fatum extremum reipublicae venit, quod gladiatores nobiles faciunt', ut honeste occumbant, faciamus nos, principes orbis terrarum gentiumque omnium, ut cum dignitate potius cadamus quam cum ignominia serviamus,* und ebenso X 19: *postremo — erumpat enim aliquando vera et me digna vox! —, si veteranorum nutu mentes huius ordinis gubernantur omniaque ad eorum voluntatem nostra dicta facta referuntur, optanda mors est, quae civibus Romanis semper fuit servitute potior,* haben Cicero und der Senat, als die befürchtete Lage eingetroffen war, nicht wahr gemacht.

[3]) Appian III 92, 382 Κικέρων τε τῶν σπονδῶν πυθόμενος ἔπραξε διὰ τῶν Καίσαρος φίλων ἐντυχεῖν αὐτῷ, καὶ ἐντυχὼν ἀπελογεῖτο... ὁ δὲ τοσοῦτον ἀπεκρίνατο ἐπισκώπτων, ὅτι τῶν φίλων αὐτῷ τελευταῖος ἐντυγχάνοι. Von dem Brief ist bei Nonius 436, 17 ein Satz erhalten (fr. 15 Purser; das Zitat *ad Caesarem iuniorem lib. 1* ist falsch, es muß *lib. II* heißen, da ein drittes

es über sich gebracht, noch fast vier Monate lang in Rom oder auf seinen Gütern zu bleiben, ein trauriges Bild gefallener Größe, bis das Geschick ihn ereilte. Mit vollem Recht konnte Brutus sagen, daß er über Ciceros Ausgang mehr Scham als Mitleid empfinde: er und seine Freunde in Rom seien in Knechtschaft geraten mehr durch eigene Schuld als durch die der Gewalthaber, sie brächten es fertig, Dinge zu sehn und zu erleben, die sie nicht einmal zu hören ertragen dürften[1]).

Buch, das in ein paar Zitaten vorkommt, wahrscheinlich auch Schreibfehler ist, s. die sehr aufklärende Abhandlung von L. GURLITT, Nonius Marcellus und Ciceros Briefe, Programm Steglitz 1889): *quod mihi et Philippo vacationem das, bis gaudeo: nam et praeteritis ignoscis et concedis futura.* Über die letzten dreieinhalb Monate Ciceros besitzen wir garkeine Nachrichten, geschweige denn eigene Äußerungen. Asinius Pollio hat in einer Rede *pro Lamia* aus der Zeit des Triumvirats behauptet, Cicero sei bereit gewesen, seine Reden gegen Antonius zu vernichten: „*itaque nunquam per Ciceronem mora fuit, quin eiuraret suas esse, quas cupidissime effuderat, orationes in Antonium, multiplicesque numero et accuratius scriptas illis contrarias edere ac vel ipse palam pro contione recitare pollicebatur*". *adieceratque* (Pollio) *his alia sordidiora multo, ut tibi facile liqueret, hoc totum adeo falsum esse, ut ne ipse quidem Pollio in historiis suis ponere ausus sit* (Seneca suas. 6, 15). Das ist dann ein beliebtes Thema für alberne Deklamationen geworden: *deliberat Cicero, an Antonium deprecetur,* und *deliberat Cicero, an scripta sua conburat promittente Antonio incolumitatem, si fecisset,* aus denen Seneca suas. 6 und 7 zahlreiche Proben anführt. Das Gegenstück ist die *epistula ad Octavianum.* Nach Plut. Cic. 47 hätte sich Cicero noch auf der Flucht mit der Hoffnung getragen, Octavian werde ihn retten, oder er habe sich an dessen Herd schleichen und dort töten wollen, um den Rachedämon auf ihn herbeizurufen. Ob an diesen Erzählungen irgend etwas historisch ist und aus wem sie stammen, läßt sich nicht entscheiden.

[1]) Plut. Brut. 28 Βροῦτος δὲ τῆς Κικέρωνος τελευτῆς τῇ αἰτίᾳ φησὶν αἰσχύνεσθαι μᾶλλον ἢ τῷ πάθει συναλγεῖν, ἐγκαλεῖν δὲ τοῖς ἐπὶ ʽΡώμης φίλοις· δουλεύειν γὰρ αὐτῶν αἰτίᾳ μᾶλλον ἢ τῶν τυραννούντων, καὶ καρτερεῖν ὁρῶντας καὶ παρόντας, ἃ μηδ' ἀκούειν αὐτοῖς ἀνεκτὸν ἦν. Es ist begreiflich, daß Cicero sich nicht entschließen konnte, zu Brutus zu gehn, nachdem seine Politik so völlig gescheitert war und Brutus' Warnungen sich als durchaus zutreffend erwiesen hatten. Daß es dann für ihn, der sich vermessen hatte, als leitender Staatsmann (*princeps*, vgl. oben S. 191. 1) das Geschick der Welt zu lenken, nur noch den Ausweg Catos gab, hat

Das Geschick konnte die Unterwürfigkeit nicht wenden: es war ein Kampf auf Leben und Tod gewesen, den man geführt hatte, und wie Cicero und der Senat den Tod des Antonius und seiner Genossen gefordert hatten und ebensogut den Octavian beiseite geschoben haben würden, wenn sie gesiegt hätten, so konnten die Sieger die von Caesar geübte Schonung, die so arge Früchte getragen hatte, nicht nochmals wiederholen. Dazu kam aber die Begehrlichkeit ihres Anhangs und der gewaltig angeschwollenen Soldateska, von der sie selbst abhängig waren und die sie nicht, wie Caesar, hätten im Zaum halten können, auch wenn sie gewollt hätten; das hat dem Strafgericht seine entsetzliche Gestalt gegeben.

Mit der Erhebung Octavians zum Consul und den Proskriptionen ist die Republik in Rom erlegen, auf dem Schlachtfelde von Philippi der Versuch, sie mit den Kräften des Reichs wieder herzustellen, definitiv begraben. Das, und nicht etwa Caesars Monarchie, ist das Ende der Republik. Es blieb aber noch der Kampf um die neue Gestaltung des Reichs; und mehr als ein Jahrzehnt hat es gedauert, bis auch dieser zum Austrag gelangt war.

Unermeßliches Elend hat Caesars Ermordung über die Welt gebracht. Und doch ist sie nicht ohne gewaltige und segensreiche Folgen geblieben. So unfähig zur Erfüllung ihrer Aufgabe die Republik, so zersetzt und kraftlos das Senatsregiment geworden war, die Idee, die in ihren Traditionen lebte, hatte sich als eine gewaltige Macht erwiesen, die man nicht ungestraft, wie Caesar sich vermessen hatte, verächtlich beiseite schieben konnte. Sein Erbe hat dem Rechnung getragen; es entsprach seinem Charakter und seiner gesamten Denkweise, daß er den Weg Caesars nicht gehn konnte[1]). So hat er die Monarchie und die Welteroberung abgelehnt und statt dessen die Republik wieder hergestellt und damit das schon in voller Zersetzung begriffene Römertum noch einmal gekräftigt.

---

er sehr wohl empfunden (s. S. 545, 2), aber er war moralisch zu schwach, um ihn zu betreten.

[1]) S. meinen Aufsatz über Augustus in meinen Kleinen Schriften.

Den Iden des März ist es zu danken, daß die Entwicklung, die Caesar mit kühnem Griff hatte vorwegnehmen wollen, langsam und segensreich in Jahrhunderten sich vollzogen hat, daß Rom und das Römertum nicht nur ein Name geblieben ist, sondern sich jetzt erst, im Anschluß an den Staatsbau des Augustus, voll entfalten und ausleben konnte. Dieser Staatsbau war freilich nicht mehr die alte Republik, die in der Welteroberung ihr Größtes geleistet, für die Cato sowie Brutus und Cassius und ihre Genossen in den Tod gegangen waren, aber noch weniger die Monarchie Caesars, an die sie nur dem Namen nach anknüpft, und die daher nur eine Episode, nicht, wie Caesar gewollt hatte, ein Abschluß gewesen ist: sondern der wahre Vorgänger des Principats des Augustus ist Pompejus, es ist die Staatsgestaltung, deren Bild Cicero in der Schrift vom Staat entworfen und deren Durchführung er von Caesar in der Marcellusrede gefordert hatte.

So konnte Livius, der, wie alle seine Genossen, ganz auf dem Boden der Ideen des Augustus steht, die Geschichte des Bürgerkriegs, wie Augustus sagte, als Pompejaner schreiben — was durchaus nicht als Tadel gemeint war[1]). Es hat, gerade weil er ein völlig unbedeutender, weder im Guten noch im Bösen irgendwie hervortretender Mensch war, nur eine um so tiefere symbolische Bedeutung, daß Octavian nach der Einnahme von Alexandria, die den Bürgerkrieg beendete, den Sohn Ciceros zum Consul für die nächsten beiden Monate ernannt hat

---

[1]) Tacitus ann. IV 34 (Rede des Cremutius Cordus): *Titus Livius Cn. Pompeium tantis laudibus tulit, ut Pompeianum eum Augustus appellaret; neque id amicitiae eorum offecit. Scipionem, Afranium, hunc ipsum Cassium, hunc Brutum nusquam latrones et parricidas, quae nunc vocabula imponuntur, saepe ut insignis viros nominat.* Bekannt ist die Erzählung Plutarchs (Cic. 49), Augustus habe einen seiner Enkel bei der Lektüre einer Schrift Ciceros getroffen, lange in derselben gelesen und sie dann mit den Worten zurückgegeben: λόγιος ἀνήρ, ὦ παῖ, λόγιος καὶ φιλόπατρις.

Beilage I

Der Perduellionsprozeß des Rabirius im Jahre 63

Über den Prozeß des Rabirius im Jahre 63 sind so viele verschiedene Ansichten aufgestellt und von hervorragenden Autoritäten vertreten, daß ich den Anlaß nicht vorübergehn lassen will, ihn noch einmal zu behandeln, zumal ich glaube, daß sich ein völlig gesichertes Ergebnis gewinnen läßt.

Die Berichte der Historiker finden sich bei Sueton und Dio. Nach Sueton Caes. 12 (Caesar) *subornavit etiam qui Gaio Rabirio perduellionis diem diceret, ac sorte iudex in reum ductus tam cupide condemnavit, ut ad populum provocanti nihil aeque ac iudicis acerbitas profuerit.* Eingehender erzählt Dio 37, 26—28. Labienus unternimmt, unterstützt von den andern Tribunen, den Perduellionsprozeß gegen Rabirius wegen der vor 36 Jahren erfolgten Tötung des Saturninus, die ihm trotz seines Leugnens zugeschrieben wird, um die vom Senat den Consuln gegebene Vollmacht für rechtsungültig erklären zu lassen und so die Macht des Senats vollends zu brechen und für die tribunicischen Umtriebe und die alsdann legitimierte Revolution völlig freie Hand zu gewinnen. Der Senat setzt sich zur Wehr, es wird zunächst um die Einsetzung des Gerichtshofs, dann, als diese durch die Bemühungen Caesars und andrer durchgesetzt ist, über das Urteil gestritten. C. und L. Caesar (der Consul des Jahres 64) sind zu duumviri perduellionis ernannt, und zwar von einem Praetor, nicht, wie es rechtens war, durch das Volk. Rabirius provociert an das Volk, wäre aber zweifellos von diesem verurteilt worden, wenn nicht der Praetor und Augur Metellus Celer, nachdem alle andern Bemühungen gescheitert waren, die Fahne, die nach alter Vorschrift während der Centurienversammlung auf dem Jani-

culum wehen mußte, eingezogen und dadurch ihre Auflösung
erzwungen hätte. Darauf läßt Labienus, der den Prozeß hätte
erneuern können, die Sache fallen.

Aus diesem Prozeß besitzen wir eine authentische Urkunde
und zugleich ein staatsrechtliches Dokument ersten Ranges in
der allerdings nicht vollständig erhaltenen Rede Ciceros pro
Rabirio. Aber eben an diese knüpft die vielverhandelte Streit-
frage an, wie sie aufzufassen ist und wie sie sich zu den historischen
Berichten verhält. Cicero erwähnt sie kurz in der Aufzählung
seiner Consularreden ad Att. II 1, 3 (*quarta pro Rabirio*) und
im Orator 102 (*ius omne retinendae maiestatis Rabirii causa con-
tinebatur; ergo in omni genere amplificationis exarsimus*). Wichtiger
ist die Angabe in der Rede gegen Piso 4: *ego in C. Rabirio perduellionis reo XL annis ante me consulem interpositam senatus
auctoritatem sustinui contra invidiam atque defendi.*

Seit NIEBUHR zuerst behauptet hat, die auf uns gekommene
Rede sei nicht in einem Perduellionsprozeß, sondern in einem
Multprozeß gehalten und die Überschrift, die sie in den auf
eine Abschrift Poggios zurückgehenden Handschriften trägt, *pro
C. Rabirio perduellionis reo ad Quirites* sei falsch[1]), ist diese
Ansicht, wenn auch mit mancherlei Modifikationen, die herrschende geworden[2]). Auch MOMMSEN hat sie angenommen; er
formuliert sie dahin[3]), daß der Perduellionsprozeß vor den Centurien nicht zur Entscheidung gekommen sei. „Der Prozeß, in
dem Cicero sprach, ist vielmehr ein tribunicisches Multverfahren,
das dem gescheiterten Perduellionsprozeß substituiert ward"; „die
Worte in der Überschrift *perduellionis reo* sind von den Herausgebern aus der Rede in Pison. 2, 4 irrig eingesetzt worden"[4]).

---

[1]) Ciceronis orationum pro M. Fonteio et pro C. Rabirio fragmenta
ed. a B. G. Niebuhrio, 1820, p. 69 f.

[2]) So bezeichnet sie mit Recht PLAUMANN, Das sogen. senatusconsultum ultimum, Klio XIII 1918, 377, der sich ihr gleichfalls anschließt.

[3]) Staatsrecht II², 598, 2 = II³ 628, 3 und II² 287, 1 = II³ 398, 3.
Ebenso im Strafrecht 588, 1.

[4]) Ebenso wie MOMMSEN stellt LANGE, Röm. Alt. III 241 f. den Hergang dar; desgleichen HEITLAND in seiner formell und sachlich unbe-

Aber trotz dieser in solchen Dingen seltenen Übereinstimmung
der modernen Forscher kann diese Auffassung nicht richtig sein.
Schon das ist sehr bedenklich, daß sie die Darstellung Dios, der
sich sonst überall in der gesamten Geschichte dieser Zeit als ganz
vortrefflich unterrichtet erweist, entweder schlechthin verwerfen
oder zum mindesten in wesentlichen Punkten korrigieren und
vor allem annehmen muß, seine Behauptung, nach der Vereitelung
des Provocationsprozesses auf dem Marsfeld habe Labienus die
Sache fallen lassen (ἐξῆν μὲν γὰρ τῷ Λαβιηνῷ καὶ αὖθις
δικάσασθαι, οὐ μέντοι καὶ ἐποίησεν αὐτό), sei falsch, es sei vielmehr jetzt noch ein Multprozeß gefolgt, in dem Rabirius freigesprochen sei. In noch größere Schwierigkeiten aber kommt
man gegenüber Ciceros Angaben; man muß alsdann annehmen,
er habe, obwohl er das nirgends erwähnt, in der Sache zweimal
gesprochen, zuerst im Perduellionsverfahren, sodann im Multprozeß, und nur diese zweite Rede habe er herausgegeben; in
der Rede gegen Piso aber erwähne er nicht diese zum Ziele
führende und dem Publikum bekannte Rede, sondern sein Auftreten in dem Perduellionsprozeß, obwohl dieser nach der herrschenden Auffassung keine Erledigung der Frage gebracht hatte.
Indessen die Angabe dieser Rede, daß er in dem Perduellionsprozeß „die Autorität des Senats gegen die gehässigen Angriffe

---

deutenden Ausgabe Ciceronis pro C. Rabirio [perduellionis reo] oratio
ad Quirites, with notes, introduction and appendices. Cambridge 1882.
Abweichend und im wesentlichen richtig dagegen IHNE, Röm. Gesch. VI
232 ff. Von älteren hat sich DRUMANN III 168 = III² 153, 4 gegen NIE-
BUHR erklärt, dessen Bemerkung nach ihm „keiner Widerlegung bedarf".
RUBINO (Unters. zur röm. Verf. 1839, 313 f.) hat NIEBUHRS Ansicht dahin
modifiziert, daß Cicero durch den Senat die Aufhebung des Perduellions-
verfahrens durch die Duumvirn erreicht und an dessen Stelle der tribunicische Perduellionsprozeß tritt; HUSCHKE (Multa und Sacramentum,
1839, 512 ff.) hat dann NIEBUHRS Ansicht wieder aufgenommen und eingehend begründet. An RUBINO schließt sich im wesentlichen WIRZ an
(Der Perduellionsprozeß des Rabirius. Jahrb. f. klass. Phil. 119, 1879, 177 ff.),
mit manchen richtigen Bemerkungen, aber ganz unhaltbarem Gesamt-
ergebnis. Eingehend kritisiert werden die angeführten und einige andere
Arbeiten von O. SCHULTHESS, Der Prozeß des Rabirius. Programm Thur-
gau 1891, der sich in der Hauptsache wieder an HUSCHKE anschließt.

aufrecht erhalten und verteidigt habe", gibt genau den Inhalt der erhaltenen Rede wieder, und nicht minder die Angabe des *Orator*, daß die Rede *ius omne retinendae maiestatis* in schwungvoller Ausführung behandelte. Mit diesen Worten ist in der Tat ihr Inhalt so gut wie erschöpfend wiedergegeben; denn über alles andre geht er ganz kurz und geringschätzig hinweg (§§ 6—9), er spricht, wie er selbst sagte, nicht sowohl als Anwalt, wie als Consul. Auch die Ausführung über die Vorgänge des Jahres 100 und die Erschlagung des Saturninus (§§ 18—31), fast die Hälfte des Erhaltenen, dient dem Nachweis der Rechtsbeständigkeit und bindenden Verpflichtung des Senatsbeschlusses, auf Grund dessen damals die Consuln und in ihrem Gefolge Rabirius den Kampf eröffnet haben, in dem Saturninus umgekommen ist. Durch die ganze Rede geht die Verherrlichung des Senatsbeschlusses oder vielmehr der *vox illa consulis „qui rempublicam salvam esse vellent"* als des Bollwerks der Staatsordnung[1]); sie mündet aus in die Erklärung, daß er, wenn Labienus die revolutionären Handlungen des Saturninus wiederholen würde, als Consul in der gleichen Weise gegen ihn vorgehn würde[2]). So dient die ganze Rede in der Tat der Festigung und Verherrlichung der *senatus auctoritas*, der *retinenda maiestas*. Cicero nimmt diese *maiestas*, als deren Vertreter der Tribun und die Popularpartei sich und die Plebs betrachtet, für den Senat und den durch ihn bevollmächtigten Consul in Anspruch[3]). Das Auftreten des Labienus ist *contra rempublicam* (§ 35), es ist die Pflicht des Consuls, seinem Unternehmen mit allem Nachdruck entgegen-

---

[1]) So gleich zu Anfang § 2: Der Prozeß dreht sich in Wirklichkeit nicht um die Person des Rabirius, *sed ut illud summum auxilium maiestatis atque imperii, quod nobis a maioribus est traditum, de re publica tolleretur* usw. Das stimmt völlig zu der Angabe im *Orator*.

[2]) Wie wenig ahnte Cicero damals, daß er in der Tat ein halbes Jahr später in die gleiche Lage kommen und gezwungen sein werde, sein Wort wahr zu machen!

[3]) § 33 *idem ego quod is, qui auctor huius iudicii est, clamo, praedico, denuntio*. § 35 *non vos ad arma vocan(dos esse, verum) ad suffragia cohortandos contra oppugnationem vestrae maiestatis putavi*.

zutreten, und aller guten Bürger, mit ihm gemeinsam seine Absicht zu vereiteln und *praesidia reipublicae, summum in consulibus imperium, summum in senatu consilium* zu erhalten (§ 3). Ernsthaft kann, so oft das bestritten ist, garkein Zweifel sein, daß die Rede, die wir besitzen, dieselbe ist, die er an den angeführten Stellen, auch in der Rede gegen Piso, erwähnt, daß er in der Sache nur diese eine Rede gehalten hat, und daß sie daher den Titel *pro C. Rabirio perduellionis reo* mit Recht führt.

Wir müssen also versuchen, die Rede mit der sonstigen Überlieferung in Übereinstimmung zu bringen und ein Bild des Hergangs zu gewinnen. Den Anstoß, von dem NIEBUHR und seine Nachfolger ausgegangen sind, bietet die Angabe, daß Labienus behauptet und beklagt, Cicero bestätigend sich rühmt, daß er das *perduellionis iudicium* aufgehoben habe (*nam de perduellionis iudicio, quod a me sublatum esse criminari soles, meum crimen est, non Rabiri*), daß daher die Strafe der Hinrichtung, die Cicero (§§ 11 ff.) mit schauerlichen Farben ausmalt, um nachzuweisen, daß nicht Labienus, sondern vielmehr er die wahrhaft populare Auffassung vertrete, den Rabirius in Wirklichkeit nicht mehr bedroht, sondern nur das Exil (§§ 36 f.), und zwar, wie es scheint, als Folge einer Verurteilung in eine Geldstrafe, die er nicht würde zahlen können[1]; denn § 8 bezeichnet Cicero die Anklage, in der neben der Tötung des Saturninus alle möglichen andern Verbrechen des Rabirius aufgezählt waren, als *multae inrogatio*.

Indessen Cicero hat das *iudicium perduellionis* nicht etwa in einem vorhergehenden Prozeßverfahren, sei es durch seine Rede, sei es etwa mittels der Einziehung der Fahne durch Metellus, zu Fall gebracht — das müßte notwendig in der Rede erwähnt werden, und in letzterem Falle würde Labienus ganz anders reden, denn dadurch ist das Verfahren und die drohende Hinrichtung ja keineswegs rechtlich „aufgehoben", sondern nur die

---

[1] Daß der Prozeß §§ 1 und 2 als *defensio capitis* und *discrimen capitis* bezeichnet wird (ebenso § 31) und es sich nach § 5 um die *vita C. Rabirii* handelt, vgl. vorher *in tanta dimicatione capitis famae fortunarumque omnium*, spricht natürlich nicht dagegen; s. aber unten S. 554 f.

Verhandlung vertagt —, sondern durch eine von ihm veranlaßte Aktion des Senats. Davon hat er am Schluß seiner sachlichen Ausführungen geredet; der Schlußsatz dieses Abschnittes ist im vatikanischen Palimpsest § 32 erhalten: *itaque non senatus in ea causa cognoscenda me agente diligentior aut inclementior fuit, quam vos universi, cum orbis terrae distributionem atque illum ipsum agrum Campanum animis, manibus, vocibus ⟨repudiavistis⟩.* Dadurch wird Dios Angabe 37, 27 vollauf bestätigt, daß zunächst über die Einsetzung des Gerichtshofs (περὶ τοῦ δικαστηρίου, τῶν μέν, ὅπως μὴ συναχθῇ, τῶν δὲ ἵνα καθιζήσῃ, δικαιούντων), dann, als das durchgesetzt war, über das Gerichtsverfahren gestritten wurde (περί τε τῆς κρίσεως αὖθις συνέβησαν). Unter Berufung auf die lex Porcia und das Gesetz des C. Gracchus, *ne de capite civium Romanorum iniussu vestro iudicaretur*[1]) (§ 12), und weiter darauf, daß C. Gracchus bei seinem Gesetz gegen Popillius Laenas, der als Consul 132 die Mitschuldigen des Tiberius hatte hinrichten lassen, nicht etwa einen Perduellionsprozeß eröffnet und seine Hinrichtung gefordert hat, sondern lediglich den bürgerlichen Tod, die Verbannung (§§ 14 f.), hat also der Senat durchgesetzt, daß als Strafe nicht der Kreuzestod *more maiorum*, sondern nur eine Geldstrafe bestimmt wurde. Möglich scheint auch, daß diese mit Verbannung verbunden war; denn Cicero erwähnt die *multae inrogatio* in § 8 nur deshalb, weil Labienus in der Motivierung derselben alle möglichen anderen angeblichen oder wirklichen Verbrechen des Rabirius herangezogen hatte, um dadurch in üblicher Weise Stimmung zu machen, obwohl sie mit der Hauptsache nichts zu tun hatten und daher von Cicero ganz geringschätzig beiseite geschoben werden[2]). Es ist also nicht ganz ausgeschlossen, daß

---

[1]) Dieses Gesetz kam allerdings in Betracht, da die Duumvirn das Urteil zu fällen hatten, nicht etwa das Volk, vor dem nur das Provocationsverfahren stattfand.

[2]) Nach Aufzählung der übrigen Beschuldigungen sagt Cicero an der betreffenden Stelle, der einzigen, wo von der *multa* die Rede ist, zum Schluß: *nam quid ego ad id longam orationem comparem, quod est in eadem multae inrogatione* (in der also auch die vorhergehenden

Labienus die Verhängung einer Geldstrafe um dieser Vergehn willen neben der Verurteilung wegen perduellio beantragt hat[1]). Allerdings steht eine solche Kumulierung von zwei Klagen im Widerspruch mit dem anerkannten Grundsatz der *iudicia populi, ne poena capitis cum pecunia coniungatur* (Cic. de dom. 45), und erscheint, wie HUSCHKE sagt, als eine „prozessualistische Unmöglichkeit"; aber das ganze Verfahren war überhaupt so exzeptionell, daß diese Annahme doch vielleicht zulässig ist[2]). Wahrscheinlicher bleibt indessen doch wohl, daß der Strafantrag auf eine hohe, die bürgerliche Existenz des Beklagten vernichtende Geldstrafe lautete, die dann das Exil zur unvermeidlichen Folge hatte, und Cicero deshalb an dieser Stelle von einer *multa* spricht. Jedenfalls lautete trotzdem die Anklage doch auf perduellio, und der Prozeß blieb ein Perduellionsprozeß und war nicht etwa in einen tribunicischen Multprozeß verwandelt. Cicero spricht denn auch nicht etwa auf dem Forum vor den Tribus[3]), sondern, obwohl das nirgends ausdrücklich gesagt ist und die Anrede *Quirites* natürlich nichts beweist, auf dem Marsfeld vor den Centurien: er redet zu den *boni et fortes cives, quales vos omnibus reipublicae temporibus exstitistis* (§ 3, vgl. 6), zu eben denen, die ihn zum Consul gewählt haben (§ 18, vgl. 2). Die Centurien sind mithin, da der Tribun selbst nur die *plebs*, nicht den *populus* berufen kann, für Labienus von

---

Klagpunkte aufgezählt waren). *hunc nec suae nec alienae pudicitiae pepercisse?*

[1]) Das ist die Ansicht von DRUMANN und WIRZ. Vgl. MOMMSEN, Strafrecht 72, 2, „daß wenn der Angeklagte bei einem Multaprozeß zum Exilium geht, die Interdiction [von *aqua et ignis*] gefolgt sei, ist unerweislich und nicht wahrscheinlich".

[2]) Verbunden findet sich *multa* und *perduellio* auch Cic. pro Mil. 36, wo Cicero ironisch fingiert, daß Clodius *diem mihi, credo, dixerat, multam inrogarat, actionem perduellionis intenderat.*

[3]) Ich bemerke, weil das mehrfach mißverstanden ist, so von DRUMANN, HUSCHKE, WIRZ. daß Labienus das Bild des Saturninus nicht etwa in der Versammlung aufgestellt hat, vor der Cicero spricht, sondern *in rostra atque in contionem attulit* (§ 24), also bei den Reden, die Labienus für sein Gesetz auf dem Forum gehalten hatte.

einem Praetor berufen und ihm von diesem die Leitung übertragen worden, wie es im tribunicischen Perduellionsprozeß Herkommen war[1]), wenn es auch im Fall des Rabirius nicht besonders bemerkt wird.

Tribunicische Perduellionsprozesse hat es in Rom auch in späterer Zeit oft genug gegeben; im Jahre 107 war für dieselben durch eine lex tabellaria des C. Caelius die geheime Abstimmung durch Stimmtafeln eingeführt (Cic. de leg. III 36). Aber das von Labienus beantragte Verfahren durch einen Prozeß vor duumviri perduellionis war längst verschollen und wurde von ihm und Caesar *non ex memoria vestra ac patrum vestrorum sed ex annalium monumentis atque ex regum commentariis* ausgegraben (§ 15). Benutzt haben sie dabei offenbar die Annalen des eifrigen Demokraten Licinius Macer, der die von seinen der Aristokratie angehörigen Vorgängern in deren Interesse reich ausgestaltete annalistische Darstellung in übrigens recht wenig geschickter Weise ins Demokratische umgesetzt hatte und der sich bei Sallust in seiner Rede als Tribun im Jahre 73 auf das Vorbild der alten Plebejer beruft.

So hat Labienus denn auch die Beschuldigung *de locis religiosis ac de lucis*, die Rabirius verletzt haben sollte, aus einer Klage wieder hervorgeholt, die Licinius Macer (der bekanntlich 67 gestorben war) mehrere Jahre vorher, vielleicht eben in seinem Tribunat, erfolglos gegen Rabirius erhoben hatte (§ 7).

Die schematische Darstellung des Perduellionsprozesses stand bekanntlich in den Annalen in der Geschichte des Königs Tullus, absurderweise angeknüpft an den Schwestermord des Horatius[2]),

---

[1]) Liv. 26, 3, 9. 48, 16, 10. Valerius Antias bei Gell. VI 9, 9. Vgl. unten S. 559. — Ganz unmöglich ist die Ansicht von WIRZ, die Rede Ciceros sei ebenso wie die des Hortensius „in einer *contio* an einem der vorläufigen Anquisitionstermine" gehalten — von diesen Terminen ist bei diesem ganzen Vorgang nirgends mit einem Wort die Rede —, also auf dem Forum, erst später sei der Schlußtermin vor den Centurien auf dem Marsfeld gefolgt, der dann so verlaufen sei, wie Dio ihn schildert.

[2]) Diese widersinnige Anknüpfung ist einer der vielen Belege dafür, wie verkehrt die von den Juristen, speziell von RUBINO vertretene Be-

und ist uns bei Livius I 26 erhalten[1]). Die Formulierung der *lex horrendi carminis* lautet: *Duumviri perduellionem iudicent; si a duumviris provocarit, provocatione certato; si vincent, caput obnubito; infelici arbori reste suspendito; verberato vel intra pomerium vel extra pomerium.* Dem entspricht die Ausführung: der König bestellt[2]) vor einem *concilium populi* die Duumvirn; diese verurteilen den Angeklagten, und derjenige, der das Wort führt (*alter ex iis*), spricht: *Publi Horati, tibi perduellionem iudico; lictor, conliga manus*, worauf Horatius mit *provoco* antwortet. Wörtlich dieselben Formeln[3]) *i lictor conliga manus; caput obnubito, arbori infelici suspendito* führt Cicero § 13 an. Ebenso berührt sich mit Livius' Angabe, daß die Duumvirn glaubten, den Angeklagten überhaupt nicht freisprechen zu dürfen, auch wenn er schuldlos war (*qui se absolvere non rebantur ea lege ne*

---

hauptung war, von der auch MOMMSEN ausgegangen ist und die sein Staatsrecht stark beeinflußt hat, die Annalisten hätten eine tiefere juristische und staatsrechtliche Anschauung besessen. Nur zu oft ist genau das Gegenteil der Fall.

[1]) Bei Festus p. 297 s. v. *sororium tigillum* wird die *perduellio* sachlich korrekt durch *parricidium* ersetzt: Horatius wird zuerst im Hausgericht von seinem Vater freigesprochen, *accusatus tamen parricidi apud duumviros damnatusque provocavit ad populum*. Dionys III 22 hat den Duumviralprozeß gestrichen und lediglich den Prozeß vor dem Volk gegeben, an das der König die Entscheidung verweist. Dadurch hat er den Sinn der Überlieferung völlig zerstört; denn damit ist auch die Provocation weggefallen. — Auch bei Cicero stammt das Verfahren mit seinen *et suppliciorum et verborum acerbitates* aus der Königszeit (daher § 17 *non tribunicia actione sed regia*) und ist nach Begründung der Republik alsbald, wenn auch nicht sofort, als *vestigium crudelitatis regiae* beseitigt worden (§§ 10. 13). Daß § 13 *ista cruciatus carmina* auf Tarquinius Superbus zurückführt, ist natürlich lediglich rhetorische Phrase.

[2]) *duumviros, inquit, qui Horatio perduellionem iudicent, secundum legem facio*. Aber nachher heißt es *hac lege duumviri creati*, was, wenn der Zusammenhang nicht beachtet wird, auf eine Wahl durch das Volk führen würde; s. unten S. 560.

[3]) Sie kehren nachher bei Livius § 11 in der Schilderung wieder, die der für seinen Sohn eintretende Vater von der Hinrichtung gibt dort steht auch *i lictor*, wie bei Cicero.

innoxium quidem posse), die Behauptung Ciceros § 12 *C. Gracchus legem tulit, ne de capite civium Romanorum iniussu vestro iudicaretur, hic popularis a II viris iniussu vestro non iudicari de cive Romano, sed indicta causa civem Romanum capitis condemnari coegit*; das Verfahren vor den Duumvirn war eben, da die Entscheidung bei dem *populus* der Centurien lag, tatsächlich zu einer bloßen Formalität herabgesunken, die die Provocation und das Volksgericht einleitete. Dem entspricht Suetons Angabe, daß Caesar *sorte iudex in reum ductus tam cupide condemnavit, ut ad populum provocanti nihil aeque ac iudicis acerbitas profuerit*. Ob er dem Rabirius eine kurze Verteidigung gestattet hat, wissen wir nicht; jedenfalls hat ein regelrechtes Prozeßverfahren mit Zuhilfenahme eines Anwalts nicht stattgefunden und ist Caesar als Duumvir auf diese Verteidigung nicht eingegangen, sondern hat das Todesurteil in der vorgeschriebenen Formulierung gesprochen. Man sieht, daß Mommsens Äußerung (Strafrecht 155, 1): „daß den Duovirn das Recht der Freisprechung fehlt (Cic. pro Rab. 12), ist eine advokatische Flause", die Sachlage keineswegs zutreffend wiedergibt.

Im übrigen gaben die Annalen, soweit wir sehn können, kaum einen Anhalt; der einzige Fall, der auf uns gekommen ist, ist die ältere Version der Hinrichtung des M. Manlius wegen seines Versuchs, sich zum König zu machen, Liv. VI 20, 12: *Sunt qui per duumviros, qui de perduellione anquirerent, creatos auctores sint damnatum*[1]); in der entstellten Version, die Livius ausführlich wiedergibt und die schon Varro befolgte[2]), ist das durch eine Anklage der Tribunen vor den Centurien ersetzt, und diese stürzen ihn nach seiner Verurteilung vom Tarpejischen Fels herab. Sonst kommt etwa noch der Prozeß des Sp. Cassius wegen des gleichen Verbrechens in Betracht, nur daß hier an Stelle der duumviri perduellionis fälschlich die quaestores (parricidii) gesetzt sind[3]) — das Gegenstück zu der Darstellung des Prozesses

---

[1]) Daher ist er nach Nepos bei Gellius XVII 21, 24 *verberando necatus*. Vgl. Mommsen, Röm. Forsch. II 193.

[2]) Bei Gellius l. c.

[3]) Liv. II 41. 11 *invenio apud quosdam, idque proprius fide est* (die andere Version § 10 läßt ihn durch das Hausgericht des Vaters

des Horatius und wieder ein Beleg, wie wenig die Annalisten sich um die juristischen Fragen gekümmert haben, welche die alte Überlieferung, die nur die nackte Tatsache der Verurteilung kannte[1]), ausmalten. Doch mag es in der uns nicht erhaltenen Überlieferung aus dem dritten Jahrhundert noch Fälle gegeben haben, in denen nicht ein Tribun, sondern Duumvirn das Perduellionsverfahren leiteten; der Antrag, sie zu bestellen, muß freilich immer von einem Magistrat, und zwar in der Regel von einem Tribunen ausgegangen sein, und eben deshalb hat der tribunicische Perduellionsprozeß sie verdrängt. Von diesen Prozessen kommt für uns noch der des P. Claudius Pulcher wegen seiner Niederlage bei Drepana (249 v. Chr.) in Betracht: er wurde deshalb von den Tribunen Pullius und Fundanius wegen perduellio angeklagt, aber als die Centurien zusammentraten, brach ein Gewitter aus, das als *vitium* die Verhandlung unmöglich machte. Als dann die Tribunen die Klage von neuem erheben wollten, intercedierten ihre Kollegen: es sei nicht zulässig, daß sie während ihrer Amtsführung denselben Mann zweimal wegen Perduellion verklagten. Darauf erhoben sie eine Multklage, und Claudius wurde vom *populus* zu einer schweren Geldstrafe verurteilt[2]). Dieser Vorgang kann als Praecedens gelten dafür, daß Labienus die Perduellionsklage nach Metellus' Eingriff fallen

---

verurteilt werden), *a quaestoribus Kaesone Fabio et L. Valerio diem dictam perduellionis damnatumque populi iudicio, dirutas publice aedes.* Ebenso Dion. Hal. VIII 77 (bei dem die Quaestoren ihn 78, 5 vom Taipejischen Fels stürzen, was natürlich fälschlich von den Tribunen auf sie übertragen ist); bei Cicero de rep. II 60 wird nur ein *quaestor* genannt: *Sp. Cassium quaestor accusavit eumque, ut audistis, cum pater in ea culpa esse comperisse se dixisset, cedente populo morte mactavit.*

[1]) Diod. XI 37 Σπόριος Κάσσιος .. δόξας ἐπιθέσθαι τυραννίδι καὶ καταγνωσθεὶς ἀνῃρέθη.

[2]) schol. Bob. zu Cic. in Clod. et Cur. p. 337 ORELLI. 90 STANGL; ebenso Val. Max. VIII 1, 4. Vergleiche damit Cicero pro domo 45, wo in der Aufzählung der dem Angeklagten günstigen Bestimmungen über die *iudicia populi* am Schluß erwähnt wird, daß *denique etiam si qua res illum diem aut auspiciis aut excusatione sustulit, tota causa iudiciumque sublatum sit.*

ließ; ebenso aber haben sich natürlich die Vertreter der Ansicht, daß er dann eine Multklage erhob, auf sie berufen.

Im einzelnen ließen diese Angaben, als Labienus auf sie zurückgriff, manches unklar, und konnten verschieden ausgelegt werden. So hat Labienus, offenbar nachdem sein Antrag auf Eröffnung des Verfahrens durch die Plebs genehmigt war, die Duumvirn durch einen Praetor bestellen lassen, als den Rechtsnachfolger des Königs Tullus; dagegen aber wurde eingewandt, daß sie dem Herkommen gemäß von der Gemeinde gewählt werden müßten, offenbar mit Berufung darauf, daß in den Annalen dafür das auch bei Livius I 26, 7 (oben S. 557, 2) und VI 20, 12 stehende doppeldeutige *creare* verwendet war; und dieser Einwand wird von Dio als berechtigt bezeichnet[1]). Somit wird dies eines der Argumente gewesen sein, auf Grund deren der Senat unter Ciceros Führung die Kassation des Verfahrens durchsetzte; denn Ciceros Ausdruck *de perduellionis iudicio, quod a me sublatum esse criminari soles* (§ 10), erklärt sich nur, wenn das ursprünglich beabsichtigte Verfahren wirklich aufgehoben wurde. Dazu kam dann die Behauptung, daß das Verfahren längst antiquiert sei, was Cicero im folgenden kurz weiter ausführt (*quod utinam, Quirites, ego id aut primus aut solus ex hac republica sustulissem!*), und weiter die Angriffe gegen die Grausamkeit des Urteils, das den Zeiten des Königtums entsprochen haben möge, aber für den freien Staat längst nicht mehr passe und mit seinen Gesetzen, der lex Porcia und der lex Sempronia und dem Verfahren des C. Gracchus in Widerspruch stehe. Da-

---

[1]) Dio 37, 27: Die Duumvirn κατεψηφίσαντο αὐτοῦ καίτοι μὴ πρὸς τοῦ δήμου κατὰ τὰ πάτρια, ἀλλὰ πρὸς αὐτοῦ τοῦ στρατηγοῦ οὐκ ἐξὸν αἱρεθέντες. Praetor urbanus war wahrscheinlich L. Valerius Flaccus (Cic. pro Flacco 6. 100), und er wird die Ernennung vollzogen haben; jedenfalls nicht, wie man gewöhnlich annimmt, Metellus Celer. Suetons Angabe, Caesar sei *sorte iudex in reum ductus*, bezieht sich wohl darauf, daß er unter den beiden Duumvirn derjenige ist, der das Urteil spricht, wie Liv. 1 20, 8 *alter ex iis*. Sonst müßte man annehmen, daß offiziell Losung vorgeschrieben war, der Praetor aber eben die für erlost ausgab, die Labienus gewünscht hatte, wie das ja bei Losungen in Rom und anderswo oft genug geschehn ist und geschieht.

durch wurde erreicht, daß die Fällung eines Todesurteils mit Geißelung und Kreuzigung für unzulässig erklärt wurde. So kann Cicero sich rühmen, daß er das von Labienus geplante Verfahren unmöglich gemacht und ihn gezwungen habe, seine grausame, den Vorgang der Könige nachahmende Aktion aufzugeben[1]). Aber damit war die Sache noch nicht erledigt. Rabirius hatte natürlich nach dem Spruch Caesars sofort an das Volk provociert, und so mußte dies als der Souverän die Entscheidung geben[2]). Die Duumvirn freilich konnten hier ihre Sache nicht mehr vertreten, wie es das Schema des Prozesses des Horatius gebot[3]) — ob sie in solchem Falle auch die Leitung der Verhandlung hatten, wie MOMMSEN annimmt, analog den quaestores parricidii, oder ob sie nur als Partei auftraten, unter dem Vorsitz eines andern Beamten, wissen wir nicht. Jedenfalls wurde jetzt die Leitung dem Labienus übertragen und ihm zu dem Zweck die Centurien zur Verfügung gestellt. Ob dabei alle sonst vorgeschriebenen Termine des Anquisitionsverfahrens innegehalten wurden oder ob, da ja der ganze Hergang irregulär war[4]) und aus den Annalen konstruiert wurde, gleich die Schlußverhandlung stattfand, ist nicht überliefert. Die Klage lautete nicht mehr auf den Tod, sondern auf eine Geldsumme, vielleicht verbunden mit gleichzeitiger, oder, da Rabirius die Summe jedenfalls nicht zahlen

---

[1]) § 17 *quam ob rem fateor, Labiene, profiteor et prae me fero, te ex illa crudeli, importuna, non tribunicia actione sed regia meo consilio, virtute, auctoritate esse depulsum.* Wenn er weiter fortfährt *qua tu in actione quamquam omnia exempla maiorum, omnis leges, omnem auctoritatem senatus, omnis religiones atque auspiciorum publica iura neglexisti, tamen a me haec in hoc tam exiguo meo tempore non audies; liberum tempus nobis dabitur ad istam disceptationem,* so scheint er damit auf eine weitere Diskussion im Senat nach dem Ausgang des Prozesses und eine eventuelle Anklage zu verweisen.

[2]) Vgl. im Prozeß des Paulus die Äußerung des Königs Agrippa zu Festus act. apost. 26, 32 ἀπολελύσθαι ἐδύνατο ὁ ἄνθρωπος οὗτος, εἰ μὴ ἐπεκέκλητο Καίσαρα.

[3]) Liv. I 26, 6, s. oben S. 557.

[4]) Vgl. Dio 37, 27. 3 οὐδ' ὅτι παρὰ τὰ νενομισμένα ἡ κρίσις ἐγεγόνει ἐνεθυμοῦντο.

konnte und ins Exil gehn mußte, nachfolgender *aquae et ignis interdictio*. Die Verteidigung übernahm Hortensius, der den Nachweis führte, daß nicht Rabirius den Saturninus erschlagen hatte[1]), und Cicero; diesem gewährte Labienus für seine Rede bei der abschließenden Verhandlung nur eine halbe Stunde (§ 6)[2]).

Cicero sagt, daß, als er, den Vorwurf gegen Rabirius in eine Verherrlichung umwendend, das Bedauern ausspricht, daß Rabirius die Tat, wegen deren er angeklagt ist, nicht begangen habe und ihm daher der Ruhm derselben nicht zukomme, sich ein Geschrei erhoben habe; aber die Gegner, die sich laut machten, seien nicht viele, das eigentliche Volk, das ihn zum Consul gewählt habe, lasse sich dadurch nicht beeinflussen — und bei diesen Worten sei auch der Lärm schon viel schwächer geworden[3]). Das mag übertrieben sein, ist aber schwerlich rein erfunden; denn er redet vor den Centurien, und hier, wo die Besitzenden den Ausschlag geben, ist die Stimmung natürlich eine andre, als in den Tributcomitien der Plebs. Dazu stimmt Suetons Angabe, daß dem Rabirius bei dem Provocationsverfahren nichts so zugute gekommen sei als die Gehässigkeit (*acerbitas*), mit der

---

[1]) pro Rab. 18 *at id C. Rabirius multorum testimoniis, Q. Hortensio copiosissime defendente, antea falsum esse docuit.* Das könnte eventuell auch in den vorhergehenden Anquisitionsterminen geschehen sein. Aus Hortensius' Rede pro C. Rabirio, die also veröffentlicht war, zitiert Charisius p. 71 die Worte *cicatricum mearum* (H. MEYER, orat. rom. fragmenta 371).

[2]) Die erhaltene Rede, von der allzuviel nicht verloren sein kann, ist in der Tat recht kurz, aber doch, wenn wir die fehlenden Stücke möglichst kurz ansetzen, länger als die Catilinarien und die Philippiken (mit Ausschluß von II und etwa noch V), und würde jedenfalls beträchtlich mehr Zeit in Anspruch nehmen als eine halbe Stunde; Cicero hat sie also bei der Publikation wesentlich erweitert.

[3]) § 18 *nihil me clamor iste commovet, sed consolatur, cum indicat esse quosdam civis imperitos, sed non multos. nunquam, mihi credite, populus Romanus hic qui silet consulem me fecisset, si vestro clamore perturbatum iri arbitraretur. quanto iam levior est acclamatio! quin continetis vocem indicem stultitiae vestrae, testem paucitatis!*

Caesar das Urteil gesprochen hatte[1]). Indessen sicher war man des Ausgangs doch nicht, zumal die Abstimmung ja nicht öffentlich, sondern durch Stimmtafeln stattfand; und so hat Metellus Celer zu dem Mittel gegriffen, durch das er die Auflösung der Versammlung erzwang.

Darauf, daß Labienus die Sache dann fallen ließ, brauchen wir nicht nochmals zurückzukommen; auch er und Caesar hatten sich überzeugt, daß sie bei einem nochmaligen Verfahren jedenfalls nicht zum Ziel kommen würden. So haben sie ihre Absicht aufgeben müssen, das Senatusconsultum ultimum für ungesetzlich erklären zu lassen und ein Vorgehn auf Grund desselben in Zukunft unmöglich zu machen.

Beilage II

Sallusts politische Broschüren an Caesar

Die beiden Schriften *ad Caesarem senem de republica* sind zusammen mit den Reden und Briefen aus Sallusts Geschichtswerken in der bekannten Handschrift des Vatikans überliefert[2]). Lange Zeit haben sie ganz allgemein für ein späteres Machwerk gegolten; JORDAN, dessen Ausführungen[3]) für die Neueren um so mehr maßgebend geworden sind, da er ihr Ergebnis in seiner Ausgabe — einer der wenigen Sallustausgaben, die diese Schriften aufgenommen haben — wiederholt, läßt sie von einem Rhetor der flavischen oder trajanischen Zeit verfaßt sein, andre denken

---

[1]) Dios Behauptung bei der Motivierung der Maßregel des Metellus πάντως δ' ἂν καὶ παρὰ τῷ δήμῳ ἑάλω ('Ραβίριος) ist also wahrscheinlich übertrieben.

[2]) Es ist ratsam, darauf hinzuweisen, daß die Überlieferung der *invectiva* Sallusts gegen Cicero und der Antwort Ciceros eine ganz andre ist.

[3]) H. JORDAN, de suasoriis quae ad Caesarem senem de republica inscribuntur. 1868.

gar an die Zeit Frontos. Neuerdings hat eine Reaktion eingesetzt; neben andern ist vor allem PÖHLMANN[1]) nachdrücklich für die Echtheit eingetreten und hat sie eingehend zu erweisen und ihren Inhalt politisch zu würdigen versucht. Doch dürfte die gegenteilige Ansicht auch jetzt noch die herrschende sein und vielfach, wie es zu gehn pflegt, ohne Prüfung nachgesprochen werden; wie fest solche absprechenden Urteile zu sitzen pflegen, wenn sie einmal Eingang gefunden haben, ist ja eine nur zu häufige Erfahrung. So wird eine neue Prüfung um so mehr geboten sein, da sich, wie ich glaube, in der Frage in mancher Richtung noch wesentlich weiterkommen läßt, als es PÖHLMANN gelungen ist.

Ganz zweifellos ist zunächst, daß die beiden Aufsätze entweder von Sallust selbst verfaßt sind oder aber von einem Schriftsteller, der die Maske Sallusts angenommen hat; es ist völlig ausgeschlossen, daß hier etwa der Zufall eine Rolle gespielt hat und sie wider die Absicht des Verfassers unter die Schriften Sallusts gekommen wären, etwa wie so viele Reden in die Sammelausgaben der attischen Redner oder die unechten Schriften in die Werke des Plato und Aristoteles. Vielmehr wenn sie nicht von Sallust herrühren, so hat der Verfasser es vorzüglich verstanden, sich in Sprache und Geist Sallusts einzuleben, und ebenso in die Verhältnisse seiner Zeit. Dadurch unterscheiden sie sich auf das stärkste von Machwerken wie der von Didius (S. 164, 1) verfaßten Antwort Ciceros auf Sallusts Invektive oder seinem Brief an Octavian; das Problem liegt vielmehr ebenso wie bei der jetzt glücklich überwundenen Anzweiflung des Briefwechsels zwischen Cicero und Brutus oder bei den Briefen Platos, und nichts ist verkehrter und oberflächlicher, als die Behauptung, daß die beiden Aufsätze ein armseliges, von Fehlern, Anachronismen, mißglückten Nachahmungen wimmelndes Machwerk wären. Genau das Gegen-

---

[1]) „An Caesar!" „Über den Staat!" Zur Geschichte der antiken Publizistik, in seinen Ges. Abh. Aus Altertum und Gegenwart, Neue Folge 1911, 184 ff. (vorher Ber. der Münch. Ak. 1904). Auch SCHANZ, Röm. Literaturgesch. I 2, 3. Aufl. S. 183 spricht sich entschieden für die Echtheit aus.

teil ist richtig, und ein sehr interessantes, gründliches Studium verdienendes Erzeugnis der Literatur sind sie daher auf jeden Fall. Stammen sie aber von Sallust, so sind sie die ältesten Erzeugnisse seiner Feder, und gewinnen alsdann durch den Einblick, den sie in die geistige und literarische Entwicklung dieses Schriftstellers gewähren, trotz oder vielmehr gerade infolge der Imitation des Thukydides einer der selbständigsten und eigenartigsten Gestalten der römischen Literatur, nur noch erhöhte Bedeutung.

Vielfach hat man sich bemüht, das Problem durch eingehende sprachliche Untersuchungen zu lösen, so vor allem JORDAN im negativen, PÖHLMANN im positiven Sinne. Zu einem sicheren Resultat ist man dadurch aber bisher nicht gelangt, zum Teil, weil diese Untersuchungen mit Beobachtungen und Behauptungen überladen sind, denen geringe oder garkeine Überzeugungskraft innewohnt, und weil die Berührungen mit Stellen der übrigen Schriften Sallusts meist nicht scharf genug angefaßt sind[1]). Ich sollte allerdings denken, daß es möglich sein muß, bei diesen Stellen zu entscheiden, wo die Priorität liegt, ob wir es mit einer mehr oder weniger geschickten Nachahmung zu tun haben, oder ob vielmehr Sallust einen Gedanken, den er hier zuerst ausgesprochen hat, später in seinen historischen Schriften in derselben Fassung oder mit formellen und inhaltlichen Modifikationen verwertet hat; und ebenso, ob in dem Hyperarchaismus, der in den beiden Schriften herrscht, eine über das Ziel hinausschießende, für Sallust unmögliche Imitation steckt, oder ob Sallust in der weiteren Entwicklung seines Stils seine Neigungen gedämpft und die Extreme seiner Anfänge gemildert hat. Indessen eine derartige Untersuchung kann, wenn sie zum Ziel führen soll, nur von einem Philologen geleistet werden, der diese Dinge vollkommen beherrscht und mit gründlicher Sachkenntnis ein feines stilistisches Gefühl und dasjenige, nicht allzuhäufige

---

[1]) Sehr mit Recht hat PÖHLMANN die Berührungen mit Thukydides hervorgehoben, die sich hier wie in den anderen Schriften Sallusts finden; freilich geht er meines Erachtens auch dabei mehrfach über die Grenze hinaus, wenn er aus einzelnen Anklängen eine direkte Benutzung der betreffenden Stelle des Thukydides folgert.

Maß ästhetischen Urteils und gesunden Menschenverstandes verbindet, ohne das die Analyse notwendig auf Irrwege geraten muß. Nach dieser Richtung hin werden also die hier vorgelegten Untersuchungen einer weiteren Ergänzung bedürfen[1]).

Um so sicherer läßt sich der Inhalt der Schriften prüfen; und er führt, glaube ich, zu einem völlig gesicherten Ergebnis. Die Vorschläge, welche der Verfasser macht, sind früher schon besprochen worden. Am meisten am Herzen liegt ihm die Aufhebung des unheilvollen Einflusses des Geldes, der Habgier und Verschuldung, worin er, ganz wie Sallust[2]), die Grundursache des Verfalls der alten Zucht, der Korruption und der heillosen Zersetzung des Staats sieht. Aber daneben macht er eine Reihe einzelner Vorschläge: die Bürgerschaft in ihrer jetzigen Gestalt ist unfähig, das Regiment zu führen; sie soll durch Neubürger und Gründung von Kolonien gestärkt und gehoben, danach der Kriegsdienst gleichmäßig gestaltet, die Getreideverteilung für die ausgedienten Soldaten bestimmt werden. Der Senat soll durch Vermehrung der Mitglieder — eine bestimmte Zahl will er nicht geben — und durch Einführung der geheimen Abstimmung gehoben und für seine Aufgaben brauchbar gemacht werden. Zu den Richterstellen sollen alle Bürger der ersten Klasse herangezogen werden. Bei den Wahlen dagegen soll der Vorrang der Reichen beseitigt und, nach C. Gracchus' Vorschlag, die Folge der Centurien aus allen fünf Klassen durch das Los bestimmt werden.

Das sind Vorschläge, die Caesar größtenteils nicht befolgt hat. Zwar hat er zahlreiche Neubürger aufgenommen, Kolonien gegründet, die Zahl der Senatoren bedeutend vermehrt; aber eine Hebung der Stellung und des Ansehns des Senats lag ihm ganz fern, die Getreideverteilung hat er anders geordnet, den Zutritt zu den Richterstellen ganz im Gegensatz zu dem Wunsch

---

[1]) Zu meiner Freude teilt mir E. NORDEN mit. daß er diesen Nachweis der Echtheit sowohl bei den Schriften an Caesar wie bei der Invektive gegen Cicero erbringen kann.

[2]) Catil. 10 ff. 36 f. (vgl. 33). Jug. 41. hist. I fr. 12 ff. MAURENBRECHER.

des Verfassers auf Senat und Ritter beschränkt, die Wahlordnung nicht geändert. Ebensowenig entspricht die vorgeschlagene Staatsgestaltung den Ordnungen des Principats, so daß etwa, was ja an sich denkbar wäre, der Verfasser das Endergebnis der Entwicklung schon dem Caesar als zu erstrebendes Ziel vorgetragen hätte, wie bei Dio Maecenas dem Augustus die Staatsgestaltung der Severerzeit als Programm entwickelt. Vielmehr ist es das Programm einer gemäßigten, ehrlich gemeinten Demokratie, das sich nicht realisiert hat, sondern ein frommer Wunsch geblieben ist. Aber andrerseits sind die Schriften nichts weniger als Rhetorenarbeit, vielmehr sehr ernst gemeinte und mehrfach ins einzelne gehende Reformvorschläge[1]), deren Annahme der Verfasser erhofft. Das ist ein ganz starkes Argument für die Echtheit: für die vollentwickelte Kaiserzeit hatte dieses Programm garkeine Bedeutung mehr, weder praktisch noch theoretisch; es ist garnicht einzusehn, wie in der Zeit der Flavier oder etwa der des Claudius oder Nero ein demokratischer Theoretiker — falls es damals überhaupt einen solchen gab — dazu hätte kommen können, derartige, seiner Zeit ganz fernliegende, völlig utopische Reformvorschläge vorzutragen. Wir könnten uns vorstellen, daß bei einer den Traditionen des Altertums entsprechenden Gestaltung der Schriftstellerei jemand ein halbes oder ganzes Jahrhundert später etwa Niebuhr im Jahre 1815 eine Rede in den Mund legte, in der er sei es die Grundzüge der Stein-Hardenbergischen Gesetzgebung und der damals geplanten

---

[1]) Daß er „dabei" zunächst nur die Grundlinien zeichnet und die weitere Ausarbeitung zurückstellt, bis über die prinzipielle Annahme seiner Gedanken entschieden ist, ist durchaus sachgemäß; aber er hat auch diese Dinge schon durchdacht und ist zur weiteren Ausführung bereit: „vielleicht," sagt er, II 12, „vermißt du genauere Angaben über die Zahl der Senatoren, die Zahl und Verteilung der Richter. Das alles könnte ich leicht geben; aber zunächst meinte ich nur die Grundzüge Dir vorlegen und empfehlen zu sollen, wenn du auf diesen Weg eingehn willst, ist das übrige parat" *(ea mihi omnia generatim discribere haud difficile factu fuit; sed prius laborandum visum est de summa consilii, idque tibi probandum verum esse. si hoc itinere uti decreveris, cetera in promptu erunt).*

preußischen Verfassung, oder aber die der Reichsverfassung von 1867, oder etwa auch die ständischen Ideale Friedrich Wilhelms IV. entwickelte; aber ganz unbegreiflich würde es sein, wenn man ihn Vorschläge machen ließe, die weder für die Gegenwart noch für den Verlauf der geschichtlichen Entwicklung irgendwelche Bedeutung hätten und daher völlig in der Luft schweben würden. Wer ein solches Schriftstück abfaßt, will doch damit irgend eine Wirkung erzielen, sei es lediglich belehrend, sei es praktisch in der eigenen Gegenwart. Wie solche Erzeugnisse aussehn, bei denen die Maske einer geschichtlichen Persönlichkeit angenommen wird, zeigt die oben besprochene Rede des Tiberius Gracchus gegen Africanus, d. i. gegen Caesar (oben S. 531 f.), in der die Enttäuschung seiner demokratischen Anhänger über die von ihm eingeschlagene Bahn zum Ausdruck gelangt, oder etwa die drakontische Verfassung bei Aristoteles.

Auch der Ausweg ist nicht gangbar, daß die beiden Schriftstücke etwa aus einem Geschichtswerk entnommen seien, dessen Verfasser die Gestalt des Sallust benutzt hätte, um Caesar das demokratische, von ihm nicht befolgte Programm vorzutragen, so wie Agrippa bei Dio dem Augustus das Ideal der Republik entwickelt, und daß sie dann in eine Gesamtausgabe der Schriften Sallusts gekommen wären, wie die Rede, die Anaximenes dem Demosthenes als Antwort auf Philipps Manifest vom Jahre 341 halten ließ, in die Sammlung der Reden des Demosthenes. Dieser Deutung steht nicht nur der Inhalt entgegen, sondern vor allem die Form; es scheint völlig unmöglich, einen Anlaß zu ersinnen, bei dem ein Historiker die beiden Schriftstücke in dieser Gestalt hätte einlegen können, sie müßten dann ganz anders aussehn. Sie können garnichts andres sein als Broschüren aus der Zeit Caesars selbst: und alsdann müssen sie, wie schon bemerkt, in der Tat von Sallust selbst verfaßt sein.

Äußerlich tragen beide Schriften diejenige Gestalt, die durch Isokrates für die politische Broschüre maßgebend geworden ist; dabei ist es irrelevant, ob sie in der Form von Reden oder, wie Isokrates' Philippos und manche andre, in der von Sendschreiben auftreten. Es ist Pedanterie und verkehrte Spezialisierung, wenn

JORDAN der zweiten, da sie sich selbst als Sendschreiben gibt[1]), den Titel *epistola*, der ersten, die auch als Rede in Caesars Kabinet gesprochen sein könnte[2]), den Titel *oratio* vorgesetzt hat; in Wirklichkeit sind eben beides Broschüren.

Sehr verschieden ist dagegen die Situation, welche jede der beiden Schriften voraussetzt; sie stehn zeitlich ziemlich weit voneinander ab, und zwar ist die an zweiter Stelle überlieferte die ältere[3]). Hier steht Caesar im Felde, mitten im Bürgerkrieg; trotzdem fühlt sich der Verfasser verpflichtet, sich schon jetzt über die Fragen der inneren Politik und der Neuordnung des Staats mit Ratschlägen und Mahnungen an ihn zu wenden[4]). Aber er ist nicht bei ihm, und eben darum erhält diese Broschüre den ausgesprochenen Charakter des Sendschreibens. Offiziell ist Caesars Gegner „der feindliche Consul", d. i. Lentulus, er ist damit beschäftigt, „sich gegen den Angriff der Feinde zu wehren und die ihm vom Volk gewährte Vergünstigung" (d. i. die Beibehaltung der Provinz und die abwesende Bewerbung um das Consulat) „gegen den feindlichen Consul zu behaupten"; aber es wäre seiner unwürdig, sich darauf zu beschränken[5]). Von Anfang seiner Laufbahn an hat er erfolgreich für die Freiheit der

---

[1]) II 12, 1 bezeichnet er die Schrift als *litterae (perlectis litteris)*; vgl. 2, 1 *quae visa sunt de republica, tibi scripsi*; 13, 8 *quam paucissimis potui perscripsi*

[2]) Die allgemeinen Ausdrücke I 5, 1 *de bello satis dictum*; 3, 8 *disserere*; 8, 10 *a me quidem pro civili parte dictum et adiutum fuerit*, vgl. auch 1, 9 jeder muß jetzt sein bestes sagen *(utei dicat)*, beweisen wenig; ebenso findet sich in II *dicere* und *disserere* neben *scribere* gebraucht (2. 4. 10. 1). Von einer bestimmten Rücksichtnahme auf rein mündliche Verhandlung in Gegenwart Caesars in seinem Hause, etwa wie in Ciceros Rede *pro Deiotaro*, findet sich keine Spur.

[3]) Das hat bereits JOH. CLERICUS in der seiner Ausgabe 1710 vorausgeschickten Vita Sallustii ganz richtig erkannt, die ich durch den Abdruck in der Ausgabe FROTSCHERS kenne. p. XIX.

[4]) IX 2, 2 *inter labores militiae interque proelia, victorias, imperium statui admonendum te de negotiis urbanis*.

[5]) II 2, 3 *namque tibi si id modo in pectore consilii est, ut te ab inimicorum impetu vindices quoque modo contra adversum consulem beneficia populi retineas, indigna virtute tua cogitas*.

plebs gegen die Koterie der Nobilität gekämpft[1]); jetzt darf er sich der Aufgabe nicht entziehn, „die gestürzte Freiheit wiederherzustellen"[2]).

Von den Gegnern, der *factio nobilitatis*, die auf alle Weise versuchen wird, die Macht des Geldes aufrecht zu erhalten[3]), wird eine scharf pointierte Schilderung entworfen. „Da sie der Trägheit und kraftloser Schwäche (*inertia*), dem Stumpfsinn und dem Starrkrampf verfallen sind, so toben und neiden sie, und betrachten den guten Ruf andrer als eine Schande für sich selbst. Aber was soll ich weiter über sie reden, sie sind ja bekannt genug. Was Marcus Bibulus an Tapferkeit und Geisteskraft besitzt, hat sich in seinem Consulat Luft gemacht; seine Zunge (Redegabe, *lingua*) ist schwach, nach seiner Begabung ist er eher schlecht als verschlagen; was kann er noch zu unternehmen wagen, dem das Consulat, das höchste Kommando, zur größten Schande gereicht hat? Oder hat Lucius Domitius die Kraft, etwas zu leisten? ein Mann, bei dem jedes Glied mit Verbrechen befleckt ist[4]), die Zunge eitel, die Hände bluttriefend, die Füße flüchtig; was man anstandshalber nicht nennen kann, erst recht unanständig[5]). Der einzige, dessen Begabung ich nicht verachte, ist Cato; er ist gewandt, mit reichem Redefluß, verschlagen. Das sind Künste, die man durch die Schule der Griechen erwirbt[6]). Aber männliche Tugend (*virtus*), Wachsamkeit, Arbeitsamkeit sind bei

---

[1]) II 2, 4 *sin in te ille animus est, qui iam a principio nobilitatis factionem disturbavit, plebem Romanam ex gravi servitute in libertatem restituit, in praetura inimicorum arma inermis disiecit* cet.

[2]) II 13, 3 *utei libertatem eversam restituas.*

[3]) II 8, 6.

[4]) Dieselben Worte *cuius nulla pars corporis a turpitudine vacat, lingua vana, manus rapacissimae, gula immensa, pedes fugaces, quae honeste nominari non possunt, inhonestissima* verwendet die Invective gegen Cicero 3, 5. Die Grundlage bilden die bekannten Schmähreden und Verleumdungen der attischen Redner.

[5]) Vgl. dazu Caelius' Schilderungen des Domitius ad fam. VIII 1, 4 (oben S. 247, 2). 12, 1 ff. 14, 1. 15, 2.

[6]) *unius tamen M. Catonis ingenium versutum, loquax, callidum haud contemno. parantur haec disciplina Graecorum. sed virtus, vigilantia, labor apud Graecos nulla sunt.*

den Griechen nicht zu finden; denn wo sie ihre eigne Freiheit
infolge ihrer kraftlosen Schwäche (*inertia*) verloren haben, wie
kann man glauben, daß nach ihren Vorschriften die Herrschaft
geführt werden kann? Die übrigen Mitglieder der Koterie
sind die kraftlosesten (zur Leistung unfähigsten, *inertissimi*) des
Adels, in denen wie in einer Inschrift[1]) außer dem guten
Namen nichts zu finden ist. Menschen wie Lucius Postumius
und Marcus Favonius kommen mir vor, wie die überschüssige
Ladung eines großen Schiffs; wenn man heil ankommt, sind sie
von Nutzen; gerät man in Bedrängnis, so wirft man sie zuerst
über Bord, weil sie am wenigsten Wert haben"[2]).

Diese eben so lebensvolle wie boshaft gezeichnete Galerie von
Porträts atmet so unmittelbar die lebendige Gegenwart des
Parteikampfs, daß es völlig unmöglich ist, daß sie von einem
späteren Schriftsteller, und nun gar von einem Rhetor stammen
könnte. Dabei ist sie sallustisch durch und durch. Um so mehr
ist zu beachten, daß sie sich mit der berühmten Schilderung
Catos im Catilina zwar berührt, aber keineswegs deckt. Auch
dort ist Cato der diametrale Gegensatz zu Caesar, was in der
Charakterisierung beider in allen Einzelzügen durchgeführt wird,
und auch dort besitzt Caesar die Eigenschaften, die hier Cato
abgesprochen werden, Arbeitsamkeit, Wachsamkeit, männliche
Tugend[3]). Aber im Catilina erkennt er Cato als ebenbürtigen
Rivalen seines Gegenbildes an, dem er an Geistesgröße und an
Ruhm gleichsteht; er hat das in der Leidenschaft des Parteikampfs geschriebene Urteil seiner Jugendschrift ebenso korrigiert, wie er das gehässige Bild, das Caesar von Cato gezeichnet

---

[1]) So nach JORDANS Konjektur *sicut in titulo*; die Handschrift
bietet *sicut instituto*; JUSTUS LIPSIUS, dem die älteren Herausgeber
folgen, korrigierte *sicut in statua*.

[2]) II 8, 7—9, 4.

[3]) Cat. 54, 4 *postremo Caesar in animum induxerat laborare
vigilare, negotiis amicorum intentus sua neglegere ...; sibi magnum imperium, exercitum, bellum novom exoptabat, urbi virtus
enitescere posset.* Catos Streben dagegen geht auf *modestia, decus,
severitas: cum strenuo virtute, cum modesto pudore, cum innocente
abstinentia certabat, esse quam videri bonus malebat.*

hat, und das er natürlich genau kennt, mit voller Absicht durch seine Schilderung zurückweist.

Zugleich gibt diese Stelle einen sicheren Anhalt für die Datierung der Schrift. Sie ist geschrieben, als alle Genannten noch am Leben sind, also zwar nach der Flucht des Domitius aus Corfinium Ende Februar 49, aber vor dem Tod des Bibulus im Frühjahr 48, mithin im Spätsommer oder Herbst 49, nach der Kapitulation von Ilerda, etwa als Caesar vor Massilia stand und man seine Rückkehr nach Rom und die Maßregeln, die er als Dictator ergreifen mußte, erwartete.

Ein einige Jahre später geschriebenes Gegenbild zu der Schilderung Sallusts findet sich bei Cicero im Brutus 267 ff., wo im Anschluß an L. Torquatus und C. Triarius die Opfer des Bürgerkriegs aufgezählt und als Redner charakterisiert werden, darunter[1]) M. Bibulus, dessen Schriftstücke korrekt abgefaßt sind, zumal wenn man in Betracht zieht, daß er kein Redner war, und der in vielen Fällen sich standhaft verhalten hat; L. Domitius, der ohne jegliche Kunst, aber doch echt lateinisch und mit großem Freimut redete; und auch T. Postumius ist als Redner nicht zu verachten, in Staatsangelegenheiten aber war er als Redner eben so heftig wie als Krieger; er ließ sich zu sehr die Zügel schießen und war zu leidenschaftlich, aber ein guter Kenner der Gesetze und Ordnungen des Staatsrechts. Dieser Titus Postumius ist offenbar derselbe, der Anfang 49 vom Senat als Nachfolger des Furfanius, der Sicilien als quaestor pro praetore verwaltete, nach Sicilien geschickt wurde, aber bei den Verhandlungen mit Caesar Ende Januar erklärte, er werde nur zusammen mit Cato, zu dessen Legaten er vermutlich bestimmt war, hingehn, da er glaubte, bei den erwarteten Verhandlungen im Senat in Rom werde seine Stimme von Einfluß sein[2]).

---

[1]) Neben Appius Claudius († Anfang 48), P. Lentulus Spinther (Todesdatum unbekannt, jedenfalls nach dem Frühjahr 47, ad Att. XI 13, 1), L. Lentulus Crus (Ende 48 in Aegypten umgebracht). Favonius wird im Brutus nicht erwähnt, er war ja noch am Leben.

[2]) ad Att. VII 15, 2 *negat se sine Catone iturum, et suam in senatu operam auctoritatemque quam magni aestimat.* An seiner Stelle

Sonst kommt er meines Wissens nicht vor[1]); ich möchte vermuten, daß er mit dem ebensowenig bekannten Lucius Postumius bei Sallust identisch und der Vorname verschrieben ist.

Zur Macht gelangt sind diese Leute durch Pompejus, der, sei es aus angeborener Schlechtigkeit, sei es, weil er Caesar auf alle Weise in den Weg treten wollte, dessen Feinden — die hier direkt *hostes*, nicht wie sonst *inimici* genannt werden — die Waffen in die Hand gegeben hat[2]). Er hat die Plebs, die früher die höchste Gewalt, die Souveränität, besaß[3]), in die Knechtschaft gestoßen[4]), und das Regiment einigen wenigen Senatoren übergeben, die über die Steuern, Ausgaben, Gerichte verfügen. Besonders erbittert ist der Verfasser über das letztere; die gewaltige Erregung über die politischen Prozesse, in denen Sallusts Genossen verurteilt wurden, während er selbst zwar der Verurteilung entging, aber durch die Censoren aus dem Senat gestoßen wurde, zittert hier nach, ebenso wie sie bei Caesar zum Ausdruck kommt[5]). „Zwar sind die Gerichte, wie früher, den drei Ständen

---

wird daher Fannius *cum imperio in Siciliam praemittitur.* Dann übernahm bekanntlich Cato selbst das Kommando auf der Insel. während C. Fannius die Provinz Asia erhielt.

[1]) Schwerlich identisch ist Postumius, Sohn der Postumia, der Gemahlin des Servius Sulpicius, bei Cic. ad Att. V 21. 9. 14, und sicher ein anderer der pro Sest. 111 erwähnte Postumius, *adolescens gravis*, Schwestersohn des verkommenen Clodianers Gellius, der diesen nicht zum Vormund seiner Kinder bestellt hat, also im Jahr 56 schon gestorben war. Ein sonst gleichfalls nicht bekannter Günstling Caesars Postumius wird fam. VI 12, 2 im Jahr 46 erwähnt.

[2]) II 3, 1 *sed quoniam Cn. Pompeius aut animi pravitate aut quia nihil eo maluit, quod tibi obesset, ita lapsus est, ut hostibus tela in manus iaceret.*

[3]) *plebem Romanam, quoius antea summa potestas erat* — eben durch die *lex Hortensia* über die bindende Kraft der Plebiscite und die darauf beruhende herrschende Stellung der Tribunen, die Anfang 49 vergewaltigt wird.

[4]) *plebem ne aequis quidem legibus in servitute reliquit.* Vgl. II 4, 3. 12, 5. 13, 3 über die Gefährdung der *libertas*, die durch das Vorgehn gegen Caesar unterdrückt ist.

[5]) civ. III 1, 4: durch Gesetze der Praetoren und Tribunen *nonnullos ambitus Pompeia lege damnatos illis temporibus, quibus in*

überlassen, aber die Mitglieder jener Koterie regieren, geben und
nehmen nach Belieben, umgarnen die Unschuldigen, erheben ihre
Genossen zu Ehrenämtern. Kein Verbrechen, keine Schandtat
steht der Erwerbung der Magistratur im Wege. Nach ihrer Bequemlichkeit schleppen und plündern sie die Leute, als hätten
sie die Stadt erobert, setzen sie Willkür und Belieben an Stelle
der Gesetze. Hätten sie den Sieg durch ihre Tüchtigkeit errungen und nutzten sie ihn dann nach ihrer Art dadurch aus,
daß sie die andern in Knechtschaft hielten, so würde mich das
nur mäßig wurmen; aber es sind kraftlose Menschen (*homines
inertissimi*), deren ganze Macht und Tüchtigkeit in der Zunge
sitzt, die die Herrschaft, die ihnen durch Zufall und die Sorg-
losigkeit eines andern zugefallen ist, frech ausnützen." Und nun
folgt die Behauptung, daß kein früherer Bürgerzwist so viele
angesehene Familien von der Wurzel aus vertilgt habe, selbst
Sulla sei nicht so heftig und maßlos aufgetreten: „obwohl er,
dem nach Kriegsrecht im Siege alles gestattet war, einsah, daß
durch Hinrichtung der Feinde seine Partei gefestigt werde, zog
er es doch vor, nach Tötung einiger weniger die übrigen lieber
durch Wohltaten als durch Furcht an sich zu fesseln[1]). Dagegen
sind durch M. Cato, L. Domitius und ihre Parteigenossen[2]) vierzig

*urbe praesidia legionum Pompeius habuerat, quae iudicia aliis
audientibus iudicibus, aliis sententiam ferentibus* [dem liegt zugrunde, daß die Auslosung der Richter und die den Parteien freistehende
Ablehnung einzelner erst nach dem Zeugenverhör, aber vor den Plädoyers erfolgte] *singulis diebus erant perfecta, in integrum restituit.*

[1]) *L. Sulla, cui omnia in victoria lege belli licuerunt, tametsi
supplicio hostium partis suas muniri intellegebat, tamen paucis
interfectis ceteros beneficio quam metu retinere maluit.*

[2]) Die handschriftliche Überlieferung *at herculem Catonem L. Domitio ceterisque eiusdem factionis quadraginta senatores, multi
praeterea cum spe bona adulescentes sicutei hostiae mactati sunt*
ist von MOMMSEN in *at hercule a M. Catone L. Domitio* cet. korrigiert. Dasselbe besagt ORELLIS Vorschlag *at hercule M. Catoni*, falls
der Dativ die Bedeutung von *a* mit dem Ablativ haben soll; ganz unmöglich wäre dagegen die von PÖHLMANN dieser Lesung gegebene Übersetzung: „dem Cato und dem Domitius usw. sind sie geopfert worden".
Aber in jener Auffassung ist, wie mir E. NORDEN bemerkte, diese Le-

Senatoren, ferner viele hoffnungsvolle junge Leute wie Opfertiere abgeschlachtet, und der Blutdurst dieser unverschämten Menschenkinder war durch das Blut so vieler armer Bürger noch nicht gestillt[1]): weder die verwaisten Kinder, noch die hochbetagten Eltern, noch die Klagen und Seufzer von Männern und Frauen haben ihren grausamen Sinn gebeugt, sondern tagtäglich immer heftiger gingen sie daran, durch arge Taten und Reden die einen aus ihrer Rangstellung" — so den Sallust selbst und die übrigen durch die Censoren aus dem Senat Ausgestoßenen —, „die andern aus der Bürgerschaft auszustoßen[2]). Denn was soll ich noch von Dir selbst reden? wollen doch die feigen Leute ihr Leben hingeben, um Dir Schmach anzutun, wenn es ihnen nur möglich wäre"[3]).

Diese Stelle hat von jeher ein Hauptargument für die Unechtheit der Schrift gebildet; denn es ist zweifellos, daß, selbst wenn in den Wirren der letzten Zeit vor dem Ausbruch des Bürgerkriegs einzelne politische Morde vorgekommen sein sollten, ein derartiger Massenmord, wie er hier geschildert zu werden scheint, vollkommen ausgeschlossen ist. Wir kennen die Zeit in allen Einzelheiten so genau, um das mit Sicherheit sagen zu können, ganz abgesehn davon, daß Catos Verhalten ein total andres war, und daß Caesar, wenn auch nur Ansätze dazu vorgekommen wären, sich das in seiner Darstellung im Bürgerkriege gewiß nicht hätte entgehn lassen. Von der Blutgier der Gegner, von der Abschlachtung der Gefangenen durch Bibulus und Labienus redet er; und ebenso kennen wir die blutigen Gelüste der Republikaner und des Pompejus aus Ciceros Korrespondenz und sonst. Aber das sind Dinge, die hier nicht in Frage kommen.

---

sung noch besser als die MOMMSENS; der Dativ verschleiert die unmittelbare Beteiligung, etwa: „im Namen des Cato usw. sind sie zum Opfer hingeschlachtet".

[1]) *quom interea inportunissima genera hominum tot miserorum civium sanguine satiari nequierunt.*

[2]) *quem acerbius in dies male faciundo ac dicundo dignitate alios, alios civitate eversum irent.*

[3]) *nam quid ego de te dicam? cuius contumeliam homines ignavissimi vita sua commutare volunt, si liceat.*

Der Ausweg freilich, daß ein unwissender Rhetor diese Behauptungen aus den Fingern gesogen habe und sich dadurch verrate, führt hier so wenig zum Ziel, wie in allen ähnlichen Fällen, wo man sich damit beruhigt und ein schwieriges Problem dadurch zu lösen versucht hat, daß man der Unwissenheit und dem Stumpfsinn eines Fälschers die Schuld zuschreibt; denn der Verfasser der Schrift, selbst wenn es nicht Sallust wäre, ist sonst überall über die Vorgänge so genau orientiert und schreibt so vollständig aus der Situation zu Anfang des Bürgerkriegs heraus, daß diese Beschuldigung völlig unzulässig ist: im Gegenteil, ein schwerer Irrtum oder eine krasse Übertreibung, falls etwas Derartiges vorliegt, wäre viel eher bei einem Zeitgenossen in der Leidenschaft des Parteikampfes zu begreifen, als bei einem spätern Schriftsteller, der die geschichtlich feststehenden Tatsachen genau kannte.

Aber eben so unhaltbar sind die Deutungen, welche die Verteidiger der Echtheit versucht haben. Seit der Aldina las man *at hercule nunc cum Catone, L. Domitio ceterisque*, und das wird, im Anschluß an SPANDAU, von PÖHLMANN in der ersten Fassung seiner Schrift in *cum Carbone, Domitio, ceteris* korrigiert. es seien die Opfer des sullanischen Bürgerkriegs und speziell des Pompejus Cn. Carbo und Cn. Domitius, die Pompejus im Jahre 81 in Sicilien und Afrika hinrichten ließ. PÖHLMANN beruft sich darauf, daß Appian als Opfer der sullanischen Proskriptionen „gegen vierzig Senatoren" angibt[1]). Daran knüpft eine Deutung BARDTS[2]) an, der PÖHLMANN sich in dem Wiederabdruck seiner Schrift zuneigt: nicht Sulla ist der Massenmörder gewesen, sondern die noch heute bestehende Adelskoterie, als deren Repräsentanten Cato (geb. 95)[3]) und L. Domitius

---

[1]) civ. I 95. 442 βουλευτὰς ἐς τεσσαράκοντα καὶ τῶν καλουμένων ἱππέων ἀμφὶ χιλίους καὶ ἑξακοσίους ἐπὶ θανάτῳ προύγραψεν.

[2]) In seiner Rezension der PÖHLMANNschen Abhandlung in der Berl. Philol. Wochenschr. 1904, 940 ff.

[3]) Liv. per. 114. Plut. Cato 3. 73. Da das Datum von GROEBE, Hermes 42, 1907, 310 ff. = DRUMANN V² 169, 6 auf Grund der Tatsache, daß Cato im Jahr 65 Quaestor war, bezweifelt ist, weil die Quaestur

(geb. 98)¹) genannt werden, obwohl sie zur Zeit der sullanischen Proskriptionen noch nicht dem Knabenalter entwachsen waren. Aber diese Deutung ist nicht nur so gezwungen und unnatürlich, daß ihr wohl niemand zustimmen wird, sondern sie widerspricht geradezu dem Text: denn der Verfasser stellt ja die Bluttaten, welche die Optimaten gegenwärtig, vor Ausbruch des Bürgerkriegs, begangen haben, in scharfen Gegensatz zu denen der sullanischen Zeit, die eben darum nach Möglichkeit, weit über die realen Tatsachen hinaus, abgeschwächt und entschuldigt werden (*paucis interfectis*).

Es kommt hinzu, daß der Verfasser in der zweiten Broschüre I 4 zweieinhalb Jahre später seine Behauptung wiederholt, nur daß er hier Sullas blutiges Vorgehn sachgemäß schildert: „Ist schon in Vergessenheit versunken, was kurz vor dem gegenwärtigen Kriege dem Pompejus und dem Siege Sullas zum Vorwurf gemacht wurde²), daß Domitius, Carbo, Brutus und andre nicht mit den Waffen in der Hand, noch in der Schlacht nach Kriegsrecht, sondern nachher als Schutzflehende durch ein verbrecherisches Verfahren getötet, die römische Plebs in dem städtischen Schlachthof wie Vieh zusammengehauen ist? O weh, wie waren jene geheimen Begräbnisse von Bürgern und plötzlichen Mordtaten, die Flucht von Frauen und Knaben in den

---

nach MOMMSEN, Staatsrecht I ³ 563 ff. erst im Lauf des 31. Lebensjahrs habe bekleidet werden dürfen, so bemerke ich, daß diese Behauptung MOMMSENS falsch ist: es gab für die Quaestur überhaupt keine Altersgrenze, sondern es war nur die Vollendung einer zehnjährigen militärischen Dienstzeit gefordert (vgl. S. 451 A.)

¹) Domitius bewarb sich um das Consulat für natürlich *suo anno*, vgl. Cic. ad Att. IV 8 b.

²) *an illa, quae paulo ante hoc bellum in Cn. Pompeium victoriamque Sullanam increpabantur, oblivio interfecit, Domitium interfectos* cet? Diese Dinge, die Hinrichtung der demokratischen Führer durch Pompejus, sind diesem wirklich eben damals wiederholt vorgerückt worden, sowohl von Brutus (Seneca controv. X I, 8 *M. Brutus... eius (Pompei) civili sanguine non inquinatas solum manus, sed infectas ait*, vgl. o. S. 211 A.) wie von Helvius Mancia aus Formiae in einem Prozeß gegen L. Libo vor den Censoren (im J. 55?), als Pompejus für diesen auftrat (Val. Max. VI 2, 8, oben S. 156, 1).

Schoß der Eltern oder Kinder, die Verwüstung der Häuser, ehe
Du den Sieg erfochtest, schrecklich und grausam!¹) Und jetzt
fordern eben jene Leute (die zu Caesar übergetretenen Optimaten)
Dich auf, das gleiche zu tun!" Diese Parallelstelle schließt auch
von vornherein den Versuch aus, die Worte *veluti hostiae mactati
sunt* und *civium sanguine* in II 4 als rhetorische Übertreibung
für die Verurteilung in Capitalprozessen zu fassen, bei denen
es sich in Wirklichkeit nur um das Exil und den bürgerlichen Tod
gehandelt hätte: beide Stellen reden von wirklichen Bluttaten,
von einem oder mehreren Massakres, die die Optimaten unter
Führung des Cato und Domitius veranstaltet haben.

Die Lösung des Rätsels bietet eine genaue Analyse der
Stelle II 4. Das vergossene Bürgerblut war ihnen noch nicht
genug, so daß sie *acerbius in dies male faciundo ac dicundo
dignitate alios, alios civitate eversum irent*. Das bezieht sich, wie
schon bemerkt, auf die gerichtlichen Verurteilungen der Jahre 52
bis 50 und das Vorgehn der Censoren im Jahre 50; die Bluttaten
liegen also vorher. Das führt zunächst auf die Ermordung des
Clodius und die anschließenden Händel, bei denen am Morgen
des 19. Januar *complures noti homines elisi sunt, inter quos
C. Vibienus senator* (Ascon. p. 33), die Kämpfe um das Haus des
Milo und des Interrex Lepidus, die täglichen Schlägereien zwischen
den Scharen der Bewerber um das Consulat, bei denen μάχαι
πολλαὶ καὶ σφαγαὶ αὖθις ἐγένοντο (Dio 40, 50, 1), das Einschreiten der Soldaten des Pompejus gegen den clodianischen
Pöbel beim Prozeß des Milo, wo gleichfalls ἐτρώθησάν τινες
αὐτῶν καὶ ἀπέθανον (Dio 40, 53, 3). Aber auch die an derartigen Scenen reichen Jahre der vorhergehenden Anarchie gehören hierher mindestens bis hinauf zu dem Consulat des Pompejus und Crassus; und hier waren ja Cato und Domitius die
Hauptgegner, die im Widerstand gegen ihre Wahl bis zum Blutvergießen beharrten; und daran schlossen sich weitere Massakres
bei den Aedilenwahlen und bei der Durchbringung des trebo-

---

¹) *eheu, quam illa occulta civium funera et repentinae caedes,
in parentum aut liberorum sinum fuga mulierum et puerorum, vastatio
domuum ante partam a te victoriam saeva atque crudelia erant.*

nischen Gesetzes (oben S. 154 f. 157 f.). Daß der demokratische Schriftsteller alle Schuld auf die Optimaten schiebt und die turbulenten Massen, Clodius und seine Gefolgschaft und die Anhänger der Machthaber als unschuldige Opferlämmer betrachtet, ist selbstverständlich und kehrt in Vergangenheit und Gegenwart bei allen Revolutionen und Parteikämpfen und ebenso bei den Straßenkämpfen ausnahmslos wieder — wir erleben das ja jetzt tagtäglich —; der Vorwurf, daß die Regierung ihre Macht frevelhaft mißbraucht und ohne jedes Recht auf das harmlose Volk schießt, wird allezeit erhoben und verfehlt niemals seine Wirkung, auch wenn der Konflikt völlig bewußt von den Massen und ihren Leitern herbeigeführt ist und sie das Blutvergießen direkt provozieren wollten.

In demselben Sinne äußert sich an beiden Stellen Sallust; daß er als Opfer aus dem Senat dieselbe Zahl nennt, die für Sullas Proskriptionen gegeben wird — hier ausdrücklich als runde Zahl —, ist entweder eine zufällige Koinzidenz oder der Schriftsteller hat absichtlich die Zahl der Opfer Sullas auf Pompejus und seine Genossen übertragen. Über das Einschreiten des Pompejus gegen die Unruhestifter hat sich Caesar im bellum Gallicum billigend geäußert, da er damals offiziell noch mit seinem Rivalen im Einvernehmen stand; die wahre Gesinnung seiner Partei kommt bei Sallust zu Wort.

Auf die Einzelvorschläge, die Sallust im Jahre 49 macht, und auf den Appell im Namen des Vaterlandes und der Vorfahren am Schluß brauchen wir hier nicht weiter einzugehn. Die Distanz zwischen dem sich hervorwagenden Ratgeber und dem Feldherrn und Herrscher, dem außer seinen gewaltigen Machtmitteln die Übersicht der gesamten Lage und die Möglichkeit, sich von allen Seiten Rats zu erholen, zur Verfügung steht, und auch die geistige Überlegenheit Caesars erkennt er unumwunden an; Caesar wird entscheiden, ob er die Ratschläge für brauchbar hält und befolgen will[1]). Von sich selbst sagt er,

---

[1]) II 4, 5 *mihi quidem quae mens suppetit eloqui non dubitabo; ceterum tuei erit ingenii, probare quae vera atque utilia factu putes.* Ähnlich am Schluß. und ebenso I 8, 7 ff.

daß er als junger Mann in die politische Laufbahn eingetreten sei und sich bemüht habe, das öffentliche Leben genau kennen zu lernen, nicht nur, um in die Ämter zu gelangen, was vielen durch schlechte Mittel gelungen ist, sondern um auch in Wesen und Machtmittel des Staats den richtigen Einblick zu gewinnen[1]); daher habe er auch nicht körperliche, militärische, sondern geistige Ausbildung erstrebt und sich mit der Literatur beschäftigt[2]). Das gibt ihm die Berechtigung, sich mit seinen Ratschlägen hervorzuwagen; und wiederholt beruft er sich in beiden Broschüren, ganz in der Art, wie nachher im Catilina und Jugurtha, auf die Lehren und allgemeinen Sätze, zu denen ihn das Geschichtsstudium geführt hat[3]), gelegentlich in engem Anschluß an Sätze des Thukydides[4]). Es ist der zukünftige Historiker, der zu Caesar spricht, der aber den Wunsch, eine Rolle im Staat zu spielen, damals noch nicht aufgegeben hat.

Auf seine gegenwärtige Lage deutet Sallust nur einmal hin, gegen Ende der ältern Schrift, mit den Worten: „Wo immer Du glückliche Fortschritte machst, da wird man auch von mir gut sprechen. Aber mir liegt noch mehr der dringende Wunsch am Herzen, daß sobald als möglich, auf welche Weise immer,

---

[1]) II 1, 3 *sed mihi studium fuit adulescentulo rempublicam capessere, atque in ea cognoscenda multam magnamque curam habui: non ita, ut magistratum modo caperem, quem multi malis artibus adepti erant, sed etiam ut rempublicam domi militiaeque, quantumque armis viris opulentia posset, cognitum habuerim.*
[2]) II 10, 2 *postquam mihi aetas ingeniumque adolevit, haud ferme armis atque equis corpus exercui, sed animum in litteris agitavi; quod natura firmius erat, id in laboribus habui. atque ego in ea vita multa legendo atque audiendo ita comperi* cet. Vgl. dazu die bekannten Stellen Cat. 3 f. Iug. 3 f.
[3]) II 5, 1. 10, 3. 10, 7 f. I 3, 2 f. 7, 4.
[4]) I 5, 2 *ego sic existimo: quoniam orta omnia intereunt*, wird auch Rom einmal dem Untergang anheimfallen, und zwar dadurch, daß die Bürger miteinander kämpfen und dann erschöpft einem König oder Volk zur Beute werden; sonst könnten alle Völker zusammen das römische Reich nicht erschüttern. Das entspricht ganz der Auffassung des Thukydides vom Schicksal Athens; vgl. speziell Perikles' letzte Rede. mit den Worten πάντα γὰρ πέφυκε καὶ ἐλασσοῦσθαι II 64.

dem Staat geholfen werde; denn die Freiheit steht mir höher
als der Ruhm"[1]) -- daran schließt die pathetische Mahnung am
Schluß. In diesen Worten bekennt er zugleich, daß er bisher
keineswegs in gutem Renommee steht; durch Caesars Siege wird
das ausgeglichen und innerhalb der siegreichen Partei sein Ruf
wiederhergestellt werden.

Am Schluß der älteren Schrift gibt er seiner Überzeugung
Ausdruck, daß alles menschliche Leben unter der Aufsicht einer
göttlichen Macht steht und daß es daher nicht gleichgültig ist,
ob man gut oder schlecht handelt, sondern nach der Ordnung
der Natur (die mit der Gottheit identisch ist) der Lohn für die
Guten und für die Bösen ein verschiedener ist — damit ist nicht
die sittliche Vergeltung gemeint, sondern der Ausgang, zu dem
ihre Handlungen führen, der Erfolg, der ihnen schließlich zuteil
wird. Daher darf man sich im Bewußtsein seiner Handlungen
mit der Hoffnung trösten, wenn dieser Erfolg durch die Einwirkung zufälliger Umstände länger auf sich warten läßt[2]);
„denn allerdings", so sagt er an einer andern Stelle, „waltet
über den Dingen der Zufall, die Tyche (Fortuna), und gestaltet
sie nach Laune, und so führen schlechte Pläne oft eher zu einem
glücklichen Ausgang als gute"[3]).

---

[1]) II 12. 3 f. *nam ubicumque tibi res prospere cedet, ibi mihi
bona fama eveniet. sed me illa magis cupido exercet, ut quocum-
que modo quam primum respublica adiutetur; libertatem gloria
cariorem habeo.*

[2]) II 12, 7 *namque mihi pro vero constat, omnium mortalium
vitam divino numine invisier, neque bonum neque malum facinus
quoiusquam pro nihilo haberi, sed ex natura divorsa praemia bonos
malosque sequi. interea si forte ea tardius procedunt, suus quoique animus ex conscientia spem praebet.*

[3]) II 1. 2 *quin etiam saepe pravu magis quam bona consilia
prospere eveniunt, quia plerasque res Fortuna ex libidine sua agitat.*
Dazu vgl. Cat. 8, 1. wo Sallust wieder zu seinem alten Satz zurückkehrt: *sed profecto Fortuna in omni re dominatur: ea res cunctas
ex lubidine magis quam ex vero celebrat obscuratque.* Den Anlaß
dazu gibt ihm die Bemerkung, daß Athens Taten überall gepriesen
werden, weil es große Schriftsteller hervorgebracht hat, während Rom
diese und daher der Ruhm versagt geblieben sind.

Diesen Satz, der mit dem andren logisch, aber nicht psychologisch im Widerspruch steht — er soll ihn entschuldigen, wenn seine Vorschläge nicht zu dem gehofften Ausgang führen sollten —, nimmt er im Eingang seiner zweiten Schrift zurück: „Bisher", so sagt er hier, „herrschte allgemein die Ansicht, daß die Tyche (Fortuna) Königreiche und Herrschaft und alles andre, was die Sterblichen gierig begehren, als Geschenk vergebe, weil sie häufig Unwürdigen, wie nach Laune gegeben, in die Hände fielen und keinem dauernd und unversehrt verblieben. Aber die Erfahrung hat gelehrt, daß der Spruch des Appius wahr ist, daß ein jeder seines Glückes Schmied ist; vor allem Du beweist das, der Du alle andern so sehr übertroffen hast, daß die Menschen eher müde geworden sind, Deine Taten zu loben, als Du, Lobeswürdiges zu tun"[1]). Das bildet den Eingang zu der Aufforderung, nunmehr dafür zu sorgen, das was er durch seine Leistungen errungen hat, auch zu erhalten.

Diese Broschüre ist geschrieben, als der Krieg beendet ist: Caesar ist der Sieger, er hat jetzt die Aufgabe, den Kriegszustand in den Frieden hinüberzuführen und dauernd zu sichern[2]). Wie er sich den Besiegten gegenüber verhalten wird, ist noch nicht entschieden, seine Anhänger erwarten Beute[3]) und die Optimaten unter ihnen fordern ein blutiges Strafgericht nach Art des Sulla[4]).

---

[1]) I 1, 1 *pro vero antea optinebat, regna atque imperia Fortunam dono dare, item alia quae per mortalis avide cupiuntur, quia et apud indignos saepe erant quasi per libidinem data neque cuiquam incorrupta permanserant. sed res docuit, id verum esse quod in carminibus Appius ait, fabrum esse suae quemque Fortunae, atque in te maxime* cet. Das berührt sich eng mit Cicero pro Marcello 7: im Kriege hat der Feldherr den Ruhm mit andern zu teilen. *maximam vero partem quasi suo iure Fortuna sibi vindicat* Aber den durch die Begnadigung des Marcellus gewonnenen Ruhm teilt Caesar mit niemand, *quin etiam illa ipsa rerum humanarum domina Fortuna in istius societatem gloriae se non offert.*

[2]) I 3, 1 *igitur quoniam tibi victori de bello atque pace agitandum est, hoc uti civiliter deponas, illa ut quam iustissima et diuturna sit.* Vgl. I 1, 8.

[3]) I 1, 8 *ad hoc victores praedam petunt, victi cives sunt.*

[4]) I 4, 3.

Aber, so argumentiert der Verfasser ganz wie Caesar in dem Brief an Oppius und Balbus (oben S. 339), grausame Gewaltherrschaften haben keinen langen Bestand und ihr Träger lebt in fortdauernder Gefahr; „dagegen wer durch Wohlwollen und Gnade seine Herrschaft mildert, dem erscheint alles froh und glänzend, auch die Feinde sind ihm gewogener als dem andern die Mitbürger. Ich weiß nicht, ob nicht manche behaupten werden, durch diese Worte verfälsche ich Deinen Sieg und sei gegen die Besiegten viel zu wohlwollend; aber ich meine, wir sollen, was wir und unsre Vorfahren unseren ausländischen Feinden so oft gewährt haben, erst recht den Bürgern gewähren und nicht nach Barbarenart Mord mit Mord und Blut mit Blut sühnen. Oder hat man schon die Vorwürfe vergessen, mit denen kurz vor diesem Kriege Pompejus und Sulla überschüttet wurden?"[1])

Man sieht, die Besorgnis besteht noch, die bei Cicero immer wieder zum Ausdruck gelangt, daß Caesar dieses Beispiel nachahmen, daß jetzt das so lange befürchtete Blutbad wirklich kommen würde, sicher ist man noch nicht, ob seine bisherige Milde[2]) nicht nur eine Maske war, die er nach dem vollen Siege abwerfen werde. Das ist die Situation nach der Schlacht bei Thapsus, wo die Erschlagung so zahlreicher Bürger und der angesehensten Häupter der Gegner, und speziell die Tötung des Lucius Caesar durch die Soldaten trotz der ihm gewährten Begnadigung die Befürchtungen von neuem steigerte[3]). Damals also ist die Broschüre geschrieben.

Von dem Krieg sagt der Verfasser: „Du hast ihn zu führen gehabt gegen einen berühmten Mann, der über große Mittel verfügte und nach Macht gierig war, dessen Glück aber größer war als seine Einsicht; angeschlossen haben sich ihm einige wenige, die durch eignes Unrecht[4]) Deine Gegner waren, ferner solche, die die Verwandtschaft oder andere Beziehungen dahin zogen.

---

[1]) I 3, 2 ff.
[2]) Vgl. I 1, 8 *bellum aliorum pace mollius gessisti*.
[3]) Vgl. Cicero an Varro IX 7.
[4]) I 2, 2 *per suam iniuriam*, doch wohl das Unrecht, das sie selbst begangen haben, nicht das, was Caesar ihnen angetan hat.

Denn einen Anteil an seiner Herrschaft hatte niemand" — die
Optimaten sind also nur seine Gehilfen gewesen, und werden als
selbständige kriegführende Macht nicht anerkannt; die Auffassung deckt sich ganz mit der Caesars im bellum civile —
„noch wäre, wenn er einen Genossen hätte dulden wollen, der
Erdkreis durch den Krieg erschüttert worden. Die übrige Volksmasse ließ sich mehr durch das Herkommen als durch eignes
Urteil leiten, dann folgte einer jenem, ein anderer Dir als dem
Einsichtigeren"[1]). Dann folgt ein äußerst charakteristischer Satz
über die Anhängerschaft Caesars: „Zu derselben Zeit erregten
die gehässigen Schmähungen gegen Dich, Du wollest Dich zum
Herrn des Staats machen, Hoffnungen bei denen, deren ganzes
Leben durch Schmach und Luxus befleckt war[2])" — das sind also
Leute wie Caelius, Dolabella und die ganze νεκυία —, „so daß
sie in Dein Lager strömten und offen den friedlichen Bürgern
Tod und Plünderung und was immer ihrer verderbten Gesinnung
gefiel, androhten. Von diesen Leuten hat ein großer Teil, als sie
sahen, daß ihnen weder ihre Schulden erlassen wurden, noch Du
mit den Bürgern wie mit Feinden umgingst, sich verlaufen
(*defluxere*)" — das sind also Leute wie Caelius — „wenige sind
zurückgeblieben, die von ihren Gläubigern so bedrängt waren,
daß sie im Lager sich sicherer fühlten als in Rom"[3]) — Leute
wie Dolabella und sein Anhang. „Aber es ist ungeheuerlich zu
sagen, wie viele und zahlreiche Sterbliche aus demselben Grunde
später" — so wie Cicero — „zu Pompejus gegangen sind; er war
für die Schuldner die ganze Kriegszeit hindurch gewissermaßen
ein Heiligtum, in dem sie für die Gläubiger unantastbar waren"[4]).

[1]) I 2, 4 *cetera multitudo volgi more magis quam iudicio, post
alius alium quasi prudentiorem secuti.*

[2]) I 2, 5 *per idem tempus maledictis ineiquorum occupandae
reipublicae in spem adducti homines, quibus omnia probro ac
luxuria polluta erant.*

[3]) I 2, 6 *pauci restitere, quibus maius otium in castris quam
Romae futurum erat: tanta vis creditorum impendebat.*

[4]) I 2, 7 *sed ob easdem causas immane dictust, quanti et
quam multi mortales postea ad Pompeium discesserint, eoque per
omne tempus belli quasi sacro atque inspoliato fano debitores usi.*

Das stimmt vollständig überein mit der Schilderung, die Cicero im Hochsommer 46 seinem Freunde M. Marius gibt: er sei aus Scham und um seines Rufes willen zu Pompejus gegangen. „Das habe ich bereut nicht so sehr um der Gefahr willen, der ich mich aussetzte, als wegen der vielen Gebrechen, die ich dort antraf: erstlich weder große noch kriegsbereite Truppenmacht; sodann, mit Ausnahme des Feldherrn und außerdem einiger weniger — ich rede von den ersten Männern (*principes*) — die übrigen im Krieg selbst raubgierig, sodann aber in ihren Reden so grausam, daß mir vor dem Siege selbst schauderte; dazu aber eine gewaltige Schuldenlast gerade der hochgestelltesten Männer[1]). Mit einem Wort: gut war nichts mit Ausnahme der Sache."

Diese korrupten, mehr als problematischen Elemente, die sich an Caesar herandrängen, schüttelt Sallust von diesem und von sich ab — sie haben ihm, als sie nach Caesars Ermordung zur Macht kamen, die weitere Beteiligung am politischen Leben verekelt und ihn, nicht ohne innere Kämpfe und äußere Gefahren, zu dem Entschluß gebracht, definitiv auf die weitere politische Laufbahn zu verzichten und sich, ähnlich wie wenige Jahre später sein Nachfolger und Rivale Asinius Pollio, ganz der Geschichtsschreibung zu widmen[2]). Eben diese Leute sind es, die jetzt von Caesar fordern, er solle verfahren wie seinerzeit Sulla und Pompejus[3]); sie haben vergessen, wie deren Bluttaten in den Jahren vor dem Krieg angegriffen wurden und wie wüst und grausam damals die herrschende Partei mit Morden gewütet hat, „als ob darum gekämpft worden wäre, nach wessen von euch beiden Willkür das Unrecht begangen werden sollte, und als

---

[1]) fam. VII 3, 2 *maximum autem aes alienum amplissimorum virorum.*
[2]) Jug. 3. 1 *magistratus et imperia, postremo omnis cura rerum publicarum minume mihi hac tempestate cupiunda videntur, quoniam neque virtuti honos datur, neque illi, quibus per fraudem is fuit, tuti aut eo magis honesti sunt.* Cat. 4, 1 *igitur ubi animus ex multis miseriis atque periculis requievit et mihi reliquam aetatem a republica procul habendam decrevi.*
[3]) I 4, 3 *ad quae te idem illi hortantur.* Vgl. Tubero im Prozeß des Ligarius oben S. 403, 1.

ob der Staat von Dir nicht befreit, sondern erobert wäre¹)
und deshalb die ältesten und besten unter allen Truppen nach
Ablauf ihrer Dienstzeit gegen ihre Brüder und Eltern die Waffen
ergriffen hätten — nämlich damit die Verworfensten der Sterblichen durch das Unglück andrer die Mittel erhielten, dem Bauch
und bodenlosen Lüsten zu frönen und den Sieg zu schänden, so
daß durch ihre Schandtaten das Lob, das die Tüchtigen sich erworben hätten, befleckt würde²). Denn auch Dir, denke ich,
entgeht es nicht, wie es um die Lebensführung und die Ansprüche
dieser Leute bestellt war, als der Sieg noch zweifelhaft war, und
wie manche von ihnen in den militärischen Operationen Dirnen
mit sich geführt und Gelage gehalten haben, die ihrem Alter
nach nicht einmal in friedlichen Zuständen sich solchen Ausschweifungen ohne Entehrung hätten hingeben dürfen³)."

Diesem Gesindel soll Caesar nicht folgen, sondern fortfahren,
Milde zu üben und sich der großen Aufgabe zuwenden, den Staat
und die alte Zucht wiederherzustellen. „Daher, bei den Göttern,
beschwört er ihn, wie wenige Monate später Cicero in der
Marcellusrede, „nimm Dich des Staats an und bahne Dir, wie
Du es gewohnt bist, den Weg, der durch alle Schwierigkeiten
hindurchführt; denn entweder kannst Du helfen, oder alle müssen
den Gedanken daran aufgeben⁴). Niemand fordert von Dir grausame Strafen oder harte Urteilssprüche, durch die die Bürger-

---

¹) *neque receptam sed captam a te rempublicam.*

²) *ut ex alienis malis deterrumi mortales ventri atque profundae lubidini sumptus quaererent atque essent obprobria victoriae, quorum flagitiis commacularetur bonorum laus.*

³) *neque te praeterire puto, quali quisque eorum more aut modestia etiam tum dubia victoria sese gesserit quoque modo in belli administratione scorta aut convivia exercuerint nonnulli, quorum aetas ne per otium quidem talis voluptatis sine dedecore attingerit.*

⁴) I 6, 3 *quare capesse, per deos, rempublicam, et omnia aspera, uti soles, pervade; namque aut tu mederi potes, aut omittenda est cura omnibus.* Ebenso Cicero pro Marc. 27 *haec igitur tibi reliqua pars est, hic restat actus, in hoc elaborandum est, ut rempublicam constituas;* ebenso 22.

schaft mehr verwüstet als gebessert wird, sondern daß Du die
schlechten Sitten und Gelüste von der Jugend fernhältst."

Immer von neuem wird, wer auch nur einiges politische Verständnis besitzt, staunen über die Naivität, mit der derartige, unmittelbar aus der Situation heraus geschriebene und sie ganz lebendig vor Augen führende Äußerungen dem Zeitgenossen abgesprochen und einem stümperhaften Rhetor späterer Jahrhunderte zugewiesen werden.

Verfaßt ist die Schrift, wie schon gesagt, kurz nach der Schlacht bei Thapsus, im Frühjahr 46. Man könnte sich sehr wohl denken, daß Caesar in seiner tiefen Menschenkenntnis dem idealistischen Mahner die neue afrikanische Provinz verliehen hat, damit er hier seine Grundsätze selbst bewähren könne. Sallust hat bekanntlich die Probe nicht bestanden[1]). Er wird sich, wie für seine Jugendsünden, darunter den Ehebruch mit Milos Frau[2]), damit vor andern und vor sich selbst ent-

---

[1]) Dio 43, 9, 2 f. Caesar übergibt dem Sallust Numidien λόγῳ μὲν ἄρχειν, ἔργῳ δὲ ἄγειν τε καὶ φέρειν ἐπέτρεψεν. ἀμέλει καὶ ἐδωροδόκησε πολλὰ καὶ ἥρπασεν, ὥστε καὶ κατηγορηθῆναι καὶ αἰσχύνην αἰσχίστην ὀφλῆσαι; Caesar spricht ihn frei. Diese Überlieferung ist von Didius, dem Verfasser der Antwort auf die unter Sallusts Namen überlieferte Invective, benutzt: Aus Africa inferior *tantum hic exhausit, quantum potuit aut fide nominum traici aut in naves contrudi   ne causam diceret, sestertio duodeciens (1 200 000) cum Caesare paciscitur.*

[2]) E. NORDEN, der Teile vorliegenden Werkes in der Korrektur las, schreibt mir: „Durch die obigen Darlegungen scheint mir neues Licht auf das einzige Fragment zu fallen, das Gellius XVII 18 aus dem S. 216, 2 zitierten Logistoricus überliefert: *M. Varro   in libro quem inscripsit Pius aut de pace C. Sallustium scriptorem seriae illius et severae orationis   in adulterio deprehensum ab Annio Milone loris bene caesum dicit et, cum dedisset pecuniam, dimissum.* Daß unter Pius Q. Caecilius Metellus Pius Scipio, der Schwiegervater des Pompejus, der sich nach der Schlacht bei Thapsus den Tod gab, verstanden ist, unterliegt wohl keinem Zweifel; er war mit Varro befreundet (r. r. III 10, 1). Ihm zu Ehren verfaßte also Varro eine Gegenschrift .Über den Frieden, gegen die sallustische Broschüre; der Hieb traf nicht nur den Sallust, dessen Widerstreit zwischen Worten und Lebensführung auch sonst der pompejanischen Partei willkommenen Anlaß zu Pamphleten bot, sondern auch das Gedächtnis des Milo, eines erbitterten Gegners des Pius

schuldigt haben, daß eben die Zeiten so korrupt seien, daß
solche Mittel und Wege unvermeidlich waren und auch er der
Versuchung nicht ganz habe entgehn können¹).

Beilage III

Ciceros Briefwechsel

Über Entstehung und Charakter der Sammlungen der Briefe
Ciceros haben die Untersuchungen der letzten Jahrzehnte, vor
allem die Arbeiten von L. GURLITT²), die bis dahin sehr verschwommenen und phantastischen Anschauungen wesentlich ge-
klärt und einer sachgemäßen Auffassung den Weg geebnet. Indessen herrschen über manche Dinge noch immer, auch bei
ihm, unbegründete, aus Vorurteilen erwachsene Vorstellungen.
Daher erscheint es ratsam, auf diese Probleme kurz einzugehn;
in Wirklichkeit liegen die Dinge auch hier viel einfacher, als man
meist annimmt.

(oben S. 217, 4. 224), wurde nach seinem wenige Jahre zuvor erfolgten
Tode verunglimpft."

¹) Vgl. II 7, 4 ff. (oben S. 362). Ferner Cat. 3. 4: es herrschen
*audacia, largitio, avaritia: quae tametsi animus aspernabatur, in-
solens malarum artium, tamen inter tanta vitia imbecilla aetas am-
bitione corrupta tenebatur; ac me cum ab reliquorum malis moribus
dissentirem (!), nihilo minus honoris cupido eadem qua ceteros
fama atque invidia vexabat.* Der geschraubte Stil zeigt deutlich, wie
wenig rein sein Gewissen war. Vgl. Cat. 12.

²) Vor allem in dem Programm: Nonius Marcellus und die Cicero-
Briefe, Steglitz 1888, und in dem zusammenfassenden Aufsatz: Die Entstehung der ciceronischen Briefsammlungen, Neue Jahrb. VII 1901, 532 ff.,
ferner in zahlreichen Einzelarbeiten von seiner Dissertation de Cic. epi-
stulis, Göttingen 1879, an. Neben ihm ist H. PETER, Der Brief in der
Literatur, Abh. sächs. Ges. d. W. XX 1901 zu nennen, ferner die kurze
treffliche Einleitung C. BARDTS zu seinen Ausgewählten Briefen aus
ciceronischer Zeit, Kommentar, 1898. Auf die einzelnen, von ihnen sehr
verschieden aufgefaßten Streitfragen gehe ich nicht weiter ein, sondern
begnüge mich, meine Auffassung kurz darzulegen.

Eine Gesamtsammlung der Briefe Ciceros hat es niemals gegeben, und ebensowenig eine umfassende Auslese sei es inhaltlich, sei es formell interessanter Briefe, abgesehn von der Sammlung der Empfehlungsbriefe, die jetzt das 13. Buch ad fam. bildet, mit dem Titel *ad C. Memmium et ceteros*. Von diesen 79 Briefen stammen nahezu zwei Drittel, etwa 48, aus caesarischer Zeit (Jahr 46 und 45), etwa 17 aus dem Proconsulat in Cilicien (51/50), der Rest, etwa ein Dutzend, aus älterer Zeit. Somit ist ganz klar, daß diese Sammlung gegen Ende seines Lebens angelegt ist, und zwar nach stilistischen Gesichtspunkten, als Probe einer gewandten, aber sachlich inhaltlosen Briefkunst, und daß dafür zusammengestellt wurde, was von solchen Briefen zur Hand lag oder sich ohne Mühe erreichen ließ. So ist GURLITTS Vermutung zweifellos zutreffend, daß Cicero in dem Brief an Atticus XVl 5, 5 vom 9. Juli 44 eben diese damals von Tiro vorbereitete Sammlung im Sinn hat, wenn er schreibt: *mearum epistularum nulla est* συναγωγή; *sed habet Tiro instar septuaginta, et quidem sunt a te quaedam sumendae. eas ego oportet perspiciam, corrigam; tum denique edentur.*

Alle anderen Briefe sind isolierte Einzelpublikationen, Briefwechsel mit einzelnen Persönlichkeiten, die teils nur die Briefe Ciceros an diese, teils die beiderseitige Correspondenz bald vollständig, bald mit kleineren oder größeren Lücken enthalten. Unter ihnen treten zunächst die großen, mehrere Bücher umfassenden Sammlungen hervor[1]: die 16 Bücher *ad Atticum*, die 9 *ad M. Brutum*, 9 *ad A. Hirtium*, 3 *ad C. Pansam*, 2 *ad Caesarem* (Octavian)[2], 2 *ad Marcum filium*, 2 *ad Q. Axium*. 2 *ad*

---

[1] Bei den Briefen an Hirtius, Pansa, Axius, den Sohn beruht die Briefzahl auf Zitaten bei Nonius, bei denen an Nepos auf Macrob. II 1, 14. Natürlich kann es in diesen Fällen noch mehr Bücher gegeben haben, es kann aber auch umgekehrt die hohe Buchzahl fehlerhaft sein.

[2] Daß die Zitate *ad Caesarem* und *ad Caesarem iuniorem* dieselbe Sammlung bezeichnen und daß sie wahrscheinlich nur zwei Bücher umfaßte, nicht drei, wie einzelne Zitate bei Nonius angeben, hat GURLITT in dem Steglitzer Programm erwiesen. Dagegen waren Caesars Briefe an Cicero zugänglich (Sueton Caes. 56, vgl. unten S. 616. 3), und in dieser Sammlung mögen auch Briefe Ciceros enthalten gewesen sein;

Cornelium Nepotem, 3 ad Quintum fratrem, und die Briefe ad *C. Licinium Calvum,* die, da bei Priscian das erste Buch zitiert wird, auch mindestens zwei Bücher umfaßt haben müssen. Von diesen größeren Sammlungen sind bekanntlich später die Briefe an Atticus, Quintus und Brutus nebst dem gefälschten Brief an Octavian zu einem Sammelband zusammengefaßt und so auf uns gekommen, von den zu Anfang stehenden Brutusbriefen allerdings nur das letzte, neunte Buch.

Neben diesen umfangreicheren Sammlungen stehen diejenigen, welche nur ein Buch füllen, und weiter diejenigen Korrespondenzen, welche nur aus wenigen Briefen bestehen. Mit diesen ist man verfahren wie mit den isolierten Gedichten in den Gedichtsammlungen, z. B. bei Pindars Isthmioniken: es wurden mehrere Korrespondenzen zu einem Buch zusammengefaßt und dies dann nach den zu Anfang stehenden Stücken benannt. Fünfzehn dieser isolierten Bücher sind dann später mit den Empfehlungsbriefen zu der Sammlung zusammengefaßt, die wir *ad familiares* zu nennen pflegen. Dafür, daß diese Sammlung von Tiro zusammengestellt ist, scheint zu sprechen, daß die Briefe an diesen am Schluß stehn; und kaum zu bezweifeln ist, daß er, wie diese letzteren und die Empfehlungsbriefe in lib. XIII, so auch die Briefe an Terentia lib. XIV zusammengestellt hat und an der Publikation beteiligt gewesen ist. Aber im übrigen läßt die Anordnung der Bücher jede ordnende Hand und überhaupt jeden leitenden Gedanken vollkommen vermissen, sondern ist so willkürlich wie möglich. Bekanntlich wird denn auch diese Sammlung im Altertum nie erwähnt. Durchweg werden die einzelnen

---

aber eine besondere Ausgabe des Briefwechsels Ciceros mit Caesar hat wahrscheinlich nicht existiert. — Ferner bestreitet GURLITT mit Recht die Existenz einer Briefsammlung an Pompejus; die beiden Zitate aus *M. Tullius ad Pompeium lib. IIII* (Nonius p. 293 s. v. *excipit*) stammen aus dem von Cicero ad Att. VIII 11 d mitgeteilten Brief an Pompejus. Ebenso stammen die Zitate *M. Tullius ad M. Catonem* Non. p. 264 s. v. *cogere* und p. 273 s. v. *continens* in Wirklichkeit aus fam. XV 4, 2 und 3, 2 (GURLITT S. 2). Danach wird es sehr fraglich, ob das einzige sonstige Zitat *M. Tullius epistola ad Catonem* Non. p. 438 s. v. *plus* zuverlässig ist und diese Briefsammlung existiert hat.

Bücher unter ihrem Sondertitel zitiert[1]), und auch im Mediceus erschienen sie durchaus als solche, als μονοβίβλοι, nicht etwa durchgezählt: *M. Tulli Ciceronis epistolarum ad P. Lentulum, ad Curionem [consulem] et ceteros, ad App. Claudium, ad. Q. Metellum et ceteros* usw. Gleichartig werden die vereinzelt zitierten Briefe ad *M. Titinium* (Sueton de rhet. 2) und *ad Hostilium* (Charis. I p. 110) gewesen sein, ferner die von Quintilian und Ausonius zitierten Briefe *ad Caerelliam*. Dazu kommen die von Plutarch Cic. 24 angeführten griechisch geschriebenen Briefe an die Rhetoren Gorgias, Pelops und Herodes, von denen die letzteren vielleicht in der Sammlung der Briefe an seinen Sohn standen[2]).

Von den erhaltenen Sammlungen ist die Entstehung und Überlieferung bei den Briefen an Atticus völlig klar. Atticus hat die Briefe, wie sie einkamen, zu Rollen aneinandergeklebt und in elf *volumina* bewahrt, die wie Nepos[3]) so zweifellos auch andre schon bei seinen Lebzeiten eingesehn haben (s. S. 83, 1. 610). Die Abgrenzung dieser Rollen wird von einem seiner *librarii* oder *anagnostae*[4]) besorgt und teilweise dem Zufall überlassen worden

---

[1]) Wer genau zitiert, sagt wie Gellius I 22, 19 *in libro epistularum M. Ciceronis ad L. Plancum et in epistula Asini Pollionis ad Ciceronem* = fam. X 33, 5 oder Nonius p. 83 s. v. *comedim: Cicero ad Varronem epistola Paeti* = fam. IX 20, 3. Daneben zitiert Nonius aus fam. XV *(ad senatum et ceteros)* p. 264 s. v. *cogere* und 273 s. v. *continens* als *ad M. Catonem* = XV 4, 2 und 3, 2. ebenso p. 378 s. v. *delenitus* und 291 s. v. *exigere* als *ad Cassium* = XV 16. 3 und 1 (an der ersten Stelle mit dem irrtümlichen Zusatz lib. I); ferner p. 274 s. v. *continens: ad senatum* = XV 2, 2.

[2]) ἐπιστολαί παρά Κικέρωνος εἰσί πρὸς Ἡρώδην, ἕτεραι δὲ πρὸς τὸν υἱόν, ἐγκελευομένου συμφιλοσοφεῖν Κρατίππῳ. — Das Zitat bei Charisius p. 108 *Cicero ad Marcellum simiolum deminutive dixit* ist bekanntlich ein Schreibfehler für *ad Marium* (fam. VII 2, 3).

[3]) Nepos Att. 16 *ei rei* (der vertrauten Freundschaft mit Cicero) *sunt indicio praeter eos libros, in quibus de eo facit mentionem, qui in vulgus sunt editi, undecim volumina epistolarum ab consulatu eius usque ad extremum tempus ad Atticum missarum; quae qui legat, non multum desideret historiam contextam eorum temporum.*

[4]) Nepos Att. 13, 3.

sein; doch ist anzunehmen, daß auch bei dieser ursprünglichen
Einteilung der Einschnitt da lag, wo eine Unterbrechung der
Korrespondenz eingetreten ist. Als sie dann später publiziert
wurden, hat man sie der Bequemlichkeit wegen auf 16 *volumina*
(Bücher) verteilt. Wann diese Publikation stattgefunden hat,
läßt sich nicht ermitteln. Daß das Schweigen des Asconius über
die Absicht, Catilina zu verteidigen, nichts beweisen kann, ist
S. 23 A. bemerkt, ebenso, daß sie in der historischen Literatur von
Anfang an benutzt sind (unten S. 615 f.); zitiert werden sie seit
Seneca. Aber gänzlich unhaltbar ist die weitverbreitete Ansicht,
bei der Herausgabe sei an ihnen inhaltlich etwas geändert oder
ein Teil der Briefe unterdrückt worden[1]). Man beruft sich darauf, daß nach Nepos die Briefe „bis in die letzte Zeit des Lebens
Ciceros" reichten, während sie Mitte November 44 abbrechen;
die späteren Briefe seien wegen absprechender Urteile über Octavian unterdrückt worden. Aber bei dieser für antike Anschauungen ganz unwahrscheinlichen Annahme einer Censur[2]) — denn
der Verfasser war ja tot — hat man nicht nur übersehn, daß
zahllose Briefe mit sehr bedenklichen Äußerungen in den andern
Sammlungen ruhig veröffentlicht waren, sondern vor allem, daß
von da an Cicero und Atticus beide zusammen in Rom lebten,
daß also Cicero im letzten Jahre seines Lebens garkeine Veranlassung hatte, an Atticus zu schreiben. Wie Nepos sich hier
ungenau ausgedrückt hat, so auch bei der Angabe, die Briefe be-
gännen mit Ciceros Consulat. Bekanntlich liegen vielmehr aus
Ciceros Consulat keine Briefe vor — damals war Atticus in Rom —,
wohl aber einige aus den Jahren 67 (I 3. 5—11), 66 (I 4) und 65
(I 1. 2). Aber zu Anfang stehn eben diese Briefe aus dem Jahre

---

[1]) Die beiden in den Sammlungen BAITERS und PURSERS für die
Worte *vectigaliorum* und *proprius grammatico accessi* angeführten
angeblichen Zitate aus den Briefen an Atticus bei Charisius und Diomedes beruhen natürlich auf Flüchtigkeit oder Konfusion.

[2]) Auf diese Annahme hat F. LEO, Die Publikation von Ciceros
Briefen an Atticus, Gött. Nachr. 1895, 442 ff., seine Behauptung be-
gründet, weder die Briefe an Atticus noch die ad familiares hätten vor
Tiberius' Tode publiziert werden können.

65, in denen Cicero von den Aussichten seiner Bewerbung redet, und so ist Nepos' Aussage erklärlich genug.

Nicht weniger verkehrt ist es, wenn man sich darüber wundert, daß in der Sammlung keine Briefe des Atticus stehn, und darin einen Beweis ängstlicher Vorsicht sieht, mit der er sie unterdrückt habe — man hat an die Briefe der Frau von Stein erinnert. Atticus hat die Briefe Ciceros aneinandergeklebt und verwahrt, seine eigenen Briefe in die Rollen aufzunehmen hatte er garkeinen Anlaß. Die bewahrte vielmehr Cicero in der gleichen Weise: in den Nöten des Bürgerkriegs schreibt er ihm am 18. März 49 (IX 10, 4): *nam cum ad hunc locum venissem, evolvi volumen epistularum tuarum, quod ego ⟨sub⟩ signo habeo servoque diligentissime*, und führt daraus der Reihe nach Atticus' Äußerungen aus den letzten Monaten an. Diese Briefe des Atticus später zu publizieren lag garkein Anlaß vor: das Interesse richtete sich ausschließlich auf Cicero, nicht auf seinen Korrespondenten.

Als Cicero ein berühmter Mann geworden war, hat Atticus begonnen, seine Briefe sorgfältig aufzuheben, von der ersten Trennung der beiden Anfang 61 (I 12) an. An den Anfang der Rolle ließ er stellen, was noch von früheren Briefen bis zum Jahre 67 hinauf vorhanden war; dabei hat man sich um die chronologische Ordnung nicht weiter gekümmert, und so gerieten die beiden jüngsten Briefe, aus dem Jahre 65, an den Anfang. Fortan aber wurden die Briefe regelmäßig so aneinandergeklebt, wie sie eingingen; nur ganz selten ist dabei einmal eine Vertauschung des Platzes vorgekommen, abgesehn von den Briefen in XII und XIII.

Im übrigen gliedern sich die Briefe folgendermaßen:

1. Älteste Briefe (67—65) I 1—11.

2. Briefe an Atticus nach Epirus Januar 61 bis December 60 I 12—II 3.

3. Cicero geht im April 59 aufs Land II 4—17; hier besucht ihn Atticus am 10. Mai auf der Reise nach Epirus (II 15, 2. 16, 4. 17, 1). Die Briefe dorthin II 18—25 (Juni bis October 59) schließen unmittelbar an.

4. Briefe Ciceros aus dem Exil April bis December 57 III 1—27. Im December reist Atticus nach Epirus (III 25—27), damit hört die Korrespondenz auf.

5. Briefe Ciceros aus Rom nach seiner Rückkehr bis zu Atticus' Heimreise September 57 bis Januar 56 IV 1—4. Cicero geht am 8. April 56 aufs Land (ad Qu. fr. II 5), kehrt aber alsbald wieder nach Rom zurück (S. 139 Anm.); in diesen kurzen Aufenthalt fällt vielleicht das Billett IV 4 b. Dann geht er im Juni längere Zeit aufs Land; hierher gehört IV 5—8 (S. 139 Anm.) Im nächsten Jahre, 55, geht er wieder Ende April aufs Land: IV 9—12; und dann im November IV 13. Im Mai 54 geht Atticus nach Asien und kehrt im November zurück. Hierher gehören IV 14—19.

Diese kleinen Gruppen schließen sich ganz natürlich zu einer Rolle zusammen, die in Buch IV vorliegt.

6. Jetzt folgt eine große Lücke in der Korrespondenz, da beide Freunde vom December 54 bis April 51 zusammen in Rom leben. Wenn Cicero auch in diesen Jahren, woran nicht zu zweifeln ist, aufs Land gegangen ist und von da aus an Atticus geschrieben hat, so hat dieser die vermutlich sehr kurzen Billetts nicht aufgehoben.

Die Korrespondenz setzt wieder ein mit Ciceros Abgang in die Provinz Anfang Mai 51 und reicht bis zu seiner Rückkehr nach Rom (oder vielmehr Formiae) Ende December 50: V 1 bis VII 9.

7. Daran schließen, mit kurzer Unterbrechung, die Briefe aus dem Bürgerkrieg vom Weggang aus Rom am Morgen des 18. Januar 49 bis zur Rückkehr aus Brundisium Anfang September 47: VII 10—XI 25. Hier sind die letzten Briefe ungeordnet eingereiht, die richtige Ordnung ist: XI 18. 25. 23. 19. 24. 20. 21. 22.

8. Im Gegensatz zu allen übrigen Briefen liegen die aus der caesarischen Zeit (April 46 bis December 45) nicht nur in völlig ungeordnetem Zustande vor, sondern sind in den Handschriften überhaupt nicht voneinander geschieden oder durch die Adresse getrennt, sondern fortlaufend geschrieben. Um die Zerlegung in die einzelnen Briefe und die chronologische Anordnung hat sich,

nach dem Vorgang von Th. SCHICHE, O. E. SCHMIDT die größten Verdienste erworben[1]); über manche Einzelheiten wird natürlich niemals volle Sicherheit erlangt werden können.

Die Konfusion mag bei der Publikation und in den Abschriften gesteigert sein, namentlich durch Weglassung der Überschriften, die ja auch sonst nicht selten vorkommt und dazu geführt hat, daß gelegentlich mehrere Briefe in den Handschriften als Einheit erscheinen; aber in der Hauptsache muß sie schon im Original vorhanden gewesen sein. Man wird annehmen müssen, daß Atticus die zahlreichen, vielfach sehr kurzen Briefe aus dieser Zeit zunächst nicht sorgfältig aufgehoben hat, und sie dann später, zum Teil vielleicht schon zu kleinen Konvoluten zusammengefaßt, zu Rollen zusammenstellen ließ, wobei die zeitliche Folge noch weniger berücksichtigt wurde, als bei den elf ältesten Briefen.

9. Den Abschluß bilden die Briefe aus dem Jahre 44 (7. April bis Ende November), Buch XIV—XVI. Während sonst die chronologische Ordnung festgehalten ist, ist ein kurzes Billett, mit dem Cicero ihm Anfang Juli sechs Briefe zusendet, in denen er sich für Atticus' Besitzungen in Buthrotum verwendet (vgl. S. 494), an den Schluß gestellt, also nachträglich hinzugefügt.

Wenn wir von diesen neun Gruppen die beiden ersten zusammenfassen und annehmen, daß die großen Gruppen 6. 7. 9 je zwei *volumina* bildeten, ergeben sich die elf *volumina*, von denen Nepos redet, ohne Schwierigkeit. Bei der Publikation sind sie dann noch weiter zerlegt worden.

Ähnlich wie mit den Briefen an Atticus liegt es mit denen an den Bruder; sie müssen aus dessen Nachlaß stammen. Quintus hat von den Briefen, die er während seiner Statthalterschaft in Asien und dann aus dem Exil von seinem Bruder erhielt, nur die wichtigsten aufgehoben, je zwei (I 1—4), alle sehr umfang-

---

[1]) Ciceros Briefwechsel S. 437 ff., mit einer Neuausgabe der beiden Bücher. Er weist auch nach, wie die herkömmliche Einteilung und Zählung der Briefe im sechzehnten Jahrhundert schrittweise eingeführt und 1580 durch SIMEO BOSIUS zum Abschluß gebracht ist, aber garkeine Gewähr besitzt.

reich. Sorgfältiger hat er dann die Briefe bewahrt, die er von ihm erhielt, als er Legat des Pompejus (II 1—6, December 57 bis Mai 56, vgl. S. 139 Anm.) und dann vom Jahre 55 an Legat Caesars war (II 7—III 9). Wenn sie bereits mit dem December 54 abbrechen, obwohl er bis zu Ciceros Proconsulat in Caesars Diensten blieb (bell. Gall. VII 90), und von späteren Briefen keine Spur erhalten ist, so werden diese bei der Katastrophe des Quintus und seiner Familie bei den Proskriptionen zugrunde gegangen sein. Was sich erhalten hat, ist dann publiziert worden, ob von Tiro oder von wem sonst, läßt sich nicht sagen.

In derselben Weise sind die Briefe an Tiro von diesem gesammelt und veröffentlicht: zu Anfang stehn die vom November 50 bis Februar 49, als Tiro krank in Griechenland zurückgeblieben war (XVI 1—12), dann folgen ein paar ältere (13—16), zum Schluß die aus der letzten Zeit (17—27); auch ein paar Briefe des Quintus und des Sohns hat er aufgenommen (8. 16. 21. 25—27). Ebenso stammen die Briefe an Terentia aus dem Exil (XIV 1—4) und aus dem Bürgerkrieg (5—24, schlecht geordnet) aus deren Besitz und sind vielleicht von Tiro gesammelt und publiziert.

Die Briefe an den Redner und Dichter Licinius Calvus, offenbar im wesentlichen literarischen Inhalts, sind, wie Ciceros Brief an Trebonius XV 21, 4 aus dem Herbst 47 lehrt, nach Calvus' Tode, also schon bei Lebzeiten Ciceros, veröffentlicht worden, woran dieser, wenn er auch seine Einwilligung dazu nicht gegeben hatte, doch, wie seine Äußerung zeigt, ernstlichen Anstoß nicht genommen hat[1]).

Ganz anders liegt es bei den übrigen auf uns gekommenen Briefsammlungen: sie stammen aus Ciceros Nachlaß, und ebenso offenbar die Briefwechsel mit Octavian, Hirtius und Pansa[2]).

---

[1]) *ego illas Calvo litteras misi, non plus quam has, quas nunc legis, existimans exituras; aliter enim scribimus, quod eos solos, quibus mittimus, aliter quod multos lecturos putamus.*

[2]) Die Briefe an Nepos und Axius mögen aus deren Besitz veröffentlicht sein, ebenso die an Caerellia und gewiß die an seinen Sohn nach Athen. Über die Briefe an Titinius und Hostilius läßt sich garnichts sagen.

Wie die Briefe des Atticus hat Cicero auch andere wichtige Korrespondenzen in Rollen gesammelt und bewahrt, während andere Briefe vereinzelt oder etwa in kleinen Convoluten aufbewahrt wurden. Im Jahre 45 hat Tiro ihm den Wunsch angedeutet, er möge auch seine Briefe in Sammelrollen aufheben[1]). Natürlich bewahrte er in derselben Art auch die wichtigeren eigenen Briefe im Konzept[2]) oder in einer, meist wohl von Tiro gefertigten, Kopie[3]), ganz wie es in der Gegenwart und überhaupt zu allen Zeiten geschieht — in der Sorgfalt, mit der man dabei zu Werke geht, unterscheiden sich natürlich wie jetzt so auch damals die einzelnen Persönlichkeiten. Nichts war natürlicher, als daß diese eigenen Briefe dann mit denen der Korrespondenten zusammengelegt und zu einem *volumen* verbunden wurden. In dieser Gestalt liegt uns der Briefwechsel mit Brutus vor: die Briefe von Brutus stehn zwischen denen Ciceros meist eben an der Stelle, wo sie eingetroffen sind, und daher vor ihrer Beantwortung, aber oft nach einem erst später, aber vor ihrer Ankunft geschriebenen

---

[1]) XVI 17 *video quid agas: tuas quoque epistolas vis referri in volumina.* Die Stelle ist oft falsch verstanden; offenbar hat Tiro in einer philologisch-stilistischen Frage auf eine frühere Äußerung verwiesen und Cicero nahegelegt, diese Briefe wieder nachzusehn. Mit der Sammlung der Briefe Ciceros hat diese Äußerung garnichts zu tun. — Für die, übrigens keineswegs sichere, Datierung des Briefs s. O. E. Schmidt S. 368.

[2]) So, wie Bardt erkannt hat, den Brief an Crassus V 8 in doppelter Fassung, s. S. 169, 1.

[3]) ad Qu. fr. II 10, 5: als ein Brief an Caesar nach Balbus' Mitteilung durch Feuchtigkeit verwischt angekommen ist, *itaque postea misi ad Caesarem eodem illo exemplo litteras.* Ebenso im Jahre 45 an Fadius Gallus VII 25 *quod epistulam conscissam doles, noli laborare, salva est; domo petes, cum libebit* (das ist wahrscheinlich der Brief VII 24). Ferner ad Att. XIII 6, 3 *quod epistulam meam ad Brutum poscis non habeo eius exemplum; sed tamen salvum est et ait Tiro te habere oportere, et, ut recordor, una cum illa obiurgatoria tibi meam quoque, quam ad eum rescripseram, misi.* Bekanntlich hat Cicero vielfach eigene und fremde Briefe an Atticus geschickt, die uns so erhalten sind, gelegentlich sogar doppelt, wenn sie zugleich in ad fam. stehn.

Brief; verstellt ist I 4, und nachträglich eingefügt die beiden
zusammengehörigen Briefe an Cicero und an Atticus I 16. 17.
Eine Sonderstellung nimmt das Buch der Briefe des Caelius
an Cicero ein (fam. VIII), das in den Handschriften fälschlich
als *M. Tulli Cic. epistularum ad M. Caelium* bezeichnet wird.
Es enthält lediglich Briefe des Caelius. Es ist begreiflich, daß
Cicero die für ihn äußerst wertvollen Berichte, die dieser ihm
während seines Proconsulats schickte, sorgfältig bewahrte[1]),
getrennt von seinen Antworten, und dann die drei Briefe, die
Caelius ihm im Bürgerkrieg geschrieben hat, daran anfügte.
Seine eigenen Antworten stehn in lib. II. Daß Caelius' Briefe
aus Ciceros Nachlaß veröffentlicht sind und sich in der Sammlung
seiner Korrespondenz erhalten haben, erklärt sich nur aus dem
historischen Interesse, das sie beanspruchen konnten. Das gleiche
Interesse betont übrigens auch Nepos bei den Briefen an Atticus,
und es ist ohne Zweifel, neben dem rein persönlichen bei den
Briefen an Terentia und Tiro, bei der Veröffentlichung seiner
gesamten Korrespondenz das maßgebende gewesen; ein rein
literarisch-stilistisches, wie z. B. bei Plinius' Briefen, liegt nur
bei den Empfehlungsbriefen lib. XIII vor, hat also sonst glücklicherweise nicht eingewirkt. Im übrigen ist es bezeichnend, daß
an eine chronologische oder sachliche Ordnung der Briefe niemand
gedacht hat; sie sind genau so veröffentlicht, wie man sie im
Nachlaß vorfand[2]).

---

[1]) Dabei sind ep. 8—10 an falscher Stelle eingefügt; die richtige
Ordnung ist 5. 9. 8. 10. 6. 7. 11. Solche Versehn kommen beim Ordnen
von Briefschaften nur zu leicht vor.

[2]) Parallelen aus den modernen Publikationen von Briefwechseln
bieten sich in Fülle, namentlich bei Goethe und Bismarck. Besonders
instruktiv sind die beiden Bände „Kaiser Wilhelm I. und Bismarck"
und „Aus Bismarcks Briefwechsel", die 1901 als „Anhang zu den Gedanken und Erinnerungen" von seinem literarischen Gehilfen Horst
Kohl auf Grund seiner eigenen Weisungen veröffentlicht sind. Der
erste Band enthält seine gesamte Korrespondenz mit Kaiser Wilhelm I.,
der zweite eine Fülle der verschiedensten Briefe an Bismarck. Hoch
interessantes neben ziemlich Unbedeutendem, nebst einigen Briefen Bismarcks. Nur sind die Briefe hier, anders als bei Cicero, streng chronologisch geordnet, ohne Rücksicht auf die einzelnen Korrespondenten.

Lediglich Briefe Ciceros an einen einzelnen Adressaten enthalten die Bücher *ad P. Lentulum*, den Statthalter von Cilicien, (fam. I) über die ägyptischen Händel der Jahre 56—54, mit Hinzufügung eines Briefs an den Juristen L. Valerius, den er dem Lentulus empfiehlt — es ist klar, daß dieser Brief nur von Cicero selbst hierhergestellt sein kann —, und die *ad Appium Claudium*, seinen Vorgänger in Cilicien und Censor im Jahre 50 (fam. III), aus den Jahren 51 und 50. In beiden Büchern ist die chronologische Folge gewahrt, nur daß III 8. vor 7 stehn müßte. Bezeichnend ist, daß in III 10, 11 auf die Ankündigung *nunc ea, quae a me profecta quaeque instituta sunt, cognosce* die Ausführung fehlt, sondern der Text fortfährt *atque haec agimus et agemus magis pro dignitate quam pro periculo tuo*. Cicero hat also in der Abschrift (oder dem Entwurf), die er bei seinen Akten behielt, dies Detail als irrelevant weggelassen.

Die übrigen 11 Bücher enthalten alle Briefe an mehrere Korrespondenten[1]). Sachlich zerfallen sie in folgende Gruppen:

1. Drei Bücher Briefe aus der Zeit nach Caesars Ermordung (X—XII)[2]). Lib. XII, *ad C. Cassium et ceteros*, enthält Ciceros Briefe an Cassius vom Mai 44 bis Ende Mai 43 (1—10) und anschließend die Briefe, die dieser ihm im Jahre 43 geschrieben hat (11—13), sowie ein Schreiben des Proquaestors von Asien Lentulus an Cicero und einen offiziellen Bericht desselben an den Senat aus der gleichen Zeit (14. 15). Es folgt ein Brief des Trebonius an Cicero vom 25. Mai 44 (16), und dann Ciceros Briefe an Cornificius, den Statthalter von Africa, aus den Jahren 44 und 43 (21—30), denen vier ältere Briefe aus dem Jahre 46 vorangesetzt sind (17—20). Die früheren Briefe an Cassius und Trebonius stehn dagegen in lib. XV, ein weiterer an Trebonius in lib. X. So zeigt sich deutlich, daß die Absicht war, in Buch XII nur Briefe

---

[1]) Es ist denkbar, daß die Bücher *ad Titinium, ad Hostilium, ad Caerelliam* ebenso aussahn.

[2]) In dieselbe Zeit gehören die Briefe an Hirtius (die wohl 47 6 begannen), Pansa, Octavian *(ad Caesarem iuniorem)* und die an seinen Sohn, ferner natürlich der Hauptteil des Briefwechsels mit Brutus.

aus der Zeit zusammenzustellen, wo Cicero der Vertreter der Mörder Caesars und schließlich der Regent der Republik war; nur das Convolut der Briefe an Cornificius ist ungetrennt geblieben. Das gleiche gilt von lib. XI, ad M.[1]) *Brutum et ceteros*. Den Anfang bildet ein Schreiben des Decimus Brutus an Brutus und Cassius vom 16. März 44, gleich nach der Mordtat, und zwei offizielle Schreiben dieser beiden an Antonius. Dann folgt Ciceros Briefwechsel mit D. Brutus November 44 bis Juli 43 (4—26). Als Appendix sind, um sie irgendwo unterzubringen, Ciceros Brief an Matius und dessen Antwort (27. 28) aus dem Spätsommer 44 und ein ähnlicher Brief an Oppius (29) angefügt. Buch X, *ad L. Plancum et ceteros*, enthält den Briefwechsel mit Plancus, dem Statthalter der Gallia nova, aus derselben Zeit (1—24, darunter wieder ein offizielles Schreiben an den Senat 8), an den sich zwei Briefe an seinen Legaten Furnius (25. 26) und einer an Lepidus (27) naturgemäß anschließen. Den Schluß des Buchs bilden drei Briefe des Asinius Pollio, Statthalters der Hispania Ulterior (31—33), und drei des Lepidus (34. 34a. 35), die seinen Übertritt zu Antonius vorbereiten und entschuldigen. Dazwischen sind versprengt ein Brief Ciceros an Trebonius Anfang 43 (28) und der Bericht des Galba über die Schlacht bei Forum Gallorum am 14. April 43 (30) eingefügt, ferner seltsamerweise ein kurzes Trostschreiben an Appius Claudius, einen Anhänger des Antonius, das richtiger bei dem Brief an D. Brutus XI 22 stehn sollte, wo Cicero ihn diesem empfiehlt.

Man wundert sich allgemein, daß diese Briefcorpora und ebenso die Brutusbriefe mit dem Ende Juli 43 abbrechen und aus den letzten Monaten von Ciceros Leben überhaupt keine Briefe vorliegen[2]), und auch hier wieder hat man vermutet, sie seien aus Rücksicht auf Octavian unterdrückt worden. Aber man sieht den Wald vor Bäumen nicht. Die Briefe aus Ciceros letztem Lebensjahr stammen aus der Zeit, wo er das anerkannte Oberhaupt der Republik war, und sind daher größtenteils halb, manchmal sogar ganz offizielle Schreiben, welche den Regenten des Staats

---

[1]) So im Mediceus, aber wohl Flüchtigkeit für *D*.

[2]) Nur die Briefe an Octavian reichten weiter, s. das Fragment S. 545, 3.

über die Ereignisse unterrichten und in denen er zu ihnen Stellung nimmt und seine Weisungen gibt. Aber im Juli 43 bricht seine Macht jäh zusammen, mit Octavians Marsch gegen Rom, der kläglichen Unterwerfung des Senats, und seiner Wahl zum Consul am 19. August sinkt Cicero in volle Unbedeutendheit hinab und fristet kümmerlich und entschlußlos sein Leben bis zur Katastrophe am 7. Dezember. Da ist es nur natürlich, daß seine Korrespondenz mit dem Ende Juli abbricht; von da an hatten weder Plancus und Asinius Pollio, noch Brutus und Cassius und ihre Genossen ihm noch etwas zu schreiben, und er ihnen auch nicht.

2. Aus der Zeit der Monarchie Caesars stammen fam. IV. VI. VII. IX[1]). Buch IV, *ad Servi[li]um Sulpicium et ceteros*, enthält die Briefe an diesen aus den Jahren 49—46 nebst zwei seiner Schreiben (5. 12) und den eng damit verbundenen Briefwechsel mit M. Marcellus aus dem Jahre 46 (7—11). Angeschlossen ist ein gleichzeitiger Brief an Figulus und zwei an Plancius (13—15). Buch VI, *ad A. Torquatum (et ceteros)*, sammelt zahlreiche gleichartige Briefe aus dem Jahre 46 und 45: an Torquatus (1—4), an Caecina (5—8), mit einem Schreiben von diesem und dem zugehörigen Empfehlungsbrief an Furfanius (9), den Statthalter Siciliens, an Trebianus (10. 11), an Ampius (12), an Ligarius (13. 14), an Lepta (18. 19), an Toranius (20. 21), an Domitius (22)[2]). Dazwischen steht ein kurzes, wahrscheinlich unmittelbar nach Caesars Ermordung geschriebenes Billett an Basilus (15, oben

---

[1]) In diese Zeit gehört auch der Brief an Caerellia S. 457, 2. In den Briefen an Atticus wird sie in dieser Zeit wiederholt erwähnt (XII 51, 3. XIII 21, 5 u. s. w.; ebenso an Servilius Isauricus fam. XIII 72 im J. 46), in der Rede des Fufius Calenus bei Dio 46, 18 Ciceros Verhalten zu ihr als unsittlich geschildert. Dieser ganze Passus geht auf Antonius' Antwort auf die philippischen Reden bei Plut. Cic. 41 zurück. — Der Briefwechsel mit Nepos, der sich offenbar durch viele Jahre hingezogen hat, reichte, wie die erhaltenen Fragmente lehren, bis über Caesars Tod hinab, ebenso der mit Axius; denn Tiro hat, offenbar beträchtlich nach Ciceros Tode, ein Sendschreiben an diesen publiziert, in dem er Catos Rede für die Rhodier kritisierte (Gellius VI 3, 8 ff.).

[2]) Vgl. O. E. SCHMIDT S. 238. 275.

S. 537, 1), und ein kurzer Briefwechsel mit Bithynicus, dem Statthalter Siciliens, aus den nächstfolgenden Wochen (16. 17). Gleichartig ist Buch IX, *ad M. Varronem et ceteros*: zuerst acht Briefe an Varro, literarischen Inhalts, dann der Briefwechsel mit dem Schwiegersohn Dolabella aus den Jahren 48—44 (9—14), dann Briefe an Paetus (15—26) aus dem Jahre 46, nebst einem älteren aus dem Jahre 50 (25) und einem aus dem Jahre 43. Noch weiter zurück greift Buch VII, *ad M. Marium et ceteros*. Zunächst vier Briefe an Marius aus den Jahren 55—46, dann die Briefe an Trebatius nach Gallien im Jahre 54 und 53 (6—18), denen der Empfehlungsbrief an Caesar (5) vorangeht, und angeschlossen vier aus der Zeit nach Caesars Ermordung (19—22). Sodann Briefe an Fadius Gallus aus den Jahren 46 und 45 (24—27) nebst einem älteren (23), drei Briefe an Curius und einer von diesem aus der caesarischen Zeit (28—31), zwei Briefe an Volumnius aus den Jahren 50 und 46. In diesen vier Büchern sind also Ciceros von ihm bewahrte Briefe oder Briefkonzepte aus der caesarischen Zeit gesammelt, einige ältere und jüngere, sowie die wichtigsten Schreiben der Adressaten hinzugefügt; dagegen liegt hier nicht, wie in der ersten Gruppe, die vollständige gegenseitige Korrespondenz vor.

3. Aus Ciceros Proconsulat stammt Buch XV, *ad senatum et ceteros*. An zwei offizielle Schreiben an den Senat schließen sich völlig sachgemäß die Schreiben an Cato, in denen er diesen über seine Lage genauer unterrichtet und ihn für den Triumph zu gewinnen sucht, nebst dem Antwortschreiben Catos (3—6); sodann die Gratulationsschreiben an die neugewählten Consuln L. Paullus und Gaius Marcellus nebst seinem Vater und seinem Vetter Marcus[1]) (7—13). Dann folgt, ebenfalls hierher gehörig, ein Brief an Cassius nach Syrien; an diesen sind dann die ihm in caesarischer Zeit geschriebenen Briefe nebst einer seiner Antworten angefügt (15—19)[2]), und daran reihen sich zwei Briefe

---

[1]) Die Briefe an diesen aus dem Jahre 46 stehn dagegen in lib. IV, s. oben S. 601.

[2]) Die 15. 4 erwähnten Briefe des Cassius dagegen sind nicht erhalten.

an Trebonius aus derselben Zeit (20. 21)[1]. Deutlich erkennt man, von welchen Gesichtspunkten der Sammler sich leiten ließ: die Briefe aus dem Proconsulat bilden den Grundstock, an den letzten Adressaten sind einige andre interessante Briefe angefügt, die für ein selbständiges Buch zu wenig waren und sich anderswo nicht gut unterbringen ließen. Denn der Briefwechsel mit Cassius und Trebonius aus der Zeit nach Caesars Ermordung war in die für diese Zeit bestimmte Sammlung aufgenommen (oben S. 599).

Die Ergänzung zu diesem Buch bildet Buch II, *ad Curionem* [*consulem*] *et ceteros*. Zunächst Briefe an Curio während seiner Quaestur in Asien im Jahre 53 (1—6) und ein Gratulationsbrief aus Cilicien nach seiner Wahl zum Tribunen (7, Ende 51), der ihn zu richtigem Verhalten mahnt: er solle nur sich selbst folgen. Dann folgen die Antworten auf die Berichte, die Caelius ihm nach Cilicien schickt (7—15), nebst einem späteren Brief Anfang Mai 49 (16, Antwort auf VIII 16). Den Schluß bilden die Schreiben an die Quaestoren Cn. Sallustius (oben S. 164, 1) und Coelius Caldus und an den Propraetor von Asien Minucius Thermus aus dem Jahre 50 (17—19).

Aus dem Proconsulat stammen ferner die schon besprochenen Briefe an Appius Claudius (III) und die Briefe des Caelius (VIII).

4. Eine Sonderstellung nimmt endlich Buch V ein, *ad Q. Metellum et ceteros*. Die Sammlung erstreckt sich vom Jahre 62 bis zu Caesars Ermordung, also über 18 Jahre, und die 21 Briefe verteilen sich auf nicht weniger als 13 verschiedene Korrespondenten. Zum Teil sind es auserlesene Stücke von höchstem Interesse, wie der Brief an Pompejus vom Jahre 62 (7), der an Crassus vom Jahre 54 (8), an C. Antonius vom Jahre 62 (5), der Briefwechsel mit Metellus Celer vom Jahre 62 (1. 2), mit Metellus Nepos vom Jahre 57/6 (3. 4), der Brief an Luccejus vom Jahre 56, in dem er ihn bittet, eine Schrift über sein Consulat zu schreiben (12), an den dann ein Briefwechsel zwischen beiden aus dem Jahre 45 anschließt (13—15), ferner so rare Stücke wie der Brief

---

[1]) Daß Brief 20 Ende 46 geschrieben ist, nicht im April 44, wie die Herausgeber angenommen haben, hat MOMMSEN, Hermes 28, 604 = Ges. Schr. IV 174 ff. gezeigt. Das hat PURSER auch noch in der Oxforder Ausgabe übersehn.

an Sestius über Caesars Hauskauf im Jahre 62 (6), und der Brief an Sittius (17, vgl. oben S. 17, 1). Dazu kommen dann einige recht unbedeutende Briefe, die offenbar aus stilistischen Gründen aufgenommenen Trostschreiben an Titius (16) und Fadius (18), der Briefwechsel mit Vatinius aus dem Jahre 45 (9—11), die Briefe an Mescinius Rufus aus den Jahren 49 und 46 (19—21). So kann dies Buch als eine Auswahl interessanter Briefe aus Ciceros Nachlaß bezeichnet werden, in die, wie auch in moderner Zeit so oft, auch eine Nachlese einiger unbedeutender Stücke aufgenommen ist.

Wenn somit das Verfahren des oder der Herausgeber der einzelnen Sammlungen klar genug ist, so ist es müßig, weiter nach dem Namen desselben zu fragen, so nahe es liegt, an Tiro zu denken. Nur das sei noch einmal betont, daß von einer Auswahl aus einer größeren Publikation, sei es nach stilistischen, sei es nach historischen Gesichtspunkten, bei den auf uns gekommenen Sammlungen nicht die Rede sein kann. Soweit sie sich überhaupt erhalten haben, besitzen wir sie vollständig so, wie sie die Originalausgabe veröffentlicht hat.

Überblicken wir schließlich den Gesamtbestand der Briefe, so zeigt sich, daß, wie zu erwarten war, ganz wie in den modernen Parallelen, vor allem bei Goethe[1]), die große Masse den letzten Lebensjahren entstammt. Sie setzt mit dem Proconsulat ein; vorher liegt, da hier auch der Briefwechsel mit Atticus und mit dem Bruder versagt, sogar eine fast vollständige Lücke von zweieinhalb Jahren (Januar 53 bis Mai 51, oben S. 207). Aus seiner Entwicklungszeit und den Anfängen seiner Laufbahn bis zum Jahre 67 ist kein einziger Brief erhalten. Wenn wir von den Briefen an Atticus und an den Bruder absehn, reichen über das Proconsulat hinaus die Briefe an Curio aus dem Jahre 53 (lib. II), die in den Jahren 55 und 54 beginnenden Briefe an Marius und an Trebatius in lib. VII (sowie vielleicht der Brief an Fadius Gallus VII 23), das Briefbuch an Lentulus (I), die Briefe an Terentia aus dem Exil XIV 1—4, und einige Empfehlungsbriefe in lib. XIII.

---

[1]) Eine Ausnahme bildet Bismarck, der, seitdem er Minister geworden war, immer weniger zum Briefschreiben gekommen ist.

In noch frühere Zeit, bis zum Jahre 62, geht nur eine Anzahl der auserlesenen Briefe in lib. V zurück, dessen Sonderstellung auch darin ganz augenfällig hervortritt. An dieser Sachlage würde sich auch nicht viel ändern, wenn die verlorenen Bücher auf uns gekommen wären. Denn bis über die Mitte der fünfziger Jahre kann auch der Briefwechsel mit Calvus, und vielleicht der mit Axius und mit Nepos, nicht hinaufgeragt haben[1]). Der Briefwechsel mit Brutus wird erst in Ciceros Proconsulat eingesetzt haben, als Atticus, der Mittelsmann zwischen beiden, Cicero drängte, sich der Schuldforderungen des Brutus anzunehmen. In diese Zeit gehören die Brieffragmente, in denen Cicero von seinem Verhältnis zu Appius Claudius, dem damaligen Schwiegervater des Brutus, an diesen schreibt (oben S. 162, 5). —

Was die Humanisten, vor allem PAULUS MANUTIUS, und ihre Nachfolger durch liebevolle Versenkung in den Schriftsteller zur Aufhellung des Textes und zur Erschließung des Verständnisses geleistet haben — und das ist trotz gar mancher Verirrungen und überfeiner Kombinationen nicht wenig —, findet sich bequem in WIELANDS vorzüglicher Übersetzung (1808 ff.) verwertet. Das neunzehnte Jahrhundert ist dann über sie vielfach hinausgekommen, sowohl in der Konstituierung des Textes — bei der bekanntlich wie so vielfach in der Philologie des letzten Jahrhunderts die Einquellenhypothese in der Handschriftenfrage lange Zeit verhängnisvoll gewirkt hat —, wie in der Interpretation. Bahnbrechend war vor allem MOMMSENS Aufdeckung der Blattversetzungen im zweiten Buch der Briefe an den Bruder und im vierten der Briefe an Atticus[2]). Von den Neueren haben in erster Linie die Arbeiten O. E. SCHMIDTS und STERNKOPFS reiche Förderung gebracht. Die große kommentierte Ausgabe sämtlicher Briefe in chronologischer Ordnung von TYRRELL und PURSER[3])

---

[1]) Auch die Briefe an Caerellia gehören erst in die letzte Zeit (vgl. S. 601, 1). Die Briefe an den Bankier Axius mögen früher begonnen haben; in der Korrespondenz mit Atticus erscheint er schon l 12, 1.

[2]) Ztschr. f. Altertumsw. 1844 und 1845 = Ges. Schr. VII.

[3]) The correspondence of M. Tullius Cicero, by TYRRELL and PURSER, 7 vol., 1884 ff., 2. Aufl. 1904 ff.

verdient dagegen, so wenig sie unberücksichtigt bleiben kann, das Lob kaum, mit dem sie überschüttet wird. Es fehlt an energischem Zugreifen; nur zu oft versagt sie bei Einzelheiten ganz, und vor allem vermißt man eine wirklich in die Tiefe dringende, umfassende geschichtliche Auffassung; mit den Einleitungen und Anmerkungen WIELANDS hält ihr Werk den Vergleich nicht aus. In der Oxforder Ausgabe der Briefe von PURSER sind manche Mißgriffe verbessert, aber wirklich ausreichend ist sie auch nicht[1]). O. E. SCHMIDT und STERNKOPF sind weit tiefer eingedrungen und viel weiter gekommen. Eine wirklich den idealen Anforderungen entsprechende kommentierte Ausgabe könnte nur ein philologisch gründlich geschulter Historiker schaffen, der dies geschichtliche Material ersten Ranges auf Grund voller Versenkung in die Zeit und ihre Bedingungen und mit lebendigstem Einblick in alle in der geschichtlichen Entwicklung wirksamen Kräfte bis ins einzelnste erläutern würde.

Beilage IV
Die Quellen

Wie für die ersten beiden Generationen der Revolutionszeit und überhaupt die ganze Epoche vom Ende des Polybios bis auf Tacitus, ist auch für die ciceronische Zeit von den grundlegenden Geschichtswerken fast nichts auf uns gekommen. Erhalten sind uns, mit Ausnahme von Caesar und Sallust, nur Schriftsteller, die das Material aus dritter oder vierter Hand haben; und dabei sind natürlich Entstellungen und Irrtümer unvermeidlich. Abgesehn von einfachen Flüchtigkeiten, sind sie vielfach durch das Streben veranlaßt, die Vorlage kurz zusammenzufassen. Derartiges ist namentlich bei Appian ganz gewöhnlich, wenn auch

---

[1]) So sind nicht einmal die Zitate aus den Briefen in der antiken Literatur vollständig aufgenommen.

in dieser Zeit, eben weil er hier viel ausführlicher wird, nicht so häufig wie in den anderen Abschnitten seines Werkes[1]). Dazu kommt dann seine alles Maß übersteigende Unwissenheit, die ihn mitunter zu den naivsten Kombinationen veranlaßt[2]). Nur um so deutlicher tritt demgegenüber die Vortrefflichkeit des Materials hervor, das die Vorlage, die er ausschreibt, in selbständiger Auffassung gestaltet hat; und im allgemeinen muß man anerkennen, daß er hier wie sonst nicht ungeschickt exzerpiert hat.

Auch bei Plutarch fehlt es durchaus nicht an solchen Versehen, entstellenden Kürzungen und Auslassungen[3]). Als Schriftsteller steht er natürlich auf einem ganz anderen Niveau als Appian, und wenn er auch der Aufgabe nicht gewachsen ist, die gewaltigen Staatsmänner und Feldherrn, deren Leben er erzählt, in den großen Weltverhältnissen, in denen sie sich bewegen, richtig zu erfassen, sondern sie kleinbürgerlich anschaut und danach sein ethisches Urteil fällt[4]), so hat er doch durch die geschickte Auswahl und Gruppierung der Tatsachen und durch die Form seiner Darstellung fesselnde Lebensbilder geschaffen, die ihre Wirkung immer geübt haben und weiter üben werden.

Wie überall, hat Plutarch auch in den zahlreichen Biographien aus der hier behandelten Zeit neben den umfassenden Geschichtswerken anderweitige Literatur herangezogen, vor allem biographische Schriften. So ist für sein Leben des jüngeren Cato

---

[1]) So S. 67, 3. 69, 4. 72, 2. 87, 1. 117, 1. 154, 3. 206, 5. 233, 1. 265, 2. 274, 3. 295, 5. 523, 4. 536, 2.

[2]) So in dem hier behandelten Zeitraum S. 143, 1. Um ein richtiges Urteil über Appian und seine Quellen zu gewinnen, ist es vor allem notwendig, alle die Stellen im Auge zu behalten, an denen er eigene Vermutungen vorbringt und seine Unwissenheit, im Gegensatz zu den oft vortrefflichen Angaben seiner Quelle, klar zutage tritt. Eine Zusammenstellung derselben wäre sehr willkommen.

[3]) So S. 27, 1. 33, 1. 68, 1. 69, 3. 75, 2. 98, 1. 132, 1. 170, 2. 226, 3. 233, 1. 272, 1. 280, 1. 282, 3. 284, 1.

[4]) Vgl. S. 127, 2 und dem gegenüber das verständige Urteil über Crassus' Feldzug gegen die Parther S. 174, 1. Die Entstellung der Nachrichten zugunsten Caesars S. 22 A. (unter Einwirkung Sallusts), 96 A. und Ciceros S. 98, 1 geht dagegen wohl schon auf die von ihm benutzte Quelle zurück.

die Biographie Thraseas die Hauptquelle, die wieder die ältere
Biographie des Munatius benutzt[1]); für das Ciceros eine Biographie, in der neben Ciceros Schriften vor allem auch die Tiros
verwendet ist; die große Einlage der dicta Ciceronis c. 24—27
geht direkt oder indirekt auf diesen zurück[2]). Für die sich überall
ergänzenden Biographien des Pompejus, Crassus und Caesar und
für große Abschnitte der übrigen hat Plutarch dagegen ein
umfassendes Geschichtswerk ausgezogen, und zwar bekanntlich
dasselbe, das auch Appian exzerpiert; im weitesten Umfang
stimmt er mit diesem inhaltlich und oft auch wörtlich überein[3]).
Diese Übereinstimmung reicht in einzelnen Abschnitten weit über
die caesarische Zeit hinaus; sie findet sich ebenso, neben andern
stark abweichenden Stücken, in der Gracchenzeit[4]), im mithridatischen Krieg, in der Erzählung von Hannibals Unterredung
mit Scipio und seinen letzten Schicksalen[5]). Schon dadurch ist
ausgeschlossen, daß, wie man eine Zeitlang geglaubt hat, Strabo
oder gar Asinius Pollio diese Quelle wäre[6]). Diese immer wieder
auftauchende Meinung wird weiter dadurch widerlegt, daß die
Quelle mehrfach arge Fehler begangen hat, so daß Pompejus im

---

[1]) S. 435, 3.
[2]) Zitiert wird Tiro c. 41 und 49; aber die Art der Anführung
zeigt, wie LEO, Griech.-röm. Biographie 163 ff. mit Recht betont, daß er
nicht etwa die Vorlage Plutarchs ist (wenn auch auf ihn gewiß noch
viel mehr zurückgeht). Ein Name für die biographische Hauptquelle
läßt sich nicht ermitteln; man könnte an Nepos denken.
[3]) So z. B. S. 33, 1. 68, 1. 78, 2. 113, 7. 144, 1. 172, 2. 231, 1.
246, 1. 250, 3. 450, 2. 529, 2 und an zahlreichen anderen Stellen.
[4]) Siehe meine Untersuchungen zur Gesch. der Gracchen (Kleine
Schriften S. 397 ff.).
[5]) Appian Syr. 10 f. = Plut. Tit. 21 und Pyrrh. 8, wonach er das
gleiche auch im Leben Scipios erzählte. Die Ansicht NISSENS, das Gespräch zwischen Scipio und Hannibal (das bekanntlich auch Livius
35, 14 aus Claudius entlehnt hat) gehe auf Polybios zurück, ist unhaltbar und jetzt von HOLLEAUX, Hermes 48, 1913, 75 ff. endgültig widerlegt; dessen Ansicht freilich, Scipio sei im Sommer 193 doch in Asien
gewesen, vermag ich nicht zuzustimmen.
[6]) Daß Plutarch die Angabe Pollios nur durch Vermittlung eines
griechischen Schriftstellers kennt, lehrt deutlich Caes. 46, s. S. 345, 2.

Jahre 55 nicht nur beide Spanien, sondern auch Africa als Provinzen erhalten habe (S. 158, 1), ferner die Übertragung des Auftretens eines Centurionen bei Octavians Forderung des Consulats im Jahre 43 auf Caesar und die Verhandlungen im Jahre 50 (S. 269, 2), sowie die schiefe Auffassung der Volkszählung Caesars in Rom (S. 417, 2), die sich allerdings auch bei Dio findet und vielleicht bei Livius vorkam. In der Erzählung von Caesars Übergang über den Rubico ist der Bericht des Asinius Pollio mit Caesars verfälschter Darstellung kontaminiert (S. 293, 1). Weiter wird Pollios Angabe über die Zahl der bei Pharsalos gefallenen Pompejaner bei Plutarch und Appian gegeben, bei Appian neben den Zahlen Caesars und anderer[1]). Auch Pollios Beurteilung Ciceros klingt bei Appian und Plutarch durch (S. 99 A). Daneben ist Livius gelegentlich bei Plutarch benutzt und zitiert[2]). Somit liegt bei Appian und Plutarch nicht eine Primärquelle zugrunde, sondern eine abgeleitete Darstellung, welche das in den grundlegenden Werken enthaltene vortreffliche Material meist umsichtig verarbeitet, aber dabei einzelne Fehler begeht[3]). Die Quelle ist, wie ja auch Appian ausdrücklich sagt, ein Werk, das die gesamte römische Geschichte behandelt hat[4]). Einen Namen dafür zu

---

[1]) Es seien nur 6000 Soldaten gefallen, die übrigen seien der aus Sklaven bestehende Troß im Lager (Plut. Caes. 46 = Pomp. 72. App. II 82). Caesar civ. III 99 gibt ungefähr 15000 gefallene Pompejaner, was bei Appian in 25000 entstellt ist. Ebenso stammen bei Appian 30 Centurionen und 200 Soldaten, die auf Caesars Seite gefallen sind (ἤ, ὡς ἑτέροις δοκεῖ, χίλιοι καὶ διακόσιοι), aus Caesar, den er aber nicht zitiert.

[2]) Außerdem zitiert er bekanntlich den Nepos und Marcell. 30. Brut. 53 sogar einen so sekundären Schriftsteller wie Valerius Maximus.

[3]) Aus derselben Quelle stammen auch die Reden, welche bei Appian II 50 ff. Pompejus und Caesar im Winter 49/8, vor Caesars Übergang nach Illyrien, halten; für die Rede des Pompejus sind wertvolle tatsächliche Notizen richtig verwertet (S. 291, 4. 300, 1. 301 A.) Ebenso in Caesars Rede an die Meuterer II 94 (S. 413, 2) und sonst (S. 415, 5). Ferner die Reden des Octavianus und Antonius III 17. 19 (S. 528, 2).

[4]) Vgl. Unters. zur Gesch. der Gracchen, Kleine Schriften 397 ff., wo ich es indessen noch mit Unrecht für denkbar hielt, daß Asinius Pollio die Quelle Appians und Plutarchs für die Bürgerkriege sei. Aber

finden, halte ich bei der Dürftigkeit unserer Überlieferung über
die späteren Historiker für aussichtslos; auch Juba, an den zu
denken nahe liegt und den Plutarch in den römischen Biographien sowie in den quaest. Rom. sehr oft zitiert, ist doch
dafür zu wenig greifbar, vor allem für die spätere Zeit[1]).

Sehr selbständig steht Dio Cassius dem von ihm verarbeiteten
Material gegenüber. Er ist ein wirklicher Historiker, der inmitten
des politischen Lebens seiner Zeit steht, und daher auch von der
Vergangenheit ein lebendiges, der Wirklichkeit und den in ihr
wirksamen Kräften entsprechendes Bild zu gewinnen strebt. Eine
fundamentale Neugestaltung des Stoffs auf Grund selbständiger
Durcharbeitung des ursprünglichen Quellenmaterials ist ihm so
wenig möglich wie irgendeinem andern der antiken Historiker
(und auch dem größten Teil der modernen Historiker vor der Entstehung der kritischen Geschichtsforschung des neunzehnten Jahrhunderts), wenn sie nicht die eigene Gegenwart darstellen. Aber
ebenso wie Polybios beschränkt er sich keineswegs auf ein einfaches Nacherzählen, sondern sucht die Überlieferung auf Grund
der durch eigenes Nachdenken gewonnenen Anschauung kritisch
zu gestalten; und wo er einen Anstoß findet, wo ihm das Berichtete
unwahrscheinlich oder unmöglich vorkommt, scheut er vor energischem Eingreifen und selbständigen Kombinationen so wenig
zurück, wie irgendein moderner Historiker[2]). Daß er dabei Irr-

---

er ist, wie erwähnt, von der benutzten Quelle herangezogen worden,
vielleicht sogar sehr stark.

[1]) Das gleiche gilt z. B. von Nikolaos von Damaskos' Geschichtswerk
und von Timagenes (vgl. S. 127, 2), die im übrigen für diese Quelle natürlich
nicht in Betracht kommen. Auch Fenestellas Annalen, die bei Asconius
wiederholt für Einzelheiten aus Ciceros Leben und ebenso bei Plutarch
Sulla 28. Crass. 4 herangezogen werden, bleiben für uns unfaßbar.
Das einzige größere Bruchstück Fenestellas aus dieser Zeit s. S. 129, 2.

[2]) So S. 73, 3. 87, 1. 88, 1. 125, 3. 158, 1. 242, 2. 370, 5. Ganz
selbständig und das überlieferte Material umgestaltend und neu disponierend verfährt er in der Zeit nach Caesars Ermordung. Er erledigt die Vorgänge in Rom nach der Leichenfeier ganz kurz und stellt
dann von Anfang an Octavian in den Mittelpunkt der Darstellung,
während er Antonius und ebenso die Senatspartei in den Hintergrund

tümer begeht und uns das Rohmaterial willkommener wäre, ist unvermeidlich; denn eine abgeleitete Quelle ist um so wertvoller, je sklavischer sie der Vorlage folgt und je unbedeutender ihr Verfasser ist. Aber das Werk selbst, das Dio geschaffen hat, ist natürlich ganz anders zu werten: seine römische Geschichte ist eine großartige Leistung, zumal in einer Zeit, in der wir sonst nur vollen Niedergang und Zersetzung und höchstens noch, wie auf juristischem Gebiet, die letzten schon gesunkenen Ausläufer der alten Kultur erblicken. Auch über die Persönlichkeiten hat er sich ein selbständiges Urteil gebildet, das seinen Erlebnissen entsprechend durchweg pessimistisch ist und die unlauteren und niedrigen Motive betont; bekannt ist seine scharfe Verurteilung Ciceros und Senecas. Besonderes Interesse wendet er durchweg den staatsrechtlichen Momenten zu, die überall in scharfer Formulierung gegeben werden. Daneben ist für ihn bekanntlich die volle Gläubigkeit an Vorzeichen charakteristisch[1]), in der sich der Geist seiner Zeit drastisch widerspiegelt. Mißgriffe und Irrtümer kommen gelegentlich vor[2]), aber als Ganzes ist seine Darstellung dieser Epoche ganz vortrefflich, und ich glaube, daß sie beträchtlich über der des Livius gestanden hat.

Daß Dio den Livius hier wie sonst in weitem Umfang, aber keineswegs als einzige Quelle, benutzt hat, ist zweifellos. Sonst

---

drängt und geringschätzig und vielfach im einzelnen verkehrt behandelt. Um sich durch die Wirren dieser Zeit den Weg zu bahnen und dem Leser ein möglichst übersichtliches Bild der unendlich verschlungenen Vorgänge zu gewähren, erzählt er zunächst die Vorgänge in Italien bis zum Triumvirat und den Proskriptionen, und holt dann erst die Geschichte des Brutus und Cassius sowie des Trebonius, Dolabella, Caecilius Bassus nach, verführt also hier nicht synchronistisch. Daß diese Anordnung sein Werk ist, ist klar; Livius hat, wie die periochae lehren, wesentlich anders disponiert.

[1]) Siehe S. 130, 1. 168, 1. u. a.

[2]) z. B. S. 15, 1. 41, 4. 111 A. 146, 2. 204, 1. 210, 2. 238, 3. 261, 1. 301, 2. 350, 3. 352, 2. 370. 5. Auch bei Dio findet sich die Einwirkung der verfälschten Darstellung Caesars bei den Verhandlungen zu Anfang des Bürgerkriegs, die bei ihm zu einer Dublette geführt hat, S. 301. 2.

ist Lucans Epos bekanntlich die Hauptquelle, aus der wir Livius' Darstellung erkennen können. Manche Einzelzüge und Äußerungen, wie die bekannte antithetische Charakteristik des Caesar und Pompejus (S. 314, 3), sind bei ihm erhalten; aber weder dies Epos, noch die bei Orosius, in den Periochae, bei Florus, Obsequens, Valerius Maximus und sonst erhaltenen kurzen Notizen[1]) reichen aus, um sein Werk wirklich zu rekonstruieren und zu erkennen, was er aus eigenem zur Gestaltung der Überlieferung beigetragen hat. Indessen der Verlust, den wir dadurch erlitten haben, ist nicht so groß, wie er vielfach geschätzt wird. Denn er steht von den Vorgängen viel zu weit ab, um als Primärquelle in Betracht zu kommen. Nach Hieronymus' Chronik ist er im Jahre 59 geboren, war also bei Caesars Ermordung eben erst 15 Jahre alt, mithin noch nicht fähig, die Ereignisse der vorhergehenden Epoche selbständig in sich aufzunehmen[2]). Als er zur Zeit der Begründung des Principats daran ging, sein Werk zu schreiben, und vollends, als er damit bis an die caesarische Zeit vorgedrungen war, war diese längst bearbeitet, und er darauf angewiesen, die ihm vorliegenden Darstellungen zu benutzen, im günstigsten Falle etwa in der Weise, wie Polybios in der Geschichte des hannibalischen und der folgenden Kriege die Primärquellen selbständig überarbeitet. Neues Material hat er schwerlich noch in irgendwie bedeutendem Umfang hinzugebracht oder hinzubringen können. Aus seiner ehrlichen Überzeugung hat er kein Hehl gemacht, wie er denn bekanntlich, trotz alles Enthusiasmus für die Regeneration des Römertums durch Augustus, seine Sympathien für die Republik und Pompejus nicht verleugnet hat — das vertrug sich ja auch in Wirklichkeit viel besser mit-

---

[1]) z. B. S. 98, 2. 351, 2. 435. 4. 469, 1. 500, 1. Bei Plutarch wird Livius wie nicht selten in den älteren Biographien, so im Caesar 47 (s. Anm. 2) und 63 (oben S. 514, 2) angeführt, bei Appian nur III 77, 315, falls die Korrektur Λιβίῳ für Αἴθωνι richtig ist, für den Aufstand des Bassus. Eine Berührung zwischen Appian und Livius s. S. 537, 4.

[2]) Eine Jugenderinnerung hat er in der Erzählung aufgenommen, daß Caesars Sieg bei Pharsalos an demselben Tage von einem Seher C. Cornelius in Patavium verkündet wird (Plut. Caes. 47. Obsequens 65; aufgenommen von Dio 41, 61, 4).

einander, als es den Anschein hatte, da Augustus trotz der Anknüpfung an Caesar in Wirklichkeit viel mehr der Fortsetzer des Pompejus war. Auch für historische Kritik und eine richtige Würdigung der Quellen hatte Livius Verständnis, wie die erhaltenen Bücher durch zahllose Einzelbemerkungen, durch die ständige Anführung der von den späteren Fälschungen völlig abweichenden Angaben der ältesten Annalen, durch die Verwertung des Polybios beweisen; er steht darin hoch über Dionysios von Halikarnaß. Aber Herr seines Stoffs ist er nicht geworden; ganz abgesehn von seiner starken rhetorischen Manier muß die Weichheit seiner Empfindung, die Neigung zu milder Beurteilung und zur Vertuschung häßlicher Szenen ihm eine wirklich zutreffende Schilderung der Revolutionszeit mit all ihrem Schmutz und ihren brutalen Verbrechen noch weiter erschwert haben[1]).

Nur um so deutlicher tritt, den individuellen Variationen der abgeleiteten Darstellungen gegenüber, sowohl die Vortrefflichkeit wie die Einheitlichkeit des zugrunde liegenden und von ihnen allen benutzten Materials hervor. Somit müssen wir als Grundlage für die gesamte Überlieferung über diese Zeit ein großes, alle Vorgänge bis ins einzelnste verfolgendes Geschichtswerk betrachten, auf dem direkt oder indirekt alle späteren Bearbeitungen fußen. Im Grunde ist die Aufgabe der modernen Geschichtsforschung nichts anderes, als dies Werk zu rekonstruieren und durch Einfügung des ciceronischen Materials zu kontrollieren und gelegentlich zu ergänzen; in der Auffassung und Beurteilung der so ermittelten Tatsachen und der Persönlichkeiten mag man dann seine eignen Wege gehn. Wer der Verfasser gewesen ist, wird sich freilich kaum ermitteln lassen; dafür ist eben unsere Kunde von der historischen Literatur viel zu dürftig, Fragmente fehlen für all die zahllosen Historiker nach Posidonios fast vollständig. Natürlich wird sich einem jeden zunächst der große Name des Asinius Pollio aufdrängen. Aber direkte Nachrichten über sein Werk besitzen wir so gut wie garnicht. Die Fragmente

---

[1]) Vgl. 98, 2 sein Urteil über Cicero. Bei der Verschwörung von 65 hat er wahrscheinlich, ebenso wie Sallust, die Beteiligung des Crassus und Caesar vertuscht, S. 21 Anm.

beschränken sich, abgesehn von ein paar für uns nicht in Betracht kommenden Notizen, auf die Charakteristik Ciceros (S. 98, 2), eine Notiz über die Schlacht bei Munda[1]), die Angabe über die Äußerung Caesars auf dem Schlachtfeld von Pharsalos nebst der von Caesar abweichenden Angabe über die Zahl der gefallenen Pompejaner[2]) und den Bericht über den Übergang über den Rubico[3]), in dem er Caesars gefälschte Darstellung berichtigt — für diese Vorgänge wird er als Augenzeuge von der Quelle Appians und Plutarchs verwertet. Zu diesen Angaben stimmt, daß er, wie Sueton bezeugt, sich über die Zuverlässigkeit der Berichte Caesars in seinen Kommentaren mit Recht sehr absprechend geäußert hat[4]): wenn er die Schuld der Fehler zum Teil auf unzuverlässige Berichterstatter und ungenaue Erinnerung schob und die Ansicht äußerte, Caesar selbst würde sie bei längerem Leben korrigiert haben, so ist das offenbar nur eine Konzession an den Divus Julius, an die er selbst schwerlich geglaubt hat[4]). Sonst wissen wir nur noch, daß sein Werk mit der Koalition der Machthaber im Jahre 60 begann[5]); und eben das spricht aufs stärkste dagegen, daß es die grundlegende Quelle ist. Denn die Überlieferung über die vorhergehenden Jahre trägt genau denselben Charakter wie nachher, ein Einschnitt ist nirgends erkennbar. Überdies ist Appians Darstellung der Bürgerkriege von der Gracchenzeit an in Auffassung und Tendenz durchaus einheitlich und aus einem Guß; das geht natürlich nicht auf ihn und auch nicht auf die von ihm selbst benutzte Vorlage, sondern auf die ursprüngliche

---

[1]) Sueton Caes. 55.
[2]) S. 345 und oben S. 609, 1.
[3]) Plut. Caes. 32 = Appian II 35, s. S. 293, 1. Daß Asinius Pollio die Quelle ist, geht aus Plutarchs Angabe πολλὰ δὲ καὶ τῶν φίλων τοῖς παροῦσιν, ὧν ἦν καὶ Πολλίων Ἀσίνιος, συνδιηπόρησεν ἀναλογιζόμενος κτλ. hervor.
[4]) Sueton Caes. 56 *Asinius Pollio parum diligenter parumque integra veritate compositos putat, cum Caesar pleraque et quae per alios erant gesta, temere crederet et quae per se, vel consulto vel etiam memoria lapsus perperam ediderit, existimatque rescripturum et correcturum fuisse.*
[5]) Horaz carm. II 1, vgl. S. 60, 2.

Darstellung zurück — übrigens weicht, was noch besonders betont werden muß, diese Auffassung von der des Livius aufs stärkste ab und stellt die Ereignisse in ganz andrem Lichte dar, als dieser[1]). Es wird nichts übrig bleiben, als uns zu bescheiden und wie für die Gracchenzeit so auch für die caesarische das Spiel mit Verfassernamen zu unterlassen[2]).

Um so weniger darf die Frage umgangen werden, woher das hier zusammengefaßte und verarbeitete Material stammt; und darauf ist eine Antwort allerdings möglich. Daß es durchaus zuverlässig ist, beweist die Kontrolle, die uns hier durch Ciceros Briefwechsel und Reden ermöglicht ist. Daß das darin vorliegende Material in weitestem Umfang benutzt worden ist, ist zweifellos[3]), gleichgültig, ob die Korrespondenz schon veröffentlicht oder noch in Privatbesitz war: wenn Nepos die Briefe Ciceros bei Atticus lesen konnte, wird dieser dem Asinius Pollio und andren die Einsicht ebensogut gestattet haben. So wird denn auch der Brief ad Att. VII 11, 3 bei Plutarch Pomp. 63, d. i. natürlich von der Quelle Plutarchs, zitiert (S. 300, 1), ebenso bei Livius der Bericht des Servius Sulpicius über Marcellus' Tod an Cicero fam. IV. 12 benutzt (S. 406, 4), bei Plutarch im Brutus 22. Cic. 45. comp. Dem. et Cic. 4 die Briefe des Brutus I 16. 17 — wie man an deren Echtheit zweifeln konnte, ist mir unverständlich —; und die Berührung der Geschichtsdarstellung mit Ciceros Briefwechsel

---

[1]) Siehe meine Unters. zur Gesch. der Gracchen, Kl. Schriften 397 ff.

[2]) Sonst wissen wir über Asinius Pollio noch, daß er sich für den Stil durch den Philologen Atejus Praetextatus beraten ließ, der für ihn *praecepta de ratione scribendi* verfaßte. Derselbe hatte früher für Sallust ein *breviarium rerum omnium Romanarum, ex quibus quae vellet eligeret* verfaßt (Sueton de gramm. 10). So mag er auch dem Pollio bei der Materialsammlung geholfen haben, wie er denn ein philologisch-antiquarisches Sammelwerk *(Hyle)* in achthundert Büchern zusammengebracht hat. Undenkbar wäre es nicht, daß dies Werk die große Fundgrube bildete, in der das Material geordnet vorlag und aus der die Historiker geschöpft haben.

[3]) In den Reden des Cicero und Fufius Calenus bei Dio lib. 45 u. 46 sind bekanntlich Ciceros Philippiken und Antonius' Antwort auf diese ausgiebig benutzt (vgl. S. 432, 3).

ist vielfach so eng¹) und die Schilderung seines Verhaltens bis
ins einzelnste so zutreffend, daß die Benutzung ganz evident ist.
Gleichartige Sammlungen lagen aus Caesars Nachlaß vor,
außer seinen Berichten an den Senat²) seine Briefe an Cicero
und *ad familiares* (S. 507, 1)³). Dazu kamen dann seit Caesars
Consulat die *acta diurna tam senatus quam populi* (S. 68). Wie
eingehend diese über die täglichen Vorgänge berichteten, zeigen die
bei Asconius erhaltenen Bruchstücke⁴). Aber auch schon für die
Zeit vorher, seit um die Mitte der sechziger Jahre wieder eine
genauere Kunde auf uns gekommen ist, trägt die Überlieferung
den gleichen Charakter, so daß auch da schon — und offenbar
weit hinauf bis in die Gracchenzeit — ein ähnliches, wenn auch
nicht so reiches Material vorhanden gewesen sein muß. Zum
Teil stammte dasselbe aus den Senatsprotokollen und den Akten
(*commentarii*) der Beamten, wie sie Polybios für die Darstellung
der Vorgänge in Rom vom Jahre 188 an benutzt; daneben aber
offenbar aus privaten Aufzeichnungen. Als Cicero im Jahre 51
in seine Provinz geht, besorgt ihm Caelius einen regelmäßigen
commentarius rerum urbanarum, der alle, auch die unbedeutendsten, Tagesereignisse verzeichnete⁵), und zu dem er dann die auf

---

¹) z. B. S. 83, 1. 98, 2. 132, 1. 299, 3. 460, 1 und sonst oft.

²) Diese Berichte, die viel umfangreicher waren als sonst üblich, und
daher auch äußerlich Buchform hatten *(quas primus videtur ad paginas
et formam memorialis libelli convertisse*, Sueton 56), hat er offenbar bei
Abfassung des Bellum Gallicum zugrunde gelegt und überarbeitet, vor
allem auch durch die Einschiebung geographisch-ethnographischer Exkurse.

³) Von den Briefen an Oppius und Balbus (Gellius 17, 9) sind in
Ciceros Briefwechsel Proben erhalten. Aus der Korrespondenz mit Cicero
findet sich in KÜBLERS Caesarausgabe III 2 p. 206 nur ein Zitat aus
dem dritten Buch, bei Servius in Verg. Georg. III 204 (III p. 293 THILO):
*Caesar testis est libro ad Ciceronem III: multa milia equitum atque
essedariorum habet*. Das gehört also in den britannischen Feldzug
des Jahrs 54 und zu dem Material, das Caesar dem Cicero für das darüber gewünschte Epos sandte (S. 202). Sonst findet sich noch ein Zitat
Caesar ad Pisonem: locellum tibi signatum remisi, aus Charisius
(KÜBLER p. 221), das inhaltlich nichts ergibt.

⁴) S. 105, 4. 215, 1.

⁵) ad fam. VIII 1, 1. 2, 2. 11, 4, und dazu Ciceros Äußerung II 8, 1.

uns gekommenen politischen Berichte schrieb. Ebenso werden
es andere vornehme Männer auch gemacht haben; sie mußten ja,
wenn sie in der Provinz oder im Felde tätig waren, über die Vorgänge in Rom genau orientiert bleiben. So wird es derartige
Berichte in Masse gegeben haben, analog den schriftlich ver-
breiteten Korrespondenzen und Journalen, welche als Quellen
der neueren Geschichte eine so große Bedeutung haben; und
natürlich ist dann derartiges Material im Altertum so gut wie in
der Neuzeit von den Historikern verwertet worden. Das gleiche
gilt übrigens auch von der Geschichte der hellenistischen Welt,
z. B. von den Details der Hofgeschichte des Lagidenreichs und
des Seleukidenreichs, die Polybios bewahrt hat; und die Anfänge
werden schon bis in den Anfang des vierten Jahrhunderts hinauf-
reichen, wie u. a. das Detail über Konon zeigt, das Theopomp
in dem Bruchstück aus Oxyrynchus hat geben können.

Zu diesem Material kommen dann die veröffentlichten Reden
und Pamphlete. Erhalten sind von dieser äußerst umfangreichen
Tagesliteratur außer den Reden Ciceros, von denen, soweit er
sie publiziert hat, wenigstens die Mehrzahl auf uns gekommen
ist, die unter Sallusts Namen überlieferte Invective Pisos gegen
Cicero aus dem Jahre 54 (S. 163 ff.) und seine beiden Schreiben
an Caesar[1]). Gleichartig waren die Reden und Pamphlete der
beiden Curio (S. 80, vgl. S. 19, 3. 22 A. 78, 3), des Memmius nebst
Caesars Antwort darauf (S. 93 f.), die Edikte des Bibulus (S. 81,
vgl. 22 A.), die Reden und Broschüren des Brutus (S. 79, 2.
211 A. 224, 4. 235, 1.), Varros Τρικάρανος (S. 80), die Schmähschrift des Caecina gegen Caesar (S. 400), sodann die zahlreichen Schriften über Cato (S. 436) und Brutus' Schrift *de
virtute* mit der Äußerung über M. Marcellus (S. 383); ferner

---

[1]) Erwähnt sei noch, daß bei Athenaeos VI 273 b ein σύγγραμμα des
L. Aurunculeius Cotta περὶ τῆς Ῥωμαίων πολιτείας in lateinischer Sprache
erwähnt wird (PETER, Hist. Rom. Rel. II p. LXI), das er kurz vor seinem
Tode im Winter 54/3 verfaßt haben muß, da er in ihm von Caesars Expedition nach Britannien redete. Weiter wissen wir darüber nichts; es
zeigt aber auch wieder, wieviel Literatur es gegeben hat, von der garkeine Kunde auf uns gekommen ist.

kamen natürlich auch die veröffentlichten und vielgelesenen Reden des Hortensius und des Calvus (S. 128, 1. 198) in Betracht. Daran reihen sich die anticaesarischen Schriften von T. Ampius Balbus (S. 400, 3. 520), Tanusius Geminus (S. 18. 22 A. 172 2.), M. Actorius Naso (S. 19, 3. 22 A.), die zum Teil die Geschichte dieser Zeit oder einen Abschnitt derselben behandelt zu haben scheinen. Harmloser waren die Sammlungen von Anekdoten und Aussprüchen berühmter Männer, vor allem Ciceros (durch Trebonius S. 384, und später durch Tiro), wie sie auch Caesar selbst verfaßt hat (S. 384, 2). Ferner gehört die Literatur über Cato hierher, die schon bei seinen Lebzeiten mit der Broschüre des Metellus Scipio gegen ihn (S. 436, 2) begann. Auch die poetische Literatur hatte politische Bedeutung, die Invectiven des Catull und Calvus (S. 198 f. 505, 1), des Voltacilius Pitholaus (S. 401, 1), des Furius Bibaculus (Tac. Ann. IV 34) gegen Caesar, Varros *Saturae*, auch der Mimus des Laberius (S. 387). Endlich gehört auch die bei Livius im Auszug erhaltene Broschüre hierher, welche Caesars monarchische Stellung in der Form einer Rede des Tiberius Gracchus im Scipionenprozeß angreift (S. 531 f.).

Von den größeren zeitgenössischen Geschichtswerken ist aus der an Pompejus anknüpfenden Literatur das seines Günstlings Theophanes wohl für seine Feldzüge erkennbar, aber nicht für die innere Geschichte Roms. Ganz ungreifbar ist Luccejus, von dessen historischen Arbeiten wir nur durch Ciceros Brief fam. V 12 Kunde haben, in dem er ihn vergeblich für ein Werk über sein Consulat zu gewinnen sucht. Posidonios, von dem er sich bei dem gleichartigen Versuch ebenso eine höfliche Absage holte (ad Att. II 1, 2), liegt uns für den Anfang der von uns behandelten Epoche noch in ein paar wohl zweifellos aus ihm geschöpften Fragmenten Diodors vor, darunter zwei Bruchstücken aus der Geschichte der catilinarischen Verschwörung (oben S. 29, 4). Daß er durchaus auf seiten des Pompejus stand, ist bei seiner Stellung ohnehin zweifellos und wird durch mehrere Fragmente über Pompejus' Auftreten in der Zeit Sullas bestätigt[1]); die

---

[1]) Diod. 38, 10. 20.

Zeit nach dem Abschluß der Feldzüge des Pompejus im Osten hat er nicht mehr behandelt[1]). Auch die letzten Ausläufer der vorlivianischen Annalistik sind hier anzuführen, so wenig sie wirklich maßgebende Darstellungen gewesen sein können. Aber eine und die andere wichtige Notiz wird in ihnen zu finden gewesen sein, wie denn Sueton aus Tubero die Angabe entnimmt, daß Caesar ursprünglich den Pompejus zum Erben eingesetzt hatte[2]).

Weit wichtiger sind dann die von den handelnden Persönlichkeiten selbst verfaßten Darstellungen ihrer Taten, die natürlich immer zugleich eine politische und persönliche Tendenz haben. Ganz unverhüllt trat diese in den prosaischen und poetischen Schriften Ciceros über sein Consulat hervor, an die sich seine *Anecdota* oder *de consiliis suis* anreihen[3]). Aber nicht minder beherrscht sie Caesars Commentarien, die uns glücklicherweise erhalten sind, zusammen mit der von Hirtius begonnenen Ergänzung und Fortsetzung und dem Rohmaterial für den afrikanischen und spanischen Krieg, freilich nur auf Grund einer einzigen stark verstümmelten Handschrift. Im übrigen ist das Corpus in der vorliegenden Gestalt offenbar bald nach dem Tode des Hirtius publiziert worden, von wem, wissen wir nicht, und wird so von Sueton Caes. 56 beschrieben[4]); zur Ausfüllung der im zweiten Buch des Bürgerkrieges gebliebenen Lücke, in der

---

[1]) In der vielumstrittenen Frage, wie weit sein Werk herabgereicht hat, halte ich für das Wahrscheinlichste, daß er ebenda geschlossen hat, wo Diodor abbricht, mit der Rückkehr des Pompejus und den unmittelbar anschließenden Ereignissen bis zum Jahre 59.

[2]) Caes. 83, S. 343, 1. Höchst unwahrscheinlich ist, daß bei Sueton 56, 7 der korrupte Text *feruntur et † ait vero ab adulescentulo (Caesare) quaedam scripta, ut Laudes Herculis, tragoedia Oedipus, item Dicta Collectanea* (s. S. 384, 2), *quos omnis libellos vetuit Augustus publicari in epistula, quam brevem admodum ac simplicem ad Pompeium Macrum, cui ordinandas bibliothecas delegaverat, misit,* mit REIFFERSCHEID und PETER *ut ait Q. Tubero* zu korrigieren sei.

[3]) S. 27, 1. 2. Bekanntlich hat auch Atticus eine griechische Schrift über Ciceros Consulat verfaßt (ad Att. II 1, 1. Nepos Att. 18, 6.)

[4]) Ciceros bekannte, auch von Sueton zitierte Äußerung Brut. 262 bezieht sich offenbar nur auf das Bellum Gallicum. Dagegen kennt Asinius Pollio offenbar auch das Bellum civile (vgl. S. 469, 2).

der mißglückte Feldzug in Illyrien im Jahre 49 hatte behandelt werden sollen (S. 357, 3), hat offenbar kein Material vorgelegen[1]). Daß Caesars beide Schriften durchweg von einer ausgeprägten Tendenz beherrscht sind, seiner Politik dienen und sie rechtfertigen sollen, und daher voll sind von Verschleierungen und argen Entstellungen, tritt an vielen Stellen klar zutage[2]).

An Caesars Schriften schließt sich in Charakter und Tendenz Sallusts Catilina an, obwohl er als Schriftsteller eine ganz andersartige Stellung beansprucht und den Thukydides zum Vorbild nimmt. Aber sachlich ist es eine geistvolle caesarianische Tendenzschrift, die vor starken Entstellungen keineswegs zurückscheut; darüber hat E. SCHWARTZ eingehend gehandelt[3]). Wie es scheint, hat er unter anderm die Darstellung des Tanusius Geminus berücksichtigt und korrigiert (S. 18, 2); andrerseits hat sein Werk, ebenso wie die Schriften Caesars, die grundlegende Darstellung, welche die Späteren benutzen, mehrfach beeinflußt[4]). Dieses Werk ist also jünger als Sallust, was auch ohnehin anzunehmen war; es wird in die Anfänge der augusteischen Zeit zu setzen sein.

Daneben stehn die Biographien Ciceros von Nepos[5]) und Tiro, die Catos von Munatius (S. 430), die Caesars von Oppius (S. 505, 2.

---

[1]) Die Annahme von KLOTZ, daß das Bellum Gallicum zahlreiche spätere Interpolationen geographischen Inhalts enthalte, halte ich für ganz unmöglich. Wohl aber sind derartige Einfügungen von Caesar selbst bei der Herausgabe im Winter 52/1 vorgenommen und an den von KLOTZ aufgezeigten Fugen erkennbar. Daß Caesar dabei seine alljährlich eingesandten Berichte an den Senat (S. 616, 2) ebenso wie die Berichte seiner Unterfeldherrn benutzt hat, ist selbstverständlich; aber die jetzt vielfach vertretene Ansicht, er habe die einzelnen Bücher bereits als selbständige Schriften publiziert, kann ich nicht für zutreffend halten.

[2]) Siehe über das Bellum Gallicum S. 94, 3. 142, 2. 173 A. 227, 1. 233, 2. 245. Über das achte Buch von Hirtius S. 252, 1. 2. 266, 3. 272, 1. Über das Bellum civile S. 282, 1. 290, 3. 291, 1. 2. 293, 1. 2. 297, 3. 302, 1. 307, 2. 4. 302, 1. 303, 1. 304. 1. 305. 1. 306, 2. 351. 365. 4. 469. 2.

[3]) S. 20, 3; vgl. 18, 2. 19. 25, 1. 29, 4. 32, 1. 34. 1.

[4]) S. 22 A.; vgl. 21 A. 32, 2 (Asconius benutzt Sallust direkt S. 18, 2. 19, 3).

[5]) Gell. XV 28, 1.

519, 4. 522, 5), die des Atticus von Nepos, weiter die Schriften des Empylos, Bibulus und Volumnius über Brutus[1]) und schließlich die Selbstbiographie des Augustus, die auch seine Jugendgeschichte nebst Caesars Ermordung behandelt hat. Sie ist auch von Nikolaos von Damaskus in dem größtenteils erhaltenen Eingang seiner Biographie des Augustus benutzt[2]); aber das reiche und gute Material, das hier gegeben wird und zum Teil fast wörtlich ebenso bei Sueton wiederkehrt[3]), kann wenigstens zum größten Teil nicht auf ihn zurückgehn, sondern muß aus einem detaillierten Bericht über Caesars Ermordung stammen.

Daneben findet sich bei ihm eine sehr naive offizöse Apologetik, welche Caesar von den ihm gemachten Vorwürfen entlasten und die Schuld auf seine Werkzeuge und falschen Freunde, vor allem auf Antonius schieben und zugleich die Mörder möglichst belasten will[4]). Umgekehrt findet sich eine eben so naive und unhistorische Apologie des Antonius in der von Dio 46, 1 ff. aufgenommenen Rede des Fufius Calenus gegen Cicero[5]), für die im übrigen die Antwort des Antonius auf die Philippiken in derselben Weise benutzt ist, wie diese für die Rede Ciceros bei Dio 45, 18 ff.[6]).

Abseits von den Geschichtswerken steht Sueton, der gemäß der Anlage seiner Biographien im Gegensatz zu Plutarch die Lebensgeschichte nur kurz berührt, dagegen ein um so reicheres Material zur Illustration der Persönlichkeit, Lebensführung und administrativen Tätigkeit zusammenstellt. Dabei sind die verschiedenartigsten Quellen benutzt, im Leben Caesars gelegentlich Fassungen zu seinen Gunsten (S. 56, 2), weitaus überwiegend aber ihm feindliche, zum Teil direkt gehässige und entstellende Angaben (z. B. S. 56, 4). In der Materialsammlung berührt er sich

---

[1]) Plut. Brut. 2. 13. 23. 48. 51; vgl. S. 535, 1.
[2]) Vgl. dazu E. Schwartz, Die Verteilung der römischen Provinzen nach Caesars Tod, Hermes 33, 1898. S. 205 ff.
[3]) S. 521, 1. 541, 2.
[4]) S 380, 1. 464, 5. 517, 5. 518, 3. 527, 2. 528, 2.
[5]) S. 432, 3. 528, 2.
[6]) S. 365, 4.

mit dem reichen Material, welches Asconius und auch die scholia Bobbiensia u. a. zur sachlichen Erläuterung der ciceronischen Reden zusammengetragen haben[1]). Natürlich hat Sueton auch die Geschichtswerke gekannt, und berührt sich daher vielfach eng, zum Teil fast wörtlich (z. B. S. 68, 1. 505, 2) mit Dio, Plutarch u. a. Aber es ist nicht zu vergessen, daß die Hauptereignisse dieser Zeit ihm und den andern Gebildeten natürlich völlig geläufig waren, und daß es daher verkehrt ist, jede einzelne Angabe auf eine bestimmte Quelle zurückführen zu wollen. Das gilt auch von dem kurzen, geschickt und mit Umsicht das Wichtigste heraushebenden Abriß des Vellejus Paterculus, der es verstanden hat, auf wenigen Seiten ein lebensvolles Bild der Zeit und der Persönlichkeiten zu entwerfen.

---

[1]) Ein großes Sammelwerk ähnlichen Inhalts hat unter Vespasian, nach seinem Rücktritt aus dem öffentlichen Leben, Mucianus begonnen, der bekanntlich gleichzeitig auch noch ein anderes großes Kollektaneenwerk zusammengeschrieben hat, aus dem Plinius zahlreiche Curiosa mitteilt. Jenes Werk erwähnt Tacitus in dem kurz vor Mucians Tod († 76) spielenden Dialogus 37: *nescio an venerint in manus vestras haec vetera, quae et in antiquariorum bibliothecis adhuc manent et cum maxime a Muciano contrahuntur ac iam undecim, ut opinor, Actorum libris et tribus Epistularum composita et edita sunt.* Daraus war zu ersehn, daß Pompejus und Crassus *non viribus modo et armis, sed ingenio quoque et oratione valuisse,* und ebenso die Lentuli, Metelli, Luculli, Curiones und andere Vornehme. Somit muß hier das Redenmaterial eingehend behandelt und durch die Akten erläutert worden sein.

Register

Die römischen Persönlichkeiten sind unter den Namen aufgeführt, unter denen sie bekannt sind, nicht unter den Gentilnamen. Für die Schicksale des Caesar, Cicero und Pompejus sind die Stellen nicht aufgeführt.

A

Acta diurna 68. 616.
M. Actorius Naso 19, 3. 22 A.
Adiatorix in Heraklea 493.
Aegypten 12. 14. 76. 126 ff. 477. 495, 2. 507.
Aelius Ligus (Tribun 58) 104. 106. 111 A.
Aemilier, Abstammung von Aemylus 510, 1.
L. Acmilius Paullus (cos. 50) 29, 2. 85. 200, 5. 253. 259. 261. 270.
Aesernia 66, 2.
L. Afranius (cos. 60) 52. 116. 130. 177. 316.
Afrika 490 ff.
Albanische Königstracht 509.
C. Albinius (Senator) 415 A.
Aledius 434. 506.
Alexandria, Brand der Bibliothek 499; Plan der Verlegung der Residenz nach Alexandria 521.
C. Alfius Flavus (Tribun 59) 70, 5.
Allobroger 488.
Amatius 380, 2.
T. Ampius Balbus 38. 400. 520.
Q. Ancharius (Tribun 59) 70.
Andron von Laodikea 493, 1.
L. Annalius (Senator) 158.
Antipolis 488.
L. Antistius (Tribun 58) 94.
Antonier, Abstammung von Hercules 510, 1. 528, 2.
C. Antonius (cos. 63) 23. 28. 44, 3. 73. 80. 340. 368. 374.
C. Antonius (Praetor 44) 357. 543, 1.

L. Antonius (Tribun 44) 461 f. 480, 3. 497, 1.
M. Antonius (cos. 44) 166, 2. 213. 266; Tribun 49: 268. 272. 280 ff. 288. 293. 350 f. 353. 355. 365, 4. 367; mag. eq. 48—47: 369 ff; Zerwürfnis mit Caesar 378 f. 403. 449. 458; cos. 44: 460 f. 485. 490. 513. 518. 527 f. 539. 541, 1. 542, 3. 543 f. Antwort auf Ciceros Philipp. 601, 1. 621.
Apamea 492.
Appian 601 ff.; Reden 604, 3.
P. Aquillius Gallus (Tribun 55) 156. 157 f. 171.
Arabion, Numiderhäuptling 491 f.
Arausio 488 A.
Arelate 487 f.
Aristoteles, polit. Theorien 179 f. 184.
Arretium 52. 62, 3.
Asconius 18, 2. 22 A. 23 A.
Asia, Steuern unter Caesar 501; Beschluß für Caesar 509.
P. Asicius 128, 1.
Asido in Spanien 486.
C. Asinius Pollio 292. 303, 1. 373. 506. 546 A.; Sein Geschichtswerk 98, 2. 345. 608 f. 613 f.
Astigi in Spanien 485, 1.
C. Atejus Capito (Tribun 55) 156. 157 f. 171 f.
Atella 414, 5.
Athen 503, 3.
Atilius Serranus (Gavianus), Tribun 57: 108.
M. Atius Balbus 65, 2.
T. Pomponius Atticus 383. 433.

494; Schrift über Brutus Familie
456, 3; Briefwechsel mit Cicero
592 ff. 619, 3.
Augustus s. Octavianus.
P. Autronius Paetus 16. 21 A. 32, 1.
Avenio in Gallien 488.
C. Avianus Philoxenus 249, 4.
Axius 601, 1. 605, 1.

B

Baeterrae in Gallien 488 A.
Cornelius Balbus 60. 148, 3. 254, 4.
275. 298, 2. 401. 402, 1. 430. 434.
440. 442. 505. 519; Cicero *pro Balbo*
148, 3; Briefe Caesars an ihn und
Oppius 306. 507; angebl. Schrift
über Caesar 505, 3.
Balbus minor, Neffe des Vorigen
(cos. 40) 298, 2. 387, 2. 484, 1.
505 f.
L. Minucius Basilus 357, 3. 537.
L. Bellienus 24, 4.
Bibliotheksplan Caesars 499 f.
Bibulus, cos. 59: 58. 69 ff. 83 f. 93.
570. 572; spätere Zeit 107. 130.
132. 229; in Syrien 238, 3. 243, 2.
258. 262, 3. 315; Edikte 22 A. 81;
— sein Sohn, Schrift über Brutus
535, 1.
Bovianum 66, 2.
Brithagoras von Heraklea 493.
bruti et Cymaei 530, 1.
D. Brutus 346. 457. 524. 537 f.
L. Brutus, Begründer der Republik
447. 531.
M. Brutus, Abstammung 456, 3;
Stellung seiner Familie 450 ff.;
Geburtsdatum 451 A.; erstes Auftreten 86. 224. 235. 605; nach Pharsalos, Stellung zu Cicero und Caesar
378. 383. 406, 4. 434. 442. 450 ff. 457.
516; Verschwörung 531. 533 ff.;
nach Caesars Ermordung 414, 3;
Stil 453 f.; Schrift gegen Pompejus und Caesar 79, 2. 211 A. 577, 2;
pro Milone 224, 4. 235; *pro Dejotaro* 452. 3; *de virtute* 378; *Cato*
434. 442. 451. 453 f.; griechische
Briefe 454 A.
Buthrotum, Caesar. Col. 494.
Byllis, Colonie 495, 1.
Byrebistas, Getenkönig 474. 475, 2.
476, 5.

C

Cabellio in Gallien 488.
Caecilius Bassus, Aufstand gegen
Caesar 386. 427, 3. 474, 1. 476, 6.
A. Caecina 400. 430.
M. Caelius Rufus 128, 2. 270, 1; Tribun 52: 217. 228. 231. 238; Aedil
51; 253; Uebertritt zu Caesar:
270, 1. 283 f. 288. 294 f. 352, 1.
353; Versuch der Gegenrevolution
366 f.; Cicero *pro Caelio* 23 A.
135, 2.
M. Caelius Vinicianus 253.
M. Caepio = Brutus 224,4.
Caerellia, Briefe Ciceros an sie 457, 2.
601, 1.
C. Caesar, Familie 335; Stammbaum
335. 509 ff.; Geburtsdatum 59, 2;
Krankheit 337, 1; Persönlichkeit
und Beurteilung 321 ff. 330 ff.
465 ff; Anfänge seiner Laufbahn
334. 340 f. 8 f. 12 ff.; Rede über
die Catilinarier 34 f; *dicta collectanea* und andere Schriften 384, 2;
de analogia 202; *Anticatones* 435 ff.
vgl. 173; *bellum Gallicum* 245.
616, 2. 620; *bellum civile* 469, 2.
619; über Iulus 511, 1; Briefwechsel 507, 1. 589, 2. 616, 3.
L. Caesar, cos. 64: 15. 296. 347, 2.
549; *praef. urbi* 47: 374.
L. Caesar, Sohn des Vorigen 296.
302. 347, 2. 583.
Caesarion 522 f. 525 f.
L. Caesetius Flavus (Tribun 44) 527.
530 f.
Calatia 415.
M. Calidius 283.
calles, provincia 58, 3.
Q. Calpenus 386, 1.
L. Calpurnius Bestia 39.
C. Licinius Calvus 128, 1. 132, 1.
133.
198. 201; Briefwechsel mit Cicero
596.
Campanien 14. 52 f..63 ff. 415. 488, 4.
L. Caninius Gallus (Tribun 56) 131.
161.
C. Caninius Rebilus (cos. 45) 307.
460.
Capena 415.
Capua 14. 63 ff. 111. 413, 1.
Casilinum 415.

Register 625

C. und P. Casca 528, 2. 537.
C. (?) Cassius (Tribun 56) 114 A.
C. Cassius Longinus (Praetor 44) 211. 377. 431. 503, 3. 517. 528, 2. 535 f.; nach Caesars Ermordung 414, 3.
L. Cassius (Tribun 44), Bruder des Vorigen 464, — ein anderer 536, 1.
Q. Cassius Longinus (Tribun 49) 268. 279 ff. 287. 350. 376.
Sp.Cassius, Hochverratsprozeß 558 f.
Castulo in Spanien 486.
Catilina 15. 16 ff. 454, 1.
C. Cato 79; Tribun 56: 114 A. 129 ff. 150 f. 198.
M. Cato (Uticensis), Persönlichkeit 218 ff. 295 f. 570 ff. 575 ff.; Geburtsdatum 576, 3; gegen die Catilinarier 35. 454, 1; Tribun 62: 37 ff.; die folgenden Jahre: 45. 47. 50 ff. 58. 69 ff. 92. 101; nach Cypern 89 f. 97. 152. 436, 2; Rückkehr 152 ff. 155 ff. 172 f.; Praetor 54: 76, 6. 161. 193. 195 ff.; gegen Pompejus 209 f.; Bündnis mit Pompejus 221 f. 229 f.; in den milon. Händeln 224. 232. 235 f.; Bewerbung ums Consulat 245; gegen Caesar 255. 262, 3. 284 f. 295; auf Sicilien 303, 1; im Bürgerkrieg 310. 315. 317. 369; Abtretung seiner Frau an Hortensius 219. 437; Schriften über Cato 434 ff., vgl. 173.
Catull 198f. 202. 250A. 337,1. 2. 505,1.
Q. Catulus (cos. 78) Censor 65: 12 f. 15. 32. 40.
Censoren 10. 12 f. 50. 96. 156, 1. 239. 270.
Chullu in Numidien 491.
M. Cicero, Persönlichkeit 119 ff. 330, 1. 393, 3; — de consulatu 27. 62, 1. 163; de consiliis 33. 124; Bericht an Pompejus 37; Gedicht über Caesars britannischen Feldzug 202. 616, 3; facetiae 384,vgl.Macrobius; — de lege agraria 14; pro Rabirio perduell. 15. 36. 550 ff.; in Catilinam 28 ff. 34 f.; pro Murena 24, 7. 219; pro Sulla 17, 1. 21 A. 31, 2; gegen Metellus Nepos 39, 4; in Clodium et Curionem 47, 3; pro Flacco 89; post red. 122, vgl. 105, 3; de domo 114 A. 122. 126, 1; de har.

resp. 137 ff.; pro Sestio 133. 135; in Vatinium 135; pro Caelio 23 A. 135, 2; de prov. cons. 146 f. 167, 4; pro Balbo 148. 3; in Pisonem 163 f. 103, 3; pro Plancio 24, 7. 199, 5; 200, 3; pro Scauro 194 f.; pro Vatinio 198 f.; pro Gabinio 206; pro Rabirio Postumo 207, 1; de aere alieno Milonis 213; pro Milone 235, 1. 236; pro Marcello 406 ff.; pro Ligario 403. 412; — de republica 177 ff. 241. 396, 2; de legibus 187. 410, 1; Brutus 383. 572; Orator 383. 434. 453, 1; Cato 383. 433 ff.; laudatio auf Porcia 454, 1; de officiis 190, 1. 387, 3. 399, 2; de divin. 529, 1. — Briefe: Beil. III. an Brutus 162, 5. 442, 5. 517, 4; 597 f.; ad Axium 605, 1; ad Caerelliam 457, 2. 601. 1.; ad Caesarem iuniorem 545, 3. 589, 2; ad Nepotem 393, 3. 498, 1. 601, 1.
M. Cicero, Sohn des Vorigen 433. 548.
Q. Cicero (Praetor 62) 109. 113, 7. 118. 121. 139 A. 144. 149. 347, 2. 377; — de pet. cons. 11, 1.
Q. Cicero, Sohn des Vorigen 347, 2. 377. 433. 446, 5.
L. Tillius Cimber 400, 3. 536.
L. Cornelius Cinna (Praetor 44) 527,2.
C. Helvius Cinna (Tribun 44) 525. 527.
Cirta in Numidien 491.
Claudia, erste Gemahlin des Brutus 452. ·
Appius Claudius, Praetor 57: 108. 111 A. 112. 115. 116. 137. 143; cos. 54: 161. 162,5. 191. 195 f. 198. 258. 599. 605; Censor 50: 172 A. 239. 266, 3. 270. 572, 1.
Appius Claudius, zwei Neffen des Vorigen 224. 268.
P. Claudius Pulcher, Prozeß Jahre 249: 559.
Clementia Caesaris, Tempel 514.
Clodia Βοῶπις, Gemahlin des Metellus Celer 48.
P. Clodius Pulcher, Anklage Catilinas 16. 22; Sakrileg 47 ff.; Adrogation 73; Tribun 58: 80. 87 ff. 93. 95 ff.; politische Ziele 103; Konflikte mit Pompejus 103 ff. 113 ff. 131 ff.; Versöhnung 137.

Meyer, Caesars Monarchie 40

142; gegen Cicero 31, 2. 138 ff.;
späteres Auftreten 150 ff. 201, 1;
Tod 212 ff.
S. Clodius 133. 215. 237. 366.
C. Clovius, praef. urbi 45: 430, 2.
Clupea in Afrika 491.
Cluvius, Ackerkommissar 414, 5.
Comitien, nicht besucht 187. 212, 7.
461, 2; Centuriatcomitien 555.
562.
Novum Comum, Gründung durch
Caesar 92, 4. 249.
Concordia nova, Fest 515.
M. Considius Nonianus 291, 1.
Q. Considius Gallus 84.
Corduba in Spanien 484. 337, 1.
Cornelia, Gemahlin des Pompejus
237.
Q. Cornificius 235. 471, 4.
Cosconius, Ackerkommissar (Praetor 63) 65, 3.
L. Cotta (cos. 65) 8. 16; Censor 13, 4.
291, 1; Quindecemvir 529.
Cotta, Tribun 48 (?): 351, 2.
L. Aurunculeius Cotta, Schrift über
röm. Verf. 617, 1.
Crassipes, Ciceros Schwiegersohn
169.
M. Crassus 8 f.; Censor 65: 12 f.;
Umtriebe, Verbindung mit Catilina 13 ff. 23 ff. 27. 32, 1; Gegensatz gegen Pompejus 37 f. 46 f.
51 ff.; Verbindung mit ihm und
Caesar 56. 59. 78. 100. 124. 130 ff.
137. 142 f.; cos. 55: 153 ff. 158 ff.;
Versöhnung mit Cicero 162 f. 168 f.;
Partherkrieg 165. 170 ff. 174 f.
211.
P. Crassus, Sohn des Vorigen
154.
Cura morum 420.
C. Curio (cos. 76) 12, 2. 47. 80. 85.
99. 132; Reden 19, 3. 22 A. 78, 3;
Dialog 81, 1.
C. Curio, Sohn des Vorigen 47. 81.
83. 85 f. 209, 3; Tribun 50: 253.
259 ff. 276; im Bürgerkrieg 279.
281. 284. 288. 302, 1. 350 f.; Reden
78, 3.
Q. Curius 32.
C. Curtius aus Volaterrae 414, 1.
464, 1.
M. Curtius Postumus 463, 1.
Curubis in Afrika 491.

D

Dakerkrieg Caesars 474 f. 476, 5.
Decidius Saxa, Celtiberer 464, 1.
Dejotarus 424, 1. 452, 4.
Demetrius, Freigelassener Caesars
507, 3.
Didius, Verfasser der Schrift gegen
Sallust 164, 1.
Dikaearch 442.
Dion von Alexandria 128.
Dio Cassius 610 f.; Reden 621.
Dionys von Halikarnaß 557, 1.
559 A.
Cn. Dolabella, von Caesar angeklagt
340.
P. Dolabella, Geburtsdatum 444, 2;
Anschluß an Caesar 305, 2. 347.
357, 3; Tribun 47: 373 ff. 379;
von Caesar begünstigt 383. 400, 3.
443; Consul 44: 461. 520. 541, 1.
L. Domitius Ahenobarbus 86; Praetor 58: 93; Bewerbung ums Consulat 55: 136. 153 f.; cos. 54: 161.
176. 191. 195 f.; Quaesitor im
Proceß Milos 232; Persönlichkeit
196. 247, 2. 570. 572. 574 ff.; im
Bürgerkrieg 266, 3. 287. 290. 314.
Cn. Domitius, Sohn des Vorigen
536, 5.
Cn. Domitius Calvinus, Tribun 59:
70; cos. 53: 194. 195 f. 208. 211;
unter Caesar 371, 1. 523, 4.
DRUMANN, Vorrede S. VI. 35. 48, 2.
63, 1. 74, 3. 323. 368, 2. 414, 1.
459 A. 494, 2. 533. 536, 5.

E

Ebora in Lusitanien 486.
Emporiae in Spanien 486.
Empylos, Schrift über Brutus 535, 1.

F

Faberius, Caesars Sekretär 506.
Q. Fabius Maximus (cos. 44) 459.
Q. Fabricius (Tribun 57) 108.
M. Fadius Gallus, Schrift über Cato
435. 444.
C. Fannius (Tribun 59) 70. 573 A.
Fausta, Gemahlin Milos 216, 2. 224.

M. Favonius 72. 117. 128. 132. 145. 157. 571; Aedil 53: 220; in den milonischen Händeln 224. 253; im Bürgerkrieg (Praetor 49) 295. 309. 314. 317; bei Caesars Ermordung 538.
Felicitas, Tempel 497.
Fenestella, Annalen, 22, 2. 129, 2. 610, 1.
FERRERO 329 ff.
L. Flaccus (Practor 63) 89.
L. Flavius, Tribun 60; 52. 54; Praetor 58: 103. 105, 1.
Forum Iulii in Gallien 481, 4.
Fuciner See 497.
Q. Fufius Calenus, Tribun 61: 45. 47; Praetor 59: 77. 81. 23 A.; bei den milonischen Händeln 231; im Bürgerkrieg gegen Megara 503; cos. 47: 381; Rede bei Dio: 432, 3. 528, 1. 601, 1. 615, 3. 621.
Fulvia, Gemahlin des Clodius, Curio, Antonius 214. 260. 449, 1.
Fulvius Setinus oder Furius Leptinus 386, 1.

G

A. Gabinius, cos. 58: 79. 91. 97. 99. 103 ff.; in Syrien 145, 2. 165 ff.; Processe 202 ff. 365; Gesetze 130. 356.
Gades 57. 483. 503.
Servius Galba (Praetor 54) 197. 267. 536. 537.
M. Gallius 376.
L. Gellius Poblicola (Censor 70) 10.
Col. Genetiva in Spanien 485. 66 A.
Geten s. Daker.
Getreideversorgung Roms 416 f.
Gracchen 186.
Tib. Gracchus, fingierte Rede unter seinem Namen gegen Caesar 531 f.
Granius Flaccus *de indigitamentis* 512.

H

Hadrumetum in Afrika 502.
Hannibal, angebliche Unterredung mit Scipio 608.
Hasta in Spanien 486.
HEEREN 322 f.
Helvius Cinna s. Cinna.
Helvius Mancia 156, 1. 577, 2.
Heraklea am Pontos 492.
C. Lucilius Hirrus (Tribun 53) 192. 209 f. 253 f.
A. Hirtius 275; Practor 46: 382. 383. 400. 430, 3. 446, 5. 471. 505; Schrift über Cato 435; *Bell. Gall.* VIII: 620, 3.
Hispalis in Spanien 484.
Horatius, Perduellionsproceß 556 f.
Q. Hortensius, cos. 69: 18. 99. 130. 133. 160. 195; in den milonischen Händeln 224. 231. 253. 562; Ehe mit Catos Frau 219. 437.
Q. Hortensius, Sohn des Vorigen 292. 357, 2.
P. Plautius Hypsaeus, Tribun 56: 130; Kandidat für das Consulat 52: 211. 213. 216. 223. 237.

I

Ilion 511. 521.
Illiturgi in Spanien 486.
Illyrien unter Caesar 472.
Juba, Geschichtswerk 610.
Juden, unter Caesar 381, 2. 418, 2. 496.
Julia, Caesars Tochter, Pompejus' Gemahlin 78. 106. 155, 4. 176. 386.
Julus, Ahne Caesars 509. 510 f. 525.
Junia Tertia, Cassius' Gemahlin 450, 2.

K

Karthago 490. 495, 4.
Karthaia auf Kos, Dekret für Caesar 510 A.
Katana auf Sicilien 489.
Kentoripa auf Sicilien 489.
Kios 492, 4.
Kleopatra 521 f. 525 f.
Knidos 507.
Korinth 493 f.
Kratippos, Peripatetiker 483, 3.
Kymaeer = Dummköpfe 330, 1.

L

Antistius Labeo 538, 3. 4.
T. Labienus, Tribun 63: 15. 38.
 549 ff.; im Bürgerkrieg 251, 289.
 302. 308. 313. 317. 346.
D. Laberius, Mimen 387. 525, 2.
Lacetaner in Spanien 467, 2.
D. Laelius 373.
T. Lamia 99.
Laodikea 493, 1.
M. Juventius Laterensis 75 f. 86.
 199, 5.
Latinisches Recht unter Caesar 489.
Legionen Caesars 143. 145. 265.
 476 ff. 487, 3; *legio V Alaudae* 252.
 476. 480; des Pompejus und
 Crassus 170, 1. 242. 311 f.
Cn. Lentulus Clodianus (cos. 72,
 Censor 70) 10.
L. Lentulus Crus (cos. 49) 267. 274.
 281 ff. 298, 2. 306, 2. 313. 317. 569.
 572, 1.
Cn. Lentulus Marcellinus (cos. 56)
 110 A. 126. 131 ff. 136. 150 f.
L. Lentulus Niger, Flamen Martialis
 85. 204.
P. Lentulus Spinther (cos. 57) 106.
 108. 112. 116, 2. 126 ff. 317. 572, 1.
P. Lentulus Sura (cos. 71, Praetor
 63) 30.
M'. Lepidus (cos. 66) 350, 1.
M. Lepidus, Interrex 52: 216; Praetor 49: 351. 355; cos. 46: 381;
 mag. eq. 385. 428 f. 448. 471, 3.
 476, 4. 498, 1. 522. 539, 3.
Leptis in Afrika 503.
lex curiata 291. 313.
lex Iulia municipalis 425 f.
L. Scribonius Libo (Tribun 56) 130.
 156, 1. 299. 307. 314 A.
C. Licinius Macer (Tribun 73), der
 Historiker 8, 1. 42, 2. 556.
C. Licinius Calvus, sein Sohn, siehe
 Calvus.
Q. Ligarius 412. 424, 1. 536, 5.
Aelius Ligus s. Aelius.
Livius 309. 609. 611 ff.; über Cicero
 98, 2; über Pompejus und Caesar
 314, 3. 469, 1. 514, 2. 548, Rede des
 Tiberius Gracchus gegen Scipio
 531 f.
L. Lucullus 9. 51. 70. 75. 86. 130.
Lucans Pharsalia 612.

L. Luccejus 24. 58. 128. 162. 432, 2.
 618.
L. Luscius 24, 4.
Lusitanien 486.

M

Macrobius, Witze Ciceros 381, 2.
 384, 2. 387, 2; Laberius' Prolog
 387, 1.
Num. Magius, *praef. fabrum* des
 Pompejus 305 f.
P. Mallius aus Pompeji 464, 1.
Mamilius, *lex Mamilia* 66 A.
Mamurra 504. 519.
C. Manlius, Aufstand 63: 27.
M. Manlius, Perduellionsproceß 558.
C. Marcellus (cos. 50) 228. 253. 259.
 261 ff. 271 ff. 310. 350, 1. 405.
C. Marcellus, Vetter des Vorigen
 (cos. 49) 267. 274. 281. 283. 291.
 310.
M. Marcellus, Bruder des Vorigen
 27; cos. 51: 245 ff. 264. 282 f. 310;
 Exil, Rückberufung und Tod:
 383. 404 ff. 455, 1.
Marcia, Catos Frau 219. 437.
Q. Marcius Rex (cos. 68) 12.
Mars, Tempel Caesars 498.
C. Epidius Marullus (Tribun 44) 527.
 530.
Massilia 487 f. 500, 2.
C. Matius 340, 1. 506. 520, 3. 522, 5.
Megara 502.
C. Memmius (Praetor 58) 93. 194 ff.
 208, 4. 237.
M. Valerius Messalla, cos. 61: 47.
 65. 65, 3. 116; Censor 55: 156, 1.
M. Valerius Messalla (cos. 53) 161.
 195. 208. 210. 253. 376.
C. Messius (Tribun 57) 116.
L. Metellus (Tribun 49) 352. 372.
Q. Metellus Celer, Praetor 63: 15.
 39, 5. 48. 543. 554. 2; cos. 60:
 52 ff. 72. 74, 3.
Q. Metellus Creticus (cos. 69) 41.
 51.
Q. Metellus Nepos, Tribun 62: 37 ff.;
 Praetor 60: 51; cos. 57: 108. 110 A.
 112 f. 115 f. 143. 157.
Q. Metellus Pius Scipio 27; cos. 52:
 212. 216. 217, 4. 223 f. 237. 239.
 254; im Bürgerkrieg 283 f. 290.

308. 314; Schrift gegen Cato 212. 436, 2.
Mileu in Numidien 491.
Milo (Tribun 57) 109. 114 f. 131 f. 140; Kandidat für das Consulat 52: 209. 212 f. 214 ff.; Prozesse 234 ff.; Ausgang 366. 369.
Q. Minucius Thermus (Tribun 62) 40.
MOMMSEN, Vorr. S. VII. 4. 30. 35, 1. 35 f. 55, 2. 59, 2. 65, 2. 139 A. 141 f. 218 f. 227, 1. 324 ff. 420, 2. 457, 2. 487, 3. 508. 533. 556, 2. 558. 577 A. 603, 1. 605.
Mucia, Pompejus' Gemahlin 45, 3. 52. 78. 115.
Mucianus, antiquarisches Sammelwerk. 622, 1.
Q. Mucius Orestinus (Tribun 64) 23.
Munatius, Freund Catos, 40; Schrift über Cato 435, 3. 436. 608.
Munatius Plancus s. Plancus.
Murena (cos. 62) 39, 1. 40.

N

Narbo, Narbonensis 487 ff.
Nemausus 488.
Nepos 608, 2. 609, 2. 620; Briefwechsel mit Cicero 393, 3. 498, 1. 601, 1.
Ti. Nero. Vater des Kaisers 488.
NIEBUHR 321 f.
Nigidius Figulus 400, 3.
Nikolaos von Damaskos 610, 1; Biographie des Augustus 374,1. 458, 5. 380, 1. 464, 6. 517, 4. 518, 3. 527, 2. 528, 2. 621; Berührungen mit Sueton 521, 1. 541, 2.
L. Ninnius Quadratus (Tribun 58) 97. 99. 104.
H. NISSEN 465.
Norba in Lusitanien 486.
L. Novius Niger, Quaestor 62: 32; Tribun 58: 105, 4.
Q. Numerius (Tribun 57) 109.

O

Octavia, Caesars Großnichte 228. 405.
C. Octavius, Octavian 458. 464. 523 f.; aus späterer Zeit 471, 4. 487, 3. 543 ff. 621. — Principat des Augustus 176. 189. 419. 420, 2. 463. 468. 481 f. 510. 512. 516. 521. 548; Schrift gegen Brutus' Cato 435, 1.
Octavius, gegen Pompejus und Caesar 79, 2.
A. Ofilius, Jurist 499.
Olisipo in Lusitanien 480.
C. Oppius 201 A. 349. 353, 5. 401. 430. 433. 440. 442. 505; Biographie Caesars 505, 2. 519, 4. 522, 5; Briefe Caesars an ihn und Balbus 507. 306.
Orca, Ackerkommissar 414, 4. 5.
Osset in Spanien 484.

P

Panaetios 178, 1.
Panormos auf Sicilien 489.
C. Vibius Pansa 378 A. 400. 3. 458. 471.
Partherkrieg des Crassus 170 ff. 174 f. 211. 252; Caesars 473 f.
L. Aemilius Paullus (cos. 50) siehe Aemilius.
M. Papirius 103.
C. Papius (Tribun 64) 13.
Q. Pedius 458. 524, 1.
Pergamon, Dekret für Caesar 510 A.
Petronia amnis auf dem Marsfeld 541.
Pharos, angebliche Kolonie Caesars 495, 2.
L. Marcius Philippus (cos. 56) 147. 150. 152. 291, 1. 519. 545.
L. Philippus, Sohn des Vorigen (Tribun 49) 291.
L. Pinarius 524, 1.
C. Piso (cos. 67) 12, 1. 32.
C. Piso Frugi, Ciceros Schwiegersohn 86. 98, 1. 167.
Cn. Piso, Quaestor pro praetore in Spanien 17 ff. 20.
L. Piso, Caesars Schwiegervater 78; cos. 58: 91. 95. 97 ff. 103. 107. 163 ff. 166; Censor 50: 239. 261 f. 271 f.; im Bürgerkrieg 284. 301. 351. 367. 404.
M. Pupius Piso s. Pupius.
Cn. Plancius 199, 5. 200, 3. 432.

C. Munatius Plancus = L. Plotius Plancus 494, 2.
L. Plancus, Bruder des Vorigen, *praef. urbi* 45: 430, 2. 494, 2.
T. Plancus Bursa, Bruder des Vorigen (Tribun 52) 214. 216. 224. 231 f. 235. 238. 387, 3.
Plato 178. 184. 187. 190.
A. Plautius (Tribun 56) 131.
Plautius, Tribun 70 (?): 341.
L. Plotius Plancus (= C. Munatius Plancus) 494, 2.
Plutarch 607 ff.
Polybios 180.
Pomerium 498.
Pompeji 464, 1.
Pomptinische Sümpfe 497.
C. Pomptinus, Praetor 63: 92; Triumph 107 f.
Pompeja, Caesars Gemahlin 48.
Cn. Pompejus Strabo (cos. 89) 249.
Cn. Pompejus Magnus, dessen Sohn 1—318.
Cn. Pompejus, dessen Sohn 369. 431.
S. Pompejus, dessen Bruder 467, 2.
Q. Pompejus Rufus (Tribun 52) 209 f. 215 ff. 220, 1. 223. 238.
Pontius Aquila (Tribun 45) 450, 2. 458. 536, 5.
Porcia, Gemahlin des Bibulus und Brutus 452. 535. 1.
Porcia, Catos Schwester, Gemahlin des Domitius Ahenobarbus 454, 1.
Posidonios 29, 4. 178, 1. 456, 3. 618 f.
L. und T. Postumius 571. 572 f.
Procilius 201, 1.
Praeneste 66, 2.
Prusias (Kios) 492, 4.
Ptolemaeos Auletes 14, 1. 76. 127 ff. 166. 207, 1.
Publilia, Ciceros Gemahlin 432, 3.
Publilius Syrus, Mimen 387.
M. Pupius Piso (cos. 61) 41. 45. 47.

Q

Quaestur, keine Altersgrenze dafür 451 A. 576, 3.
Numerius Quintius (Tribun 56) 116.
Quirinus 447. 449.

R

C. Rabirius 15. 549 ff.
C. Rabirius Postumus 207, 1.
L. Racilius (Tribun 56) 114 A. 133.
Regium in Gallia cisalpina 414, 5.
Rhodos, Verfassung 241. 2. 396, 2.
L. Roscius (Praetor 49) 284. 296. 302. 354.
Romulus und Caesar 447. 449. 512.
lex Rubria 354, 3.
Rufinus, Sohn eines Freigelassenen Caesars 507.
Rullus, Tribun 63, Ackergesetz: 13 f.
Ruscino in Gallien 488.
Rusicade in Numidien 491.
M. Rutilius, Ackerkommissar 415 A.
P. Rutilius Lupus, Tribun 57: 126. 130. 136; Praetor 49: 350, 1.

S

Sallust, Tribun 52: 216. 224. 231. 238; im Bürgerkrieg 357, 3; Praetor 47: 381. 382; in Numidien 389. 393, 3. 492. 587; Invektive gegen Cicero 163 ff.; Antwort darauf (von Didius) 164, 1. 216, 2. 381, 1. 587, 1; *ad Caesarem senem* 357 ff: 389 ff. 409 f. Beil. II; *Catilina* 20, 2. 25, 1. 34, 1. 581, 3; über Cato und Caesar 571; über seine Laufbahn 580 f. 588, 1. Rede des Licinius Macer 42, 2.
Cn. Sallustius, Ciceros Berater 205.
Salustius, Proquaestor in Syrien 164, 1. 265, 2.
Scallabis in Lusitanien 486.
Saufejus 237.
Q. Scaevola (Tribun 54) 197.
M. Scaurus (Praetor 56) 194. 203. 237.
C. Scipio in Comum 249.
Scipio Africanus maior 185; Gespräch mit Hannibal 608; angebliche Rede gegen Tib. Gracchus 531 f.
Scipio Africanus minor bei Cicero *de rep.* 184.
Metellus Scipio s. Metellus.
O. E. Schmidt 454, 2. 465. 540. 2. 595. 605 f.
Ed. Schwartz 20, 2. 533. 544, 2.

Serranus (Tribun 57) 114 A. 116.
Servilia, Brutus' Mutter 86. 450, 2. 452, 2.
Servilia, Catos Stiefschwester 437.
Q. Servilius Caepio 78.
P. Servilius Isauricus (cos. 79) 15. 130. 146; Censor 55: 156, 1.
P. Servilius Isauricus, Sohn des Vorigen 132; Praetor 54: 197. cos. 48: 367. 368. 370. 371, 1. 408.
P. Sestius (Tribun 57) 106. 109. 133. 135, 2. 304, 2. 430, 2.
Shakespeare, Auffassung Caesars 466. 528, 1. Rede des Brutus 454 A.
Sibyllenorakel 129. 202. 204, 2. 529.
Sicilien 489 f. 501.
Sinope 492.
P. Sittius 17. 20. 491 f.
C. Sosius (Praetor 49) 350, 1.
Spurinna, Haruspex 526, 2.
Statilius 538, 4.
Sueton 621 f.
Sufenas (Tribun 56) 198.
Sulci auf Sardinien 503.
Faustus Sulla 78. 225. 228. 535.
P. Sulla 16. 17, 1. 21 A. 114 A. 376. 399, 2.
Servius Sulpicius Rufus, Interrex 52: 229; cos. 51: 245 f. 257 f.; im Bürgerkrieg 350. 381. 406. 410.
Syrakus 489.

T

Tacitus über Pompejus' drittes Consulat 240 f.; über Oppius und Balbus 430, 5.
Tanusius Geminus 18, 2. 22 A. 172, 2.
L. Tarquinius, Denunziant 31.
Tarraeo 486.
Terentia, Ciceros Gemahlin 48. 164, 1.
Terentius (Tribun 54) 196, 4.
Q. Terentius Culleo (Tribun 58) 105.
Thapsus in Afrika 503.
Theophanes v. Mytilene 127. 618.
Theophrast 80, 6. 440.
Theopomp, der Historiker 80. 438 f. 617.
Theopompos v. Knidos 507.
lex *Thoria* 67, 3.
Thrasea über Cato 608.

L. Tillius Cimber 400, 3. 536.
Timagenes 127. 610, 1.
Tiro 589. 590. 596 f. 601, 1; Leben Ciceros 608.
Tolosa in Gallien 488.
A. Torquatus 232. 431, 2.
L. Torquatus (cos. 65) 16. 18. 22. 24, 4.
L. Torquatus, Sohn des Vorigen 21 A. 31, 2.
Transpadaner 12. 248 f. 345 f. 354.
C. Trebatius 208 A. 306, 2. 499. 519.
L. Trebellius (Tribun 47) 374.
Trebianus 400, 3. 402, 2.
C. Trebonius, Tribun 55: 157. 158, 1; Praetor 48: 368. 448; cos. 45: 459; Verschwörung gegen Caesar 448. 537 f.; Sammlung von Ciceros *jacetiae* 384, 2.
Cn. Tremullius Scrofa 65, 2.
P. Triarius 195.
Tubero, Annalen 342, 1. 619, 2; Anklage des Ligarius 403, 1.
Tusculum 415.

U

Ucubi in Spanien 486.
Ulia in Spanien 485.
Urgia in Spanien 486, 5.
Urso (Col. Genetiva) in Spanien 485.
Utica 76. 490. 502.

V

L. Valerius (Praetor 46) 381, 2.
L. Valerius Flaccus, Praetor 63: 560, 1; Proceß 89.
Valerius Maximus 83, 1. 609, 2.
Valerius Messalla s. Messalla.
M. Varro, Ackerkommissar 65; Legat des Pompejus 177: Bibliotheksplan 499; Τριχάρανος 80; über Sallust 216, 2. 587, 2; *libri rerum divinarum* 512.
P. Vatinius, Tribun 59: 71 A. 73. 76, 5. 77. 84. 86. 92. 94, 2. 135; Praetor 55: 155; Proceß 198 ff.; unter Caesar 308; cos. 47: 381. 474.
Veji 66, 2. 415.
Vellejus Paterculus 622.

Venafrum in Samnium 66, 2.
Venus Victrix und Genetrix 510. 522.
Vercingetorix' Aufstand 226 f. 233 f. 243. 247. 330. 446.
L. Vettius 32 f. 84 ff.
C. Vibienus 100.
L. Vibullius Rufus 144. 306, 3. 309.
Victoria Caesaris, Spiele 389, 1. 448.
Vienna in Gallien 488.
Vocontier 489.
Volaterrae 53. 62, 3. 414, 5. 464, 1.
L. Volcacius Tullus (cos. 66) 16. 130. 295 f. 350.

Arekomische Völker 488.
L. Voltacilius Pitholaus, *carmina* und Geschichtswerk 101, 1. 460, 1.
Volturnum in Campanien 415, 6.
Volumnius, Schrift über Brutus 621.

Z

Zama in Numidien 502.
Zinsen und Zinsgesetze 196. 356 f. 367. 368. 378 f. 391 f. Vgl. 24. 26. 56 f.

Anzeigen des Cotta'schen Verlages

Eduard Meyer
Geschichte des Altertums

Erster Band. Erste Hälfte: Einleitung. Elemente der Anthropologie. 4. Auflage. (Omnitypie-Druck)

Erster Band. Zweite Hälfte: Die ältesten geschichtlichen Völker und Kulturen bis zum sechzehnten Jahrhundert. 4. Auflage. (Omnitypie-Druck)

Zweiter Band: Geschichte des Abendlandes bis auf die Perserkriege. 2. Auflage in Vorbereitung

Dritter Band. Das Perserreich und die Griechen. Erstes und zweites Buch: Bis zu den Friedensschlüssen von 448 und 446 v. Chr. Mit einer Karte. 2. unveränderte Auflage, neuer Abdruck

Vierter Band: Das Perserreich und die Griechen. Drittes Buch: Athen (vom Frieden von 446 bis zur Capitulation Athens im Jahre 404 v. Chr.) 2. unveränderte Auflage, neuer Abdruck

Fünfter Band: Das Perserreich und die Griechen. Viertes Buch: Der Ausgang der griechischen Geschichte. 3. Auflage. (Omnitypie-Druck)

Eduard Meyer

Weltgeschichte und Weltkrieg. Gesammelte Aufsätze. 6.—8. Tausend

Inhalt: Die Einwirkung des Weltkrieges auf die Kultur und die Kulturaufgaben der deutschen Zukunft — Die Entwicklung der römischen Weltherrschaft — Italien und die Entstehung der italischen Nation im Altertum. Mit einem Überblick der weiteren Entwicklung Italiens bis zur Gegenwart — Der Staat, sein Wesen und seine Organisation — Deutschland und der Krieg

England. Seine staatliche und politische Entwicklung und der Krieg gegen Deutschland. 6. und 7. Auflage

Caesars Monarchie und das Principat des Pompejus. Innere Geschichte Roms von 66 bis 44 v. Chr. Dritte Auflage

Das gesamte Geschichtsbild wird in unserer revolutionären Gegenwart auf einen um so größeren Kreis wirken können, als es erstaunlich aktuell ist mit seiner Mischung der Probleme, die auch auf uns lasten: Diktatur, Proletariat, Arbeitslose, Militarismus, Demobilmachung, Weltpolitik und Weltkriege. Wir begrüßen Eduard Meyers ‚Caesar' als eines der Bücher, die gelesen haben muß, wer zu den Kennern der großen literarisch gelehrten Arbeiten Deutschlands gehören will. Und diesen Willen möchten wir weit, viel weiter als bisher verbreitet wissen, damit das deutsche Volk auch nach dem Niederbruch seiner politischen und wirtschaftlichen Kräfte das gebildetste der Welt bleibe, nicht um eitlen Ruhmes, sondern um seiner selbst willen, weil die Gesamterneuerung nur möglich ist auf dem Boden höchstentwickelter Kultur.

Hamburger Fremdenblatt

Ursprung und Anfänge des Christentums

In drei Bänden. 1.—3. Auflage

Erster Band: Die Evangelien

Zweiter Band: Die Entwicklung des Judentums und Jesus von Nazaret

Das wirtschaftsfriedliche Manifest
Richtlinien einer zeitgemäßen Sozial- und Wirtschaftspolitik
Von
Andreas Voigt
Geh. Regierungsrat, Professor an der Universität Frankfurt

Ein wirklich zeitgemäßes Buch, das gerechtes Maß an unsere wirtschaftskämpferische Zeit legt. Der Verfasser ist jedoch weit entfernt von jeder unfruchtbaren Ideologie. Es ist vielmehr ein großer Vorzug des bedeutsamen Buches, sich stets in abgeklärter Ruhe zu halten, in jener sieghaften wirtschaftsfriedlichen Ruhe, die ein Ergebnis tiefster Menschenkenntnis ist.

Bremer Nachrichten

Staat und Marxismus
Grundlegung und Kritik der marxistischen Gesellschaftslehre
Von
Friedrich Lenz
Professor an der Universität Gießen

2. durchgesehene Auflage (3. u. 4. Tausend)

Wer politisch führt, wer in politischen Ausbildungskursen Aufklärung verbreiten will über Karl Marx und seine Lehre, vor allem seine Staats- und Gesellschaftslehre, findet in dem Lenzschen Buche eine Fülle von Stoff, dessen geistige Beherrschung ihn befähigt, die Probleme, die im Marxismus verschlossen sind, zu erkennen und sieghaft zu überwinden.

Dr. A. Bovenschen in der „Halleschen Allgemeinen Zeitung"

Die Aera Bülow
Eine historisch-politische Studie
von
Johannes Haller

Der bekannte Tübinger Historiker zieht in diesem für die neueste Geschichte höchst bedeutenden Buche den Schleier von bisher ängstlich verhüllten Vorgängen und Zuständen.

www.ingramcontent.com/pod-product-compliance
Lightning Source LLC
Chambersburg PA
CBHW021222300426
44111CB00007B/397